兽医临床诊断学

（第二版）

邓干臻　主编

科 学 出 版 社

北　京

内 容 简 介

全书共分 4 篇 20 章。第一篇重点讲解兽医临床一般检查及系统检查，包括兽医临床诊断的基本方法、整体及一般状态检查、器官系统检查；第二篇主要讲解兽医临床实验室检查，包括血液的一般检查，动物排泄物、分泌物及其他体液检查，兽医临床常用生化检查，血浆电解质及血气和酸碱平衡分析；第三篇介绍兽医影像学检查，包括 X 线检查、超声检查、兽医内镜诊断技术、兽医心电图检查，并简介其他影像检查技术如计算机体层成像、磁共振成像、放射性核素检查等；第四篇为兽医临床诊断的方法论及症候学，包括兽医临床诊断步骤与诊断的思维方法、症候学、兽医医疗文书等。本书内容兼顾了畜禽和宠物诊断技术；深入浅出，密切联系兽医临床实际；吸纳了新的科学和技术，调整并重组了学科内容，增加了禽类血细胞检查方法、血气分析、心电监护等章节。

本书可作为农业院校和综合性大学动物医学专业本科生的教学用书，也可作为广大兽医工作者的工具书。

图书在版编目(CIP)数据

兽医临床诊断学/邓干臻主编. —2 版. —北京：科学出版社，2017. 2
ISBN 978-7-03-051383-0

Ⅰ. ①兽… Ⅱ. ①邓… Ⅲ. ①兽医学-诊断学-高等学校-教材 Ⅳ. ①S854. 4

中国版本图书馆 CIP 数据核字(2017)第 000333 号

责任编辑：丛 楠 韩书云 / 责任校对：贾娜娜 贾伟娟
责任印制：赵 博 / 封面设计：铭轩堂

科学出版社 出版
北京东黄城根北街 16 号
邮政编码：100717
http://www.sciencep.com
北京凌奇印刷有限责任公司印刷
科学出版社发行 各地新华书店经销
*
2009 年 5 月第 一 版 开本：787×1092 1/16
2017 年 2 月第 二 版 印张：23
2025 年 7 月第八次印刷 字数：545 000

定价：79.00 元

(如有印装质量问题，我社负责调换)

第二版编委会名单

主　编　邓干臻

副主编　黄克和　唐兆新　夏兆飞　张乃生

编　者　（按所在单位拼音排序）

佛山科学技术学院	王　凯
河南科技大学	杨自军
河南农业大学	邓立新
黑龙江八一农垦大学	武　瑞
湖南农业大学	李文平　刘　磊
华南农业大学	唐兆新
华中农业大学	邓干臻　邱昌伟　郭梦尧
吉林大学	李小兵　刘国文　张乃生
吉林农业大学	赵　权
江西农业大学	郭小权　胡国良
南京农业大学	黄克和　杨德吉　张海彬　周振雷
内蒙古农业大学	莫　内
青岛农业大学	朱连勤
青海大学	王　勇
山西农业大学	庞全海
石河子大学	何高明
四川农业大学	邓俊良
塔里木大学	郭新怀
西北农林科技大学	李勤凡
扬州大学	王捍东
云南农业大学	杨亮宇　王生奎
中国农业大学	韩　博　夏兆飞　谢富强

第一版编委会名单

主　编　邓干臻

副主编　黄克和　唐兆新　夏兆飞　张乃生

编　者　（按所在单位拼音排序）

佛山科学技术学院	王　凯
河南科技大学	杨自军
河南农业大学	邓立新　仝宗喜
黑龙江八一农垦大学	武　瑞
湖南农业大学	李文平
华南农业大学	唐兆新
华中农业大学	邓干臻　邱昌伟
吉林大学	李小兵　刘国文　张乃生
吉林农业大学	赵　权
江西农业大学	郭小权　胡国良
南京农业大学	黄克和　杨德吉　张海彬　周振雷
内蒙古农业大学	莫　内
青岛农业大学	朱连勤
青海大学	王　勇
山西农业大学	庞全海
石河子大学	何高明
四川农业大学	邓俊良
塔里木大学	郭新怀
西北农林科技大学	李勤凡
扬州大学	王捍东
云南农业大学	杨亮宇　王生奎
中国农业大学	韩　博　夏兆飞　谢富强

审　稿　（按所在单位拼音排序）

湖南农业大学	袁　慧
吉林大学	王　哲
南京农业大学	王小龙
云南农业大学	郭成裕

第二版前言

根据学科发展和兽医临床实际，特别是近年来小动物临床实际的快速发展，我们于 2015 年 6 月启动了本教材的改版工作。经过大多数编委的商讨，我们做了大量的改编工作。

与第一版比较，本版保留了第一版的优点和特点，重点做了以下几个方面的调整和增补：①考虑到临床教学过程的习惯和方便，对一些章节顺序做了调整，如把一般检查方法与系统诊断合为第一篇，实验室诊断单独列为第二篇，影像诊断技术单独列为第三篇，保留“兽医临床诊断的方法论及症候学”作为第四篇。②根据兽医临床发展的需求增加了血气分析及电解质分析章节。③增加了禽类血细胞检查方法、血气分析、心电监护等内容。④就一些章节内容的体例统一，如症候学中各症候统一按照病因、临床表现、伴随症状和鉴别诊断思路予以调整。⑤“其他放射检查技术介绍”一章改为“其他影像检查技术介绍”，放在“兽医影像学检查”篇的最后一章。⑥血液学检查部分，在相关内容中插入红、白细胞手动计数技术，介绍了白细胞检查三分类和五分类技术。⑦吸纳了部分青年教师承担改编任务。

改版后的教材更系统、更流畅，更密切联系兽医临床实际需求。本教材可供全日制兽医专业学生使用，也可作为兽医临床实际工作中的工具书。

近些年来，各高校大量购置兽医临床诊断仪器设备，大多数院校已经能够按照要求开设兽医临床诊断学的全部教学内容。各高校可以根据自身教学条件和师资情况，对本教材内容进行选择，适时分立“兽医影像诊断技术”和“兽医实验室检验技术”等课程。

由于水平有限，本版教材在内容规划、实证举例、体例、文字语句和图表使用上可能存在不足之处。我们真诚地希望各兄弟院校师生及广大的兽医工作者予以指正，以便我们以后作进一步修改。

我们全体执笔者向所有关心和支持本教材编写和出版工作的同志及其所在单位表示衷心的感谢，感谢所有使用第一版教材的各大专院校师生，感谢所有对第一版教材提出宝贵意见的广大同行。

作　者

2016 年 1 月

第一版前言

为了贯彻我国高等兽医教育改革和兽医体制改革精神，适应执业兽医和官方兽医体制，根据目前兽医专业教学计划和安排以及全国各兄弟院校教学特点，本教材设定的教学内容包括了兽医临床诊断方法学、兽医临床一般检查及系统检查、兽医临床诊断的方法论和症候学等内容。

本教材内容具有以下的明显特点。①容纳新的科学和技术。本教材内容反映了国内外兽医临床诊断学的先进水平，突出兽医临床新的诊断技术。②兼顾畜、禽和小动物诊断技术。以前的许多教材是以产业动物为主要对象进行临床诊断学内容讲解的，本教材顺应我国小动物医疗行业的快速发展，许多诊断方法、技术和理论的应用及举证与小动物医疗密切相关。③深入浅出，密切联系兽医临床实际。根据兽医特点，本教材对兽医临床诊断的理论、方法和技术的讲解进行了调整，对现代自动化技术的方法不作详细介绍，重点放在讲解其结果的判断和临床应用上。④重组了学科内容。根据兽医学实际情况、行业发展特点和教育现状，对诊断学内容的章节顺序作了调整，使学生能够更轻松地衔接学科间和学科内的内容。⑤增加了兽医医疗文书等章节。随着我国兽医行业改革和行业管理的进一步规范化和法制化，兽医医疗文书的格式、书写、使用和保存的规范及管理已经是每个兽医从业人员必须具备的能力和责任。

教材内容编排有以下几点需要说明。第一篇重点讲解兽医临床诊断的方法学，包括基本方法（问诊、视诊、触诊、叩诊、听诊和嗅诊）、实验室检查（血液检验、临床生化检验、尿液检验、粪便及呕吐物检验、其他体液检验）、特殊检查（X线检查、超声检查、内窥镜检查、其他影像学检查、心电图检查）。以上各检查方法的学习目的都是为了在临床上开展一般检查和系统检查，因而，我们将兽医临床一般检查及系统检查作为一篇进行编写，即第二篇的主要内容。第三篇是兽医临床诊断的方法论，该篇在以前的内容上增加了兽医医疗文书和临床误诊等内容。第四篇是症候学。随着学科和行业的发展，各院校应该根据教学条件将实验室检查和特殊检查部分适当分立。

虽然我们已经尽了最大努力，但在内容安排、理论阐述、临床举证、文笔格调和图表取舍上难免存在缺点乃至错误。我们真诚地希望各兄弟院校师生以及广大的兽医工作者予以指正，以便我们以后作进一步修改。

本教材由22所院校34名具有博士学位、高级职称、长期从事“兽医临床诊断学”教学和兽医临床工作的中青年学科带头人和骨干教师执笔，在将近一年的时间内完成。初稿完成后，还特别邀请了南京农业大学王小龙、吉林大学王哲、湖南农业大学袁慧、云南农业大学郭成裕等本学科德高望重的老教授进行了审稿。为此，我们全体执笔者向所有关心和支持本教材编写和出版工作的同志及其所在单位表示衷心的感谢！

作　者

2008年10月

目　　录

第二篇　兽医临床实验室检查

第三篇 兽医影像学检查

第四篇　兽医临床诊断的方法论及症候学

绪　论

一、兽医临床诊断学的发展

（一）兽医临床诊断学的概念

兽医临床诊断学（veterinary clinical diagnostics）是研究动物疾病诊断的理论和方法的科学。它以动物为对象，运用兽医学的基本理论、基本方法和基本技能，通过询问病史、临床检查、实验室检验和特殊检查等，收集疾病资料，分析临床症状，阐明症状的病理过程，确定疾病的性质和类别并作出可能的诊断，提出可能的预后。准确的诊断要求揭示疾病的本质，即疾病的病因、发病部位、病理性质、发病趋势（病势）和预后。诊断是治疗的基础，只有在准确诊断的基础上才能制订科学而又行之有效的治疗方案，最大限度地避免误诊和误治。

疾病的治疗都有一个最佳时机，错过这个时机则治疗难度增加，治疗效果欠佳，此时的诊断称作延误诊断。基于这个原因，兽医临床诊断要做到早期诊断。早期诊断是在疾病处于亚临床状态或发病早期所作出的诊断。根据早期的准确诊断，兽医可以及时采取有效的防治措施，达到良好的临床效果。

（二）兽医临床诊断学的发展和现状

自从认识到疾病的存在和危害后，人们就依靠经验和疾病现象来认识疾病。中医诊断形成了完整的望、闻、问、切的诊断方法和各种辨证理论。我国早期的兽医学论著就有专门的口色论、脉色论、点痛论、起卧症及起卧入手论等，对兽医临床诊断学的发展起着重要的作用。

随着近代物理学、动物学等基础学科的发展，现代医学自13世纪初形成了诊断学，如体温计和听诊器的发明、叩诊的应用等，一直以来都是医学和兽医学的基本器械或（和）方法。

伴随着微生物学、免疫学、组织学、化学、生物化学、分子生物学、生理学和病理学的发展，许多生命本质、生命现象和生命过程被人类所认知。这些学科的发展和演化，形成了实验室诊断技术，丰富了兽医临床诊断学学科的范畴，提升了兽医临床诊断学的功能，疾病诊断的准确性得到了明显的提高。

现代物理学、电子学、数字成像技术等在影像诊断技术的形成和发展过程中起着巨大作用。1896年，X线诊断技术就已应用于兽医领域，20世纪30年代形成了放射学分支学科。20世纪早期形成了医学超声技术，1966年超声检查在兽医领域中得到应用。1897年，发现了心电图技术，1910年开始有了动物心电图描记技术。X线诊断技术、超声诊断技术、心电图描记技术、现代医学X线电子计算机体层摄影（CT）技术、磁共振成像（MRI）、γ闪烁成像技术（γ-scintigraphy）和热成像技术等共同构成了现代影像诊断技术。

二、兽医临床诊断学的主要内容

兽医临床诊断学包括诊断的方法学、症状（症候）学和诊断的方法论三大内容。

（一）诊断的方法学

诊断的依据是症状和其他临床资料。为了获得有助于诊断的症状和其他临床资料，兽医在临床实践中必须采用适宜的检查设备和方法。研究这些方法的诊断原理、操作方法、适应证和注意事项的学科称为诊断的方法学（diagnostic technology）或诊断技术。兽医临床检查方法采用的依据是准确、方便、快速、安全、廉价。依据这一原则，临床可供选择的方法有很多，但归结起来主要包括问诊、物理检查法、实验室检查法、影像诊断法等。

兽医临床诊断技术的发展很大程度上依赖于诊断的仪器设备。临床诊断技术有很多，但是，在临床实际中，诊断方法的使用要依据疾病的特点进行选择。对于大多数疾病，各个诊断方法都有其片面性，因而，临床上应该将各个诊断方法所获得的临床资料、症状等进行全面的综合分析，提高临床诊断的准确性。

（二）诊断的症状（症候）学

症状（symptom）是动物所表现的病理性异常现象。动物疾病症状表现比较复杂，决定症状表现形式的主要因素是动物的解剖结构、生理功能、体能及疾病特点，如病因、发生部位、损伤程度、病理性质等，临床上要仔细检查和甄别。

通过临床诊断方法的使用能获得相应的症状和其他临床资料。这些临床症状都有各自的临床表现形式，并且是由于动物体一定的结构或功能异常所引起的。研究动物症状的发生原因、条件、机制、临床表现、特征和检查方法的科学称为症状学；除这些内容外，兽医临床实际中必须对这些症状的临床意义予以论证、加以鉴别，即症候学。

1. 示病症状与一般症状　某一疾病所特有的且不会在其他疾病中出现的症状称为该病的示病症状或特殊症状（characteristic symptom）。也就是说，根据这一症状就可以对该病作出诊断。例如，阳性颈静脉波动是三尖瓣闭锁不全的示病症状，故动物出现阳性颈静脉波动即可认为该动物患有三尖瓣闭锁不全症；胫骨X线片上显示骨折线就可以认为该动物胫骨骨折等。

一般症状（common symptom）是指那些广泛出现于许多疾病过程中的症状，它不属于某一特定疾病所独有，甚至出现于某一疾病的不同病理过程中，如发热、咳嗽、呕吐、黄疸等。

2. 固定症状与偶然症状　固定症状（inherent symptom）是指在某一疾病过程中必然出现的症状，又称固有症状。例如，咳嗽、发热等是肺炎的固定症状，腹泻是肠炎的固定症状。固有症状反映的是某一病理过程，许多疾病都有相同的病理过程，而某一病理过程又仅仅是疾病众多病理过程的一方面，与疾病没有一对一的对等关系，因而，它与示病症状不同。

持久症状是指在整个疾病过程中自始至终存在的症状，其大多数是疾病的固有症状，如骨折后的跛行，肺炎时的咳嗽，肠炎时的腹泻，犬血孢子虫时的贫血、黄疸、血红蛋白尿等。

偶然症状（perchance symptom）是在特定条件下出现的症状，它是在疾病过程中某一阶段出现的症状。这种症状不是某一疾病发生发展过程中必然出现的症状，它的出现受动物个体差异、种属差异、继发或并发病、疾病程度、环境及治疗措施等的影响。例如，贫血时因血液稀薄、心脏瓣膜口血流量代偿性增加，使雷诺系数加大而出现心杂音，这种心杂音并不是在任何时候都出现的，而只有在贫血达到一定程度时才会出现，贫血和心杂音没有一对一的对等关系，因而是一种偶然症状。免疫后出现的发热也属于偶然症状。

3. 主要症状与次要症状　主要症状（cardinal symptom）是指对疾病诊断有着重要意义

的症状，是疾病诊断的重要依据，又称基本症状。

次要症状(minor symptom)往往是疾病的附带症状，在很多疾病过程中都会或多或少、或轻或重地出现，对疾病诊断的意义不大，但对于疾病的程度和预后的判断意义较大。例如，胃肠炎时动物表现的食欲减退、呕吐、腹痛、里急后重和腹泻等是主要症状；发热、贫血、消瘦、精神沉郁、四肢无力等是次要症状。

把症状分为主要和次要的目的是为了在实施诊断过程中尽可能地抓住主要症状，尽量减少次要症状对诊断的干扰。

4. 前驱症状与后遗症状 前驱症状(precursory symptom)是指在疾病发生初始、主要症状出现之前出现的一类症状，又称先兆症状。前驱症状对疾病病因的调查意义重大，但在临床诊断过程中很难发现它，因为主人与兽医对健康的理解不同，病例总是在较为严重时被送治，这就是为什么在问诊时我们总是要问询动物发病初期的表现。

后遗症状即后遗症(sequela)，是在原发病治愈后留下的不正常现象，如瘢痕、变形、截肢、神经功能缺失等。后遗症有的是疾病损伤所引起的，有的是在实施治疗时为保住动物生命而留下的(应尽量避免)。

5. 局部症状与全身症状 局部症状(local symptom)是指在躯体局部表现的症状，在病变以外的其他区域不存在或表现轻微，如局部炎症表现的红、肿、热、痛、功能障碍，鼻腔感染表现的鼻塞音等。局部症状也可以由全身性疾病引起，如糖尿病所致的皮炎、眼部症状等。

全身症状(constitutional symptom)是指机体针对病因或病理变化的全身反应，这种病因或病理可以是全身性的，也可以是局部的，属于一般症状范畴，如致热原所致的全身发热，局部外伤所致的疼痛性休克，消化不良所致的消瘦等。

局部症状与全身症状有着互为因果的关系。局部症状可以发展成为全身症状，如脓肿可导致脓毒败血症；局部症状也可以是全身症状的局部反应，如狂犬病的眼球震颤等。

6. 原发症状与继发症状 原发症状是指原发病所表现的症状，继发症状是指继发病所表现的症状。动物在疾病状态下是最容易发生其他疾病的，因而，兽医临床上所见到的疾病比较复杂，往往是两种或两种以上的疾病同时发生或相继出现。例如，腰椎损伤时出现的后肢负重无力、跛行乃至瘫痪是其原发症状；由于后肢功能不全而导致的肉疮的肌肉糜烂则是其继发症状。肺炎时出现的咳嗽、呼吸困难、流鼻液、体温升高等是其原发症状；通过大剂量抗生素较长时间的治疗，出现消化道微生物生态紊乱，导致消化不良、腹泻等，则是因治疗而出现的继发症状，这种继发症状也属于偶然症状。

7. 综合症候群 某些相互关联的症状在疾病过程中同时或相继出现，这些症状总称为综合症候群或综合征(syndrome)。例如，犬传染性胃肠炎时的食欲减退、呕吐、腹痛、腹泻、便血、脱水、精神沉郁等，犬瘟热时的发热、流鼻液、咳嗽、呼吸困难、爪垫发热发硬等。

动物体各主要组织器官疾病都有自己特定的综合症候群，某些病症也有特定的综合症候群。例如，体温升高，精神沉郁，呼吸、心跳、脉搏频率增高，食欲减退等称为发热综合征；起卧不安、拱背收腹、腹壁紧张、不食呕吐等称为腹痛综合征；消化不良、黄疸、肝功能障碍等称为肝病综合征；皮下浮肿、腰区僵硬、肾区疼痛、排尿动作异常、尿液的感官检查和实验室检查异常等称为肾病综合征。

(三) 诊断的方法论

通过临床检查获得的症状和资料必须按照一定的方法和步骤、遵循一定的原则进行深入的分析和全面的综合，才能揭示疾病的本质，建立准确的诊断，这一过程就是诊断的方法论(diagnostic methodology)。

在临床诊断过程中，要按照一定的临床检查程序，广泛地收集病例的临床资料，通过对临床资料的分析、甄别、综合、归纳，按照诊断的方法和原则，对病例定一个较为确切的病名。

完整诊断应该揭示疾病的本质。在对疾病进行诊断时，还需了解预后。

预后(prognosis)是对疾病发展趋势及可能的结局的估计，包括预后良好、预后不良和预后不定。

预后良好是指动物疾病经过适当的临床处治后，其结构和功能不会发生明显改变，动物基本可以康复，不会死亡或留下后遗症。

预后不良是指在现有的医疗条件下，该动物被治愈的可能性较小，且多以死亡告终或留下严重的顽固性后遗症，如犬瘟热后的顽固性抽搐、髋关节发育不良保守治疗后的跛行等。

预后不定是指经过治疗，兽医对动物康复与否难以判断，如肺炎、肾炎、肝炎、膝关节粉碎性骨折等。

三、临床检查的基本程序

临床上应系统地按照一定程序和步骤对患病动物进行临床检查，获得比较全面的症状和资料，避免某些症状被遗漏。临床检查患病动物时，主要要了解饲养管理及生产性能，检查主要症状、固有症状、特殊症状及各系统、器官疾病的综合症候群，其顺序为：患病动物登记→问诊→现症检查(包括整体及一般状态检查、系统检查、实验室检查和特殊检查)→建立诊断→病历记录。当然，临床检查程序并不是固定不变的，可根据具体情况灵活运用，但是临床检查首先必须全面而系统，而后在此基础上重点检查病变部位，以期全面地揭示病变与症候，为临床诊断提供充分的可靠资料。

(邓干臻)

第一篇　兽医临床一般检查及系统检查

第一章　兽医临床诊断的基本方法

问诊是实施兽医临床检查的第一步，通过问诊可获得第一手临床资料，并对其他诊断方法具有指导意义。视诊、触诊、叩诊、听诊及嗅诊是兽医临床基本的检查方法，它们都是利用检查者的视觉（眼）、触觉（手）、听觉（耳）、嗅觉（鼻）等去感知动物所表现的现象，称为物理检查法。在临床实践中，各种检查方法均有其优缺点：视诊能获得关于动物整体及体表病变部位的初步印象，为进一步重点检查提供线索，有时根据特殊症状即可确定诊断；触诊可深入判断病变部位的物理性状；叩诊对内脏器官，特别对胸腔和腹部病变的物理状态的诊断具有重要作用；通过听诊内脏器官活动的特有音响，可以判定其形态及功能变化。在实践中应根据各种方法的特点与检查的对象和目的，适当地选择有价值的方法并配合其他方法，才能起到扬长避短、互相补充的作用，使得诊断结论更准确。

第一节　问　　诊

一、问诊的概念及其重要性

问诊是兽医通过询问的方式向动物主人或有关人员了解患病动物的饲养管理情况及现病史和既往史。问诊的目的是为临床检查提供线索和重点。问诊是兽医诊断动物疾病的第一步，具有十分重要的意义。

1. 问诊可收集其他诊断方法无法取得的病情资料　疾病发生、发展、变化的过程及诊治经过，患病动物的既往史、饲养管理状况等是兽医分析病情、辨证辨病的重要依据，而这些资料只有通过问诊才能获得。尤其在某些疾病的早期，患病动物尚未呈现明显临床症状时，问诊是获取诊断疾病线索的重要途径。

由于动物不能主诉，在对动物主人进行问诊时更要耐心、仔细。

2. 问诊对其他诊断方法具有指导意义　在疾病诊断的程序上，问诊常为其他诊断方法的先导。兽医在听取动物主人的主诉后，利用知识与经验进行一系列有目的、有重点的询问以获得足够的资料，接着进行下一步检查。问诊及其他检查的内容、形式等取决于临床辨证的需求，问诊过程实际上是一个与辨证思维密切交互的过程，因而问诊对其他检查具有重要的指导意义。同时，受条件的限制，临床上很多属于其他诊断方法的内容，往往也可以通过问诊获得，如患病动物分泌物与排泄物的形、色、质、量，一些疾病或症状在发作时所表现出的神、色、形、态及声音等。

3. 问诊有利于兽医与动物主人建立良好的信任关系　动物的心里感知、不良情绪、情感需求等在疾病的发生、发展及康复过程中都起着重要的作用，已经引起了兽医的重视。动物福利是指为了使动物能够健康、快乐、舒适而采取的一系列行为和给动物提供的相应外部条件。其基本出发点是让动物在康乐的状态下生存。通过问诊，兽医可及时了解患病动物的情绪状态及行为等，并建议动物的主人对患病动物进行精心护理，增进人和动物的亲和力。这不仅有助于疾病的诊断和治疗，也可以减轻患病动物的痛苦，有助于患病动物早日康复。

问诊还是兽医与动物主人进行交流和沟通的主要手段。通过亲切、耐心、细致的询问和倾听，兽医很容易与动物主人建立良好的信任关系。良好的信任关系能够使动物主人有更强的倾诉欲望，信任使得动物主人让动物接受更好的诊断和治疗，信任更减少了兽医医疗纠纷。

二、问诊的内容

在问诊之前或在问诊过程中应该进行病例登记。问诊的内容包括主诉、现病史、日常管理和既往史等。

（一）病例登记

病例登记的目的在于了解患病动物的个体特征，有利于动物疾病的诊断、治疗和预后判断。病例登记应包括动物主人的姓名、单位名称、地址、电话乃至经济状况和动物种类、品种、性别、年龄、毛色、用途、体重等。

（二）主　诉

对于兽医来说，动物主人的表达就是主诉。记录主诉应尽可能用动物主人描述的现象，而不是兽医对患病动物的诊断用语。例如，“不饮、不食、消瘦、呕吐、便血”等不能概括为“患细小病毒病”。一般情况下，主诉应当用最简明的语句加以概括，包括发病时间，如“畏寒、发热、咳嗽 3d”。然而，病程较长、病情比较复杂的病例，由于症状、体征较多，或由于动物主人诉说太多，不容易简单地将动物主人所述作为主诉，而应该结合整个病史，综合分析以归纳出更能反映其患病特征的主诉，但要实事求是。对病情没有连续性的情况，可以灵活掌握，如对当前无症状，诊断资料和就诊目的又十分明确的患病动物，也可以用以下方式记录主诉，如“患细小病毒病后 1 个月”。

（三）现 病 史

现病史是动物发病史的主要部分，指动物现在所患疾病的全部经过，即现发疾病的可能病因，疾病发生、发展、诊断和治疗的过程。现病史对于建立诊断具有重要的参考价值，因为患病动物的发病过程兽医不一定都能见到，需要进行系统而完整的调查。

在询问动物现病史时，可按以下程序加以调查。

1. 发病时间与地点　发病时间与地点对判断发病原因及发病的缓急等都十分重要，如在什么时间，饲喂前还是饲喂后，使役中还是休息时，产前还是产后，注射疫苗前还是注射疫苗后，发病时间有多长等；在什么地点，室内还是室外或放牧时等。季节和气候因时间要素而变化，在疾病发生上也有重要意义。

2. 发病数量　通过询问发病动物的数量，了解此次动物发病是单发、散发还是群发，是普通疾病（非传染性疾病）还是流行病等。

3. 动物发病后的主要症状　主要询问患病动物的精神状态、营养状态、步态和姿势、体温、呼吸、食欲、饮欲、排便、咳嗽、鼻液、鸣叫、呕吐、反刍、嗳气、肿胀、被毛状况、生产性能，以及发病部位、性质、程度、缓慢或加剧等。了解这些情况，对初步推断疾病轻重，病变的部位、范围、性质和预后等都有帮助。

4. 病因或诱因　问诊时主要了解与动物本次发病有关的各种原因，如外伤、感染、中毒等。诱因包括气候变化、环境改变、更换饲料、管理不当、长途运输、过度使役、运动过量等。问明以上病因或诱因，有助于诊断和制订防治方案。动物主人往往难以说清病因或诱因，还可能提出一些似是而非或自以为是的病因或诱因，此时兽医应明辨是非。

5. 疾病经过和伴随症状 疾病的过程包括主要症状和伴随症状。例如，小肠梗阻时，在腹痛剧烈的情况下出现呕吐。伴随症状是在主要症状的基础上又出现一系列其他症状，它常常也是鉴别诊断的依据。一份好的现病史不应放过主要症状以外的任何伴随症状，这是因为它们在确定诊断方面往往起着不可忽视的作用。

6. 诊断和治疗经过 凡此次就诊前已经到过其他动物门诊诊断和治疗过的发病动物，均应该详细询问曾接受过什么诊断方法、诊断结果是什么，切不可用别人的诊断结果代替自己的诊断。若已进行过治疗，则应询问治疗措施及所用药物，包括剂量、时间和疗效。这些资料可供本次诊断和治疗参考。另外，应注意诊断和治疗方法使用不当可以导致新的疾病。例如，粗暴投药可导致异物性肺炎，粗暴导尿可导致尿道炎，粗暴直肠检查可导致直肠破裂等。

（四）日常管理

1. 动物的饲养管理 饲养管理的询问十分重要，因为任何疾病的发生都与此有关。对动物饲养管理情况的询问包括日粮、饮水、动物场舍、防疫检疫和使役情况等。

1）*日粮* 询问动物日粮的种类和质量，以及各成分的配比情况、每天饲喂数量和次数、饲喂方法。日粮品质不良、成分配合不合理，常常是导致动物消化紊乱、营养不良、营养代谢病的主要原因。饲草料或日粮放置保存不当或发霉，加工调制方法失误而产生有毒物质或混入毒物，都能成为饲草料或日粮中毒的条件。日粮种类与饲喂制度的突然改变，包括换料、舍饲改为放牧或放牧改为舍饲等，都可能引起动物消化道疾病。

2）*饮水* 调查动物饮水的来源有无污染、饮水时间和水温高低及饮水量。

3）*动物场舍* 询问动物生活场地和运动场的位置、风向、地形、土质、供水、四周树木和气候等情况；动物房舍的光照、通风、保温、降温、床垫、铺草、动物栏设置、饲养密度、三废（废水、废物及废气）排除设备等；动物个体的刷拭、洗澡和运动，宠物洗澡用的香波种类，动物运动的方式和时间长短；动物场舍有无卫生防疫制度，制度能不能严格执行；动物场舍有无定期消毒，人员车辆出入场舍有无消毒；病死尸体或淘汰的动物能否合理处理；养殖场是否实行自繁自养、全进全出制度等。

4）*防疫检疫* 根据不同地区或地方动物传染病和寄生虫病发生的情况，详细询问是否按需要和按程序进行了适时预防接种及寄生虫的驱杀工作。对疫苗的来源、质量、保存、运输和使用也要进行认真的了解。驱虫后如果没有立即清除粪便，可能会再次引起该寄生虫病的感染和暴发。另外，还要详细询问对新引进的动物是否按规定进行了隔离检疫，对检疫阳性病例是否按规定进行了相应处理等，若将检疫阳性病例偷偷卖到其他地区则会造成该病的扩散和大流行。

5）*使役情况* 对役用动物要询问是否有持续过度使役，对竞赛动物要询问是否有过度劳累，炎热季节是否有烈日下作业且无适当休息和饮水等。对高产奶牛要询问是否精料饲喂过量，如果联系症状，结合上述的问诊，便可相应地诊断出动物的过劳、奶牛的前胃疾病和酮病及动物的中暑等。

2. 动物的繁殖和配种 询问包括：配种方式及配种制度，如配种是本交还是人工授精，配种卫生状况，配种动物体况是否般配，配种动物是否达到繁殖年龄，配种季节是否合适，有无近亲交配繁殖等。

3. 周围环境 周围环境包括植被、污染、土壤和饮水及舍外大气候。

(五) 既 往 史

动物既往史包括患病动物以前的健康状况、过去曾患过的各种疾病、外科手术史、过敏史、家族史等,特别是与动物现患病有密切关系的疾病。在动物既往史的记述时,注意不要和动物现病史发生混淆。另外,调查动物现生活地区的主要动物传染病、寄生虫病和其他动物地方流行病史,外伤和手术史,对药物、食物和其他接触物的过敏史,过去是否曾患过类似现病史,以及动物父母代和子代的健康与疾病情况,包括它们是否与现患病动物有相同的疾病,有无与遗传有关的疾病,对已死亡的动物要问明其死因与年龄。如果在几代动物中都有同样疾病发生,要把其关系弄清。以上都应记录在既往史中,调查记录顺序最好按年月先后排列。

三、问诊的方法和技巧

问诊的方法和技巧与获取病史资料的数量和质量有密切的关系,涉及交流技能、收集资料、医患关系、兽医医学知识、仪表礼节,以及提供咨询和教育主人等多个方面。在不同的临床情况下,也要根据具体情况采用相应的方法和技巧。

(一) 问诊的基本方法与技巧

(1) 问诊开始时,由于对医疗环境的生疏和对患病动物的焦虑等,动物主人常有紧张情绪。兽医应主动创造一种宽松和谐的环境以解除动物主人的不安心情,使用恰当的言语或体语表示愿意为解除患病动物的痛苦和满足动物主人的要求尽自己所能,这样的举措会有助于建立良好的医患关系,改善互不了解的生疏局面,使病史采集能顺利地进行下去。

(2) 尽可能让动物主人充分地陈述和强调他认为重要的情况和感受,只有在动物主人的陈述离病情太远时,才需要根据陈述的主要线索灵活地把话题转回。只有动物主人的亲身感受和病情变化的实际过程才能为诊断提供客观的依据。

(3) 追溯早期症状开始的确切时间,直至目前的演变过程。如有几个症状同时出现,必须确定其先后顺序。虽然收集资料时,不必严格地按症状出现先后提问,但所获得的资料应按时间顺序口述或写出主诉和现病史。

(4) 在问诊的两个项目之间使用过渡语言,即向动物主人说明将要讨论的新话题及其理由,使动物主人不会困惑你为什么要改变话题及为什么要询问这些情况。

(5) 根据具体情况采用不同类型的提问。一般性提问(或称开放式提问),常用于问诊开始,可获得某一方面的大量资料。让动物主人像讲故事一样叙述患病动物的病情。例如,先问"有什么需要帮助的吗?""动物有哪些不正常的表现?"这种提问应该在现病史、既往史、生活史等每一部分开始时使用。

(6) 问诊时要注意系统性、必要性和目的性,杂乱无章的重复提问会降低动物主人对兽医的信心和期望。另外,有时用反问及解释等技巧,可以避免不必要的重复提问。

(二) 特殊情况的问诊技巧

(1) 动物主人缄默与忧伤。缄口不说话可能是由于动物疾病使主人的情绪难以控制,或兽医提出的问题触及动物主人的敏感方面而使其伤心;也可能由于问题未切中要害或批评性的提问,使动物主人沉默或不悦;或者兽医用过多、过快的直接提问,使动物主人惶惑而被动。

对这些都应及时察觉，予以避免。如动物主人因动物生病而伤心或哭泣，情绪低落，兽医应予以安抚、理解并适当等待，减慢问诊速度，等动物主人镇静后，再继续询问动物病史。

(2) 动物主人焦虑与抑郁。动物与主人建立了深厚的感情，动物患病后动物主人表现得十分焦虑和抑郁，此时，应鼓励他们讲出实话，注意其语言的和非语言的各种异常线索，确定问题性质。给予宽慰和保证时应注意分寸。例如，说“不用担心，一切都会好起来的”这一类话时，应首先了解患病动物的主要问题，再确定表述的方式，以免适得其反，使动物主人产生抵触情绪，交流更加困难。更不可因为要解除动物主人的焦虑而对动物主人予以医疗上的保证，以免日后出现医疗纠纷。

(3) 动物主人多话与唠叨。动物主人不停地讲，兽医不易插话及提问，一个问题引出一长串答案。由于时间的限制及动物主人的回答未得要领，常使采集病史不顺利。对此，应注意以下技巧：一是提问应限定在主要问题上；二是根据初步判断，在动物主人提供不相关的内容时，巧妙地打断。也可分次进行问诊，告诉动物主人问诊的内容及时间限制等，但均应有礼貌、诚恳表述，切勿表现得不耐烦而失去动物主人的信任。

(4) 动物主人愤怒与敌意。动物患病有时会使动物主人表现出愤怒和不满，很难说清他们为什么愤怒和愤怒的具体对象，有时候因为兽医使他想到了患病动物的痛苦感觉，有时候因为他们对年轻兽医缺乏信任，有时候是对原来的兽医不满。如果动物主人认为兽医举止粗鲁、态度生硬、语言冲撞、水平低下，更可能使动物主人愤怒或怀有敌意。不管是以上哪种情况，兽医一定不能发怒，也不要因为自己受到侮辱而耿耿于怀，伺机反击，而应采取坦然、理解、不卑不亢的态度，尽量寻找动物主人发怒的原因，注意切勿使其迁怒其他医生或医院其他部门。提问应该缓慢而清晰，内容主要限于现病史为好，对既往史及生活史或其他可能比较敏感的问题，询问要十分谨慎，或分次进行，以免触怒动物主人。

(5) 患病动物多种症状并存。有的患病动物多种症状并存，似乎兽医问及的所有症状都有，尤其是慢性过程又无重点时，应注意在其描述的大量症状中抓住关键、把握实质；另外，在注意排除器质性疾病的同时，也考虑其可能由精神因素引起，一经核实，不必深究，必要时可建议其做精神方面的检查。但初学者在判断功能性问题时应特别谨慎。

(6) 动物主人文化程度低下和语言障碍。文化程度低下一般不妨碍其提供适当的病史，但动物主人理解力及医学知识贫乏可能会影响回答问题及遵从医嘱。问诊时，语言应通俗易懂，言简意赅，减慢提问的速度，注意必要的重复及核实，避免使用兽医专业术语进行问诊。动物主人有时因对兽医的尊重及环境生疏，通常表现得过分顺从，有时对问题回答“是”不过是一种礼貌和理解的表示，实际上可能并不理解，也不一定是同意或肯定的回答，对此应特别注意。语言不通者(少数民族或国际友人)，最好是找到翻译，并请如实翻译，勿带倾向性，更不应只是解释或总结。有时体语、手势加上不熟练的语言交流也可抓住主要问题。反复地核实很重要。

(7) 动物主人是残疾患者。在问诊时可能较其他人更为困难，除了需要更多的同情、关心和耐心之外，还需要花更多时间收集病史。对听力障碍的动物主人，可用简单明了的手势或其他体语，谈话清楚、大声，态度和蔼、友善，同时注意动物主人的表情，必要时做书面提问，书面交流。对视力障碍的动物主人，应先向其自我介绍及介绍现场情况，搀扶其就座，这些都有利于减轻动物主人的恐惧，获得其信任，兽医仔细聆听病史叙述并及时作出语言的应答。因为动物有许多症状和人的一样，问诊时切忌触及动物主人的忌讳。

(8) 动物主人是老年人。年龄一般不妨碍其提供足够的病史，但因体力、视力、听力的减退，以及反应缓慢或思维障碍，可能对问诊有一定的影响。应注意以下技巧：先用简单清楚、通俗易懂的一般性问题提问，减慢问诊进度，使之有足够的时间思索、回忆，必要时作适当的重复。

(9) 动物主人是未成年人。特别是儿童，多不能准确陈述动物病史，最好请家长带动物来就诊。如果家长不能到场，应注意其记忆及表达的准确性，最好与主人电话沟通。

四、问诊的注意事项

1. 建立良好的兽医与动物主人关系 首先，兽医要先向动物主人作自我介绍，用语言或肢体语言表示愿意为患病动物解除病痛，尽自己的所能满足动物主人的要求。这样的举措会很快缩短兽医与动物主人之间的距离，改善互不了解的生疏局面，使动物病史采集能顺利地进行下去。

其次，问诊应注意仪表、礼节、友善的举止，不要粗暴地对待动物，体现出对动物的关爱。仪表、礼节和友善的举止，有助于发展与动物主人和动物的和谐关系。恰当地给动物主人以鼓励，要注意动物疾病对动物主人情绪的影响，鼓励动物主人提问，了解动物主人对动物疾病的看法，以及前来给动物看病的期望等。问诊结束时，应感谢动物主人和动物的合作，告知动物主人医患合作的重要性，说明下一步对动物主人和动物的要求、下次就诊时间或随访计划等。

增进和谐关系的行为就是兽医如何使动物主人感到舒服的言行举止。视线的接触就是其一，也是问诊技能好坏的关键。如同其他许多习俗一样，注视动物主人要恰当。其他非语言交流或体语也一样，适当的时候应微笑或赞许地点头示意。与动物主人之间不要设置任何障碍，交谈时应采取前倾姿势注意倾听，可以适时地抚摸一下动物。其他重要的友好举止还包括语音、面部表情和不偏不倚的语言暗示(不要与肯定的加强语混淆)，以及一些鼓励动物主人继续谈话的短语，如"我明白"、"接着讲"、"哦"、"哼"、"说得更详细些"。

问诊一般由动物主人叙述开始，逐步深入，进行有目的、有层次和有顺序的询问。例如，先问"你的动物有哪些不正常的表现?"这种开放式的提问可使动物主人叙述的病史更客观、更全面，兽医据此积极思考，逐步提出具有针对性的问题，如"动物这些不正常的表现有多久了?"然后才用更直接的选择性提问，要求动物主人回答"是"或"不是"，或者要求动物主人对提供的选择问题作回答，如"动物以前有类似的呕吐吗?""动物呕吐是偶然的，还是持续的?"要注意询问时不要责怪性地提问，如"你为什么不早一点带动物就诊呢?""你为什么自己买药瞎治疗呢?"这些问题常常使动物主人难以回答，而且还可能使他们对兽医产生抵触心理。恰当地运用一些评价、赞扬和鼓励的语言，可促使动物主人与兽医合作，使动物主人受到鼓舞而积极提供信息，如"可以理解"，"那你一定很不容易"等。

许多情况下，兽医是在边检查边问诊。在与动物接触之前，应当与动物进行交流，如叫动物的名字、给予食物、和善地对动物进行触摸、适当地玩耍等。只有在解除了动物对兽医的敌意后，兽医才能开始对动物实施临床检查和治疗。良好的兽医与动物的关系有利于实施临床检查和治疗，也能够避免人和动物之间的相互伤害，还会使动物的主人认为兽医了解动物、热爱动物，因而更加愿意将动物交给兽医治疗。

在实施临床检查之前与动物建立信任关系的过程中，兽医可以经常性地获得第一手信息。

2. 通俗易懂 术语即外行难懂的专业性用语或隐语。作为与动物主人交谈的一种技巧，必须用通俗易懂的词语代替晦涩难懂的专业术语。另外，问诊语言还应该和就诊者当地的语言习惯结合起来。例如，奶牛"反刍"他们可能不懂，但奶牛"倒嚼"他们就明白是怎么回事。

3. 避免诱问和逼问 在问诊时，可有目的、有计划地提出一些问题，以引导动物主人提供正确而有助于诊断的资料。但必须防止暗示性套问或有意识地诱导动物主人提供符合询问者主观印象所要求的材料。暗示性提问是一种能为动物主人提供带倾向性的特定答案的提问方式,如“动物呕吐是吃了毒药吗?”“狗缺钙是常吃肉吗?”“动物粪便发黑吗?”恰当的提问方式是“除了拉稀外还有什么不正常的表现吗?”

4. 避免重复提问 提问时要注意系统性、目的性和必要性,兽医应全神贯注地倾听动物主人的回答,不应对同一个问题反复提问。杂乱无章的提问是漫不经心的表现,这样会降低动物主人对兽医的信心和期望。但是,为了核实资料,同样的问题多问几次是必要的。

5. 问诊的真实性 为了收集到尽可能准确的病史,有时兽医要引证核实动物主人所提供的信息。许多情况下,动物主人答非所问或依从性差,是因为动物主人没有理解兽医的意思。如果动物主人没有完全理解或理解有误,应予及时纠正。

有的动物主人对记忆不清的病史,回答问题容易顺口称“是”;有的动物主人对患病动物的病情感到恐惧,有可能故意夸大病情、不说实话或自己编造病情;有的动物主人可能为了逃避责任,隐瞒事实真相,甚至弄虚作假;有的动物主人出于特殊的心理,故意考问兽医,看别人笑话。对此,要求兽医以实事求是的科学态度正确分析判断,结合自己的检查,明辨是非,发现不可靠或含糊不清之处,要反复询问,从不同角度、不同对象询问,以求获得可靠病史。切忌主观臆断,轻易下“结论”。

6. 验证与补充 注意及时核实动物主人叙述的资料,如病情与时间的相关关系、某些症状、检查结果、过去诊断的名称、用药名称和剂量等,以免含糊地记录于动物病史之中,降低动物病史的真实性。询问病史的每一部分结束时都要进行归纳小结。进行小结具有以下目的:①唤起兽医的记忆以免忘记要问的问题;②让动物主人知道兽医如何理解患病动物的病史;③提供机会核实动物主人所述病情,病史核实通常在小结时进行,也可用于难以插话的动物主人或使其专心倾听;④提供机会澄清所获信息。总结既往史时,只需要简短的概括,特别是阴性或不复杂的阳性家族史。总结回顾时,最好只总结阳性发现。问诊大致结束时,尽可能有重点地重述一下病史给动物主人听,看动物主人有无补充或纠正之处,以提供机会核实动物主人所述的病情或澄清所获信息。

7. 重危患病动物的问诊 对重危患病动物的问诊,往往需要在高度浓缩动物病史的同时对动物实施主要体检,两者可同时进行。重危患病动物的主人,因害怕、慌张,反应变慢甚至迟钝,兽医不能催促,应予理解,待经初步治疗使动物病情稳定后,再详细询问动物病史。

病危或患病晚期的动物因治疗无望,动物主人可能有懊丧、抑郁等情绪,应给予特别关心。如动物主人不清楚、不理解,应妥善交代或详细说明。兽医亲切的语言,真诚的关心,以及表示愿意尽自己所能最大限度地挽救动物生命,对动物主人都是极大的安慰和鼓励,有利于获得准确而丰富的资料,甚至创造奇迹,起死回生。

8. 非本院资料 其他动物医院转来的病情介绍、化验结果和病历摘要,应当给予足够的重视,但只能作为参考材料。原则上本医院兽医必须亲自询问病史、检查体格,并以此作为诊断的依据。

9. 保密 对患病动物的病历内容,应严格执行兽医医疗机构病历管理规定,医院有责任(义务)为动物主人保密。

(武 瑞)

第二节 视 诊

视诊是兽医利用视觉直接或借助器械观察患病动物的整体或局部表现的诊断方法。视诊是接触患病动物，进行客观检查的第一个步骤。视诊的适用范围很广，包括群体动物检查和个体检查，大体可分成三个方面：一是全身状态的视诊，包括发育、营养、体型、意识、表情、体位、姿势、步态等；二是局部视诊，如皮肤、黏膜、舌苔、头颈、胸廓、腹部、四肢、肌肉、骨骼和关节外形等；三是特殊部位的视诊，如鼓膜、眼底、支气管及胃肠黏膜等。

一、视诊的基本方法

在动物安静或运动情况下，用检查者的视觉直接检查，某些特殊部位需借助仪器设备观察，如耳镜、检眼镜和内镜等。视诊的一般程序是先检视群体动物，判断其总的营养、发育状态并发现患病的个体。群体视诊是巡视畜群，发现个体患病动物的重要内容。而对个体患病动物检查，应先观察其整体状态，再观察其各个部位的变化。为此，一般应先距患病动物一定距离观察其全貌，然后由前到后，由左到右，边走边看，围绕患病动物行走一周，细致观察，先观察其静止状态的变化，再进行牵遛，以发现其运动过程及步态的改变。

通过视诊经常可搜集到很重要的症状和资料，对某些疾病的进一步诊断提供有用的信息。

二、视诊的主要内容

(1) 观察其整体状态，如年龄、性别、体格大小、发育程度、营养状况、体质强弱、躯体结构、胸腹及肢体的匀称性等。

(2) 判断其精神及体态、姿势与运动、行为，如精神的沉郁或兴奋、静止时的姿势改变或运动中步态的变化等。

(3) 发现其表被组织的病变，如被毛状态，皮肤及黏膜的颜色和特性，判定体表的创伤、溃疡、疹疱、水肿、气肿、血肿、脓肿、淋巴外渗、炎性脓肿和肿瘤等，以及肿胀物的位置、大小、形状和性质特点。

(4) 检查某些与外界直通的体腔，如口腔、鼻腔、外阴部及阴道、肛周及直肠等。注意其黏膜的颜色和完整性的改变，并确定其分泌物、排泄物的数量、性状及其混合物。

(5) 注意其某些生理活动异常，如呼吸动作，有无喘息、咳嗽现象，观察采食、咀嚼、吞咽、反刍等消化活动有无异常，同时检查有无呕吐、腹泻，检查排粪、排尿姿势及粪便、尿液的数量、性状与混合物等有无异常。

三、视诊的注意事项

(1) 诊查场所应保持安静、整洁、光线充足、温度适宜。视诊时被检查部位应充分暴露、在自然光线下进行，因为黄疸、发绀及某些皮疹在灯光下不易辨认而易发生漏诊。

(2) 视诊时应当全面系统，要认真有序，做到细致、准确，一般按照头、颈、胸、腹、脊柱、四肢、生殖器、肛门的顺序进行，并进行两侧对比，有重点地进行。病情危重时，待病情稳定后再做详细查体。例如，犬在剧烈运动或被捕捉挣扎之后，精神紧张，呼吸加快，此时的检查结果常常不能反映疾病的准确状态。

（杨自军）

第三节　触　　诊

触诊是利用检查者触觉及实体觉的一种检查法。检查者用手(手指、手掌或手背,有时可用拳)触摸、按压动物体的相应部位,判定病变的位置、大小、形状、硬度、湿度、温度及按压敏感性(疼痛、喜按、拒按)等,以推断疾病的部位和性质。此外,也可借助诊疗器械(如各种探针)进行间接触诊。

一、触诊的方法和类型

触诊可分为浅部触诊法和深部触诊法两种。

1. 浅部触诊法　浅部触诊法主要是对位置浅表的患部进行触诊,主要检查动物的体表状态,包括体表的温、湿度,弹性及软硬度,敏感性,病变性状等内容,如成熟的脓肿触诊柔软,水肿触诊按压留痕,急性炎性肿胀局部温度增高等。

浅部触诊时,以一手轻放于被检查的部位,手指伸直,平贴于体表,利用掌指关节和腕关节的协调动作,适当加压或不加按压而轻柔地进行滑动触摸,依次进行触感。浅部触诊法还适用于体表浅在的病变、关节、软组织,以及浅部的动脉、静脉、神经、阴囊和精索检查等。

2. 深部触诊法　深部触诊法主要用于检查腹内脏器和腹部异常包块等。检查者以一手或两手重叠,由浅入深,用不同的力量逐渐加压以达深部,以触感深部器官的部位、大小,判断有无疼痛及异常肿块等。例如,小动物腹部触诊,瘤胃、瓣胃和真胃内容物的触诊,肝、脾的触诊检查等。临床上因目的不同,常采用不同的手法。

(1) 深部滑行触诊法:检查者将并拢的2、3、4指端,逐渐触向腹腔的脏器或包块,做上、下、左、右滑动触摸(检查中、小动物时,可用另一手放于对侧而作衬托)。该法常用于腹腔深部的包块和胃肠病变的检查。例如,犬肠内异物或因粪结导致的肠梗阻,一般深部触诊可检查到硬块。

(2) 双手触诊法:检查者左手置于被检查脏器或包块侧方,并将被检查部位或脏器向右手方向推动,有助于右手触诊。该法适用于脾、肾及腹腔肿物的检查。

(3) 深压触诊法:检查者以拇指或并拢的2～3个手指逐渐深压以探测腹腔深部病变的部位,或确定压痛点,观察是否出现疼痛反应。

(4) 冲击触诊法:又称浮沉触诊法。以拳、并拢的手指或手掌在被检查的相应部位连续进行数次急速而较有力的冲击动作,以感知腹腔深部器官的性状与腹膜腔的状态。例如,于腹侧壁冲击触诊感到有回击波或振荡音,提示腹腔积液或胃囊、肠管中存有大量液状内容物;而对反刍兽右侧肋弓区进行冲击(或浮沉)触诊,可感知瓣胃或真胃的内容物性状。

(5) 切入式触诊法:以一个或几个并拢的手指,沿一定部位进行深入的切入或压入,以感知内部器官的性状。该法适用于检查肝、脾的边缘等。

广义上讲,直肠检查也是触诊方法之一,是指将手指伸入动物的直肠内去感知骨盆腔或腹腔内组织器官性状的方法,如牛和马子宫卵巢疾病的诊治、直肠把握子宫颈输精、妊娠诊断等;小动物直肠检查时用手指伸入直肠内,可探知便秘、膀胱和尿道肿胀乃至结石、前列腺炎或囊肿等,对难产胎儿胎位也可探知。

二、触诊的主要内容

(1) 检查动物的体表状态。例如，判断皮肤表面的温、湿度，皮肤与皮下组织的质地、弹性及硬度，浅在淋巴结及局部病变(肿物)的位置、大小、形态及其温度、内容性状、硬度、移动性等。如手指加压后留有明显的指压痕，一般称为生面团样硬度，此乃皮下浮肿的特征；如感觉有明显的波动感，多提示其内蓄积有液体(如脓肿、血肿、淋巴外渗等时)；如肿胀柔软、有弹性或触压其边缘处呈捻发感、有气体向周围组织窜动，则为皮下气肿的特点；如肿物位于腹侧或腹下、脐部或阴囊部且其内容物不定，或为固体、液体或气体，经按压可还纳，则提示有疝(赫尔尼亚)的可能性，应结合听诊可听到肠音等而综合判定。

(2) 检查某些器官、组织，感知其生理性或病理性的冲动。例如，在心区检查心搏动，判定其位置、强度、频率及节律；对反刍兽检查瘤胃，判定其蠕动次数及力量强度；检查浅在动脉的脉搏，判定其频率、性质及节律等变化。

(3) 腹部触诊可了解腹壁及腹腔内组织器官乃至异物。例如，除判定腹壁的紧张度及敏感性外，某些动物(如牛或其他中、小动物)还可通过软腹壁进行深部触诊，从而感知腹腔状态(如腹水)，胃、肠的内容物与性状，反刍兽的瘤胃、瓣胃与真胃的状态和内容物性状，肝、脾的边缘及硬度，肾脏与膀胱，以及母畜的子宫与妊娠情况等。

(4) 触诊也可用于动物组织器官敏感性检查。对动物机体某一部位给予机械刺激，并根据其对此刺激所表现的反应，判断其感受力与敏感性。例如，检查胸壁、网胃或肾区的疼痛反应，腰背与脊髓的反射，神经系统的感觉、反射功能，体表局部病变的敏感性等。

三、触诊的注意事项

(1) 检查范围由大到小，先周围后中心，用力先轻后重，顺序由浅入深。具体来说，触诊时，应从健康区或健康的一侧开始，然后移向患病区或患病侧，并进行对比。用力的大小应根据病变的性质、部位的深浅而定，病变浅在或疼痛剧烈的，用力要小；反之，用力可大些。为了判断触诊的反应，应在触诊时注意动物的动作，如回视、躲闪或反抗等常是敏感、疼痛的表现。

(2) 保证安全。触诊要接触动物，所以首先要将动物保定确实，以保证人和动物的安全。

(3) 检查体表的温、湿度，应以手背(特别是对温度的感觉较为灵敏)进行，动作要轻柔。此时应注意躯干与末梢的对比及左右两侧、健区与病部的对照检查。

(4) 注意区别正常和异常表现。对于初学者来说，在许多时候对触诊的结果难以判断，此时最好对比正常动物和异常动物、正常结构和异常结构、正常肢体和异常肢体等感觉。

(5) 腹部触诊时切不可伤及内脏器官。腹部触诊须依被检查的器官、部位不同而选用适宜的方法；用力要恰当，不可伤及组织器官；要熟悉脏器的正常位置、大小及正常的变异，避免将腹直肌、浮肋、游走肾或器官异位误认为肿块。

触诊虽然是一种简便的方法，但若想判断准确，也必须经过长时间的实践锻炼，同时综合运用视诊、听诊等诊断方法，才能作出更合理的诊断。

(杨自军)

第四节　叩　　诊

叩诊是兽医用手指或借助器械对动物体表的某一部位进行叩击，借以引起其振动并发出音响，兽医借助叩击发出的音响特性来帮助判断体内器官、组织状况的检查方法。动物各种组织结构的密度、弹性各异而发出不同的声音是诊断的基础。

一、叩诊音响的物理学特点

叩诊后发出的音响是叩诊检查的基础和根据。动物体的组织器官具有不同的弹性，当叩击时就产生不同性质的音响。弹性较强的物体，如肌腱、弹力膜、含气的组织器官等发音和声音的传播较好；弹性较弱的物体，如脂肪、体液等发音和声音的传播较差。借助叩诊音来判断动物体内的某些病变，需掌握音响的物理学特点。

(1) 组成音响的三要素为音调、音强与音色。音调是声音的高低，取决于物体振动频率。动物体内含气组织振动时，频率较低，发出低的叩诊音；实质器官振动时，频率较高，发出高的叩诊音。音强(音量、响度) 是声音的强弱程度，取决于发音体振幅的大小，而振幅又与振动物体的弹性、含气量及叩击的力量大小有关，即振幅越大，音响越强。动物体的含气组织振动时，振幅大，叩诊时发出强音；而肌肉和实质器官振动时，振幅小，叩诊时发出弱音。音色(音质)是声音的品质，是由伴随基音的伴音所决定的，根据音色不同，肉耳可分辨出的声音不同。叩诊不同的含气组织时，发出清音或鼓音，就是这个道理。

(2) 音时的长短。音时与物体振动时间长短和波速在介质中衰减的快慢有关。物质振动期长，音时也长；波速在介质中衰减缓慢，其音时也长。

(3) 介质对音响传递的影响。音响在介质中传递时，介质密度大、弹性好，音响传播就快；密度小、弹性差的物体，其音响传播缓慢。动物体的组织器官因弹性及密度各异，故其叩诊时发出的叩诊音各异且传递的速度不同。例如，肺组织由含气的肺泡所组成，其振动频率低、弹性好、振幅大、振动期长，故音调低但音响强、音时长。

二、叩诊的应用范围

根据叩击体壁可间接地引起其内部器官振动并产生音响的性质，可以检查体腔(如头窦、胸腔与腹腔等)、脏器和异物及体表的肿物，以判定内容物性状(气体、液体或固体)；可以推断体内器官的位置、大小、形状及其与周围器官、组织的相互关系；可以判定含气器官(肺、胃肠)的含气量及病变的物理状态等。

叩诊的应用范围很广，几乎包括所有的胸、腹腔器官，包括肺、心、肝、脾、胃肠等。然而，由于胸腔器官，特别是作为含气器官的肺，其正常生理状态十分稳定，所以叩诊对肺脏和胸腔病变的诊断更有意义。

三、叩诊的方法

根据叩诊的手法与目的不同可分为直接叩诊法与间接叩诊法两种。

(一) 直接叩诊法

直接叩诊法即用叩诊锤或一个手指(中指或示指)或用并拢的示指、中指和无名指的掌面或指端直接轻轻叩打(或拍)被检查部位体表，或借助叩诊器械向动物体表的一定部位直接叩击。借助叩击后的反响音及手指的振动感来判断该部位组织或器官的病变。中、小动物常用于胸、腹部面积较广泛的病变或胸壁较厚的患病动物，如胸膜增厚、粘连、大量胸腔积液、腹水等。大动物主要用于检查肠臌气、瘤胃臌气时判定其含气量及紧张度，以及鼻窦和鼻旁窦(副鼻窦)蓄脓等。

(二) 间接叩诊法

间接叩诊法应用较为广泛,其特点是在被叩击的体表部位上,先放一振动能力较强的附加物,而后向这一附加物体上进行叩击。附加的物体,称为叩诊板。叩诊板具有两个基本的作用:一是振动性好,叩诊的声音响亮、清晰,易于听取和辨认;二是可很好地将振动向深部传导,适合于深部组织器官的检查。

间接叩诊的具体方法主要有指指叩诊法及槌板叩诊法。

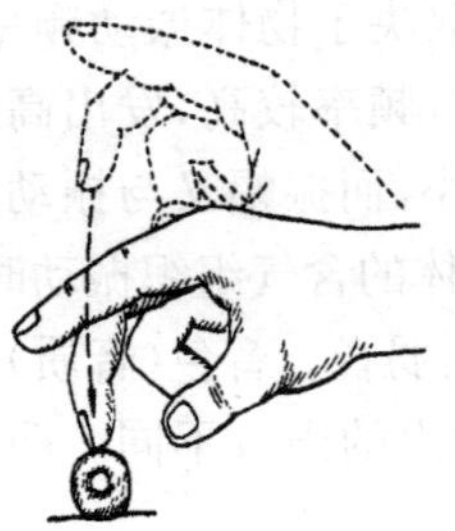

图 1-1　指指叩诊法的手势

1. 指指叩诊法　其手法通常是将左手中指末梢两指节紧贴于被检部位代替叩诊板,其余手指要稍微抬起,勿与体表接触;右手各指自然弯曲,以中指(或示指)的指端垂直叩击左手中指第二指节背面。叩击时应以掌指关节及腕关节用力为主,叩击要灵活而富有弹性,不要将右手中指停留在左手中指指背上。对每一叩诊部位应连续叩击 2~3 下,用力要均匀,使产生叩诊音响基本一致,同时在相应部位左右对比以便正确判断叩诊音的变化(图 1-1)。指指叩诊法虽有简单、方便、不用器械的优点,但因其振动与传导的范围有限,只适用于中、小动物和大动物浅表部位的诊查。

2. 槌板叩诊法　叩诊槌多由金属制成,在槌的顶端嵌有软硬适度的橡胶头(缺损后应更换);叩诊板可由金属、骨质、角质或塑料制作,形状不一,有把柄或两端上曲。叩诊锤和叩诊板有一定型号,叩诊锤有一定的质量(一般为 100~200g)。通常的操作方法是:以左手持叩诊板,将其紧密地放于欲检查的部位上;以右手持叩诊槌,以腕关节为轴上下摆动,使之垂直地向叩诊板上连续叩击 2~3 次,以分辨其产生的音响。

间接叩诊法叩击力量的轻重,视不同的检查部位、病变性质、范围和位置深浅而定。一般分为轻叩法、中度叩诊法和重叩诊法等。

轻叩法又称阈界叩诊法,用于确定心、肝及肺心相对浊音界。中度叩诊法适用于病变范围小而轻、表浅的病灶,且病变位于含气空腔组织或病变表面有含气组织遮盖时。上述情况如叩诊过于用力易造成病灶周围组织的振动,从而影响叩诊音的性质,不利于判断。重叩诊法适用于深部或较大面积的病变及肥胖、肌肉发达者。上述情况只有用较强叩击方能引起深部病灶或肥厚体壁下组织振动,发出音响以供诊断。

四、叩诊音的种类和性质

根据音响的基本性质,可分为强音与弱音、低音与高音、长音与短音、鼓音与非鼓音。

由于动物体被叩击部位的组织或器官的致密度、弹性、含气量及距离体表的深浅不一,可产生不同的叩诊音,临床上将此区分为清音、浊音、实音、鼓音和过清音 5 种。

(1) 清音(resonance):是一种音调低、音响较强、音时较长的叩诊音,为叩击富弹性的含气器官时所产生,可见于肺组织弹性良好、含气量正常的胸部叩诊时。

(2) 浊音(dullness):是一种高音调、音响较弱、音时较短的叩诊音,在叩击覆盖有少量含气组织的实质器官时产生。见于肝、心脏部位的胸部叩诊时;感染肺炎后,因肺含气量减少,在胸部叩诊时也可出现。

(3) 实音(flatness):是一种音调比浊音更高、音响更弱、音时更短的叩诊音,为叩击不含气的实质性组织器官，如叩诊厚实的肌肉部位（如臀部）及不含气的实质器官（如心脏、肝、脾）与体壁直接接触的部位时所产生的声音。因为组织不含气体，弹性也较差，所以呈现实音。在病理情况下，大量胸腔积液和肺完全实变时也可出现。

(4) 鼓音(tympany)：是一种比清音音响强、音时长而和谐的低音，在叩击含有大量气体的空腔器官时出现，可见于叩诊健康牛瘤胃上部 1/3 处所产生的声音，以及胃扩张、肠臌气、气胸、气腹或有较大肺空洞的患病动物。

(5) 过清音(hyperresonance)：是一种介于清音与鼓音之间的叩诊音，此种叩诊音正常时不易听到，可见于肺组织弹性减弱而含气量增多的肺气肿患病动物。

应该指出，叩诊动物体时，由于被叩组织及其周围的条件和弹性不同，因此产生的音响也不同。由于器官组织的重叠，基本音调之间可有程度不同的过渡阶段（如清音与浊音之间可有半浊音，清音与鼓音之间的过清音等）。当肺、胃肠等含气器官的含气量发生病理性改变，或胸、腹腔出现病理性产物（如积液或积气）时，叩诊音会发生病理性变化。

五、叩诊的注意事项

(1) 叩诊检查宜在安静并有适当空间的室内进行，防止其他声音的干扰。被检查动物体位要舒适，叩诊部位肌肉要松弛，否则会影响叩诊音调与音响。叩诊时大动物处于站立姿势，小动物则放置在桌上或呈横卧姿势。

(2) 叩诊板（或作叩诊板用的手指）须密贴动物体表，其间不得留有空隙，但不能用力压迫。对被毛过长的动物，宜将被毛分开；对极度消瘦的患病动物，叩诊板应沿着肋间放置，以免横放在两条肋骨上而与胸壁之间产生空隙。

(3) 叩诊应以掌指关节和腕关节活动为主，避免肘关节的运动。应使叩诊槌或用作槌的手指，垂直地向叩诊板上叩击。指指叩诊法的正确与不正确姿势见图 1-2。

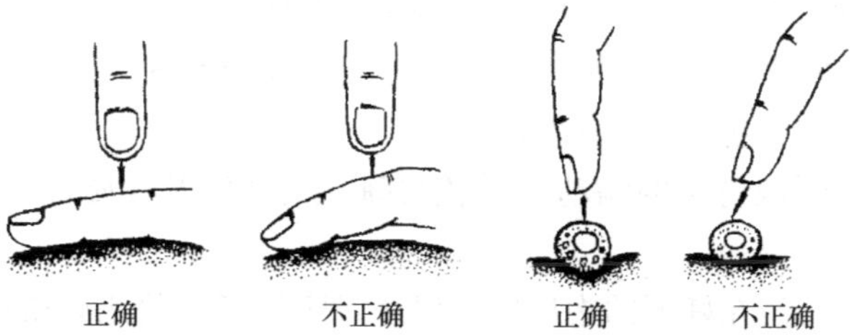

图 1-2　指指叩诊法的正解与不正确姿势

(4) 叩打应该是短促、断续、快速而富有弹性；叩诊槌或用作槌的手指在叩打后应很快地弹开。每一叩诊部位连续进行 2～3 次，时间间隔均等。

(5) 叩诊时用力要均匀一致且不可过重，以免引起局部疼痛和不适。叩诊时用力的强度不仅可影响声音的强度和性质，同时也决定振动向周围与深部的传播范围。因此，用力的大小应根据检查的目的和被检查器官的解剖特点而异。应注意在叩打对称部位时的条件要尽可能地相等，当用较强的叩诊所得的结果模糊不清时，则应次递进行中等力量与较弱的叩诊，再行比较。

(6) 叩诊时如发现异常音响，应注意与健康部位的叩诊音响作对比，并与另一侧相应部位加以比较，避免发生误诊。

(7) 当确定含气器官与无气器官的境界时，先由含气器官的部位开始逐渐转向无气器官部位，再从无气器官部位开始而过渡到含气器官。

(8) 叩诊时除注意叩诊音的变化外，还应结合听诊及手指所感受的局部组织振动的差异进行综合考虑判断。如在心界叩诊中，可以戴上听诊器，由于每一次叩击都能被听诊器放大后传入耳内，因此可以比较清楚地辨别出清音、浊音、实音。

在对胸腔、腹腔积液者叩诊时，同时用听诊器听诊，能非常清楚地辨别清音向浊音的转变，准确度较高。

奶牛真胃变位时应在左侧或右侧倒数第1与第2肋间及其周围采取听、叩诊结合的方法，若听到特征性的钢管音，则可作出初步诊断。

（杨自军）

第五节　听　　诊

听诊(auscultation)是借助听诊器或直接用耳朵听取机体内脏器官活动过程中发出的自然或病理性声音，根据声音的性质特点判断其有无病理改变的一种方法，是临床上诊断疾病的一项基本技能和重要手段。听诊不但可辨别出生理性的或病理性的声音的性质，还能确定声音发出的部位，甚至可估计病变范围的大小，故临床上常用于心血管系统、呼吸系统和消化系统功能的检查，如心音、呼吸音、胃肠蠕动音的听诊等。

一、听诊的应用范围

从宏观来讲，听诊的应用范围很广，包括直接听取动物的嘶鸣、狂吠、呻吟、喘息、咳嗽、喷嚏、嗳气、咀嚼、运步等声音及高朗的肠鸣音等。现代听诊法的主要应用范围包括以下几个方面。

(1) 对心血管系统，听取心脏及大血管的声音，特别是心音。判定心音的频率、强度、性质、节律及有无附加的心杂音；也包括心包的摩擦音和击水音等。

(2) 对呼吸系统，听取呼吸音，如喉、气管、支气管及肺泡的生理性呼吸音、病理性呼吸音和胸膜的病理性声音(如摩擦音、振荡音等)。

(3) 对消化系统，听取胃肠的蠕动音，判定其频率、强度及性质，以及腹腔的振荡音(当腹水、瘤胃或真胃积液时)。

(4) 胎心音和胎动音：在妊娠的中后期可以通过听诊了解胎儿活动和胎心搏动的声音。

二、听诊的分类及方法

听诊的方法可分为直接听诊法与间接听诊法。

1. 直接听诊法　听诊时不用器械，用耳直接贴于被检查者体表某部位，听取脏器运动时发出的音响的听诊方法。由于听到的音响很弱，既不安全，也不卫生，现已不常应用。

2. 间接听诊法　间接听诊法是借助听诊器进行听诊，即器械听诊方法，为临床常用方法。临床应用的听诊器按功能分为电子听诊器、时钟听诊器、教学听诊器、胎心听诊器、可视听诊器、双用听诊器等，现代科学还利用电子技术把听取的声音进行录制和放大，更有利于用声音判定病性。

听诊器(stethoscope)分为软质及硬质两种。随着器械的改进，现均采用软质听诊器。听诊器分成三部分：耳件、体件及软管。体件是接触被检查体表部分，有两种类型：一种形如钟状，木制或由牛角制成，适用于肋间隙狭窄、听取较低调音响时；另一种为扁平状膜型体件，于接体端加一共鸣装置(如橡皮膜、动物膜或其他的薄膜片)使声音增强，适用于听取较深部位脏器发出的音响(如肺部呼吸音)和高调的声音。因扁平状膜型体件与体表接触面积比钟形体件大，容易与动物体表被毛接触产生明显杂音，影响听诊效果，临床使用时应根据检查的目的要求和部位的不同而加以选择。

三、听诊的注意事项

(1) 经常检查听诊器，注意接头有无松动，胶管有无老化、破损或堵塞。

(2) 听诊环境要安静和温暖，最好在室内或避风处进行，尤其是小动物应避免惊恐或因外界寒冷引起肌肉震颤产生噪声而影响听诊效果。

(3) 听诊器的接耳端，要适宜地插入检查者的外耳道(不松也不过紧)；体件要紧密地放在动物体表的检查部位，但也不应过于用力压迫。

(4) 听诊过程中，胶管不能与任何物体摩擦，其摩擦杂音干扰听诊效果。被毛的摩擦是最常见的干扰因素，要尽可能地避免，必要时可将其濡湿。

(5) 检查时应集中注意力，仔细分辨声音的性质，注意排除其他音响的干扰，同时要注意观察动物的动作，区分是因被毛摩擦、肌肉震颤、咀嚼、吞咽、嗳气等产生的音响，还是所听诊的器官活动所产生的音响。

(杨自军)

第六节　嗅　诊

嗅诊(olfactory examination)是用嗅觉发现、辨别动物的呼出气、口腔臭味、排泄物及病理性分泌物异常气味与疾病之间关系的一种检查方法。异常气味大都来自皮肤、黏膜、呼吸道、胃肠道、呕吐物、排泄物或脓液等。

嗅诊时检查者可用手将气味扇向自己的鼻部，然后仔细判断气味的特点与性质。临床上经常用嗅诊检查的有汗液味、呼吸味、痰液味、呕吐物味、粪便味、尿液味和脓液味等。例如，呼出气体及鼻液有特殊腐败臭味，是呼吸道及肺坏疽(gangrenous pneumonia)性病变的重要线索；尿液及呼出气体有烂苹果味时，可提示对牛、羊酮病(ketosis)的怀疑；皮肤及汗液有尿臭味时，常有尿毒症(toxuria)的可能；当胃肠道发生严重炎症时，其排泄物气味异常。

(杨自军)

第二章　整体及一般状态检查

对就诊动物进行登记和问诊之后，通常做整体及一般状态的检查，即一般检查。通过一般检查对动物所患疾病的严重程度和可能患病的器官或系统作初步估计，为进一步的系统检查和实验室检查提供线索。

一般检查的主要内容包括：全身状况的检查；体温、呼吸、脉搏及血压等的检查；皮肤、被毛及皮下组织的检查；可视黏膜的检查；表浅淋巴结和淋巴管的检查。

第一节　全身状况的检查

全身状况的检查指对动物外貌形态特征和行为综合表现的检查。其包括动物性别、年龄、体格发育、营养状况、精神状态、姿势、运动与行为的变化和异常表现。

性别和年龄检查见问诊。

一、精神状态

动物的精神状态(mental state)是中枢神经系统功能活动的反映，根据动物对外界、刺激的反应能力及行为表现而判定。临床上主要观察病畜的神态，注意其耳和眼的活动、面部的表情及各种反应活动。根据精神状态的观察可容易地从畜群中发现患病动物。

健康家畜表现两眼有神，耳尾灵活，对外界刺激能迅速反应，听从主人使唤，行动敏捷，动作协调，行为正常。幼畜活泼好动，宠物表现亲近主人。在疾病情况下，可表现两种异常状态：兴奋和抑制。

1. 精神兴奋　表现亢奋、躁动不安，竖耳，刨地、嚎叫，重则乱冲乱撞、狂奔乱跑，甚至逢人踢咬，这种精神状态称作精神兴奋或狂躁。见于脑部疾病如脑炎，侵害神经系统的传染病如狂犬病等。

2. 精神抑制　表现离群呆立，萎靡不振，头低耳耷，双眼半闭，对周围事物反应迟钝，行动迟缓，重者卧地不起，这种精神状态称作精神抑制。根据精神抑制的程度，其可分为沉郁、嗜眠、昏迷等。

(1) 沉郁：为最轻度的抑制现象。患病动物对周围事物注意力减弱，反应迟钝，离群呆立，头低耳耷，眼半闭或全闭，行动无力，躲于一隅，不停呼唤。但患病动物对外界刺激，如有人接近或检查时，尚易作出有意识的反应。由一定程度的缺氧或血糖降低及脑组织受毒素作用所致，是最常见的一个症状。

(2) 嗜眠：为中度抑制的现象。患病动物重度委靡，闭眼似睡。只在给以强烈的刺激时才能产生迟钝的和暂时的反应，但很快又陷入沉睡状态。见于重度脑炎、颅内压增高、中毒病等。

(3) 昏迷：为高度抑制的现象。患病动物意识完全丧失，对外界刺激全无反应，表现卧地不起，呼唤不应，全身肌肉松弛，反射消失，甚至瞳孔散大，粪、尿失禁。虽强刺激但不能引起反应；仅保留自主神经系统活动，心搏和呼吸虽仍存在，但多变慢而节律不齐。重度昏迷常为预后不良的征兆。见于颅内病变如脑炎、脑肿瘤、脑创伤、代谢性脑病及由于感染、中毒引起的脑缺血、缺氧、低血糖等。

临床上尚有一种晕厥现象，又称昏厥或休克，其与昏迷不同，是突然发生的、短暂的意识丧失状态。乃因心脏输出量减少或血压突然下降引起急性脑贫血，而大脑一时性广泛性供血不足所致，常提示为心力衰竭，心脏传导阻滞，主动脉瓣关闭不全或狭窄，贫血，大脑出血，脑震荡及挫伤，脑栓塞或血栓形成，电击和日射病等。此外，低血糖时，也可产生晕厥现象。晕厥可伴发行动无力，晕倒在地，其发作过程很快，历时数秒或数分钟即可完全恢复；而昏迷则持续时间长，往往预后不良。

应该指出，精神状态的异常表现不仅常随病程的发展而有不同程度的改变，如最初的兴奋不安逐渐变为高度的狂躁，或由轻度的沉郁而渐呈嗜眠乃至昏迷，此为病程加重的结果；而且有时在同一疾病的不同阶段中，可因兴奋与抑制过程的相互转化，而表现为临床症状的转变或两者的交替出现，如初期的兴奋，到后期可转变为昏迷，或可见到兴奋、昏迷与昏睡、兴奋的交替出现。

二、体格发育

体格发育(constitution and development)指动物骨骼与肌肉的外形及其发育程度。机体的发育受遗传、内分泌、营养代谢、饲养管理等多种因素的影响。体格发育的状况通常可用视诊的方法，根据骨骼与肌肉的发育程度及各部的比例关系来判定，必要时可用测量器具进行测量，根据体高、体长、体斜长、颅径、胸围、管围及体重等作出判断。检查体格时应考虑动物品种、年龄等因素形成的差异。体格分为体格强壮、体格中等和体格纤弱；发育状况可分为发育良好和发育不良。体格大小和发育状况呈一定关系。

1. 发育良好　动物体躯高大，结构匀称，四肢粗壮，肌肉丰满，体格强壮有力，外形完美。体格强壮的动物不但生产性能良好，且对疾病的抵抗力强。

2. 发育不良　发育不良的动物多表现躯体矮小，结构不匀称，关节粗大，胸廓狭窄，肢体扭曲变形，体格纤弱无力。特别是幼龄阶段，常发育迟缓甚至停滞，即表现为个体发育明显比同种同龄的正常动物矮小。体格纤弱、发育不良的主要原因如下。

(1) 遗传或繁殖原因：如种畜品种退化，近亲繁殖，过早配种等，以猪、山区黄牛、犬及野生动物常见。

(2) 营养不良：先天性营养不良、幼畜吃母乳不足、矿物质及维生素代谢障碍而引起的骨质疾病是最常见的原因，如饲料维生素 D 和钙、磷缺乏或钙、磷比例不平衡可引起幼畜、幼禽发生佝偻病，成年动物发生骨软症。

(3) 传染病后遗症及慢性传染病：如猪瘟、喘气病、副伤寒、萎缩性鼻炎、猪肺疫等耐过者常成为僵猪。幼畜结核病也可造成发育不良。

(4) 寄生虫感染：多见于蛔虫、姜片吸虫、肺丝虫、肝片吸虫、绦虫等。

(5) 长期的消化功能紊乱：影响营养物质的消化吸收而导致发育受阻。

(6) 内分泌功能障碍：如垂体功能低下、继发性甲状腺功能不全引起的侏儒。

三、营养状况

动物营养状况(state of nutrition)与多种因素有关，但通常反映了机体对饲料摄入、消化、吸收和代谢的状况。营养状况一般用视诊的方法根据肌肉丰满程度、皮下脂肪蓄积量和被毛的状态和光泽度来判定，必要时可称量体重。

临床上将营养状况分为良好、中等、不良和过剩(肥胖)4 种。

(1) 营养良好:表现八九成膘,肌肉丰满,皮下脂肪充实,躯体圆润,骨骼棱角不显露,被毛平顺有光泽,皮肤富有弹性,机体抵抗力强。

(2) 营养不良:表现为消瘦(emaciation),五成膘以下,肌肉和皮下脂肪菲薄,骨骼棱角显露,肋骨可数,被毛蓬乱无光泽,皮肤缺乏弹性,常伴有精神不振、乏力。长期极度消瘦称恶病质(cachexia),多预后不良。临床上常见的消瘦有两方面:①急性消瘦。短期内体重急剧减轻。主要见于急性传染病、急性胃肠炎及其他引起急性食欲废绝、呕吐和腹泻的疾病。②慢性消瘦。在较长时间内逐渐消瘦,病程发展缓慢。多见于慢性传染病,严重寄生虫感染,饲料营养不全、摄入不足或长期消化紊乱,其他营养代谢性疾病及内分泌障碍。

(3) 营养中等:表现六七成膘,介于营养良好及营养不良之间。

(4) 营养过剩:即肥胖(obesity),主要指体内中性脂肪积聚过多,表现为体重超重,一般在役畜少见,宠物多见。动物肥胖将导致其繁殖能力、生产性能下降,多因饲养水平过高、运动不足或内分泌紊乱而引起。

四、姿势与体态

姿势与体态(posture and position)是指动物在相对静止或运动过程中的空间位置和呈现的姿态。各种家畜健康时保持其特有的生理姿势,表现自然、动作灵活而协调。健康猪饱食后卧地嗜睡,健康牛采食后常前胸着地,四肢集于腹下伏卧,进行间歇性的反刍,有时用舌舔被毛,遇生人走近时,则后躯先起来,再缓慢地站立。在病理状态下,动物常在站立、躺卧和运动时出现一些特有的异常姿势,而具有一定的诊断意义。

1. 异常站立姿态

(1) 典型木马样姿态:呈头颈平伸、肢体僵硬、四肢关节不能屈曲、尾根挺起(猪有时呈现尾根竖起)、鼻孔张开、瞬膜露出、牙关紧闭等表现,此乃破伤风的特征,也见于士的宁中毒,是全身骨骼肌强直的结果。

(2) 站立不稳:呈躯体歪斜、摇晃,四肢叉开或依靠墙壁等支撑物而立的姿态。除病重体弱者外,常见于中枢神经系统疾病,特别当病程侵害小脑时尤为明显。鸡呈扭头曲颈的“观星姿势”,甚至躯体滚转,提示维生素 B_1 缺乏。

(3) 长久站立:指动物较长时间(超过数小时)站立而不愿意卧下的现象,又称“久站不卧”。提示动物患胸部疼痛性疾病或严重呼吸困难的疾病,如创伤性网胃心包炎、肺气肿、渗出性胸膜炎等。

(4) 肢蹄避免负重:动物四肢疼痛性疾病时伫立间呈不自然的姿势,如单肢疼痛则患肢不能负重呈蹄尖着地或提起;肢体的骨骼、关节或肌肉的疼痛性疾病(如骨软症、风湿症等)及泌尿系统的疼痛性疾病时,四肢常频频交替负重,表现站立困难。两前肢疼痛则两后肢极力前伸,两后肢疼痛则两前肢极力后送以减轻病肢的负重;多肢的蹄部剧痛(如蹄叶炎时)则常将四肢集于腹下而站立。

(5) 其他典型的异常站立姿势:①牛站立时常保持前高后低体位,可能提示患创伤性网胃-心包炎;②马、骡慢性脑室积水时常呈前肢交叉长时间不改变的站立姿势;③牛、羊脑包虫病站立时呈头颈歪斜,有时转圈,有时低头静立;④鸡呈两腿前后叉开的劈叉站立姿态,是马立克病的特征。

2. 强迫躺卧　强迫躺卧是当驱赶和吆喝时动物仍卧地不起,不能自行起身和站立的状态，中、小动物即使人工辅助站起，也不能正常站立。临床上常见于以下几种情况。

(1) 四肢的骨骼、关节、肌肉的疼痛性疾病，如骨折、关节脱位、骨软症、风湿症等，多呈强迫卧位姿势。此时，经驱赶或人工辅助而可勉强起立，但站立后可见因肢体疼痛而站立困难或伴有全身肌肉的震颤。母牛于产前、产后发生多提示骨软症的可能。大动物骨折和关节脱位，多经驱赶也不能站立。

(2) 动物长期患慢性消耗性疾病，因机体高度衰竭，多长期躺卧。

(3) 某些营养代谢紊乱性疾病，如奶牛患酮病、生产瘫痪(乳热症)时，呈曲颈侧卧并伴有嗜睡或半昏迷状；马呈犬坐姿势，排红棕色尿液并伴有臀部肌肉的变性与硬化时，应考虑马肌红蛋白尿症的可能。也见于严重的佝偻病、骨软症及某些微量元素缺乏症等。

(4) 脑、脑膜的疾病或某些严重中毒性疾病的后期，多伴呈昏迷状态。

(5) 脊髓横断性疾病，如脊髓挫伤、犬椎间盘突出等，常出现四肢麻痹或瘫痪，甚至粪、尿失禁。

长期的躺卧，皮肤的骨骼棱角处常被擦伤，甚至形成褥疮，并容易引起母畜的乳腺炎等。

五、运动与行为

检查动物运动时的步态(gait)，对能走动的动物进行牵遛(或跑动)，观察其步态是否有异常。健康动物在运步时，肢体动作协调一致，灵活自然。当神经调节或四肢的功能发生障碍时，就会出现运动异常，即运动的方向性和协调性发生改变。动物运动和行为检查见第八章神经系统及运动功能检查。

(王捍东)

第二节 体温、脉搏、呼吸及血压测定

体温、脉搏、呼吸数和血压是评价动物生命活动的重要生理指标，称为生命体征或生命征(vital sign)，即通过这些指标可以判断生命活动的存在及其状况。正常情况下，除外界气候及运动、使役等环境条件的暂时性影响外，其一般变化在一个较为恒定的范围之内。但是，在病理过程中，受病原因素的影响而发生不同程度和形式的变化。因此，临床上测定这些指标，在诊断疾病和分析病程的变化上有重要的实际意义。

一、体　温

健康动物体内产热和散热保持平衡，除冷血动物外，其体温不随外界气温的变化而改变。

1. 正常体温及其生理影响因素　健康动物的体温见表 2-1。

表 2-1　健康动物的体温

动物种类	正常体温/℃	动物种类	正常体温/℃
马	37.5～38.5	猪	38.0～39.5
骡	37.5～39.0	犬	37.5～39.0
驴	37.5～38.5	猫	38.5～39.5
奶牛	37.5～39.5	兔	38.5～39.5
黄牛	37.5～39.0	狐狸	38.7～40.1

续表

动物种类	正常体温/℃	动物种类	正常体温/℃
水牛	36.5～38.5	鸡	40.0～42.0
绵羊、山羊	38.0～40.0	鹅	40.0～41.3
骆驼	36.0～38.5	鸭	41.0～43.0
鹿	38.0～39.0	鸽	41.0～43.0

健康动物的体温，受某些生理性因素的影响，可引起一定程度的生理性变动。

(1) 年龄因素的影响。通常幼龄阶段比成年家畜为高，一般高 0.5～1.0℃。

(2) 性别、品种、营养及生产性能等特点，对体温的生理性变动也有一定影响。一般母畜于妊娠后期及分娩之前稍高，如母猪于妊娠后期比空怀母猪可高 0.2～0.3℃；乳牛在分娩之前可高 0.5～1.0℃。高产乳牛比低产乳牛的体温，平均可高 0.5～1.0℃，尤以泌乳盛期更为明显。

(3) 动物的兴奋、运动与使役，以及采食、咀嚼活动之后等，可使其体温呈暂时的一时性升高(0.1～0.3℃)，犬运动后体温可升高 1.0～2.0℃。

(4) 外界气候条件(温度、湿度、风力等)和地区性的影响，可表现为季节性的变化(一般夏季外界温度高时体温可稍高，冬季气温低时体温可稍低)或地区性的差异。

(5) 健康动物体温的昼夜变动，一般晨温较低，午后稍高，其昼夜温差变动在 0.2～0.5℃，不超过 1℃。

2. 体温测量的方法　临床测量哺乳动物体温均以直肠温度为标准，而禽类通常测其翼下的温度。一般用特制的玻璃棒状水银柱式兽用体温计进行检温。

检温时，先将体温计充分甩动，以使水银柱降至 35.0℃以下；后用消毒棉轻拭之并涂以滑润剂(如液体石蜡或水)；检温人员用一只手将动物尾根部提起并推向对侧，以另一只手持体温计徐徐插入肛门中，用附有的夹子夹在尾根毛上以固定，放开尾巴。

按体温计的规格要求，使体温计在直肠中放置一定时间(一般为 3min 或 5min)，取出后用乙醇棉球拭净粪便或黏液，读取水银柱上端的度数即可。测温完毕，应甩动体温计使水银柱降下并用消毒棉清拭，以备下次使用。

各种动物测温操作要点如下。

(1) 马：检查者从马的左侧接近，以左手从颈部开始拍抚马体，逐渐移到臀部左侧并站立，用左手将马尾向上拉起并固定于臀部，露出肛门，右手持体温计轻触肛门皮肤，以避免其惊恐和骚动，而后将体温计缓缓地边回转边插入直肠，左手将马尾放下，用夹子把体温计固定于尾毛上。

(2) 牛：检查者站在牛的正后方，左手提起牛尾略上举，右手持体温计，按马的方法插入直肠。

(3) 猪：对性情温和的猪，先轻挠背部，待其安静或卧地后，将体温计插入直肠。对性情粗暴骚动不安的猪，应适当保定后再测量。

(4) 羊：检查者两腿夹羊体，左手握住羊尾并提起，用右手将体温计插入直肠。

(5) 犬、猫：使犬、猫站立或爬卧，由一人(最好由其主人)固定好其头部并使动物安定，拉起尾巴，将体温计放入肛门内进行测量。

(6) 鸡：用左臂将鸡抱于怀内，将鸡尾向右拉，右手将体温计插入泄殖腔。也可测翼下温度。

临床上有时出现体温测量结果与病畜的全身状况不一致的现象，常见的原因有：①测量前未将体温计的水银柱甩至35℃以下，致使测量结果高于实际体温；②对远途而来的病畜，应让其休息20～30min后再测定体温，否则体温可能高于正常；③频繁下痢、肛门松弛、冷水灌肠后或体温表插入直肠中的粪便中，以及测量时间过短等情况，均可使体温表刻度不能升至应有的高度。应注意避免以上错误。

临床上应对病畜逐日检温，最好每昼夜定期检温两次（即清晨及午后或晚间各一次），并将测温结果记录在病历上或体温记录表上，对住院或复诊病例应描绘出体温曲线表，以观察、分析病情的变化。

3. 体温的病理变化及临床意义

（1）体温升高：体温高于正常为发热，见于各种病原体所引起的感染，也见于某些变态反应性疾病和内分泌代谢障碍性疾病。机体因机械性、物理性、化学性损伤所致的坏死物质的吸收，或各种原因导致的体温调节中枢功能紊乱，均可使体温升高。体温升高的程度、热型及其结局见第十九章第一节“发热”部分。

（2）体温降低：体温低于正常范围，临床上多见于严重贫血、营养不良、休克、大出血、内脏破裂及多种疾病的濒死期等。长时间体温低于36℃，同时伴有发绀、末梢冷厥、高度沉郁或昏迷、心脏微弱，多提示预后不良。

二、脉搏频率

脉搏的频率，即每分钟的脉搏次数。以触诊的方法感知浅在动脉的搏动来测定。检查脉搏可判断心脏活动功能与血液循环状态，甚至可判断疾病的预后。

1. 正常脉搏频率及影响因素

（1）脉搏检查的部位及方法：动物种类不同，脉搏检查的部位有一定差异。马通常检查颌外动脉，牛检查尾动脉，小动物检查股动脉或肱动脉。检查时用示指、中指和环指指腹压于血管上，左右滑动，即可感觉到血管似一富有弹性的橡皮管在指下滑动。检查计数1min的脉搏次数，脉搏节律、紧张度和动脉壁的弹性、强弱和波形变化检查见第三章第二节“血管的检查”部分。

（2）正常动物脉搏的频率：健康动物每分钟的脉搏次数较为恒定，其正常值及其变动范围见表2-2。一般情况下，脉搏频率与心率一致，但有时脉搏频率不能完全代表心率。如病畜心律失常时，由于部分心脏收缩的搏出量低，不足以引起外周动脉搏动，故脉搏频率少于心率，出现所谓的脉搏短绌。因此，在检查脉搏时，还应检查心率。

表2-2　健康动物的脉搏频率

动物种类	脉搏频率/（次/min）	动物种类	脉搏频率/（次/min）
马、骡	26～42	猪	60～80
驴	42～54	犬	70～120
乳牛、黄牛	50～80	猫	110～130
水牛	30～50	兔	120～140
绵羊、山羊	70～80	狐狸	85～130
骆驼	32～52	鸡（心率）	120～200
鹿	40～80	鸽（心率）	180～250

(3) 脉搏的生理性影响因素:正常脉搏的频率受许多因素的影响,如品种、性别、年龄、饲养管理、地理环境、外界温度和湿度、生产性能、紧张和兴奋状态、胃肠充满程度等。

2. 脉搏频率的病理性变化

(1) 脉搏频率增加:病理性脉搏加快主要见于发热性疾病、传染病、疼痛性疾病、中毒性疾病、营养代谢病、心脏疾病和严重贫血性疾病。脉搏次数的增多在疾病诊断和预后判定上均是一个重要指标,一般来说脉搏次数增多的程度可以反映心脏功能障碍和损害的程度。通常当脉搏数比正常增加1倍以上时,均提示病情严重。例如,马的脉搏数达80次/min,说明病情较重,超过100次/min时,反映病情很重,高达120次/min以上时,则多预示病情重危,往往不能救治。

(2) 脉搏频率降低:病理性脉搏减慢是心动徐缓的指征。一般可见于引起颅内压增高的脑病、胆血症、某些中毒及药物中毒(如洋地黄或迷走神经兴奋剂)。此外,老龄动物或高度衰竭时,也可见有心动徐缓与脉数稀少。脉搏次数的显著减少,提示预后不良。

三、呼吸频率

1. 呼吸频率及测定方法 动物的呼吸频率或称呼吸数,以每分钟呼吸次数(次/min)来表示。健康动物的呼吸频率因受品种、性别、年龄、劳役、肥育程度、运动、兴奋、海拔和季节等因素的影响而有一定差异。呼吸频率应在动物安静时,根据胸廓和腹壁的起伏动作或鼻翼的开张动作进行计数,也可通过听取呼吸音来计数。鸡可通过注意观察肛门部羽毛的抽动而计算。冬天寒冷时,可观察鼻孔呼出的气流。健康动物的呼吸频率(次/min)及其变动范围见表2-3。

表2-3 健康动物的呼吸频率及其变动范围

动物种类	呼吸频率/(次/min)	动物种类	呼吸频率/(次/min)
马	8~16	犬	10~30
乳牛、黄牛	10~25	猫	10~30
水牛	10~30	兔	50~60
绵羊、山羊	12~30	狐狸	15~45
骆驼	6~15	鸡	15~30
鹿	15~25	鸽	20~35
猪	18~30		

2. 呼吸频率的病理变化

(1) 呼吸次数增多:呼吸次数增多常见于呼吸器官本身疾病,多数发热性疾病,心力衰竭及心功能不全,影响呼吸运动的其他疾病,剧烈疼痛性疾病,某些中毒性疾病等。

(2) 呼吸次数减少:临床上比较少见,主要是呼吸中枢的高度抑制。见于脑部疾病和中毒性疾病的后期引起的颅内压增高及濒死期,也见于引起喉和气管狭窄(吸气缓慢),以及细支气管狭窄(呼气缓慢)性的疾病。呼吸次数的显著减少并伴有呼吸节律的改变,常提示预后不良。

体温、脉搏和呼吸数的测定是临床诊疗工作的重要常规内容,对任何病例都是必须检查的项目。而且,要随疾病的发展,每天定时进行测定并记录,以便分析病情的变化。一般来说,体温、脉搏和呼吸数的变化规律是一致的。如体温升高,随之脉搏、呼吸次数也相应地增加;而体温下降,则脉搏、呼吸次数多随之而减少。因此,在病程经过中,如果体温、脉搏和呼吸的曲线逐渐上升，一般反映病情加剧；而三者的曲线逐渐平行下降以至达到或接近正常，伴随全身症状减轻或消失，则说明病情逐渐好转和恢复。有些病例，体温在数小时内降至正常或常温以下，但脉搏反而增加，全身状况不断恶化，多提示预后不良。还有的患病动物，发热后经过适当的治疗，体温下降至正常范围内或稍高于正常，但脉搏频率不减少，全身症状无明显好转的迹象，常见于牛创伤性网胃心包炎。

四、血　　压

（一）动脉压的测定方法

动脉压（arterial blood pressure）是指动脉管内的压力，简称血压（blood pressure），又称体循环血压（systemic blood pressure，BP）。心室收缩时，血液急速流入动脉，动脉管达到最高紧张度时的血压，称收缩压（高压）。心室舒张时，动脉血压逐渐降低，血液流入末梢血管，动脉管的紧张度最低时的血压，称舒张压（低压）。收缩压与舒张压之差称脉压，它是了解血流速度的指标。家畜的动脉压测定，虽然在临床上由于种种原因还未成为常规检查项目之一，但是对于如休克、心脏病、某些外科病等疾病的预后判定仍有一定价值，故应加以掌握。

测定动脉压的方法有视诊法和听诊法。常用的血压计有汞柱式、弹簧式两种。部位随动物种类不同而异，大家畜（如马、牛）在尾中动脉，小动物（如犬等）在股动脉。测血压时，使动物取站立姿势，将橡皮气囊（或称袖袋）绑在尾根部或股部。橡皮气囊的一端连在血压计上，另一端连在打气用的胶皮球上。在用视诊法测定时，可用胶皮球向气囊内打气，使汞柱或指针超过正常高度的刻度，随后通过胶皮球旁边的活塞缓缓放气，每秒钟放气量以下降 2 刻度为宜，一边放气，一边观察汞柱表面波动或指针的摆动情况。当开始发现汞柱表面发生波动或指针出现摆动时，这时的刻度数即心收缩压。以后再继续缓缓放气，直至汞柱的波动或指针的摆动由大变小，由明显变为不明显时，这时的刻度数即心舒张压。

在利用听诊法测定时，是先将听诊器的胸端放在绑气囊部的上方或下方，然后向气囊内打气至 200 刻度以上，随后缓缓放气，当听诊器内听到第一个声音时，汞柱表面或指针所在的刻度，即心收缩压。随着缓缓的放气，声音逐渐增强，以后又逐渐减弱，并且很快消失，在声音消失前血压计上的刻度，即代表心舒张压。有人认为，在利用听诊法测马的尾中动脉血压时，以将马尾根部稍上举为宜。在临床上测定血压时，多将两种方法结合起来应用。

另外，临床上还可以采用心电监护仪测定血压。

血压的记录与报告方式为：收缩压/舒张压，单位为毫米汞柱（mmHg）[①]，如测得的收缩压为 110mmHg，舒张压为 45mmHg，则记录为 110/45 毫米汞柱或 110/45mmHg。也可直接记录为 110/45。

（二）正　常　值

健康家畜的血压，因种属、年龄和役用情况等而不同，另外也随着所测定的部位而不同（表 2-4）。例如，测马的前臂部正中动脉压时，要比尾中动脉压高 60mmHg。这是因为水银的比重是 13.6，且血液的比重是 1.05～1.06，故体表上距离每相差 13mm，大约要相差 1mmHg 的压力，而在一般马尾根部要比前臂部的下端高 650～750mm，故前臂部血压要比尾根部血压高 60mmHg 左右。在横卧的马，无论在尾根部还是在前臂部测动脉压，其结果相差不大。

---

① 1mmHg＝0.133kPa

表 2-4 健康家畜的动脉压测定值 (单位:mmHg)

家畜种类	测定部位	收缩压	舒张压	脉压
马、骡	尾根部	100～120	35～50	65～70
牛	尾根部	110～130	30～50	80
骆驼	尾根部	130～155	50～75	80
绵羊、山羊	股部	100～120	50～65	50～55
犬	股部	120～140	30～40	90～100

(三)临 床 意 义

动脉压的高低,与机体的生理活动和病理的诸多因素有关。其中,收缩压的高低主要取决于心肌收缩力的大小和心脏搏出量的多少,舒张压主要取决于外周血管阻力及动脉壁的弹性。例如,在心功能不全、心搏出量减少时,或外周血管扩张(如休克)、外周血管阻力降低(如热性病)时,可致血压下降。反之,在动物兴奋、紧张或使役之后,由于心搏出量增多,或由于肾素释放增多,血中血管紧张素浓度升高(如急、慢性肾炎)时,可致血压升高。脉压加大,见于主动脉瓣闭锁不全;脉压变小,见于二尖瓣口狭窄。

(王捍东　刘国文)

第三节　被毛和皮肤的检查

动物被毛和皮肤状态是其健康与否的标志,也是判定营养状况的依据之一。应注意检查被毛、皮肤及皮下组织的变化,以及表在病变的有无及其特点。被毛和皮肤检查主要通过视诊和触诊,检查皮下组织及其病变,必要时需进行穿刺,体表寄生虫检查有时需使用显微镜。

一、被毛的检查

动物被毛的状态主要根据其光泽、长度、分布状态、清洁度、完整性及与皮肤结合的牢固性进行判断。健康家畜的被毛整洁、平滑而有光泽、生长牢固;禽类的羽毛平顺、富有光泽而美丽。动物换毛有一定季节性,家畜多于每年春秋换毛,而家禽多于每年的秋末换羽。被毛状态与季节、气候、品种、皮肤护理及饲养管理有密切的关系。病理情况下,被毛可发生以下变化。

(1) 被毛蓬乱:被毛呈蓬松粗乱,无光泽,或羽毛逆立,换毛(或换羽)迟缓,易脱落,常为营养不良及机体整体状况不佳的标志。

(2) 局限性脱毛:主要表现为体表局部被毛脱落或折断。多见于外寄生虫感染、真菌感染、湿疹及某些营养代谢障碍性疾病。禽类肛门周围羽毛脱落并伴有出血现象多为鸡群中存在啄肛癖的结果。

(3) 被毛污染:尾部及后肢被毛被粪便、尿液及其他分泌物或排泄物污染,应注意腹泻、尿失禁及子宫疾病等。

(4) 毛色异常:老年家畜毛色变浅为生理现象。反刍动物毛色变浅,如成年牛红色和黑色毛变成白色和棕色毛,特别是黑牛眼睛周围的被毛明显变淡,似戴白框眼镜,为铜缺乏症的结果。

二、皮肤的检查

主要检查皮肤的颜色、温度、湿度、弹性及其他各种病理变化。皮肤的病变和反应有的是局部的，有的是全身的。因此，应对全身各部的皮肤进行认真检查，除头、颈侧、胸腹侧外，还应仔细检查会阴、乳房甚至蹄、趾间等部位。不同种类动物还应注意对特定部位进行检查，如禽类的冠、髯及其耳垂；牛的鼻镜、猪的鼻盘及其他动物的鼻端。

1. 颜色　皮肤颜色检查可以反映动物血液循环功能状态及血液某些成分的变化。健康畜禽，如白猪、绵羊、白兔及禽类，皮肤没有色素，呈淡蔷薇色(即淡粉红色)，容易检查出皮肤颜色的细微变化。马、牛及山羊等家畜(除白色的外)的皮肤具有色素，所以辨认色彩的变化较为困难，可以检查腹底部、股内侧无色素的部位，更多的是通过可视黏膜的颜色变化进行检查。鸡主要检查鸡冠、肉髯的颜色。

皮肤颜色可呈现苍白、黄染、发绀和潮红等变化。

(1) 皮肤苍白(pallor)：皮肤呈苍白色，无血色，一般是由于皮肤血液供应减少或血液性质发生变化的结果。急性苍白见于动物的外伤性大出血，或脏器破裂而致的内出血；渐进性或较长时期的苍白，见于各种慢性贫血及慢性消耗性疾病等。

(2) 皮肤黄染(stained yellow)：皮肤呈现黄色，是由于血液中胆红素含量增多，在皮肤或黏膜下沉着的结果，即黄疸。见于各类肝病、胆管阻塞、溶血性疾病等。

(3) 皮肤发绀(cyanosis)：机体缺氧，血液中还原血红蛋白的绝对值增多，或在血液中形成大量变性血红蛋白，皮肤黏膜呈蓝紫色，称为发绀。检查时，轻者以耳尖、鼻盘及四肢末端较明显，重则可遍及全身各部位。多见于严重呼吸器官疾病、心力衰弱、呼吸困难及某些中毒(如亚硝酸盐)等。

(4) 皮肤潮红(redness)：是皮肤充血的标志，全身皮肤潮红为体温升高，见于发热性疾病，也见于阿托品过量、一氧化碳中毒等；局部皮肤潮红见于局部炎症。

2. 温度　皮肤的温度检查通常用手背或手掌触诊被检部位进行。皮肤温度依动物的种类和检查部位及气候、季节不同而有差别。健康动物的皮温，以股内侧为最高，头、颈、躯干部次之，尾及四肢部最低。检查皮温时，应注意皮温分布的均匀性，并以相应对称部位进行对比。一般触诊检查的部位是：马的耳根、鼻端、颈侧、腹侧、四肢的系部；牛、羊的鼻镜、角根、胸侧、四肢下部；猪的鼻盘、耳、四肢；禽的冠、肉髯及脚爪等；犬、猫的鼻镜、腹下、耳尖、耳根等。可出现皮温升高、降低和不均等病理变化。

(1) 皮温升高：全身皮温升高，见于热性病及心功能亢进、过度兴奋等；局部皮温升高，见于局部炎症。

(2) 皮温降低：全身皮温降低，常为体温过低的标志，可见于衰竭症、营养不良、大失血及牛的生产瘫痪等；局限于一定部位的皮温降低，可见于该部的水肿或外周神经麻痹。

(3) 皮温不均：是指身体不同部位皮温相差悬殊，对称部位的皮温不均匀，表现为耳鼻冰凉、四肢末梢厥冷，是血液循环障碍的结果，见于虚脱、休克、心力衰竭。

3. 湿度　皮肤湿度与汗腺分泌状态有密切关系。马属动物汗腺最发达，其次为羊、牛、猪，犬和猫汗腺不发达或缺少汗腺，禽类无汗腺。汗腺分布于全身体表。健康动物在安静状态下，汗液一般随时分泌、随时蒸发，因而皮肤不干不湿而呈滑润感。病理情况下，主要有以下表现。

(1) 皮肤干燥：动物发汗减少或无汗，表现被毛粗乱无光，皮肤干燥，缺乏黏腻感。见于机体脱水(如剧烈腹泻、呕吐)、发热极期、多尿症、慢性营养不良、饮水不足等,此外,瘦弱及老龄动物,皮肤湿度也降低。

(2) 发汗增多:动物过多出汗。生理性多汗见于环境温度过高,动物在使役和剧烈运动时,以及处于兴奋及惊恐状态等。病理性发汗增加,被毛(羽毛)及皮肤潮湿,甚至出现汗珠,常见于中暑、热性病(如猪肺疫)、高度呼吸困难(如肺炎)、剧烈疼痛性疾病(如疝痛、骨折)、循环障碍及有机磷农药中毒等。如果汗多而有黏腻感,同时皮温降低,四肢发凉,则称为冷汗,见于各种原因导致的心力衰竭、虚脱、休克及马属动物胃肠或其他内脏破裂时,表明预后不良。

反刍兽(牛、羊、骆驼等)的鼻镜,猪的鼻盘及犬、猫的鼻端,由于有腺体分泌物,经常保持湿润,表面分布有小而密集的水珠,并有光泽感。患热性病及重度消化障碍时,则鼻部干燥,甚至龟裂。

4. 弹性 皮肤弹性与动物品种、年龄、营养状况、皮下脂肪及组织间隙所含液量有关,健康动物的皮肤弹性良好。老龄动物的皮肤弹性减退为生理现象。检查皮肤弹性的部位,马属动物在颈部或肩前,牛在肋弓后缘或颈部,小动物在背部。检查时,用手将被检部位的皮肤捏成皱褶,并轻轻拉起,然后放开,根据皱褶恢复的速度判定。皮肤弹性良好,立即恢复原状;皮肤弹性减退,则恢复原状缓慢。

皮肤弹性减退,见于慢性皮肤病、螨病、湿疹、营养不良、脱水及慢性消耗性疾病。临床上,常把皮肤弹性减退作为判定动物脱水的指标之一。

5. 皮肤疹疱 皮肤疹疱常是许多疾病的早期征候,多由传染病、中毒病、皮肤病及过敏反应引起。应注意疹疱出现和消失的时间、分布部位、形态大小、颜色及变化规律等,同时注意有无瘙痒、脱屑等现象。临床常见的皮肤疹疱如下。

(1) 斑疹:是皮肤充血和出血所致,仅出现局部变红,并不隆起。用手指压迫红色即退的斑疹,为充血性,见于猪丹毒。密集的小点状或针尖状红疹,指压时红色不退,为出血性,见于猪瘟及其他出血性传染病。

(2) 丘疹:是皮肤乳头层发生浆液浸润而引起的圆形隆起,由米粒大至豌豆大,见于痘病、湿疹、马传染性口炎的初期等。

(3) 荨麻疹:是皮肤表面隆起,由豌豆大至核桃大甚至手掌大、表面平坦,颜色苍白或红色的局限性水肿,发生突然而又消失迅速,因而俗称"风疹团",常伴有剧烈瘙痒,是由内外因素作用而引起的一种速发性皮肤变态反应,如注射血清、药物过敏,某些饲料中毒、吸血昆虫刺蜇等可引起。

(4) 饲料疹:某些动物喂饲过量含有感光物质的饲料(如荞麦、三叶草、灰菜等),照晒日光后,发生皮肤充血、潮红、水泡及灼热、痛感,严重的水泡破溃、出血,白色皮肤的猪、乳牛容易发生,颈部、背部明显,避光饲养后症状可减轻。

(5) 痘疹:是动物痘病毒侵害皮肤上皮细胞而形成的结节状肿物,发生于哺乳动物的痘的共同特征是呈典型的分期性经过,一般经由红斑、丘疹、水泡、脓疱,终而结痂。禽痘的病变以上皮组织增生变化为主。

(6) 水泡、脓疱:水泡多呈豌豆大,内含透明浆液性液体,淡黄色、淡红色或褐色。如反刍兽的口蹄疫或猪传染性水泡病,在口、鼻及其周围、蹄趾部的皮肤上,呈现典型的小水泡,继而破溃,并具有流行性特点。水泡内容物化脓则成为脓疱,可见于痘疮、口蹄疫、犬瘟热等。

(7) 脱鳞屑:鳞屑是已剥离或脱落的表皮组织。正常生理情况下,皮肤表层不断角化和更新,有少量的皮肤脱屑,一般不易察觉。病理情况下,表皮角质化过程失调,角化过度或角化不全，可形成大量的鳞屑。临床上见于维生素 A 缺乏、锌缺乏、脂溢性皮炎、真菌性皮肤病及螨病等。

6. 皮肤完整性 皮肤完整性的破坏除上述发生疹疱外，还应注意检查有无皮肤的创伤、溃疡等。

（1）创伤：外力作用引起皮肤、黏膜及其深部软组织发生破裂或缺损称为创伤，是家畜常见外科病之一。注意是否污染、出血、有否异物等。

（2）溃疡：皮肤溃疡是皮肤组织坏死造成缺损形成的经久不愈的肉芽创，通常溃烂边缘界限清楚，表面污秽不洁，并伴有恶臭，见于马鼻疽、流行性淋巴管炎、压疮、坏死杆菌病等。

三、皮下组织检查

主要检查皮肤及皮下组织肿胀，应注意肿胀的部位、大小、形态、内容物性状、硬度、温度、移动性及敏感性等。除用视诊和触诊检查外，还可通过穿刺检查进行鉴别。皮肤肿胀不但反映皮肤本身的疾病，而且是机体许多疾病的表现，在临床检查中应引起足够的重视。常见的体表肿胀有炎性肿胀、浮肿、气肿、血肿、脓肿、淋巴外渗、疝及肿瘤等。

1. 炎性肿胀 体表炎性肿胀(inflammatory swelling)可以局部或大面积出现，另外，临床上也见于某些感染性疾病，如恶性水肿、炭疽、牛出血性败血症、猪水肿病等。伴有病变部位的热、痛及功能障碍，严重者还有明显的全身反应，如原发性蜂窝织炎。

2. 浮肿 浮肿(cutaneous edema)即皮下组织水肿，是由于机体水代谢障碍，在皮下组织的细胞及组织间隙内液体潴留过多所致。浮肿部位的特征是皮肤表面光滑、紧张而有冷感，弹性减退，指压留痕，呈捏粉样，无痛感，肿胀界限多不明显。从临床角度，全身性浮肿要多考虑营养性水肿、心脏性水肿、肾性水肿、肝脏性水肿等原因。详见第十九章第二节。

3. 皮下气肿 皮下气肿(emphysema)是由于空气或其他气体积聚于皮下组织内所致，其特点是肿胀界限不明显，触压时柔软而容易变形，并可感觉到由于气泡破裂和移动所产生的捻发音(沙沙声)。

（1）窜入性气肿：体表皮肤移动性较大的部位(如腋窝、肘后及肩胛附近等)发生创伤，由于动物运动时创口一张一合，空气被吸入皮下，然后扩散到周围组织；肺间质性气肿时，空气沿气管、食管周围组织窜入皮下组织内，引起颈侧皮下气肿。

（2）腐败性气肿：由于厌气性细菌感染，局部组织腐败分解而产生的气体积聚于皮下组织所致。当气肿疽(牛、羊)、恶性水肿(马)等厌气性感染时，气肿局部有热痛反应，且局部切开后可流出混有泡沫的腐败臭味的液体。

4. 脓肿、血肿和淋巴外渗 血肿(hematoma)和淋巴外渗(lymphoid exudation)为皮下组织的非开放性损伤，脓肿(abscess)是由细菌感染引起的局限性炎症过程。其共同特点是在皮肤及皮下组织呈局限性(多为圆形)肿胀，触诊有明显的波动感。

（1）血肿：肿胀发生迅速，触诊有波动感，穿刺可放出血液。

（2）脓肿：初期肿胀、热、痛，而后中央变软，脱毛，有波动感，穿刺有脓液排出。

（3）淋巴外渗：逐渐肿大，隆起界限明显，触诊有波动感，局部温度不高，穿刺有淡黄色淋巴液排出。

5. 疝及肿瘤 疝(hernia)是指肠管等脏器从腹腔脱垂到皮下或其他生理乃至病理性腔穴内而形成凸出的肿胀。常见于腹壁、脐部及阴囊部。触之常有波动感，可触及疝环，加之通过整复试验，而与其他肿胀相鉴别。猪常发生阴囊疝及脐疝；大动物多发腹壁疝，常因创伤而继发。

肿瘤(tumor)是在动物机体上发生异常生长的新生细胞群,形状多种多样,有结节状、乳头状等。应结合其他方面的状况做进一步检查以诊断是良性肿瘤还是恶性肿瘤。

(王捍东)

第四节　可视黏膜的检查

可视黏膜是指肉眼能看到或借助简单器械可观察到的黏膜,如眼结膜、鼻腔、口腔、直肠、阴道等部位的黏膜。临床上一般以检查眼结膜为主,牛则主要检查巩膜。

一、眼结膜的检查方法

眼结膜检查一般在自然光线下用视诊的方法进行,应注意眼的分泌物、眼睑状态、结膜颜色,以及角膜、巩膜、瞳孔、眼球的状况。应进行两眼的对照比较,必要时还应与其他可视黏膜进行对照。

(1) 马:检查者立于马头侧方,一手握住笼头,另一手(检查左眼时用右手、检查右眼时用左手)示指第一指节置于上眼睑中央边缘处,拇指放于下眼睑边缘处,其余三指放在眼眶上部以作支点,拇指向下、示指向上且向眼窝内略加压力,结膜、瞬膜即可露出。

(2) 牛:检查牛时,将牛头稍加提举,并扭向一侧即可观察巩膜,必要时可用检查马眼结膜的方法打开上下眼睑检查结膜。

(3) 中、小动物:通常用两手的拇指和示指配合打开上下眼睑进行检查。

二、眼结膜检查的内容

1. 眼睑及分泌物　眼睑肿胀并伴羞明流泪,是眼炎或结膜炎的特征。猪的大量流泪,可见于流行性感冒,在眼窝下方见有流泪的痕迹,提示患传染性萎缩性鼻炎的可能。脓性眼眦是化脓性结膜炎的特征,可见于某些热性传染病,尤其应注意猪瘟。仔猪的眼睑水肿,应注意水肿病。

2. 颜色　眼结膜的正常颜色:马、骡呈淡红色,黄牛及乳牛的颜色较淡,水牛则呈鲜红色,猪的眼结膜呈粉红色。病理性颜色变化及其临床意义与皮肤颜色检查相同。

3. 出血点、出血斑　检查结膜颜色变化时,应特别注意黏膜上出血点或出血斑的有无。结膜上有点状或斑点状出血,常见于败血性传染病、出血性素质疾病,如猪瘟、马血斑病、急性或亚急性传染性贫血等。

(王捍东)

第五节　表浅淋巴结及淋巴管的检查

表浅淋巴结及淋巴管的检查,在确定附近组织器官的感染或诊断某些传染病上有很重要的意义。

一、淋巴结的检查

淋巴结广泛分布于全身,临床检查时仅能检查表浅淋巴结,而病理剖检时则可检查深部及内脏淋巴结。检查表浅淋巴结时，必须注意其大小、结构、形状、表面状态、硬度、温度、敏感度及活动性等，了解病变淋巴结的位置分布。

1. 部位和检查方法　淋巴结的检查主要用视诊和触诊的方法（尤其是触诊），必要时可配合穿刺检查法。临床上对大动物主要检查下颌淋巴结、肩前淋巴结、股前淋巴结（图 2-1），腹股沟浅淋巴结仅在某些特殊情况下检查；猪主要检查股前淋巴结和腹股沟浅淋巴结；犬通常检查下颌淋巴结、腹股沟浅淋巴结和腘淋巴结等（图 2-2）。

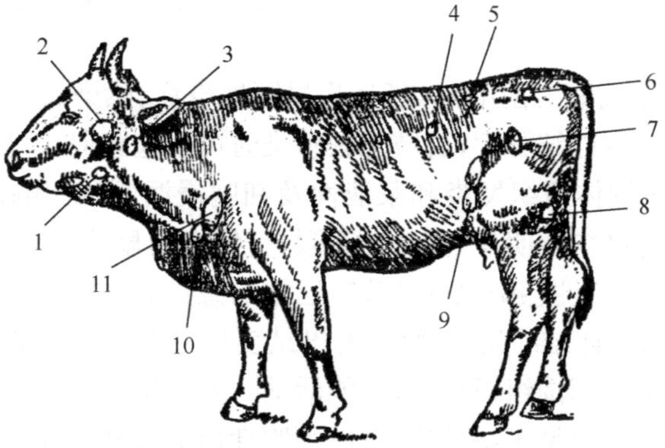

图 2-1　牛表浅淋巴结位置

1. 下颌淋巴结；2. 耳下淋巴结；3. 颈上淋巴结；4. 髂上淋巴结；5. 髂内淋巴结；6. 坐骨淋巴结；7. 髂外淋巴结；8. 腘淋巴结；9. 股前淋巴结；10. 颈下淋巴结；11. 肩前淋巴结

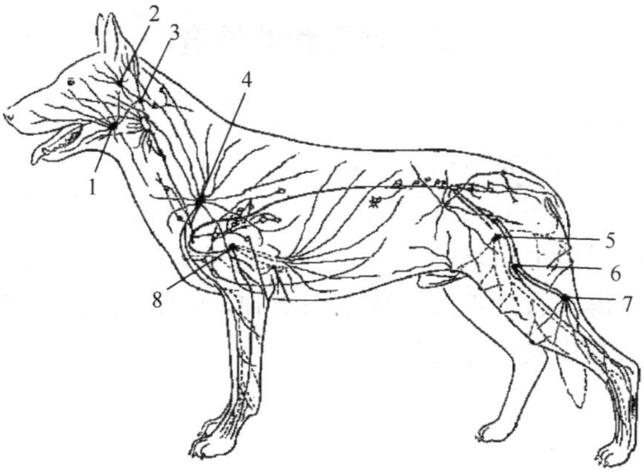

图 2-2　犬表浅淋巴结位置

1. 下颌淋巴结；2. 腮腺淋巴结；3. 咽后淋巴结；4. 颈浅淋巴结；5. 腹股沟浅淋巴结；6. 股淋巴结；7. 腘淋巴结；8. 固有腋淋巴结

（1）下颌淋巴结：位于下颌间隙中，检查时一手握住笼头，另一手将手指伸入下颌间隙沿下颌支内侧前后滑动，即可触及卵圆形、蚕豆或桃核大的淋巴结。

（2）咽淋巴结：分咽旁淋巴结和咽后淋巴结，正常时不易摸到。

（3）肩前淋巴结（又称颈浅淋巴结）：位于肩关节前上方，检查时将家畜头颈略向检查侧弯曲，使肩前皮肤松弛，用手指在肩前凹陷处上下触捏，发现淋巴结后，即将手指深深插入其两侧，握住后仔细触诊。大动物的该淋巴结长 7～9cm。

（4）股前淋巴结（又称膝上淋巴结、髂下淋巴结或膝襞淋巴结）：位于髋结节和膝关节之间，股阔筋膜张肌前方，检查时用手放于该位置，以手指前后滑动，即可触及上下方向、呈条柱状的淋巴结。犬无该淋巴结。

(5) 腹股沟浅淋巴结(公畜也称阴囊淋巴结;母畜称乳房上淋巴结,又称鼠蹊淋巴结):位于骨盆壁腹面、大腿内方,检查时在腹壁下精索前后(公畜)或乳房背侧(母畜)用手指左右触压。

(6) 腘淋巴结:位于腓肠肌起点的后方与半腱肌之间的沟中。

2. 病理变化和检查意义 表浅淋巴结的病理变化主要表现为急性或慢性肿胀,全身肿胀和局部肿胀,有时可呈现化脓。

(1) 全身淋巴结肿胀:可见于急慢性淋巴结炎、全身感染和某些传染病时,如猪瘟病时,猪全身淋巴结肿大。

(2) 局部淋巴结肿胀:淋巴结引流区域发生局限性炎症、感染而引起肿大,如咽喉炎、化脓性扁桃体炎时,咽和下颌淋巴结肿大,后肢化脓感染时可引起腹股沟淋巴结肿大。

(3) 急性肿胀:是由腺体组织发炎和浆液性及细胞浸润所致。触诊时淋巴结体积明显增大,坚实,表面光滑,分叶结构不明显,活动性有限,且伴有明显的热、痛反应。可见于周围组织器官的急性感染。全身性急性感染也可导致淋巴结的急性肿大。

(4) 慢性肿胀:是由腺体结缔组织增生,淋巴结变形所致。一般呈轻度肿大,质地变硬,表面不平,无热、无痛,且多与周围组织粘连,不能活动。淋巴结的慢性肿胀,在马主要见于鼻疽、流行性淋巴管炎等,在牛主要见于结核病、淋巴细胞性白血病及泰氏焦虫病等。

(5) 化脓:在急性炎症过程中,淋巴结可化脓,特点为淋巴结在显著肿胀、热痛反应的同时,触诊有明显的波动。如进行穿刺,则可流出脓性内容物。下颌淋巴结化脓,是马腺疫的特征。颈浅淋巴结化脓,见于猪结核病时。

二、淋巴管的检查

浅表淋巴管,正常情况下不易检查到,当淋巴管发炎肿胀时可在面部、颈侧、胸侧、腹侧、四肢等处看到肿胀、变粗甚至呈绳索状的淋巴管。

淋巴管炎性肿胀,通常与相应的淋巴结有关,是由炎性浸润的结果。此时可见淋巴管呈索状突出于体表,有的在淋巴管上出现豌豆至核桃大的许多结节而呈串珠状。有时结节破溃内容物流出后,即成溃疡。淋巴管附近的皮肤呈现水肿,触压时患病动物疼痛。淋巴管肿胀主要见于马流行性淋巴管炎、马皮肤型鼻疽等。

(王捍东)

第六节 群畜临床检查的特点

在现代畜牧生产中,为了提高动物性产品的数量和质量,多采用集约化、工厂化群体生产方式。在此生产条件下,动物常发性和群发性疾病的特点表现较为突出。尤其是对群畜危害严重的传染病、寄生虫病、营养代谢病、中毒病等群发性疾病的防治工作,日显重要。这就要求兽医临床工作者不但要能够早期发现患病动物,而且要准确地预测到畜群中潜在疾病的危险性。要经常观察畜群的饲养、管理、生产性能、防疫卫生等方面的变化,及时发现问题,采取有效的控制方案。

一、群体动物临床检查的方法和程序

对群体动物的检查,主要可通过问诊和视诊、查阅病历资料、现场巡检、群体及个体的临床观察和检查、病理剖检，结合实验室化验及特殊检查法的应用等，对群体动物的健康提出初步诊断结果，并对潜在发生的疾病提出预警方案。

在检查的程序方面，应掌握以下原则：先调查了解，后进行检查；先巡视环境，后检查畜群；先群体，后个体；先一般检查，后特殊检查；先检查健康畜群，后检查病畜群。

二、群体动物临床检查的内容

(1) 群体动物的现状调查。主要检查畜群的规模、组成、来源及繁育情况，场地周围的其他畜群中有无疫情发生及不安全因素，畜禽的既往病史、发病率、死亡率，是否存在隐性传染，检疫内容与结果，防疫情况等内容。

(2) 畜群的环境检查。调查养殖场的地理位置、植被、土质、水源和水质、气候条件等是否受到“三废”污染，畜舍建筑，饲养密度，通风及光照，保温和降温，畜栏与畜圈，运动场条件，粪便处理，卫生条件及消毒措施等。

(3) 饲养管理与生产情况。检查饲喂方法及饲喂制度；饲料的组成及营养价值评定，饲料的贮存及加工方法等；畜产品(乳、肉、蛋、毛、皮等)的数量与质量；种公畜的配种能力、母畜的受胎率及繁殖能力等内容。

(4) 某些传染病的定期检疫情况，尤其注意结核、布氏杆菌病的检疫情况，寄生虫学检查，死亡病例死前症状及死后剖检变化等。

(5) 群畜的一般检查。在调查了解、查阅病历和记录资料的基础上，对群体动物全面视诊，观察周围环境和畜群的总体情况。然后依据动物群数量大小，小群动物采用普查，大群动物采用随机抽查的方法，或挑选可疑动物，按视诊、触诊、叩诊、听诊及嗅诊等物理检查法进行个体详细检查，必要时进行实验室检查或特殊检查。

群体检查的主要方法包括休息或安静状态的检查、运动状态的检查和采食饮水时的检查。由于动物群体种类和饲养方式的不同，检查的具体方法、程序和重点也有所差异。

对牧区的放牧畜群，应跟随出牧、放牧和收牧，检查群畜的精神状态、体态和营养、运动和姿态、采食活动、粪便性状及离群情况等。反刍动物还应于饲后安静状态观察其反刍活动(如出现时间、持续时间、再咀嚼情况等)及嗳气情况、被毛及舔迹等。

对舍饲畜群的检查，应在饲喂中或饲喂后进行，重点是观察饲料的品质及数量，动物的采食、咀嚼、吞咽、反刍及暖气、排粪状态有无异常现象，有无咳嗽和鼻液等。

对奶牛及奶山羊群，最好是在挤奶过程中检查，这样既能观察到牛、羊的体况，又注意到挤奶的过程，以及乳房、乳汁的变化。

对猪群应注意其整体活动状况中出现的个别异常现象，观察其食欲及采食活动、运动及睡眠情况等，尤其是仔猪与哺乳母猪的状态等。

对于兔群，除了白天的调查了解外，还要重视在夜间观察家兔的采食活动、精神状态、配种活动等。

对鸡(禽类)群，特别应注重其群体活动状况，观察其羽毛的光泽及平滑状态，肉冠及肉髯颜色，有无啄羽、啄肛现象等。

对于犬群，应注意精神警觉状态、叫声、姿态、呼吸、鼻分泌物、饮食欲状态观察，并对呕吐状况，排粪、排尿姿势进行观察等。

(杨自军)

第三章　心血管系统检查

心脏是血液流动的动力器官，血管是血液流通的管道，由心脏和血管所构成的循环系统在动物的生命活动中具有重要的作用。健康动物的心脏，一般都具有一定的储备力，所以，在使役、运动、妊娠和泌乳等对血量需要增多或患疾病时，也能维持比较正常的血液循环状态。但是，当心脏的代偿功能不全，或由于某些严重的病理过程而使心脏储备力消耗过多时，便会发生心脏衰竭，在某种情况下还会发生血管衰竭或虚脱。由此看来，心血管系统检查不仅对本系统疾病的诊断有意义，还对其他系统的全身性疾病的诊断、治疗和判定预后，甚至对于了解全身功能状态，都有十分重要的意义。心血管系统检查包括心脏检查和血管检查，临床上主要是用视诊、触诊、叩诊、听诊等基本检查法，有条件时还可应用心电图描记、心音图描记、X 线检查、超声波检查、动脉压测定和中心静脉压测定等。

第一节　心脏的检查

在兽医临床上对心脏的检查，尽管有超声心动图、心电图和 X 线等现代化的检查手段，但是，心脏的视诊、触诊、叩诊和听诊等基本的检查方法，对于判断有无心脏病，以及心脏病的病因、性质、部位及程度等仍具有很重要的意义。

一、心脏视诊和触诊

心脏的视诊和触诊，主要用来检查心搏动(heart beat)。心搏动又称心冲动，是指在心室搏时，由于心肌急剧伸张，心脏横径增大并稍向左旋，而使相应部位的胸壁产生的振动。在检查心搏动时，要注意其频率、强弱及位置有无改变等。

(一) 视诊、触诊心搏动的部位和方法

检查心搏动，一般在左侧进行，必要时可在右侧。马的心搏动在左侧胸廓下 1/3 的中央水平线上的第 3～6 肋间，在第 5 肋间的下 1/3 的中间处最明显；牛的心搏动在肩端线下 1/2 部的第 3～5 肋间，在第 4 肋间最明显；羊、猪的心搏动部位与牛的基本相同；犬、猫的心搏动在左侧第 4～6 肋间的胸廓下 1/3 处，第 5 肋间最明显。

利用视诊检查心搏动时，在犬可见到心尖部的胸壁呈有节律的跳动，在健康大动物仅能看到该部被毛有轻微的颤动。将马的左前肢稍向前牵引，在第 4、5 肋间的胸廓下 1/3 处能看到被毛微微颤动，即心搏动。

利用触诊法检查心搏动时，检查者站在被检查动物的左侧，右手放在鬐甲部后方作为支点，将左手平放在马肘头后方 2～3cm 处的胸壁上，或将左手插于牛肘头内侧。这时，随着动物的心脏活动，即可感到轻微的心搏动。在健康马，所感到心搏动的面积为 4～5cm^2。当伸直的左手拇指与肩关节水平线相一致时，所感知的心搏动的部位和大小，恰与示、中两指基部对应的一部分掌心的区域一致。触诊犬等小动物的心搏动时，让助手将左前肢上举或前提，检查者将左手掌置于心脏部即可；另外，在小动物还可用两手掌抱住动物左右两胸侧，两手同时进

行检查。如果心脏移位或心脏肥大时，则所感知的心搏动的区域有可能发生变化。

（二）心搏动的病理变化

心搏动的病理改变可见有频率、强弱和位置的变化。其频率改变的原因与脉搏数改变的原因相似，现就心搏动增强、减弱、移位等病理变化介绍如下。

（1）心搏动增强。心搏动的强度取决于心脏的收缩力、胸壁的厚度和胸壁与心脏之间的介质状态。心搏动增强时，触诊感到心搏动强而有力，并且区域扩大。当动物运动、兴奋、恐惧时，可出现生理性心搏动增强，而病理情况下的心搏动增强，可见于各种能引起心脏功能亢进的疾病，如发热病的初期、心内膜炎、心肌炎、心脏肥大及伴有剧烈疼痛的疾病等。心搏动过度增强，可伴有整个体壁的震动，称为心悸（palpitation），这时需与膈痉挛相区别。心悸时病畜季肋部跳动与心搏动一致，而且心搏动明显增强；膈肌痉挛时季肋部跳动与呼吸一致，并伴有呼吸活动紊乱，同时心搏动不一定增强。

（2）心搏动减弱。触诊时感到心搏动力量减弱，区域缩小，甚或难于感知心搏动。临床上多见于心脏衰弱的后期，以及心脏与胸壁距离增加的疾病，如胸壁水肿、胸腔积液、慢性肺泡气肿及心包炎等。在牛的创伤性心包炎、犬的胸腔积液时，心搏动特别微弱。而处于濒死期的动物，由于心肌收缩力异常微弱，很难感到心搏动。

（3）心搏动移位。心脏受附近肿瘤及邻近器官或渗出液的压迫，可使心搏动移位。心搏动向前移位，可见于胃扩张、腹水及膈疝等，向右移位可见于左侧胸腔积液或积气；向后及向上方移位的极为少见。

（4）心区震颤。即触诊心区部感到有轻微震颤，见于纤维蛋白性心包炎、胸膜炎及心脏瓣膜病。

（5）心区疼痛。即触诊心区部动物表现回视、躲闪或抵抗等疼痛反应。见于心包炎、创伤性心包炎及胸膜炎等。

二、心脏叩诊

叩诊心脏的目的，在于确定心脏的大小、形状及其在胸腔内的位置，以及在叩打时有无疼痛表现。心脏的一小部分与胸壁接触，叩诊呈浊音，称为心脏绝对浊音区，它标志着心脏靠近胸壁的部分；心脏的大部分被肺所掩盖，叩诊时呈半浊音，称为心脏相对浊音区，它标志着心脏的真正大小。

（一）心脏叩诊法

对马、牛等大动物进行心脏叩诊时，先将其左前肢向前牵引半步（图 3-1，图 3-2），对犬等小动物，可提起其左前肢，以暴露心脏的区域。马的心脏叩诊，是先沿第 3 肋间由上向下叩诊，在由肺的清音转变为半浊音处，以及由半浊音转变为浊音处，分别作出记号；再顺序地沿第 4、5、6 肋间由上向下叩诊，也在声音转变的部位分别作出记号。最后把转变为半浊音的记号连成一条曲线，即相对浊音区的后上界；把转变为浊音的记号也连成曲线，即绝对浊音区的上界。这种沿肋间隙由上向下的叩诊法，称为垂直叩诊法。

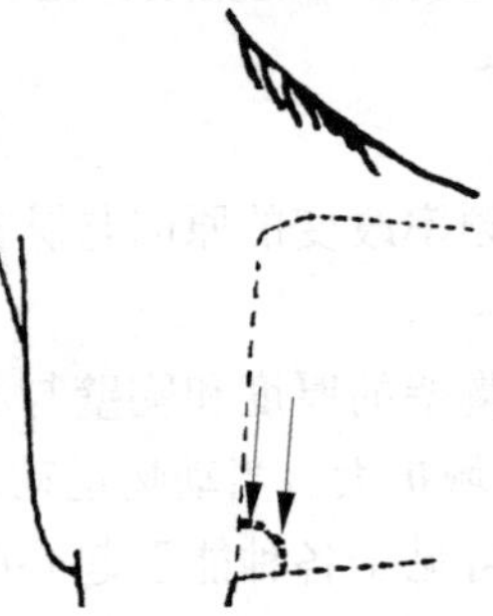

图 3-1　马的心脏叩诊法

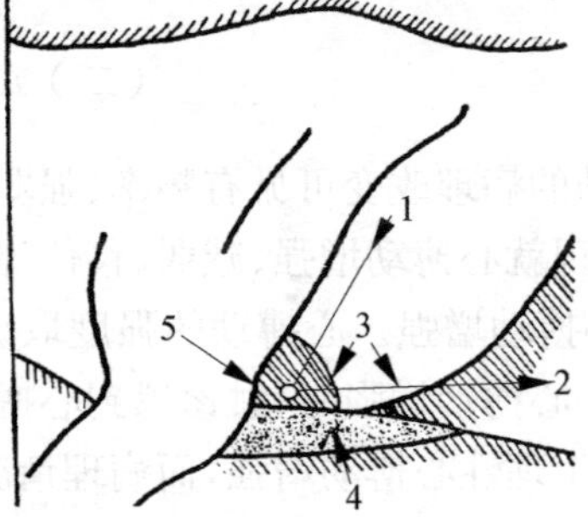

图 3-2　牛的心脏叩诊法

1. 肩后垂直线；2. 心脏相对浊音区水平线；3. 肺三角区；
4. 胸骨绝对浊音区；5. 心脏相对浊音区

此外，还可用斜线叩诊法，即在髋结节与肘头的连线上，由肺叩诊区内向肘头的方向叩诊，由清音变为半浊音的部位，则代表相对浊音区的后界，而由半浊音转变为浊音的部位，则表示为绝对浊音区的后界。

马心脏的绝对浊音区在左侧，大致为一不等边三角形(图 3-3)。其顶点在第 3 肋间、肩关节水平线下 7～8cm；由顶点斜向第 6 肋骨下端成弧形线行走，即其后界。整个左侧心脏绝对浊音区的面积，约有手掌心大。相对浊音区位于绝对浊音区的后上方，呈弧形带状，宽 3～4cm，为心脏被肺叶掩盖的部分。右侧的心脏绝对浊音区极小，位于第 3～4 肋间的最下方，只有将右前肢由助手向前牵引，才便于叩诊。

图 3-3　马的正常心脏叩诊浊音区

1. 绝对浊音区；2. 相对浊音区

牛的心脏被肺覆盖的面积大，其左、右两侧均无绝对浊音区，而只有相对浊音区，位于第 3～4 肋间。在牛心脏叩诊时若出现绝对浊音区，即病理状态。

羊的心脏在左侧胸廓下 1/3 部，在第 3～4 肋间或第 3～5 肋间可叩出相对浊音区。羊的心脏浊音比牛的稍稍明显。

猪的心脏在左侧胸下的第 2～3 肋间，呈现很不明显的半浊音。

犬的心脏浊音区比其他家畜都明显，其绝对浊音区，左侧位于第 4～6 肋间，上界与肋骨和肋软骨结合部相一致，后界无明显界限而移行为肝浊音区；右侧位于第 4～5 肋间。

(二)心脏叩诊的病理变化

心脏叩诊区发生变化时，除了考虑心脏本身的变化外，还应考虑到肺的变化。对心脏来讲，相对浊音区的变化较绝对浊音区的变化更具有重要意义。

(1) 心脏浊音区增大。相对浊音区增大，是由心脏容积增大所致，可见于心肥大、心扩张及心包积液等，而绝对浊音区增大，是由肺覆盖心脏的面积缩小所致，如肺萎陷等。

(2) 心脏浊音区缩小。绝对浊音区缩小见于肺泡气肿及气胸；相对浊音区缩小可见于肺萎陷和覆盖心脏的肺叶部分发生实变的疾病等。

(3) 心区叩诊呈鼓音。在渗出性心包炎，如果有腐败菌侵入而产生气体时，心区叩诊可呈现鼓音，见于牛的创伤性心包炎。另外，当覆盖心脏的肺叶发生炎性浸润时，由于肺泡内充有液体，肺泡的含气量有一定程度的减少，而致肺组织的弹力减退，此时也可能在原来呈现半浊音的区域出现浊鼓音。

（4）心区叩诊疼痛。在进行心脏叩诊时，动物躲闪、呻吟、不安，则为疼痛的表现，见于心包炎及胸膜炎等。

三、心 脏 听 诊

听诊是检查心脏的重要方法之一。通过心脏听诊可以了解心脏功能、血液循环状态，推测病情的变化，为建立诊断和判定预后提供有价值的材料。

（一）正 常 心 音

1. 心音的发生及其特点　　在健康动物的每个心动周期中，可以听到"噜—塔"、"噜—塔"有节律的、交替出现的两个声音，称为心音。其前一个声音称第一心音，后一个声音称第二心音（图 3-4）。

第一心音（first heart sound）发生于心室收缩期，故又称缩期心音（systolic heart sound）。这个心音是在心室收缩时，由左、右房室瓣同时突然关闭而产生的振动音、心肌收缩和心脏射血而冲击动脉管壁所产生的声音混合而成。它的特点是音调低而钝浊，持续时间长，尾音也长。

图 3-4　正常的心音节律模式图

1. 心收缩期；2. 心舒张期；

Ⅰ. 第一心音；Ⅱ. 第二心音

第二心音（second heart sound）发生于心室舒张期，故又称张期心音（diastolic heart sound）。这个心音主要是由心室舒张时，左、右半月状瓣同时突然关闭所产生的振动音形成的。这个心音的音调较高，持续时间较短，音尾终止突然。

鉴别第一心音或第二心音主要根据上述第一、第二心音的性质。另外，还可借助感觉心搏动或邻近的动脉搏来区别，即与心搏动和动脉搏同时出现的为第一心音，与心搏动或动脉搏不同时出现的为第二心音。

2. 心音的最强听取点　　在心脏区域的任何一点，都可以听到两个心音，但是由于心音是沿着血流的方向传导到胸壁的一定部位，在这个部位听诊心音最清楚，该部位就称为心音的最强听取点。实际上，最强听取点并不完全与心脏瓣膜在胸壁上的投影部位相一致。在临床上，常利用心音的最强听取点来确定某一心音增强或减弱及判断心脏杂音产生的部位等。各种家畜的心音最强听取点见表 3-1 和图 3-5。

表 3-1　各种家畜心音最强听取点

家畜	第一心音		第二心音	
	二尖瓣口	三尖瓣口	主动脉瓣口	肺动脉瓣口
马	左侧第 5 肋间，胸廓下 1/3 的中央水平线上	右侧第 4 肋骨，胸廓下 1/3 的中央水平线上	左侧第 4 肋间，肩关节线下方 1、2 指处	左侧第 3 肋间，胸廓下 1/3的中央水平线下方
牛	左侧第 4 肋间，主动脉瓣口的远下方	右侧第 3 肋间，胸廓下 1/3 的中央水平线上	同上	同上
犬	同马	右侧第 4 肋间，肋骨和肋软骨结合部稍下方	左侧第 4 肋间，肱骨结节水平线上	左侧第 3 肋间，接近胸骨处
猪	左侧第 4 肋间，主动脉瓣口的远下方	右侧第 3 肋间，胸廓下 1/3 的中央水平线上	左侧第 4 肋间，肩关节线下 1、2 指处	左侧第 3 肋间，胸廓下 1/3的中央水平线下方

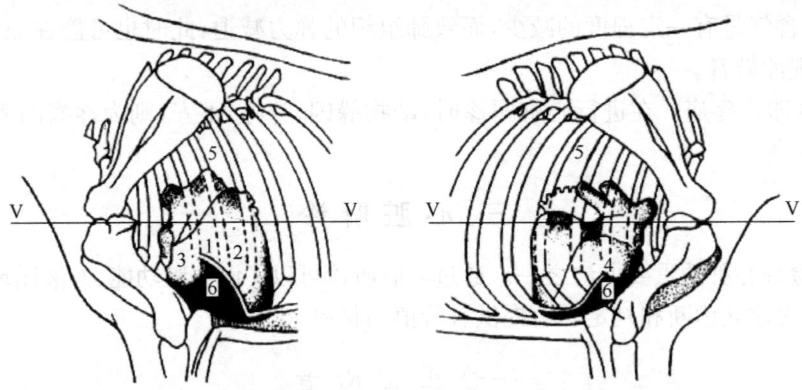

图 3-5　马的各瓣膜口心音最强听取点(V-V 为肩关节水平线)

1. 主动脉口;2. 左房室口;3. 肺动脉口;4. 右房室口;5. 第 5 肋间;6. 心浊音区

临床实际听诊时,对马的肺动脉瓣第二心音、主动脉瓣第二心音、二尖瓣第一心音的最强听取点,是按左侧第 3、4、5 肋间下、上、中三点来确定,即肺动脉瓣第二心音最下,主动脉瓣第二心音最上,二尖瓣第一心音居中。以左手的中指、示指和拇指的指端分别放于第 3、4、5 肋间,示指放在肩关节线下方 1、2 指处主动脉瓣第二心音的部位,则拇指端处即二尖瓣第一心音的部位,中指端即肺动脉瓣第二心音的部位。

当马取立正姿势时,肘头后上方第 1、2 指处为二尖瓣第一心音听诊最清楚的部位,由此向前上方约第 2 指处,为主动脉瓣第二心音听诊最清楚的部位,在肘头顶端水平线稍下方(第 3 肋间)为肺动脉瓣第二心音听诊最清楚的部位。这样,以肘头为标志,来确定心音最强听取点的方法,在临床上应用较方便。除此之外,还有以肩关节水平线与胸骨柄之间的中点的水平线与第 5 肋间相交点来确定二尖瓣第一心音的。但要注意,当动物体位发生变更,如前肢后踏或前踏、或横卧时,尤其在病理状态下,往往由于心脏肥大或扩张、心脏移位,心音的最强听取点可能相应地发生改变。

(二) 心音的病理改变

心音的病理改变包括心音的频率、强度、性质和节律的变化等。

1. 心音频率的改变　心音频率简称心率,是按每分钟的心动周期数来计算的。每个心动周期可听到两个心音,即一次心率。可是,在某些严重病理过程中,尤其第二心音极度减弱时,可能只听到一个心音(第一心音),这时就不能再按每两个心音为一个心动周期了。此时应结合心搏动或脉搏数的检查结果来计算心跳频率,心率与心搏数是一致的。心率的改变包括窦性心动过速(sinus tachycardia)和窦性心动过缓(sinus bradycardia)。

(1) 窦性心动过速。兴奋来自窦房结,由于兴奋起源发生紊乱,使心率均匀而快速,如马每分钟心率超过 60 次,成年牛超过 90 次,犊牛超过 120 次。健康动物在运动后,病畜在发热及心力衰竭时见之。

(2) 窦性心动过缓。由兴奋形成发生障碍或迷走神经紧张性增高所致,马每分钟心率在 25 次以下,成年乳牛在 60 次以下。见于黄疸、颅内压增高的疾病,洋地黄中毒等。在盲肠便秘的病马,有的心率减至 22 次。

2. 心音强度的改变　心音的强度,由心音本身的强度和向外传导心音的介质状态等因素所决定。影响心音本身强度的因素有心肌收缩力、心脏瓣膜状态及其振动能力、循环血液量及其分配状态等。传导心音的介质状态，如胸壁的厚度、肺脏心叶的状态、胸膜腔和心包腔的情况等，也都影响心音的听诊强度。在正常情况下，第一心音以心尖部，即第 4 或第 5 肋间的下方较强；第二心音以心基部，即第 4 肋间肩关节水平线稍下方较强。因此，判定心音增强或减弱，必须在心尖部和心基部进行比较听诊，如果两处心音都增强或都减弱，才能认为是心音增强或减弱。临床上常见的心音强度的变化为：两个心音都增强或减弱，或某一个心音增强或减弱等。

(1) 心音增强：当胸壁薄及心肌收缩力加强、心驱血量增多时，两心音都增强。在生理情况下，可见于动物兴奋、恐惧时及运动、使役之后；消瘦、胸腔狭扁的动物也常听到两心音都比较强。病理情况下，两心音增强见于热性病初期、剧痛性疾病、贫血、心肥大及心脏病的代偿功能亢进时。

第一心音增强，除心室收缩力代偿性增强外，与心室充盈度和瓣膜的位置有关系。如当房室口狭窄时，心室充盈度减少，于舒张晚期房室瓣的位置较低；另外，由于心室血容量较少，收缩期相应缩短，这时心室内压力迅速上升，致低位的房室瓣突然紧张地关闭，因而第一心音增强。此外，当贫血时，由于血液稀薄，血流速度加快，心室收缩时，房室瓣迅速而紧张地关闭，故也可导致第一心音增强。

代偿性第一心音增强，往往见于心率过快而第二心音减弱的疾病，这时第一心音明显增强，第二心音减弱，几乎听不到，是疾病危重的迹象。

第二心音增强，是由主动脉或肺动脉的血压升高所致。故所有能导致主动脉或肺动脉压升高的疾病都可引起第二心音增强，如急性肾炎及左心室肥大等可导致主动脉压升高；肺淤血、慢性肺泡气肿、二尖瓣闭锁不全等可导致肺动脉压升高。发现第二心音增强时，只有区别是主动脉第二心音增强，还是肺动脉第二心音增强，才能区分出是大循环的血压高，还是小循环的血压高。

(2) 心音减弱：健康动物当营养良好，皮下脂肪发达时，听诊两心音都较弱。在病理情况下，当心肌收缩力减弱，心脏驱血量减少时，则两心音都减弱，如心脏衰弱的后期、其他疾病的濒死期等。另外，在渗出性胸膜炎、心包炎和慢性肺泡气肿时，由于心音传导不良，也可使两心音减弱。

第一心音减弱比较少见，只是在心肌梗死或心肌炎的末期，而致心肌收缩力异常减弱时，以及房室瓣发生钙化而失去弹性时，才可能发生第一心音减弱。

第二心音减弱比较常见，凡能导致血容量减少的疾病，都可出现第二心音减弱，如大失血、严重脱水，以及重剧创伤、胃肠破裂引起的休克等。另外，能导致主动脉根部血压降低的疾病，如主动脉瓣口狭窄及主动脉瓣闭锁不全等，也可引起第二心音减弱。

3. 心音性质的改变　心音性质的变化包括心音混浊和金属样心音。

(1) 心音混浊：心音低浊，含混不清，两心音缺乏明显的界限。主要是由于心肌变性或心脏瓣膜有一定病变，使瓣膜振动能力发生改变所引起。

(2) 金属样心音：心音异常高朗、清脆，而带有金属样音响。在破伤风或邻近心区的肺叶中有含气空洞时，可听到金属样心音。

4. 心音分裂和重复　所谓心音分裂，即一个心音没有完全分成两个心音，只是感到一个心音其前后高而中间低。心音重复，则是一个心音完全分成两个心音，其中间有短的间隔。心音分裂和重复(splitting and doubling of the heart sound)的临床意义是一致的，因而目前把两者统称为分裂。

第一心音分裂或重复，是由左右心室收缩有先有后，使左右房室瓣关闭有早有晚所致。例如，一侧房室束传导阻滞、或一侧心肌严重变性而致收缩力减弱时，则该侧心室收缩靠后，房室瓣关闭延迟，因而出现第一心音分裂或重复，听诊时好似“特，噜—塔”、“特、噜—塔”的音响（图3-6）。健康的牛或马，有时因兴奋或一时性血压升高，也可出现第一心音分裂，但安静后可自然消失，无诊断意义。

第二心音分裂或重复，是由于主动脉瓣和肺动脉瓣不同时关闭所致。凡是能够引起一侧心室排血量过多或排血时间延长时，均可引起第二心音分裂或重复。例如，在主动脉瓣口狭窄，或左房室束支传导阻滞时，由于左心室驱血时间较长，以及主动脉根部压力较低，致使主动脉半月状瓣关闭较晚，故常可听到第二心音分裂或重复。另外，在左房室口狭窄时，由于小循环淤血引起肺动脉中压力升高，右心室驱血时间延长，因而肺动脉瓣关闭得较晚，出现第二心音分裂或重复。在听诊时，第二心音分裂或重复类似“噜—塔、拉”、“噜—塔、拉”的音响（图3-7）。

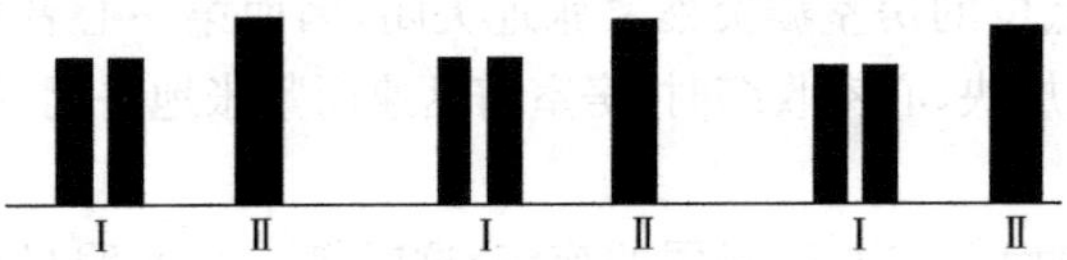

图3-6　第一心音分裂或重复

Ⅰ. 第一心音；Ⅱ. 第二心音

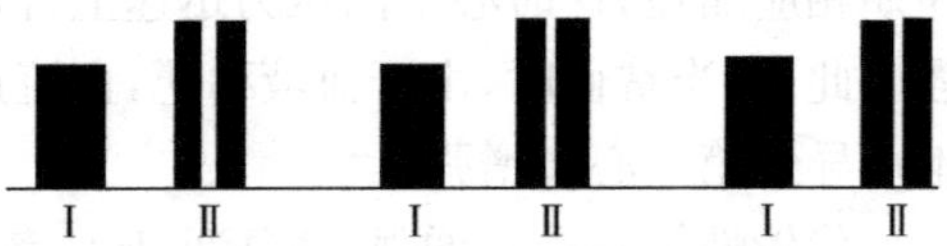

图3-7　第二心音分裂或重复

Ⅰ. 第一心音；Ⅱ. 第二心音

5. 奔马调　在原有两个心音之外，出现一个额外的声音而形成的三音律，犹如马奔跑时的蹄声，故称为奔马调(gallop rhythm)。根据附加心音出现的时期不同，可分为缩期前奔马调(presystolic gallop)和舒张初期奔马调(protodiastolic gallop)。

缩期前奔马调又称心房性奔马调，实际是病理性第四心音，听起来好像“巴—噜—塔”、“巴—噜—塔”的音调。其产生是由于严重的心肌炎，使房室束传导障碍，心室收缩较晚，致使心房音变为明显之故。可见于心肌炎、重度的主动脉瓣口或肺动脉瓣口狭窄等。

舒张初期奔马调又称心室性奔马调，听起来好似“噜—塔—布”、“噜—塔—布”的音调。其产生可能是由于心房血液快速注入心室，在心室肌处于衰弱状态下，张力很差，引起心室壁的振动。常见于严重的心肌损害和心力衰竭，如心肌炎、左心衰竭等。心室性奔马调与第三心音的区别是，第三心音出现于健康动物，多发生于心率较慢时，距第二心音较近；舒张早期奔马调出现于有重症器质性变化的动物，发生于心率快(100次/min以上)时，而三音之间的间隔基本一致。

在临床上还要注意心音分裂与奔马调的区别，心音分裂或重复的听诊部位不定，音响较奔马调稍高，奔马调的听诊部位在心尖部明显，其音响较低浊。

6. 心音节律的改变　健康动物的心音节律是规则的，心音的快慢、强弱和间隔一致。由于某些病理因素的影响，心音常出现快慢不定、强弱不一、间隔不等，称为心律失常(arrhythmia)。临床上常见的心律失常有期前收缩、阵发性心动过速、心动间歇等。

(1) 期前收缩(premature systole)：又称过早搏动，是由窦房结以外(心房、心室肌)的异位兴奋灶发出的过早兴奋而引起比正常心跳提前出现的搏动。若每一次正常心跳后有一次期前收缩，称为二联律；若每两次正常心跳后有一次期前收缩，或每个正常心跳后连续出现两个期

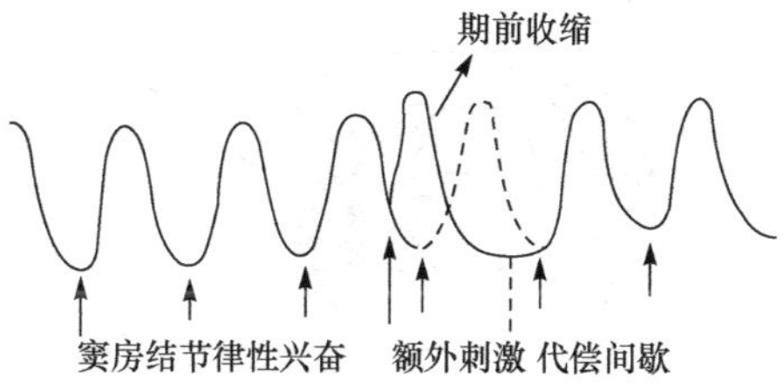

图 3-8　期前收缩发生机制模式图

前收缩，则称为三联律。在听诊时，期前收缩的第一心音明显增强，第二心音减弱或消失(图 3-8)；期前收缩后，有比较长的间歇期，偶尔出现的期前收缩，一般诊断意义不大；频繁发生的期前收缩，常见于洋地黄中毒、心肌疾病和重危的疾病等。

(2) 阵发性心动过速(paroxysmal tachycardia)：在正常心律中，连续发生三次以上期前收缩的快速心律，称为阵发性心动过速。心律增快常一阵阵地发生，每次发作持续时间较短，一般为数分钟至数小时，常见于心力衰竭和重危疾病时。

(3) 心动间歇(heart intermittence)：心脏在几次正常跳动之后，停跳一次的心律，称为心动间歇。它是由于心肌的病变波及传导系统，使兴奋冲动不能顺利向下传递而发生传导阻滞。在窦房传导阻滞时，心音和脉搏都同时减少一次，在房室传导阻滞时，在心音和脉搏同时消失的间歇期内，可听到微弱的心房音。心动间歇常见于洋地黄、奎尼丁中毒及迷走神经过度紧张等。健康老龄的马、骡有时也可见之。

(三) 心 脏 杂 音

心脏杂音(cardiac murmur)是心音以外持续时间较长的附加声音，它可与心音分开或相连续，甚至完全遮盖心音。其音性与心音完全不同，有的如吹风样、锯木样，有的如哨音、皮革摩擦音。心脏杂音对心脏瓣膜及心包疾病的诊断具有重要意义。

1. 心脏杂音的分类　心脏杂音的种类较复杂，分类方法也较多。按杂音发生部位分为心内杂音(endocardial murmur)、心外杂音(extracardiac murmur)；按杂音发生原因分为器质性杂音(organic murmur)、非器质性杂音(inorganic murmur)；按杂音发生时相分为缩期杂音(systolic murmur)、张期杂音(diastolic murmur)和连续性杂音(continuous murmur)。

- 心脏杂音
  - 心内杂音
    - 器质性杂音
      - 缩期杂音
      - 张期杂音
      - 连续性杂音
    - 非器质性杂音（发生在缩期）
      - 相对闭锁不全性杂音
      - 贫血性杂音
  - 心外杂音
    - 心包摩擦音
    - 心包拍水音
    - 心肺性杂音

2. 心内杂音

1) 各种心内杂音的产生原因　缩期杂音，是发生在心室收缩期，跟随在第一心音之后或与第一心音同时出现的杂音。它是由于房室瓣闭锁不全，在心室收缩期血液向心房内逆流而产生的，或者由于半月状瓣口狭窄，在心室驱血期血液经过狭窄的瓣口而产生的。张期杂音，是发生在心室舒张期，跟随在第二心音之后或与第二心音同时出现的杂音。它是由于房室口狭窄或者半月状瓣闭锁不全而引起的(图 3-9～图 3-12)。

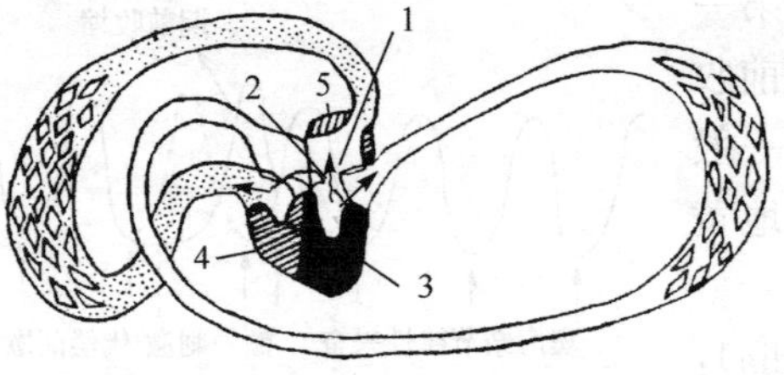

图 3-9 二尖瓣闭锁不全模式图

1. 闭锁不全的二尖瓣口；2. 由左心室逆行的血流，伴有缩期杂音；3. 左心室肥大；4. 右心室肥大；5. 左心房肥大

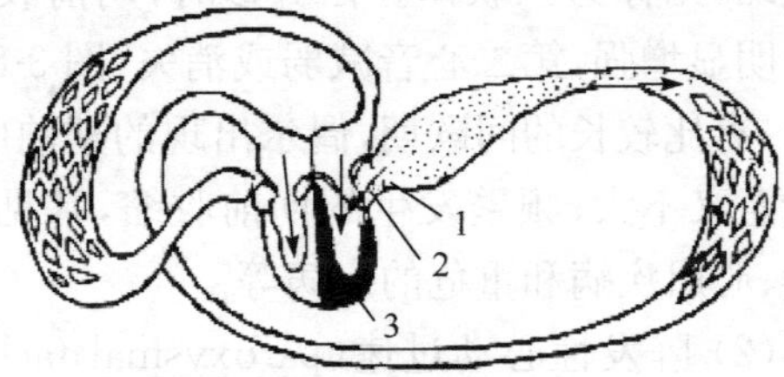

图 3-10 主动脉瓣闭锁不全模式图

1. 闭锁不全的主动脉瓣口；2. 由主动脉逆行的血流，伴有张期杂音；3. 左心室肥大

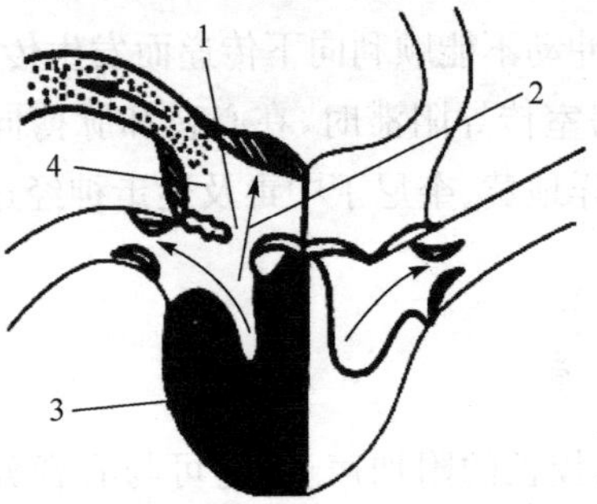

图 3-11 缩期杂音示意图(二尖瓣闭锁不全)

1. 闭锁不全的空隙；2. 缩期杂音；3. 左心室肥厚；4. 左心房扩张

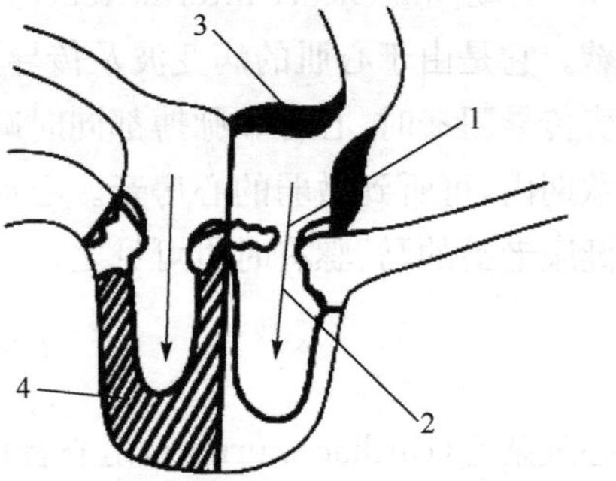

图 3-12 张期杂音示意图(右房室口狭窄)

1. 瓣膜口狭窄；2. 舒期杂音；3. 右心房肥大；4. 左心室扩张

连续性杂音是起始于心室收缩期，越过第二心音而延续至舒张期的杂音。此种杂音在第一心音之后出现，至收缩期终末时最响，掩盖了第二心音，并在舒张期中逐渐减弱。连续性杂音常见于动物的先天性心脏畸形，如动脉导管未闭、主动脉与肺动脉的间隔缺损及房间隔缺损并发二尖瓣口狭窄等。在听诊连续性杂音时，应该注意与联合性瓣膜病的杂音相区别，因为在两个或两个以上的瓣膜同时发生病变时，在一部位可以同时听到缩期杂音和张期杂音。例如，患病动物先是由于主动脉瓣闭锁不全而产生张期杂音，而后引起左心室的代偿性扩张，进而引起左心室过度充盈，致使二尖瓣发生肥厚，使之闭锁不全，从而又产生缩期杂音。

相对闭锁不全性杂音，是非器质性杂音。它是在心脏功能不全时，由于除心脏加快收缩外，还发生代偿性扩张，因而产生瓣膜相对的闭锁不全，故而形成杂音。另外，在牛的膈疝或急性瘤胃臌气时，由于心脏受压迫，可能发生瓣膜的扭曲变形，也会产生心内杂音。

贫血性杂音(anemic murmur)也属非器质性杂音。它是在贫血时，由于血红蛋白量及红细胞数减少，血液稀薄，携氧能力明显降低，为了满足组织的氧供应，于是加速血液循环，因而通过心脏瓣口的血液流量率增大，使雷诺系数增大，故可产生心内杂音。

2）心内杂音的强度 杂音的强度取决于瓣口狭窄或瓣膜闭锁不全的程度。一般情况下，狭窄或闭锁不全越重，杂音越强。但是，当极度狭窄或闭锁不全时，由于通过血流极少或者极大量血液逆流，杂音反而减弱或消失；血流速度越快，杂音越强；狭窄口两侧的压力差越大，杂音越强。

关于心内杂音强度的分级，在兽医临床上还没有统一的标准。Detweiler(1959)曾根据犬的心脏杂音，将杂音强度分为 5 级。

(1) 一级杂音：隐约地刚能听到轻微的杂音。

(2) 二级杂音：听诊数秒钟后能听出来的清晰的轻微的杂音。

(3) 三级杂音：开始听诊时就能在较大区域听到的杂音。

(4) 四级杂音：可以听到较强的杂音，将听诊器抬离胸壁时虽然听不到杂音，但能感觉到震颤。

(5) 五级杂音：可以听到很强的杂音，即将听诊器抬离胸壁仍能听到，并能感到震颤。

按照以上杂音强度的分类，有的人建议：三级或三级以下的杂音，可不看成是有诊断意义的杂音。而对于任何三级以上的缩期杂音或张期杂音、连续性杂音，任何持续整个收缩期的缩期杂音，或持续舒张期 1/2 以上的张期杂音，可感到震颤的杂音，以及二级以上的渐减音势性张期杂音，并伴有缩期杂音的，均可看成有诊断意义的杂音。由此看来，张期杂音、连续性杂音的诊断意义比较大，大多数的全缩期杂音也可能是有临床意义的。

所谓渐增音势或渐减音势，是指在杂音出现后，其强度是渐增或渐减的情况。例如，房室瓣闭锁不全或半月状瓣闭锁不全性的逆流性杂音，均属于渐减音势性杂音，房室瓣口狭窄的收缩前期杂音（张期），则属于渐增音势杂音；半月状瓣口狭窄时，在心室开始排血时，杂音即开始出现，心室收缩中期最强，在第二心音出现时已经消失，称为渐增及渐减音势杂音。

3) 器质性杂音与非器质性杂音的区别　鉴别器质性杂音和非器质性杂音，在临床上具有实际意义。器质性杂音的性质多粗糙、尖锐，如锯木声或箭鸣音，其发生时相，既可以在心收缩期又可以在心舒张期，且与心脏区域甚至瓣膜的部位相联系，杂音可数月甚至数年持续存在，其强度常在三级以上。非器质性杂音的性质较柔和，如吹风音或喷射音，多发生在心收缩期，而且以心基部较明显，有的可不限于心脏区域，而能随血流传导到心区之外，杂音在疾病好转或恢复后可以减弱或消失，其强度一般在三级以下。另外，使动物做适当运动或给予强心剂后，器质性杂音时可增强，而非器质性杂音时则减弱或消失。

3. 心外杂音　心外杂音包括心包摩擦音、心包拍水音和心肺性杂音。

(1) 心包摩擦音（pericardial friction sound）。正常的心包腔内有少量的心包液，具有滑润作用，所以在心脏活动时不发生音响。当心包发炎时，由于纤维蛋白沉着，使心包的脏层与壁层变得粗糙，这时心脏活动，就会使两粗糙面发生摩擦而产生杂音，常见于牛的创伤性心包炎。心包摩擦音与胸膜摩擦音的区别主要是，胸膜摩擦音与呼吸运动关系密切，使患病动物暂时停止呼吸时，胸膜摩擦音即会消失，而心包摩擦音依然存在。

(2) 心包拍水音（pericardial splashing sound）。当心包发生腐败性炎症时，由于心包腔内积聚多量的液体和气体，伴随着心脏活动，发生一种类似河水击打河岸的声音，称为心包拍水音，常见于腐败性心包炎。心包拍水音一般由收缩期移行到舒张期。

(3) 心肺性杂音。在心脏扩张、收缩力量增强、活动幅度增大的情况下，当心脏收缩时，由于心脏的容积变小，在吸气的瞬间，大量空气由支气管进入肺泡内而发生杂音，称为心肺性杂音。心肺性杂音多出现在心肺交界处，在吸气时增强，传导性很小，可发生于心收缩期，也可发生于心舒张期，但在心收缩期杂音较强。

（刘国文）

第二节　血管的检查

血管的检查主要包括动脉检查、毛细血管检查和静脉检查。

一、动 脉 检 查

动脉检查通常用触诊的方法，主要检查动脉的脉搏，判定其频率、节律、性质，以推断心脏功能及血液循环状态，这对疾病的诊断和预后很重要。临床上注意的是应在动物安静的状态下进行。如患病动物远道来就诊，要稍待休息后再进行检查。

关于脉搏数和血压的检查已在一般检查中介绍过。这里就脉性和脉搏节律的检查加以叙述。在脉性和脉搏节律检查时，检查人员要精神高度集中，交替使用轻按和重按的方法，左右两侧对比，仔细判定脉性和脉搏节律。有条件时，还可用脉搏描记法，以期获得更可靠的客观指标。

（一）检查部位及方法

1. 检查部位　马属动物检查颌外动脉；牛、骆驼检查尾中动脉；羊、猪及犬检查股内侧动脉；家禽检查翼下动脉。但肥猪往往不能触知，故常以检查心跳代替脉搏。

2. 检查方法　一般用右手示指及中指压于血管上，左右滑动，即可感知一富有弹性的管状物在手下滑动，此时可根据脉搏大小（振幅的大小）、强弱（力量的大小）和软硬（脉管的紧张度）分别施以轻压、中压或重压，计算其频率，体会其性质、血液充盈度（血管内容血量）、脉搏形态和节律。不同动物的检查方法也不同。

马属动物脉搏检查时，检查者站于马左前侧，以左手握笼头，用右手示指、中指压于下颌缘内侧，前后触摸即可触觉到有一细胶管状物在指下滑动，随即以手指轻压其上，即可触知脉搏搏动。

牛脉搏检查时，检查者站于牛的正后方，左手将尾略上举，用右手示指、中指轻压于尾腹面正中的尾动脉上即可。

羊脉搏检查，检查者蹲于羊的侧后方，一手握后肢，另一手插入股内侧，以手指压于股动脉上即可。

犬、猫等小动物检查股动脉。

（二）脉 性 检 查

关于脉搏的性质，主要是检查脉搏的大小、强弱、紧张性及充盈度等。脉性常受到一些因素的影响，如心脏的收缩力、血管的弹性和紧张度、循环血量和血容量等。

1. 正常脉性　心脏收缩有力，每搏输出量正常，动脉管弹性良好且紧张度适中，血液总量正常时，则脉搏充实有力，强度相同，是为正常脉性，即中兽医所称的平脉。

2. 脉性的病理改变

（1）强（大）脉和弱（小）脉。脉搏的强弱，是指脉搏跳动力量的大小，即脉搏抬举检指的力量的大小；而脉搏的大小，是脉搏抬举检指的高度，也就是脉搏跳动时振幅的大小。脉搏的强弱或大小取决于动脉的充盈度和周围血管的阻力，也就是说与心脏的排血量和脉压大小有关。强脉，表示心脏收缩力增强，每搏输出量增多，周围动脉的阻力较小，见于健康动物兴奋及运动时，以及热性病初期、心脏代偿功能亢进期等。弱小脉，表示心脏收缩力减弱，每搏输出量或血液总量减少、动脉压降低等，见于心脏衰弱、热性病及中毒病的后期。如果检脉时，仅仅感觉到微弱的脉搏跳动，或者难以感觉到脉搏的跳动，则称为丝状脉或不感脉，见于心力衰竭及濒死期。

（2）硬脉和软脉。脉搏软硬，主要指脉管的紧张度，即当手指按压时所感觉的脉管抵抗力的大小，这取决于动脉收缩压的高低。硬脉，表示血管紧张度增高，脉管紧张，见于破伤风、急性肾炎或伴有剧烈疼痛的疾病。软脉，表示脉管紧张度降低，脉管弛缓，见于心力衰竭、长期发热（血管紧张度降低）及大失血时。硬而小的脉搏，称金线脉，见于急性心内膜炎及心包炎的初期，乃心脏及血管受强度刺激所致。

（3）速脉和迟脉。脉搏的迟速，不是指脉搏频率的大小，而是指动脉管内压力上升及下降持续时间的长短，在脉搏描记时根据波形上下变动的快慢程度，可清楚地了解这一点。脉搏波形上升及下降快速的，称为速脉，也称跳脉，是主动脉瓣闭锁不全的示病症状。脉搏波形上下变动迟慢的，称为迟脉，见于主动脉瓣口狭窄。检脉时，手指感觉脉搏骤来而急去的，为速脉，感到徐来而缓去的，为迟脉。

（4）实脉和虚脉。根据脉管的充盈度，而分为实脉和虚脉。判定的方法：将检指加压及放开，反复操作检查，以感觉脉管内径的大小。内径大的，表示血液充盈良好，即实脉；内径小的，表示血液充盈不良，即虚脉。实脉见于血液总量充足及心脏活动良好；虚脉表示血量不足，见于大失血及严重脱水。

在临床上，脉性的体现常是综合性的。既可以是强、大、充实良好和有力的；也可以是弱、小、充实不良而无力的。总起来说，脉搏强大充实，表示心脏功能状态良好；脉搏弱小无力，表示心收缩力减弱或血容量不足。这样综合起来评定，对疾病的诊断和预后判定有帮助。

（三）脉搏节律检查

脉搏节律又称脉调，主要是指脉搏的规整性和时间间隔的均等性。健康动物的脉搏规整，时间间隔均等，称为节律脉；相反，若脉搏的间隔时间不均等或脉搏不规整，则称为无节律脉。临床上常见的不整脉有间歇脉、脉搏短绌及二联律、三联律等，关于其临床意义和产生原因，参考本章第一节。

二、毛细血管和静脉检查

毛细血管和静脉检查主要包括毛细血管再充盈时间测定、静脉充盈度及静脉搏动检查、中心静脉压测定等。通过这些检查可以了解心脏活动和全身血液循环的状态，为诊断疾病和推断预后提供依据。

（一）毛细血管再充盈时间的测定

测定毛细血管再充盈时间，可以了解微循环的功能状态。

1. 方法　助手保定被检动物的头部，并将上唇上提，露出上切齿的齿龈黏膜（家禽暴露上颚黏膜）。检查者左手持秒表，用右手拇指按压被检动物的上切齿外侧的齿龈黏膜 2～3s，然后除去拇指的压迫，观察除去压迫后齿龈黏膜恢复原来颜色所需要的时间。

2. 正常值　据测定，动物齿龈或上颚黏膜毛细血管（微血管）再充盈时间有着明显差异（表 3-2）。

表 3-2　家畜家禽微血管充盈时间（郭成裕和李子龙，1995）

动物	n	微血管充盈时间 $\bar{x}\pm SD$/s	动物	n	微血管充盈时间 $\bar{x}\pm SD$/s
马	31	1.03±0.10	绵羊	24	1.25±0.07
驴	44	1.02±0.10	山羊	32	1.28±0.09
骡	31	1.04±0.09	乳山羊	29	1.26±0.08

续表

动物	n	微血管充盈时间 $\bar{x}$±SD/s	动物	n	微血管充盈时间 $\bar{x}$±SD/s
水牛	32	1.45±0.08	猪	30	1.34±0.08
黄牛	52	1.39±0.13	鸡	31	1.27±0.10
奶牛	30	1.35±0.13	火鸡	30	1.35±0.08
瘤牛	36	1.33±0.06	鹅	32	1.37±0.09
大额牛	11	1.30±0.08	鸭	30	1.33±0.08
牦牛	33	1.77±0.16	番鸭	30	1.31±0.08
犏牛	15	1.51±0.19	鸽	33	1.03±0
梅花鹿	8	1.35±0.15	鹌鹑	45	1.05±0.09
水鹿	6	1.32±0.08			

3. 临床意义 在伴有高度全身淤血的情况下，往往发现毛细血管再充盈时间延长，见于心力衰竭、中毒性休克和内毒素休克等。例如，在实验性内毒素休克时，初期毛细血管强烈收缩，毛细血管床缺血，造成微循环障碍，并且发生局部的酸中毒，后期由于血管长期收缩，致使毛细血管前小动脉括约肌的紧张性丧失，而毛细血管后小静脉由于其对酸中毒耐受性较大，仍可保持正常的紧张性，因此血液能继续进入毛细血管床，但不能完全由静脉端流出，此时毛细血管床处于淤血状态，临床上见到可视黏膜淤血及发绀，故而齿龈黏膜毛细血管再充盈时间延长，通常都在3～5s甚至以上。据观察，马急性出血性盲结肠炎的一些病例，齿龈黏膜毛细血管再充盈时间也都延长到3～5s。

(二)静脉充盈度的检查

由于静脉血压低、管壁薄，其中的血流容易受血液重力和血管周围组织压力的影响而造成淤血和水肿。在兽医临床上主要是通过检查可视黏膜和体表静脉(如马的颈静脉和胸外静脉、牛的颈静脉和乳房静脉)来了解静脉的充盈度。动物的静脉充盈度常表现为静脉萎陷和过度充盈。

1. 静脉萎陷 体表静脉不显露，即使压迫静脉，也不见其远心端膨隆，将穿刺针头刺入静脉内，往往不见有血液流出。这是由于血管衰竭，大量血液都淤积在毛细血管床内，可见于休克或严重毒血症。

2. 静脉过度充盈 临床上常见的有全身性静脉淤血和局部性静脉淤血。

图 3-13 牛的颈静脉充血

(1) 全身性静脉淤血：体表静脉(如四肢的静脉、颈静脉、马的胸外和牛的乳房静脉等)呈明显的扩张或极度膨隆，犹如绳索状(图 3-13)，可视黏膜潮红，并有树枝状充血，有时伴发体躯下部浮肿。其多半是心脏功能衰弱、静脉血反流障碍所致，见于心包炎、心包积液、心肌营养不良、心内膜炎、三尖瓣闭锁不全、右房室口狭窄等。

(2) 局部性静脉淤血：是局部静脉管受肿瘤等压迫的结果，往往在淤血的静脉管周围发生水肿。

（三）静脉搏动的检查

伴随着心脏的活动，表在的大静脉也发生搏动，称静脉搏动。在临床上主要检查颈静脉搏动。颈静脉搏动有生理性的，也有病理性的，根据其产生的原理可分为以下三种。

(1) 阴性静脉搏动：是指与心室收缩不相一致的静脉搏动。由于它是在心房收缩时产生的，故又称房性静脉搏动。当右心房收缩时，反流入心房的腔静脉血一时受阻，部分静脉血的逆行波，波及前腔静脉和颈静脉，而呈现颈静脉搏动。在生理条件下，这种阴性颈静脉搏动，只是在胸腔入口处，或颈沟的下 1/3 处最明显。但在心脏衰弱时，由于全身静脉淤血严重，血液还流发生严重障碍，阴性静脉搏动可以波及颈沟的中、上 1/3 处，甚至波及下颌支后下方的颈沟处。

(2) 阳性静脉搏动：是指与心室收缩相一致的静脉搏动，故又称室性静脉搏动。例如，在三尖瓣闭锁不全时，由于心室收缩时，血液通过闭锁不全的缝隙逆流到右心房，而使前腔静脉的血液回流一时受阻，这种逆流波传到颈静脉，即出现阳性颈静脉搏动。由于这种阳性静脉搏动是由心室收缩引起的，其力量强，故通常可波及颈沟的上 1/3 处，又由于是在心室收缩期产生的，故和心搏动及动脉搏相一致。另外，在震颤性心节律失常时，由于心房收缩不完全，不能保证心房内血液充分进入心室，故在心室收缩时，虽然三尖瓣是关闭的，但仍可使心房内血液发生暂时的逆流，而出现阳性颈静脉搏动。

(3) 假性静脉搏动：它不是真正的静脉搏动，而是由于颈动脉的强力搏动所引起的静脉波动，故又称静脉波动，多在主动脉瓣闭锁不全时产生，并且与动脉搏同时出现。

区别以上三种静脉搏动，除同时检查心搏动及动脉搏，观察其是否与心搏动或动脉搏动同时出现外，更可用静脉搏动试验法，即以手指用力压住颈静脉中部，观察静脉搏动出现或消失的情况。如近心端及远心端的颈静脉搏动明显减弱或消失，即阴性静脉搏动；如远心端静脉搏动消失，而近心端的静脉搏动不消失，甚至加强，则为阳性静脉搏动；如近心端及远心端的静脉搏动均不消失，即假性静脉搏动，或静脉波动。根据这种试验的结果，再结合有关的临床症状，即可得出关于静脉搏动检查应有的诊断意义。

（四）中心静脉压的测定

中心静脉压(CVP)是指右心房或靠近右心房的腔静脉的压力。中心静脉压的高低，主要由血容量的多少、心脏功能的好坏及血管张力的大小来决定。当心血管功能正常时，中心静脉压就直接随血容量的变化而升降。因此，测定中心静脉压作为观察血液的动态变化及临床上作为补充血容量的一个指标，是很有意义的。

1. 方法　测定中心静脉压使用特制的测压计。测压计由盐水静压柱(内径约 2.5mm 的玻璃管)和标尺、尼龙导管(聚乙烯医用输液导管，内径约 1mm)、Y 形三通玻璃管、输液胶管(内径约 3mm)组成。测定时，动物取站立或横卧姿势，确实保定。将测压计按图 3-14 装置好，使标尺的零刻度与心房在同一高度(相当于抢风穴的高度)上。具体操作可按下列步骤进行。

(1) 先使输液瓶与盐水静压柱相通，用生理盐水注满静压柱。

(2) 再取大号针头(兽用输血针 23 号)，使针尖朝向心端方向，刺入颈静脉内，并迅速将尼龙导管通过针孔导入颈静脉内，使其深达右心房附近，即相当于抢风穴的位置(事先应量好由针孔到抢风穴的距离，并作上记号)，总长40～50cm，用夹子固定之。

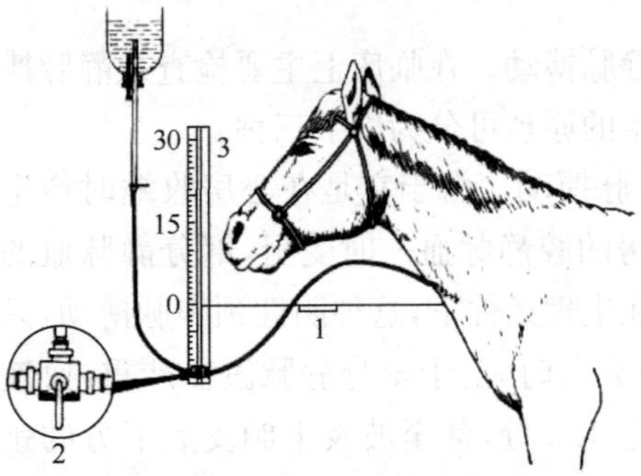

图 3-14　中心静脉压测定示意图
1. 调整压力计 0 点与肋骨柄上端呈水平；
2. 金属三通；3. 压力计(Pa)

(3) 使静压柱与尼龙导管相通，即可见到静压柱内的液面始而上升，继而下降，待液面不再升降，而仅随呼吸微微上下波动时，此时液面所在标尺上的刻度，即中心静脉压的读数(cmH_2O①)，零上为正，零下为负。

(4) 读数后，再使输液瓶与尼龙导管相通，输液5min，再测一次，以两次的平均数作为结果。

(5) 注意事项：①测压计各组成部分在用前应彻底消毒，但尼龙导管不能煮沸消毒，只能用0.1%新洁尔灭液浸泡(15min)消毒；②在测定过程中，如发现静脉压力突然出现显著波动性升高时，可能是导管尖端进入右心室，应立即退出一小段后再测压；③测压毕，应先将针头拔出后，再拔导管。切勿先拔导管，以防导管被针头尖端割断而遗留在静脉内。

2. 正常值　正常时，中心静脉压的高低与家畜种类、体位及是否处于麻醉状态等因素有关。国内测定结果及有关参考值见表3-3。

表 3-3　家畜中心静脉压测定值　(单位：cmH_2O)

家畜种类	例数	体位	平均值	变动范围	测定者
蒙古马	30	站立	11.34	4.12～18.56	北京军区
骡	30	站立	13.20	6.00～20.20	北京军区
马	30	站立	9.45	4.56～14.34	成都军区
马	74	站立	12±6		L. W. Hall
马	28	右侧卧	24.5		L. W. Hall
马	17	左侧卧	29		L. W. Hall
马	27	仰卧	−6		L. W. Hall
黄牛	56	站立	17.61	8.39～24.83	湖南农学院
黄牛	37	左侧卧	9.20±3.84		湖南农学院
黄牛	22	右侧卧	9.54±3.45		湖南农学院
黄牛	55	伏卧	16.17±4.23		湖南农学院
水牛	20	站立	23.25±3.20	16.85～29.65	湖南农学院
水牛	8	左侧卧	10.31±4.61		湖南农学院
水牛	8	右侧卧	11.08±4.63		湖南农学院
水牛	8	伏卧	14.48±3.90		湖南农学院
水牛	4	跪立	23.52±5.34		湖南农学院
奶山羊	46	站立	9.86±4.60		西北农学院
奶山羊	46	伏卧	10.56±5.41		西北农学院
奶山羊	46	左侧卧	7.82±3.80		西北农学院
奶山羊	46	右侧卧	9.45±3.70		西北农学院

3. 临床意义及应用　中心静脉压测定常用于下列情况。

(1) 急性循环功能不全，或经初期治疗而反应不佳，不能判明是否有血容量不足或心功能

① $1cmH_2O=98Pa$

不全时，可鉴别低血容量休克与非低血容量休克，前者中心静脉压偏低，后者则否。

（2）大量补液时，可帮助使血容量迅速补足，又可避免引起循环负荷过重的危险；在中心静脉压已回升至接近正常时，可放慢补液速度和减少补液量。

（3）在给病畜进行大手术时，可帮助维持血容量在适当水平，以便能使患病动物更好地耐受手术。

（4）临床上，在血压正常而伴有少尿或无尿时，可帮助鉴别少尿的原因，是由于肾功能不全所引起，还是由于低血容量或脱水所致，以避免过分补液或补液不足；如仅为肾功能不全，可适当少补液；如为脱水或低血容量引起的少尿，则应多补液。

（5）临床应用时，不能单纯根据中心静脉压高于或低于正常值来确定血容量足或缺，还必须结合心功能的情况。如中心静脉压偏低，血压也降低时，表示血容量绝对或相对的不足，此时必须大量、快速输液，以提高血容量，改善循环功能；若中心静脉压升高而血压偏低，表示心功能不全或心力衰竭，必须先强心，而后再酌情补液；若血压正常而中心静脉压偏高，这可能是由于胸内压增大引起的（肠鼓胀、肠阻塞、肺部疾患等），应注意与其他原因引起的心功能不全相区别。

（刘国文）

第四章 胸廓、胸壁及呼吸系统检查

第一节 胸廓、胸壁的检查

胸廓由胸骨、肋骨和胸段脊柱及软组织组成。胸廓的检查主要检查胸廓的大小、外形、对称性及胸壁的敏感性。检查胸廓时，一般用视诊和触诊的方法，通常应由前向后、由上而下、从左到右进行全面检查。

一、胸廓的视诊

胸廓视诊应注意胸廓的形状和对称性，胸壁有无损伤、变形，肋骨及肋间隙有无异常，胸前、胸下有无浮肿等。健康动物，其胸廓的形状和大小，因动物的种类、品种、年龄、营养及发育状况而有很大差异。但胸廓两侧应对称，脊柱平直，肋骨膨隆，肋间隙的宽度均匀，呼吸也匀称。

(一) 胸廓的形状

主要通过观察动物胸廓两侧的对称性及发育状态，判断病变的部分及程度。常见的病理性异常有以下几种。

(1) 桶状胸。特征为胸廓向两侧扩张，左右横径显著增加，呈圆桶形。肋骨的倾斜度减少，肋间隙变宽。常见于严重的气胸、肺气肿、胸腔积液等。

(2) 扁平胸。特征为胸廓狭窄而扁平，左右径显著狭小，呈扁平状。可见于骨软症、营养不良和慢性消耗性疾病幼畜。

(3) 鸡胸。特征是胸骨柄明显向前突出，常常伴有肋骨与肋软骨交接处出现串珠状突起，并见有脊柱凹凸、四肢弯曲、全身发育障碍，是佝偻病的特征。

(4) 两侧胸廓不对称。特征为两侧胸壁明显不对称。患侧胸壁因肋骨骨折、单侧性胸膜炎、胸膜粘连等下陷或平坦，肋间隙变窄，而对侧常呈代偿性扩大；也见于单侧气胸、单侧膈疝、单侧间质性肺气肿等而出现的单侧胸廓扩张。此时呼吸的匀称性也发生改变。此外，脊柱的病变也可导致胸廓变形。检查时，必须两侧对照比较来确定病变的部位和性质。

(二) 胸廓皮肤的变化

应注意创伤、皮下气肿、丘疹、溃疡、结节、胸前及胸下浮肿和局部肌肉震颤等。

胸廓的创伤(包括髻甲部鞍伤)等外科疾病，一望可知；胸壁皮下的气肿，多见于外伤、肺气肿及牛的霉烂、甘薯中毒，有时发生于气胸。

马胸侧沿淋巴管分布的结节和溃疡性病变应考虑皮肤鼻疽和流行性淋巴管炎。胸壁的散在性扁平丘疹常提示荨麻疹；伴有痒感的小结节样疹、水泡以致皮肤增厚、脱毛落屑等应考虑螨病或湿疹。

胸前、胸下的浮肿多见于创伤性心包炎、心力衰竭、重度贫血和营养不良等。在马传染性贫血流行地区更要注意传染性贫血的可能性。此外，在渗出性胸膜炎时，可见胸下有大面积浮肿，并常伴有局部的热、痛反应。肘后、肩胛和胸壁的震颤常见于发热病的初期，也可见于疼痛性疾病（如马腹痛病）、中毒、某些代谢性疾病和神经系统疾病。

二、胸壁的触诊

胸壁触诊对于确定某些病变的性质，确定胸壁的温度、敏感性和胸膜摩擦感有一定的意义。

1. 胸壁的温度　局部温度增高，可见于炎症、脓肿等。胸侧壁的温度增高，可见于胸膜炎等，检查时应左右对照。

2. 胸壁疼痛　触诊胸壁时，病畜表现骚动不安、回顾、躲闪、反抗或呻吟，乃胸壁敏感的表现。胸壁敏感是胸膜炎的特征，尤以病的初期更为明显。胸壁敏感也可见于胸壁的皮肤、肌肉或肋骨的发炎与疼痛性疾病。肋骨骨折时疼痛非常显著。

3. 胸膜摩擦感　在胸膜炎时，由于胸膜表面沉积大量的纤维蛋白，使胸膜变得粗糙，则在呼吸运动时，胸膜的壁层和脏层相互摩擦，用手触诊时可感觉到。通常于呼吸两相均可触及，但有时只能在吸气末期触到。

此外，当较大支气管内啰音粗大而严重时，触诊胸壁可有轻微的震颤感，称为支气管震颤。见于异物性肺炎和肺脓肿破溃等。

4. 皮下气肿　胸部皮下组织有气体积存时称为皮下气肿。以手按压皮下气肿的皮肤，引起气体在皮下组织内移动，可出现捻发音。严重者气体可由胸壁皮下向颈部、腹部或其他部位的皮下蔓延。

5. 肋骨局部变形　肋骨局部变形见于佝偻病、软骨病、氟骨病和肋骨骨折等。

（胡国良　郭小权）

第二节　上呼吸道的检查

一、呼出气的检查

检查呼出气体时，应将手背或手掌接近鼻端进行感觉，同时用手将呼出气扇向自己鼻部嗅之进行检查。应注意两侧鼻孔的气流强度是否相等，呼出气的温度是否有变化，呼出气的气味是否异常。

1. 两侧气流的强度　健康动物两侧鼻孔呼出气的气流强度一致。当一侧鼻腔狭窄、一侧副鼻窦肿胀或大量积脓时，则患侧的呼出气流强度较小，并常伴有呼吸的狭窄音及不同程度的呼吸困难；若两侧鼻腔同时存在病变，则依病变的程度和范围不同，而两侧鼻孔气流的强度也可不一致。检查时，可用双手置于鼻孔前感知之，或当寒冷季节直接观察呼出的气流而判断之。

2. 呼出气的温度　健康动物的呼出气稍有温热感。当体温升高时，呼出气的温度也有所增高，见于热性病。呼出气的温度显著降低，可见于严重的脑病、中毒或虚脱。

3. 呼出气的气味　健康动物的呼出气，一般无特殊气味。当肺组织和呼吸道的其他部位有坏死性病变时，不仅鼻液有恶臭，呼出气也带有强烈的腐败性臭味；当呼吸道和肺组织有化脓性病理变化时，如肺脓肿破溃时，则鼻液和呼出气常带有脓性臭味；若有呕吐物从鼻孔中流出时，则常带有酸性气味。

此外，患尿毒症时，呼出气可能有尿臭气味；患酮血病时，可能有丙酮气味。当发现呼出气有特殊臭味时，应注意臭气是来自口腔，还是来自鼻腔。通常一侧性恶臭，为同侧鼻腔发生病变；两侧鼻孔的呼出气体都有同样恶臭气味时，提示病灶位于两侧鼻腔或咽喉部以下的呼吸器官。

二、鼻及鼻液的检查

（一）鼻 的 检 查

鼻的检查包括鼻的外部检查和鼻黏膜的检查，主要以视诊、触诊为主。

1. 鼻的外部检查 鼻的外部检察注意鼻孔周围组织、鼻甲骨形态的变化及鼻的痒感。

（1）鼻孔周围组织：鼻孔周围组织可发生各种各样的病理变化，如鼻翼肿胀、水泡、脓肿、溃疡和结节等。这些变化可起因于皮肤或口腔，也可因鼻黏膜的疾病而继发。

（2）鼻甲骨形态的变化：鼻甲骨形态学变化包括增生、肿胀、萎缩和凹陷等。鼻甲骨增生、肿胀见于严重的软骨病及肿瘤。鼻甲骨萎缩，使鼻腔缩短、鼻盘翘起或歪向一侧，是猪传染性萎缩性鼻炎的特征。鼻甲骨凹陷、肿胀、疼痛则多见于外伤。

（3）鼻的痒感：当鼻部及其邻近组织发痒时，病畜常在槽头、木桩上擦痒或用自己的前肢搔痒。见于鼻卡他、猪传染性萎缩性鼻炎、鼻腔寄生虫病、异物刺激及吸血昆虫的刺螫等。长期擦痒可使鼻孔周围不洁、脱毛、出血和鼻部皮肤擦破，甚至引起炎症。

（4）鼻端干燥：牛鼻镜、猪鼻盘和犬、猫的鼻端有特殊的分泌组织，健康动物这些部位经常呈湿润状态。当机体持续发热或代谢紊乱时，鼻端表现干燥，并有热痛感，甚至发生龟裂，见于牛流感、牛瘟、猪瘟、猪丹毒、犬瘟热及其他发热性疾病。鼻端干燥为判断健康与否的指标之一。

2. 鼻黏膜的检查 检查鼻黏膜对呼吸器官疾病的诊断具有重要意义。

检查鼻黏膜的方法主要利用视诊和触诊。视诊光线以白昼光线最好，必要时可用开鼻器、反光镜、头灯或手电筒进行检查。

检查时，要适当保定病畜，将头略为抬高，使鼻孔对着阳光或人工光源。用手指或开鼻器适当扩张鼻孔，使鼻黏膜充分显露，即可观察之。检查鼻黏膜时，应注意其颜色、有无肿胀、水泡、溃疡、结节和损伤等。如疑为鼻疽病时，检查者宜戴口罩、眼镜、手套等，进行防护。

（1）颜色：健康家畜鼻黏膜，犬颜色均为淡红色；马的鼻黏膜正常为红色，较深部的鼻中隔因有很多静脉血管和血管间隙，故略呈淡蓝红色。在病理情况下，鼻黏膜的颜色也有发红、发绀、发白、发黄等变化。其颜色变化的临床意义与其他可视黏膜相同。

（2）肿胀：弥漫性肿胀，见于急性鼻卡他，此时鼻黏膜表面光滑平坦，颗粒消失，闪闪有光，触诊有柔软和增厚感。鼻黏膜肿胀也见于马腺疫、流行性感冒、鼻疽、血斑病、牛恶性卡他热及犬瘟热等。

（3）水泡：鼻黏膜出现水泡，主要见于口蹄疫和猪传染性水泡病，其大小由粟粒大到黄豆大，有时水泡融合在一起破溃而形成糜烂。

（4）溃疡：浅在性溃疡，偶见于鼻炎、马腺疫、血斑病和牛恶性卡他热等。马属动物的深在性溃疡，如喷火口状，边缘不齐，溃底深并盖以白膜，有时严重的溃疡可造成鼻中隔穿孔，为鼻疽的特征。

（5）结节：鼻疽结节，初呈浅灰色，以后呈黄白色，由小米粒大至黄豆大，周围有红晕，境界清晰，多分布于鼻中隔黏膜。

(6) 瘢痕:鼻中隔下部的瘢痕,多为损伤所致,一般浅而小,呈弯曲状或不规则。鼻疽性瘢痕较厚,多呈星芒状。

(7) 肿瘤:比较少见。鼻腔的肿瘤呈疣状凸起,单发或多发,大如蚕豆或更大,蒂短或无蒂,与基部黏膜紧密相连。肿瘤表面光滑闪光,或呈不规则的结节状,或呈污秽不洁的菜花样,质地柔韧。这种病畜常有衄血、鼻腔狭窄音和呼吸困难症状。在临床上可见有鼻息肉、乳突瘤、纤维瘤、血管瘤和脂肪瘤。癌及肉瘤则甚为少见。在牛还可见黏液囊肿和结核性肿块。鼻腔肿瘤的确切诊断,需做病理组织学检查。

(8) 损伤:可见鼻黏膜上有外伤。多由采食带有芒刺的饲料刺伤,检查鼻腔或通过鼻腔插胃管时动作过于粗暴等引起。

(二) 鼻液的检查

鼻液是鼻腔黏膜分泌的少量浆液和黏液。健康动物一般无鼻液,冬日天寒有些动物可有微量浆性鼻液,若有大量鼻液,则为病理征象。如鼻腔、气管有分泌物,马常分别以喷鼻和咳嗽的方式排出,牛则常用舌舐去和咳出。当呼吸器官疾病时,除单纯的胸膜炎不流鼻液外,上呼吸道的疾病,支气管和肺的疾病,都有数量不等、性质不同的鼻液。因此,鼻液是呼吸器官疾病的常见症状,鼻液的检查对呼吸器官疾病的诊断具有重要意义。

检查鼻液时,应注意其数量、性状、颜色、气味、一侧性或两侧性、有无混杂物及其性质。

1. 鼻液的量 鼻液量的多少,取决于疾病病变的性质、病程和病变范围。

(1) 量多。当呼吸器官有急性广泛性炎症时,通常有大量鼻液。此乃黏膜充血、水肿、黏液分泌增多,毛细血管的渗透性增高,浆液大量渗出所致。可见于急性鼻炎、急性咽喉炎、肺脓肿破裂、肺坏疽、肺炎溶解期和某些传染性疾病,如马腺疫、流行性感冒、急性开放性鼻疽、牛肺结核、牛恶性卡他热和犬瘟热等。当重度咽炎或食管阻塞时,可有大量唾液和分泌物经鼻反流,应与鼻液区分。

(2) 量少。在慢性或局限性呼吸道炎症时,鼻液量少。见于慢性鼻炎、慢性支气管炎、慢性鼻疽和慢性肺结核等。

(3) 量不定。鼻液量时多时少,以患副鼻窦炎和喉囊炎病畜最为典型。其特征为当患病动物自然站立时,仅有少量鼻液,而当运动后或低下头时,则有大量鼻液流出。此外,在肺脓肿、肺坏疽和肺结核时,鼻液的量也不定。

2. 鼻液的性状 可因炎症的性质和病变的过程而有所不同。一般分为浆性、黏性、脓性、腐败性和血性。

(1) 浆性鼻液。浆性鼻液无色透明,呈水样,多见于上呼吸道急性卡他性炎症的初期,如急性鼻卡他、马腺疫初期、流行性感冒等病。

(2) 黏性鼻液。黏稠呈线状,有腥臭味。因混有大量脱落的上皮细胞和白细胞,故呈灰白色,为卡他性炎症的特征。见于急性上呼吸道感染和支气管炎等。

(3) 脓性鼻液。黏稠混浊,呈糊状、膏状或凝结成团块,具脓臭或恶臭味。因感染的化脓细菌的不同而呈黄色、灰黄色或黄绿色,为化脓性炎症的特征,见于化脓性鼻炎、副鼻窦炎、肺脓肿破裂和马腺疫等。

(4) 腐败性鼻液。呈污秽不洁的灰色或暗褐色,并带有尸臭或恶臭味,常为坏疽性炎症的特征,见于坏疽性鼻炎、腐败性支气管炎和肺坏疽等。

(5) 血性鼻液。鼻液带血时,呈红色。血量不等,或混有血丝,凝血块或为全血。鲜红色滴流者，常提示鼻出血；粉红色或鲜红而混有许多小气泡者，则提示肺水肿、肺充血和肺出血；大量鲜血急流，伴有咳嗽和呼吸困难者，常提示肺血管破裂，可见于肺脓肿和牛肺结核等；当脓性鼻液中混有血液或血丝时，称为脓血性鼻液，见于鼻炎、肺脓肿、异物性肺炎和牛肺结核、马鼻疽及羊鼻蝇幼虫病等。在患炭疽、出血性败血病、血斑病和某些中毒性疾病时，可呈现血性鼻液。患猪传染性萎缩性鼻炎时，也可见有血性或混血性鼻液。鼻肿瘤时，鼻液呈暗红色或果酱状。

(6) 铁锈色鼻液。为大叶性肺炎和传染性胸膜肺炎一定阶段的特征。此乃渗出的红细胞中的血红蛋白，在酸性的肺炎区域中变成正铁血红蛋白所致。在病程经过中往往只在短时期内见到，故应注意观察才能发现，多见于马传染性胸膜肺炎或大叶性肺炎的病程中。

3. 混杂物 鼻液中的混杂物，按其性质和成分可以分为以下几种。

(1) 气泡。鼻液中常常带有气泡，呈泡沫状。白色或因混有血液而呈粉红色或红色。小气泡提示来自深部细支气管和肺，见于肺水肿、肺充血、肺气肿和慢性支气管炎等；大气泡表示来自上呼吸道和大支气管。

(2) 唾液。鼻液中混有大量唾液和饲料碎粒，以至饮水经鼻道流出。此乃吞咽或咽下障碍引起食物反流所致。见于咽炎、咽麻痹、食管炎、食管痉挛和食管肿瘤等。

(3) 呕吐物。各种动物呕吐时，胃内容物也可从鼻孔中排出。其特征为鼻液中混有细碎的食物残粒，呈酸性反应，并带有难闻的酸臭气味，常提示来自胃和小肠。

此外，鼻液中可能混有寄生虫的虫体，如羊鼻蝇幼虫和肺线虫等。

4. 一侧性或两侧性 一侧性的鼻液见于单侧性的鼻炎或鼻腔鼻疽、副鼻窦炎、喉囊炎和肿瘤时，鼻液往往仅从患侧流出；如为双侧性的病变或喉以下器官的疾病，则鼻液多为双侧性。

5. 鼻液中弹力纤维的检查 弹力纤维的出现，表示肺组织溶解、破溃或有空洞存在，见于异物性肺炎、肺坏疽和肺脓肿等。

检查弹力纤维时，取黏稠鼻液 2～3ml 放入试管中，加入等量 10%氢氧化钠溶液，在酒精灯上边加热边震荡，使鼻液中黏液、脓液及其中有形成分溶解，而弹力纤维并不溶解。加热煮沸，直到变成均匀一致的溶液后，加 5 倍蒸馏水混合，离心沉淀 5～10min 后，倒去上清液，取少许沉淀物滴于载玻片上，覆以盖玻片，镜检。弹力纤维呈细长弯曲的羊毛状，透明且折光性较强，边缘呈双层轮廓，两端尖锐或分叉，多聚集成乱丝状，也可单独存在。

三、喉及气管检查

喉及气管的检查，可分为外部和内部检查。

1. 外部检查

(1) 视诊。重点注意喉部和气管区有无肿胀。喉部的肿胀，主要是喉部皮肤和皮下组织发炎浸润的结果，此时可呈现呼吸和吞咽困难。马的喉部肿胀，见于咽喉炎、咽囊炎、马腺疫和某些中毒；牛的喉部肿胀见于牛肺疫、炭疽、恶性水肿、化脓性腮腺炎和创伤性心包炎等；绵羊头颈区的水肿，主要见于各种寄生虫病；猪的喉部水肿，主要见于猪肺疫、猪水肿病和炭疽等。喉及气管区的肿胀，有时尚见于结核病和放线菌病；而气管周围及垂皮部的肿胀，多见于创伤性心包炎。

(2) 触诊。主要用于判定喉及气管疾病时有无疼痛和咳嗽，并可确定肿胀的性质。发生急性严重喉炎时，触诊局部发热、疼痛，并引起咳嗽。当喉黏膜有黏稠的分泌物、水肿、狭窄和带麻痹时，触诊喉壁有明显的颤动感。马患喘鸣症时，压迫健康一侧的杓状软骨，则震动加剧，呼吸困难，甚至发生窒息现象，压迫病侧时，则颤动轻微。喉水肿时，喉壁的颤动最为明显。气管触诊时表现敏感，并发咳嗽，多见于气管炎。

(3) 听诊。在健康动物的喉和气管听诊时，可以听到类似"赫"的声音，称为喉呼吸音。此乃气流冲击声带和喉壁形成涡流运动而产生，并沿整个气管向内扩散、渐变柔和的声音。出现在气管，称为气管呼吸音；出现在胸壁支气管区，称为支气管呼吸音。上述呼吸音的性质基本相同，仅由于传导条件不同而稍有变化。在病理情况下，喉和气管呼吸音可出现各种变化，如喉狭窄音、喘鸣音、鼾音等。

2. 内部检查　喉和气管的内部检查为视诊法。对小动物和禽类检查时可采用直接视诊，通常将头略为高举，用开口器打开口腔，将舌拉出口外，并用压舌板压下舌根，同时对着阳光，即可观察喉黏膜及其病理变化。对大动物需借助于喉气管镜，必要时实施气管切开术，从切口观察气管黏膜的变化。应注意检查喉和气管黏膜有无充血、肿胀及有无异物和肿瘤等。

附：马喉囊检查

喉囊(guttural pouches)仅马属动物才有，是咽鼓管(耳咽管)在颅底和咽后壁之间形成的一对膨大的咽鼓管囊(也称耳咽管憩室)，位于耳根和喉头中间的凹陷窝内，在腮腺的上内侧、下颌支的后方。健康家畜的喉囊区叩诊呈鼓音。检查喉囊可采用视诊、触诊、叩诊、听诊和穿刺术等方法。

(1) 视诊。喉囊内有渗出物或蓄脓时，喉囊区明显肿胀隆起，通常为一侧。当喉囊严重发炎时，可引起颈前区肿胀，咽上和颌下淋巴结肿大，多并发咽峡炎(angina)，频发咳嗽，重症者可引起呼吸困难，头颈伸直或活动不自如。

(2) 触诊和叩诊。喉囊发炎时，触诊有热感、肿胀和疼痛反应。当喉囊蓄脓或有渗出物时，触诊有热和疼痛反应，质地柔软而似气垫状，或有弹性和波动感，压之缩小，偶发排水音。在触诊时同侧鼻孔往往流出鼻液或鼻液量增加。囊内若有大量积液时叩诊可出现浊音；若有大量气体产生时，则叩诊呈鼓音，甚至有金属音。

(3) 听诊。喉囊部严重肿胀时，可导致喉部狭窄，听诊可听到喉狭窄音或喘鸣音。

(4) 穿刺术。当喉囊炎或喉囊蓄脓时，为了检查其内容物性状或排出炎性渗出物，可实施喉囊穿刺。喉囊穿刺主要用于诊断、治疗喉囊炎或喉囊蓄脓。穿刺点在马第一颈椎突起部(环椎翼)中央前外缘一横指处(幼驹为半指)。术前使马以头颈下垂伸张姿势站立保定，防止头部左右摆动。术部剪毛消毒后，用10～12号的穿刺针与皮肤垂直刺入皮下，然后将针头转向对侧外眼角的方向慢慢刺入。刺入深度，壮马为5～7cm，幼驹为3～5cm。当刺达喉囊膜时会感到微有抵抗，穿破喉囊膜后，则抵抗消失，针下有空虚感，此时可再继续推针1～2cm，然后拨出穿刺针芯，将穿刺针接上注射器，注入少量生理盐水。此时鼻孔内如有液体流出，则证明刺入部位正确；如鼻孔内或针头内有脓性液体流出，则表示喉囊有化脓性炎症。

四、鼻旁窦的检查

鼻旁窦(副鼻窦)包括额窦、上颌窦、蝶腭窦和筛窦，它们均直接或间接与鼻腔相通。临床上主要检查额窦和上颌窦，以视诊、触诊和叩诊检查为主，也可配合应用穿刺术、X线检查或圆锯术探查等方法。

(1) 视诊。当发生鼻旁窦炎时，常常从单侧或两侧鼻孔排出多量鼻液。也要注意其外形有无变化。额窦和上颌窦区膨隆、变形，主要见于窦腔蓄脓、佝偻病、骨软症、骨瘤、外伤和局限性骨膜炎。牛上颌窦区出现骨质增生性肿胀，见于牛放线菌病。

(2) 触诊。应注意鼻旁窦区的敏感性、温度和硬度的变化，触诊时需两侧对照进行。当窦部病变轻微时，触诊常无明显变化。触诊时出现局部敏感性和温度增高，见于急性鼻窦炎、急性骨膜炎；局部骨壁凹陷和疼痛，见于外伤；窦区局部隆起，变形，触诊坚硬，疼痛不明显，常见于骨软症、肿瘤及牛放线菌。

(3) 叩诊。健康家畜的窦区呈空盒音，声音清晰而高朗。当窦内积液或有肿瘤组织充塞时，叩诊呈浊音。应先轻后重，两侧对照地进行叩诊。

五、上呼吸道杂音

健康动物呼吸时，一般听不到异常声音。在病理情况下，病畜常伴随着呼吸运动而出现特殊的呼吸杂音，由于这些杂音都来自于上呼吸道，故统称为上呼吸道杂音。上呼吸道杂音包括鼻呼吸杂音、喉狭窄音、喘鸣音、啰音和鼾声。

1. 鼻呼吸杂音

(1) 鼻狭窄音又称为鼻塞音，主要是由于鼻黏膜高度肿胀、大量分泌物和鼻腔内瘤体使鼻腔狭窄所引起。该杂音吸气时增强，呼气时变弱，伴有吸气性呼吸困难。鼻腔杂音分为湿性和干性两种。干性狭窄音呈口哨声，提示鼻腔黏膜高度肿胀，或有肿瘤和异物存在，使鼻腔狭窄，见于慢性鼻炎、鼻疽、牛恶性卡他热、放线菌病、猪传染性萎缩性鼻炎、重症骨软病和鼻腔肿瘤等。湿性狭窄音呈呼噜声，提示鼻腔内积聚多量黏稠的分泌物，见于鼻炎、咽喉炎、马腺疫、肺脓肿破溃、牛恶性卡他热及犬瘟热等。

(2) 喘息声：其声为鼻呼吸音显著增强，呈现粗大的“赫赫”声，以呼气时较为明显，病畜多伴有呼吸困难的综合症状。这是由高度呼吸困难而引起的一种病理性呼吸音，但鼻腔并不狭窄。出现喘息声见于发热性疾病、肺炎、胸膜肺炎、急性胃扩张、急性瘤胃臌气、肠臌气及肠变位的后期等。

(3) 喷嚏。主要见于猪和犬，猫和禽类也可发生。它是由于鼻黏膜受到异常刺激，反射性地引起暴发性呼气，振动鼻翼产生的一种特殊的声音。其特征为病畜仰首缩颈，频频喷鼻，甚至摇头、蹭鼻、鸣叫等。见于鼻卡他、猪传染性萎缩性鼻炎等。

(4) 喷鼻。主要见于马。它是由于鼻黏膜受到刺激，反射性地引起突然呼气，振动鼻翼而发出的声音。健康马偶尔喷鼻，多因出现生人、不习惯的声音、吸入灰尘和刺激性气体而引起；而经常性的喷鼻，则为病理现象，见于鼻腔异物、鼻卡他等。

(5) 呻吟。为深吸气之后，经半闭的声门缓慢呼气而发生的一种异常声音，常表示疼痛、不舒适。见于牛创伤性网胃-膈肌-心包炎、急性瘤胃臌气、瓣胃阻塞、真胃阻塞、马疝痛等。

2. 喉狭窄音　其性质类似口哨声、呼噜声以至拉锯声，有时声音相当强大，在数十步之外都可听到。喉狭窄音是由于喉黏膜发炎、水肿、肿瘤或存在异物时而导致喉腔狭窄变形，在呼吸时产生的异常狭窄音，见于喉水肿、咽喉炎、炭疽、马腺牛结构病和放线菌病等。

3. 喘鸣音　喘鸣音为喉部发出的一种特殊的狭窄音。主要是由于神经麻痹、声带弛缓、喉舒张肌萎缩、喉腔狭窄，吸气时因气流摩擦和环状软骨及声带边缘振动而发出的异常呼吸音(哨音或喘鸣)，主要见于马属动物。其特点是在吸气时明显，运动后加剧，并表现吸气性呼吸困难，视诊可见左侧喉软骨较右侧凹陷，压迫右侧杓状软骨引起窒息，见于喉返神经麻痹、铅中毒等。

4. 啰音　当喉和气管内有分泌物时，可听到啰音。若分泌物黏稠，可闻干啰音，即类似吹哨音或咝咝音；若分泌物稀薄，则出现湿啰音，即呼噜声或猫鸣音，见于喉炎、气管炎和气管内异物等。

5. 鼾声　鼾声为一种特殊的呼噜声。此为咽、软腭或喉黏膜发生炎性肿胀、增厚导致气道狭窄，呼吸时发生震颤所致；或由于黏稠的分泌物团块地黏着在咽、喉黏膜上，呼吸时部分地自由颤动产生共鸣而发生，见于咽炎、咽喉炎、喉水肿、马喘鸣症及咽喉肿瘤等。此外，鼾声还见于鼻炎、猪传染性萎缩性鼻炎、牛生产瘫痪及马药物麻醉过程中等。短鼻犬的鼾声很常见。

（胡国良　郭小权）

第三节　肺与胸膜的检查

肺和胸膜的检查是本章最重要的内容之一，一般包括视诊、叩诊和听诊三部分。

一、视　诊

视诊主要是检查动物的呼吸运动。呼吸运动是指动物呼吸肌收缩和舒张所造成胸廓扩张和缩小的过程，从而带动肺的扩张和收缩，这一过程主要由膈肌和肋间肌的收缩和松弛来完成。因此，呼吸运动是肺通气的原动力。正常情况下吸气为主动运动，此时胸壁扩张，胸膜腔内负压增多，肺扩张，空气经上呼吸道进入肺内；呼气为被动运动，此时肺弹力回缩，胸廓缩小，胸膜腔内负压降低，肺内气体随之呼出。健康动物静息状态下呼吸运动稳定而有节律。

检查呼吸运动时，应注意呼吸的频率、类型、节律、对称性、呼吸困难和呃逆（膈肌痉挛）等。

（一）呼吸类型

呼吸类型即动物呼吸的方式。检查呼吸类型时，应注意胸廓和腹壁起伏动作的协调性和强度。健康动物除犬外均为胸腹式呼吸，即在呼吸时，胸壁和腹壁的起伏动作协调，呼吸肌的收缩强度也大致相等。健康犬以胸式呼吸占优势。病理性的呼吸类型主要为以下几种。

1. 胸式呼吸　其特征为患病动物呼吸时，以胸部或胸廓的活动占优势，腹部的肌肉活动微弱或消失，表现胸壁的起伏动作明显大于腹壁，表明病变在腹壁和腹腔器官。主要见于引起腹肌和膈肌运动障碍的疾病，如急性胃扩张、肠臌气、瘤胃臌气、急性腹膜炎、创伤性网胃膈肌炎、膈肌麻痹、膈肌破裂、腹腔积液、腹壁外伤及腹壁疝等。

2. 腹式呼吸　腹式呼吸也是一种病理性呼吸方式。其特征为腹壁的起伏动作特别明显，而胸壁的活动却极轻微，提示病变多在胸部。见于急性胸膜炎、胸膜肺炎、胸腔大量积液及胸壁损伤等。在马患慢性肺泡气肿时，也可出现腹式呼吸。此外，在肋骨骨折时也可出现腹式呼吸。

临床上单纯的呼吸类型比较少见，在疾病过程中常见一种类型占优势的混合呼吸。

（二）呼吸节律

健康动物呼吸时，有一定的节律。即吸气之后紧接着呼气，每一次呼吸运动之后，稍有休歇，再开始第二次呼吸。每次呼吸之间间隔的距离相等，如此周而复始，很有规律的呼吸，称为节律性呼吸。由于吸气动作为主动过程，而呼气动作是被动运动，因此呼气时间一般比吸气时间略长。当呼吸次数减少时，则呼吸加深。吸气与呼气时间之比因动物品种不同而有的差异，牛为1∶1.2，绵羊为1∶1，山羊为1∶2.7，马为1∶1.8，猪为1∶1，犬为1∶1.64。健康动物的呼吸节律可因兴奋、运动、恐惧、尖叫及嗅闻等而发生暂时性的变化。在病理情况下，正常的呼吸节律遭到破坏，称为节律异常。临床上常见的呼吸节律变化如下。

(1) 吸气延长。其特征为吸气异常费力，吸气的时间显著延长，提示气流进入肺部不畅，从而出现吸气困难，见于上呼吸道狭窄。

(2) 呼气延长。其特征为呼气异常费力，呼气的时间显著延长，表示气流呼出不畅，从而出现呼气困难。此乃支气管腔狭窄，肺的弹性不足所致。

(3) 间断性呼吸。其特征为间断性吸气或呼气，即在呼吸时，出现多次短促的吸气或呼气动作。此乃病畜先抑制呼吸，然后进行补偿所致。见于细支气管炎、慢性肺气肿、胸膜炎和伴有疼痛的胸腹部疾病，也见于呼吸中枢兴奋性降低时，如脑炎、中毒和濒死期。

(4) 陈施(Cheyne-Stokes)呼吸。此乃病理性呼吸节律的典型代表。其特征为患病动物呼吸由浅逐渐加强、加深、加快，当达到高峰以后，又逐渐变弱、变浅、变慢，而后呼吸中断。经数秒乃至15～30s的短暂间隙以后，又重复出现如上变化的周期性呼吸。这种波浪式的呼吸方式，又名潮式呼吸。这是由于血中二氧化碳(CO_2)增多而氧(O_2)减少，颈动脉窦、主动脉弓的化学感受器和呼吸中枢受到刺激，使呼吸加深、加快；待达到高峰后，血中CO_2减少而O_2又增多，呼吸又逐渐变浅、变慢，继而呼吸暂停片刻。这种周而复始的变化是呼吸中枢敏感性降低的特殊指征。此时患病动物可能出现昏迷、意识障碍、瞳孔反射消失及脉搏的显著变化。这种呼吸多是神经系统疾病导致脑循环障碍的结果，也是疾病重危的表现，见于脑炎、脑膜炎、大失血、心力衰竭及某些中毒，如尿毒症、药物或有毒植物中毒等。

(5) 毕欧特(Biot's)呼吸。其也为一种病理性呼吸节律，特征为连续数次的、深度大致相等的深呼吸和呼吸暂停交替出现，即周而复始的间停呼吸，又称为间停式呼吸。它表示呼吸中枢的敏感性极度降低，是病情危笃的标志，提示预后不良，常见于各种脑膜炎，也见于某些中毒，如蕨中毒、酸中毒和尿毒症及濒死期等。

(6) 库斯茂尔(Kussmaul's)呼吸。其特征为呼吸不中断，发生深而慢的大呼吸，呼吸次数少，并带有明显的呼吸杂音，如啰音和鼾声，故又称深大的呼吸。它提示到达呼吸中枢衰竭的晚期，是病危的征象，见于酸中毒、尿毒症、濒死期，偶见于大失血、脑脊髓炎和脑水肿等。

(三) 呼吸的对称性

健康动物呼吸时，左右两侧胸壁的起伏强度完全一致，称为均称呼吸或对称性呼吸；反之，则称为呼吸不对称。检查呼吸的对称性时，可站在动物的正后方或在后方高处进行观察。当胸部疾患局限于一侧时，则患侧的呼吸运动显著减少或消失，健康一侧的呼吸运动常出现代偿性加强。呼吸不对称见于单侧性胸膜炎、胸腔积液、气胸和肋骨骨折等，也见于一侧大支气管阻塞或狭窄，一侧性肺膨胀不全、代偿性肺气肿等。

(四) 呼 吸 困 难

呼吸困难是一种复杂的病理性呼吸障碍。由于缺氧或碳酸过多，为增加肺的换气而呈现呼吸加深、加快，并有过度通气的现象，使呼吸运动困难。临床上表现为呼吸费力，辅助呼吸肌参与呼吸运动，并可有呼吸频率、类型、深度和节律的改变。高度的呼吸困难，称为气喘。

呼吸困难是呼吸器官疾病的一个重要的症状，但在其他器官患有严重疾病时，也可出现呼吸困难。

（五）呃　逆

所谓呃逆（膈肌痉挛），即病畜所发生的一种短促的急跳性吸气，此乃膈神经直接或间接受到刺激使膈肌发生有节律的痉挛性收缩而引起的。其特征为腹部和肷部发生节律性的特殊跳动，称为腹部搏动，俗称“跳肷”。严重者，胸壁甚至全身也可出现相应的震动，震动时，可闻“咚咚”之声和呃逆声。呃逆常伴发于马、骡、驴的某些中毒性疾病（如蓖麻子饼中毒等）、血液电解质平衡失调、食滞性急性胃扩张、肠阻塞和脑及脑膜疾病等。有时也发生于牛、犬和猫。

呃逆应与心悸区别，心悸时伴有心搏动过强，心区震动明显，心音增强高朗，其节律与心搏动相一致。

二、叩　诊

叩诊是检查肺和胸膜腔的重要方法之一。叩诊的目的在于了解胸腔内各脏器的解剖关系和肺的正常体表投影；根据叩诊音的变化，来判断肺和胸膜腔的物理状态，发现异常，借以诊断疾病。叩诊也可作为一种刺激，根据病畜的反应来判断胸膜的敏感性或疼痛。

（一）叩诊方法

大家畜主人主要用锤板叩诊法，小家畜用指指叩诊法。叩诊肺区时，应沿肋骨水平线，由前至后依次进行，称为肺区水平叩诊法。也可自上而下沿肋间隙进行，称为垂直叩诊法。不论应用哪一种方式都应叩完整个肺部，进行对比分析，而不应该单独地叩诊某一点或某一部分。

（二）肺叩诊区

1. 动物的正常叩诊区　叩诊健康动物肺区，发出清音的区域，称为肺叩诊区。叩诊区仅表示肺可以检查的部分，即肺的体表投影区域，并不完全与肺的解剖界限相吻合。这是由于肺的前部被发达的肌肉和骨骼所掩盖，以致不能为叩诊所检查。因此，健康动物的肺叩诊区比肺本身约小 1/3。

肺叩诊区因动物种类不同而有很大差异。一般是根据三条假定水平线与肋间交点的连接线来确定动物肺叩诊区的界限。这三条假定水平线分别为髋结节水平线、坐骨结节水平线和肩端水平线。

（1）牛、羊肺叩诊区：牛、羊的肺叩诊区基本相同，近似三角形。上界为一条距背中线约一手掌宽（10cm 左右）、与脊柱平行的直线；前界为自肩骨后角并沿肘肌后缘向下划的一条类似“S”的曲线，终止于第 4 肋间；后界是一条由第 12 肋骨的脊柱交接处开始，向下、向前经边以下两点所划的弧线，髋结节水平线与第 11 肋间的交点和肩端水平线与第 8 肋间的交点，终止于第 4 肋间。

此外，在瘦牛的肩前 1～3 肋间的凹陷区域内，尚有一狭窄的叩诊区（牛肺右侧最前方多一副叶），称为肩前叩诊区，上部宽 6～8cm，下部宽 2～3cm。叩诊时，宜将前肢向后牵引，使肩前叩诊区尽可能显露，但其叩诊音往往不如胸部叩诊区清楚。而绵羊和山羊无肩前叩诊区。

（2）马肺叩诊区：马肺叩诊区近似直角三角形。其上界与牛相同；前界为肩胛骨后角并沿肘肌后缘下所划的一条直线，终止于第 5 肋间；后界为一条由第 17 肋骨与脊柱交接处开始，向下、向前经过下述三点所划的弧线，髋结节水平线与第 16 肋间的交点，坐骨结节水平线与第 14 肋间的交点，肩端水平线与第 10 肋间的交点，终止于第 5 肋间。

(3) 犬肺叩诊区：上界为一条自肩胛骨后角所划的距背中线2～3指宽的水平线；前界为自肩骨后角并沿其后缘向下划的一条垂线，终止于第6肋间；后界为自第12肋骨的脊柱交接处开始，向下、向前经边以下三点所划的弧线，髋结节水平线与第11肋间的交点，肩端水平线与第10肋间的交点，坐骨结节水平线与第8肋间的交点，终止于第6肋间。

(4) 猪肺叩诊区：上界距背中线4～5指宽(为6～8cm)；前界为自肩骨后角向下划的一条垂线，终止于第4肋间；后界为自第11肋骨的脊柱交接处开始，向下、向前经边以下三点所划的弧线，髋结节水平线与第11肋间的交点，肩端水平线与第7肋间的交点，坐骨结节水平线与第9肋间的交点，终止于第4肋间。而肥猪的肺叩诊区不明显，往往其上界下移，前界后移。

(5) 双峰驼肺叩诊区：与牛肺叩诊区大致相同。上界为一条距背双峰之间的脊柱约15cm且与脊柱平行的直线；前界为自肩骨后角并沿肘肌后缘向下划的一条类似"S"的曲线，终止于第6肋间；后界是一条由第11肋骨的脊柱交接处开始，向下、向前经边以下两点所划的弧线，髋结节水平线与第10肋间的交点和肩端水平线与第8肋间的交点，终止于第6肋间。

2. 肺叩诊区的病理变化 肺叩诊区的病理变化，主要表现为扩大或缩小。在大动物，其变动范围与正常肺叩诊区相差2～3cm甚至以上时，才可认为是病理征象。

(1) 肺叩诊区扩大。肺界扩大主要是肺过度膨胀(肺气肿)和胸腔积气(气胸)的结果。当肺过度膨胀时，则肺界后移，心脏绝对浊音区缩小。患急性肺气肿时，肺后界后移常达最后一个肋骨，心脏绝对浊音区缩小或完全消失；患慢性肺气肿时，在大动物，肺界后移可达2～10cm，同时叩诊界也可向下方扩大，但心脏浊音区常因右心室肥大或移位不明显，或无变化。患气胸时，肺的后缘也可达膈线，甚至更靠后。

(2) 肺叩诊区缩小。表现为肺叩诊区后界前移，主要功能是腹腔器官对膈的压力增强，并将肺的后缘向前推移所致。见于怀孕后期、急性胃扩张、急性瘤胃臌气、肠臌气、腹腔大量积液等。此外，当心肥大、心扩张和心包积液时，心浊音区可能向后、向上延伸而致肺叩诊区缩小；在牛患创伤性心包炎时，心脏浊音区扩大，而肺叩诊区缩小为其特殊表现。一侧肺界缩小，可见于引起肝肿大的各种疾病，如肥大性肝硬化等。

(三) 胸、肺区叩诊音

肺是一对含有丰富弹性纤维的气囊，在正常情况下充满于胸膜腔。其解剖学特点和恒定的生理状态，为叩诊创造了良好的条件。

1. 胸、肺区叩诊音

1) 影响胸、肺叩诊音的主要因素

(1) 胸壁厚度。胸壁肥厚，则叩诊音较浊、较弱、较钝；而胸壁菲薄，则叩诊音宏大而呈明显的清音。

(2) 肺泡壁的弹性及肺泡内含气量。肺泡壁紧张、弹性良好，叩诊产生非鼓音；而肺泡壁弛缓、失去弹性，则叩诊产生鼓音。依肺泡内含气量减少的程度不同，可使叩诊音变为半浊音、浊音，当肺实变时则叩诊呈实音。

(3) 胸膜腔状态。胸腔积液则以液面为分界线，下部呈水平浊音，上部呈过清音；气胸时叩诊呈鼓音。

2) 正常叩诊音特点 大动物肺正常，叩诊音呈现清音；小动物肺正常，叩诊音均甚清朗，稍带鼓音性质。

在判断肺叩诊音时必须考虑到影响叩诊音的各种因素，即胸壁的厚薄、肺的含气量和肺泡壁弹性、胸腔和胸膜的状态及叩诊的强度和技巧等。由于肺组织在生理情况下含气量不同(肺区中央的肺组织厚,含气量较多),胸壁各处的厚薄又不一致,加之胸腔的下部和后部又有心脏和腹腔脏器(肝和胃肠)的影响,故正常肺组织各部的叩诊音也不完全相同。肺区中央的叩诊音较为响亮,而周围的叩诊音则较弱而短,带有半浊音性质。

2. 胸、肺区病理叩诊音 在病理情况下,胸、肺叩诊音的性质和范围取决于病变的性质、大小和深浅。一般对于较深的病灶(离胸部表面 7cm 以上)、小范围的病灶(直径小于 3cm)或少量胸腔积液,肺叩诊音常没有明显的改变。肺病理叩诊音一般包括浊音、半浊音、水平浊音、鼓音、过清音、金属音和破壶音。

1) 浊音、半浊音 见于叩击不含空气的肺组织所听到的声音。其主要是肺泡内充满炎性渗出物,使肺组织发生实变,密度增加的结果;或是由于肺内形成无气组织(如瘤体、棘球蚴囊肿)所致。由于病变的大小、深浅和病理发展过程不同,肺泡中的含气量也各异,叩诊时有时为浊音,有时则为半浊音。

(1) 大片状浊音区。多发生在肺区中 1/3 及下 1/3,主要见于大叶性肺炎和融合性肺炎。此外,大片状浊音区也可见于马传染性胸膜肺炎、牛肺疫、牛出血性败血病和猪肺疫等。

(2) 局灶性或点片状浊音区。常见于小叶性肺炎。此乃肺的小叶发生实变所致。在小叶性肺炎时,炎症常常侵及数个或一群肺小叶,并且分散存在或融合成片,因而形成大小不等的实变区,故叩诊时呈现大小不等的散在性浊音或半浊音区为其特点。应当指出,这种病灶必须达到一定的大小,且病灶距胸壁较近(一般 5～7cm),叩诊方能呈现出浊音或半浊音,有时由于病灶过小或位于深部,则不易被发现。此外,局灶性浊音或半浊音区,也可见于肺脓肿、肺坏疽、肺结核、肺棘球蚴病和肺肿瘤等。当胸壁发生外伤性肿胀、炎症和胸膜炎、胸膜结核、胸膜肿瘤或胸膜粘连、过度增厚时,叩诊的振动不能达到肺实质,故也可呈现浊音或半浊音,不要误认为肺实质内的病变。

(3) 水平浊音。当胸腔积液(渗出液、漏出液、血液)达一定量时,叩诊积液部位,即呈现浊音。由于其液体上界呈水平面,故浊音的上界呈水平线为其特征,称为水平浊音。

必须指出,大动物胸腔的容量相当大,如仅有少量积液时,则不易确定。

2) 鼓音

(1) 浸润部位围绕着健康肺组织。叩诊大叶性肺炎的充血期和消散期及其炎性浸润周围的健康肺组织即呈现鼓音;患小叶性肺炎时,浸润病灶和健康肺组织掺杂存在,此时叩诊病灶周围的健康组织也可发生鼓音;当肺充血时,叩诊也可能出现鼓音。

(2) 肺空洞。当肺实质的一部分溶解缺损而形成空洞,且与支气管微通或不通时,叩诊呈鼓音。空洞越大,越接近肺表面时,则鼓音越明显。

(3) 气胸。当胸腔积气时,叩之可闻鼓音。

(4) 胸腔积液。在靠近渗出液的上方肺组织发生鼓胀不全时,叩诊则呈现鼓音;或小动物胸腔大量积液,在横卧叩击胸壁时发出鼓音。

(5) 膈疝。当膈肌破裂,充气的肠管进入胸腔时,叩诊则呈局限性鼓音。

(6) 支气管扩张。支气管扩张时叩诊可听到鼓音。

(7) 皮下气肿。胸壁皮下积气时,叩诊呈鼓音。

3) 过清音 过清音为清音和鼓音之间的一种过渡性声音,其音调近似鼓音。过清音类似敲打空盒的声音,故也称空盒音。它表示肺组织的弹性显著降低,气体过度充盈。主要见于肺气肿。

4）破壶音　破壶音为一种类似叩击破瓷壶所产生的声响。此乃空气受排挤而突然急剧地经过狭窄的裂隙所致。见于与支气管相通的大空洞，如肺脓肿、肺坏疽和肺结核等形成的大空洞。

5）金属音　金属音类似敲打金属板的音响或钟鸣音，其音调较鼓音高朗。此乃肺部有较大的空洞，且位置表浅，四壁光滑而紧张时，叩诊才发出金属音。当气胸或心包积液、积气同时存在而达一定紧张度时，叩诊也可产生金属音。

肺异常叩诊音的病理变化及其临床意义见表 4-1 和图 4-1。

表 4-1　肺异常叩诊音的病理变化及其临床意义

叩诊音	病理变化	临床意义
浊音与半浊音	1. 肺组织含气量减少或浸润、实变 2. 肺内实体组织形成 3. 胸膜粘连与增厚、胸壁肿胀	1. 各型肺炎、肺坏疽、肺脓肿、肺结核等 2. 肺肿瘤、肺结核、鼻疽、肺棘球蚴囊肿等 3. 胸膜炎合并粘连增厚、胸膜结核、胸膜肿瘤、胸壁炎症和浮肿、水平浊音、胸腔积液、渗出性胸膜炎、胸腔积液、血胸
水平浊音	胸腔积液	渗出性胸膜炎、胸腔积液、血胸
鼓音	1. 浸润周围的健康组织及肺泡内同时有气体和液体 2. 肺内空洞形成 3. 胸腔积气、积液 4. 膈破裂(充气的肠管进入胸腔)	1. 各型肺炎浸润区周围，大叶性肺炎的充血期及消散期 2. 肺脓肿、肺坏疽、肺结核、肺棘球蚴 3. 气胸、渗出性胸膜炎、胸腔积液 4. 膈疝
过清音	肺组织弹性降低，气体过度充盈	肺气肿、气胸
破壶音	肺空洞与支气管相通	肺空洞
金属音	肺内有四壁光滑的大空洞，胸腔、心包积液、积气而达一定紧张度	肺空洞、胸膜炎合并气胸、心包炎(心包积气)

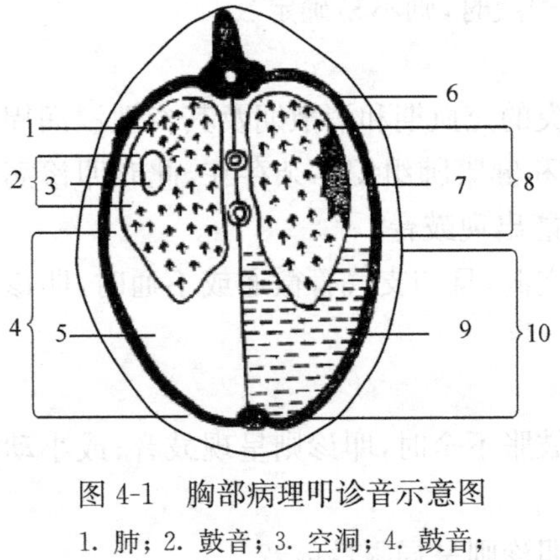

图 4-1　胸部病理叩诊音示意图
1. 肺；2. 鼓音；3. 空洞；4. 鼓音；5. 气胸；6. 肋骨；7. 病灶；8. 浊音；9. 积水；10. 水平浊音

（四）叩诊敏感反应和叩诊抵抗感

(1) 叩诊敏感反应。叩诊可以作为一种有效的刺激，根据病畜的反应来判断胸膜的敏感性或有无疼痛，从而诊断疾病。叩诊敏感或疼痛时，患病动物主要表现为回顾、躲闪、抗拒、呻吟等，有时还可引起咳嗽，此为胸膜炎的特征，尤以病初最为明显。此外，也见于肋骨骨折和胸部的其他疼痛性疾病。叩诊引起咳嗽也可见于支气管炎和支气管肺炎等。

(2) 叩诊抵抗感(锤下抵抗)。应用手指直接叩诊时，叩诊指的感觉随叩诊的位置与胸腔内的病变而异。一般叩诊健康肺部时，由于充气良好，叩诊指有一种弹性感觉，但在肩胛部、心脏浊音区，此种感觉很轻微，甚至没有。明显的叩诊抵抗感提示肺实变或胸腔积液。

（五）叩诊气管胸壁听音法

声波在固体中的传导比在气体中传导较为良好。气管叩诊就是利用这一原理而在临床上得以应用。即利用叩诊器叩击气管以产生音响，按叩诊音沿气管、支气管，并通过肺传至胸廓上的强度，来判断肺和胸膜的物理状态。

在正常情况下，肺组织因含有气体并富有弹性而传音不良。当叩诊气管时，叩诊音经过气管、支气管、肺泡内空气和胸壁等向各方传导，于是一部分叩诊音在传导过程中减弱或消失，到达胸壁时就变成柔弱而模糊的声音，似从远方而来。当肺内有实变，如大叶性肺炎的肝变期、肺浸润、肺萎陷、肺组织受压时，使肺组织的密度增加而致密，则传来的声音大为增强而响亮，类似时钟的滴答声。反之，在渗出性胸膜炎、胸腔积液等时，则传来的叩诊音显著减弱甚至消失。因此本法有助于肺和胸腔疾病的诊断和鉴别。叩诊时，由助手一人将叩诊板紧贴于颈部气管的近胸端，用叩诊锤以同等的强度进行节律性叩击；另一人在胸廓上进行听诊，仔细体会声音的强度和性质而判定之。

三、听　　诊

听诊是检查肺和胸膜的一种主要而且可靠的方法。听诊的目的主要在于查明支气管、肺和胸膜的功能状态，确定呼吸音的强度、性质和病理呼吸音。因此，胸和肺部听诊对于呼吸器官疾病特别是对支气管、肺和胸膜疾病的诊断具有特殊而重要的意义。

此外，在胸部的临床检查中，听诊和叩诊如能配合应用，相互补充，则对胸腔和肺部疾病的诊断和鉴别就更为准确。例如，听诊某部肺泡呼吸音消失，而有明显的支气管呼吸音，此时即应在该处进行叩诊；如叩诊呈现浊音或半浊音，则对肺炎或其他实变性疾病的诊断根据就比较充分。胸部叩诊的浊音区其上界呈水平线，出现水平浊音的区域内呼吸音消失或有胸腔拍水音，且水平浊音上界以上肺泡呼吸音代偿性增强，则对渗出性胸膜炎的诊断就更有把握。

（一）胸、肺听诊法

肺听诊区和叩诊区基本一致。听诊时，不论大、小动物，首先从中 1/3 开始，由前向后逐渐听取，其次上 1/3，最后听诊下 1/3。每个部位听 2～3 次呼吸音，再变换位置，直至听完全肺。如发现异常呼吸音，则应确定其性质。为此宜将该点与其邻近部位比较，必要时还应与对侧相应部位对照听诊。若呼吸音不清楚，必要时宜以人工方法增强呼吸，为此可将动物做短暂的驱赶运动，或短时间闭塞鼻孔，引起深呼吸，再行听诊，往往可以获得良好的效果。

（二）生理性呼吸音

动物呼吸时，气流进出细支气管和肺泡发生摩擦，引起涡流运动而产生声音。经过肺组织和胸壁，在体表所听到的声音，即肺呼吸音。

在正常肺部可听到两种不同性质的声音，即肺泡呼吸音和支气管呼吸音。检查时应注意呼吸音的强度及呼吸音的性质。

1. 肺泡呼吸音　肺泡呼吸音一般认为由下列诸因素构成：①毛细支气管和肺泡入口之间空气出入的摩擦音；②空气进入紧张的肺泡而形成的涡流运动，气流冲击肺泡壁产生的声音；③肺泡收缩与舒张过程中由于弹性变化而形成的声音；④此外，还有部分来自上呼吸道的呼吸音也参与肺泡呼吸音的形成。一般健康动物的肺区内都可听到清楚的肺泡呼吸音，肺泡呼吸音在吸气之末最为清楚。呼气时由于肺泡转为弛缓，则肺泡呼吸音表现短而弱，且仅于呼气初期可以听到。肺泡呼吸音在肺区中 1/3 最为明显。肩后、肘后及肺的边缘部则较为微弱。

在正常情况下，肺泡呼吸音的强度和性质可因动物的种类、品种、年龄、营养状况、胸壁的厚薄及代谢情况而有所不同。生理性的紧张、兴奋、运动、使役及气温的变化等对肺泡呼吸音也有一定影响。一般来说，犬和猫的肺泡呼吸音最强，其次为绵羊、山羊和牛，而马属动物的肺泡呼吸音最弱。牛的肺泡呼吸音仅在肺区的后 1/3 部听到，其余的部分呈现混合性呼吸音。绵羊、山羊的肺泡呼吸音比牛高朗而粗粝，在整个肺区都可听到。

2. 支气管呼吸音　支气管呼吸音是动物呼吸时，气流经过喉部的声门裂隙产生的涡流运动，以及气流在气管、支气管形成涡流所产生的声音。故支气管呼吸音实为喉呼吸音和气管呼吸音的延续，但较气管呼吸音弱，比肺泡呼吸音强，是一种类似将舌抬高而呼出气时所发生的"赫、赫"音。支气管呼吸音的特征为吸气时较弱而短，呼气时较强而长，声音粗糙而高，此乃呼气时声门裂隙较吸气时更为狭窄之故。

支气管呼吸音有生理性和病理性两种。健康马由于解剖生理的特殊性，肺部听不到支气管呼吸音。其他动物正常时在肺区的前部，较大的支气管接近体表处，称为支气管区，在此处可以听到生理性支气管呼吸音。但并非纯粹的支气管呼吸音，而是带有肺泡呼吸音的混合呼吸音。牛在第 3～4 肋间肩关节水平线上下可闻混合性支气管呼吸音。绵羊、山羊和猪的支气管呼吸音大致与牛相同，但更为清楚。只有犬，在其整个肺部都能听到明显的支气管呼吸音。

（三）病理性呼吸音

在病理情况下，除生理性呼吸音的性质和强度发生改变外，常可发现各种各样的异常呼吸音，称为病理性呼吸音。临床上常见的病理性呼吸音有下列几种。

1. 病理性肺泡呼吸音　病理性肺泡呼吸音可分为增强、减弱或消失及断续性呼吸音。

1）肺泡呼吸音增强　临床上主要表现为普遍性增强和局限性增强。

(1) 肺泡呼吸音普遍性增强。为呼吸中枢兴奋，呼吸运动和肺换气加强的结果。其特征为两侧和全肺的肺泡音均增强，如重读"呋、呋"之音。见于发热性疾病、贫血、代谢性酸中毒、代谢亢进及其他伴有一般性呼吸困难的疾病。在细支气管炎、肺炎或肺充血的初期，由于支气管黏膜轻度充血、肿胀，而使支气管末梢的开口变为狭窄，也可使肺泡音异常增强。

(2) 肺泡呼吸音局限性增强。其也称代偿性增强，是由于病变侵及一侧肺或一部分肺组织，而使其功能减弱或丧失，而健康一侧或无病变的部分出现代偿性呼吸功能亢进的结果。见于大叶性肺炎、小叶性肺炎、渗出性胸膜炎等时的健康肺区。

2）肺泡呼吸音减弱或消失　与肺泡内的空气流量减少或进入肺内的空气流速减慢及呼吸音传导障碍有关。特征为肺泡音变弱，听不清楚，甚至听不到。根据病变的部位、范围和性质，可表现为全肺的肺泡音减弱，也可表现为一侧或某一部分的肺泡音减弱或消失。肺泡音减弱或消失发生的原因可能有以下几种情况。

(1) 肺组织的炎症、浸润、实变或其弹性减弱、丧失。当肺组织浸润或炎症时，肺泡被渗出物占据并不能充分扩张而失去换气能力，则该区肺泡音减弱或消失，见于各型肺炎、肺结核及引起呼吸道分泌物增加的疾病等。当肺组织极度扩张而失去弹性时，则肺泡呼吸音也减弱，见于肺气肿。

(2) 进入肺泡的空气量减少。见于上呼吸道狭窄性疾病、肺膨胀不全、全身极度衰弱、呼吸肌麻痹、呼吸运动减弱等。

(3) 呼吸音传导障碍。当胸腔积液、胸膜增厚、胸壁肿胀时，呼吸音的传导不良，则肺泡呼吸音减弱。

3) *断续性呼吸音或齿轮呼吸音* 在病理情况下，肺泡呼吸音呈断续性，称为断续性呼吸音。此乃部分肺泡炎症或部分细支气管狭窄，空气不能均匀进入肺泡而是分股进入肺泡所致。其特征为吸气时不是连续性的，而是有短促的间隙(呼气时一般不改变)，将一次肺泡音分为两个或两个以上的分段，又称为齿轮呼吸音，常见于支气管炎、肺结核、肺硬变等。当呼吸肌有断续性不均匀的收缩时(兴奋、疼痛、寒冷)，两侧肺区也可听到肺泡音中断的现象。

2. 病理性支气管呼吸音 马的肺部听到支气管呼吸音是病理征象。其他动物在正常范围(支气管区)外的其他部位出现支气管呼吸音，均为病理性支气管呼吸音。其发生的条件为：肺实变的范围相当大，病变的位置较浅表，且大支气管和支气管都畅通无阻。此时由于肺组织的密度增加，传音良好，听诊即可闻清晰的支气管呼吸音。声音强度取决于病灶的大小、位置和肺组织的密度。患病部位越大、越靠近大支气管和体壁、肺组织实变越充分，则支气管呼吸音越强，反之则越弱。病理性支气管呼吸音，常见于肺炎、肺结核等。当胸腔积液压迫肺组织时，变得较为致密的肺组织有利于支气管呼吸音的传导，此时也可听到较弱的支气管呼吸音。病理性支气管呼吸音与肺泡呼吸音增强的鉴别见表4-2。

表4-2 病理性支气管呼吸音与肺泡呼吸音增强的鉴别

鉴别要点	病理性支气管呼吸音	肺泡呼吸音增强
病理变化	肺组织实变、支气管畅通无阻，胸腔积液	呼吸中枢兴奋，呼吸运动和肺换气增强
声音性质	类似"赫、赫"之音	如重读"呋、呋"之音
出现部位	在肺组织的实变区或叩诊浊音区最为清楚	在肺组织的实变区或叩诊浊音区不清楚或消失
声音强度和出现时间	支气管呼吸音的幅度明显增大，较气管呼吸音弱，比肺泡音强。吸气时短而弱，呼气时长而强，开始和结束均甚突然	肺泡呼吸音的幅度明显增大，比正常肺泡音强，较支气管呼吸弱。吸气时长而强，达吸气顶点最为清楚，呼气时短而弱
范围	多为局限性，有时为广泛性	多为广泛性，有时为局限性
临床意义	肺炎、广泛性肺结核、渗出性胸膜炎和胸腔积液等	发热病、支气管炎、肺炎早期、运动后等

3. 病理性混合呼吸音 当较深部的肺组织产生炎症病灶，而周围被正常的肺组织所遮盖，或浸润实变区和正常的肺组织掺杂存在时，则肺泡呼吸音和支气管呼吸音混合出现，称为混合性呼吸音或支气管肺泡呼吸音。其特征为吸气时主要是肺泡呼吸音，而呼气时则主要为支气管呼吸音，近似"呋、赫"的声音，即吸气时较为柔和，呼气时较粗粝，见于小叶性肺炎、大叶性肺炎的初期和散在性肺结核等。在胸腔积液的上方有时也可听到混合性呼吸音。

4. 啰音 啰音是呼吸音以外的附加音响，也是一种重要的病理征象。按其性质可分为干啰音和湿啰音。

1) *干啰音* 干啰音是由于气管、支气管或细支气管狭窄或部分阻塞，空气吸入或呼出形成湍流所产生的声音。其发生机制为：①呼吸道炎症引起黏膜充血水肿及支气管平滑肌痉挛，使管腔变得狭窄，呼吸时气流通过狭窄部位因湍流产生的摩擦音；②支气管产生大量黏稠的分泌物，呼吸在气流的冲击下引起黏稠分泌物振动所发出的声音。

干啰音的特征：①为一种持续时间长、带乐器性的呼吸附加音，音调较高，类似笛音、口哨音、飞箭音、猫鸣音、鸽子叫声、鼻鼾音等;②呼气和吸气时均可听到,但以呼气时最明显,有时强大的干啰音不用听诊器也可听到,并能感觉到胸壁的振动;③干啰音发生于大支气管时,声音较低,呈猫鸣音或鼻鼾音,发生于小支气管,则声音较高、尖锐,呈笛音或口哨音;④干啰音不稳定,性质和强度易改变,可因咳嗽而消失,但再出现与湿啰音相比需要较长的时间。

干啰音是支气管炎的典型症状。广泛性干啰音见于弥散性支气管炎、支气管肺炎、慢性肺气肿及犊牛、绵羊的肺线虫病等;局限性干啰音常见于支气管炎、肺气肿、肺肿瘤、肺结核和间质性肺炎等。

2) 湿啰音　湿啰音为气流通过带有稀薄的分泌物(如渗出液、痰液、血液、黏液及脓液等)的支气管时,引起液体移动或水泡破裂而发生的声音:或为气流冲动液体而形成或疏或密的泡浪,或气体与液体混合而成泡沫状移动所致,又称水泡音。此外,肺部如有含液体的较大空洞时也可产生湿啰音。

湿啰音的临床特征为:①断续而短暂,一次常连续多个出现,性质类似用一小细管向水中吹入空气时产生的声音,如呼噜声、沸水声或含漱声;②部位比较恒定,性质不易改变,吸气和呼气时都可听到,但以吸气末期更为清楚;③容易变动,有时连续不断,有时在咳嗽之后消失,经短时间之后又重新出现;④按支气管口径的不同,可将其分为大、中、小三种,大水泡音产生于大支气管中,如呼噜声或沸腾声,中、小水泡音来自中、小支气管。

湿啰音的强度除受支气管大小的影响外,与病变的深浅和肺组织的弹性大小也有密切关系。当湿啰音发生于肺的深部而周围的肺组织正常时,传到胸壁上就显著减弱,犹如来自远方;如发生在肺组织的浅部时,听诊就较明显;如发生于被浸润的肺组织包围的支气管中,因肺组织实变而传音良好,则声音甚为清楚。此时啰音常和支气管呼吸音同时存在,这种啰音为大叶性肺炎的症状之一。空洞内形成的啰音,由于共鸣作用,听之如在耳边。此外,湿啰音的强度与呼吸运动的强度、频率,分泌物的量及黏稠度有关。呼吸越强,啰音越大。当分泌物稀薄而量多时,则啰音较为明显。

湿啰音是支气管疾病最常见的症状,也为肺部许多疾病的重要症状之一。支气管内分泌物的存在常为各种炎症的结果,故支气管炎、各型肺炎、肺结核等侵及小支气管时都可产生湿啰音。

广泛性湿啰音,可见于肺水肿;两侧肺下野的湿啰音,可见于心力衰竭、肺瘀血、肺出血,也可见于吸入液体,即异物性肺炎;当肺脓肿、肺坏疽、肺结核及肺棘球蚴囊肿融解破溃时,液体进入支气管也可产生湿啰音。若靠近肺的浅表部位听到大水泡性湿啰音时,则为肺空洞的一个指征。

5. 捻发音　捻发音是由于肺泡内有少量渗出物(黏液),使肺泡壁或毛细支气管壁相互黏合在一起,当吸气时气流使黏合的肺泡或毛细支气管壁被突然冲开所发出的一种爆裂音,为一种极细微而均匀的噼啪音,类似在耳边捻转一簇头发时所产生的声音。其特点为声音短、细碎、断续、大小相等而均匀。一般出现在吸气之末,或在吸气顶点最为清楚,捻发音常发生的部位是肺的后下部。

捻发音常提示肺实质的病变,如肺泡炎症,常见于大叶性肺炎的充血期与消散期及肺结核等;肺充血和肺水肿的初期;肺膨胀不全,但肺泡尚未完全阻塞时。此外,也见于毛细支气管炎。

胸廓上的被毛与听诊器听头的摩擦音可能极似捻发音,应注意区别。

捻发音与小水泡性啰音虽很近似,但两者的意义不同,捻发音主要表示肺实质的病变,而小水泡性啰音则主要表示支气管的病变，故两者应加以区别，见表4-3。

表4-3 捻发音与小水泡性啰音的鉴别

	捻发音	小水泡性啰音
发生的时间	吸气顶点最为清楚	吸气与呼气均可听到
性质	破裂音，短、细碎而断续，大小相等而均匀	水泡音，长、数量少、大小不一
咳嗽的影响	比较稳定	常因咳嗽而减少、移位或消失

6. 空瓮音 空瓮音是气流通过细小支气管进入内壁光滑的大的肺空洞时，空气在空洞内共鸣而发出的声音。其特征为类似轻吹狭口的空瓶口时所发出的声音，声音柔和而深长，常带金属音调，常见于肺脓肿、肺坏疽、肺结核及肺棘球蚴囊肿破溃并形成空洞时。

7. 胸膜摩擦音 正常胸膜的壁层和脏层之间湿润而光滑，呼吸运动时不产生声音。当患胸膜炎时，特别是纤维蛋白沉着，使其变为粗糙不平，呼吸运动时两层粗糙的胸膜面互相摩擦而产生杂音，即胸膜摩擦音。

胸膜摩擦音的特征为：①类似手指在另一手背上进行摩擦时所产生的声音或捏雪声、搔抓声、砂纸摩擦音，声音干而粗糙，接近表面，且呈断续性；②吸气和呼气时均强；③只能在疾病某一阶段出现，声音不稳定，可在极短时间内出现、消失或再出现，也可持久存在达数日或更长；④摩擦音可出现在胸膜的任何部位，常发于肺移动最大的部位，即肘后，叩诊区的下1/3处、肋骨弓的倾斜部；⑤有明显摩擦音的部位，触诊可出现胸膜摩擦感和疼痛表现。

摩擦音为纤维蛋白性胸膜炎的特征。但没有听到胸膜摩擦音，并不能排除纤维蛋白性胸膜炎的存在。这是由于摩擦音常出现于胸膜炎的初期，一旦炎症消散，则摩擦音也随之消失；或当胸膜腔中同时存在一定量的渗出液而将两层胸膜隔开时，摩擦音也会消失，直至渗出液吸收的末期，摩擦音又重新出现。当胸膜发生粘连时，则无摩擦音。摩擦音也可见于大叶性肺炎、马传染性胸膜肺炎、牛肺疫、肺结核及猪肺疫等。患胸膜肺炎时，啰音和摩擦音可能同时出现，应注意鉴别之，见表4-4。

表4-4 胸膜摩擦音与啰音的鉴别

摩擦音	啰音
1. 听之较远	1. 听之甚近
2. 呈断续性	2. 主要为连续性
3. 吸气与呼气时均清楚，深呼吸时增强	3. 吸气之末最为清楚，深呼吸时不增强
4. 咳嗽不消失	4. 咳嗽后部位和性质发生变化，有时消失
5. 紧压听诊器时明显增强	5. 不变
6. 触诊时有胸膜摩擦感和疼痛表现	6. 一般不明显
7. 多见于肘后、肺区下1/3、肋骨弓倾斜部	7. 部位不定

8. 拍水音(击水音) 此乃胸腔内有液体和气体同时存在，随着呼吸运动或动物突然改变体位及心搏动时，振荡或冲击液体而产生的声音。类似拍击半满的热水袋或振荡半瓶水发出的声音，故也称振荡音。吸气和呼气时都能听到，见于气胸并发渗出性胸膜炎(水气胸)，厌气性感染所致的化脓腐败性胸膜炎(脓气胸)和创伤性心包炎(心包囊内积液、积气)。

除了上述生理性和病理性呼吸音外，在肺胸听诊时，常可听到与呼吸无关的一些杂音，此类声音往往扰乱听诊，特别是初学者有时会误认为呼吸音。属于这一类声音者，有咀嚼、吞咽食物、反刍、嗳气、磨牙、呻吟、肌肉震颤、被毛摩擦、异常高朗的心音和前胃的收缩及胃肠的蠕动引起的声音等，对此应特别予以注意。

呼吸音的共同特征为伴随着呼吸运动和呼吸节律而出现。若为病理性呼吸音，则常伴有呼吸器官疾病的其他症状和变化，而其他杂音的发生则与呼吸无关。由于膈疝或膈破裂，部分肠管进入胸腔而产生的肠蠕动音或肠管振荡音，应结合病史、腹痛症状和X线检查结果，进行全面综合分析。

（郭小权　胡国良）

第五章　腹壁、腹腔及消化系统检查

第一节　腹壁及腹腔检查

一、腹壁检查

（一）腹壁视诊

腹壁视诊的目的，除观察被毛、皮肤及皮下组织的表在病变外，应着重判断腹围的大小及外形轮廓的改变。

健康动物腹围的大小与外形，除母畜妊娠后期（通常是后侧扩大显著）生理性扩大及长期放牧条件下自然形成的增大外，主要取决于胃肠内容物的数量、性质，并受腹膜腔的状态和腹壁紧张度的影响。

腹壁检查最常用的方法是视诊、触诊、听诊，如有必要，可进行腹腔穿刺等检查。

1. 犬腹围的变化

（1）腹围扩大：腹水、结肠便秘、肿瘤、卵巢囊肿、子宫蓄脓及膀胱内高度充满尿液时，均可使腹部膨满。

（2）腹围缩小：急剧腹泻、长期发热、慢性消耗性疾病等均可引起腹围缩小。破伤风或腹膜炎时，因腹肌紧张，可见腹围轻度卷缩。

（3）局限性扩大：局限性扩大常见于腹壁疝时及其他腹部肿块。

2. 反刍动物腹围的变化

（1）腹围增大：左腹侧上方扩大，肷窝凸出，腹壁紧张而有弹性，叩诊呈鼓音，见于急性瘤胃臌气。左腹侧下方膨大，肷窝消失，叩诊呈浊音，见于瘤胃积食。右侧腹肋弓后下方膨大，主要见于皱胃积食及瓣胃阻塞。腹部下方两侧膨大，触诊有波动感，叩诊呈水平浊音，见于腹水和腹膜炎。

（2）腹围缩小：主要见于长期饲喂不足、食欲扰乱及顽固性腹泻；慢性消耗性疾病，如贫血、营养不良、内寄生虫；结核、副结核等也可见之。

3. 马属动物腹围的变化

（1）腹围扩大：腹围扩大多是胃肠内容物长期停滞及过度充满或腹腔积液的结果。典型病例见于肠臌气、患腹侧或腹下部的腹壁疝、腹腔积液、腹壁局限性肿胀（如血肿、淋巴外渗等）。

（2）腹围缩小：腹围缩小表示胃肠内容物显著减小，可见剧烈、频繁的腹泻（如急性胃肠炎时），长期、慢性消化紊乱（如慢性胃肠炎），长期发热病，慢性消耗性疾病，破伤风或腹膜炎。

4. 猪腹围的变化　重点观察腹部外形轮廓的变化，常见的有腹围扩大与缩小。

视诊腹部容积扩大，除见有母畜妊娠后期及饱食之后等生理情况外，可见胃食滞。腹部容积缩小，见于长期饥饿和饲喂不足、食欲减少和顽固性腹泻、慢性消耗性疾病（仔猪营养不良、仔猪贫血、慢性副伤寒、气喘病及肠道寄生虫病等）及热性病。

视诊脐部有时可发现圆形囊状肿物，多为脐疝（脐赫尔尼亚），其特点是触之柔软或有波动，听诊可有肠音，经疝环可将部分内容物还纳。

（二）腹壁触诊

触诊可以感觉腹壁的状态。

（1）腹壁敏感性：可见动物表现回视、躲闪、反抗等动作，提示腹膜的炎症。

（2）腹壁波动感：冲击触诊，有击水音或感有回击波，见于腹腔积液。

（3）腹壁紧张性：紧张性增高可见于破伤风，有时也见于传染性脑脊髓炎及胃肠炎等；紧张性降低可见于腹泻、营养不良、热性病。

（4）腹壁的温度、湿度：其变化及诊断意义详见第二章第三节。

二、腹腔检查

大动物腹部触诊，由于腹腔容积庞大，腹壁较厚和紧张，故难以判定腹腔深部器官的状态；小动物较易适合腹腔触诊。大动物腹腔内触诊见第五章第六节。

腹腔触诊包括浅表触诊和深部触诊，可以结合叩诊或听诊。对疼痛的腹部触诊时，由浅表触诊逐步过渡到深部触诊，并使紧张的腹部充分弛缓。触诊腹部可与手指直肠检查同时使用，如对膀胱结石、尿道结石、前列腺肿胀、胎位探查、肠内异物等的检查。

左肋下区：手指由左肋弓按向右肩，保定好的宠物不应触摸到固定的软组织或产生痛感。可感到脾和左肾从指下滑走。此区域检查到的异常有肋骨骨折、肋旁疝、胃扩张-肠扭转、异物、肿瘤、肠系膜根部疾病、肝移位或肝肿大。

右肋下区：手指由右肋弓按向左肩，犬此处较左侧肋弓下阻力稍大，犬的右肾移动性较小。此处出现软组织样异常物或疼痛的原因包括肋骨骨折、肋周疝、胰腺炎、肝移位或肝肿大、胆囊扩张、肾病等。

腰下区：用手指从肋弓检查到骨盆入口，在检查时可以摸到一个或两个肾、结肠及直肠。由头侧向骨盆入口检查时，重要的是检查髋淋巴结，正常时触摸不到髋淋巴结，发生肿大通常是肿瘤性疾病所致。

下腹部：检查内生殖器，采用柔和的冲击触诊，可以检查到异常团块。正常用力下按时，这些团块会在触摸时滑跑。幼犬阴道发育容易被误诊为腹股沟疝。

左肋下区紧张并坚硬，见于胃食滞；胃区按压疼痛并有呕吐，见于胃炎；肠区有坚硬物且按压时疼痛，见于肠便秘、肠套叠及肠癌等。

最好经一次触诊鉴定出异物状态，只有在必要时进行再次触诊，因多次触诊容易导致疾病过程复杂和造成过度疼痛。

触诊结果为器官能否触及，器官的大小、形状、坚实或柔软、敏感性和位置、表面状态（如“太光滑”、“颗粒状”）。

通常，正常组织器官被误认为异常的有：悬垂肾误认为肿瘤、套叠或异物，特别是猫肾、犬左肾；脾折起后被认为血管瘤；大便团块和充满食物的胃被当作异物；犬的前列腺和前列腺周围囊肿被当作膀胱。

临床上常对腹腔内脏器官实施定位触诊。触诊时抬高胸部或使宠物仰卧，使内脏从肋弓下沉到更易于触诊的位置。肥胖犬肌肉紧张性降低，内脏在检查时，不能充分地在检查者手下滚转，使触诊结果不确实。检查时有犬主或技术员把住头和前肢，检查者一只手握住后肢，另一只手触摸。习惯上用左手触摸右腹，右手触摸左腹，触及目标位置时实施更加仔细的触诊。定位触诊时注意防止卧下呼吸时将呕吐物吸入。有呼吸或心血管危症时，禁忌使用定位触诊。

（王生奎）

第二节　口、咽及食管检查

一、口腔检查

检查口腔，一般多用视诊、触诊、嗅诊进行，必要时用开口器辅助。检查时主要注意流涎，气味，口唇，口黏膜的温度、湿度、颜色及完整性（损伤和疱疹），舌和牙齿等有无变化。

（一）开口方法

1. 犬的开口法

（1）用两手把握犬的上下颌骨部，将唇压入齿列，使唇被盖于臼齿上，然后掰开口腔。

（2）布带开口法，用布带或绷带两端，各横置于上下犬齿之后，然后两手同时将口上下拉动。

（3）用特制开口器打开口腔。常用的是弹簧式或螺旋式开口器，前者用时先将弹簧压紧，置于下臼齿之间，然后放开弹簧，口腔即被撑开；将后者插入口腔之后逐渐扭开螺旋，直至开口至适当程度为止。

2. 牛的开口法

（1）徒手开口法：检查者站于牛头侧方，可先用手轻拍牛的双眼，在其闭眼的瞬间，以一手的拇指与示指捏住鼻中隔或鼻环向上提举，另一手的示指与中指由口角伸入口内，将牛舌向外拉出即可。如牛骚动不安，可用绳索先固定牛角或头部。

（2）开口器开口法：把开口器前端送达牛的口角时，将把柄旋转，即可打开口腔进行检查或处理。

3. 羊、猪的开口法

（1）羊、猪徒手开口法：以一手拇指与中指由颊部捏握上颌，另一手拇指及中指由左、右口角处握住下颌，同时上下用力拉开口腔即可，但应注意防止咬伤手指。

（2）羊、猪开口器开口法：由助手握住羊、猪的两耳进行固定，检查者将开口器平直伸入口内，待开口器前端达到口角时，将开口器的柄用力下压，即可打开口腔进行检查或处理。

4. 禽类的开口法　以一手拇指与示指于两侧口角处捏开或用两手分别将之上下拉开即可。

5. 马的开口法

（1）马徒手开口法：检查者站于马头侧方，一手把住笼头，另一手示指和中指从一侧口角伸入并横向对侧口角方向，手指下压并握住舌体，将舌拉出的同时用另一只手的拇指从它侧口角伸入并顶住上腭，使口张开。

（2）马开口器开口法：一般可使用单手开口器，一手把住笼头，另一手持开口器自口角处伸入，随动物张口而逐渐将开口器的螺旋形部分伸入上下齿之间，而使口腔张开。检查完一侧后，再同样检查另一侧。必要时可应用重型开口器，首先应妥善地进行动物的头部保定；检查者取开口器并将其齿板嵌入上下门齿之间，同时保持固定；另有助手迅速转运螺旋柄，渐渐随上下齿板的离开打开口腔。

（二）口腔的外部检查

健康家畜两唇紧闭、对合良好，但犬类因炎热会长期张口流涎。

老龄和瘦弱的动物，其下唇可因组织紧张性降低而松弛下垂。在病理情况下，口唇的紧张性可降低或增高。口唇的紧张性降低时，表现下垂，有时口腔不能闭合，见于颜面神经麻痹、昏迷、某些中毒病（如马的霉玉米中毒）。此外，在下颌骨骨折、狂犬病、唇舌肿胀及齿间刺入异物时，口唇往往不能闭合。一侧性颜面神经麻痹，则唇向健康的一侧。口唇的紧张性增高时，表现为双唇紧闭，口角向后牵引，口腔不易或不能打开。见于脑膜炎和破伤风。

唇部的明显肿胀或坏死，见于口黏膜的深层炎症、马传染性脑脊髓炎等；饲料中毒及牛瘟时；特别当马血斑病时，鼻面部和口唇常肿胀明显，面部呈特征性的河马头样外观。唇部疹疱可见于口蹄疫、牛瘟、马传染性脓疱口炎。唇部的结节、溃疡及瘢痕，也可见于马鼻或流行性淋巴管炎。流涎常见于各种类型的口炎（包括伴发口咽的传染病，如口蹄疫）、伴发吞咽困难的疾病（如咽炎和食管阻塞）、某些中毒病（如鸡有机磷中毒、猪食盐中毒）及神经系统的疾病（如狂犬病、神经性犬瘟热等）。

（三）口腔的内部检查

1. 口腔气味 动物在正常的生理状态下，口腔内除在采食之后，可有某种饲料的气味外，一般无特殊臭味。

引起动物消化功能紊乱的一些疾病，由于长时间饮食欲废绝，动物口腔上皮脱落及饲料残渣腐败分解而可产生臭味，见于各种类型的口腔炎症、咽炎及食管疾病、胃肠道的炎症和阻塞等。齿槽骨膜疾病时，可发生腐败臭味。牛的酮病时，可闻到有类似氯仿的气味。

2. 口腔黏膜 检查口腔黏膜用视诊和触诊，应注意黏膜的温度、湿度、敏感性、颜色及黏膜完整性。

(1) 口腔温度：用手指伸入口腔中感知，口腔温度与肛温的诊断意义基本一致。仅口温高而体温不高，见于口腔黏膜的炎症；口温和体温均升高，并口干舌燥，见于发热性疾病；口温低下，见于贫血、虚脱及动物的濒死期。对于牛、猪及犬，应同时触诊鼻镜、鼻盘的温度加以比较。

(2) 口腔湿度：健康动物的口腔黏膜，经常保持湿润。口腔过湿，可由唾液分泌增多或吞咽障碍而引起，见于口膜炎、咽炎、唾液腺炎、食管阻塞、口蹄疫、狂犬病及破伤风等；口腔干燥，多见于发热性疾病、重剧胃肠疾病（如肠阻塞、肠变位、胃肠炎等）、脱水及阿托品中毒等。

(3) 口腔颜色：健康家畜口腔黏膜呈粉红色而有光泽。在病理情况下，口腔黏膜颜色可表现为苍白、潮红、黄染、发绀等变化，除局部炎症可引起潮红外，其诊断意义与其他部位的可视黏膜（如眼结膜、鼻黏膜、阴道黏膜）颜色变化的意义相同。口腔黏膜的极度苍白或发绀，提示预后不良。

(4) 口腔黏膜出血斑点（出血点乃至出血斑），可见于出血性素质（如血斑病等）；舌下部的小出血点，常见于马传染性贫血。

(5) 口腔黏膜完整性：动物患口膜炎、水泡病、口蹄疫、痘疮、维生素 C 缺乏症及念珠菌病等时，口腔黏膜的完整性常遭到不同程度的损伤，表现为红肿、结节、水泡、脓疱、溃烂等。

由于口腔黏膜崩解而形成局限性溃疡，可见于牛瘟、恶性卡他热、球虫病、副伤寒、犊白痢、猪化脓杆菌病、犬钩端螺旋体病等。在鸡和犊的白喉、牛坏死杆菌病及犬念珠菌病中，口腔黏膜上常附有伪膜状物。雏禽口腔黏膜有炎症或白色针尖大小的结节，见于维生素 A 缺乏症和烟酸缺乏症。鹅口腔黏膜形成黄白色、干酪样假膜或溃疡，常见于霉菌性口炎（鹅口疮）。

另外，某些物理、化学及机械性因素，可引起口腔黏膜不同程度的损伤。

3. 舌　舌主要检查舌苔及舌的颜色、完整性、运动及形态等。舌苔是覆盖在舌体表面上的一层疏松或致密的沉淀物，它是由于在疾病过程中，舌组织发生反射性的神经营养障碍，脱落不全的上皮细胞积滞在舌面而形成的。因此，舌苔是一种保护性的反应，出现舌苔，动物的味觉丧失，饮食欲降低，减轻消化道的负担，有利于疾病的恢复。舌苔可根据疾病的性质、病程的长短分为薄苔和厚苔，颜色常呈灰白色或黄白色，见于胃肠疾病（胃肠卡他、胃肠炎、肠阻塞等）及发热性疾病。舌苔薄且色淡表示病程短，病情轻；舌苔厚而色深，则表示病程长，病情较重。

健康家畜舌的颜色与口腔黏膜相似，呈粉红色且有光泽、转动灵活；如果舌色青紫、舌软如绵，则常提示疾病已到危期。

舌硬化（木舌），表现舌硬如木，体积增大，甚至可使之垂于口外，可见于放线菌病。猪囊尾蚴病，严重时可在舌下和舌系带两侧见有高粱米粒大乃至豌豆大的结节。舌麻痹，表现舌垂于口角外并失去活动能力，可见于某些中枢神经系统疾病（如各种类型的脑炎）的后期或饲料中毒（如霉玉米中毒及肉毒梭菌中毒病）。此时，常伴有咀嚼及吞咽障碍。舌体的咬伤，可因中枢功能扰乱（狂犬病、脑炎）而引起。马舌体的横断性裂创，多因衔勒所致。动物舌面出现水泡、糜烂和溃疡，见于口蹄疫、水泡性口炎、牛恶性卡他热、牛黏膜病、牛瘟等。

4. 牙齿　牙齿的检查主要注意齿列是否整齐，有无松动、龋齿、过长齿、波状齿、赘生齿、磨灭情况。

正常情况下，出生 4～6 月龄的仔犬在换齿时乳齿脱落。但因犬的种类、营养状况的不同，乳齿的脱落时间也不相同。小型犬的齿根不能被吸收，所以犬齿残存率很高，常形成齿垢，发生口臭，形成永久齿咬合不正。当发生齿龈炎、齿根膜炎、齿槽脓漏症、齿龈肥大时，齿龈易出血。

马的牙齿磨灭不整，常见于骨质疾病（如纤维性骨营养不良），并可成为口腔损伤、发炎的原因。牛的切齿动摇，多为矿物质缺乏的症状。老龄的马匹，多见有臼齿过长或斜状齿，致使咀嚼功能发生紊乱，是采食过程中口吐草团的原因之一。

动物氟中毒时，切齿的釉质失去正常的光泽，出现黄褐色的条纹，并形成凹痕，甚至与牙龈磨平。臼齿普遍有牙垢，并且过度磨损、破裂，可能导致髓腔的暴露；有些动物齿冠破坏，形成两侧对称的波状齿和阶状齿，下前臼齿往往异常突起，甚至刺破上腭黏膜形成口黏膜溃烂，咀嚼困难，不愿采食。

（四）咽的检查

当动物表现有吞咽障碍，并伴有饲料或饮水从鼻孔反流时，应进行咽部的检查。但由于咽位置较深，检查时主要用外部视诊和触诊。视诊注意头颈的姿势及咽周围是否肿胀，小动物还可将口腔打开，进行内部视诊检查；触诊时，可用两手同时自咽喉部左右两侧加压并向周围滑动，以感知其温度、敏感性及肿胀。

1. 视诊　咽部发生炎症时，动物表现头颈伸直、咽区肿胀、吞咽障碍。对于小动物如禽类，咽的内部视诊比较容易；大动物须借助于喉镜检查。当怀疑有咽部异物阻塞或麻痹性疾病时，则应进行咽的内部检查。

2. 触诊 对大动物触诊，应站在颈侧，以两手同时由两侧耳跟部向下逐渐滑行并随之轻轻按压以感知其周围组织状态，如出现有明显肿胀和热感并引起敏感反应（疼痛反应或咳嗽时），多为急性炎症过程。如附近淋巴结弥漫性肿胀，可见于耳下腺炎、腮腺炎、马腺疫等，但吞咽障碍的表现不甚明显。局限性肿胀，可见于咽后淋巴结化脓、牛结核病和放线菌性肉芽肿。

猪咽部及其周围组织肿胀，并有热、痛反应，除见于一般咽炎外，应注意急性猪肺疫、咽炭疽、仔猪链球菌病等。咽麻痹时，黏膜感觉消失，触诊无反应而不出现吞咽动作。犬、猫咽部敏感时常伴发呕吐，如咽炎、咽部异物等。

二、食管检查

当发现动物表现有吞咽障碍及怀疑食管异物、阻塞时，应进行食管检查。对于颈部食管可进行外部视诊、触诊及探诊，而对于胸部食管只能进行胃导管探诊或实施X线检查。

（一）视　诊

当食管憩室、狭窄、扩张时，在动物采食过程中，可见颈沟部（颈部食管）出现界限明显的局限性膨隆。此时将食物向头部方向按摩、推送，可引起嗳气和呕吐动作，当食物被排出，膨隆即可消失。食管呈腊肠样肿大，主要见于食管扩张。马患急性胃扩张时，有时可出现食管的逆蠕动现象。

（二）触　诊

触诊食管时，检查者应站在动物的左颈侧，面向动物后方，左手放在右侧颈沟处固定颈部，用右手指端沿左侧颈沟直至胸腔入口，轻轻按压，以感知食管状态。注意是否有肿胀、异物、波动感及敏感反应等。

当食管发炎时，可引起疼痛反应及痉挛性收缩。当食管阻塞时，可感知阻塞物的大小、形状及性质；当阻塞物上部继发食管扩张且有大量液体时，触摸局部有波动感。当食管痉挛时，触诊食管紧张呈索状。当颈部食管被块根饲料（马铃薯、甜菜、红薯、萝卜等）阻塞时，膨隆部触诊坚硬，反刍动物可并发瘤胃臌气及流涎、不安。当胸部食管阻塞时，整个食管膨大如腊肠样，触诊呈捏粉状。

（三）食管（包括胃）的探诊

食管探诊不仅是临床上一种有效的诊断方法，也常是一种治疗手段，其目的在于根据探管深入的长度和动物的反应，来确定食管阻塞、狭窄、憩室及炎症的发生部位，并可作为胃扩张的鉴别方法之一。另外，根据需要可借胃导管获取胃内容物进行实验室检查。

当食管阻塞时，胃导管到达阻塞部位即不能前进，饮食俱废；当食管憩室时，插入憩室内则不能前进，当反复提插胃导管有时可以从憩室上方通过，可适当饮食；食管扩张或狭窄时，虽然可插入胃导管，但饮水未见明显变化；当食管痉挛时，则胃导管前进阻力增大，如果缓慢操作有时可以通过，但饮食俱废；食管炎时，食管探诊病畜表现不安、咳嗽、虚嚼，偶尔饮食；急性胃扩张时，当胃导管插入胃内后，可有大量酸性气体或黄绿色稀薄胃内容物从胃导管排出。

食管及胃的探诊可兼有治疗作用，如投服药物、排出内容物及气体、洗胃等。

（王生奎）

第三节　胃导管技术及其应用

一、胃导管使用方法

（一）胃导管使用的一般方法

选择适当长度、外径和硬度的胃导管。动物应当保定确实，以免造成人、畜伤害。胃导管使用前应消毒软化（冬季寒冷时）、适当涂布润滑剂，使用时可经口腔或鼻孔插入胃导管至咽喉部，适当抽插刺激动物产生吞咽动作时，适时将胃导管插进食管内并继续深插到颈部下1/3处。确定胃导管准确无误地插入食管后（表5-1），方可实施食管探诊或其他临床操作。操作完毕后，或折叠胃导管末端，或堵塞胃导管口或压扁导管末端，缓缓抽出胃导管，这样可防止残留在胃导管中的胃内容物或药物误入气管。用完的胃导管清洗后放在2%煤酚皂（来苏尔）溶液中浸泡消毒，清洗后备用。

表5-1　胃导管插入食管或气管的鉴别要点

鉴别方法	插入食管内	误入气管内
手感和观察反应	胃导管前端到达咽部时稍有抵抗感，胃导管进入食管，推送胃导管稍有阻力感，发涩	推送胃导管无阻力，有时咳嗽，骚动不安
来回抽动胃导管	胃导管前端在食管沟呈现明显的波浪式蠕动	无波动
向胃导管内充气反应	随气流进入，颈沟部见明显波动	无波动感
接压扁的橡皮球	橡皮球不再鼓起（反刍兽除外）	压扁的橡皮球迅速鼓起
将胃导管外端放到耳边听	听到不规则的“咕噜”声或水泡声，无气流冲击耳边	随呼吸动作可听见有节奏的呼吸声和气流声
将胃导管外端浸入水里	无气泡或出现与呼吸无关的气泡	随呼吸动作出现规律性水泡
触摸颈沟部	颈沟区一硬的管索状物，抽动胃导管更明显	无
鼻嗅胃导管外端气体	有酸臭气体	无
外接注射器回抽（小动物）	抽不动，或胃导管变扁，松手后注射器内芯回缩	轻轻抽动，有大量气体进入注射器

（二）各种动物胃导管使用方法的特点

1. 犬的胃导管投放　金属的或硬质木料制成的纺锤形带手柄的开口器，表面要光滑，开口器的正中要有一个插胃导管的小孔。胃导管（幼龄犬、猫应选择直径4mm，成犬可根据体格选择直径7～12mm）应柔软。临床上可选用人用14号导尿管代替。

投药时大犬采取坐立姿势保定，幼犬可抓住前肢抬高使身体呈竖直姿势。助手或犬主将纺锤形的开口器放入病犬口内，任其咬紧，并将开口器两端连有的绳子系在犬头部耳后，以固定开口器。选择好大小适当的胃导管，用胃导管测量犬鼻端到第8肋骨的距离后，做好记号。经口将胃导管插入胃内后，连接漏斗，将药液缓缓灌入。

2. 牛的胃导管投放　牛站立保定。胃导管可从牛的口腔或鼻腔经咽部插入食管。经口插入时，应该先给牛戴上木质开口器，固定好头部，将胃导管自开口器的孔内送入食管。

3. 猪、羊的胃导管投放 由助手抓住动物的两耳(或羊角),将前躯夹于两腿之间,如果是大猪可用鼻端固定器固定,并装上横木开口器(或特制开口器)固定于两耳后,术者取胃导管,从开口器的中间孔中插入食管内,以后的操作方法与牛的大致相同。

4. 马属动物的胃导管投放 马在柱栏内保定。畜主站在马头左侧握住笼头,固定马头不要过度前伸。术者站于马头稍右前方,用左手无名指与小指伸入左侧上鼻翼的副鼻腔,中指、示指伸入鼻腔,与鼻腔外侧的拇指固定内侧的鼻翼。右手持胃导管将前端通过左手拇指与示指之间沿鼻中隔徐徐插入胃导管,并加以固定,防止患病动物骚动时胃导管滑出。

(三) 胃导管使用的注意事项

(1) 胃导管投药前应依动物种类和大小的不同而选用相应的开口器、口径及长度和软硬适宜的胃导管。开口器(尤其横木开口器)应压住动物舌部,以免舌的活动将胃导管推出或咬断。

(2) 胃导管及其他用具使用前应以温水清洗干净,将胃导管前端涂布润滑剂(液体石蜡),然后盘成数盘(涂油端向前上方,另一端向前下方)备用。操作时动作要轻柔,胃导管插入、抽动要徐缓。

(3) 患病动物呼吸极度困难或有鼻炎、咽炎、喉炎、高温时,忌用胃导管投药。

(4) 反刍兽插入胃导管后,如有气体排出,应鉴别是来自胃内还是呼吸道内。来自胃内气体有酸臭味,气味的发出与呼吸动作不一致。

(5) 当胃导管进入咽部或上部食管时,有时会发生呕吐,此时应该放低动物头部,以防呕吐物误入气管中。如果呕吐物很多,则应抽出胃导管,待吐完后再投。

(6) 经证实胃导管插入食管深部后,方可进行投药。如果投药中引起咳嗽气喘,应立即停止。如果投药过程中因动物骚动,使胃导管移动脱出时,也应停止投药,待重新插入判断无误后再继续投药。

(7) 经鼻插入胃导管,常因操作粗暴、反复投送、强烈抽动或管壁干燥,刺激鼻黏膜肿胀发炎,有时血管破裂引起鼻出血。少量出血时,可将动物头部适当高抬或吊起,冷敷额鼻部,并不断淋浇冷水;出血过多冷敷无效时,可采用1%鞣酸棉球塞于鼻腔中,或皮下注射0.1%盐酸肾上腺素5ml,必要时可注射全身止血药。

(8) 投入液体时,必须正确判断是否插入食管,否则会将药物误灌入气管和肺内引起异物性肺炎。

(9) 液体误投入呼吸道后,动物立即表现不安,频繁咳嗽,呼吸急促,鼻翼开张或张口呼吸;继则可见肌肉震颤,出汗,黏膜发绀,心跳加快,心音增强,音界扩大;数小时后体温升高,肺部出现明显广泛的啰音,并进一步呈现异物性肺炎的症状。如灌入大量液体时,可造成动物的窒息或迅速死亡。

(10) 抢救措施:在投入液体过程中,应密切注意病畜表现,随时观察脉搏、呼吸的变化,并做好详细记录。一旦发现异常,应立即停止并使动物低头,促进咳嗽,呛出液体。随后应用强心剂或给予呼吸中枢兴奋剂,同时应大量注射抗生素制剂,直至恢复。严重者,可按异物性肺炎的疗法进行抢救。

(11) 胃导管拔出时,应将胃导管前段折转,防止胃导管内液体在拔出的瞬间倒流入喉、气管内。

(12) 注意安全:切实保定好动物。

二、胃导管技术的应用

除探诊外，胃导管的主要作用是导胃、洗胃与投药。

1. 投药　临床上采用胃导管投药的原因是：药物剂量太大，用药的作用部位在胃肠道，药物不适宜于其他用药方法，药物剂型为口服剂，药物气味不能被动物接受，动物饮食废绝或吞咽困难等。总之，胃导管投药是在不能口投时实施的。

投药时还应该配备一个连接漏斗。投药结束，应投入少量清水，冲净胃导管内残留的药液，折叠胃导管末端或堵塞胃导管口，然后再慢慢抽出胃导管。

2. 导胃和洗胃　导胃是通过虹吸原理清除胃内过多的内容物，排除胃内的有毒物质，临床上主要用于治疗胃臌气、扩张、积食及饲料或药物中毒；或用于胃炎的治疗、吸取胃液供实验室检查等。

洗胃是向胃内灌注一定量的溶液，用法同动物胃导管投药。洗胃应用 39～40℃温水。此外根据需要，可用 2%～3%碳酸氢钠溶液、1%～2%食盐水、0.1%高锰酸钾溶液等。

投药和洗胃时在胃导管的外端连接漏斗，举高漏斗，将液体缓缓导入漏斗内；洗胃时待漏斗内洗液即将流完时，倒转胃导管末端使其低于动物体躯，并同时压低动物头部，依据虹吸原理排出内容物。洗胃时反复冲洗多次，逐渐排出胃内大部分内容物；排出的量依据具体情况而定，对于中毒病例应直至流出液与灌洗液同样清亮或两者颜色相同为止。洗胃后，投入健康动物胃液（或喂健牛反刍食团）；禁食 12h，勤饮少量清水。

（王生奎）

第四节　反刍动物前胃检查

反刍动物的胃包括瘤胃、网胃、瓣胃及真胃 4 个部分，共约占腹腔总容积的 3/4（图 5-1）。由于 4 个胃的结构和功能密切相关，故某一个胃有病时，会不同程度地影响其他胃的功能状态，甚至影响肠管的功能状态。前三个胃，即瘤胃、网胃和瓣胃，合称前胃，有两大主要生理功能，一是通过胃的蠕动磨碎食物，二是依靠其中的细菌和纤毛虫的作用，实行微生物学的裂解与合成作用。前胃的运动有其内在的周期性，受延髓中瘤胃-网胃运动中枢的控制和迷走神经的调节。

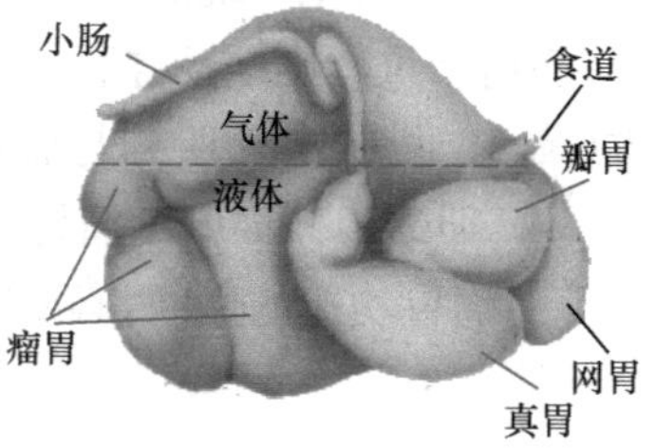

图 5-1　反刍动物胃的解剖

一、瘤 胃 检 查

成年牛的瘤胃，其容积为全胃总容积的 80%，占左侧腹腔的绝大部分，与腹壁密贴，所以在左侧腹壁上可以用视诊、触诊、听诊和叩诊对瘤胃进行检查，借以了解其内容物的性状和数量，以及瘤胃的收缩次数和强度。

1. 视诊　正常时左侧饥窝部稍凹陷。放牧的牛、羊，饱食后饥窝平坦。当瘤胃积食和臌气时，饥窝突出，与髋结节同高，尤其在瘤胃急性鼓胀时，突出更为显著，甚至与背线一样平。饥窝凹陷加深，见于饥饿和长期腹泻等。

2. 触诊　触诊瘤胃的目的在于判定瘤胃的运动功能和内容物的性状。为判断瘤胃的运动功能，可将手掌摊平或握成拳头，用力紧紧贴放于左侧饥窝部，这样可以克服瘤胃腹肌的张力，使检手得以密接于瘤胃壁，以测定瘤胃的收缩次数和强度。正常时，瘤胃收缩次数：牛为2～5次/2min，或1～3次/min；山羊为2～4次/2min；绵羊为3～6次/2min。瘤胃收缩次数以食后2h最旺盛，食后4～6h后逐渐减弱，饥饿时收缩次数减少。测定健康牛瘤胃收缩的强度，可将紧贴腹壁的检手微微抬起。至于瘤胃内容物的性状，视采食前后及部位而不同。采食前，瘤胃上部有约4cm厚的气体层，故较松软；采食后，肌窝部的硬度呈捏粉样，用拳压迫后，其压痕约保持10s不消退。瘤胃的中部内容物较坚实，下部因腹肌张力较大，一般须进行冲击式或深部触诊法，才能辨别内容物的性状。

病理情况下，瘤胃的内容物性状、收缩次数和强度均可发生不同程度的改变。瘤胃臌气时，上部腹壁紧张而有弹性，用力强压也难以确实感知瘤胃内容物的性状。前胃弛缓时，气体层可增厚至8cm左右，内容物柔软。瘤胃积食时，感觉内容物坚硬。在触压瘤胃时，如患畜呈现躲避或抗拒触压等现象时，表明瘤胃黏膜有炎症。瘤胃收缩次数减少，收缩力量减弱，收缩时间短促，表示其运动功能减退，见于前胃弛缓、瘤胃积食、发热和其他全身性疾病。瘤胃蠕动停止，触诊时完全感觉不到瘤胃的运动，为其运动功能高度紊乱的表现。见于瘤胃鼓胀或瘤胃积食的后期，以及其他全身性疾病过程中。长期的、顽固性的瘤胃运动和消化功能障碍，应考虑是否患有创伤性网胃炎。瘤胃运动功能增强，见于急性瘤胃鼓胀的初期、藜芦中毒和注射增强瘤胃运动功能的药物后。这时多伴有嗳气增加。

3. 听诊 根据瘤胃蠕动音的强度、频率和持续性，判定瘤胃的运动功能状态。健康牛的瘤胃蠕动音呈雷鸣音或远炮音。瘤胃不断地处于由前向后、由上向下的收缩运动中，其内容物也随着收缩不断移动；由此而产生一种由远而近，又由近而远，先弱后强，而后又逐渐减弱的波浪式蠕动音。每次收缩分为两个相连的阶段，第一个收缩时间短而音调低，第二个收缩时间长而音调高，合计为一次收缩。每分钟收缩蠕动为2～3次，每分钟收缩蠕动波延长15～20s，经短暂休止再现第二次收缩蠕动。瘤胃听诊的临床意义与瘤胃触诊的临床意义相同。

凡影响消化系统的局部性和全身性疾病，均可引起瘤胃蠕动次数减少，音调降低，音波缩短，病情严重者则蠕动停止。当瘤胃弛缓持续多日时，可在上部听到流水音。在左侧腹部前下方(第11肋骨下方)听到与瘤胃蠕动不一致的流水音，应考虑真胃病变。

4. 叩诊 健康牛瘤胃上部叩诊为鼓音，由饥窝向下逐渐变为半浊音，下部完全为浊音。

对瘤胃功能的判断，必要时还可做穿刺检查，鉴定瘤胃液pH、纤毛虫等。

二、网胃检查

网胃位于腹腔的左前下方，相当于第6～7肋骨间，前缘紧接膈肌，与心脏相隔约1cm，其后部则恰位于剑状软骨之上。临床上主要是用触诊和增加腹压的方法，检查网胃有无疼痛。有条件时，还可使用金属异物探测仪，以便发现网胃内的金属异物。具体检查方法如下。

(1) 检查者二人，一人站在牛的左侧，另一人站在牛的右侧，两人各用一手在剑状软骨部互握，并向上抬举，同时各把另外一手放在牛的鬐甲部，并向下压；或两人用一木棍(扁担)，在剑状软骨部向上抬举，以实施对网胃的压迫。

(2) 检查者一人，面向牛的尾方，蹲在牛的左前肢稍后方，以右手握拳，顶在剑状软骨部，肘部抵于右膝上，以右膝频频抬高，抵压网胃部。

(3) 检查者一人，用双手放在牛的鬐甲部，用力捏起背部皮肤，使成皱襞，或用一手捏住牛的鼻中隔向前牵引，使头颈呈水平状态，用另一只手捏起鬐甲部皮肤。健康牛在捏压鬐甲部皮肤时，呈现背腰下凹姿势，但并不试图卧下。

应用以上方法检查时，如病牛发生呻吟、表现不安、躲闪、反抗或企图卧下等行为时，表明网胃有疼痛，有创伤性网胃炎的可能，应进一步检查。

也可使病牛由较陡的坡面向下行走，当患创伤性网胃炎时，动物表现运动小心、步态紧张、四肢集于腹下、不愿前进，甚至呻吟、磨牙等。这是由于行走下坡路时，腹腔器管向前推压引起疼痛反应。

(4) 金属探测仪检查法：为了发现网胃内的金属异物，可以使用金属探测仪。过去国外生产的金属探测仪，大多是借助听诊法，现国内已研制出较听诊法准确性高的探测方法，即利用电磁感应原理，将取信号的"I"字形探头接触网胃区域，如有铁丝、铁片及钉子等进入磁场范围内时，磁场的平衡状态即被破坏，于是产生信号，经过放大后，输送到装有微安培计的表头上，指针即发生摆动，金属异物越大，指针的摆动幅度也越大。国内研制的探测仪，据初步使用结果统计，阳性率可高达33%～77%，这一方面是仪器的灵敏度还有待提高，另一方面与金属的种类、大小和存在位置及方向有关。因此对于检查为阳性的结果，都应与临床症状结合起来进行分析，这样才有价值。

三、瓣胃检查

检查瓣胃，是在左侧第7～10肋骨间，肩关节水平线上下3cm范围内进行。

在瓣胃区用拳叩击，或对第7、8、9肋间用伸直的手指指尖实施压迫，如出现疼痛反应，应考虑瓣胃秘结或创伤性炎症的可能。

瓣胃听诊，正常时可听到微弱的沙沙声，常随瘤胃蠕动音之后出现，于采食后较为明显。瓣胃蠕动音减弱或消失，见于瓣胃秘结、严重的前胃疾病及热性疾病。若因瓣胃秘结而体积显著增大时，视诊可见瓣胃区膨隆，有时在靠近瓣胃区的肋弓下部，做冲击式深触诊，可触及坚实的胃壁。

（张乃生）

第五节　胃的检查

一、反刍兽皱胃检查

皱胃又称真胃，牛的皱胃位于右下腹部第9～11肋骨之间，沿肋弓区直接与腹壁接触。皱胃的检查方法包括视诊、触诊、叩诊和听诊，其中以触诊最为重要。常见的皱胃病变有皱胃炎、皱胃变位、皱胃阻塞和皱胃溃疡。

1. 视诊　真胃严重阻塞、扩张时，可以看到右侧腹壁真胃区向外侧突出，左、右腹壁显得很不对称。皱胃扭转时，可见右腹膨大或肋弓突起；皱胃左方变位时，可见左侧肋弓突起，而右侧原皱胃区则变得扁平。

2. 触诊　沿肋骨弓后下方或与膝关节水平位仔细触诊，除保护性反应外，如果患病动物表现回顾、躲闪、呻吟、后肢踢腹，乃真胃区敏感的标志，见于真胃炎、真胃溃疡和真胃扭转等；触诊真胃区坚实感或坚硬，呈长圆形面袋状，伴有疼痛反应，则为真胃阻塞的特征；冲击触诊有波动感，并能听到击水音，表示皱胃扭转或幽门阻塞、十二指肠阻塞，此时应与瘤胃积液和腹腔积液相区别。

3. 叩诊 正常时,真胃叩诊为浊音。如叩诊出现鼓音,为真胃扩张之征。有时也可以在左侧沿左髋结节与同侧肘突假设连线上进行叩诊,如在左侧肋骨弓区用叩诊和听诊相结合的方法听到钢管音,多为真胃左方移位,必要时可行穿刺术做内容物检查。瘤胃、网胃内容物 pH 为碱性,镜检有纤毛虫存在,而真胃内容物为酸性,无纤毛虫,可依此鉴别。

4. 听诊 真胃蠕动音类似肠蠕动音,呈流水声或含漱声。真胃蠕动音增强,见于真胃炎;蠕动音稀少、微弱,则表示胃内容物干固或功能减弱,见于真胃阻塞;听到金属音调的蠕动音,见于真胃变位。

二、马属动物胃检查

马属动物胃的体积小,位置较深,位于左侧第 14～17 肋骨之间,相当于髋结节水平线附近,不与腹壁接触,悬空在腹腔。因此,用一般诊断方法检查有一定困难。马属动物胃的检查,临床上主要用视诊、听诊、胃导管探诊、直肠内部触诊或根据需要采取胃内容物进行实验室检验。常见的马属动物胃病变有胃扩张、胃破裂。

1. 视诊 患幽门痉挛及急性胃扩张时,动物表现不安(起卧、转滚或呈现犬坐姿势)、呼吸困难、呕吐,由后方正中进行左、右侧对比观察,有时可见左侧胸廓中部第 15～17 肋骨间处稍显隆起;若患病动物在倒地滚转或一阵呕吐动作之后,腹痛突然减轻或消失,全身症状迅速加剧,为胃破裂的征象。此时,病马颜貌惊惧,口色灰白或蓝紫,肌肉震颤,全身大汗淋漓,站立不动或卧地不起,腹壁紧张而敏感,很快死亡。

2. 听诊 胃扩张时,在安静条件下,特别是当肠音减弱或消失时,在胃区有时可能听到短促而微弱的沙沙声、流水声或金属声,每分钟 3～5 次。

3. 胃导管探诊 胃的导管探诊具有诊断(或鉴别诊断)和治疗的双重意义。如患急性胃扩张时,胃导管放出大量积滞的胃内容物或气体,患畜随之安静,病情即好转。

4. 直肠内部触诊 对于体躯较小的马(或驹),站立或采取横卧保定,进行直肠内部触诊。当胃扩张时,可在左肾前下方摸到紧张而有弹性的胃后壁,呈半圆形并随呼吸动作而前、后移动。伴随胃囊扩张的程度不同,脾脏可呈不同程度的向后移位。

5. 实验室检验 临床上可根据需要,进行内容物的实验室检验,其方法和内容见实验室检查部分。

三、猪胃检查

猪胃的容积较大,其大弯可达剑状软骨后方的腹底壁。当胃扩张、胃臌气时,胃可伸展到剑状软骨及脐部之间的中点,视诊可见左腹部膨大,取犬坐姿势,呼吸迫促,呻吟,两前肢频频交换,触压胃部可引起呕吐。当吞食刺激性食物及某些传染病(猪瘟、副伤寒等)时,触压胃部可引起呕吐。当胃炎或胃食滞时,在左侧季肋下胃区触诊,可呈疼痛反应或呕吐。猪常见的疾病有胃溃疡、胃卡他、胃扩张等。

四、小动物胃检查

小动物(主要是犬和猫)的胃检查一般主要用视诊、触诊、叩诊、听诊、探诊等方法进行检查。还可以根据需要做胃镜检查、胃液检查、X 线检查等。

1. 视诊 患胃扭转、胃扩张、胃肿瘤等疾病时,可见到腹围扩大。

2. 触诊 由于小动物的腹壁一般比较薄,易于采用触诊的方法检查。通常用双手拇指以腰部作支点，其余四指伸直置于两侧腹壁，缓慢用力感觉腹壁及胃肠的状态。也可将两手置于两侧肋骨弓的后方，逐渐向后上方移动，让内脏器官滑过指端，以进行触诊。当采食大量干燥的食物而不能呕吐引起的急性胃扩张，触诊时可在两侧肋下部摸到胀满、坚实的胃。当胃内有异物时，胃部触诊有疼痛反应，有时在肋下部可摸到胃内的异物。胃扭转时，腹部触诊可摸到一个紧张的球状囊袋。此外，在急性胃卡他、胃炎、胃溃疡时，胃部触诊有疼痛反应。

3. 叩诊　一般取仰卧姿势进行叩诊。当空腹叩诊时，从剑状软骨后直到脐部呈鼓音；采食后则呈浊音。在患食滞性胃扩张时，浊音区扩大；气胀性胃扩张时，出现大面积鼓音区。胃扭转时，腹部膨胀，叩诊呈鼓音或金属音。

4. 听诊　犬、猫胃听诊为流水音，在胃炎及其他引起呕吐的疾病时胃蠕动音加快、增强。长期饥饿及胃肠功能衰竭时蠕动音减弱。

5. 探诊　经鼻腔或口腔将胃导管插入食管和胃进行探诊。患气胀性胃扩张时，从胃导管内排出较多的酸臭气体。在胃扭转时，插入的胃导管停顿于贲门附近，或者当用力而能推进于胃内时，则有带臭味的气体和带血的液体从管内逸出。胃探诊时一定要保证兽医和动物的安全，必要时实施麻醉。

（李文平）

第六节　肠管检查

一、反刍动物肠管检查

反刍动物的肠管几乎全部位于体正中线的右侧，小肠较长，大肠管径较窄，肠壁不形成纵肌带和肠带。大肠中的结肠，并不分为大结肠和小结肠，而是形成肠袢，分初袢、旋袢和终袢3段，位于腹腔右侧的后半部，紧靠瘤胃壁。结肠在腹中部呈圆盘状，十二指肠、盲肠、直肠位于结肠盘上方，小肠卷曲于结肠的周缘。肠管的检查主要采用听诊和直肠检查的方法。

健康反刍动物在右侧后部听诊，可听到稀而弱的肠蠕动音。小肠蠕动音类似含漱音、流水音；大肠蠕动音类似雷鸣音或远炮音。

(1) 肠音增强：肠音高朗，连绵不断，见于急性肠炎、肠痉挛和服用泻剂；还见于肠结核、副结核、副伤寒、肝片吸虫等传染病和寄生虫病；有机磷中毒也可引起肠音增强。

(2) 肠音减弱：肠音短而弱，次数稀少，见于一切热性病及消化功能障碍。

(3) 肠音消失：肠音完全停止，为肠管麻痹的表现，见于肠套叠及肠便秘等。

二、马属动物肠管检查

马属动物的肠管检查主要采用腹部听诊，旨在了解肠的运动功能和肠内容物的性状。

（一）听诊的方法和部位

马的肠蠕动音听诊部位，按肠管的体表投影位置在其左、右侧各有3个，即左髂部上1/3处听小结肠音，左髂部中1/3听小肠音，左侧腹部下1/3听左侧大结肠音；右侧髂部听盲肠音，右侧腹股沟部听右侧小肠音，右侧剑状软骨部听右侧大结肠音。每处至少听1min。

以上肠管的听诊部位只能是相对的定位，因为小结肠位于左髂部和腹股沟部，并与空肠混在一起，所以在听诊时，还要结合蠕动音的性质，确定它是哪一段肠管蠕动所产生的肠音。在临床实践中,将肠音听诊区简化为4个部位较为方便:左肷部听小结肠音和小肠音,左侧腹部下1/3听左侧大结肠音,右肷部听盲肠音,右侧肋弓下方听右侧大结肠音。

(二) 正常的肠音

肠音是由于肠管蠕动时肠内容物移动而产生的。马的正常肠音清晰易听,小肠音如流水声、含漱声,大肠音如雷鸣音、远炮音。小肠音为8～12次/min,大肠音为4～6次/min。

正常肠音受许多因素的影响,如肠管运动功能、饲料的质量、肠内容物的性状及使役的强度等,都能影响肠音的次数、强弱、蠕动波的长短及音响的性质。当肠管运动功能增强时,肠音增强,次数增多;反之,肠管运动功能减弱与肠内容物干稠时,肠音减弱,次数减少;放牧,喂青草、麦麸等轻泻性饲料,饮冷水过多及运动之后,常出现生理性肠音增强。舍饲、运动少、饮水不足、长期饲料过于单一,肠音多减弱。因此,对于正常的肠音,要结合具体的饲养管理情况来考虑。

(三) 听诊的临床意义

在不同的病理条件下,肠音的强弱和性质有不同的改变,主要是根据肠音的次数、强弱、蠕动波的长短是否完整等综合判定。

(1) 肠音增强:肠音高潮,连绵不断,有时离数步远也能听到,见于肠痉挛、肠膨胀初期、消化不良及胃肠炎和便秘的初期等。

(2) 肠音减弱:次数稀少,肠音短促而微弱,见于重剧胃肠炎及便秘等。

(3) 肠音消失:肠音完全停止,为肠管麻痹或病情重剧的表现,见于便秘及肠变位的后期等。腹痛病马肠管音消失后,又出现肠音,是趋向好转的表现。

(4) 肠音不整:肠音次数不定,时快时慢、时强时弱,而且蠕动波不完整,见于消化不良及大肠便秘的初期。在慢性消化不良病程中,由于腹泻与排粪迟滞可交替出现,因此在病程经过中肠音时强时弱,变化无常,称为肠音不整。

(5) 金属性肠音:如水滴落在金属板上的声音,是因肠内充满气体,或肠壁过于紧张,邻贴的肠内容物移动冲击该部肠壁发生振动而形成的声音,多见于肠痉挛及肠膨胀初期等。有时在健康马、骡的盲肠底部也能听到金属性肠音。

三、直肠检查

对大动物,如马、骡、驴或牛(必要时,也可对大的猪只)等,以手伸入盲肠并经肠壁而间接地对盆腔器官及后部腹腔器官进行检查的方法,称为直肠检查法。它是兽医临床诊断中一项常用的重要辅助检查法。

(一) 马的直肠检查法

1. 适用范围

(1) 当马、骡、驴等大动物临床表现有明显的腹痛综合症候群时,直肠检查在判断疾病的部位、性质、程度及鉴别诊断上均有重要价值,并经常兼有治疗作用。

(2) 在产科学上,对妊娠诊断及母畜生殖器官(卵巢、输卵管、子宫等)疾病的诊断有重要的实际意义。

(3) 检查泌尿器官(肾脏、膀胱等)及肝、脾的病变,常能获得在诊断上有一定意义的症状、资料。

(4) 当怀疑有腹膜疾病(如腹膜炎时)、骨盆骨骨折时,直肠检查的结果可作为诊断的参考。

2. 操作准备

(1) 术者的指甲要剪短、磨光,充分露出手臂,用0.1%新洁尔灭消毒手臂并涂以润滑油类,以便于通过肛门,着胶靴、罩衣,必要时可戴橡胶手套等。

(2) 被检动物应确实保定,一般以六柱栏保定较为方便,通常要加腹下吊带及肩部压绳,以防卧下及跳跃;野外可于车辕内保定,根据需要,也可采取横卧保定(按中兽医进行公畜去势时的保定法)或仰卧保定(须在横卧保定的基础上,将四肢结系在一起并由两人用木棒将四肢向上方抬起);为便于检查,可使动物保定于前高后低的位置。

(3) 对表现腹痛剧烈的病畜,可先行镇静,一般以1%普鲁卡因溶液10～20ml行后海穴封闭,可使直肠及肛门括约肌弛缓而便于检查。

(4) 有肠臌气、腹围膨大的病畜,应先行穿肠放气;对心力衰竭的病例可先注射强心剂。

(5) 一般情况下,为了避免肠胃中内容物过多而妨碍操作,可事先禁食半天,或临检查时用温肥皂水1000～2000ml灌肠,以清除直肠内的积粪并使肠管松弛。但要注意,发现有直肠穿孔可疑时,严禁灌肠。

3. 检查方法　直肠检查的操作,要细致,认真按要领进行,以防损伤直肠黏膜。以六柱栏保定时,术者站于左后方,一般以右手进行检查。横卧保定时,右侧横卧用右手,左侧横卧用左手,术者取伏卧姿势。将检手的手指集聚成圆锥状,旋转通过肛门、伸入直肠,当直肠内有粪球时,应将其纳入掌心并微曲手指以取出,如膀胱过度充满、储积大量尿液时,应进行轻轻按摩以促其排空,如不能自排时,可行人工导尿。

检手徐徐沿肠腔方向伸入,尽量使肠管更多地套在手臂上,以便易于活动进行深部检查。为此,当患病动物努责时,检手可随之后退,如肠壁极度紧张时,可暂时停止前进,待肠壁弛缓时再向前伸入。一般直至手臂上套有一段直肠狭窄部的肠管后,即可进行各部及器官的触诊。如检手能通过狭窄部(指大马)则更便于检查。切忌检手未明确肠管方向就盲目前进或未套入狭窄部就急于检查。当狭窄部套手困难时,可以检手胳膊下压肛门,以诱使病马做排粪反应便于狭窄部套在手上。如患病动物频频努责时,应暂停检查,并由助手在动物腰荐部强力压捏之,待安静后再行继续检查。

检查腹腔器官时,用并拢的指腹轻轻触摸,严禁松手在场管内随意搔抓或以手指锥刺,前进或后退时,宜缓慢小心,切勿粗暴。按一定顺序和要领检查完毕后,可将检手徐徐抽出,解除动物的保定。

4. 检查顺序　依据动物腹腔、骨盆腔各器官的位置和生理状态,直肠内部触诊检查按照一定顺序进行,才能较容易地发现异常变化和确定诊断。其顺序如下。

(1) 肛门及直肠:应注意肛门的紧张度及直肠内容物的多少、温度及有无创伤等。

(2) 骨盆腔及膀胱:骨盆腔由骨盆骨构成周壁光滑的空腔,耻骨前缘的前下方为膀胱,空虚无尿时仅呈拳头大的梨状物体,如充满尿液则呈囊状,触之有波动感。

(3) 小结肠:大部位于骨盆口前方、左侧,小部位于右侧,肠内的粪便呈鸡卵大球状物,多为串球样排列。小结肠位置可移动,故动物采取横卧保定时,宜注意其位置的改变。

(4) 左侧大结肠及盆曲:左腹下部触诊左大结肠,左下大结肠较粗且有纵带及肠袋,左上大结肠较细并无肠袋,重叠于左下大结肠上方、内侧面与之平行,内容物呈捏粉样硬度,左下大结肠行至骨盆前口处弯曲折回，而移行为左上大结肠，此即骨盆曲部，呈一盲端，约有小臂粗，表面光滑，呈游离盲端，较易识别。

(5) 腹主动脉：位于椎体下方，腹腔顶部，稍偏左侧，触摸时有明显的搏动，呈管状物。

(6) 左肾：脊柱下方，腹主动脉左侧，第2、3腰椎横突下方，可摸到其后缘，呈半圆形物，并有坚实感。

(7) 脾：由左侧肾脏区稍向下方至最后肋骨部可触知脾的后缘，紧贴左腹壁，呈边缘菲薄的扁平镰刀状，较硬，表面光滑，通常其边缘不超过最后肋骨。

(8) 肠系膜根：再回至腹主动脉处并再向前伸，可触知肠系膜根部，注意有无动脉瘤；在其后下部为左右横行的十二指肠。对体躯较小的马或采取横卧保定时，可于前方感知胃的后壁边缘。

(9) 盲肠及胃状膨大部：右侧下方肷部，可触知盲肠底和盲肠体，呈膨大的囊状物，其上部常有一定量的气体而具弹性。于盲肠的前内侧，腹腔的上1/3处，可触知大结肠末端的胃状膨大部。

上述顺序可简单地列为：肛门→直肠→膀胱→小结肠→左侧大结肠→腹主动脉→左肾→脾→肠系膜根→十二指肠→胃→盲肠→胃状膨大部。

5. 常见的变化及其诊断意义　在检查过程中，首先应检查骨盆腔和腹腔各器官及肠管各部分的位置、大小、形状、内容物性状与硬度，有无疼痛反应等。对泌尿生殖器官及其他部位的变化也应同时给予关注。

(1) 肛门、直肠及膀胱：首先注意观察肛门周围是否有污染粪汁、血液、寄生虫(蛲虫、马胃蝇幼虫)等。肛门括约肌紧张性增高，见于各类型肠阻塞；紧张力减弱，见于衰老动物、长期腹泻、脊髓麻痹，严重时可呈肛门开张。

直肠膨大空虚，表明肠内容物后送停止，见于肠便秘(结症)的中、后期或肠管的机械性阻塞；肠管壁紧张，同时肠内有多量的黏液蓄积，提示直肠炎症及有肠变位的可能性；直肠内有热感而湿度增高，表示有炎症反应；检手附有血液，并发现黏膜有裂孔，表明直肠破裂。在驴常见有直肠便秘(直肠结症)。此时，检手可直接触摸到阻塞的大量坚固的粪块。

膀胱敏感、疼痛，表示膀胱炎症；当触之发现囊内有硬块状物体时，可疑为膀胱结石；膀胱高度膨大，充满尿液，手压时可大量排尿，不压则不排，提示膀胱括约肌痉挛或膀胱麻痹；若手压膀胱也不排尿，可疑为尿道结石或阻塞。

(2) 小结肠：小结肠内粪球过大、硬结，并触之有疼痛反应(动物表现骚动不安)，提示为小结肠便秘。小结肠是临床上发生便秘最多的部位。

(3) 大结肠、骨盆曲及胃状膨大部：大结肠内容物触诊硬结，变粗并呈疼痛反应，则提示为结肠便秘；但左下大结肠内充满积粪或气体，则应注意是骨盆曲阻塞。此时，骨盆曲部肠管内充满较硬积粪，肠管变粗，呈粗灌肠状，触之有疼痛反应。骨盆曲也是结症的多发部位。胃状膨大部触诊如呈半球状坚硬物体并随呼吸活动而前后移动，可疑为胃状膨大部的阻塞，其经过多为慢性。

(4) 盲肠、胃及十二指肠：右侧肷部触诊盲肠，如肠腔内充满硬固内容物，可为盲肠阻塞(盲肠积粪)；如有大量气体且有明显弹性，则为盲肠臌气。此时，外部视诊有显著的腹围增大。于前肠系膜根后、下部触诊，肠管变粗，呈粗香肠状，表面光滑，触之并有疼痛反应，应疑为十二指肠便秘；如触知胃囊膨大，指示胃扩张的可能性，积气时有弹性感，食滞性时呈捏粉状。

(5) 肾、脾：肾区敏感，触压时呈疼痛反应，感觉过敏，提示为肾炎；两侧肾肿大，有波动和痛感，输尿管怒张，提示为肾水肿；脾位置明显后移，常为急性胃扩张的特征标志。

(6) 腹主动脉及前肠系膜根：紧贴脊柱下面可感知具有明显搏动的腹主动脉，沿此前行即可触知下垂的前肠系膜动脉根，该部膨大、有明显搏动、紧张而有疼痛反应时，多提示为有寄生虫性动脉瘤。有时也有肠系膜动脉血栓性腹痛病的发生。

除以上情况外，临床检查时感知腹内压增高，肠管膨大有弹性，检手活动困难，提示为肠臌气；感知肠管位置不正常或有扭转、移位、缠结、套叠等变化，并多呈剧烈疼痛反应，则有机械性变位或阻塞的可能。此外，有时对公马可按需要检查腹股沟环。其位于耻骨前下方 3～4cm 处，距正中线约 10cm 左、右侧对称存在，一般其内径为一指半。当感知有绳索状肠管进入腹股沟环，并呈疼痛反应时，则表示有腹股沟管的肠嵌闭病变。

6. 注意事项

(1) 要熟悉腹腔、盆腔及其他部位需要检查的器官、组织的正常解剖位置和生理状态，以判断病理过程的异常变化。

(2) 直肠检查是兽医临床实践较为客观和准确的辅助检查法。但必须与一般临床检查结果及其所有症状、资料进行全面综合分析，才能得出合理正确的诊断。

(3) 实践表明，直肠检查法的效果如何，能否在疾病的诊断上起到应有的作用，完全取决于检查者的熟练程度和经验。为此，应在学习或工作中反复多次的练习以便掌握。

(4) 直肠检查可同时兼有治疗作用，特别是对某些肠段发现的秘结粪块可进行按压、破碎(或破结)，结合深部温水灌肠(主要对后部肠管)，可收到显著的效果。

(二) 牛的直肠检查法

牛的直肠检查除用于妊娠诊断外，对于肠阻塞、肠绞窄、肠套叠及真胃变位等疾病的诊断都有一定意义。此外，对膀胱、肾及尿路检查也很重要。

1. 检查方法　可用鼻钳钳住鼻中隔或手握鼻环绳，必要时用绳套住后肢进行保定。牛直肠内较滑润，一般无需灌肠，如肠内有积粪时，应先掏出。手伸入直肠后，以水平方向渐次前进，将手进入结肠的最后段“S”状弯曲部，此部移动性较大，故手得以自由活动，然后按顺序检查。

2. 检查顺序　牛直肠检查顺序：肛门→直肠→骨盆→耻骨前缘→膀胱→子宫→卵巢→瘤胃→盲肠→结肠袢→左肾→输尿管→腹主动脉→子宫中动脉→骨盆部尿道。

3. 常见的变化及其诊断意义

(1) 膀胱：膀胱位于骨盆底部，空虚时触如拳头大，充满时膀胱壁较紧张，触之有波动感。若呈异常膨大，为膀胱积尿；手压则排尿，为膀胱麻痹；手压也不排，为尿道阻塞。触之呈敏感反应、膀胱壁增厚，是膀胱炎的征兆。

(2) 瘤胃、盲肠：耻骨前缘左侧被庞大瘤胃的上下后盲囊所占据，触摸时表面光滑，呈面团样硬度，同时可触知瘤胃的蠕动波，如触摸时感到腹内压异常增高，瘤胃上后盲囊抵至骨盆入口处，甚至进入骨盆腔内，多为瘤胃膨胀或积食，借其内容物的性状即可鉴别。

耻骨前缘的右侧可触到盲肠，其尖部常抵骨盆腔内，可感有少量气体或软的内容物，右肷上部为结肠袢部位，可触到其肠袢排列，在其周围是空回肠，正常时不易摸到。若触之肠袢呈异常充满而有硬块感时，多为肠阻塞；若有异常硬实肠段，触之敏感，并有部分肠管呈臌气者，多疑为肠套叠或肠变位；右侧腹腔触之异常空虚，多疑为真胃左侧变位。

(3) 真胃、瓣胃：正常情况下，真胃及瓣胃是不能触到的。但当真胃幽门部阻塞或真胃扭转继发真胃扩张，或瓣胃阻塞抵至肋弓后缘时，有时于骨盆腔入口的前下方可摸到其后缘，根据内容物的性状可区别之。

(4) 肾：沿腹中线一直向前至第3～6腰椎下方，可触到左肾，肾体常呈游离状态，随瘤胃的充满反而偏于右侧；右肾因位置在前不易摸到。若触之敏感、肾脏增大、肾分叶结构不清楚者，多提示肾炎；肾盂胀大，一侧或两侧输尿管变粗，多为肾盂肾炎和输尿管炎；母畜还可触诊子宫及卵巢的大小、性状和形态的变化。公畜触诊副性腺及骨盆部尿路的变化等。

(5) 子宫、卵巢：子宫角膨大，子宫壁紧张而有波动感，提示子宫蓄脓；卵巢增大，变为球形，一侧卵巢或两侧(较少见)表面上有一个或数个较大的突起，有波动感，提示卵巢囊肿；一侧或两侧卵巢增大，表面有大小不等的蘑菇状坚实突起的黄体，提示永久性黄体。此外，直肠检查尚可用于妊娠诊断。在公牛还可发现副性腺的病理变化，如前列腺肿大等。

四、猪肠管检查

猪的小肠位于腹腔右侧及左侧下部，结肠呈圆锥状位于腹腔左侧，盲肠大部分在右侧。体瘦而腹壁薄的猪，腹部触诊可感知肠内容物性状。当结肠套叠或肠便秘时，可感知坚硬的粪串或呈块、盘状，同时伴有疼痛反应。听诊肠音高朗、连绵，可见于各种类型肠炎及伴发肠炎的传染病(如大肠杆菌病、副伤寒、猪瘟及传染性胃肠炎等)；肠音低沉、微弱或消失，见于肠便秘；视诊脐部有时可发现圆形囊状肿物，多为脐疝(脐赫尔尼亚)，其特点是触之柔软或有波动，听诊可有肠音，经疝环可将部分内容还纳。

常见的肠的病变有肠变位和肠便秘。猪肠变位是肠管自然位置发生改变，致使肠腔机械性闭塞的急性腹痛病；常发生的肠变位类型有肠套叠、肠扭转和肠嵌闭。肠便秘是由于肠内容物停滞，水分被吸收而干燥，致使肠腔阻塞的一种腹痛病，病猪表现为频频取排粪姿势，初期排干小粪球，以后排粪停止；听诊肠音微弱，有时听到金属性肠音；腹部触诊显示不安，小型瘦弱猪可摸到形如串珠状的干粪球。

五、小动物肠管检查

1. 视诊 将小动物放在桌子上，从后方观察腹部的轮廓、大小及形状。肠臌气、粪便淤积或便秘时腹围膨大。结肠便秘时，于髂骨结节和季肋部之间出现局限性隆起。

患肠胃炎、高热性疾病时，明显营养不良，可见腹围极度缩小，肛门及后躯污秽不洁，且恶臭；剧烈腹痛则呈“祈祷”姿势。

2. 触诊 通常原地站立，也可横卧或提举前肢，让动物主人保定好犬、猫头部。检查者面对胃部将两手拇指置于腰部为支点，其余四指头伸直于腹壁两侧，缓慢用力压迫，直至两手指端互相接触为止，以感觉腹壁、肠管及可触及的内脏器官的状态。如果将患病犬、猫的前后躯轮流高举，几乎可以触知全部腹腔的脏器。开始触压时，腹壁紧张，触压一会儿即行弛缓。

患肠胃炎、十二指肠虫症时，有过敏性压痛；肠秘结时，在脊柱之下和骨盆入口处之前可以摸到一根坚硬的香肠状粪条或粪块，有时可前达肝脏的后面或者延伸至右侧；肠套叠多发生于十二指肠与空肠、空肠与空肠、空肠与回肠之间，此时，可以在右下腹摸到一个坚实而有弹性的、弯曲的、移动自如的圆柱形的肠管，有时甚至可以在一头摸到套入部的圆形末端，在另一头摸到一个结节；肠绞窄时，尤其与腹腔带蒂的肿瘤相缠结时，可摸到肿瘤及紧张的肿瘤蒂基部；

肠扭转时，可以发现局部的触痛和臌气的肠管，有时可以摸到扭转的肠管或扭转的肠系膜；腹腔积液时，用手掌紧贴一侧腹壁，另一手的手掌或手指从对侧腹壁压迫或轻轻冲击，贴于腹壁的手掌会感到波动，同时可听到水的震荡音；当巨肠结时，腹部触诊可触及腹内成串、柱状或球形硬实肿物。

3. 听诊　健康小动物的肠音如啵音或捻发音。肠音增强，见于急性肠卡他、胃肠炎的初期及化学药物刺激等；肠音减弱，见于重度胃肠炎后期、肠便秘；肠音消失，见于肠麻痹、肠便秘及肠变位的后期；肠音不整，见于慢性胃肠卡他和大肠便秘的初期；金属音，见于肠臌气。

4. 直肠检查　带上润滑好的手套后，检指轻轻地伸入直肠，依次感觉到肛门紧张度、肠壁硬度和润滑度、直肠内分辨物理状态、骨盆和荐骨的轮廓、尿道和动脉、膀胱经、雄性的前列腺和雌性的阴道等。

附：犬肛门腺的检查

肛门腺是犬的"气味腺体"，呈球形，位于肛门黏膜与皮肤交界处，一边一个，开口于肛门两侧下 1/3 处，具有分泌灰色和褐色含有小颗粒的皮脂样分泌物的功能。正常的犬只肛门腺可挤压出少量清亮或淡黄褐色的液体。

一般检查：触诊，看肛门腺及肛门口是否发炎肿胀，是否能够从肛门腺内挤压出黏稠、褐色、糊状的内容物。患有肛囊炎的肛门腺则挤压出奶油状黄色或淡绿色渗出物；出现肛囊脓肿时挤压肛门腺经常含有棕红色渗出物。

特殊检查：在疑似患有肛囊炎等疾病时，可使用直肠探诊或直肠镜检查，进行确诊。

患有肛囊炎的犬会表现出疼痛瘙痒、烦躁不安，有咬尾的嗜好，触摸臀部犬会非常敏感，常在地面摩擦肛门或舔肛门区。另外，进行触诊时，发现有肛门周围红肿，肛门腺囊隆起，触诊肛门腺囊充盈，肛门腺管堵塞，有少量分泌物积聚；如果炎症发展严重，到了后期，患犬的肛门两侧破溃，腹围紧缩，频频努责，里急后重，排便时尖叫、疼痛，仅排出少量黏液，有的还混有稀红色血液，伴有腥臭味，食欲降低乃至废绝，体温多无明显变化。

患有肛周瘘病症的犬，会出现经常性舔舐肛周、排出恶臭的黏液脓性分泌物、里急后重、排便痛苦、便秘、垂尾、体重减轻和嗜睡等症状。

（李文平）

第七节　排粪动作及粪便的感观检查

一、排粪动作的检查

排粪是一种复杂的反射动作。当粪便在直肠中聚积时，引起对直肠壁的机械刺激，产生的冲动由盆神经传入到荐部脊髓，再上升到大脑皮质，引起排粪动作。在正常状态下，各种动物均有固定的排粪姿势。马、牛、羊排粪时，背腰稍拱起，后肢稍张开并略向前伸；犬排粪采取近于坐下的下蹲姿势。马和山羊在行进中可以排粪。正常动物的排粪次数和排粪量(表 5-2)与动物采食的量和饲料质量等有关。排粪动作异常主要见于以下几种。

表 5-2 健康动物每天的排粪次数和排粪量

动物种类	排粪次数/(次/d)	排粪量/(kg/d)
马、骡	8～12	10～25
牛	10～18	25～35
羊	3～8	1～3
猪	2～5	1～3
犬	1～3	0.3～0.8

1. 腹泻或下痢 特征为动物排粪次数增多、排粪量也增加，同时粪便不成形，质地改变，如不断排出粥样、液状或水样稀粪，并带有鼓音，有时还带有脓液和血液，即腹泻。腹泻或下痢是各种类型肠炎的特征，包括原发性、继发性或某些侵害胃肠道并引起其发炎的传染病。另外，某些中毒病及仔猪缺硒时也见有腹泻现象。常见于急性肠卡他、肠炎、腹膜炎、牛肠结核、牛副结核、猪瘟、猪副伤寒、猪大肠杆菌病、猪传染性胃肠炎、羔羊痢疾、羊沙门菌病、犬细小病毒病、鸡新城疫、牛隐孢子虫病等。

在慢性胃肠卡他的病程中，经常出现便秘与腹泻交替发生的现象。

2. 排便失禁 动物未取排粪姿势而不自主地排出粪便，主要是由于肛门括约肌松弛或麻痹，见于荐部脊髓损伤和炎症，也见于大脑的疾病；患持续性腹泻时，也常见排粪失禁，稀粪常污染两后肢及尾部。

3. 便秘 特征为动物排粪次数减少、排粪费力、排粪量少，粪便质地干硬而色暗，呈小球状，常被覆黏液，临床上称排粪迟缓或便秘，见于严重的发热性疾病、腰脊髓损伤、肠弛缓、大肠便秘、反刍动物的前胃弛缓、瘤胃积食、犬前列腺炎等疾病；当肠管完全阻塞时，排粪停止。当牛只排少量白色或黄白色的黏液伴有腹痛不安时，为肠绞窄的特征。

4. 排粪痛苦 动物排粪时，表现疼痛不安、惊恐、呻吟，拱腰努责，见于腹膜炎、直肠损伤、胃肠炎、创伤性网胃炎、尖锐异物、无肛和肛门堵塞等。

5. 里急后重 动物表现为频取排粪姿势，并强力努责，但仅排出少量粪便或黏液，见于直肠炎及肛门括约肌疼痛性痉挛、犬肛门腺炎。

二、粪便的感观检查

1. 粪便的硬度和形状 健康动物粪便的形状和硬度取决于饲料的种类、含水量，而与饮水量无关。正常时，马粪呈圆块状，具有中等湿度，落地后部分破碎，粪便含水量约75%；牛粪呈叠饼状，含水量约85%，放牧吃青草时呈稠粥状；羊粪呈球形，含水量约55%，放牧吃青草时呈圆柱状或条状；猪粪为稠粥状，完全饲喂配合饲料的猪，其粪便呈圆柱状；犬和猫的粪便呈圆柱状，当喂给多量骨头时，则干而硬；禽类为圆柱状、细而弯曲，外覆一薄层白色尿酸。当腹泻时，粪便稀薄，呈稀粥状，甚至呈水样；当便秘时，粪便干硬而色暗；病程较长的便秘，粪便可呈算盘珠状。

2. 颜色 粪便的颜色因饲料种类及有无异常混合物而不同。放牧或喂青草时，粪呈暗绿色；舍饲喂稻草、谷草、小麦秆(糠)时，为黄褐色。常见的粪便颜色病理变化有：当前部肠管或胃出血时，粪便呈褐色或黑色(沥青样便)；当后部肠管出血时，血液附着在粪便表面而呈红色；患阻塞性黄疸时，粪呈淡黏土色(灰白色)；患犊牛白痢及仔猪白痢时，粪呈白色糨糊状。此外，在治疗疾病时，内服药物对粪便的颜色也有影响，如内服铁剂、铋剂、木炭末时，粪便呈黑色;内服白陶土时,粪便呈白色。

3. 气味　一般健康草食动物的粪便无恶臭气味,猪、犬和猫的粪便较臭。当肠内容物发酵过程占优势时,粪便呈现酸臭味,见于酸性肠卡他、幼畜单纯性消化不良等;当肠内容物腐败过程占优势时,粪便呈现腐败臭味,见于碱性肠卡他、幼畜中毒性消化不良等;患黏液膜性肠炎、急性结肠炎、犊牛白痢、仔猪白痢时,粪便呈现腥臭味。

4. 粪便中的混杂物　健康动物的粪便表面有薄层的黏液,使粪便表面具有特别的光泽。病理情况下,粪便中常见的混杂物有以下几种。

(1) 黏液量增多:见于胃肠卡他、肠阻塞、肠套叠等。

(2) 黏液膜:见于黏液膜性肠炎,患病动物排灰白色或黄白色黏液膜片或排索状及管状黏液膜,牛排出的黏液膜短的约有 20cm,长的可达 8m 以上。

(3) 伪膜:伪膜由纤维蛋白及脱落的上皮细胞和死亡的白细胞组成,见于纤维素性坏死性肠炎。

(4) 血液:见于胃肠道出血性疾病。

(5) 脓液:见于直肠有化脓灶或肠脓肿破裂。

此外,粪便中还可见到沙粒、小金属片、破布、塑料薄膜碎片、毛球、骨头、毛发等。有时在粪中还可发现寄生虫,如蛔虫、毛首线虫、马胃蝇幼虫、吸虫和绦虫节片等。

(李文平)

第八节　家禽消化道检查

禽类消化系统检查主要包括口腔、食管、嗉囊或食管膨大部、腺胃、肌胃、小肠、大肠、泄殖腔、肛门和腹腔脏器的检查。其目的是发现其色泽有无改变;有无渗出物、创伤、炎症、溃疡、异物或寄生虫;嗉囊的胀满程度及其性状;腹部是否胀满及其性状;泄殖腔黏膜有无充血、出血、坏死或溃疡;排粪的动作、数量及其性状等。

当检查腔性器官(食管、嗉囊、胃、肠、泄殖腔)的病变时,应注意腔的大小,内容物的多少、色泽、气味、浓度;检查腔性器官的厚度、各层结构状态、硬度、黏膜状态及有无包囊形成。

临床上出现异常的家禽多在对其进行病理剖检后作出诊断。

一、口、咽及食管检查

口、咽及食管检查一般采用视诊、触诊方法检查,注意其温度、湿度及黏膜的颜色、完整性、有无脓包等变化。如口温增高且干燥,见于热性病、口咽炎。口温过低,黏膜苍白,见于严重贫血及濒死期。口腔过于潮湿,液体过多,并带有食物,多见于患有嗉囊阻塞的病例,是由嗉囊反流的结果。在鼻道、口腔、食管和咽内,有小而白色的脓包,并可蔓延到嗉囊,随着病程的发展,黏膜表面病变增大,而中央陷凹,并在病变部位有炎症产物围绕的小溃疡,此类情况很像某些阶段中的鸡痘,仅可借显微镜检查才能予以区别。

二、嗉囊的检查

嗉囊疾病按照其发病的原因大概可分为三种:嗉囊阻塞、嗉囊扩张和嗉囊卡他。

嗉囊检查一般采用视、触诊方法检查,注意其紧张度、大小、有无波动感、膨大或下垂等变化。

患病动物食欲废绝，喙频频张开，流恶臭黏液，嗉囊胀大，触之呈面团状或坚硬；病情逐渐发展，嗉囊弛缓、充满不能排空，消化障碍，迅速消瘦，有的病禽嗉囊反复扩张，造成破裂或穿孔；严重病例，发生窒息现象，此为嗉囊阻塞的症状，各种家禽与幼雏均可发生。

患病动物嗉囊膨胀，硬度增加，不愿采食，喜饮水，神情委靡，呼吸促迫，甚至张口呼吸，低头采食时，往往从口腔流出污秽不洁的分泌物，放恶臭，有时下痢，这是嗉囊扩张的典型症状，鸡、鸭较易发生。采用X线检查，阻塞物的性质及滞积的部位一目了然。急性嗉囊扩张，如能及时确诊和治疗，经过良好。慢性嗉囊扩张，伴发下痢，逐渐消瘦，预后不良。

患病动物食欲减损或废绝，倦怠无力，头颈伸展，两翅下垂，鸡冠发紫，嗉囊膨胀，内容物柔软，有的因其内容物酵解，发生气胀，常有喘气和呕吐现象，触诊嗉囊，有恶臭气体和污黄色液体从喙和鼻孔排出，严重病例表现为频频张口，呼吸困难，迅速衰竭，发生窒息而死亡，或转为慢性病理过程，消化障碍，逐渐消瘦，继发嗉囊扩张而下垂，这是嗉囊黏膜的炎症性疾病，临床上称嗉囊卡他。鸽孵雏期间，由于嗉囊黏膜上皮增生，形成炎性浸润，嗉囊坚便，称为硬嗉，也发生嗉囊卡他现象。

三、胃肠检查

以视、触诊方法检查，观察腹围的大小，患大肝病、腹水、坠卵性腹膜炎时，常见腹围膨大。此外，可通过触压腹壁感知肠内容物的性质及肝的大小等。腹部膨大，皮下呈淡绿色水肿多见于小鸡的硒缺乏症。

1. 胃的检查 家禽的胃分为腺胃和肌胃。腺胃也称前胃，呈纺锤形，位于腹腔背侧，在肝的两叶之间，壁较厚而管腔不大。胃壁的腺体组织有分泌胃液（内含胃蛋白酶和盐酸）的腺细胞。由于腺胃的容积小，食糜在其内停留时间不长，与胃液混合后即进入肌胃。腺胃病除个别情况外，一般单独发生者很少，常继发于肌胃病和嗉囊疾病。

患鸡羽毛松乱，打瞌睡，独处一隅，有时发出“吱吱”叫声。在屠宰时发现腺胃极度扩张，壁薄，充满食物；有的病鸡腺胃破裂，造成胴体污染，这一般为腺胃扩张所致。

而当患禽出现不安，排出咖啡色粪便，剖检腹膜炎，腹腔内有少量暗红色液体，不见腺胃，肌胃增大，切开肌胃时，发现腺胃嵌入肌胃中，这一系列症状主要发生于腺胃套叠，多呈慢性经过，并逐渐发生采食减少和消化不良的症状。随着采食量的减少和消化不良时间的延长，生长发育、增重逐渐降低，精神萎靡不振，羽毛蓬松，翅下垂，站立和步态不稳，粪便内有不消化的饲料颗粒，以上症状当喂整粒籽实饲料时加重，喂配合碎料时有好转。有的发生便秘不排粪，或只排有白色的尿酸盐。当肌胃被坚硬的整粒饲料和植物的纤维完全阻塞时，则腺胃和嗉囊也可发生阻塞不通并相交成一体的现象，这时可在腹腔中摸到像香肠一样的坚韧物，此时多会死亡，这一般诊断为砂砾缺乏症。

患病动物食欲不好，精神萎靡不振，发育不良，冠变白，羽毛逆立，低头嗜眠；有的病鸡或死鸡从口腔或鼻孔流出暗黑色物，即呕吐黑色物；腹泻，脱水，常突然死亡，其死亡、淘汰率为百分之几到30%；病理表现为肌肉色淡苍白，嗉囊呈黑色，肌胃及肌胃与腺胃、十二指肠结合部糜烂、溃疡，一般可诊断为肌胃糜烂。

患禽长期吃食减少，精神沉郁，极度消瘦；剖检见有铁钉等尖锐异物穿透肌胃，引起腹膜炎和附近器官炎症，有时可见这些内脏器官粘连，此为创伤性肌胃炎的临床症状。

2. 肠的检查 肠道分为小肠和大肠两部分，小肠也分为十二指肠、空肠和回肠三段，但分界不十分明显；大肠包括一对盲肠和一段短而直的直肠。两盲肠从小肠和直肠的交界处发出，沿小肠向前延伸，鸡的盲肠长 15～30cm，鸭为 15～20cm，鹅为 25cm。

家禽对饲料里各种营养物质的消化吸收主要在小肠进行。除胃液外，胰液、胆汁和肠液把食物消化成简单的物质而吸收。难消化的物质可以再逆入肌胃磨碎。大多数粗纤维的消化是在盲肠中进行的，盲肠还有吸收水分和吸收水溶性营养物质的作用。来自小肠的内容物仅有小部分进入盲肠，其余大部分径直进入直肠。

粪便随发病原因不同而呈水样或黏稠样，或粪便中有黏液，甚至带血、脱水、衰弱。这可能是由饲料粗劣，或食入异物、有毒物质、霉变饲料及饮水不洁等所致的肠炎；也可能是某些传染病、寄生虫病引起的肠炎。

患病动物表现不安，频频打滚，后期可见结膜及冠发绀，嗉囊胀满，头低下时可从口腔流出褐绿色水样液体，有臭气味，排出少量暗红色排泄物。剖检见肠管淤血、水肿及部分粘连，此为肠套叠的症状。

初期排粪少而且硬，随后频频呈现排粪姿势，但不见粪便排出，这可能是饲料配合不当或突然更换饲料，饮水不足，缺乏运动等，致使肠蠕动障碍或分泌紊乱而引起肠腔发生完全或不完全阻塞，从而显现出便秘的症状。

肠壁发生炎症，沿消化道各个部位有大小不同的出血点，成年家禽炎症常呈局部性，病鸡肌胃湿润而光亮，全身体液积聚严重，这是食盐中毒伴发的出血性肠炎的典型症状。

四、泄殖腔检查

泄殖腔检查以视诊与直肠检查法为主，用拇指或示指翻开泄殖腔，观察其黏膜颜色、完整性、紧张度、湿度及异物等。

直检前，先用凡士林涂擦示指，然后小心伸入泄殖腔内，如有排粪动作，立即将手指抽出，取出泄殖腔内的粪便再进行检查。手指可自由进入直肠或输卵管，输卵管开口于泄殖腔深部的左侧，右侧为直肠入口。

肛门周围或深部红肿，黏膜附有黄白色假膜，将假膜剥离后，留下粗糙的出血面，且有尿酸盐及炎性渗出物，并污染肛门周围的羽毛，这是典型的泄殖腔炎症，主要发生于成年母鸡，偶尔见于公鸡，雏鸡也有发生。

肛门肿胀，周围覆盖有多量黏液状灰白色分泌物，其中有少量的石灰质，常见于母鸡前殖吸虫病。

泄殖腔内和肛门前部的大肠大量积聚无用产物，大肠和泄殖腔显著膨胀，并充满大量内容物。患病动物由于企图排出肠道中已充满的大量内容物，将发出努责和排粪疼痛的鸣叫，有时在一定时间内仅能排出少量粪便。这种情况一般是由家禽日粮不平衡，导致泄殖腔麻痹或局部阻塞而引起的。

五、肛 门 检 查

脱肛现象表现为患病动物不安，不食，羽毛松乱，逆立似“刺猬”状，不断努责。在肛门口有脱出的直肠和(或)子宫，一般 2～3cm 长，色红充血，有的受损后出血、水肿。时间稍长后，会被粪便污染而淤血水肿，颜色变暗为紫红色，有的自啄或被啄。若不及时隔离和治疗，常可造成出血而死亡。

(李文平 刘 磊)

第九节　肝、脾检查

一、肝的检查

肝为体内最大的腺体，位于横膈的后方。肝在机体内担负着重大的生理功能，如解毒，分泌胆汁，合成糖原、尿素和其他一些物质，分泌激素和酶类等，是动物机体重要的实质器官。当临床上发现动物长期消化障碍、粪便不正常、黄疸，甚至有腹腔积液时，应考虑肝疾病。进行肝的临床检查，通常使用触诊和叩诊法，必要时，可进行肝穿刺做活组织检查和肝功能检查。中、小动物还可进行超声检查。

1. 反刍动物的肝检查　健康牛的肝位于右季肋部，最前方达第 6 肋间；其长轴向后、向上倾斜，达最后肋间的背侧端，正常时于右侧第 10～12 肋骨间中上部，叩诊即可呈现近似四边形的肝脏浊音区。叩诊肝脏浊音区扩大，见于肝炎、肝硬化与肝中毒性营养不良、肝脓肿或肝片吸虫病。肝脏高度肿大时，外部触诊可感到硬固物，并随呼吸而前后移动。高产乳牛，由于过量的饲喂，经常引起肝的严重损害及其他的代谢疾病，如肝脂肪变性、急性实质性肝炎等。另外，高产乳牛的肝病，常与初期的创伤性网胃炎相混淆，可依据肝病时常伴有兴奋、嗜睡、昏迷等神经症状而加以鉴别。

2. 马的肝检查　马的肝位于右侧第 10～17 肋间的中下部，左侧第 7～10 肋骨间。在正常状态下，由于肝被体壁及肺所掩盖，叩诊和触诊均不易检查，只有当肝有明显肿大时，才具有诊断价值。触诊右侧季肋下部肝区，以手掌平放进行冲击性压迫，如动物表现敏感反应(躲闪、回视、反抗等)时，可提示肝区敏感与实质性肝炎。如用一手拇指置于该部作支点，其余四指靠拢并呈屈曲状，沿肋骨缘向软腹壁进行深部触诊，对于比较瘦的马，可能触摸到肿大的肝边缘。于肝区部位进行较强的叩诊，当肝肿大时，于右侧肺叩诊区的下部，可能发现肝浊音区扩大。在进行肝临床检查的同时，应注意肝疾病在消化、循环和神经系统等方面引起的变化和症状，如消化障碍、黄疸、心动徐缓、腹腔积水、嗜睡和昏迷等。

3. 小动物的肝检查　犬、猫的肝位于左、右季肋部。因腹壁薄，利用外部触诊可以确定肝的大小、厚度、硬度及疼痛性。触诊时，首先可行站立位置触诊，从左右例用两手的手指于肋弓下向前上方进行触压，可以触及肝，为了避免腹肌的收缩，应逐渐加压触诊；然后再以侧卧或背位进行触诊。当右侧卧时，由于肝脏贴靠腹壁，则容易在肋下感知肝脏的右缘。犬的正常肝叩诊浊音区为：右侧 7～12 肋间、左侧 7～10 肋间。被肺掩盖部分呈半浊音，未被肺掩盖部分呈浊音。但在生理情况下，由于动物的营养和胃肠内含气的情况不同，肝浊音区可以有变动。

在病理情况下(如急性实质性肝炎、肝硬化的初期、白血病等)，触诊时可发现肝肿大、变厚、变硬，疼痛明显；叩诊则肝浊音区扩大。

二、脾的检查

脾是动物体内最大的淋巴器官。脾可以产生淋巴细胞和巨噬细胞，参与免疫和防卫活动；脾是造血、破坏红细胞、贮存血液、调节血量的器官。临床上对患溶血性疾病或某些传染病(如炭疽等)和寄生虫病(如牛泰勒虫病等)的患病动物，应进行脾检查。临床上常用的检查方法是触诊和叩诊。必要时，还可进行脾穿刺，采取脾液进行实验室检查。

1. 牛的脾检查　牛的脾位于瘤胃背囊的左前方，上端位于第 12～13 肋骨椎骨端与第 1

腰椎横突的腹侧；下端与第 8 或第 9 肋骨对应，离胸骨端上方约一掌宽，因此脾几乎被左肺所掩盖，故正常时，叩诊不能获得其特有的浊音区。当牛患脾炎、炭疽、牛恶性卡他热、牛血孢子虫病时，脾肿大，可在肺后界与瘤胃之间，叩诊出一狭长的浊音区；同时在叩击时，病牛常呈现疼痛反应。

2. 马的脾检查　马的脾位于腹腔前部胃的左侧，在肺叩诊区后界的后缘与肋弓之间，可叩诊出一带状的脾浊音区。直肠内部触诊为检查脾的最好方法，可正确判断位置、大小、表面状态、质地及敏感性等。患脾炎、门静脉和脾静脉血栓、马传染性贫血、恶性腺疫、恶性水肿、炭疽、马巴贝斯虫病等时，由于脾肿大，脾浊音区向后方扩大，甚至可达到髋结节的垂直线。此时，直肠内触诊可摸到边缘增厚为钝圆的脾。

3. 犬的脾检查　犬的脾位于左季肋部。在临床上主要采用外部触诊。使犬右侧卧，左手托右腹部，右手在左肋下向深部压迫，借以触知脾的大小、形状、硬度和疼痛反应。犬的脾肿大，见于白血病、脾淀粉样变性、急性脾炎或慢性脾炎、炭疽、吉氏巴贝斯虫病等。

（李文平）

第六章 泌尿系统检查

泌尿系统由肾、输尿管、膀胱及尿道组成，其主要功能为排泄。泌尿系统的检查方法主要有问诊、视诊、触诊（外部或直肠内触诊）、导管探诊、肾功能检验、排尿和尿液的检查。必要时还可应用膀胱镜、X线等特殊检查法。

第一节 排尿动作及尿液感观检查

一、排尿反射

尿液在肾形成之后，经由肾盂（盏）、输尿管不断地进入膀胱内储存。当储存于膀胱内的尿液不断增加，内压逐渐升高，达到一定程度时，刺激膀胱壁压力感受器，冲动经传入神经传至脊髓排尿初级中枢，引起盆神经兴奋和腹下神经抑制，从而反射地使膀胱逼尿肌收缩和括约肌松弛，引起排尿。一旦排尿开始，尿流经过尿道时，还可刺激尿道感受器，其冲动沿阴部神经传入脊髓排尿中枢，再通过相应的神经引起膀胱继续收缩和括约肌继续松弛，直到尿液排完。排尿末期，由于尿道海绵体收缩，可将尿道内残留的尿液排至体外。

脊髓排尿反射初级中枢经常受大脑皮质的调节，而且阴部神经又直接受意识所支配，故排尿可随意控制。

二、排尿动作检查

膀胱感受器、传入神经、排尿初级中枢、传出神经或效应器官等排尿反射弧的任何一部分异常，腰段以上脊髓受损伤而使排尿初级中枢与大脑高级中枢之间传导中断，或大脑高级中枢功能障碍，均可引起排尿动作障碍。

1. 排尿姿势 由于动物种类和性别的区别，其正常排尿姿势也不尽相同。公犬、公猫排尿常将一后肢抬起翘在墙壁或其他物体上而将尿射于该处。母犬和幼犬有时坐位也可排尿。公牛和公羊排尿时不做准备动作，阴茎也不需伸出包皮外，腹肌也不参与收缩，只靠会阴部尿道的脉冲运动，尿液断续呈股状一排一停的流出，故可在行走中或采食时排尿。母牛和母羊排尿时，后肢展开、下蹲、举尾、背腰拱起。健康马在运动中不能排尿，正常姿势是前肢略向前伸，腹部和尻部略下沉，公马后肢向后，母马后肢略向前并微弯曲，举尾，先行一次吸气后暂停呼吸，开始排尿，并借腹肌收缩而尿流呈股状射出。排尿时，公马阴茎不同程度伸出于阴鞘外，排尿后开始呼吸时发生轻微呻吟声；母马还可见阴唇有数次缩张。公猪排尿时，尿流呈股状而断续地短促射出；母猪排尿动作与母羊相同。公骆驼排尿时，后肢略向侧方开展，尿呈股状断续地向后方射出，还可不时中断。

2. 排尿次数 排尿次数和尿量的多少，与肾的泌尿功能、尿路状态、饲料中含水量和动物的饮水量、机体从其他途径（如粪便、呼吸、皮肤）所排水分的多少有密切关系。24h 内健康犬3～4次，但公犬常随嗅闻物体而产生尿意，短时间内可排尿十多次；牛排尿 5～10 次；马 5～8 次；绵羊和山羊 2～5 次；猪 2～3 次。

3. 排尿异常 在病理情况下，泌尿、储尿和排尿的任何障碍，都可表现出排尿异常，临床检查时应注意下列情况。

1）*尿频和多尿* 尿频是指排尿次数增多，而一次尿量不多甚至减少或呈滴状排出，故24h内尿的总量并不多，多见于膀胱炎、膀胱受机械性刺激（如结石）、尿液性质改变（如肾炎、尿液在膀胱内异常分解等）和尿路炎症。动物发情时也常见尿频。

多尿是指24h内尿的总量增多，其表现为排尿次数增多且每次尿量并不少，或表现为排尿次数虽不明显增加，但每次尿量增多，乃因肾小球滤过功能增强或肾小管重吸收能力减弱所致，见于肾小管细胞受损伤（如慢性肾炎）、原尿中的溶质（葡萄糖、钠、钾等）浓度增高（如渗出性疾病吸收期、糖尿病等）、应用利尿剂或大量饮水之后及发热性疾病的退热期等。

2）*少尿和无尿* 少尿或无尿是指动物24h内排尿总量减少甚至接近没有，临床上表现排尿次数和每次尿量均减少，甚至久不排尿。此时，尿色变浓，尿比重增高，尿中有大量沉积物。严重时，可使体内代谢最终产物不能及时排出，特别是残氮的蓄积，水、电解质和酸碱平衡紊乱而引起自体中毒和尿毒症。按其病因可分为以下三种。

（1）肾前性少尿或无尿（功能性肾衰竭）。多发生于严重脱水或电解质紊乱（如烈性呕吐，严重腹泻，大出汗，热性病，严重水肿或大量渗出液、漏出液渗漏至体腔，严重失血，瘤胃酸中毒，真胃变位及扭转等）、外周血管衰竭、充血性心力衰竭、休克、肾动脉栓塞或肿瘤压迫、肾淤血等。在这些情况下，由于血压降低，血容量减少，或肾血液循环障碍使肾血流量突然减少，致使肾小球滤过率减少。同时，也可能因抗利尿激素（加压素）和醛固酮分泌增多，以致尿液形成过少，而引起少尿。临床特点为尿量轻度或中度减少，尿比重增高，一般不出现无尿现象。

（2）肾原性少尿或无尿（器质性肾衰竭）。它是肾泌尿功能高度障碍的结果，多由肾小球和肾小管严重损害所引起。见于急性肾小球性肾炎，慢性肾炎的急性发作期，各种慢性肾疾病（如慢性肾炎、慢性肾盂肾炎、肾结石、肾结核等）引起的肾衰竭期，肾缺血及肾中毒病所致的急性肾衰竭等。其临床特点多为少尿，少数严重者无尿，尿比重大多偏低（急性肾小球性肾炎的尿比重增高），尿中出现不同程度的蛋白质、红细胞、白细胞、肾上皮细胞和各种管型（尿圆柱）。

（3）肾后性少尿或无尿（梗阻性肾衰竭）。主要是因尿路梗阻所致，见于肾盂或输尿管结石或被血块、脓块、乳糜块等阻塞，输尿管炎性水肿、瘢痕、狭窄等梗阻，机械性尿路阻塞（尿道结石、狭窄），膀胱结石或肿瘤压迫两侧输尿管或梗阻膀胱颈，膀胱功能障碍所致的尿闭和膀胱破裂等。

3）*尿闭* 肾的尿生成仍能进行，但尿液滞留在膀胱内而不能排出者称为尿闭，又称尿潴留。其可分为完全尿闭和不完全尿闭，多由排尿通路受阻所致，见于因结石、炎性渗出物或血块等导致尿路阻塞或狭窄时。膀胱括约肌痉挛或膀胱（逼尿肌）麻痹时，也可引起尿闭。例如，导致后躯不全瘫痪或完全瘫痪的脊髓腰荐段病变，因影响位于该处的低级排尿中枢或副交感神经功能丧失，逐渐引起尿潴留。这种现象常见于马、骡腹痛综合征，还见于犬的脊髓损伤。从这种意义上讲，尿潴留应该是尿闭的一种形式。

尿闭临床上也表现为排尿次数减少或长时间内不排尿。尿闭时因肾脏生成尿液的功能仍存在，尿不断输入膀胱，故膀胱不断充盈，患畜多有“尿意”，且伴发轻度或剧烈腹痛症状；直肠触诊膀胱膨满，有压痛，加压时尿呈细流状或滴沥状排出。尿潴留逐渐发展至膀胱内压超过膀胱内括约肌的收缩力或冲过阻塞的尿路时，尿液也可自行溢出。但完全尿闭因膀胱过于胀大终致破裂，则直肠触诊也感到膀胱空虚。

尿闭临床上出现少尿或无尿，这种少尿或无尿是由肾后性因素所引起的，因而应该属于肾后性少尿或无尿。

4）排尿困难和疼痛　某些泌尿系统疾病可使动物排尿时感到非常不适，甚至呈现腹痛样症状和排尿困难，称为痛尿。患畜表现弓腰或背腰下沉、呻吟、努责，后肢踏地回顾或蹴踢腹部，阴茎下垂，并常引起排尿次数增加，频频试图排尿而无尿排出，或呈细流状或滴沥状排出（疼性尿淋漓），也常引起排粪困难而使粪停滞。见于膀胱炎、膀胱结石、膀胱过度膨满、尿道炎、尿道阻塞、阴道炎、前列腺炎、包皮疾病、肾盂肾炎、肾梗死或炎性产物阻塞肾盏。

尿道阻塞时，呻吟、努责常发生在排尿动作之前或伴发于排尿过程中，而且如果尿液不能顺利通过此阻塞部位时，则呈痛性尿淋漓。尿道炎时，呻吟和坠胀常于尿液排出之后立即出现，并逐渐消失，直至下次排尿时再发生。

对于老龄、体衰、胆怯动物，母畜发情期也呈现尿淋漓，但无疼痛表现；马属动物腹痛综合征也常引起患畜努责和采取排尿姿势，但这些情况都无泌尿系统疾病的其他症状和尿液变化，故可区别。

5）尿失禁　动物未采取一定的准备动作和排尿姿势，而尿液不自主地经常自行流出，称为尿失禁。通常由于脊髓疾病而致交感神经调节功能丧失时膀胱内括约肌麻痹所引起，如脊髓腰荐段全横径损伤。腰部以上脊髓损伤，以及腰荐部的低级排尿中枢与大脑皮质失去联系，某些脑病、昏迷、中毒等高级中枢不能控制低级中枢时，患畜也不自主地排尿。尿失禁时两后肢、会阴部和尾部常被尿液污染、浸湿，久之则发生湿疹，直肠触诊膀胱空虚。

三、尿液的感观检查

临床上，尿液的检查对某些疾病，特别是对泌尿系统疾病的诊断具有重要意义，对某些其他系统病如肝疾病、代谢病等也有很大的参考价值。有关尿样本的实验室检验可参阅第十章，此处仅就尿的感观检查内容加以叙述。

1. 尿量　动物的尿量与肾脏的泌尿功能、食物中的含水量、动物的饮水量及机体从其他途径（如粪便、呼吸、皮肤等）所排出水分的多少有密切关系。24h 健康马排尿 3～6L，最多达 10L；牛 6～12L，最多达 25L；绵羊和山羊 0.5～2L；猪 2～5L；犬 0.25～1L。

尿量变化包括增多和减少。

尿量增多有生理性和病理性增多。前者多是由于摄入的水分过多，如饮水过多等；后者常见于糖尿病、尿崩症及慢性肾炎等。

尿量减少也分生理性和病理性减少。前者多是由于摄入水分过少及其他途径排出水分过多；后者多见于休克、脱水、急慢性肾衰竭、尿毒症、心功能不全、肝硬化腹水等。

2. 尿色　健康动物的尿色因畜种、饲料、饮水、出汗和使役条件等不同而不同，新鲜尿液均呈深浅不一的黄色，如马尿为较深黄色，黄牛尿为淡黄色，水牛和猪尿呈水样外观；陈旧尿液则色泽变深。

尿的黄色是因尿中含有尿黄素和尿胆原。其黄色深浅则因此等成分的浓度高低而不同。尿黄素的排出一般是稳定的，其在尿中的浓度则主要因尿液多少而定；尿量增加时，尿黄素被稀释而尿色变淡；尿量减少则色即变深。

尿中含有多量的胆色素时，尿呈棕黄色、黄绿色，振荡后产生黄色泡沫，见于各种类型的黄疸。

红尿是尿变红色、红棕色甚至黑棕色的泛称，并非指某一种尿，它可能是血尿，也可能是血红蛋白尿、肌红蛋白尿、卟啉尿或药尿等。见第十九章第九节。

3. 透明度　健康动物的尿液一般是清亮透明的。但马属动物在正常情况下因尿液中含有大量悬浮在黏蛋白中的碳酸钙和不溶性磷酸盐，故刚刚排出的尿呈混浊状，尤其是终末尿更为明显。尿液暴露于空气中后，因酸式碳酸钙释放出二氧化碳后变成难溶的碳酸钙，致使尿液混浊度增加；如静置，在尿表面形成一层碳酸钙的闪光薄膜而底层出现黄色沉淀，而正常反刍动物的新鲜透明尿液在放置不久后也会因磷酸盐沉淀而变混浊。

尿液的混浊度可分为透明、微混、混浊、明显混浊和乳靡状等 5 种程度。马属动物尿液的混浊度增加或其他动物尿液混浊时，可能是含有炎性细胞、血细胞、上皮细胞、管型、坏死组织碎片、细菌或混入大量黏液等，多见于肾、肾盂、输尿管、膀胱、尿道或生殖器官疾病。也可能是含有各种有机或无机盐类，多见于泌尿系统或全身性疾病过程中。

另外，如果马属动物的尿液变透明、色淡、清亮如水时，除因饲喂精料过多或过劳外，也是病理现象，多见于纤维性骨营养不良、慢性胃肠卡他等；而其他动物的尿液如果过于透明，常为多尿的结果。

4. 黏稠度　各种动物的尿液在正常情况下均为稀薄水样，但马属动物尿液中因含有肾、肾盂和输尿管内腺体分泌的黏蛋白而带黏性，有时黏稠如糖浆样，可拉成丝缕。当动物的肾、膀胱或尿道有炎症时，尿液中因混有大量的炎性产物，如大量黏液、细胞成分或血源性蛋白，从而使尿液的黏稠度增高，严重的甚至呈胶冻样。对于马属动物，当各种原因引起的多尿或尿液呈酸性反应时，尿液的黏稠度会降低。

5. 气味　不同动物新排出的尿液，因含有挥发性有机酸而各具有一定气味。尤其在某些动物，如公山羊、公猫和公猪的尿液具有难闻的臊臭味。一般尿液越浓，气味越烈。病理情况下，尿的气味可有不同程度的改变。例如，膀胱炎、长久尿潴留由于尿素分解形成氨，使尿具有刺鼻的氨臭。当膀胱或尿道有溃疡、坏死、化脓或组织崩解时，由于蛋白质分解，尿带腐败臭味。尿中存在某些内源性物质或某些药物、食物成分时，可使尿有特殊气味。例如，羊妊娠毒血症、牛酮病或消化系统某些疾病，由于尿含酮体而发生一种果香味；樟脑、乙醚、酚类等各使尿有该药物特有的气味。

（黄克和）

第二节　肾脏及输尿管检查

一、肾 脏 检 查

1. 肾脏的位置　肾脏是一对实质性器官，位于脊柱两侧腰下区，包于肾脂肪囊内，右肾一般比左肾稍在前方。

(1) 犬的肾脏：犬的肾脏较大，蚕豆外形，表面光滑。左肾位于第 2～4 腰椎横突的下面；右肾位于第 1～3 腰椎横突的下面。右肾因胃的饱满程度不同，其位置也常随之改变。

(2) 牛的肾脏：具有分叶结构。左肾位于第 3～5 腰椎横突的下面，不紧靠腰下部，略垂于腹腔中，当瘤胃充满时，可完全移向右侧。右肾呈长椭圆形，位于第 12 肋间及第 2～3 腰椎横突的下面。

(3) 羊的肾脏：表面光滑，不分叶。左肾位于第 1～3 腰椎横突的下面，右肾位于第 4～6 腰椎横突下。

(4) 马的肾脏:左肾呈蚕豆形,位于最后胸椎及第1～3腰椎横突的下面;右肾呈圆角等边三角形,位于最后2～3胸椎及第1腰椎横突的下面。

(5) 猪的肾脏:左、右两肾几乎处于相对位置,均位于第1～4腰椎横突的下面。

(6) 禽的肾脏:两个肾脏都较大,占体重的1%～2.6%,嵌入在腰荐椎两侧横突之间,使肾脏背面形成相当深的压迹,其间有气囊作为缓冲带,将肾脏与椎骨横突隔开。肾脏分为前、中、后三叶,有时还分出一侧叶。

2. 肾脏的检查方法　动物的肾脏一般虽可用触诊和叩诊等方法进行检查,但因其位置和动物种属关系,有一定局限性。小动物可行外部触诊,大动物可通过直肠进行触诊,体格较小的大动物可触得左肾的全部和右肾的后半部。诊断肾脏疾病最可靠的方法还是尿液的实验室检验。在临床一般检查中,如发现排尿异常、排尿困难及尿液的性状发生改变时,应详细询问病史,重视泌尿器官,特别是肾脏的检查。

(1) 视诊:患某些肾脏疾病(如急性肾炎、化脓性肾炎等)时,由于肾脏的敏感性增高,肾区疼痛明显,患病动物常表现出腰背僵硬、拱起,运步小心,后肢向前移动迟缓。牛有时腰肾区呈膨隆状;马间或呈现轻度肾性腹痛;猪患肾虫病时,拱背、后躯摇摆。此外,应特别注意肾性水肿,通常多发生于眼睑、腹下、阴囊及四肢下部。

(2) 触诊:触诊为检查肾脏的重要方法。小动物只能行外部触诊;大动物可行外部触诊、叩诊和直肠触诊。外部触诊或叩诊时,应注意观察有无压痛反应,肾脏的敏感增高,则可能表现出不安、拱背、摇尾和躲避压迫等反应。直肠触诊应注意检查肾脏的大小、形状、硬度、有无压痛、活动性、表面是否光滑等。

在病理情况下,肾脏的压痛可见于急性肾炎、肾脏及其周围组织发生化脓性感染、肾脓肿等,在急性期压痛更为明显。

直肠触诊如感到肾脏肿胀、增大、压之敏感,并有波动感,提示肾盂肾炎、肾盂积水、化脓性肾炎等。肾脏质地坚硬、体积增大、表面粗糙不平,可提示肾硬变、肾肿瘤、肾结核、肾石及肾盂结石。肾脏肿瘤时,触诊常呈菜花状。肾萎缩时,其体积显著缩小,多提示为先天性肾发育不全或萎缩性肾盂肾炎及慢性间质性肾炎。

二、输尿管检查

健康动物的输尿管很细,经直肠难于触及。在肾盂积水时,可能发现一侧或两侧肾脏增大,呈现波动,有时还可发现输尿管扩张。输尿管严重发炎时,由肾脏至膀胱的径路上可感到输尿管增粗如手指、紧张而有压痛的索状物。对于严重的输尿管结石的病例,当直肠触诊时,可发现停留于输尿管中的豌豆大至蚕豆大、坚硬的结石,同时病畜呈疼痛反应。据称在输尿管积液时,直肠内触诊可能产生捻裂音样感觉。

(黄克和)

第三节　膀胱及尿道检查

一、膀 胱 检 查

膀胱为贮尿器官,上接输尿管,下和尿道相连。因此,膀胱疾病除膀胱本身原发外,还可继发于肾脏、尿道及前列腺炎等疾病。

对于小动物,可将示指伸入直肠对膀胱进行触诊,或在腹部盆腔入口前缘施行外部触诊。

检查膀胱时，应注意其位置、大小、充满度、膀胱壁的厚度及有无压痛等。

大动物的膀胱位于盆腔的底部。膀胱空虚时触之柔软，大如梨状；中度充满时，轮廓明显，其壁紧张，且有波动；高度充满时，可占据整个盆腔，甚至垂入腹腔，手伸入直肠即可触知。对于牛、马大动物的膀胱检查，只能行直肠触诊。

在病理情况下，膀胱疾患所引起的临床症状表现有尿频、尿痛、膀胱压痛、排尿困难、尿潴留和膀胱膨胀等。直肠触诊时，膀胱可能增大、空虚、有压痛，其中也可能含有结石块、瘤体物或血凝块等。

膀胱增大的原因多继发于尿道结石、膀胱括约肌痉挛、膀胱麻痹、前列腺肥大、膀胱肿瘤及尿道的瘢痕和狭窄等，有时也可由于直肠便秘压迫而引起，此时触诊膀胱高度膨胀。当膀胱麻痹时，在膀胱壁上施加压力，可有尿液被动地流出，随着压力停止，排尿也立即停止。

膀胱空虚除肾源性无尿外，临床上常见于膀胱破裂。膀胱破裂多为外伤引起，或为膀胱壁坏死性炎症（如溃疡性破溃）所致。种种原因引起的尿潴留而使膀胱过度充满时，由于内压增高，受到直接或间接暴力的作用也可破裂。膀胱破裂多发生于牛、羊、驹和猪，也见于犬，此时患畜长期停止排尿，腹部逐渐增大，下腹部向下、向外膨大，腹腔积尿，直肠检查时，膀胱完全空虚，呈现浮动感，腹腔穿刺时，可排出大量淡黄、微混浊、有尿臭气味的液体，或为浊红色混浊的液体；镜检此液体中有血细胞和膀胱上皮。严重病例，在膀胱破裂之前，有明显的腹痛症状，有时持续而剧烈，破裂后因尿液流入腹腔往往引起腹膜炎和尿毒症，有时皮肤可散发尿臭味。

膀胱压痛，见于急性膀胱炎、尿潴留或膀胱结石等。当膀胱结石时，在膀胱过度充满的情况下触诊，可触摸到坚硬如石的硬块物或沉积于膀胱底部的砂石状尿石。

肉食动物的膀胱，位于耻骨联合前方的腹腔底部；当膀胱充满时，可能达到脐部，检查时可由腹壁外进行触诊，感觉如球形而有弹性的光滑物体。

在膀胱的检查中，较好的方法是膀胱镜检查，借此可以直接观察到膀胱黏膜的状态及膀胱内部的病变，也可根据窥察输尿管口的情况，判定血尿或脓尿的来源。此外，小动物也可用X线造影术进行检查。

二、尿道检查

对尿道可通过外部触诊、直肠内触诊和导尿管探诊进行检查。

母畜的尿道，开口于阴道前庭的下壁，特别是母牛的尿道，宽而短，检查最为方便。检查时可将手指伸入阴道，在其下壁可触摸到尿道外口。此外，可用金属制、橡皮制或塑料制导尿管进行探诊。

公畜的尿道，因解剖位置的不同，位于骨盆腔内的部分，连同贮精囊和前列腺可由直肠内触诊；位于骨盆及会阴以外的部分，可行外部触诊。雄性反刍动物和公猪的尿道，因有S弯曲，用导尿管探诊较为困难，但公马的尿道探诊则较为方便。

尿道的病理状态最常见的是尿道炎，尿道结石，尿道损伤，尿道狭窄，尿道被脓块、血块或渗出物阻塞，有时尚可见到尿道坏死。母畜很少发生尿道结石和狭窄，却多发生尿道外口和尿道的炎症性变化。

尿道炎有急性和慢性。急性者表现为尿频和尿痛，同时尿道外口肿胀，且常有黏液或脓性分泌物，并可能出现血尿乃至脓尿；慢性者多无明显症状，仅有少量黏性分泌物。

尿道结石多见于公犬、公牛、公羊和公猪等，结石部位牛多邻近于S状弯曲之上的部位，也有的在坐骨弓的下方；绵羊多在尿道突的范围内被阻塞；猪多在龟头的尖端。触诊时感到膨大、坚硬，压触时疼痛明显。母畜尤其是母犬也会发生尿道结石。有的病例中，在结石上施以重压时，患病动物表现剧痛，后躯发抖，停止触压，发抖现象也随之消失。此外，牛和猪尿道结石时，在其阴鞘周围的阴毛上有时可触摸到砂粒样硬固物；阴毛上有白色黏液或被黏成块者多为尿道炎的征象。

尿道狭窄多因尿道损伤而形成瘢痕所致，也可能是不完全结石阻塞的结果。临床表现为排尿困难、尿流变细或呈滴沥状，严重狭窄可引起慢性尿潴留。应用导尿管探诊，如遇有梗阻，即可确定。

小动物的尿道也可用 X 线造影术进行检查。

三、导 尿 术

导尿术主要用于当膀胱充满而又不能排尿时，导出尿液；必要时可通过导尿术用消毒药进行膀胱冲洗以做治疗；还可用于采集尿液以供实验室检验。通常应用与动物尿道内径相适应的橡皮或塑料导尿管，对母畜也可用特制的金属导尿管。

1. 公畜的导尿　动物保定确实并固定后肢，术者蹲在其右侧，将右手伸入包皮内，抓住龟头，把阴茎拉出一定长度，用温水洗去污垢物，以无刺激消毒液（2%硼酸水或 0.1%新洁尔灭液等）擦洗尿道外口后，将已消毒并涂以润滑油的公畜导尿管（橡胶或塑料制品，不同动物其大小、硬度不一）缓慢插入尿道内。对于公马，当导尿管插至坐骨切迹处，可见马尾轻轻上举，此时如导尿管不能顺利插入时，可由助手在坐骨切迹处加以压迫，导管即可转向骨盆腔，再向前推进 10cm 左右，便进入膀胱，如膀胱内有尿，即可见尿液流出。公犬的阴茎相对容易接近，插入导尿管比较容易。公猫需要应用直径较细（0.5～1.0mm）且比较硬的塑料或金属导尿管。公牛或公猪的尿道因有 S 状弯曲，插入导尿管较为困难。

2. 母畜的导尿　检马六柱栏内站立保定，用消毒液（0.1%高锰酸钾液）洗净外阴部。术者手臂消毒，以一手伸入阴道内摸到尿道外口，用另一手持母马导尿管沿尿道外口徐徐插入至膀胱内。必要时可使用阴道开张器，打开阴道，便于找到尿道外口。母牛、母犬导管插入方法基本上与母马相同。

（黄克和）

第七章 生殖系统检查

第一节 雄性生殖器官检查

雄性生殖器官包括阴囊、睾丸、精索、附睾、阴茎和一些副性腺体(前列腺、贮精囊腺和尿道球腺)。临床检查中凡是有外生殖器官局部肿胀,排尿障碍、尿血,尿道口有异常分泌物、疼痛等症状时,均应怀疑为生殖器官发病的可能。检查公畜外生殖器官时应注意包皮及包皮囊、阴茎和睾丸的大小及形状,尿道口的炎症、肿胀、分泌物等。

一、包皮及包皮囊检查

雄性动物包皮的皮肤中有很多皮脂腺和包皮腺,其分泌物和脱落的上皮细胞构成包皮垢,具有臭味;牛的包皮腔长 25～40cm,猪的包皮腔前端背侧有一圆孔,向上和包皮盲囊相通,囊中常聚有多量分泌物。

公羊和公猪最易发生包皮炎。公猪的包皮发炎,出现不同程度的肿胀、包皮松弛并积有尿液;触诊包皮时有捏粉样感觉,有痛感,挤压包皮排出有明显腥臭味的浆液性或脓性尿液;严重时在其包皮的前端部形成充满包皮垢和浊尿的球形肿胀,同时包皮口周围的阴毛被尿污染,包皮脂和脓秽物黏着在一起,致使排尿发生障碍。公牛多发生包皮红肿,阴囊肿胀。

公犬包皮及包皮囊炎主要表现为包皮肿胀、捏粉样感觉,包皮口污秽不洁、流出脓样腥臭的液体(要与公犬流精加以区别);翻开包皮囊可见红肿、溃疡病变,龟头也有炎症。

二、阴 茎 检 查

牛、羊、猪的阴茎属于纤维型组织,较细,海绵体不发达,有 S 状弯曲,前端变粗部为龟头部。公畜阴茎损伤、阴茎麻痹、龟头局部肿胀较为多见。公畜阴茎易发生损伤,受伤后局部发炎、肿胀或溃烂,出现排尿障碍、受伤部位疼痛和尿潴留等症状,严重者可发生阴茎、阴囊、腹下水肿,造成局部组织感染、化脓和坏死。如用导尿管探查则不能插入膀胱内,或仅导出少量血样液体,提示有尿道损伤。龟头肿胀时,局部红肿、发亮,有的发生糜烂,甚至坏死,有多量渗出液外溢,尿道可流出脓性分泌物。

公犬在不正确的配种后可能出现阴茎垂脱。

三、睾丸和阴囊检查

阴囊内有睾丸、附睾、精索和输精管。正常睾丸形状应有明显的颈部,附睾尾的轮廓清晰,正常阴囊皮肤较身体其他部分薄而柔软,一般被毛稀疏。

检查时应注意睾丸的大小、形状、温度及疼痛等。公畜的睾丸炎多与附睾炎同时发生,在急性期睾丸明显肿大、疼痛,阴囊肿大,触诊时局部压痛明显、增温,患畜后肢多呈外展姿势,出现运步障碍。如发热不退或睾丸肿胀和疼痛不减时,应考虑有睾丸化脓性炎症的可能。此时全身症状明显,阴囊逐渐增大,皮肤紧张发亮,阴囊及阴鞘水肿,且可出现渐进性软化病灶,以致破溃。必要时可行睾丸穿刺以助诊断。猪患布氏杆菌病时,睾丸肿大明显。

由于阴囊低垂，组织疏松，易发生阴囊及阴鞘水肿，临床表现为阴囊呈椭圆形肿大，表面光滑，膨胀，有囊性感，局部无压痛，压之留有指痕。如积液明显，可行阴囊阴鞘穿刺，一般积液为黄色透明液体，如为血性液体可提示由外伤及阴囊水肿引起，严重时水肿可蔓延到腹下或股内侧，有时甚至引起排尿障碍。多见于阴囊局部炎症，去势后阴囊积血、渗出、浸润及感染、阴囊脓肿，精索硬肿，阴鞘和阴茎的损伤、肿瘤等。发生阴囊疝时可见阴囊显著增大，有明显的腹痛症状，触诊阴囊有软坠感，同时阴囊皮肤温度降低，有冰凉感。阴囊疝常见于仔猪、仔犬。如发现阴囊肿大，要鉴别阴囊疝和鞘膜积液，应将患畜横卧保定再行检查。除嵌顿性阴囊疝外，阴囊肿物可还纳，而鞘膜积液和脓肿则无改变。

四、犬前列腺检查

犬前列腺位于膀胱后上方，前列腺下壁贴于耻骨上，开口于输精管。犬前列腺疾病（canine prostatic disease）是临床常见的公犬泌尿生殖道疾病，包括前列腺增生、鳞状化生、前列腺炎、前列腺脓肿、前列腺周围囊肿和前列腺癌，尤以前列腺肿胀和囊肿最为常见。

临床上对前列腺检查常用视诊和触诊方法，但较好的方法是超声或 X 线检查，也可以采取细胞学检查。

视诊时，前列腺肿大的犬只在临床上常表现为里急后重、努责，大、小便困难，肛门红肿；后肢下蹬，两后肢拘谨，坐立不愿行走；频繁的排便动作但无便或仅有少许黏液状稀便；尿道口有脓性或血性分泌物；腹痛呻吟；白细胞增多，体温或有升高；常伴有结肠炎、尿道炎、阴囊炎等。

触诊主要是直肠检查。检查时，检指可在骨盆腔前下方正中线上触及前列腺。正常前列腺很小，依动物大小从黄豆大到拇指大不等；手感为前后向梭形，质地柔软，表面光洁。前列腺肿大时，依动物大小和病情轻重而不同，可以占据整个骨盆腔。手感为骨盆腔内触及大而硬的核桃状的团块，表面不整。患严重的前列腺肿胀时，检指进入肠管深部困难。如果犬只较大而前列腺肿胀不是很大，检查时应该将动物直立，一只手从骨盆腔前缘向骨盆内抵压，配合检指进行检查。严重的前列腺肿胀可以通过体表在骨盆腔前缘触及。

各种前列腺异常的诊断要点如下。

(1) 前列腺肥大症：又称前列腺增生。老年犬常见，但一般不表现临床症状，当增生前列腺对直肠和膀胱造成压迫时，可引起便秘和尿淋漓。后腹或直肠检查，可触知前列腺增大、平滑，但无痛感。

(2) 前列腺囊肿：囊肿导致便秘、里急后重、黏液便、尿闭或尿失禁；触诊前列腺肿大，有波动感，但无疼痛。

(3) 前列腺肿瘤：食欲不振、消瘦，后肢跛行，少尿、血尿、脓尿、排尿困难，便秘、里急后重；触诊前列腺肿大、敏感。

(4) 前列腺炎：常发于老龄动物，尤其是犬。表现发热、前列腺疼痛，便秘，里急后重，尿频，血尿；触诊前列腺肿大、敏感。

射精采样的前列腺液可直接用于涂片或离心后涂片染色，进行显微镜检查。对于良性前列腺增生，虽然临床无症状，但腺细胞增多，胞内通常有空泡化，炎性细胞少见。鳞状化生是前列腺上皮因外源性或内源性雌激素过多而发生的细胞形态学变化。腺上皮由正常的立方上皮化生为鳞状上皮，功能丧失并可引起腺体导管闭锁、分泌物淤滞，容易继发前列腺炎和前列腺脓肿。

前列腺炎或脓肿有较多的炎症细胞，且以嗜中性粒细胞为主。前列腺囊肿为一个或多个液性囊泡，位于前列腺旁并与其相连，几乎没有炎性细胞，由此可与前列腺脓肿相鉴别。前列腺癌的细胞涂片通常显示细胞及其细胞核大小不一，呈圆形或卵圆形，核质比通常很高，核内通常含有多个大小、形态不一的核仁；胞质高度嗜碱性，高度空泡化。患前列腺肿瘤时，还可同时出现慢性的炎症和出血现象，在涂片中可见到红细胞和炎性细胞。

（何高明）

第二节　雌性生殖器官检查

母畜生殖器官包括卵巢、输卵管、子宫、阴道和阴户。阴道检查可借助阴道开张器；卵巢、子宫的检查，马、牛等大动物多使用直肠检查，也可借助B超探查。

一、阴道检查

检查阴道和阴户时可借助阴道开张器（开殖器）扩张阴道，仔细观察阴道黏膜的颜色、湿度、损伤、炎症、肿物及溃疡。同时注意宫颈口的状态及阴道分泌物的变化。健康母畜阴道黏膜呈淡粉红色，光滑而湿润。母畜发情期阴道黏膜和黏液可发生特征性变化，此时，阴唇充血肿胀，阴道黏膜充血。子宫颈及子宫分泌的黏液流入阴道。黏液多呈无色、灰白色或淡黄色、透明，其量不等，有时经阴门流出，常吊在下会阴阴唇皮肤上或黏着在尾根部的毛上，变为薄痂。母犬发情后在阴道口流出血液，之后颜色逐渐由红色变为粉红色，最后为淡黄色，全过程持续9～12d。

阴道炎较为常见。反刍动物特别是牛的阴道炎最易发生且多为产后感染。例如，难产时因助产而致阴道黏膜损伤，继发感染；胎衣不下而腐败时，也常引起阴道炎。母犬在发情期也非常容易感染。患病动物表现拱背、努责、尾根翘起、时作排尿状，阴门中流出浆液性或黏液、脓性污秽液；犬可流出带血的脓性液体，甚至附着在阴门、尾根部变为干痂。阴道检查时，阴道黏膜敏感性增高，疼痛、充血、出血、肿胀、干燥，有时可发生创伤、溃疡或糜烂。

二、子宫检查

家畜的子宫包括子宫角、子宫体、子宫颈三部分，子宫角的前端与输卵管相连，两个子宫角向后汇合为子宫体。牛的子宫角弯曲如绵羊角状，位于骨盆腔内，两子宫角之间的纵隔上面有一纵沟，称为角间沟，直肠检查可清晰地摸着；子宫颈发达，壁硬，子宫颈阴道部粗大，深入阴道2～3cm。牛子宫颈黏膜上的黏液腺特别发达，发情时分泌很多黏液。犬、猫的两个子宫角沿两侧腹壁向前延伸，卵巢和输卵管与韧带合为一体并与肾包膜相连接。

子宫常发的病有子宫损伤、子宫破裂、子宫黏膜炎症、子宫脱出等。

分娩助产粗暴易引发子宫损伤；直肠检查发现生殖器官某部发育不全，子宫角特别细小，应怀疑为幼稚病。

子宫不完全破裂时可见产后有少量血水从阴门流出，若子宫破裂发生在分娩时，则努责及阵缩突然停止，宫缩无力，母畜变安静，有时阴道内流出血液；如果子宫破口很小且位于前部，胎儿已排出，且感染不严重，产后因子宫体积迅速缩小，使裂口边缘吻合，能够自行愈合，但易引起子宫粘连。

子宫角尖端通过子宫颈进入阴道内时引发子宫内翻或脱出，手伸入产道，可发现柔软、圆形的瘤样物。这种现象若发生于犬、猫，称作子宫疝或子宫套叠；但仅仅在阴道口出现的外翻，仍然称作子宫脱或阴道脱。直肠检查(犬、猫可采取腹壁触诊)时可发现肿大的子宫角似肠套叠,子宫阔韧带紧张。患病动物阴门可以看到突入阴道内的内翻子宫角。子宫角内翻时间稍长,可能发生坏死及败血性子宫炎,有污红色、带臭味的液体从阴道排出,全身症状明显。子宫内翻后,母畜持续努责时即发展为子宫脱出。当阴道和子宫脱出时,可见阴门外有脱垂物体,在母牛产后胎衣不下时,阴门外常吊挂部分胎衣。

产后子宫发生炎症是最常见的疾病,直肠检查子宫角比正常产后期大,子宫壁厚,子宫收缩反应减弱,有异常分泌物排出。

母畜子宫扭转时,除明显的腹痛症状外,阴道检查可提供很重要的诊断依据。阴道黏膜充血呈紫红色,阴道壁紧张,其特点是越向前越变狭窄,而且在其前端呈较大的明显的螺旋状皱褶,皱褶的方向标志着子宫扭转的方向。

犬的子宫脓肿是常见疾病,临床上表现为形体消瘦、腹围扩大、腹部下坠、低热或微热、食欲减退,发生期饮欲增加;阴部流出(开放期)或不流出(闭锁期)液体。

三、卵巢及输卵管检查

家畜的卵巢都是左右各一,牛的卵巢为扁椭圆形,位置通常在子宫角尖端的外侧,耻骨前缘附近,经产母牛子宫角因胎次增多而逐渐垂入腹腔,卵巢也随之前移至耻骨前缘的前下方,即进入腹腔。羊的卵巢位置与牛的相同。猪卵巢的形状、体积及位置因年龄及胎次不同而有很大变化。断乳仔猪的卵巢为长圆形的小扁豆状,色红。表面上出现很多小的卵泡,呈桑葚状。初情期开始后,根据发情周期中的时期不同,卵巢上有大小不等的卵泡、红体或黄体,突出于表面。犬、猫卵巢细小,位于子宫韧带上,被一个脂肪囊包裹,发情期也不会很大,临床上较难触及。

病理情况下可以出现卵巢功能减退和萎缩、卵巢囊肿等病。

当卵巢功能减退、组织萎缩时,卵巢处于静止状态,动物发情周期延长或者长期不发情,直肠检查卵巢中既无卵泡又无黄体,有时只可在一侧卵巢上感觉到有一个很小的黄体遗迹。卵巢往往变硬,体积显著缩小,卵泡萎缩及交替发育都需要进行多次直肠检查,并结合外部的发情表现才能确诊。

牛的卵巢囊肿分为卵泡囊肿和黄体囊肿。卵泡囊肿表现为慕雄狂或乏情,慕雄狂母牛一般表现无规律的、长时间或连续性的发情症状,乏情的牛则长时间不出现发情征象,有些患卵泡囊肿的牛是先表现慕雄狂的症状,而后转为乏情;荐坐韧带松弛,同时生殖器官常常水肿且无张力,阴唇松弛、肿胀;阴门流出的黏液数量增加,黏液呈灰色。直肠检查在卵巢上可感觉到有囊肿状结构,囊肿常位于卵巢的边缘,壁厚,如果囊肿壁极厚,且有波动感,则很可能为黄体囊肿,这种牛多数表现为乏情;如囊肿卵巢为圆形、表面光滑,有充满液体、突出于卵巢表面的结构,多为卵泡囊肿。卵泡囊肿的壁薄且容易破裂,黄体囊肿壁很厚。仔细触诊有时可以将卵泡囊肿与黄体囊肿区别开来。动物黄体囊肿时乏情。

卵巢肿瘤也较常见,临床上主要是颗粒细胞性肿瘤。肿瘤时,腹围扩大,两侧对称或不对称,腹内硬肿,大的肿瘤可以占据这个腹腔的大部分。

输卵管常发疾病主要有输卵管炎、输卵管积液和输卵管伞囊肿。过度肥胖的动物由于输卵管内膜上多有脂肪组织,影响动物的受精。

四、乳房检查

乳房检查对乳腺疾病的诊断具有很重要的意义。在动物一般临床检查中，尤其是泌乳母畜，除注意全身状态外，还应重点检查乳房。检查方法主要用视诊、触诊，并注意乳汁的性状。

1. 视诊 视诊注意乳房大小、形状，乳房和乳头的皮肤颜色，有无发红、外伤、隆起、结节及脓疱等。牛、绵羊和山羊乳房皮肤上出现疹疱、脓疱及结节多为痘疹、口蹄疫等症状。乳腺炎时乳房红肿；乳腺癌时可见乳房肿大、变形。

2. 触诊 触诊可确定乳房皮肤的厚薄、温度、软硬度及乳房淋巴结的状态，有无脓肿及其硬结部位的大小和疼痛程度。检查乳房温度时，应将手贴于相对称的部位进行比较。检查乳房皮肤厚薄和软硬时，应将皮肤捏成皱襞或由轻到重施压感觉之。触诊乳房实质及硬结病灶时，须在挤奶后进行。注意肿胀部位的大小、硬度、压痛及局部温度，有无波动或囊性感。

患乳房炎时，炎症部位肿胀、发硬，皮肤呈紫红色，有热痛反应，有时乳房淋巴结肿大，挤奶不畅。炎症可发生于整个乳房，有时仅限于乳腺的一叶，因此，检查应遍及整个乳房，如脓性乳房炎发生表在脓肿时，可在乳房表面出现丘状突起。乳牛发生乳房结核时，乳房淋巴结显著肿大，形成硬结，触诊常无热痛。当乳汁感观检查时，除隐性型病例外，多数乳房炎患畜乳汁性状都有变化。检查时，可将各乳区的乳汁分别挤入手心或盛于器皿内进行观察，注意乳汁的颜色、稠度和性状。如乳汁浓稠内含絮状物或纤维蛋白性凝块，或脓汁、带血，多为乳房炎的重要指征，必要时进行乳汁的化学分析和显微镜检查。

乳腺肿瘤在猫多发。老年动物可以在乳腺管内产生结石。

（何高明）

第八章 神经系统及运动功能检查

神经系统在机体的生命活动中起着主导作用，它调节机体与外界环境的平衡，保护机体内部各器官相互联系与协调，使机体成为统一的整体。神经系统主要包括大脑、小脑、脑干、脊髓和周围神经等。神经系统检查包括对脑神经、运动神经、感觉神经、自主神经及神经反射各个方面的检查。临床上一般的神经系统检查要求准确性较高，主要通过神经系统功能状态出现的异常改变，以分析、判断其病理过程和病变的部位，必要时可用脑脊髓穿刺液的实验室检查、X线检查、检眼镜检查、脑电图描记、肌电图描记等诊断方法。神经系统支配着动物体的运动功能。除神经外，构成动物运动功能的还有骨骼、关节和肌肉。

第一节 颅和脊柱检查

由于脑和脊髓位于颅腔和脊柱椎管中，不可能对其直接进行检查，所以只有利用对头颅和脊柱检查结果以推断脑、脊髓可能发生的变化。对于头颅和脊柱检查，可利用视诊、触诊，对头颅部还可运用叩诊。

一、颅腔检查

虽然动物种属繁多，头颅（skull）外观差距较大，但其头部外形应对称，大小和形状符合品种特点，如角距、耳距、眼距适度且两侧对称；七窍明显、开阔，大小适中；颜面宽广，无隆起、塌陷或缺损。幼龄动物颅顶骨不完全愈合属于正常，有些动物颅顶骨可以终生不愈合，如吉娃娃和小鹿犬等。

头部运动与颈部密切相关。正常时，头部抬高、降低、侧转灵活，头部的耳孔和鼻孔通畅，眼、耳、嘴活动自如。

对于头颅的检查，应注意大小、外形变化和运动时的异常。头颅的大小异常或畸形可成为一些疾病的典型体征。头颅视、触诊时应注意其形态和大小的改变，温度和硬度等。头颅部局限性隆突，可由局部外伤及脑和颅壁的肿瘤所致，也可见于副鼻窦蓄脓。头颅部异常增大，多见于先天性脑室积水，如吉娃娃和小鹿犬的“水脑症”等。头颅部骨骼变形，多因骨质疏松、软化、肥厚所致，常提示某些骨质代谢疾病，如骨软症、佝偻病、纤维性骨炎等。个别动物在早期会出现矢状缝和其他颅缝骨化，而骨化过早会影响颅脑的发育。头颅部局部增温，除因局部外伤、炎症所致外，常提示有热射病、脑充血、脑膜和脑的炎症，如猪的乙型脑炎、马传染性脑脊髓炎、牛的结核性脑膜炎和恶性卡他热等。头颅部压疼，见于局部外伤、炎症、肿瘤及多头蚴病。头盖部变软，提示为多头蚴病或颅壁肿瘤。某些副鼻窦炎或积脓可使窦壁增温疼痛、隆突变形或软化，不可误认为是神经系统疾病。

小动物头颅部可用指叩诊，大动物可用叩诊锤的背部直接叩击，叩诊力量依动物种类及头盖骨厚薄而不同。出现头颅部浊音可见于脑积水、脑肿瘤或多头蚴病。当骨质变薄时（如骨软症），则叩击时抵触感明显降低。

头部的运动异常不一定是中枢神经系统障碍引起的。如发现头部活动受到限制，见于颈椎疾病；头部不随意地颤动，见于震颤麻痹，如破伤风、犬瘟热、牛的流行热等；与颈动脉波动一致的点头运动，见于严重的主动脉瓣关闭不全。有时因为颈部肌内注射消毒不严格而引起的颈部感染、肿胀，也可使头部的活动受到限制，临床检查时应注意区别。

二、脊柱检查

脊柱包括颈椎、胸椎、腰椎、荐椎和尾椎5部分，由一系列椎骨借软骨、关节和韧带连接而成。根据动物种类不同，脊柱各部位具有不同的椎数。脊柱内中空部分称作椎管，脊髓位于其中。脊柱具有保护脊髓、支持头部和体重、悬吊和保护内脏等作用。

正常脊柱位于体正中背侧，呈一定的曲线。脊柱有一定的活动，但各部位的活动范围明显不同。尾椎活动范围最大，其次是颈段和腰段，胸段的活动度极小，荐椎几乎不活动。一般情况下，尾椎可上下左右运动，可旋转且幅度大，轻快有力；颈段可以前下屈、后上伸、左右侧弯、旋转等，禽类和颈部较长的动物还可以打弯扭转；腰段在臀部固定的条件下可屈伸、侧弯和旋转；荐部挺直。

脊柱临床检查的主要方法是视诊和触诊。视诊观察脊柱弯曲度，触诊感觉脊柱的形态和敏感性，大动物的敏感性检查可采用直接叩诊。脊柱变形是临床上比较重要的症状，最好采用影像学方法检查。

1. 脊柱病理性上弯、下弯或侧弯

(1) 支配脊柱上下或左右的肌肉不协调。最常见于脑膜炎、脊髓炎、破伤风等。上方肌肉挛缩造成角弓反张，侧方肌肉挛缩出现斜颈，动物因此而表现为强迫后退、圆圈运动或卧地不起。动物前庭神经麻痹(如鸡新城疫或B族维生素和维生素E缺乏症)时，头颈向患侧后仰、侧扭，甚至造成身体翻转。

(2) 骨质异常而变形。常见于骨软症、氟中毒等骨质代谢障碍疾病等。

(3) 外力性损伤。见于脊柱外伤、椎骨骨质剧烈疼痛性疾病等。脊柱局部肿胀、疼痛，常为外伤的结果，如有骨折，则可出现哗啵音(外部触诊或直肠检查时)。

(4) 肢蹄不对称性损伤。如单侧骨盆骨骨折、单侧肢蹄损伤等而使得动物对侧单肢负重，表现为脊柱病理性弯曲。陈旧性单肢损伤会导致脊柱永久性变形，出现活动受限。

2. 脊柱活动受限 脊柱活动受限见于软组织损伤、韧带劳损、骨质增生和骨质破坏等。骨质破坏，见于脊椎结核或肿瘤；脊椎骨折或脱位，多发生于外伤，检查时应注意问清病史，观察有无局部肿胀或变形，但应避免做脊柱运动，以免损伤脊髓；椎间盘突出主要发生于腰椎，腰段各个方向的运动均受限制。

3. 脊柱各部位病变的临床特征

(1) 颈、胸部：颈部僵硬、敏感、活动不自如，多提示颈部风湿或破伤风，也可见于颈部肌内注射消毒不严格而引起颈部感染、肿胀。颈部突然歪斜、弯向一侧，局部肌肉僵直、出汗及运动功能障碍，应怀疑颈椎脱位或骨折，多为机械性暴力所致。

由于胸段脊柱活动性小，其局部症状常不易观察。

颈、胸部脊髓损伤将会出现前位截瘫，甚至出现心动、呼吸、脉搏、血压、体温、感觉、运动、排泄等许多生命体征低下，乃至死亡。

(2) 腰、荐、尾部：健康动物的腰、荐部挺立，尾力强健。腰部拱起或凹陷，触诊椎骨变形，多见于外伤、骨软症、佝偻病和慢性氟中毒等。

触诊腰、荐部敏感，表现为鸣叫、回视、躲闪、反抗，多为脊柱损伤、脊髓或脊髓膜炎。用强力触压正常动物的腰、荐部时，动物腰部表现为随按压灵活下沉；如反应不灵活或无反应，常提示为腰部风湿、骨软症或脊柱横断性损伤。

触诊腰椎横突柔软变形及末端部位的尾椎骨质被吸收，表示矿物质代谢紊乱。

后腰损伤时，动物表现为后肢无力，行走飘浮，坐立不愿行走，单侧或双侧后肢可同时也可先后出现瘫痪，尾低垂，大、小便无力。前腰损伤时，动物表现为后肢瘫痪，不能坐立，常以腹部着地，大小便困难或失禁，尾力消失。

尾部挺起，常提示为破伤风。触诊尾椎柔软，关节呈捻珠样肿胀并有疼痛，是缺钙或脱钙的结果。

（王　凯）

第二节　脑神经及特殊感觉检查

脑神经(cranial nerve)沿脑干分布于特定位置上，共有12对，主要支配头、面部。其中有单纯感觉神经，如嗅神经、视神经和听神经；有单纯运动神经，如动眼神经、滑车神经、展神经、副神经和舌下神经；还有混合神经，即兼有运动和感觉纤维的三叉神经、面神经、舌咽神经和迷走神经。脑神经检查对神经系统疾病的定位诊断极有意义。检查脑神经应按先后顺序进行，以免重复和遗漏。一些脑神经与动物的特殊感觉密切相关，如嗅神经与嗅觉、听神经与听觉、视神经与视觉等。

一、嗅神经检查

嗅神经(olfactory nerve)即第Ⅰ对脑神经。嗅神经感觉嗅觉，其感受器在鼻黏膜上，嗅中枢位于大脑的颞叶。动物中以犬、猫的嗅觉最灵敏，临床检查上也最重要。尤其是警犬和猎犬常因嗅觉障碍失去其使用价值。

嗅觉的检查可通过观察动物寻找食物的能力，或遮蔽眼睛后用常喂的有气味的饲料接近，注意动物的反应。当嗅神经发生疾病引起嗅觉迟钝甚至嗅觉缺失时，动物不能够寻找食物，或对熟悉的食物未作出反应。嗅神经病变通常与脑的病变同时发生，见于脑膜炎、颅内肿瘤或囊肿、马传染性脑脊髓炎、流行性感冒和犬瘟热等。临床上注意与鼻黏膜疾病相区别，两者症状相似。

二、视神经检查

视神经(optic nerve)即第Ⅱ对脑神经，是视觉和瞳孔对光反射的感觉路径，其感受器在视网膜上，视觉中枢位于大脑的枕叶。视器官、视神经和视中枢发生障碍均可造成视觉异常。

1. 视觉检查方法

(1) 威胁性试验(menace test)：检查者用一只手在动物一侧眼睛的前方向此侧眼睛作出缓慢左右摆动姿势，注意避免引起强烈的空气流动或触到毛部，健康动物迅速闭合眼睑或眨眼，并躲避头部，若动物无反应，则为视觉障碍。

(2) 障碍试验(hinder test)：在动物常出入的棚圈、厩舍等处将大门关半扇门，让动物自由出入，若动物碰撞大门，则为视力障碍。也可以观察动物在行进时遇到障碍物(如墙壁、大坑、栅栏等)的表现，若不知躲避，则为视觉障碍。

(3) 视觉放置试验(visual placing test)：将小动物抱起，让动物面朝桌面，健康动物在其腕部尚未触及桌子前，即先伸出爪部置于桌面，若无此动作，则为视觉障碍。

(4) 瞳孔光反射试验(pupil reflection test)：在较暗的环境内，用手电筒光从侧方迅速照射瞳孔，观察瞳孔反应。对于健康动物，在强光照射时，瞳孔迅速缩小，对侧瞳孔由于同感作用也收缩，除去强光，随即复原。

(5) 眼底检查(ophthalmoscopy)：将动物置于安静的暗室内，自然站立或横卧保定。检查人员接近动物，左手执缰，右手持检眼镜。动物在暗室内瞳孔自然放大(若白天检查需用1%硫酸阿托品溶液进行散瞳)，检查者便可用检眼镜进行眼底检查。观察视神经乳头是否充血、水肿、萎缩，边缘是否模糊。

2. 视觉检查内容　视觉检查包括巩膜、角膜、眼球、瞳孔和视力的检查。

1) 眼结膜、巩膜　见第二章第四节。

2) 角膜　角膜混浊，见于角膜炎、周期性眼炎等。

3) 眼球　眼球突出，见于突眼性甲状腺肿、剧烈腹痛和严重的呼吸困难；眼球凹陷，见于脱水、营养性衰竭、慢性消耗性疾病；眼球位置不正(斜视)，是一侧眼肌麻痹、一侧眼肌过度牵引，由支配眼肌运动的神经核或神经纤维功能受害所致；眼球震颤，眼球发生一系列有节奏的快速的往返运动，以水平方向常见，表明动眼神经核、滑车神经核、外展神经核或前庭神经核的功能受损，常见于脑膜脑炎、癫痫等。

4) 视力　视力异常分为视力减弱和视力增强。

(1) 动物视力减弱，甚至完全消失：除因某些眼病所致外，也可由视神经异常引起。后者眼球本身并无明显的病变，但瞳孔反射减弱或消失，是由于视网膜、视神经或脑的功能减弱或丧失所致，称为黑矇，见于山道年、野萱草根等中毒。一侧视神经障碍时，同侧视力受到影响；视神经交叉后至脑之间损伤时，两侧视力均受影响，见于视神经受损或伴有昏迷、昏睡症状的疾病。

(2) 动物视力增强：表现为羞明，除发生于结膜炎、角膜炎等眼科疾病外，罕见于颅内压升高、脑膜炎、日射病和热射病、牛恶性卡他热、牛瘟等。

5) 瞳孔对光的反应

(1) 瞳孔扩大：对光仍具有反应，见于动物高度兴奋、恐怖、剧烈疼痛性疾病及应用阿托品等药物时；瞳孔扩大，对光无反应，是动眼神经麻痹所致，见于马传染性脑脊髓炎、脑肿瘤、阿托品中毒、砷化物中毒；两侧瞳孔扩大，对光无反应，用手压迫或刺激眼球，眼球固定不动，表示中脑受侵害。

(2) 瞳孔缩小：对光反应迟钝或消失，是动眼神经兴奋所致，见于脑膜脑炎、慢性脑室积水、脑出血、槟榔碱中毒、有机磷中毒等。

6) 视乳头　观察视神经乳头的形状、大小、色泽，边缘是否清晰整齐，有无隆起。病理情况下可见视乳头水肿、视神经萎缩等症状。

(1) 视乳头水肿：为颅内压增高使眼静脉回流受阻及视神经受到挤压而引起的。视乳头充血、变红，边缘模糊，隆起。视乳头水肿多见于颅内占位性病变，如肿瘤、脓肿、血肿及炎症等。

(2) 视乳头苍白：提示视神经萎缩，伴视力减退或消失，瞳孔散大，对光反射减弱或消失。原发性者视乳头边缘清楚，若为一侧性，多为视神经直接受压所致；继发性者视乳头边缘模糊，多由视乳头水肿或视神经炎所致。视乳头苍白见于视神经慢性炎症、视神经直接受到挤压、视神经滋养血管闭塞等。维生素A缺乏症、棉籽饼粕中毒等，也可引起视乳头苍白。

三、动眼神经、滑车神经和展神经检查

动眼神经(oculomotor nerve)即第Ⅲ对脑神经，支配提上睑肌、上直肌、下直肌、内直肌、下斜肌，动眼神经还含有从瞳孔光反射中心到睫状神经节的副交感传出神经纤维，这些纤维支配瞳孔的收缩肌。滑车神经(trochlear nerve)即第Ⅳ对脑神经，支配眼球的上斜肌。展神经(abduct nerve，原称外展神经)即第Ⅵ对脑神经，支配眼球的外直肌。这三对脑神经共同支配眼外肌的运动，合称眼球运动神经。因三者解剖位置邻近，故病因刺激多同时累及，临床上常一并检查。

1) *外形* 观察上眼睑是否下垂，有否腹外侧斜视，眼球有无突出或下陷。

2) *眼球运动* 检查时可观察眼球的运动，开张眼睑引起角膜反应，观察眼球退缩和第三眼睑的脱垂情况。

3) *瞳孔* 观察瞳孔的位置、形状、大小，边缘是否整齐，双侧是否对称。正常瞳孔双侧等大，正圆形，居中，边缘整齐。对光反射检查瞳孔缩小。注意瞳孔对光反射的反应是灵敏，还是迟钝、消失。正常情况下，瞳孔的直接和间接对光反射均灵敏。

动眼神经麻痹可见于眼眶疾病、小脑蒂赫尔尼亚、脑水肿、中脑受压等疾病，临床表现为病侧瞳孔散大，瞳孔对光反应丧失，但视力正常，侧下方斜视，眼球运动丧失(侧方运动除外)，上眼睑下垂；新生犊牛、产后瘫痪及高度兴奋时，尽管动眼神经功能正常，但瞳孔对光反应迟钝；维生素 A 缺乏(视神经变性)导致的失明，威胁性试验和瞳孔对光反射均消失。

滑车神经麻痹常见于牛脑灰质软化症，主要表现为眼球向外侧运动和眼球位置异常(外上固定)。

展神经损伤见于眼眶脓肿、创伤及脑干肿瘤，表现为眼球退缩障碍而前突，眼球外方运动丧失，眼球内侧斜视。

四、三叉神经和面神经检查

三叉神经(trigeminal nerve)即第Ⅴ对脑神经，为混合神经，其感觉纤维(眼支、上颌支、下颌支)分布在颜面部皮肤、眼结膜及鼻、口腔黏膜上；运动纤维(下颌支)支配咀嚼肌、颞肌及翼内、外肌，支配咀嚼肌运动和头面部(鼻腔、牙、眼、皮肤等)的一般感觉。面神经(facial nerve)即第Ⅶ对脑神经，支配面部表情肌的运动，泪腺、下颌下腺和舌下腺的分泌，以及管理味觉。

检查运动功能时，主要是以观察咀嚼动作及开口阻力，咀嚼音的强弱判定，触摸咀嚼肌有无萎缩和弹性下降。

检查感觉功能时，做眼睑反射，通过刺激内、外侧眼角，观察动物是否眨眼；做角膜反射，观察动物是否眨眼和眼球退缩；刺激唇部是否躲避；轻轻刺激耳部，看其是否移动；对于疼痛感觉迟钝的动物，必须用针刺鼻腔黏膜，可见躲避反应；观察鼻部是否向一侧歪斜(单侧面神经损伤)。

一侧三叉神经运动支受损，表现为该侧颞肌萎缩，咀嚼无力，张口下颌偏向患侧；双侧三叉运动神经损伤导致额部下垂。三叉神经下颌支受刺激时则表现为咬肌痉挛，或下颌强直收缩而致张口困难。感觉神经麻痹时，病侧感觉功能丧失，角膜和眼睑反射减弱。两侧运动神经麻痹时，咀嚼障碍，不能吃粗硬饲料，只能喂以流食，下颌下垂，舌露于口外，不能主动闭合口腔。运动神经麻痹时间长可见咀嚼肌萎缩。

一侧性面神经麻痹时,病侧耳及上眼睑下垂,鼻孔狭窄,上、下唇松弛,并歪向健侧;两侧性面神经麻痹时,两侧耳及上眼睑下垂,眼裂缩小,鼻孔塌陷,唇下垂,流涎、采食障碍,以切齿摄食,咀嚼缓慢无力,颊腔蓄积食团,饮水困难,唇沉没于水中直到口角部。牛由于上下唇肌丰厚,因而上唇歪斜、下唇下垂不明显,但反刍时病侧口角流涎吐草。猪鼻镜歪斜,鼻孔大小不等。

五、听神经检查

听神经(auditory nerve)即第Ⅷ对脑神经,包括前庭神经和耳蜗神经。耳蜗神经的功能是感受听觉;前庭神经的作用是保持正常姿势、平衡和肌肉张力。耳与听神经共同司掌动物的听觉。动物的听觉不像人那样容易检查,可通过吆喝声,观察其反应。

听力检查时,先将动物眼睛遮盖并避免其他声音的干扰,检查者通过从不同距离敲击水桶,拍双手或捻动手指,饲养人员呼唤等方法发出声音,观察动物对声音的反应,也可在熟睡动物耳边弄出很大响声来观察。健康动物听到声音后,其头向声音发出方向回顾,同时外耳也做运动,以获得外界的声音。

前庭功能检查时,首先观察动物的姿势、步态、眼球运动,如头部是否倾斜,是否易失去平衡、摔倒、左右摇摆、转圈等。

(1) 听觉迟钝或完全缺失(聋):对一定频率范围内的声波听力减少或丧失。除因耳病所致外,也见于延脑或大脑皮质颞叶受损伤时。患耳病时,内耳疾患对强大的声音障碍明显;外耳疾患对低弱的声音障碍明显。

(2) 听觉过敏:听觉过敏则动物听到声音后表现惊恐、不安、肌肉痉挛性收缩,可见于脑和脑膜疾病、破伤风、神经型反刍兽酮病等。

(3) 前庭疾病的基本临床特征包括共济失调、眼球震颤,头斜向病侧,朝向病侧的圆圈运动。前庭神经的一侧麻痹能引起动物的头部倾斜,动物(尤其小动物)沿躯体的纵轴旋转,并向病变侧跌倒,动物一般都不能做直线运动,见于中耳-内耳炎、特发性前庭综合征骨瘤、神经纤维瘤、脑膜瘤和纤维肉瘤等。

六、舌咽神经和迷走神经检查

舌咽神经(glossopharygeal nerve)即第Ⅸ对脑神经,分为咽支和舌支,咽支分布于咽和软腭,舌支分布于舌根。迷走神经(vagus nerve)即第Ⅹ对脑神经,分布于咽和喉的运动神经含有迷走神经纤维。两者是控制咽、喉和内脏感觉及运动的神经,在解剖和功能上关系密切,常同时受损。

检查时可向动物主人了解并观察有无吞咽困难、饮水呛咳或反流;观察喉的狭窄杂声,人工诱咳不敏感等。

舌咽或迷走神经麻痹,见于咽炎、延髓麻痹、狂犬病、肉毒梭菌毒素中毒、山黎豆中毒及慢性铅中毒等疾病经过中。

七、副神经检查

副神经(accessory nerve)即第Ⅺ对脑神经,其背支分布于臂头肌和斜方肌,腹支分布于胸头肌,支配咽喉肌、胸头肌和斜方肌等肌肉运动。

检查时可触摸受神经支配的肌肉及进行人为抬举头部试验。

颈、脊髓或延髓后部损伤可导致胸头肌萎缩。由于臂头肌、斜方肌和胸头肌弛缓无力，患病动物对人为抬举头部缺乏抵抗。

八、舌下神经检查

舌下神经(hypoglossal nerve)即第Ⅻ对脑神经，其运动纤维分布于舌体，是支配舌肌和舌骨肌的运动神经。

检查舌下神经，可观察动物舔食和舔水时舌的运动控制情况，或将舌体拉出口角观察其回缩情况。也可摩擦鼻子，观察动物有无舔鼻动作。

一侧舌下神经麻痹，将导致舌偏向正常一侧或萎缩；两侧麻痹则舌体松软，脱出于口外，不能回缩，采食、饮水障碍。临床上见于下颌间隙深部创伤，周围组织的脓肿、血肿及肿瘤的压迫，粗暴牵拉舌体等。

（莫　内）

第三节　运动功能检查

运动功能可分为随意运动和不随意运动两种。随意运动是指由意识支配的动作，故又称自主运动，主要靠锥体束的功能，由横纹肌的收缩来完成。不随意运动是不受意识控制的不自主运动，故又称不自主运动，主要靠锥体外系和小脑系的功能。四肢的主动运动是在神经的调节和骨骼的支撑下由肌肉、肌腱带动关节来完成的，其中任何一个环节损害，均会引起运动功能的障碍。

一、四肢骨骼与关节检查

（一）四肢骨骼与关节的一般检查

四肢骨骼与关节的一般检查常以视诊和触诊为主，两者互相配合，注意观察软组织的状态、肢蹄位置、活动度等有无异常。

1）四肢弯曲、变形　长骨变形、关节增生肿大，出现“X”形腿或“O”形腿，有时也会出现一侧或两侧的腿站立不直，多见于佝偻病；四肢关节粗大，可见于成年动物的骨软症及氟骨症。

2）关节的肿胀　关节的肿胀多提示关节炎，此际常伴有热、痛反应；幼龄动物（马驹）的关节炎，提示链球菌病、副伤寒或脓毒败血症。

3）肢蹄弥漫性肿胀　肢蹄弥漫性肿胀可见于蜂窝织炎等，伴有热、痛反应，多可查明局部外伤或感染门户；长期经过后，可形成所谓象皮腿，触诊硬感而热、痛反应不明显。四肢下部浮肿，特别是后肢的病变，是全身浮肿的常见部位，多是由于慢性心脏衰弱而引起的。神经炎也可导致肢蹄疼痛、肿胀。

4）四肢皮肤溃疡　除局部病变外，如果发生连串的结节并有溃疡，应注意于全身性的传染病，如马的皮鼻疽及流行性淋巴管炎等。此时应该配合流行病学情况调查及特殊的辅助检查结果进行综合判定。猪、牛等蹄趾部的疱疹、破溃，乃至角质脱落，可提示口蹄疫或传染性水泡病；羊的蹄部溃疡并有恶臭味，是腐蹄病的特征。

（二）肢蹄运动功能检查

1）神经、肌组织的损害　其表现为各种不同程度的随意运动障碍，如屈腿、抬腿、外展、后踢等动作的失常。检查方法主要是视诊观察自然状态下四肢伸、屈、抬、踢等动作是否有力、协调。

2）关节的损害　关节病损可以造成主动和被动运动的障碍。检查动物主动运动和人为被动运动情况时，主要观察各肢蹄的关节运动及协调，以及肩关节、肘关节、腕关节、髋关节、膝关节、趾关节等。

当以上各关节不能达到其各自的活动幅度时，称为关节运动受限，见于相应部位的骨折、脱位、关节破坏或发育不良、肌腱及软组织损伤等。肢蹄局部形态改变的同时均伴有不同形式和不同程度的运动功能障碍。

3）跛行　肢蹄的运动功能障碍主要表现为跛行。跛行不是独立的疾病，只是一个临床症状。临床上动物表现的跛行症状常为肢蹄部疾病（如疼痛、乏力、畸形或肌肉骨骼系统结构和功能的异常）的重要启示。了解跛行的种类、特点和程度，在肢蹄各部疾病的诊断中具有重要意义。

确定跛行的种类，大致可推断肢蹄患病的部位及其性质，见第十九章第十七节。

（三）肢蹄各部位检查要点

肢蹄各部位及关节的检查，是在全面的问诊、视诊基础上进行的。关节如有肿胀及热痛，影响运动，为关节炎症所致。关节腔有液体积聚时，称关节腔积液。关节腔积液时关节周围明显肿胀，触诊时有浮动感，其检查方法为：用一手的拇指和其余手指分别固定在肿胀的关节上方两侧，另一手拇指和其余手指分别固定在肿胀关节的下方两侧，目的是使关节腔内液体不会由于向周围流动而影响浮力，然后用一手按压。

1）蹄部　蹄部检查主要注意蹄温和指（趾）的动脉亢进。检查时，一手抵前臂部或反肢的胫部作支点，另一手逐渐下摸直至蹄部，检查者呈弯腰姿势，严禁下蹲，并尽可能靠近动物，以手背感知蹄的前壁、侧壁及蹄踵的温度。

对于指（趾）动脉搏动检查，前肢在系关节（球节）直上屈腱两侧；后肢在跖部外侧上 1/3 的下端，屈腱和骨之间。如发现异常，应和对侧进行比较。

触诊蹄部温度增高，特别是靠近蹄冠部更为显著（40～41℃），趾（指）动脉搏亢进（100～120 次/min），呼吸次数加快（50～60 次/min），可提示为急性或亚急性蹄叶炎，主要见于马属动物。

牛、猪蹄趾部的疹疮、角质脱落、腐败和崩坏，并带有恶臭气味，可疑为口蹄疫或传染性水泡病，马属动物多为蹄叉腐烂病等。

近年在养猪生产中因饲料中生物素的缺乏而出现母猪蹄裂、出血、疼痛发生跛行的现象。

犬、猫指甲易损伤软组织，指甲易破损脱落，爪间常出现皮炎、溃烂等现象，指、趾关节和对应的骨骼易骨折、破坏，临床检查时应多加注意。

2）系部及系关节　系部检查多用滑擦和压诊法，主要注意有无肿胀、湿疹、皮炎，腱鞘憩室有无积液及骨折等。

系关节（球节）是动物伫立或运步间负重最大的部位，特别是近籽骨、韧带较多的地方。因此，多为四肢病的常发关节。检查时要注意关节的正常轮廓有无改变，有无异常的伸展与屈曲及关节囊憩室有无突出等变化。

3）掌部　主要是用触诊方法检查掌骨和曲腱，注意有无疼痛和骨瘤。

4）腕关节　腕关节触诊应注意其表在温度，有无肿胀（要区别其性质和硬度）、疼痛；正常腕关节屈曲时，屈腱可接触前臂部，反之，屈曲程度变小(不全)并有痛感，这是慢性或畸形性关节炎的特征。

5）臂部及肘关节　臂部检查，主要注意对臂三头、二头肌进行滑擦、压迫，以感知局部温度、紧张度及疼痛反应。

臂部肌肉僵硬(特别是三头肌)呈石板样，初期压迫极度敏感，是该部风湿病的表现；当继发感染，出现剧烈疼痛、肿胀时，则是化脓性肌炎的特征，并易于蔓延至前臂部。

患肘关节炎症时，表现为肿胀、热痛、关节轮廓(尤其是尺骨和桡骨的结合部)不清。关节侧韧带扭伤时，以指压迫关节凹陷，踏动运动疼痛剧烈。

6）肩胛部和肩关节　主要用触、压诊方法检查。按冈上肌和冈下肌肌纤维走向进行抚摸和压迫三角肌、肩胛冈、肩胛前角和后角、肩胛软骨及肩胛骨，以感知局部温度、湿度、有无损伤及其敏感性等变化。

肩关节触诊时注意关节的轮廓、肿胀、变形等异常状态。强行使其内收、外展、伸展、屈曲时，如表现疼痛，说明其反方向组织有疼痛过程。但必须注意，当实施踏动运动时，应先证明肘关节以下部位应无疼痛病灶，否则易于误诊。

7）跗关节　跗关节解剖结构比较复杂，更是临床上易于发生四肢疾病的部位。

跗关节触诊主要注意局部温度、肿胀、疼痛及波动。波动性肿胀在跟部，多为跟端黏液囊炎；关节憩室出现波动性肿胀，则为关节腔积液；在腱的路径上有波动性肿胀，可能为腱鞘炎。

跗关节常发生硬肿，主要是由于韧带、软骨、骨膜等损伤而引起的，特别是在该关节内侧第三跗骨和中央跗骨之间发生的所谓“飞节内肿”。

判定有无飞节内肿的方法是跗关节屈曲试验，即所谓的飞节内肿试验。方法是提举患肢，强行使关节屈曲 3～5min，在放开的瞬时，迫使动物速步行走，当前几步患肢有功能障碍时，即称为飞节内肿阳性。一般患跗关节的骨关节疾患都可呈现飞节内肿阳性。必须指出，本实验结果只有在先确定髋关节和膝关节健康状态时才准确。

8）胫部　主要注意皮肤有无脱毛、肥厚及肿胀，特别是第 3 腓骨肌和腓肠肌有无断裂变化。

胫骨前肌和第 3 腓骨肌断裂时，胫前部不易摸到断端，但可看到跗关节特殊开张和跟腱弛缓。跟腱断裂时，可触知腓肠肌弛缓，并可摸到断端。

9）膝关节　正常膝关节轮廓清楚，触诊可感知浅部的三条直韧带。患急性膝关节炎时，呈一致性肿胀，压之有剧痛。膝关节腔内有波动性肿胀是关节积液的特征。患慢性畸形性膝关节炎时，在膝关节内侧，胫骨的关节端可出现鹅卵大到鸡卵大的硬固性肿胀。

当膝盖骨上方脱位时，提举患肢关节不能屈曲；外方脱位时，屈曲比较容易。触诊膝盖骨也可证明其变位的状态。

10）股部　股部检查主要注意前外侧和内侧的股四头肌、阔筋膜张肌、股薄肌及缝匠肌等，感知其温度、弹性及疼痛反应。同时注意腹股沟淋巴结有无肿胀、睾丸及腹股沟的情况。

11）髋部　髋部检查包括髋骨、髋结节和臀肌。观察和触诊有无肿胀及热、痛反应，必要时可做直肠内部检查。对于大、中型犬，在跛行时应该注意对髋关节的检查。

经过四肢各部检查的结果尚不能得出诊断结论时，可做测诊、外周神经(传导、痛点浸润等)及关节内和腱鞘内神经传导麻醉、X 线检查、热浴检查、斜板试验、化验室等检查。

此外，马属动物发生肌红蛋白尿症时表现为后躯屈曲在地上，反复挣扎，企图起立，两后肢特别是股四头肌和臀部肌肉僵硬如板样。

结核性关节炎也常发生于膝关节。当关节腔积液时，可见关节周围肿胀，触诊有波动感，浮髌试验也可为阳性。但由于结核性病变破坏关节软骨，滑膜肉芽增生，当髌骨与关节面相碰时有一种如触及绒垫样的柔韧感。

在兽医临床上，四肢关节中最容易发生的疾病有关节扭伤、挫伤、创伤、脱位、滑膜炎、关节炎、骨骼损伤等。关节扭伤是指关节在突然受到间接的机械外力作用下，超过了正常的生理活动范围，瞬时间过度伸展、屈曲或扭转而发生的关节损伤，此病是马属动物和犬的常见病，最常发生于系关节和冠关节，其次是跗关节和膝关节；牛的系关节、肩关节和髋关节也容易发生。关节挫伤常由受到打击、冲撞、跌倒、跳越沟崖、滑倒等引起，多发生于肘关节、髋关节和系关节。关节创伤是指由外力因素作用引起的关节囊发生的开放性损伤。关节脱位是关节骨端的正常位置因受到力学的、病理的作用，部分或完全离开关节腔，失去了原来的状态。关节脱位通常是突然发生的，有的为间歇发生，也可继发于某些疾病，常见于髋关节、膝关节和肩关节，偶尔也见于肘关节和指(趾)关节等。

（王　凯）

二、肌肉检查

(一) 肌　力

肌力(myodynamia)为肢体随意运动时肌肉的收缩力。除肌肉的收缩力外，还用动作的幅度与速度来衡量。

先观察动物自主活动时肢体活动的幅度和协调性，触诊肌腱的张力及硬度，再对肢体做踏动运动以感受其抵抗力。需排除因疼痛、关节强直或肌张力过高所致的活动受限。

肌力的减退或丧失，称为瘫痪。根据病变部位的不同，可将其分为中枢性瘫痪和外周性瘫痪。见第十九章第十八节。

(二) 肌　体　积

对于肌体积(muscular size)的检查，首先应注意观察肌肉的外形及体积，触摸肢体、躯干乃至颜面的肌肉有无肌萎缩、肥大，如有则应确定其部位，并应对两侧对称部位进行比较。

肌萎缩分为神经源性肌萎缩和肌源性肌萎缩。前者周围神经或脊髓前角病变，可致下运动神经元性瘫痪，较早出现肌肉萎缩，其萎缩多较严重，伴有肌肉纤颤，多限于某一肌肉或肌群，也称营养性肌萎缩。中枢病变如大脑或脊髓传导束，可致上运动神经元性瘫痪，范围较广，但肌萎缩轻，无肌肉纤颤，又称失用性肌萎缩。后者见于进行性肌营养不良症、多发性肌炎、重症肌无力，多以肢体近端为主，一般无肌肉纤颤，肌肉固有反射减退或消失，可伴有肌肉肥大，但肌力、弹性、腱反射均减弱，称假性肥大。假性肥大多见于进行性肌营养不良症。

(三) 肌　张　力

肌张力(muscular tone)是指静息状态下的肌肉紧张度和被动运动时遇到的阻力，由脊髓的基本反射所维持。检查时除触摸肌肉测试其硬度外，还要测试完全放松的肢体在被动活动时的阻力大小，两侧进行对比。

(1) 肌张力增加：触摸肌肉时有坚实感，做被动检查时阻力增加。可表现为痉挛性(spasticity)的，指在被动运动开始时阻力较大，终末时突感减弱，见于锥体系病变；也可表现为强直性(rigidity)的，指一组拮抗肌群的张力均增加，做被动运动时，伸肌与屈肌的肌力同等增强，见于锥体外系病变。

(2) 肌张力减弱：触诊时肌肉松软，被动运动时肌张力减弱，可表现为关节过伸，见于周围神经、脊髓前角灰质及小脑病变等。

三、不随意运动

不随意运动也称不自主运动，是由随意肌不自主地收缩所发生的一些无目的的异常动作。注意观察其形式、部位、速度、幅度、频率、节律等，常见类型有以下几种。

(1) 痉挛：分为阵发性和强直性两类。前者指单个肌群阵发性、节律性的不随意收缩，肌肉的收缩与松弛交替出现，并且突然发作，迅速停止，见于脑炎、有机磷农药中毒、食盐中毒、生产瘫痪、青草搐搦等。后者为肌肉长时间、均等地持续收缩，伸肌和屈肌都处于高度兴奋状态，且以伸肌收缩明显。出现牙关紧闭、瞬膜外突、角弓反张等症状，见于破伤风、有机磷农药中毒、脑炎、奶牛酮病、低镁血症等。

(2) 震颤：为一种不由自主的、有节律的、交替而不太强的收缩所产生的颤抖现象，由肌肉反复收缩和松弛引起，见于小花棘豆中毒、缺氧、失水等。

(3) 肌纤维颤动：为局限于肌肉的细小、快速地收缩，而不扩及整个肌肉，也不产生运动效应。肌纤维颤动发生在颈部见于奶牛酮病，发生在颜面部见于有机磷农药中毒，发生在左侧肘头内侧见于创伤性网胃-心包炎。

(4) 强迫运动(forced movement)：是指不受意识支配和外界环境影响所出现的不自主运动，常表现为盲目运动(blind movement)和回转运动(gyroscopic movement)。见第二章第一节。

四、共 济 失 调

共济失调(ataxia)是指患病动物的肌力正常，但在运动过程中，各个肌群的动作互相不配合、不协调，使得患病动物的体位、运动方向、顺序、匀称性及着地力量等发生改变。小脑、脊髓、前庭和椎体外系共同参与完成精确、协调运动，一旦以上某一部位出现损伤，就会出现共济失调。共济失调有两种表现，即体位平衡失调和运动性失调。

1. 体位平衡失调(static ataxia，又称静止性失调)　指患病动物在静止站立状态下，不能保持体位平衡，表现为站立不稳，头和体躯发生摇晃或向一边歪斜，患病动物为保持平衡，常四肢叉开或倚墙站立，如果人为地将叉开的四肢收拢，缩小支撑面，则容易跌倒。常提示为小脑、小脑脚、前庭神经或迷路的疾病。

2. 运动性失调(locomotor ataxia)　指患病动物站立时共济失调不明显，而在运动过程中出现共济失调，其步幅、运动强度、方向均发生异常，表现为运动时步态不稳，躯体摇晃，运步时举足过高，过分地伸向前方或侧方，肢脚踏地很重，似涉水状步态。主要是因深部感觉障碍，外周部随意运动的信息向中枢传导受障碍所引起的，常提示大脑皮质、小脑、前庭神经或脊髓受损伤。

运动性失调根据病变部位的不同，又分为以下几种。

(1) 脊髓性失调(spinal cord ataxia，也称感觉性失调)：运步时躯体左右摇晃，但头不歪斜。其主要是由于脊髓背根损伤，肌腱关节的感受器发生的冲动，不能由背根进入脊髓或进一步上行，使肌肉运动失去中枢的精确调节。

(2) 前庭性失调(vestibule ataxia):以平衡障碍为主,表现为站立不稳,头颈屈曲,头向患侧歪斜,常伴有眼球震颤,如果把眼睛用布遮住,则失调更严重,行走时,向患侧倾斜。提示前庭神经或前庭核受到了损伤,见于家畜的低血糖症、维生素B缺乏症、肝脑病、脑部肿瘤、狂犬病、犬瘟热、慢性鸡新城疫、真菌毒素中毒、重金属元素中毒等。

(3) 小脑性失调(cerebellar ataxia):表现为静止与运动时均出现失调,动物随意运动的速度、节律、幅度和力量表现不规则,还伴有肌张力降低,但不伴有眼球震颤,与视力无关,也不因遮眼而加重。其主要由小脑受损害所致,如果是一侧性小脑受损伤,则患侧前后肢失调明显。

(4) 大脑性失调(cerebrum ataxia):大脑的额叶、顶叶、颞叶等部位受损时均可引起共济失调,但症状轻,较少伴发眼球震颤。表现为患病动物虽然能直线行进,但身躯向健侧偏斜,转弯时容易跌倒。

(莫　内)

第四节　感觉功能检查

动物的感觉包括浅感觉、深感觉和特种感觉。特种感觉是指视觉、听觉、嗅觉、味觉等,它们都有各自的感受器和传入神经,产生各自的感觉。当机体的各种感受器受到内外环境的适宜刺激时,便产生神经冲动并沿一定的传导途径到达中枢神经系统,经过多次更换神经元,最后到达大脑皮质的一定区域而产生相应的感觉。动物感觉传导路径是感受器的各种感觉冲动沿第一神经元树突传于其胞体,经由轴突而传至第二神经元(脊髓背角),再上行传至第三神经元(丘脑),最后传递到大脑皮质产生各种感觉。感觉通路的任何部分发生损伤,均可出现各种类型的感觉障碍。感觉功能的检查包括浅感觉、深感觉和特种感觉的检查。

一、浅感觉检查

浅感觉是指皮肤和黏膜感觉,包括痛觉、触觉、温觉和电磁觉等。但在兽医临床上温觉、电磁觉等有一定局限性,故少用,主要检查其痛觉和触觉。由于动物没有语言,其感觉如何只能根据针刺时动物的皮肤颤动、肢体姿势和运动状态加以推断。

(一) 检查方法

检查时,要尽可能先使动物安静,最好有经常饲养、管理、使役或调教的人员在旁。为了避免视觉的干扰,应先将动物的眼睛遮住,然后用针头以不同的力量针刺皮肤,观察动物的反应。一般先由感觉较差的臀部开始,再沿脊柱两侧向前,直至颈侧、头部。对于四肢,从四肢末梢部开始逐渐向近心端做环形针刺,以期证明该部感觉是否异常及范围的大小。检查时注意反复对比。健康动物针刺后,立即出现反应,表现为相应部位被毛颤动,迅速回头、竖耳,身躯晃动,或做踢咬动作。

(二) 常见的病理变化

1. 感觉过敏

1) 临床特征　轻微刺激或抚触即可引起强烈反应,尤其视丘部对痛觉刺激最敏感,故视丘受病理性刺激时,可引起剧烈疼痛(甚至镇痛剂也不能止痛)。

2) 临床意义　神经对感觉刺激的兴奋阈降低,提示脑膜和脊髓膜炎、脊髓背根损伤、视丘损伤或末梢神经发炎、受压等,常见于脑膜炎、脊髓膜炎、牛海绵状脑病、牛和羊夏季青草搐搦、铅中毒、牛的神经型酮病、牛低磷血症、多发性末梢神经炎等。还见于局部皮肤及皮下组织炎症。

2. 感觉性减退及缺失

1）临床特征　对针刺的感觉能力降低或感觉程度减弱；严重者，在意识清醒的情况下，对针刺的感觉能力完全缺失。

2）临床意义　由感觉神经末梢、传导路径或感觉中枢损伤所致。

(1) 局限性感觉减退或缺失，为支配该区域内的末梢感觉神经受侵害的结果，如面神经麻痹。

(2) 体躯两侧对称性的感觉减退或缺失，多为脊髓横断性损伤，如脊髓挫伤、压迫及炎症等。

(3) 半边肢体的感觉减退或缺失，见于延脑或大脑皮质间的传导路径受损伤，多发生于病变部对侧肢体(但因同时伴有意识丧失，故半边感觉障碍很难被发现)。

(4) 发生在身体许多部分的多发性感觉缺失，见于多发性神经炎、马媾疫。患马尾神经炎而发生尾-肛门括约肌麻痹时，则尾与会阴部感觉缺失，此时在感觉正常区和缺乏区之间，隔有一条狭窄的感觉过敏带。

(5) 全身性皮肤感觉减退或缺失，常见于各种不同疾病所引起的精神抑制和昏迷时，表现为对蝇、虻叮咬和针刺的反应减弱，甚至毫无反应。

3. 感觉异常

1）临床特征　不受外界刺激影响而自发产生的异常感觉，如痒感、蚁行感、烧灼感等。但动物不像人类能以语言表达，只能表现出对感觉异常部的舌舔、啃咬、摩擦、搔抓，甚至咬破皮肤而露出肌肉、骨骼仍不止。

2）临床意义　因感觉神经传导路径受到强刺激而发生，见于羊的痒病、狂犬病、伪狂犬病、脊髓炎、多发性神经炎、马尾神经炎、神经型反刍兽酮病等。最典型的为羊因朊病毒引起的痒病及各种动物的狂犬病和伪狂犬病。前者因皮肤奇痒而不断摩擦，以致被毛折断脱落，而羊栏附有很多羊毛，或牧场、羊舍中到处散落折损的羊毛；后者则不断咬啮、搔抓、摩擦局部，而致皮肤破损、渗血，甚至已露出肌肉、骨骼而不停止。毛皮兽自咬症(李氏杆菌病)也表现为自行啃咬皮肤及尾部。

但患皮肤病或许多寄生虫病、真菌病等时也可发生皮肤痒感，应与神经系统疾病相区别。例如，荨麻疹、湿疹、螨病、疸、犬的毛囊虫症、吸血昆虫刺蜇等。马患蛲虫病时，因肛门及其周围痒感，不断将尾根部在周围物体上摩擦，而使被毛断裂、脱落。

二、深感觉检查

深感觉(本体感觉)是指位于皮下深处的肌肉、关节、骨、腱和韧带等的感觉，将关于肢体的位置、状态和运动等情况的冲动传到大脑，产生深部感觉，借以调节身体在空间的位置、方向等。因此，临床上根据动物肢体在空间的位置改变情况，可以检查其本体感觉有无障碍或疼痛反应等。

（一）检查方法

临床检查深感觉时，大多人为地使动物的四肢采取不自然的姿势，使动物的两前肢交叉站立，或将两前肢广为分开，或将前肢向前远放等，以观察动物的反应。对于健康动物，当人为地使其采取不自然的姿势后，便能自动地迅速恢复原来的自然姿势；在深感觉发生障碍时，可在较长的时间内保持人为的姿势而不改变肢体的位置。

（二）常见的病理变化

深感觉障碍多同时伴有意识障碍，提示大脑或脊髓被侵害，如慢性脑室积水、脑炎、脊髓损伤、严重肝脏病（肝昏迷）及中毒等。

三、特种感觉检查

特种感觉乃由特殊的感觉器官所感受，如视觉、听觉、嗅觉、味觉等。某些神经系统疾病，可使感觉器官与中枢神经系统之间的正常联系被破坏，导致相应感觉功能障碍。故通过感觉器官的检查，可以帮助发现神经系统的病理变化。但特种感觉的异常也可因非神经系统的尤以该感觉器官本身疾病所引起，因此应注意加以区别，见本章第二节。

（朱连勤）

第五节　反射功能检查

反射是神经活动的最基本方式。无论起源于机体内部还是外部的刺激，都是由分布于各个组织和器官中的感受器所感受，经由感觉神经将冲动经脊髓背根传至丘脑下部，然后再到大脑皮质；冲动在中枢神经系统经过分析、综合及协调后，再经脊髓腹根沿运动神经传到相应组织和器官的效应器，从而实现活动反应，即冲动通过感受器—传入神经—神经中枢—传出神经—效应器而构成反射弧。这种不随意的反射运动，只有在反射弧的结构和功能保持完整时，才能实现。当反射弧的任何一部分发生异常或高级中枢神经发生疾病时，都可使反射功能发生改变。故通过反射检查，可以帮助判定神经系统损害的部位。

一、通常检查的反射活动及方法

(1) 耳反射。检查者用纸卷或毛束等轻触耳内侧被毛，正常时动物摇耳或转头。反射中枢在延髓和脊髓的第1、2颈椎段。

(2) 鬐甲反射或肩峰反射。轻触鬐甲部被毛，正常时肩部及鬐甲部必出现收缩、抖动，马敏感性强，牛敏感性差。反射中枢在脊髓第7颈椎段和第1～4胸椎段。

(3) 腹壁反射。用针轻刺腹部皮肤，正常时相应部位的腹肌收缩、抖动，即腹壁反射。反射中枢均在脊髓胸椎、腰椎段。

(4) 肛门反射。刺激肛门周围皮肤，正常时肛门括约肌迅速收缩。反射中枢在脊髓荐椎段。

(5) 角膜反射。中枢在延脑，传入神经是眼神经（三叉神经上颌支）的感觉纤维，传出神经为面神经的运动纤维。

(6) 膝反射。检查时使动物侧卧位，让被检侧后肢保持松弛，用叩诊锤背面叩击膝中直韧带。对正常动物叩击时，下肢呈伸展动作。反射中枢在脊髓第4～5腰椎段。

(7) 跟腱反射。检查方法与膝反射检查相同，叩击跟腱，正常时跗关节伸展而球关节屈曲。反射中枢在脊髓荐椎段。

二、反射功能的病理变化

在病理状态下，反射可有减弱、消失或亢进。

1. 反射减弱或反射消失

1）临床特征　反射减弱、消失，动物对刺激反应减弱。

2）临床意义　是因反射弧的路径受损伤所致，常提示其有关传入神经、传出神经、脊髓背根（感觉根）、腹根（运动根），或脑、脊髓的灰白质受损伤。中枢神经兴奋性降低，如意识丧失、麻醉、虚脱等。

2. 反射增强或亢进

1）临床特征　给予轻微的刺激，即表现强烈的反应，甚至肌肉痉挛。

2）临床意义　是由于反射弧或中枢兴奋性增高或刺激过强所致；或因大脑对低级反射弧的抑制作用减弱、消失所引起。常提示其有关脊髓节段背根、腹根或外周神经炎症、受压和脊髓膜炎等。对于破伤风、士的宁中毒、有机磷中毒、狂犬病等，常见全身反射亢进。

当大脑和视丘下部受损伤或脊髓横贯性损伤以致上位运动神经元失去对损伤以下脊髓节段控制时，则与其下段脊髓有关的反射亢进，且活动形式也有所改变。因此，上位运动神经元（锥体束）损伤时，可以出现腱反射增强。

（朱连勤）

第六节　自主神经功能检查

自主神经系统分为副交感神经和交感神经两种。它的中枢存在于大脑、脑干和脊髓中，神经末梢几乎分布于全身各个器官组织。自主神经系统与中枢神经系统密切联系，构成一个统一完整的体系。自主神经控制着不随意运动，调节一些最重要的生命过程，如物质代谢、热的产生和放散、血液循环、呼吸、消化、泌尿、造血功能等，它也保证器官和组织的神经营养，以维持机体内外环境的平衡。自主神经纤维末梢能释放特殊的化学物质，并作为兴奋传递的媒介，这种化学物质称为介质。介质有乙酰胆碱和去甲肾上腺素两种。自主神经节前纤维、副交感神经的节后纤维释放乙酰胆碱，交感神经的节后纤维则释放去甲肾上腺素。自主神经对内脏器官的作用见表 8-1。

表 8-1　自主神经对内脏器官的作用

内脏器官		自主神经功能	
		交感神经紧张	副交感神经紧张
心血管系统	脉搏	脉搏数增多	脉搏数减少
	心脏	心跳加强、加快	抑制心跳
	血压	升高	降低
	冠状动脉	扩张	收缩
	其他动脉	收缩	扩张
呼吸系统	支气管	扩张，黏液分泌减少	收缩，黏液分泌增多
消化系统	胃肠道	蠕动减慢，分泌减少	蠕动加快，分泌增多

续表

内脏器官		自主神经功能	
		交感神经紧张	副交感神经紧张
泌尿生殖系统	膀胱	内括约肌收缩，排空抑制	内括约肌舒张，排空加强
	其他	子宫收缩	阴茎勃起
其他	瞳孔	散大	缩小
	汗腺	泌汗增多	泌汗减少
	肾上腺	髓质分泌增多	髓质分泌减少

病理状态下，交感神经和副交感神经作用的平衡被破坏，会出现各种各样的功能障碍，称为植物神经紊乱症或植物神经失调症，临床上以亢进为主。

（1）交感神经紧张性亢进：交感神经异常兴奋时，表现为心搏动亢进，心音增强，心率加快，外周血管收缩，血压上升，肠蠕动减弱，瞳孔散大，出汗增加（马、牛）和高血糖等症状。

（2）副交感神经紧张性亢进：呈现与前者相拮抗作用的症状，即心动徐缓，外周血管紧张性下降，血压降低，贫血，肠蠕动增强，腺体分泌过多，瞳孔收缩，低血糖等。

（3）交感神经和副交感神经紧张性均亢进：交感神经和副交感神经两者同时紧张性亢进时，动物出现恐怖感，精神抑制，心搏亢进，呼吸加快或呼吸困难，排粪与排尿障碍，子宫痉挛，发情减退等现象。

（朱连勤）

第二篇　兽医临床实验室检查

第九章　血液的一般检查

血液的一般检查常指血常规检查。血液由液体和有形细胞两大部分组成，血常规检验的是血液的细胞部分。血液有红细胞(俗称红血球)、白细胞(俗称白血球)和血小板三种不同功能的细胞。临床上通过观察数量变化及形态，判断疾病，是常用的辅助检查手段之一。家畜血常规常用仪器法进行检测，特定情况下会采用红细胞手动计数法。

第一节　红细胞和血红蛋白

红细胞的主要生理功能是通过其内含的血红蛋白来完成的。各种生理或病理情况可导致红细胞数量的改变，甚至引起红细胞形态学改变。通过红细胞计数和血红蛋白测定，发现其变化而借以诊断有关疾病。

手工红细胞计数原理是用等渗稀释液将血液按一定倍数稀释，充入计数池后显微镜下计数一定体积内红细胞数，换算求出每升血液中红细胞的数量。将枸橼酸钠 1.0g，36%甲醛液 1.0ml，氯化钠 0.6g 加蒸馏水至 100ml 混匀，过滤两次制成红细胞稀释液备用。操作时取中号试管 1 支，加红细胞稀释液 2.0ml，用清洁干燥微量吸管取末梢血 10μl，擦去管外余血后加至红细胞稀释液底部，再轻吸上层清洗吸管 2～3 次立即混匀。用干净微量吸管将红细胞悬液充入计数池，不得有空泡或外溢，充池后静置 2～3min 后计数。高倍镜下依次计数中央大方格内四角和正中共 5 个中方格内的红细胞。对压线细胞按“数上不数下、数左不数右”的原则进行计数。红细胞数/L＝5 个中方格内红细胞数$\times 5\times 10\times 200\times 10^{6}$＝5 个中方格内红细胞数$\times 10^{10}$＝5 个中方格内红细胞数$\div 100\times 10^{12}$。式中：×5 为 5 个中方格换算成 1 个大方格；×10 为 1 个大方格容积为 0.1μl，换算成 1.0μl；血液的实际稀释倍数应为 201 倍，按×200 是便于计算；$\times 10^{6}$由 1μl 换算成 1L。

测定血红蛋白的方法很多，常见的有直比色法、光电比色法、沙利(Sahli)目视比色法(间接比色法)。沙利目视比色法虽然精确度较差，但方法简便快速，其测定原理是血液与盐酸作用后释放出血红蛋白，Hb 被酸化后变为褐色的盐酸高铁血红蛋白，与标准色柱相比便可测出其含量。将测定管和吸管依次用自来水、95%乙醇洗净，干燥备用。向测定管内加入 0.1mol/L 盐酸5～6滴，约加到管下端刻度“2”为止。用吸管取血液 20μl，擦去吸管外血液后轻轻加入测定管底部，并回吸数次以洗出吸管中的血液。轻轻振动比色管，使血液与盐酸充分混合。静置 10min，待血液变成褐色后缓缓滴加蒸馏水，每加 1 滴，用细玻璃棒搅动一次，直到颜色与标准色柱完全相同为止。液柱凹面所指的刻度数，即为每 100ml 血液中血红蛋白的克数，用 g/dl 或 g%表示。

一、红细胞及血红蛋白增多

(1) 相对性增多：由多种原因导致的血浆容量减少，使红细胞相对性增多，多为暂时性，常见于剧烈呕吐、严重腹泻、水摄入减少、利尿、大面积烧伤、大汗、多尿等；也见于犬和猫焦躁不安、兴奋，且通常在 1h 内恢复正常。

(2) 绝对性增多:多由于缺氧而致红细胞代偿增多,红细胞增多的程度与缺氧程度成正比。少数病例是由造血系统疾病所致。

(3) 生理性增多:见于胎儿、新生畜、高原环境等。剧烈的体育运动、体力劳动、情绪激动时红细胞也可一过性增多。

(4) 病理性增多:见于慢性心肺功能不全、犬和猫肾疾病、肾上腺皮质及甲状腺功能亢进、肿瘤、高睾酮血症等。

二、红细胞减少

(1) 生理性减少:见于妊娠中、晚期,因血容量增加而使血液稀释。幼年动物因发育迅速,血容量急剧增加而造血相对不足,红细胞和血红蛋白比成年动物稍低。

(2) 病理性减少:是指血液中红细胞数量绝对减少。见于造血功能障碍、造血原料供应不足、红细胞丢失和破坏过多等原因引起的各种贫血,如犬和猫免疫介导性溶血性贫血(心丝虫病、淋巴瘤及药物诱发的免疫介导性溶血)、虫源性贫血(海因茨小体、巴尔通体、巴贝西虫等)、酶源性贫血(犬丙酮酸激酶缺乏症、犬磷酸果糖激酶缺乏症等)。

(唐兆新)

第二节　红细胞比容和相关参数的应用

红细胞比容(hematocrit,Hct),旧称红细胞压积(packed cell volume,PCV),是指抗凝全血经离心沉淀后,测得下沉的红细胞在全血中所占容积的百分比。根据其值的变化来帮助诊断贫血及其程度或测知血浆容量是否丢失,也可用于红细胞的各项平均值的计算,有助于贫血的形态学分类。

将定量的抗凝血灌注于特制的毛细玻璃管中,定时、定速离心后有形成分和血浆分离,上层呈淡黄色的液体是血浆,中间很薄的一层为灰白色,即白细胞和血小板(或栓细胞),下层为暗红色的红细胞,彼此压紧而不改变细胞的正常形态。根据红细胞柱及全血高度,可计算出红细胞在全血中的容积比值,即红细胞比容(压积)。临床上手工测定 Hct 有两种方法。微量毛细管比容法是用毛细管的一端水平接触血滴,利用虹吸现象使血液进入毛细管的 2/3(约 50 mm)处,用酒精灯熔封或橡皮泥、石蜡封堵其未吸血端,封端向外放入专用的水平式毛细管离心机,以 12 000r/min 的速度离心 5min,然后用刻度尺分别量出红细胞柱和全血柱高度(单位 mm),计算其比值。温氏比容法是用带有长注针头的注射器取抗凝血 2ml,将其插入温氏分血管的底部,缓慢放入,边放边抽出注射针头,使血液精确到 10cm 刻度处。将分血管以 3000r/min 离心 30min,取出分血管,读取红细胞柱的高度,再以同样的转速离心 5min,再读取红细胞柱的高度,如果记录相同,该读数的 1/10 即红细胞比容。

一、红细胞比容

(1) 红细胞比容增多:见于各种原因所致的血液浓缩,如大量呕吐、腹泻、失水、大面积烧伤等。真性红细胞增多症有时红细胞比容可高达 80%左右。

(2) 红细胞比容减少:见于各种贫血。由于贫血类型的不同,红细胞体积大小也有不同,故红细胞比容的改变与红细胞数并不一定成正比,因此,必须将红细胞数、血红蛋白量及红细胞比容三者结合起来,计算红细胞各项平均值才有参考意义。

二、红细胞三种平均值参数计算

对同一标本同时测定红细胞比容、红细胞数和血红蛋白量。通过这三个数据，计算出平均红细胞容积、平均红细胞血红蛋白量和平均红细胞血红蛋白浓度，便于对贫血的形态学进行分类。

(1) 平均红细胞容积(mean corpuscular volume，MCV)，指平均每个红细胞的体积，以 fl(飞升，$1L=10^{15}fl$)为单位表示。

$$平均红细胞容积(fl)=\frac{每升血液中的红细胞比容}{每升血液中的红细胞数}\times10^{15}$$

(2) 平均红细胞血红蛋白量(mean corpuscular hemoglobin，MCH)，指平均每个红细胞内所含血红蛋白的量，以 pg(皮克，$1g=10^{12}pg$)为单位表示。

$$平均红细胞血红蛋白量(pg)=\frac{每升血液中的血红蛋白浓度}{每升血液中的红细胞数}\times10^{12}$$

(3) 平均红细胞血红白浓度(mean corpuscular hemoglobin concentration，MCHC)，指平均每升红细胞中所含血红蛋白浓度(克数)，以 g/L 为单位表示。

$$平均红细胞血红蛋白浓度(g/L)=\frac{每升血液中的血红蛋白浓度(g/L)}{每升血液中的红细胞比容(\%)}$$

根据表 9-1 中的内容，结合临床情况，有助于贫血的形态学分类和选择进一步的检查内容及治疗方案。

表 9-1　贫血的细胞形态学分类

类型	MCV (80～100fl)	MCH (27～34pg)	MCHC (320～360g/L)	临床类型
大细胞贫血	>100	>34	320～360	叶酸和(或)维生素 B_{12}缺乏所引起的巨幼细胞贫血，恶性贫血
正常细胞贫血	80～100	27～34	320～360	再生障碍性贫血，急性失血性贫血，溶血性贫血，骨髓病性贫血
单纯小细胞贫血	<80	<27	320～360	慢性感染，炎症，肝病，尿毒症，恶性肿瘤，中毒
小细胞低色素贫血	<80	<27	<320	缺铁性贫血，铁粒幼细胞性贫血，珠蛋白生成障碍性贫血

(唐兆新)

第三节　白细胞计数和白细胞分类计数

循环血液中的白细胞包括嗜中性粒细胞、嗜酸性粒细胞、嗜碱性粒细胞、淋巴细胞和单核细胞等 5 种。由于外周血中 5 种白细胞各有其生理功能，在不同病理情况下，可引起不同类型的白细胞发生数量或质量的变化，除计算其百分比之外，还需计算各种类型白细胞的绝对值。

白细胞五分类计数是指淋巴细胞、嗜中性粒细胞、嗜酸性粒细胞、嗜碱性粒细胞和单核细胞分别计数并计算各类白细胞的百分比值。白细胞三分类计数是指淋巴细胞、分叶核中性粒细胞和其他粒细胞的分别计数和百分比值计算。其他粒细胞包括单核细胞、原始细胞及幼稚细胞、嗜酸性粒细胞和嗜碱性粒细胞，在不同的三分类机器上常用MID(中间型粒细胞)、ESO(嗜酸性粒细胞)、BAS(嗜碱性粒细胞)或MON(单核细胞)表示，其不代表单一类型的粒细胞，而是其他粒细胞的总和。

白细胞直方图按白细胞体积大小分为三个区，中间细胞区即指体积居中的那一部分白细胞，称为中间型粒细胞(MID)。

一、白细胞计数和白细胞分类计数方法

(1) 白细胞计数(white blood cell count)是测定每升血液中各种白细胞的总数，其方法有光学显微镜计数法和自动血细胞分析仪计数法。

手工法用显微镜和计数板计数。手工计数法的原理是用稀酸(如2%冰醋酸或1%稀盐酸)溶液将血液稀释并破坏红细胞，混匀冲入计数池，在显微镜下计数一定体积内的白细胞数，经换算求得每升血液中白细胞总数。将白细胞稀释液0.38ml加入小试管内，用微量吸管准确吸取20μl血，擦去管尖外部余血后放入稀释液底部，轻轻放出，并吸取上清液洗3次，摇匀；用吸管吸取混匀的细胞悬液冲入已盖片的计算板计数池中间的空隙中，静置2～3min；用低倍镜计数四角四个大方格白细胞数，压线细胞采取数上不数下、数左不数右的原则，保证计数准确，常以$\times 10^9$/L计。

白细胞数/L＝四个大方格白细胞数$\div 4\times 10\times 20\times 10^6$＝四个大方格白细胞数$\times 50\times 10^6$

(2) 白细胞分类计数即血液涂片的显微镜检查法，是血液细胞学检查的基本方法。白细胞分类计数则是将血液制成细胞分布均匀的涂片，用瑞氏染液染色，根据各类细胞的形态特点和颜色差异将白细胞进行分类并计数。通常分类100个白细胞，计算得出各种白细胞所占的百分率。制备厚薄适宜、细胞分布均匀、染色良好的血片是血液学检查最重要的基本技术之一。

(3) 嗜酸性粒细胞计数(eosinophil cell，EC)是用直接计数法求出每升血液中嗜酸性粒细胞的绝对值。计数时用嗜酸性粒细胞稀释液将血液稀释一定倍数，破坏红细胞和部分其他白细胞，将嗜酸性粒细胞染色，在计数室内计数一定体积的嗜酸性粒细胞数，然后换算成每升血液中的嗜酸性粒细胞数。

(4) 网织红细胞计数：网织红细胞(reticulocyte)是尚未完全成熟的红细胞，是晚幼红细胞脱核后到完全成熟之间的过渡型细胞。由于胞质内还残存数量不等的核糖体、核糖核酸等碱性物质，用煌焦油蓝或新亚甲蓝染液进行活体染色时，嗜碱物质凝聚成颗粒，其颗粒又连缀成线，构成浅蓝或深蓝的网织结构，故而得名。

网织红细胞计数有直接计数法和间接计数法两种，常用间接计数法。

网织红细胞的增减，反映了骨髓造血功能的盛衰，其测定对贫血诊断和疗效观察有重要意义。急性大量溶血或失血时，网织红细胞明显增多；缺铁性贫血和巨幼细胞贫血时，网织红细胞正常或轻度增加，但经补充这些物质后便可迅速增加；再生障碍性贫血时，网织红细胞值常低于0.5%。

(5) 血小板计数(PC)，常用直接计数法。尿素能溶解红细胞及白细胞而保留血小板，在血细胞计数室内计数，经换算求得每升血液中的血小板数。

二、白细胞特征

(1) 嗜中性粒细胞：胞体呈圆形，胞质量丰富且染成粉红色，内含大量细小均匀的紫红色

中性颗粒。细胞核染色质粗糙不匀，紧密排列成小块状，呈深紫红色。根据核的形状将其分为杆状核中性(带状)粒细胞和分叶核中性(多节核)粒细胞两种。

凡胞核完全分离或核间以丝状相连者为分叶，否则为杆状核。杆状核中性粒细胞的胞核细长多样，弯曲盘绕，可呈C形、S形、V形或不规则形，为不完全成熟细胞。分叶核中性粒细胞的核分2～5叶或更多叶，以3～4叶为常见，叶间以核丝或核桥相连。分叶的大小、形状和排列各不相同。

(2) 嗜酸性粒细胞：圆形，直径13～15μm，略大于嗜中性粒细胞。胞核常分两叶，似眼镜形，也可见3～4叶者。核染色质粗，呈紫红色。胞质中充满粗大、均匀、整齐、紧密排列的红色嗜酸性颗粒，偶见少许淡蓝色或无色胞质。嗜酸性粒细胞较易破碎，破碎后颗粒多散在胞核附近。

(3) 嗜碱性粒细胞：圆形，直径10～12μm，较其他粒细胞小。胞核常被颗粒遮盖，核染色质粗，着色较浅，分叶常不明显，形态不规则，清楚时可见2～4叶。胞质量较少，常呈淡红或淡紫红色，含少量粗大但大小不均、排列不规则的紫黑色嗜碱性颗粒，常盖于核上。嗜碱性颗粒易溶于水，故染色时易被溶解消失，而呈淡红色空穴状。

(4) 单核细胞：呈不规则的圆或椭圆形，为外周血中最大的细胞，直径15～25μm。细胞核大，呈不规则圆形、肾形、马蹄形，或不规则分叶，有时折叠卷曲；染色质细致疏松如网状，染淡紫红色。胞质量丰富，呈淡蓝、灰蓝色不等，常呈毛玻璃样半透明。胞质内含有大量细小灰尘样紫红色嗜天青颗粒。核凹陷处胞质染色较淡，偶见无颗粒胞质呈伪足样伸出。

(5) 淋巴细胞：按其个体可有大小之分。小淋巴细胞呈圆形，直径6～10μm。胞核圆形，偶见凹陷，染色质粗糙紧密，排列均匀，无空隙，常有隐约成块现象，核周常有染色质浓集，核膜明显，有时可见潜在核仁。胞质量极少，仅在核的一侧出现一线天蓝或深蓝色，有的甚至完全不见。胞质中一般无颗粒存在，偶见几颗大小不等的紫红色嗜天青颗粒。大淋巴细胞体积较大，直径1～15μm，胞核染色质比小淋巴细胞疏松，胞质量丰富，呈透明的淡蓝色，常有少量大小不等的嗜天青颗粒。

外周血常见成熟白细胞形态比较见表9-2。

表9-2 外周血常见成熟白细胞形态比较表

细胞	胞核/胞质	核形	核染质	胞质
嗜中性粒细胞	小	多分2～5叶	粗	颗粒量多、细小、均匀，呈紫红色
嗜酸性粒细胞	小	多分2叶	粗	颗粒粗大、整齐、均匀，呈橘红色，充满胞质
嗜碱性粒细胞	小	分叶不明显	粗	颗粒量少，大小不均，排列不齐，呈紫黑色，常覆盖于核上
淋巴细胞	大	圆形、肾形	粗紧成块	透明蓝色，一般无颗粒，偶可见少数粗大、不均匀、紫红色嗜天青颗粒
单核细胞	中	肾形、马蹄形折叠	疏松网状	半透明灰蓝色，有细小灰尘样，紫红色嗜天青颗粒弥散于胞质中

三、白细胞变化的临床意义

白细胞的变化包括生理性变化和病理性变化。生理性变化如年龄、运动、疼痛、兴奋、妊娠等。不同的病理情况发生不同的变化，出现增高或降低现象，在动物疾病的诊断中具有一定意义。

（一）嗜中性粒细胞

1. 嗜中性粒细胞增多

（1）急性细菌感染和化脓性炎症：最常见于急性化脓菌感染，如化脓性胸膜炎、化脓性腹膜炎、创伤性心包炎、肺脓肿、胃肠炎、子宫炎、乳腺炎等。

（2）严重组织损伤：如严重烧伤、大手术后、溃疡、组织坏死等。

（3）急性大出血：内脏（肝、脾）破裂引起的大出血，大量血细胞破坏，此时白细胞数可迅速增加。

（4）免疫介导性疾病：如犬和猫溶血性贫血、多发性关节炎、系统性红斑狼疮、犬白细胞黏附能力缺乏等。

（5）肿瘤性或持续性白细胞增多：常见于骨髓增生性白血病，其他器官的肿瘤。

（6）急性中毒：内毒素血症、尿毒症、有机磷中毒、酸中毒初期、毒蛇咬伤、汞中毒、铅中毒等。

（7）生理性增多：在应激条件下，肾上腺素释放增加产生一时性嗜中性粒细胞增加，体外使用糖皮质激素也会引起嗜中性粒细胞增加。

2. 嗜中性粒细胞减少

（1）某些传染病：见于某些革兰氏阴性菌感染，如败血病、内毒素血症、急性沙门菌病、吸入性肺炎、腹膜炎、子宫蓄脓、脓胸等；某些病毒感染，如流感、犬细胞病毒病、猫免疫缺陷病毒病、猫白血病病毒病、猫泛白细胞减少症、犬传染性肝炎等。

（2）骨髓疾病：骨髓发育不良、全骨髓萎缩、弥漫性肉芽肿、再生障碍性贫血、缺铁性贫血、犬埃利希体病、骨髓转移癌等。

（3）某些理化损伤：长期接触某些化学药物，如氯霉素、咪唑硫嘌呤、苯丁酸氮芥、二甲磺酸丁酯、环磷酰胺、阿霉素、甲硫咪唑、氯甲苯噻嗪、呋塞米、灰黄霉素、苯巴比妥、保泰松、长春碱、甲氧苄氨嘧啶、磺胺类药等；或X线、放射线、放射性核素等。

（二）嗜酸性粒细胞

1. 嗜酸性粒细胞增多

（1）免疫介导性疾病：过敏性疾病，如荨麻疹、跳蚤过敏、食物过敏、猫哮喘、犬全骨髓炎、嗜酸性粒细胞胃肠炎、猫嗜酸性细胞增多综合征、嗜酸性粒细胞肌炎等；注射血清或疫苗后等。

（2）寄生虫病：如肝片吸虫病、球虫病、圆形线虫病、蛔虫病、心丝虫病等。

（3）某些皮肤病：如曲霉菌、隐球菌等真菌感染，湿疹、疱疹样皮炎等。

（4）某些恶性肿瘤：如纤维肉瘤、骨髓增生性疾病、淋巴瘤、巨大细胞瘤、黏液肉瘤、移行细胞癌等。

2. 嗜酸性粒细胞减少　由于嗜酸性粒细胞在白细胞中所占比例较低，故其减少意义不大，在长期应用肾上腺皮质激素后，由于它抑制组胺合成可间接导致嗜酸性粒细胞减少。

（三）淋巴细胞

1. 淋巴细胞增多

（1）生理性增多：动物在兴奋、运动、应激反应和注射疫苗后出现反应性增多。

（2）某些传染病：见于病毒性疾病，如猪瘟、流行性感冒、急性或慢性淋巴细胞性白血病；

也可见于慢性细菌感染，如结核杆菌、布氏杆菌、血孢子虫病等。

(3) 犬肾上腺功能减退和近期疫苗注射后。

2. 淋巴细胞减少　淋巴细胞减少主要见于淋巴细胞性疾病，如乳糜胸、淋巴管扩张、失蛋白性肠病、败血病；某些病毒感染，如犬瘟热病、冠状病毒、猫免疫缺陷病毒、猫白血病病毒、犬传染性肝炎、细小病毒等。也可见于药物的使用，如咪唑硫嘌呤、苯丁酸氮芥、二甲磺酸丁酯、环磷酰胺、甲硫咪唑、氯甲苯噻嗪、呋塞米、灰黄霉素、苯巴比妥、保泰松、长春碱、甲氧苄氨嘧啶、磺胺类药等。

(四) 单核细胞增多

单核细胞增多主要见于某些感染，如猫免疫缺陷病毒、利什曼病、球孢子菌、焦虫病、锥虫病；某些慢性细菌性疾病，如结核、布氏杆菌病及化脓性和组织坏死性疾病；也可见于肾上腺功能亢进和单核细胞性白血病。

(五) 嗜中性粒细胞的核象变化

外周血中嗜中性粒细胞核象是指粒细胞的成熟程度，而核象变化则反映疾病的病情发展和预后。嗜中性粒细胞的核象变化分为核左移和核右移两种。左、右移的区分线在杆状核与分叶核之间，见图 9-1。

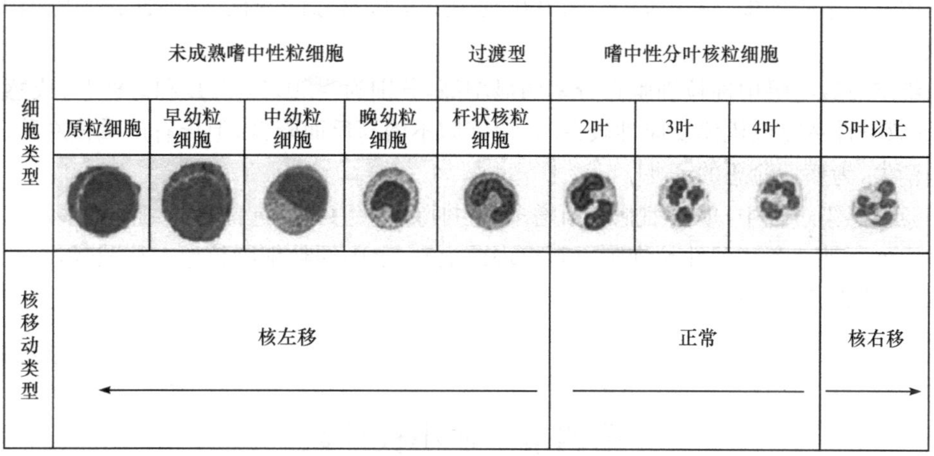

图 9-1　嗜中性粒细胞核象移动示意图

1. 嗜中性粒细胞核左移　外周血中杆状核中性粒细胞增多和杆状核阶段以前的幼稚细胞出现称为核左移。核左移伴有白细胞总数增多者，称为再生性左移，表示机体迫切需要，骨髓能释放大量粒细胞至外周血，常见于急性化脓性感染、急性中毒、急性大出血等。核左移，但白细胞总数不增加或降低者，称为退行性左移或变质性左移，表示骨髓释放功能受抑制，常见于严重感染、机体抵抗力低下时，如伤寒、败血症等。核左移根据其程度可分为以下几种。

(1) 轻度核左移：仅见于杆状核中性粒细胞增多，>6%。

(2) 中度核左移：杆状核中性粒细胞>10%，伴少数晚幼粒、中幼粒细胞。

(3) 重度核左移(类白血病反应)：杆状核中性粒细胞>25%，出现更幼稚的粒细胞并常伴有明显的中毒颗粒、空泡变性、核变性等质的改变。

2. 嗜中性粒细胞核右移　外周血中分叶核中性粒细胞增多，同时分 5 叶核以上的细胞

>3%时(正常时多为3叶核)称为核右移。这是造血功能衰退或造血物质缺乏的表现,核右移常伴有白细胞总数的减少。主要见于营养性巨幼细胞性贫血、恶性贫血和用抗代谢药物(阿糖胞苷)后炎症恢复期出现一过性右移。在疾病进行期,突然出现右移,提示预后不良。白细胞反应的一般模式见表9-3。

表9-3 白细胞反应的一般模式

类型	白细胞	分叶核中性粒细胞	杆状核中性粒细胞	淋巴细胞	单核细胞	嗜酸性粒细胞
急性炎症	增多	增多	增多	减少或无变化	不定	不定
慢性炎症	增多或无变化	增多或无变化	增多或无变化	增多或无变化	增多	不定
重度炎症	减少或无变化	减少或无变化	增多	减少或无变化	不定	不定
兴奋性白细胞增多	增多	犬增多;猫增多或无变化	无变化	犬无变化;猫增多	无变化	无变化
应激性白细胞象	增多	增多	无变化	减少	增多或无变化	减少或无变化

3. 白细胞变化与疾病预后的关系 白细胞的变化能反映机体抵抗力、判断预后,能帮助诊断疾病和观察疗效。

白细胞总数正常或稍高,嗜中性粒细胞略有增多,核象轻度左移,表示感染程度较轻,机体抵抗力强,预后良好。

嗜中性粒细胞增多,>10×10^9/L,并出现中度左移及毒性变化,嗜酸性粒细胞消失,表示病情较重。

白细胞总数与嗜中性粒细胞百分率明显增高,分别为>20×10^9/L和>80%;或感染过于严重,如感染性休克或机体反应性较差时,白细胞不增高反而降低,但伴有严重核左移、嗜酸性粒细胞消失,为病情险恶的征兆。

在急性感染过程中,单核细胞逐渐增多(应排除某些感染引起的单核细胞增多性疾病),表示已进入恢复期。若嗜酸性粒细胞重新出现或上升,嗜中性粒细胞核象左移减轻,毒性变化消失,则表示感染已被清除。

(唐兆新)

第四节 血小板计数

一、血小板增多

血小板增多多为暂时性的,见于急性和慢性出血、骨折、创伤、手术后;也可见于继发性血小板增多,如淋巴瘤、黑素瘤、肥大细胞瘤、腺瘤、胰腺炎、肝炎、炎性肠病、结肠炎等,以及糖皮质激素和抗肿瘤药物治疗后。

二、血小板减少

1. 血小板生成异常 见于免疫性或传染性病因诱发的单纯巨核细胞再生不良,药物、传染性或中毒性因素诱导的骨髓泛细胞性再生不良,传染性因素包括埃利希体病、猫白血病病毒病、猫免疫缺陷病毒病,药物如雌激素、磺胺嘧啶及非类固醇类抗炎药。

2. 血小板清除加快 全身性自身免疫性疾病,如系统性红斑狼疮、免疫介导性溶血性贫血、风湿性关节炎、肿瘤；原虫感染，如利什曼病、巴贝西虫病、心丝虫病、组织胞浆菌病；弥散性血管内凝血、溶血性尿毒症。

3. 血小板分布异常　与脾功能亢进和内毒素血症有关。也可见于某些真菌毒素中毒、某些蕨类植物中毒、放射病和白血病等。

（唐兆新）

第五节　红细胞沉降率

红细胞沉降率（erythrocyte sedimentation rate，ESR）简称血沉率，是指红细胞在一定条件下沉降的速率。正常情况下，红细胞在血浆中具有相对的悬浮稳定性，沉降极其缓慢，但在很多病理情况下，血沉率可明显增快。

一、血沉增快

血沉增快主要见于各种炎症性疾病，如急性细菌感染时，血中急性血象反应物质迅速增多，如球蛋白、C-反应蛋白、纤维蛋白原等，这些物质易使红细胞形成聚集，于炎症发生后可见血沉增快。疾病活动期血沉加快，病变逐渐趋于静止，血沉也逐渐正常。

当组织损伤及坏死时，如较大的组织损伤或手术创伤，可引起血沉加快。在各种恶性肿瘤发生时，如增长迅速的恶性肿瘤，血沉增快，可能与肿瘤细胞分泌糖蛋白、肿瘤组织坏死、继发感染或贫血等因素有关；良性肿瘤血沉正常，血沉可以用于鉴别良性和恶性肿瘤，也可作为肿瘤治疗过程中的疗效监测指示。此外，在疾病过程中，定期观察血沉的变化，可了解疾病发展的程度，如机体内形成脓肿时，血沉加快；当脓肿被包围时，血沉恢复正常；炎症时，血沉继续加快，则说明炎症未被控制。

各种原因导致的血浆球蛋白相对或绝对增加时，血沉均可加快，如风湿性关节炎、慢性肾炎、肝硬化、心内膜炎、心肌梗死等。部分贫血和脱水性疾病可轻度增快。

二、血沉减慢

血沉减慢的临床意义较小，严重贫血和纤维蛋白原含量显著缺乏时，血沉可减慢。

（唐兆新）

第六节　凝血时间

凝血时间测定是利用血液离体后，Ⅻ因子被异物表面（玻璃）激活，在血小板因子及 Ca^{2+} 的参与下，经过一系列凝血因子相继活化，最后使纤维蛋白原转变为纤维蛋白，此过程所需时间称为凝血时间（clotting time），即血液离体后至完全凝固所需要的时间。它是反映内源性凝血途径有关因子凝血活性的筛选试验。

凝血时间延长主要见于：严重的纤维蛋白原含量减少，如先天性纤维蛋白原缺乏症、严重肝损伤等；凝血酶原严重减少，如重症肝病、阻塞性黄疸等；应用抗凝药物如肝素、双香豆素等时；纤溶亢进，如弥散性血管性凝血（DIC）后期。凝血时间缩短见于：血液呈高凝状态时，如弥散性血管内凝血的早期、静脉血栓等。

从理论上讲，只需少量凝血酶形成，即可使血液迅速凝固，因此本试验不敏感，凝血时间正常也不能完全排除凝血因子异常。本法对应用肝素进行抗凝治疗的监测效果较好。

常见动物血液一般指标正常范围值见表 9-4。

表 9-4 动物血液学指标参考值

项目	牛	绵羊	山羊	猪	鸡	犬	猫
RBC/(10^{12}/L)	5.0～10.0	8.0～18.0	5.0～8.0	6.8～12.9		5.5～8.5	6.0～10.0
Hgb/(g/L)	80～150	90～150	80～120	100～160	110～190	120～180	90～150
PCV/(L/L)	0.24～0.46	0.27～0.45	0.22～0.38	0.32～0.50	0.32～0.53	0.37～0.55	0.26～0.46
MCV/fl	40～60	28～40	16～25	50～68	37～59	60～77	37～50
MCH/pg	11.0～17.0	8.0～12.0	5.0～8.0	17.0～21.0	12.3～19.7	22.0～25.0	12.0～17.0
MCHC/(g/L)	300～360	310～340	300～360	303～340	31.0～38.6	340～370	300～360
网织红细胞/(10^9/L)						20～80	20～60
血小板/(10^9/L)	100～800	250～750	300～600	320～520	100～350	175～500	190～400
WBC/(10^9/L)	4.0～12.0	4.0～12.0	4.0～13.0	11.0～22.0	5.4～14.3	6.0～18.0	5.5～19.3
成熟嗜中性粒细胞/(10^9/L)	0.6～4.0	0.7～6.0	1.2～7.2	3.1～10.5	2.3～8.5	3.0～12.0	2.5～12.5
杆状核中性粒细胞/(10^9/L)	0～0.1			0～0.1	0～0.1	0～0.3	0～0.3
淋巴细胞/(10^9/L)	2.0～7.5	2.0～9.0	2.0～9.0	4.3～13.0	1.5～7.7	0.8～3.8	1.5～7.0
单核细胞/(10^9/L)	0～0.8	0～0.8	0～0.6	0.2～2.2	0～0.1	0.1～1.8	0～0.85
嗜酸性粒细胞/(10^9/L)	0～2.4	0～1.0	0～0.7		0～1.0	0.1～1.9	0.1～1.5

（唐兆新）

第七节　交叉配血试验

配血试验(cross matching)是检测受血者与供血者血液是否相合及避免溶血性输血反应必不可少的检测项目，分为主侧交叉配血和次侧交叉配血。由于配血试验主要是检查受血者血清中有无破坏献血者红细胞的抗体，因此把患病动物血清与献血者红细胞相配的一管，称为主侧；把献血者血清与受血者红细胞相配的一管，称为次侧，两者合称交叉配血。

一、配血试验方法

常用的交叉配血试验为盐水配血法，其操作方法有两种。

1. 玻片法　取双凹玻片或普通载玻片一块，也可用白瓷反应盘代替。用蜡笔在玻片上分别注明主、次侧字样。在主侧凹内滴受血动物血清 2 滴及供血动物的 5％红细胞盐水混悬液(取全血用生理盐水做 8～10 倍稀释后，以 1500～1800r/min 离心 3～5min，弃去上清液，取血细胞泥用生理盐水配成 5％的浓度)1 滴；在次侧凹内滴供血动物的血清 2 滴及受血动物的 5％红细胞盐水混悬液 1 滴。混匀，前后向振荡，置室温 20～30min，观察结果。

结果判定：

(1) 玻片上主、次侧的液体都均匀红染，无红细胞凝集现象；显微镜下观察红细胞界线清楚，表示配备相合，可以输血。

(2) 主、次两侧或主侧红细胞凝集呈沙粒状团块，液体透明；显微镜下观察红细胞堆积在一起，分不清界线，表示配备不合，不能输血。

(3) 主侧不凝集而次侧凝集时，可能有两种情况：一是供血动物血清中的抗体是免疫性抗体，不可输血；二是供血动物血清中的抗体虽属正常抗体（凝集素），在一定条件下可以输血，但因其效价较高，凝集力强，为了安全起见最好也不要输血，以防破坏受血动物的红细胞。

2. 试管法　取试管 2 支，注明主、次侧字样。向各管加入的内容物与玻片法相同。混匀后，立即以 1000r/min 离心沉淀，然后观察结果。

结果判定同玻片法。

二、注 意 事 项

(1) 配血试验时，如受血动物的新鲜血清未经灭活，因其补体存在活性，与不相合的红细胞相遇时往往发生溶血反应。故观察时须特别注意，切忌将溶血当作不凝血。溶血与凝集都是显示配备不合。

(2) 配血试验最好在 18～20℃的室温下进行。如室温过低，可能出现凝集现象；室温过高，易发生假阴性结果。在上述情况下，可向血清与红细胞的混合液内补加 1 滴生理盐水，重新混合振荡，再做最后检查。

(3) 观察结果的时间不可超过 30min，否则由于血清蒸发易发生假凝集。

(4) 配血试验所用血液必须新鲜，器材必须洁净。

（唐兆新）

第八节　血细胞直方图

血细胞分析仪除可提供测定的细胞数据之外，尚可显示各种血细胞体积分布图形。这些可以表示出细胞群体分布情况的图形，称为细胞直方图。

血细胞产生的脉冲高度与血细胞体积大小成正比，经 A/D（模拟/数字）转换后，脉冲数字化或转换成与细胞大小相应的数字，数字被送到记忆线路，按体积大小储存于体积通道中。血细胞分析仪根据它们的体积大小出现的相对频率，以坐标式的曲线图表示出来，从而形成血细胞直方图（又称矩形图或粒度分布曲线）。血细胞直方图的 x（横）轴自左至右代表仪器所设通道排列范围，可以看作细胞特定体积大小，以飞升（fl）为单位。横轴的大小范围因仪器型号不同而有所差异。直方图的 y（纵）轴代表一定体积大小范围内的细胞相对频率（以百分率表示）。血细胞直方图给人一种直观的感觉，对血细胞正常与否可有一个基本概念。根据图形特征、动态变化与其他各项参数结合进行分析，有助于对各项分析结果进行解释，可给临床提供诊断参考数据，对某些疾病的诊断和疗效观察具有一定的指导意义。血细胞直方图通常有红细胞直方图、白细胞直方图和血小板直方图。

一、红细胞直方图

红细胞体积分布直方图（histogram of red cell volume distribution，HRD）是反映红细胞体积大小或任何相当于红细胞大小范围内粒子的分布图（图 9-2）。横轴的红细胞通道通常在 25～250fl。

血细胞计数仪根据红细胞体积大小和离散情况可表现出不同的直方图，它对贫血的形态学诊断颇有价值。分析时应注意红细胞直方图中波峰的形态、波峰的位置、波底的宽度及有无双峰现象等。下面介绍几种典型的红细胞直方图。

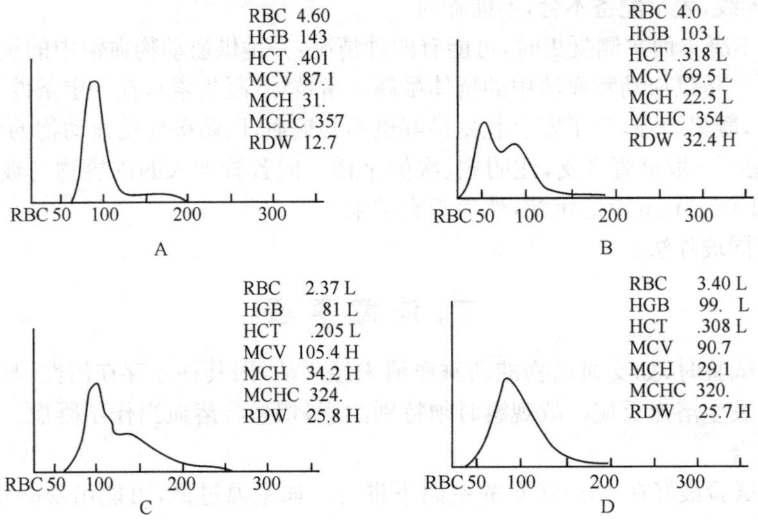

图 9-2　红细胞体积分布直方图

A. 正常红细胞直方图；B. 小红细胞性贫血直方图；C. 大红细胞性贫血直方图；D. 正红细胞性贫血直方图

(1) 正常红细胞直方图：正常红细胞体积 82～95fl，主要分布在 50～200fl 内，从直方图可以看出两个细胞群体，即红细胞主群和大细胞副群。前者从 60fl 开始，波底 60～129fl，有一个几乎两侧对称、较为狭窄的正态分布曲线；后者位于主群右侧，分布在 120～200fl 区域，此群含有少量大红细胞、网织红细胞和多聚体细胞，见图 9-2A。

(2) 小红细胞性贫血：红细胞波峰明显左移，波峰位于 50fl 处，另外还有一个副峰，波峰位于 90fl，整个峰底增宽，RDW 显著增高，提示小细胞不均一性。血涂片可见红细胞体积偏小，且大小不一，见图 9-2B。

(3) 大红细胞性贫血：细胞波峰明显右移，且有两个峰，以波峰位于 100fl 处的细胞峰为主，峰底增宽，RDW 增加，提示大细胞不均一性。血涂片可见红细胞体积偏大，且大小差异明显，见图 9-2C。

(4) 正红细胞性贫血：红细胞波峰分布在 40～150fl，主峰约在 90fl 处。峰底增宽，RDW 增加，血涂片可见红细胞形态正常，大小差异明显，见图 9-2D。

原发性铁粒幼细胞性贫血，其红细胞有两个群体，可能出现双峰。贫血治疗过程中，如造血系统增生，网织红细胞增高，此时红细胞直方图上出现两个明显的大小不同的细胞群体，导致出现非连续型异质性图形，随后转变为连续型异质性图形并逐渐恢复至正常图形。

二、白细胞直方图

白细胞直方图是反映白细胞体积大小的频率分布图。依据血细胞分析仪的白细胞分类功能不同，白细胞直方图分为两峰图、三峰图和多峰图。目前国内普遍使用的血细胞分析仪只能把白细胞分为两类(大、小白细胞)和三类(大、中、小白细胞)，故仅介绍两峰和三峰白细胞直方图。常用血细胞分析仪能检测 30～300fl 白细胞。正常白细胞分布位置如下：淋巴细胞 30～100fl，嗜酸性粒细胞、嗜碱性粒细胞、单核细胞 100～150fl，而嗜中性粒细胞在 150～300fl 位置。正常情况下两峰图前峰较高、较小，为小细胞群(以淋巴细胞为主)；后峰较低较宽，为大细胞群(以嗜中性粒细胞为主)。两峰之间有明显的低谷区分线(又称槽识别点，T)将两个峰的细胞群体分开。三峰图在淋巴细胞及单核细胞之间有一低谷，单核细胞及粒细胞之间也有一低谷，仪器的计算机利用这些部位或阈值确定三个细胞群体：小细胞群峰高较窄，中细胞群峰低平，大细胞群峰较高、较宽。在分析白细胞直方图时，应注意双峰交叉处是否抬高，双峰消失变为一个单峰，峰值向左向右两侧偏移或另有异常峰出现等变化。不同型号的血细胞分析仪因设定的检测范围不同，白细胞直方图的图形也不完全相同。

根据溶血剂处理后的白细胞体积变化的不同，可将细胞分为三类，其中 35～90fl 大小的细胞定义为淋巴细胞（LY）；91～160fl 大小的细胞定义为中等大小细胞（MO），它包括单核细胞、嗜酸性粒细胞、嗜碱性粒细胞，也可包括异常的原始细胞、中晚幼粒细胞等，正常情况下以单核细胞比例最高；161～450fl 大小的细胞定义为粒细胞（GR）。

（1）正常白细胞直方图：有三个细胞群体，左侧高而陡的峰为淋巴细胞区；右侧低而宽的峰主要为嗜中性粒细胞峰；左右两侧之间的波谷为中等大小细胞区，主要以单核细胞为主，见图 9-3A。

（2）嗜中性粒细胞比例增高：图 9-3B 显示，左侧淋巴细胞峰明显降低，而右侧嗜中性粒细胞峰明显增高，提示嗜中性粒细胞比例增高。

（3）嗜中性粒细胞比例降低（淋巴细胞比例增高）：图 9-3C 显示，右侧嗜中性粒细胞峰明显变小，而左侧淋巴细胞峰相对增高，提示嗜中性粒细胞减少，淋巴细胞增多。

（4）单核细胞比例增高：图 9-3D 显示，90～160fl 处出现一个明显的细胞峰，提示中等大小细胞增多，血涂片显示单核细胞增高，占 16%。

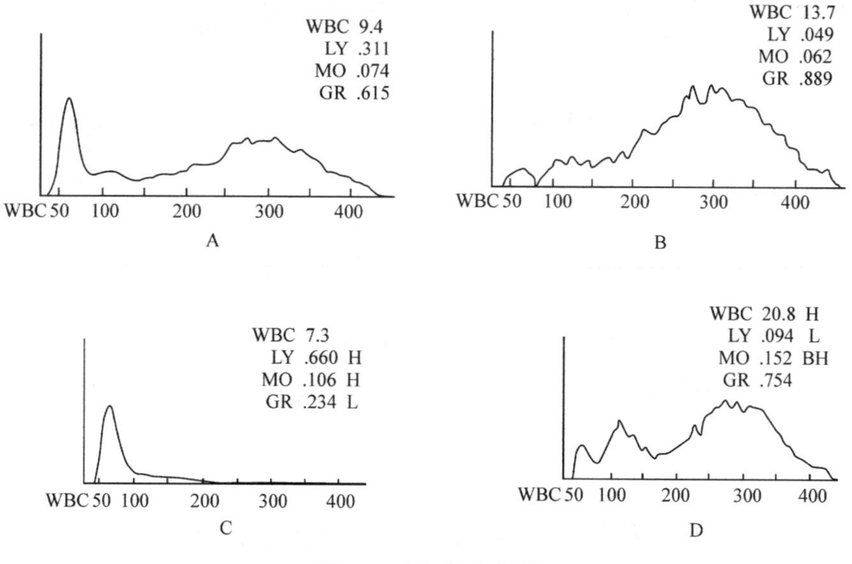

图 9-3　白细胞直方图

A. 正常白细胞直方图；B. 嗜中性粒细胞比例增高的白细胞直方图；
C. 嗜中性粒细胞比例降低的白细胞直方图；D. 单核细胞比例增高的白细胞直方图

三、血小板直方图

血小板直方图是反映血小板体积大小分布的一个曲线图。血细胞分析仪在提供血小板测定数据的同时，还提供血小板比积（PCT）、平均血小板体积（MPV）和血小板体积分布宽度（PDW）。根据血小板体积大小和离散情况，可表现出不同的直方图，直方图分布在 2～28fl。

一般血细胞分析仪能把 2～30fl 的血小板或相当于这个范围大小的粒子检测出来。血小板直方图呈偏态分布，主峰在 6～11.5fl，如主峰超出此范围，左移表示血小板体积偏小，右移表示血小板体积偏大。如果出现双峰，小峰在左侧或右侧紧靠边上，前者可能是电磁波干扰，后者可能是小红细胞或其碎片的干扰，此时血小板总数(PLT)及 PDW 也可能有假性升高。把 PDW、MPV 和 PLT 结合在一起综合分析，对有关血小板功能障碍的疾病可提供有一定价值的诊断数据(图 9-4)。

(1) 正常血小板直方图：正常血小板主要分布在 2～20fl 内，略呈偏态分布，波峰位于 5～9fl 处，见图 9-4A。

(2) 大血小板直方图：图 9-4B 显示，血小板分布峰右移，在 35fl 处才接近横坐标，MPV 明显增高，血涂片可见较多的大血小板。

(3) 小血小板直方图：图 9-4C 显示，血小板分布峰左移，位于 2～15fl 内，集中于 2～10fl 处，MPV 减小，提示小血小板增多，血涂片可见很多的小血小板。

(4) 血小板凝集直方图：图 9-4D 显示，血小板分布峰左侧起点较高，在横坐标 6 处最高。此时血涂片可见 5～15 个聚集成堆的小血小板。

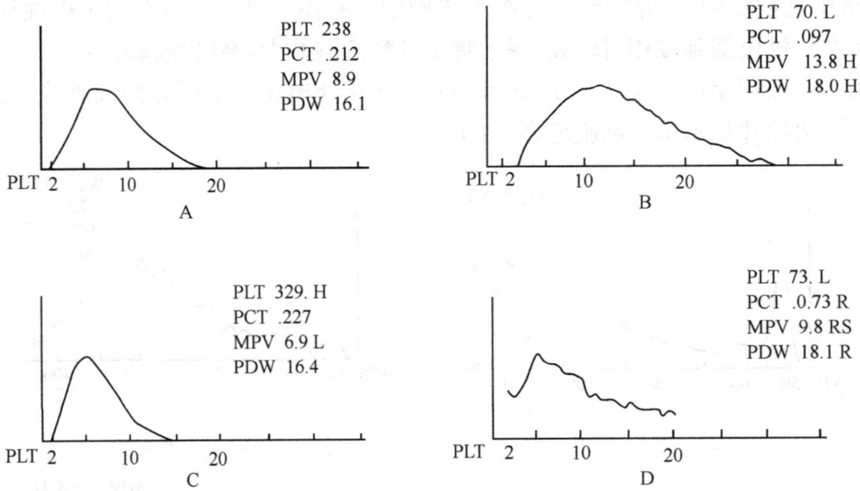

图 9-4　血小板直方图

A. 正常血小板直方图；B. 大血小板直方图；C. 小血小板直方图；D. 血小板凝集直方图

（唐兆新）

第九节　禽类血液学检查方法

禽类血液学检查与哺乳类相似，但也存在区别。区别产生的原因在于禽红细胞、血小板均含核，禽外周血中存在异嗜性粒细胞，无嗜中性粒细胞。

一、红细胞检查

兽医临床上对禽类红细胞的检查主要包括红细胞比容测定、红细胞计数、血红蛋白测定及红细胞的形态学检查等。禽类正常的红细胞参数详见表 9-5。

1. 红细胞比容　常采用微量红细胞比容测定法。禽类正常红细胞比容为 23%～55%。

一般认为低于 23%可能为贫血,高于 55%则提示脱水。

表 9-5 常见禽类正常血液学检查参数

禽类	PCV /%	RBC /(×10⁶/μl)	HB /(g/dl)	MCV /fl	MCHC /%	WBC /(×10³/μl)	异嗜细胞/%	淋巴细胞/%	单核细胞 /%	嗜酸性粒细胞 /%	嗜碱性粒细胞 /%
鸽子	38~50	3.1~4.5	13~17.5	85~200	22~33	1.3~2.3	50~60	20~40	0~3	0~3	0~3
鸡	23~55	1.3~4.5	7.0~18.6	100~139	20~34	0.9~3.2	15~50	29~84	0~7	0~16	0~8
火鸡	30.4~45.6	1.74~3.70	8.8~13.4	112~168	23.2~35.3	1.6~2.5	29~52	35~48	3~10	0~5	0~9
鹌鹑	30.0~45.1	4.0~5.2	10.7~14.3	60~100	28.0~38.5	1.3~2.5	25~50	50~70	0~4	0~15	0~2
鹅	38~58	1.6~2.6	12.7~19.1	118~144	20~30	1.3~1.9	—	—	—	—	—
绿头鸭	34~44	1.61~2.41	11~13	172~227	27~31	2.3~2.5	27~31	64~68	0~3	0~1	0~3

资料来源:Thrall et al.,2012

2. 红细胞计数 红细胞计数可用红细胞自动分析系统或红细胞计数板测得。雏禽的红细胞数相比成禽更少,雄性红细胞计数往往高于雌性。禽类正常红细胞数为(1.3~5.2)×10^6/μL 内。MCV 计算同哺乳类。

3. 血红蛋白含量 禽类 Hb 测定跟哺乳类类似,只是红细胞溶解后需离心处理去除细胞核。MCHC 和 MCH 均按哺乳类的计算公式计算。

4. 红细胞形态 禽成熟红细胞一般比哺乳动物的大,但小于爬行动物的红细胞。不同禽类红细胞大小有差异,但一般为(10.7μm×6.1μm)~(15.8μm×10.2μm)。禽红细胞呈椭圆形,胞体较大,胞核位于中心,也呈椭圆形。瑞氏染色后,胞核呈均一的紫色,胞质则呈均一的粉橙色。

异常红细胞形态包括红细胞大小异常及染色异常。

(1) 红细胞大小异常:包括小红细胞增多、巨红细胞增多及红细胞大小不等。

红细胞平均大小的显著改变可由平均红细胞比容体现。巨红细胞指示刚从造血器官释放出来的红细胞,而小红细胞指示老化的红细胞。

(2) 红细胞染色异常:包括多染和染色不足。

禽红细胞的生命周期为 20~35d。红细胞生命周期相对较短、流转量高,禽类 5%~8%以内多染红细胞是正常的。多染红细胞的大小与成熟红细胞相近,胞质表现出弱嗜碱性,胞核没成熟红细胞致密。当使用亚甲蓝活染时,会表现出网织红细胞的形态。

网织红细胞小于成熟红细胞,胞体不似成熟红细胞狭长。在亚甲蓝活染时,网织红细胞呈现围绕胞核特征性的高染环。随着细胞成熟,聚集的环网状结构逐渐分散和减少。网织红细胞反映的是禽红细胞再生的能力,网织红细胞增多意味着红细胞生成增加。

染色不足的红细胞表现出异常的暗淡颜色,胞质存在一半以上空染。出现明显的染色不足指示平均红细胞血红素浓度和红细胞平均血红素的下降。

5. 临床意义

(1) 指示贫血:贫血会引起红细胞数目和血红蛋白含量减少、红细胞比容降低、MCV 和 MCH 的变化。禽类贫血的原因总结于表 9-6。

表 9-6 禽类贫血分类及原因

贫血分类	原因
出血性贫血	外伤、大动脉破裂、脂肪肝出血性综合征；扁虱、螨虫、蠕虫、球虫等寄生虫感染
溶血性贫血	血液原虫等寄生虫感染；沙门菌及螺旋体等细菌感染；黄曲霉毒素、铅（急性）、铜、二甲基二硫醚及苯肼中毒等
营养性贫血	矿物质缺乏，如铁（赭曲霉素导致）、铜缺乏；维生素缺乏，如维生素 B_6 和叶酸缺乏等
全血细胞减少	病毒感染，如鸡贫血病毒、传染性法氏囊病、腺病毒、逆转录病毒、马立克次体等；中毒性疾病，如磺胺类药物、慢性铅中毒、真菌毒素、橘青霉毒素及放射损伤等
其他	遗传性原因和未知原因引发贫血

资料来源：Greenacre and Morishita，2015

急性血液损失（出血及溶血性贫血）通常表现出正常的细胞形态。若血液损失发生后立即采血分析，PCV 和血红蛋白含量会减少；若几小时后再采血分析，MCV 会升高。

发生再生障碍性贫血时，红细胞形态就会出现特征性的多染色性。有时再生障碍性贫血可观测到红细胞数目增多和（或）红细胞胞体大小改变。慢性非再生性贫血的红细胞形态可能是正常或小红细胞型，MCV 可能正常或降低，网织红细胞数目降低或者未见。

（2）指示脱水：机体有脱水性疾病时红细胞数目和血红蛋白含量增多、红细胞比容升高、MCV 和 MCH 有变化。

（3）评价红细胞生成：红细胞多染的严重程度及网织红细胞的量是红细胞生成的指标。10％以上的多染意味着贫血机体产生了适当的红细胞再生反应。

（4）其他：重金属中毒，如铅和锌等，可观测到外周血未成熟红细胞增多和异常红细胞形态。

二、白细胞计数及白细胞分类计数

1. 白细胞计数及白细胞分类计数的方法 由于禽类红细胞含核，哺乳动物的白细胞计数稀释液不能直接用于禽类。现多采用焰红染料染色或血涂片法进行白细胞计数及白细胞分类计数，但血涂片法精确度低。

值得注意的是，白细胞计数即使在同一禽类也多变，因此比较同种禽类不同时间白细胞数目变化更具检测意义。大体来说，禽类白细胞数目为（10～45）$\times 10^3/\mu l$。

2. 白细胞分类及形态 禽类白细胞包括淋巴细胞、单核细胞及颗粒细胞。颗粒细胞进一步可分为异嗜性粒细胞、嗜酸性粒细胞和嗜碱性粒细胞，其中以异嗜性粒细胞含量最为丰富。

（1）异嗜性粒细胞：异嗜性粒细胞是与哺乳类动物嗜中性粒细胞相对应的细胞种类。胞核分段，胞质有颗粒、呈梭状且强嗜伊红。禽类异嗜性细胞与巨噬细胞相比具有更强的吞噬及杀伤能力。

异嗜性粒细胞异常包括循环血中出现未成熟异嗜细胞和毒性异嗜细胞。未成熟异嗜细胞胞质嗜碱性增强，颗粒增多，多呈杆状，占据体积少于胞质的一半；核呈非分段式。中毒性异嗜细胞胞质嗜碱性增强，液泡化，胞质颗粒异常（脱颗粒化，颗粒强嗜碱性，颗粒聚集），细胞核降解。中毒情况下，禽类异嗜性粒细胞表现出中毒性异嗜细胞形态，可通过中毒性异嗜细胞计数来评价中毒的严重性。

(2) 嗜酸性粒细胞：嗜酸性粒细胞大小与异嗜细胞类似，形状不规则；胞质蓝染，据此可与异嗜性细胞区分；颗粒呈圆状且染色强于异嗜细胞；核分叶，着色较异嗜性粒细胞深。禽类嗜酸性粒细胞的功能暂不清楚，它们数目的增多并不一定意味着寄生虫感染。猛禽受外伤后，嗜酸性粒细胞数目可应答性增高。目前推测，禽类嗜酸性粒细胞功能跟哺乳类类似，参与早期急性炎症反应及应对有显著组织坏死的肿瘤形成。

(3) 嗜碱性粒细胞：胞体比其余两种粒细胞小，颗粒强染以至于掩盖细胞核，核不分叶，与哺乳类的肥大细胞相像。禽类嗜碱性粒细胞相比哺乳类在外周血中更为常见，其功能暂不明确。据估计，可能与哺乳类嗜碱性粒细胞和肥大细胞功能类似，参与急性炎症反应及Ⅳ型超敏反应。

(4) 淋巴细胞：淋巴细胞是鸡和火鸡外周血中主要的白细胞，分小型和中型。小型淋巴细胞胞体胞核浑圆，核质比值高，且胞质呈微嗜碱性。中型淋巴细胞更为丰富，但较难与单核细胞区分。异常的淋巴细胞可分为活化淋巴细胞(reactive lymphocytes)及母细胞转化性淋巴细胞(blast-transformed lymphocytes)。活化淋巴细胞核染色质高度聚集；胞质高嗜碱性。母细胞转化性淋巴细胞个体较大；核染色质分散且均匀，含核仁；胞质有围绕胞核的圆环。

(5) 单核细胞：单核细胞属于巨噬细胞，是最大的白细胞，由淋巴细胞分化而来。单核细胞呈圆形，细胞核呈锯齿状，胞质丰富色暗淡，含微粒。禽类单核细胞胞质时常可分为两个不同的区域，围绕核的轻染和其余的深染区。单核细胞有吞噬活性，浸润组织后成为巨噬细胞，参与抗原处理过程。单核细胞增多通常指示慢性细菌感染或组织坏死。

3. 临床意义

(1) 白细胞增多：白细胞增多的原因包括炎症、出血、赘生物生成及白血病。一些重金属中毒如锌等，会导致炎症，从而使白细胞增多。异嗜性粒细胞通常在炎性情况下增多，而且增加的幅度跟炎症的程度呈正相关。衣原体、分枝杆菌及曲霉感染会引起明显的白细胞及异嗜性粒细胞增多。在应激情况下(皮质激素升高)，禽类会表现出轻微到中等的白细胞增多。

(2) 白细胞减少：白细胞减少的原因是外周白细胞消耗过多或造血器官生产减少。严重感染如鹦鹉热等可伴随异嗜性粒细胞减少。若同时伴有未成熟异嗜性粒细胞增多，则意味着异嗜性粒细胞贮存池耗尽，见于严重炎症。某些禽类，如鸡，可在真菌毒素中毒时表现出白细胞减少和淋巴细胞减少。

(3) 异嗜性粒细胞增多：异嗜性粒细胞数目相对增多意味着细菌或真菌的急性感染，急性组织损伤及髓性白血病等。球虫感染和大肠杆菌败血症的禽类往往伴随着异嗜性细胞数目增多。

(4) 异嗜性粒细胞减少：异嗜性粒细胞数目减少可由骨髓损伤、病毒血症及白细胞减少性白血病引起。

(5) 淋巴细胞增多：抗原刺激下，淋巴细胞增加。可见于感染性疾病、淋巴球性白血病。

(6) 淋巴细胞减少：可见于应激、尿毒症及一些免疫抑制性疾病如鸡传染性贫血、传染性法氏囊病等。一些免疫抑制性药物也能导致淋巴细胞减少。锌缺乏时也可观测到淋巴细胞减少。

(7) 单核细胞增多：常见于导致肉芽肿炎症的感染性疾病，如分枝杆菌、衣原体及曲霉属感染。慢性细菌性肉芽肿和弥散性组织坏死也会导致单核细胞增多。锌缺乏也可见。

同样，对禽类白细胞计数及分类计数在判断禽病预后很有帮助。例如，经治疗后，某病禽白细胞和异嗜性粒细胞数目下降，而中毒性异嗜性粒细胞数目和淋巴细胞未见增多时，表明该病禽对治疗产生了较好的反应。

三、血小板计数

1. 血小板形态 禽血小板含核，胞体呈圆形或椭圆形，核致密且呈圆或椭圆形，一般为血液中最小的细胞。细胞形态容易与小型淋巴细胞混淆，可通过胞质染色进行区分。成熟血小板胞质呈无色或苍白，时常可观测到网状结构。

2. 临床意义 血小板参与凝血且具有吞噬性能。血小板增多常见于细菌感染及大量出血。血小板减少见于严重败血症和弥散性血管内凝血。

（刘 磊 李文平）

第十章　动物排泄物、分泌物及其他体液检查

动物排泄物、分泌物及其他体液主要是指粪便、尿液、呕吐物、脑脊髓液、渗出液和漏出液。这些物质的检查在兽医临床上具有重要意义。

第一节　尿液检查

动物机体通过排泄尿液来清除体内的代谢废物和各种有害物质，调节各种物质在血液中的浓度，维持体内渗透压和酸碱平衡等内环境的相对恒定。因此，尿液的检查对泌尿系统疾病、内分泌代谢疾病、循环系统疾病、肝胆疾病、血液及造血系统疾病、某些药物（如庆大霉素、卡那霉素和磺胺类药物等）中毒的判断和分析具有重要的诊断意义。此外，对预后判断和检验疗效也有积极的辅助作用。

一、尿液样本的采集和保存

（一）尿液样本的采集

1. 尿液样本的采集方法　在观察或检查尿液需要采集尿样时，需要根据动物的不同种类、需要检查项目和动物生理或病理的状态来选择合适的采样方法。

（1）自然排尿时采集：一般采集尿液样本时，常可在动物自然排尿之际用清洁容器接取，或给动物装上特制的集尿器以收集其自然排出的尿液。在马厩床上铺以新鲜柔软的垫草或牵马至耕耙过的松软的土地上，轻轻抚摸母牛阴门附近的会阴部，某些耕（黄）牛在犁地前或牵水牛至塘边饮水，闭塞公羊鼻孔几秒钟，令犬闻嗅其他犬的尿迹或氨水味等都可以引起其排尿。另外，直肠按摩膀胱或后腹部膀胱的按压也可诱使动物排尿，特别是在小动物临床检查上应用更普遍。

（2）导尿管导尿采集：在无法自然排尿或人工诱导之后仍然不排尿的动物，可以采用导尿管导尿以收集尿液供实验室检查。

（3）膀胱穿刺：对于膀胱膨胀或尿闭比较严重的动物，在导尿不成功时可以采用膀胱穿刺的方法采集尿样。另外，对于尿路可能感染的病例，采尿进行显微镜、化学、物理和微生物化验时，也需要进行膀胱穿刺。

首先触诊膀胱，估计其大小和位置。用手将膀胱定位，并对穿刺部位进行消毒，若侧卧，可选腹部；若站立或仰卧，可选腹中线进行穿刺。然后将穿刺针与皮肤成45°～90°角刺入，用注射器抽出尿液。

穿刺收集的尿液红细胞的量变化较大，会对实验室检查造成一定影响。同时会有并发尿性腹膜炎的可能，特别是尿道完全阻塞的动物。

2. 尿液样本采集的原则及注意事项

（1）一般检查的尿液标本应取新鲜尿液，最好在早晨采取尿液，因为这通常是一天中尿样浓度最高的时候。

(2) 使用的容器应清洁、干燥，以一次性容器为宜，容器上要贴上标签。

(3) 避免异物混入标本中，如粪便、血液或尘土等。

(4) 及时送检，以免细菌繁殖及细胞溶解，同时不能在强光或阳光下照射，避免某些化学物质(如尿胆原等)因光分解或氧化而减小；如未做防腐处理而又在室温放置超过 6h 以上，尿样易发生腐败，使管型及红细胞溶解消失。

(5) 注意鉴别假阳性。经自然排尿收集的尿液有时会含有包皮或阴道的分泌物，所以在尿蛋白检测的时候会出现假阳性。

(6) 严格无菌。做微生物培养的尿液，在采集时应严格地无菌操作，且不可以加入防腐剂。

(二) 尿液样本的保存

尿液采集后，如不能马上检查，最好置于冰箱中保存，一般在 4℃冰箱中可保存 6～8h。若标本放置时间较长时，可加入适量防腐剂以延迟内容物的分解。

1. 甲醛 对镜检物质，如细胞、管型等可以起到固定作用，但由于甲醛具有还原性，故不能用于尿糖等化学成分的检查，400g/L 甲醛一般用量为 0.5ml/100ml 尿。

2. 甲苯(二甲苯) 能使尿液面形成薄膜，防止细菌发育，用于尿糖、尿蛋白的定量测定。可用于保留 24h 的尿液样本，一般用量为 0.5～2ml/100ml 尿。

3. 浓盐酸 适用于肾上腺素、儿茶酚胺、苦杏仁酸、17-羟类固醇与 17-酮类固醇的定量测定。一般用量为 0.5～1ml/100ml 尿。

4. 30%醋酸 适用于醛固酮 24h 内的定量测定。一般用量为 10ml/100ml 尿。

5. 麝香草酚 适用于尿液中化学成分及细菌的检查。一般用量为 100ml 尿液加入量低于 0.1g。

6. 硼酸 一般用量为 1000ml 尿液中加入硼酸 2.5g。

(三) 检验后尿液样本的处理

样本检查后，必须经过消毒处理后才能排放入下水道。所用的盛尿液的容器及试管等须经 30～50g/L 漂白粉澄清液或 10g/L 次氯酸钠液中浸泡 2h，也可用 5g/L 过氧乙酸浸泡 30～60min，再用清水冲洗干净。

二、尿液的一般性状检查

尿液的一般性状包括尿量、颜色、透明度、黏稠度、气味、比重、渗透压和导电率等，其中尿量、颜色、透明度、黏稠度、气味等尿液感官检查见泌尿系统检查，渗透压和导电率不常用。

正常尿液的比重与溶解在其中的固体物质的量相关。尿液比重的大小与排尿量成反比，排尿量多，尿比重小；排尿量少，尿比重大。但糖尿病动物的尿液例外，尿量多，同时尿比重也大。

尿比重的测定通常采用尿比重计。充分混匀尿液后，将尿液沿管壁缓慢倒入大小适当、清洁干净的量筒内，如有气泡，可用吸管或吸水纸吸去；将比重计沉入尿液中，使其悬浮于中央，勿触及筒壁或筒底；1～2min 后，待比重计稳定，读取尿液凹面的刻度即尿液的比重。正常尿液的比重见表 10-1。

表 10-1　正常尿液的比重

种属	比重范围	种属	比重范围
马	1.025～1.055	犬	1.020～1.050
羊	1.015～1.070	猪	1.018～1.022
牛	1.015～1.050	骆驼	1.030～1.060
猫	1.015～1.060		

尿比重增高:动物饮水过少、剧烈运动和气温过高而出汗较多时,尿量减少而比重增高;一些少尿性疾病,如发热性疾病、便秘及一些机体失水性疾病如严重胃肠炎、中暑、脱水等,可导致尿量少而稠,使尿比重增高。此外,渗出性胸膜炎及腹膜炎、急性肾炎时,尿比重也会增高。

尿比重降低:动物因摄入水分过多,排尿量增加,尿比重降低;肾功能不全时,导致尿液浓缩障碍而发生多尿,尿比重降低(糖尿病除外)。此外,在间质性肾炎、肾盂肾炎、非糖性多尿症及神经性多尿症、牛酮病时,尿比重有时也可降低。

尿比重的连续测定比一次测定更有价值,慢性肾功能不全时,会呈现持续性尿比重降低。

测定尿比重的注意事项有以下几点。

(1) 在测定时,如尿液量不足,可用蒸馏水将尿液稀释数倍,然后将测得的尿比重的最后两位数字乘以稀释倍数,即得原尿的比重。

(2) 在测定时,要注意比重计上标定的温度。常用比重计上标定的是 15℃,故应当在 15℃的室温中测定尿液的比重,待测尿液的温度每高(低)3℃,应于测定的数值中加(减) 0.001。若比重计上标定的是 20℃,也应用同法进行结果修正。

(3) 比重计的校正。购置的新比重计应用前应在纯水规定的温度下观察比重是否准确。蒸馏水 15.5 时应为 1.000;8.5g/L 氯化钠溶液在 15.5℃时为 1.006;50g/L 氯化钠溶液在 15.5℃时为 1.035。

(4) 尿内容物对测定结果的影响。尿内含糖、蛋白质时,可增加尿液比重;尿液所含盐类析出时,比重下降,应待盐类溶解后测定;尿素分解后,尿比重下降;合成洗涤剂可使水表面张力降低,比重随之降低;尿液含造影剂时,可使比重大于 1.050。

(5) 对于少尿的动物,可以用尿折射计测定尿液比重,此方法简单,而且精密度较比重计法高。

三、尿液的显微镜检查

尿液的显微镜检查是尿液临床检查的重要项目,检查尿沉渣的种类和数量是了解泌尿系统疾病的重要手段。显微镜检查可以发现一些理化检查所不能发现的病理变化,既可以辅助理化检查确定病变的部位,又可以阐明疾病的性质,对判断泌尿系统疾病的类型、严重程度和预后都具有重要价值。

尿沉渣可分为无机沉渣和有机沉渣两种。前者多为各种无机盐结晶,后者包括红细胞、白细胞、上皮细胞、脓细胞、各种管型和微生物等。

(一) 标本的制备

1. 直接镜检　取新鲜混匀的尿液 10ml 置一刻度离心管中,1500r/min 离心 5min。弃去上清液,保留管底沉渣 0.2ml,轻轻摇动离心管,使尿沉渣充分混匀。取尿沉渣 20μl 滴在载玻片上,用盖玻片覆盖后镜检。镜检时,宜将聚光器降低、缩小光圈,使视野稍暗。先用低倍镜观察全片的有形成分及结晶等异物,再用高倍镜计数 10 个视野的最低和最高细胞数,算出平均值,并计数 20 个视野的最低和最高管型数,计算出每个视野的平均值。结晶用低倍镜观察,可以用"+"方式或文字进行描述。

2. 染色镜检 尿沉渣的直接镜检对比度较差、易漏检,为了提高阳性检出率,可将沉渣染色后检查。常用的染色剂是 Sternheimer-Malbin 染色混合液。尿液离心后在 0.2ml 尿沉渣中加入 1 滴染色混合液,3min 后取沉渣盖上盖玻片镜检。红细胞染成淡紫色;多形核白细胞的核染成橙紫色,胞质内可见颗粒;透明管型染成粉红色或淡紫色;细胞管型染成深紫色。

Sternheimer-Malbin 染色混合液

溶液Ⅰ:结晶紫 3.0g,95%乙醇 20.0ml,草酸铵 0.8g,蒸馏水 80.0ml。

溶液Ⅱ:沙黄 0.25g,95%乙醇 40.0ml,蒸馏水 40.0ml。

将上述两种溶液分别置冰箱保存。配制染色混合液时,取 3 份溶液Ⅰ加 97 份溶液Ⅱ,混合过滤,储于棕色瓶中,室温下可保存 3 个月。

(二) 尿液中有机沉渣的检查

尿液有机沉渣形态详见图 10-1。

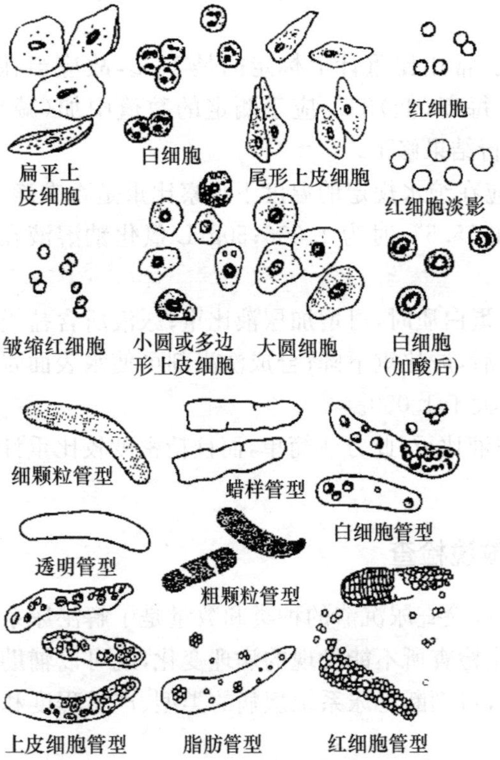

图 10-1 尿液中有机沉渣的形态

1. 红细胞 健康动物的尿液中无红细胞。如肉眼观察能见到不同程度的混浊红色,称为肉眼血尿;如显微镜下能见到红细胞称为显微镜血尿。

尿液中典型的红细胞为淡黄色双凹盘形、略有折光性的无核细胞;在高渗或酸性尿液中,细胞皱缩成表面带刺,形如星状;在低渗或碱性尿液中,红细胞吸水胀大,血红蛋白从细胞内逸出,形成大小不等的空环状,称为影形红细胞。用暗视野显微镜或普通光学显微镜将尿沉渣中的红细胞进行分类,根据红细胞的形态变化,可区别肾小球性和非肾小球性疾患。

在血尿时,如尿液中蛋白质含量较多,同时可看到肾上皮细胞和红细胞管型,则可认为是肾源性出血;如尿液中有肾盂上皮细胞及膀胱上皮细胞,并有大量血块,则可认为是肾盂、膀胱及尿道出血。

2. 白细胞 健康动物的尿液中有少量的白细胞,其外形完整,无明显退行性变化,常常因为膨胀而不清。

当尿液中有大量白细胞时,胞质内颗粒及细胞核清晰可见,加稀酸后更加明显,较易识别。酸性尿液中的白细胞较为完整,而碱性尿液中白细胞不完整,尿液不透明而浑浊,静置后有大量沉淀。尿液中的白细胞以嗜中性粒细胞为主,可见淋巴细胞和单核细胞。在尿路炎症时,尿液中白细胞增多明显,而无蛋白质和肾上皮细胞;而当肾炎时,除了白细胞增多外,尿蛋白和肾上皮细胞也明显增加。

由于嗜中性粒细胞的衰竭死亡或在炎症过程中外形发生不规则改变，镜下结构模糊不清，胞质内充满粗大颗粒，细胞聚集成团，细胞界限不明显，称为脓细胞。尿液中出现大量的脓细胞，可见于肾炎、肾盂肾炎、膀胱炎和尿道炎。

3. 上皮细胞　由于新陈代谢或炎症反应等，来自肾、输尿管、膀胱和尿道等泌尿生殖道的上皮细胞脱落后，可随尿液排泄出来。尿液显微镜检查常见的上皮细胞有以下几种。

(1) 小圆上皮细胞：是来自肾小管的立方上皮，又称为肾上皮细胞。细胞形态圆形或多边形，也有圆锥形或圆柱形的，较白细胞体积大，直径不超过 15μm。细胞核大而圆，核膜清晰，位于细胞中央。细胞质有脂肪滴及小空泡。

此类细胞在尿液中比较少见，一旦尿液中出现大量的小圆上皮细胞及细胞管型，表示肾实质有严重疾患，如急性肾小球肾炎、慢性肾炎等；成堆出现表示肾小管有坏死性病变。有时也见于其他能引起肾损坏的疾病，如腺疫、胸膜肺炎、流感及大叶性肺炎等。

(2) 尾形上皮细胞：主要来自肾盂或输尿管及膀胱颈部，又称为肾盂及尿路上皮细胞。细胞形态常呈梨形、拖尾形或纺锤形，细胞长 20～40μm。核较大，呈圆形或椭圆形，位于中央或偏心。此类细胞在正常尿液中比较少见，一旦尿液中出现大量的此类细胞，则表示有肾盂肾炎、输尿管炎或膀胱炎等疾患。

(3) 大圆上皮细胞：主要来自膀胱上皮表层和阴道上皮中层。细胞形态多为圆形或椭圆形，核居中。如在膀胱充盈时脱落，细胞体积是白细胞的 4～5 倍；如在收缩时脱落，细胞体积较小，为白细胞的 2～3 倍。此类细胞在正常尿液中可少见，在患膀胱炎时可见成片脱落的细胞。

(4) 扁平上皮细胞：主要来自尿道前段和阴道黏膜表层，细胞形态扁平而大，似鱼鳞状，大多不规则而成堆出现。核小，呈圆形或卵圆形。此类细胞正常尿液中可少见，尿道炎时会大量出现。

(5) 非典型性细胞：因脱落的细胞发生退行性改变，细胞形态发生改变，从形态学上无法确定来源的部位，故称为非典型性细胞。这类细胞需要用巴氏染色法尿沉检查，排除肾和尿路系统的肿瘤细胞，以用于辅助诊断。

4. 黏液　尿液中的黏液呈雾状，马尿中特别多。尿道发炎时，黏液会显著增多，有时尿液呈柱状（假圆柱）、分枝状，较透明管型稍宽。黏液管型加乙酸后不消失，加碘化钾后则染成黄色。

5. 管型（尿圆柱）　管型是在肾小管的管腔内形成的，其形成过程与蛋白质有关。由于肾小管、集合管中管状铸形样蛋白聚集，肾小球滤过膜通透性增强，肾小管内大量蛋白质不能完全重吸收，当蛋白质到达远端肾小管及集合管时，由于水分的吸收，酸度增强，软骨素硫酸酯的存在促使蛋白质凝固，便形成管型。尿液中出现管型是肾炎的特征，故具有重要的诊断意义。显微镜下常见的管型有细胞管型、透明管型、颗粒管型、脂肪管型、蜡样管型、肾衰竭管型。

1) 细胞管型　当管型基质内含有细胞，其数量超过管型体积的 1/3 时，称为细胞管型。根据管型内细胞的不同，可分为红细胞管型、白细胞管型和上皮细胞管型。

(1) 红细胞管型：由于肾小球或肾小管出血或血液流入肾小管内，致使管型内含有较多的残坏红细胞，称为红细胞管型。显微镜下所见多呈棕褐色，少量管型一端呈折断状。尿液中出现此种管型，表示肾有出血性的炎性疾患。

(2) 白细胞管型：由于肾脏化脓性炎症所致管型内充满白细胞，称为白细胞管型。因白细胞发生变性，此类管型又叫脓细胞管型。管型内多含有脓细胞，见于肾炎。

(3) 上皮细胞管型：由于肾小管病变，管型基质内含有多量脱落的肾小管上皮细胞，称为上皮细胞管型。管型内细胞大小不等，滴加稀乙酸后使细胞核更明显。尿液中出现此类管型或透明管型上有肾上皮细胞，均表示肾有炎症或有变性过程，多见于急性肾炎、肾小球肾炎晚期、肾病综合征、重金属或化学物质中毒、高热等。

2）透明管型　是白蛋白和肾小管分泌的糖蛋白在远曲小管或集合管内形成的。其形态为无色透明圆柱体，结构细致，两边平行，两端钝圆，偶尔含有少许细颗粒。其长度不一，多半伸直而少曲折。在黄疸尿液中，此管型被染成黄色；在血尿液中可被染成红褐色；如尿长久放置，则透明管型可崩解或消失。健康动物在尿液浓缩的时候偶尔也可见此类管型，多见于高热、全身麻醉、心功能不全。肾受刺激或肾充血时，此时可见少量透明管型；肾实质性病变时可大量出现，肾硬变时，可持续存在，肾炎晚期可见到异常粗大的透明管型。

3）颗粒管型　由于变性细胞残渣或由血浆蛋白及其他物质直接聚集于肾小管分泌的糖蛋白管型基质中而形成。管型内含有很多颗粒，其量超过管型的1/3时，称为颗粒管型。按颗粒大小可分为细颗粒管型和粗颗粒管型。细颗粒管型外形呈灰色或淡黄色，管型内含有较多细小而稀疏的颗粒；粗颗粒管型外形较短，不规则，易断裂，颗粒粗大而浓密，管型内含有陈旧性色素而呈黄褐色。尿液显微镜检查出颗粒管型，提示有严重肾小管损害，肾单位有淤滞现象。细颗粒管型见于慢性肾炎或急性肾炎后期；粗颗粒管型见于慢性肾小球肾炎或因药物中毒等刺激引起的肾小管损伤。

4）脂肪管型　为上皮管型和颗粒管型脂肪变性所致，是由于肾小管损伤上皮细胞脂肪变形引起的。脂肪管型是一种较大的管型，管型内含有大量的脂肪小滴，脂肪滴大小不等，折光性强，根据其强的屈光性及化学性质不难区别。它不溶于酸、碱，而溶于乙醚中，用苏丹染色后，脂肪滴呈红色或橘红色。尿液中的此类管型见于肾的类脂性肾病及慢性肾小球肾炎。脂肪管型的出现，是病情严重的指征。

5）蜡样管型　是由细颗粒管型碎化而来，因肾单位的局限性少尿或无尿，管型长期滞留于肾小管中演变而来。特征为质地均匀、坚韧、较厚，轮廓明显，表面似蜡状，管型色泽灰暗，折光性强，质地厚，一般略有弯曲或断裂成平齐状，较透明管型宽，易断裂，常一端呈钝圆状，一端可见切迹或呈扭曲状。如被胆色素着色则呈蜡黄色。多见于肾的长期严重病变，如慢性肾小球肾炎晚期及肾淀粉样病变。

6）肾衰竭管型　由损坏的肾小管上皮细胞碎屑在明显扩大的集合管内凝聚而成。管型内富有大量颗粒。外形宽大而长，呈不规则形，易折断，有时呈扭曲状。多见于急性肾衰竭的多尿早期，随着肾功能的改善，此管型逐渐减少而消失。在慢性肾炎晚期，此类管型的出现提示预后不良。

7）易被误认为管型的物体　尿沉渣镜检时，除上述管型外，还常见有圆柱状体、非晶形尿酸盐或磷酸盐团假管型，易被误认为管型，临床上应注意鉴别。

(1) 圆柱状体：也有人认为它是由集合管产生的黏液丝。常和透明管型同时存在，外形与透明管型相似，但其一端有一条削尖的螺旋形尾巴，可与之区别。

(2) 非晶形尿酸盐团和磷酸盐团：此类非晶形盐团边缘不齐，两端不圆，往往伴随成片、成堆不规则非晶形盐类结晶同时出现，易于识别。

(3) 假管型：由于黏液性纤维状物黏附非晶形尿酸盐或磷酸盐而形成的一种圆柱形物体，似颗粒管型。其鉴别点为：视野内不伴有其他有形成分，加温或加酸后可立即消失。

管型在碱性尿液中易于崩解，所以草食动物的尿液中有时很难见到管型。为了适当延长管型存在的时间，对于送检的碱性尿液，应加入适量10%的乙酸，使尿液保持酸性并低温冷藏。

（三）尿液中无机沉渣的检查

尿液中出现的结晶多来自饲料或盐类代谢，一般无临床意义。病理情况下可出现亮氨酸、酪氨酸及胱氨酸等结晶，见图 10-2。形成的结晶受尿液饱和度、pH、温度和胶体物质的浓度等因素的影响。

图 10-2　尿液中常见的无机沉渣形态

1. 结晶体理化性质的鉴别

（1）结晶体与尿液 pH 的关系：碱性尿液内多为磷酸盐结晶，酸性尿液内多为尿酸盐结晶，但尿酸铵结晶多见于碱性尿中，磷酸钙结晶多见于弱酸性尿中，草酸钙结晶在任何尿中均可见到。

（2）结晶体在酸碱溶液中的变化：碱性尿液中的各种盐类结晶，加乙酸可以溶解，尿液变得清亮，同时如有气体逸出，提示有碳酸盐类结晶；草酸钙结晶不溶于乙酸溶液中，如在尿液中加 10%的盐酸几滴，草酸钙结晶便可以溶解；尿酸铵结晶只能溶解于稀盐酸中；尿酸钠（钾）结晶可溶于苛性碱中，加乙酸后逐渐形成尿酸结晶；尿酸结晶易溶于氢氧化钠液中。

（3）结晶体受温度的影响：酸性尿液中的非晶形磷酸盐结晶，在 60℃时便可自溶。

（4）结晶体的颜色：尿酸盐类结晶多呈橘黄色至砖红色，磷酸盐结晶多为白色，其他尿内结晶多为无色。

2. 酸性尿结晶　在酸性尿液中常见的与疾病有关的结晶有草酸钙结晶、尿酸结晶、硫酸钙结晶、磺胺类药物结晶等。

（1）草酸钙结晶：为多种动物尿液的正常成分，见于酸性、中性和弱碱性尿液中。其形态多样，但多为四角八面体，如信封样，无色，折光性强，有时也呈球状、盘状、饼干状及砝码状等。除采食富于草酸盐的食物外，如尿液中出现大量草酸钙结晶时，则多见于糖尿病、慢性肾炎等；如还伴有尿路刺激症状及红细胞，则多为结石症。

（2）尿酸结晶：尿酸是核酸或嘌呤类物质的分解产物，由于尿色素的存在，尿酸结晶呈橘黄色。为食肉动物尿液的正常成分,也可自草食动物的弱酸性尿液中析出。形态多样,可见三棱形、斜方形、磨刀石状、十字状、平板状等。尿酸结晶的含量受饮食的影响及病理情况而变动。在新鲜尿中出现大量尿酸结晶,同时伴有红细胞存在,提示膀胱结石或肾结石或机体尿酸代谢障碍,如饥饿或发热性疾病。

(3) 尿酸盐药物结晶:主要是尿酸的钠盐及钾盐,呈棕黄色小颗粒状,聚集成堆,加热则分解,冷后又析出。尿酸盐结晶的增多,表示蛋白质分解旺盛。

(4) 硫酸钙结晶:主要见于肉食动物的尿液中。特征为长棱柱状或针状,有时集聚成束状、扇状结晶。临床上多见于马的小肠卡他及内服硫酸钠之后。

(5) 磺胺类药物结晶:服用磺胺类药物后,主要由肾排泄。但因尿液中磺胺类药物浓度很高,同时为酸性尿液,则可能在肾小管、肾盂、输尿管或膀胱内析出结晶,因而这些部位受到刺激或阻塞,导致血尿、疼痛、尿闭。特征多为哑铃状(磺胺噻唑)、球形辐射状(磺胺嘧啶)、长方形薄板状(磺胺脒)等,常呈深黑绿色。

磺胺类药物结晶的鉴定方法:取尿沉渣,用乙酸冷蒸馏水洗 3～4 次,吸去上清,沉渣内加 100g/L 氢氧化钠液数滴,使结晶游离,再加数滴 Ehrlich 试剂,如呈黄色,则为磺胺结晶。

临床上,如服用磺胺药物后,在新鲜尿内有大量磺胺类结晶并伴有红细胞,则提示有发生尿道结石或尿闭的可能。

3. 碱性尿结晶 在碱性尿液中常见的与疾病有关的结晶有磷酸盐类结晶、碳酸钙结晶、尿酸铵结晶、马尿酸结晶等。

(1) 磷酸盐类结晶:是尿液中最常见的结晶之一,有时也可见于中性或弱酸性尿液中。常见的有:①磷酸铵镁结晶,无色具折光性,形态多样,如同大小不等的水晶石,多为多角棱柱状及棺盖状结晶,也有边缘不平的羽毛状、雪片状、棒状等,一般无临床意义,如大量出现则提示尿液在膀胱或肾盂中有发酵现象,为肾盂肾炎和膀胱炎的征兆;②磷酸钙结晶,常见的为无色三棱状、片状、束柱状、薄而不定形的板状、大而薄的带有颗粒片状结晶,浮于尿液的表面,大量出现时则提示有膀胱尿滞留、后肢麻痹、慢性膀胱炎、前列腺肥大及慢性肾盂肾炎的可能;③无定形磷酸盐结晶,正常尿液中多见,肉眼观察多为白色沉淀物,显微镜下观察由许多细小无晶形小黑色颗粒组成,一般无临床意义,易干扰尿镜检。

(2) 碳酸钙结晶:为草食动物尿的正常组成成分,马尿中多见。特征为圆形,具有放射状线纹,也有无色哑铃状、磨刀石状、饼干状或鼓槌状结晶,也可呈非晶形颗粒状沉淀。如向沉渣中加入乙酸,则结晶消失并放出 CO_2。草食动物尿液中缺乏碳酸钙结晶是病理状态,为尿液酸化的特征。

(3) 尿酸铵结晶:此类结晶是在碱性尿液中唯一能见到的一种尿酸盐结晶,特征为曼陀罗果穗状,呈黄色或褐色,表面有刺,又称为“刺苹果”结晶,可溶于乙酸和盐酸中并形成尿酸结晶,易溶于氨水中,加热时结晶溶解,冷却后又析出。常见于尿中有游离氨存在时,大量存在则提示有膀胱炎、肾盂肾炎等化脓性炎症存在的可能。

(4) 马尿酸结晶:为棱柱状及针状结晶,有时结合成束,如交错的针状、扇状、小帚状。此类结晶为马尿的正常成分,易溶于氨水和乙醇,不溶于盐酸和乙酸。马尿中马尿酸结晶减少或消失为肾实质病变的指标。

四、尿液的化学检查

尿液的化学检查在临床上主要是指尿液中的无形成分与体外化学试剂发生的反应。通常用定性或定量的方法表示某些物质的浊度、颜色等化学变化。但是随着近几年临床自动化检验仪器的使用，尿液化学检查的许多项目已经可以进行自动化检测。如果没有尿液分析仪，可以采用尿试纸法半定量测定。通常测定的内容主要有以下几种。

1. 尿液的酸碱度测定

（1）健康动物尿液的pH：健康动物尿液的pH见表10-2。

表10-2　健康动物尿液的pH

物种	pH	物种	pH
马	7.2～7.8	牛	7.7～8.7
犊牛	7.0～8.3	山羊	8.0～8.5
猪	6.5～7.8	羔羊	6.4～6.8
犬	5.0～7.0	猫	5.0～7.0

（2）临床意义：正常尿液的酸碱性与食物的性质有关。草饲中含钾、钠等成碱元素较多，所以草食动物的尿液是碱性的；肉食中含磷、硫等成酸元素较多，所以肉食动物的尿液是酸性的；杂食动物因混食肉类及谷物饲料，所以它的尿液常常近于中性（pH 7左右）。草食动物的尿液变为酸性，常见于某些热性病、长期食欲不振、长期营养不良、某些原因引起的采食困难、某些营养代谢性疾病（如乳牛酮病、动物的骨软症）等。肉食动物的尿液变为碱性，常见于泌尿系统的炎性疾病。杂食动物的尿液明显偏酸或偏碱都是不正常的，其临床意义与草食或肉食动物的病理情况相同。

测定尿液酸碱度时，标本必须是新鲜的，久置会使尿液呈碱性。

2. 潜血　健康动物的尿液中不含有红细胞或血红蛋白。尿液中不能用肉眼直接观察出来的红细胞或血红蛋白称为潜血（或叫隐血）。

尿液中出现红细胞，多见于泌尿系统各部位的出血。

尿液中含有明显的血红蛋白时，称为血红蛋白尿。

3. 尿蛋白　正常尿液中仅含有微量的蛋白质，用一般方法难以检出。常见的尿蛋白有以下几种情况。

（1）生理性蛋白尿：当饲喂大量高蛋白饲料、剧烈运动、寒冷、怀孕及新生动物等，可出现暂时性的蛋白尿。

（2）病理性蛋白尿：主要是由肾疾病或其他疾病牵连到肾所引起的（肾性蛋白尿）。此外，当患尿道感染、前列腺炎、膀胱炎、肝脏疾病、糖尿病及一些高血压综合征时，也会引起蛋白尿。一些急性热性传染病、饲料中毒及一些毒物、药物中毒等也可见蛋白尿。尿中蛋白质含量达到0.5%而且持续不下降者，表示病情严重。

4. 肌红蛋白　尿液中出现肌红蛋白时，称为肌红蛋白尿。在临床上，它易与血红蛋白尿相混淆，故必须加以鉴别，从而正确诊断疾病。

肌红蛋白为低分子结合蛋白，其相对分子质量约为血红蛋白的1/4，易通过肾小球滤过膜随尿排出。当动物肌肉出现损伤，如马或猎犬的突然剧烈运动、肌肉的炎症、硒/维生素E缺乏、心肌炎等时会出现肌红蛋白尿。

肌红蛋白易变性，如陈旧尿、过酸、过碱、剧烈搅拌都能使肌红蛋白发生变性，故尿液应当新鲜，并避免剧烈搅拌。

5. 尿胆素原　胆素原是胆红素在肠道内被细菌还原而形成的。其大部分经粪便排出，形成粪胆素原；少部分经肠道吸收进入肝，被吸收的胆素原被重新加工形成胆红素；其余部分随血液流经肾而被排出，形成尿胆素原，故健康动物的尿中会含有少量的尿胆素原。尿胆素原随尿液排出后，容易被空气氧化成尿胆素。

溶血性疾病和肝实质性疾病（如急、慢性肝炎）时，尿液中胆素原可明显增加；当患完全阻塞性黄疸时，尿中胆素原呈阴性反应。

测定尿液中尿胆素原时必须用新鲜尿液，久置后尿胆素原氧化为尿胆素，会呈假阴性反应；由于抗生素的使用会抑制肠道菌群，因此可使尿胆素原较少或缺乏。

6. 胆红素 尿中胆红素是指肝脏中的胆红素（cholebilirubin）在某些病理状态下进入血液，经过肾而由尿液排出。健康动物的尿液中不含胆红素。此项检验对黄疸的鉴别诊断十分重要。

胆红素在阳光照射下易分解，采样后应及时检查；水杨酸盐、阿司匹林可与酸性三氯化铁发生假阳性反应，临床上要予以避免。

7. 葡萄糖 健康动物的尿液中仅仅含有微量的葡萄糖，一般无法检测出来。若用一般方法能检出，则称为糖尿，表示机体的碳水化合物代谢障碍或肾的滤过功能受到破坏。

尿液中出现葡萄糖，并不一定就是异常，如一时的惊恐、兴奋、喂食大量含糖饲料等，特别是一些肾阈值较低的一些动物，就会出现生理性的暂时的糖尿。病理性糖尿可见于肾疾病（肾小管对葡萄糖的重吸收作用降低）、脑神经疾病（如脑出血、脑脊髓炎）、化学药品中毒（如松节油、汞和水合氯醛等）及肝脏疾病等。

检测尿液中葡萄糖时，如尿液中含有蛋白质，应把尿液加热煮沸，过滤后再行检验；链霉素、维生素 C、水合氯醛、葡萄糖醛酸化合物、大黄、黄连、黄芩等还原性药物可使尿液中葡萄糖测定呈假阳性。

8. 酮体 酮体是由肝脏产生的，是脂肪酶分解代谢的产物，是乙酰乙酸、β-羟丁酸和丙酮三者的总称。酮体经血液运送到其他组织被氧化成二氧化碳和水，当碳水化合物代谢发生障碍时，脂肪的分解代谢增加，产生酮体的速度超过了肝外组织的利用速度，血酮聚集，称为酮症。过多的酮体经由尿液排出体外，称为酮尿。

正常动物尿液中不含酮体或含微量酮体，在妊娠期、长期饥饿、营养不良、糖尿病、长期麻醉、恶性肿瘤及剧烈运动后可呈阳性反应。丙酮含量达到 3 个或 4 个"＋"时，说明病情较重，经一段时期治疗而丙酮含量仍然不见减少者，表示预后不良。

9. 亚硝酸盐 某些泌尿系统存在的细菌可以将尿中蛋白质代谢产物硝酸盐还原为亚硝酸盐，因此测定尿液中是否存在亚硝酸盐就可以快速、间接地了解泌尿系统细菌感染的情况，作为泌尿系统感染的筛查试验。临床上尿路感染发生率很高，并且有时是无症状的感染。诊断尿路感染需做尿细菌培养，需较长时间和一定条件，而尿亚硝酸盐定性试验可以很快得到结果，有助于该病的辅助诊断。

如果亚硝酸盐定性试验结果阳性，则表示有菌尿存在。尿亚硝酸盐定性试验阳性结果常见于：由大肠埃希菌引起的肾盂肾炎，其阳性率占到总数的 2/3 以上；由大肠埃希菌等肠杆菌科细菌引起的有症状或无症状的尿路感染；膀胱炎；菌尿症等。

尿亚硝酸盐定性试验阴性时并不表示没有细菌感染，只是由于某些不具备还原硝酸盐能力的细菌引起的泌尿系统感染不能显示阳性，这类细菌有不动杆菌等非发酵菌，或尿液在膀胱中未能潴留 4h 以上。

假阳性结果见于采样的器具不清洁或不及时送检，存放时间过长使细菌生长；食用非那吡啶可引起假阳性。

（张海彬）

第二节　动物粪便和呕吐物检查

一、动物粪便和呕吐物显微镜检查

由不同部位采集少许呕吐物或粪便，放在洁净的载玻片上，加少量生理盐水，用牙签混合并涂成薄层，无需加盖玻片，用低倍镜检视。假如样品比较稀薄，可取样品 1 滴，进行上述的制片操作。遇到水样呕吐物或粪便时，因其含有大量的水分，检查前让其自行沉淀或低速离心片刻，然后用吸管吸取沉渣，制片进行镜检。

对于粪球表面或粪便中肉眼可见的异常混合物，如血液、脓汁、脓块、肠道黏膜及伪膜等，应仔细地挑选出来，移到载玻片上，覆盖盖玻片，随后用低倍镜或高倍镜镜检。

1. 寄生虫及虫卵　动物寄生虫病的种类较多，但临床症状除少数外都不明显。因此，寄生虫病的诊断主要依靠实验室检查。动物体内的多种寄生虫（如球虫、线虫、绦虫、吸虫等）的虫卵、卵囊及幼虫，都可随粪便排出体外，因此，粪便检查是内寄生虫实验室诊断的主要手段，并且以虫卵检查为主。虫卵检查常用涂片法、沉淀法和漂浮法。

（1）涂片法：在洁净的载玻片上滴 1～2 滴生理盐水，用牙签挑取少许粪便加入其中，混匀，除去较大或过多的粪渣后均匀涂成一薄层，覆以盖玻片，置显微镜下观察，一般每份样品检查三张涂片。

（2）沉淀法：是利用一般虫卵相对密度大于 1（水相对密度）的原理，以除去粪便中较水轻的杂质和水溶性成分的方法，使虫卵检查时粪渣较少，背景清晰。其方法是在烧杯中加清水 40ml，取粪便 4g 放入其中，充分搅拌后用铜筛过滤，将滤液离心 1～3min，倒去上清液，取沉淀物镜检。

（3）漂浮法：是利用一些虫卵密度小于饱和盐水的原理，使虫卵浮集于饱和盐水的表面，以提高虫卵检出率的方法。此法适用于比重较轻的线虫和绦虫卵，对比重较大的吸虫卵，可以改用硫酸锌或硫酸钠的饱和溶液代替饱和盐水。具体方法为：取 2g 粪便放入烧杯中，加入 10 倍的饱和盐水，充分搅拌后用铜筛过滤，将滤液分装于试管中，并使液面稍突出于管口，经 5～15min 后，用玻片蘸取粪液镜检。也可将滤液静置 20min，用 0.8～1.0cm 的有柄铁丝圈接触滤液表面，则在铁丝内形成一层薄膜，然后将这层薄膜滴在载玻片上，置显微镜下检查。

另外，还可以直接进行虫体检查。将粪便数克盛于盆内，加 10 倍量的生理盐水，搅拌均匀，静置 20min，弃去上清液。再于沉淀物中重新加入生理盐水，搅匀，静置后弃去上清液；如此反复 2～3 次，最后取少量沉淀物置于黑色背景下，用放大镜寻找虫体。

2. 细菌　健康动物粪便和呕吐物中菌群较多，检查细菌时应用棉拭子取样。临床上长期使用广谱抗生素、免疫抑制剂，以及患慢性消耗性疾病及伪膜性肠炎时，可导致肠道菌群失调。在细菌性肠炎时，通过粪便涂片及细菌培养，可初步确定病原。

粪便中细菌极多，占干重的 1/3，多属于正常菌群。

3. 红细胞、脓球　各种细胞数量的多少，以高倍镜 10 个视野内的平均数报告。

（1）红细胞：发现大量红细胞，可能为后部肠管出血、胃出血（呕吐物）；有少量散在、形态正常的红细胞，同时有多量白细胞者，说明有胃炎、胃肠炎或肠炎的存在。

(2) 脓球：指死亡的白细胞，细胞核多已崩解，脓球的结构不清晰，常聚集在一起甚至成堆存在。发现多量白细胞及脓球，表明胃肠道有炎症或溃疡。

4. 上皮细胞 上皮细胞分为扁平上皮细胞和柱状上皮细胞，前者来自肛门附近，后者来自肠黏膜。当有少量柱状上皮细胞同时有白细胞、脓球及黏液者，为肠管的炎症性疾患。

5. 脂肪颗粒及其他食物残渣 植物细胞及植物组织，见有厚而光泽的细胞膜及叶绿素；饲以混合性食物时，可见植物细胞、淀粉颗粒及脂肪滴等；粪便中的脂肪滴多呈圆形，颜色淡黄，可被苏丹Ⅲ染成红色，粪便中出现过多的脂肪滴为消化障碍、脂肪吸收不全的特征。未被消化的淀粉颗粒滴加稀碘溶液后变为蓝色；消化不完全的淀粉颗粒滴加稀碘溶液后则呈紫色或淡红色。这些物质在呕吐物中均存在。

6. 伪膜 镜下见有黏液及丝状物，缺乏细胞成分者实为纤维蛋白渗出后变成的纤维蛋白膜，多见于牛、马和猪的黏液膜性肠炎。检查此项目，可与重剧性肠炎时由肠管脱落的肠黏膜相区别。

二、化学检测

1. 酸碱度 临床上可用 pH 试纸法或酸度计法测定 pH。

草食动物的正常粪便都呈现弱碱性反应，如果粪便变为酸性反应，表明胃肠内的食物发酵产酸，常见于胃肠卡他；如果粪便变为较强的碱性反应，表明胃肠内产生了炎性渗出物，多见于胃肠炎。正常动物的呕吐物均为酸性。

2. 潜血 粪中不能用肉眼看出来的血液称为潜血。潜血检测与尿液潜血检验方法相同，可用仪器或尿试纸检测。如采用联苯胺法，正常无潜血的粪便不呈现颜色反应；呈现蓝色反应为阳性，蓝色出现越早，表明粪便内的潜血也越多。

整个消化系统不论哪一部分出血，都可以使粪便含有潜血。这项检验对于消化系统的出血性疾病的诊断、治疗及预后都有意义。肉食动物应禁食 3d，方可进行这项检验。

（李勤凡）

第三节 动物脑脊髓液检查

各种与神经功能障碍有关的病理过程，均可影响脑脊髓液的性质，故采集脑脊髓液做理化性质及某些特殊病原检查是诊断动物神经系统疾病的重要方法之一。另外，对一些新陈代谢障碍和消化功能障碍的疾病及某些中毒性疾病的诊断和预后，同样有一定意义。

一、样本的采集和保存

采集时最好使用特制的脊髓穿刺针，如无特制的脊髓穿刺针，也可用长的封闭针，将针端磨钝一些，并配以合适的针芯。采集前，术部及一切用具要按外科常规进行严格消毒。

常用的部位及穿刺方法有颈椎穿刺及腰椎穿刺。

1. 颈椎穿刺法 即在第一、第二颈椎间穿刺。动物取站立或横卧保定。先确定颈椎棘突正中线与连接内寰椎翼后角的交叉点，即寰枢孔。在交叉点侧方 2～4cm 处，与皮肤成直角刺入针头。针头进入肌肉层时阻力不大，在穿过脊髓硬膜后阻力突然消失，再稍推进 2～3mm，即达蛛网膜下腔，拔出针芯，可见有水样脑脊髓液滴出。

穿刺后，术部涂擦碘酊或火棉胶封盖。第二次穿刺需隔 2d 以上。

2. 腰椎穿刺法　穿刺部位在最后腰椎与荐椎之间腰椎孔，即十字部的“百会孔”，各种动物的部位基本相同。先确定腰椎棘突正中线与两侧髋结节内角连线的交叉点，在此交叉点的侧方 2～2.5cm 处，靠近第 1 荐椎前缘与皮肤直角刺入针头。该处皮肤厚，进针困难，要注意防止针头折弯。穿刺正确的标志，是见到有脑脊髓液从针孔滴出。腰椎穿刺所获得的脊髓液量较少，且理化性质也与颈椎穿刺的略有不同。

接取穿刺所得的脑脊髓液的方法：取灭菌试管 3 支，编上 1、2、3 号。最初流出的脑脊髓液可能含有少量红细胞，置第一管内，供细菌学检验用，第二管的供化学检验用，第三管的供细胞计数用。一般每管收集 2～3ml 脑脊髓液即可。采集后不能放置过久，应立即送检。术部消毒。

二、脑脊髓液的一般现状检查

1. 颜色　正常脑脊髓液为无色水样。

乳白色：见于急性化脓性脑膜炎。

淡红色或红色：可能是因穿刺时损伤或脑脊髓膜出血而流入蛛网膜下腔所致。如红色仅见第一管标本，第二、第三管红色逐渐变淡，可能是由于穿刺时损伤所致。如第一至三管标本呈均匀的红色，则可能为脑脊髓膜出血。脑或脊髓高度充血及日射病时，脑脊髓液可呈淡红色。

黄色：主要由于存在变性血红蛋白等所致，为最常见的一种异常颜色。若混有少量血液，可呈黄棕色，此时进行隐血试验，如为阳性，则可能为蛛网膜下腔出血、脑膜炎、脑肿瘤等；由严重的锥虫病、钩端螺旋体病及静脉注射黄色素所致者，隐血试验呈阳性。

2. 透明度　正常脑脊髓液清澈透明似水样；当含有少量细胞或细菌时，呈毛玻璃样混浊；含多量细胞或细菌时，则混浊似脓样，见于化脓性脑膜炎，有时也见于传染性脑脊髓炎，应及时做涂片进行细菌学检验。

3. 比重　进行称量法检验。取蒸馏水 0.2ml 置于特制的密度管内，在天平上称其质量，倾去蒸馏水，以乙醇和乙醚处理密度管，使之彻底干燥。再取被检脑脊髓液 0.2ml 置于其中，同样称取质量，以脑脊髓液的净重除以水的净重即得密度。如果脊髓液数量较多，也可用小型的尿密度计直接测定。腰椎穿刺所获得的脑脊髓液较颈椎穿刺的比重大。脑脊髓液的正常值分别为：牛 1.005～1.008，马、猪、绵羊 1.004～1.008，犬 1.006～1.009，猫 1.005～1.007，兔 1.0035～1.0065。比重增加，见于化脓性脑膜炎及静脉注射高渗氯化钠或葡萄糖溶液之后。

4. 凝固性　新采集的正常脑脊髓液，肉眼观察呈透明水样。病理情况下，脑脊髓液内蛋白质增多，在试管内存在一定时间以后凝固。

严重的化脓性脑膜炎的脑脊髓液，可于抽出后 1～2h 内出现凝块，并有沉淀产生。患结核性脑膜炎时，将脑脊髓液静置若干小时（一般 12～24h），可见有纤维丝或纤细的薄膜形成，提示脑脊髓液纤维蛋白原含量增高。

三、脑脊髓液的显微镜检查

1. 白细胞计数　如果脑脊髓液稍呈混浊，估计所含白细胞较多，可根据情况用白细胞稀释液将其稀释 5～20 倍，再进行计数，然后乘以稀释倍数即可。

健康犬的脑脊液白细胞为 0～8 个/μl，牛 0～10 个/μl，马 2～7 个/μl，猫 0～3 个/μl。

白细胞增多见于日射病、热射病及恶性卡他热等。

2. 红细胞计数

(1) 用毛细吸管吸取摇匀脑脊髓液少量，滴 1 滴于血细胞计数池内，计数 5 个大方格内的细胞数(包括红细胞及白细胞)，结果乘以 2，即每立方毫米脑脊髓液的红、白细胞数。

(2) 用另一毛细吸管，先吸入冰醋酸，并轻轻吹去，再吸取混匀的脑脊髓液少量(红细胞被破坏)，滴入计数池中，计数 5 个大方格内的白细胞数，结果乘以 2，即每立方毫米脑脊髓液内的白细胞数。

(3) 红、白细胞数－白细胞数＝红细胞数。

正常的脑脊髓液无红细胞，红细胞增多，除穿刺引起血管损伤外，见于中枢神经系统出血性疾病。

3. 白细胞分类计数　当脑脊髓液白细胞总数正常时，此项检查可以不做。一般先将脑脊髓液离心沉淀，然后取出沉渣涂片，按常规瑞氏液染色，进行分类计数。

脑膜受到刺激或脑膜充血时，内皮细胞增多；化脓性脑膜炎时，白细胞数显著增多，以嗜中性粒细胞为主；中枢神经系统的病毒感染、结构性脑膜炎时，白细胞数可中度增多，以淋巴细胞为主；中枢神经系统寄生虫病，可出现嗜酸性粒细胞；中枢神经系统的肿瘤，可见肿瘤细胞。

四、脑脊髓液的化学检查

1. 酸碱度测定　在常温条件下，用氢离子浓度比色法测定。健康动物脑脊髓液的 pH 如下：犬 7.35～7.39，猫 7.40～7.60，牛 7.0～7.6，马 7.13～7.36，猪、绵羊 7.30～7.40，家兔 7.40～7.85。

2. 蛋白质定量检验　测定方法同尿蛋白。正常动物指标(mg/L)为：牛 20.0～33.0，马 28.8～71.8，犬 11.0～55.0，猪 24.0～40.0，绵羊 8.0～70.0，家兔 15.0～19.0，猫 17.0～25.0。

健康动物脑脊髓液仅含有微量蛋白质，但脑脊髓或脑膜发炎时，毛细血管内液均可渗出而进入脑脊髓液中，如某些病理因素所致的脑炎、脑膜炎和颅内出血等。

3. 葡萄糖测定　脑脊髓液葡萄糖含量的正常值(mg/L)为：牛 35～70，马 47～78，犬 45～77，猪 45～87，绵羊 39～109，家兔 55～90，猫 55～115。

脑脊髓液的含糖量取决于血糖的浓度、脉络膜的渗透性和糖在体内的分解速度。血糖含量持续增多或减少时，可使脑脊髓液内含糖量也随之增减。

正常情况下，脑脊髓液葡萄糖含量约为血糖含量的一半。在病理情况下，脑脊髓液葡萄糖含量增高比较少见，而含量降低可见于化脓性脑膜炎、结核性脑膜炎和产后瘫痪等。

4. 氯化物测定　测定方法同血清中氯化物测定。含量增加见于尿毒症、麻痹性肌红蛋白症等；含量降低见于沉郁型脑脊髓炎。正常值(mg/L)为：犬 122～138，猫 125～175，马 195～224，牛 183～204。

(邓干臻)

第四节　动物浆膜腔积液检查

动物浆膜腔包括胸腔、腹腔、心包腔、关节腔和阴囊鞘膜腔等。在正常情况下，浆膜腔内有极少量的液体，与浆液膜毛细血管的渗透压保持平衡。在病理状态下，其内体液量异常增多时，称浆膜腔积液。漏出液是因血液内胶体渗透压降低，毛细血管内血压增高或毛细血管的内皮细胞受损、淋巴管阻塞等机械作用所引起的，如心脏病、肾疾病、静脉循环不良等。而因局部组织受损伤、发炎所造成的积液，称为渗出液。所以，按积液的性质，浆膜腔的非炎性积液称为漏出液；炎性积液称为渗出液。

一、样本的采集和保存

临床疑有浆膜腔积液时，可进行穿刺采样，以求确诊液体是否存在，并可用以鉴别其性质。穿刺放液是一种治疗方法。

采样时，应无菌操作，一般用消毒针头和注射器进行穿刺取样。若用套管针取样也应严格消毒，穿刺时可适当进行局部麻醉。如用 18G 或更小的针头可不用麻醉。

犬、猫的腹腔穿刺取液，一般用 18G 或 20G 针头、10～20ml 注射器，选择腹部悬垂处，避开重要的脏器，如肾、肝、脾和膀胱。

犬、猫的胸腔穿刺采液在右侧第 6 肋间下部，左侧第 7 肋间下部。动物呈自然站立姿势较好。

心包腔穿刺取液部位，取左侧 3～5 肋间，心浊音区。心包腔穿刺要求细心而谨慎，以防发生感染及损伤。

采取浆膜腔穿刺液标本时，应同时取两份，一份需加抗凝剂(3.8%枸橼酸钠与标本量之比为 1∶10)；另一份不加抗凝剂，标本采取后立即送检，以免细胞变性破坏或出现凝块而影响结果。

二、浆膜腔积液的一般现状检查

1. 颜色　漏出液一般无色或呈淡黄色。渗出液因细胞或细菌因素所致，可呈不同颜色。

(1) 无色或淡黄色多为漏出液。

(2) 红色或棕褐色为恶性肿瘤、出血性疾病及动脉瘤等。

(3) 绿色为铜绿假单胞菌感染。

(4) 乳酪色表示含大量脓细胞。

2. 透明度　一般漏出液较清，渗出液较浊。

(1) 清晰：透明无色或淡黄色液体。

(2) 微浊：呈云雾状，背面衬以报纸，字迹可辨认。

(3) 混浊：呈絮状或胶状，背面衬以报纸，字迹不可辨认。

3. 比重　漏出液的比重常在 1.018 以下(一般为 1.012～1.015)；渗出液常在 1.018 以上。

4. 凝块形成　渗出液中蛋白质含量较多，又含有纤维蛋白原，离体后易凝固，但在少数情况下，纤维蛋白被溶解而不凝固。漏出液一般不凝，如有多量血液时，因含纤维蛋白原也可凝固。

三、浆膜腔积液的显微镜检查

1. 细胞计数　漏出液细胞数一般较少，渗出液细胞数一般较多。

如果穿刺液体为血样红色，应测定红细胞比容。如所测定数值与血液的红细胞压积差不多，则可判断为浆膜腔出血。

2. 细胞分类计数 可取沉淀物制成薄片，置37℃恒温箱内迅速干燥(时间过长，细胞容易皱缩变性，难以识别)，用亚甲蓝或瑞氏染色，再用油镜分类。各种细胞的临床意义如下。

(1) 嗜中性粒细胞：急性感染时大量存在，化脓性细菌所致者最为明显。

(2) 淋巴细胞：多见于慢性病，如结核或肿瘤性渗出液中。

(3) 嗜酸性粒细胞：一般为2%～5%，在过敏性或寄生虫性疾病，结核性渗出液吸收期及积液经多次抽取后，嗜酸性粒细胞可显著增多。

(4) 间皮细胞：在非炎性漏出液中可见，在炎症情况下，此种细胞增多，患癌症时，此种细胞在渗出液中占多数，并有形态上的改变。正常间皮细胞呈圆形或椭圆形，胞质淡蓝到淡紫红色，无颗粒，但有时偶见胞质凝集成的假颗粒。偶见空泡，核呈圆形或椭圆形，多数位于中央，核染色质比较细致，分布均匀，有时可见1～2个核仁。有时形态不规则，呈一团团的，好像腺体，勿认为是癌细胞。

(5) 癌细胞：发现有大量形态不规则而体积大小不等，核大、畸形、染色质粗糙，染色较深，有时不均匀，有空泡，核仁或核分裂等现象的细胞，应疑为癌细胞。

(6) 组织细胞：比间皮细胞略小，染色较浅，核的大小与间皮细胞相似，但形状常为肾形或长圆形，偏于细胞一侧，这种细胞常见于胸、腹腔发炎的渗出液。

3. 细菌检查 取穿刺液离心沉淀物涂片，干燥，固定用革兰氏染色或抗酸染色，镜检。如检查放线菌，则取未离心的标本，直接涂片，加盖玻片镜检。

渗出液常见有细菌，但直接涂片不一定能检出，必要时应做培养检查。漏出液中很少有细菌，一般无需做细菌涂片检查。

四、浆膜腔积液的化学检查

1. 李凡他(Rivalta)试验 渗出液中常含有大量浆膜黏蛋白，是一种酸性糖蛋白，等电点pI总在3～5，因此在稀酸溶液中若呈白色云雾沉淀，为阳性漏出液。此试验常为阴性。

方法：取蒸馏水100ml加于100ml量筒内，加冰醋酸2滴，混匀，再滴加1～2滴，如在下沉过程中显白色云雾状或混浊即阳性，否则为阴性。要放在光线充足、有黑色背景处观察结果。

2. 尿素和肌酸酐的测定 有大量腹水且未区分出是因膀胱破裂的尿液或因其他原因引起的渗出液或漏出液时，测定尿素和肌酸酐有重要意义。

如腹腔穿刺液为尿液，尿素和肌酸酐的含量极高。这时如测定血液中尿素是10mmol/L，腹腔穿刺液中尿素浓度是200mmol/L，不必做其他检查，便可肯定为尿液。但因尿素扩散很强，很快就进入血液，而使血中和穿刺液的尿素结果一样时，为区别是否为尿液，则需测肌酸酐。因肌酸酐的扩散能力很差，如腹腔液为膀胱破裂的尿液时，此腹腔液中的肌酸酐浓度必然超过血液中肌酸酐浓度。临床上常见于犬、猫撞伤时膀胱破裂所引起的腹腔积液。

测定方法同血液尿素或肌酸酐。

区分积液性质对某些疾病的诊断和治疗均有重要意义，两者鉴别要点见表10-3。

表 10-3　漏出液及渗出液的鉴别要点

鉴别要点	漏出液	渗出液
原因	非炎症所致	炎症、肿瘤、化学或物理性刺激
外观	淡黄色，清晰、透明	混浊，可为血性、脓性、乳糜性等
比重	<1.018	>1.018
凝固性	不自凝	能自凝
Rivalta 试验	阴性	阳性
总蛋白含量	<25g/L	>30g/L
葡萄糖含量	与血糖相近	常低于血糖水平
细胞计数	常$<0.1\times10^9$/L	常$>0.5\times10^9$/L
细胞分类	以淋巴细胞、间皮细胞为主	根据不同病因，分别以嗜中性粒细胞或淋巴细胞为主
细菌学检查	阴性	可找到病原菌

以上各点在鉴别漏出液与渗出液时，尤其是细胞计数价值有限，有 10%以上的漏出液也是以嗜中性粒细胞为主。因此，在解释实验室结果时应结合临床进行综合考虑。若为渗出液，要区别是炎症性还是肿瘤性，此时应进行细胞学和细菌学检查。

（邓干臻）

第十一章　兽医临床常用生化检查

第一节　血糖代谢

一、血　　糖

健康的单胃动物禁食后血糖浓度为4～5.5mmol/L，反刍动物禁食后血糖浓度为3～4mmol/L。全血血糖值要比血浆值约低0.5mmol/L(取决于PCV)，因为红细胞内的葡萄糖浓度明显低于血浆中的葡萄糖浓度。

肾对糖的处理是通过允许血浆葡萄糖的滤过并在肾小管近端重吸收来实现的，但近端肾小管重吸收能力是有限的。当血糖浓度高于10mmol/L时，重吸收是不完全的，一些糖就会出现在尿液中。动物尿液中出现糖时的血浆糖浓度就是肾糖阈。正常情况下，发现糖尿就意味着血浆糖浓度已超过肾糖阈。低于10mmol/L的肾糖阈常见于幼畜和在妊娠期的母畜，也见于近端肾小管缺陷(范尼综合征)，在该病中葡萄糖重吸收功能差，可以在没有高血糖症时出现糖尿。

(一) 血 糖 升 高

血糖升高主要有以下几个原因。

(1) 采食高碳水化合物的饲料。采食高碳水化合物后，血糖浓度有一个吸收后的峰值。该水平取决于许多因素，但血糖浓度通常不会超过7mmol/L。

(2) 运动，尤其是剧烈的运动，与肾上腺轴大量分泌激素有关，赛马和猎犬在跑步后的血糖水平可升高到15mmol/L左右。

(3) 应激，特别是严重的或急性的应激。这种情况包括动物剧烈的疼痛和旅途劳累等。肾上腺轴和糖皮质激素都起作用，可使血糖浓度达15mmol/L。

(4) 其他原因引起的糖皮质激素的活动增加。胰岛素的对抗作用可能掩盖高血糖症的倾向，但有时可见血糖浓度为6～8mmol/L。

(5) 用含糖的液体静脉注射治疗。最常用的制剂是糖盐水和葡萄糖溶液，另外有些静脉注射的制剂含葡萄糖或右旋糖酐，使用这种制剂之后会升高血糖。

(6) 糖尿病。由绝对或相对的胰岛素缺乏引起，见于先天性的糖尿病(最常见)或继发于其他疾病的糖尿病，如胰腺破坏(肿瘤或偶尔的严重的胰腺炎之后)、有过多的胰岛素拮抗剂的疾病(库兴综合征、长期的类固醇治疗或肢端肥大症)或抑制胰岛素分泌的疾病。

在兽医临床中，糖尿病一般要到十分严重时才被发现，这使诊断相对容易，只要测定血糖浓度(最好是禁食后的)就足够了。在没有应激的情况下，血糖浓度高于11mmol/L时，就可认为有糖尿病。

(二) 血 糖 降 低

低血糖症是高危的，所以快速诊断和治疗是十分重要的。在大多数动物中，血浆葡萄糖浓度低于 2mmol/L 时，会出现可诊断的症状，但马对低血糖症的耐受力很强，血浆葡萄糖浓度低达 1mmol/L 时，也可能没有症状。血糖降低主要有以下几个原因。

(1) 胰岛素诱导的低血糖症。胰岛素诱导的低血糖症主要见于糖尿病患病动物过量使用胰岛素，也可以见于胰岛瘤。通过胰岛素和 C-羧氨酸检测可以确诊，但在临床中，这种测定往往是很难做到的。

(2) 禁食后的低血糖症。禁食后的低血糖症可见于酮血病(牛)/妊娠毒血症(羊)，这种情况只发生于反刍动物。此外，这种情况也可见于小型犬的先天性的低血糖症，这与应激和阶段性的虚弱有关，与胰岛瘤无关。

二、葡萄糖耐量

葡萄糖耐量试验是直接用葡萄糖负荷量来挑战胰腺的功能，通过评估血液和尿液葡萄糖浓度来评定胰岛素的作用。如果胰岛素释放充足，且靶细胞有健康的受体，则进食后人为升高的血糖水平在 30min 出现峰值，然后开始下降，2h 内达正常值，且尿液中不会出现葡萄糖。持续的高血糖和糖尿是糖尿病的指征。激发后严重的低血糖表明可能存在葡萄糖反应性的、功能亢进的胰腺 β 细胞瘤。该试验可简化为仅测定进食后 2h 的葡萄糖浓度。

口服葡萄糖耐量试验会受到肠功能异常的影响，如肠炎、运动过度、兴奋(如胃内插管引起)，静脉注射葡萄糖耐量试验是一个较好的选择。临床中，静脉注射葡萄糖耐量试验是反刍动物的唯一选择。禁食(反刍动物除外)12～16h 后，注射挑战性的葡萄糖负荷量，紧接着检测血糖，绘制耐受曲线。

静脉注射葡萄糖耐量试验步骤

1. 评估动物的日粮。对以低碳水化合物日粮为主的动物，试验前饲喂 3d 高碳水化合物(犬 100～200g/d)。
2. 对怀疑患有高胰岛素血症的动物，禁食 12～16h，使血糖水平降至下限 3.9mmol/dl(反刍动物和患胰岛素瘤的犬，不能禁食)。
3. 注射葡萄糖前，采集血样置于氟化钠试管中，获得基础血糖值。
4. 以 1.0g/kg 剂量静脉注射葡萄糖溶液 30s，然后计时。
5. 注射葡萄糖后，在 5min、15min、25min、35min、45min 和 60min 时采集血样，用氟化钠作为抗凝剂，测定所有样品的葡萄糖水平。对于患猫，120min 后再采集一个血样。
6. 在一张半对数坐标图上绘制血糖值图，确定葡萄糖水平下降 50%(葡萄糖半衰期)所需的时间。
7. 结果：输注葡萄糖后 30～60min，血糖水平应降至上限 8.9mmol/dl；在 120～180min，血糖水平降至基础浓度。

糖尿病动物会出现葡萄糖耐量下降(半衰期延长，转换率下降)；而患甲状腺功能亢进、肾上腺皮质功能亢进、垂体功能亢进和严重肝病时，葡萄糖耐量的变化不恒定。

葡萄糖耐量升高(半衰期缩短，转换率升高)可见于以下疾病：甲状腺功能减退、肾上腺皮质功能减退、垂体功能减退和高胰岛素血症。食用低碳水化合物日粮的正常动物，可能出现“糖尿病性曲线”。在试验前，给予 2～3d 高碳水化合物日粮，即可将误差减至最小。对于正常马，由于饮食和禁食情况不同，静脉注射葡萄糖耐量试验结果不稳定，因此试验是没有意义的。

三、果 糖 胺

葡萄糖可结合多种结构,包括蛋白质。果糖胺代表葡萄糖与蛋白质结合的不可逆反应,尤其是白蛋白。对于患糖尿病的动物,其血糖浓度持续升高,葡萄糖与血清蛋白的结合也增多。果糖胺升高表明存在持续的高血糖。由于犬、猫白蛋白的半衰期是1～2周,故果糖胺反映了1～2周内的平均血清葡萄糖水平。果糖胺对血清葡萄糖浓度变化的应答要快于糖化血红蛋白。不过,患低蛋白血症的动物,其血清果糖胺水平可能会假性降低。

四、糖化血红蛋白

糖化血红蛋白代表了葡萄糖结合血红蛋白的不可逆反应。糖基化血红蛋白浓度升高表明存在持续的高血糖。这个试验结果反映了一个红细胞生命周期(犬3～4个月,猫2～3个月)内的平均葡萄糖浓度。贫血的动物,糖化血红蛋白水平会假性降低。

(夏兆飞)

第二节 血浆脂代谢

一、血浆胆固醇

正常的血浆胆固醇浓度,犬为7～8mmol/L,猫为4～5mmol/L,草食动物为2～3mmol/L。

血浆胆固醇浓度的测定有异丙醇提取高铁冰醋酸-硫酸显色法(修改的LRC法)和酶法。

胆固醇既可从消化道中吸收(肉类食物),也可在体内合成。它是细胞膜的组成成分,可增加细胞膜结构的牢固性。过多的胆固醇排泄到胆汁中,一部分以胆汁酸和胆盐的形式存在,另一部分以未变化的胆固醇形式存在(可以被重吸收)。人的高胆固醇血症与动脉硬化和局部缺血性心脏病有关,但在家畜中还未发现这种关系。

(一) 胆固醇升高(高胆固醇血症)

草食动物胆固醇水平很低,且它的升高也不特异地与某一疾病有关。在小动物中,已发现有许多原因可以引起高胆固醇血症。

(1) 最近吃了含脂肪的食物。食物对血浆胆固醇浓度的影响不是特别大,最多为2～3mmol/L。但在利用胆固醇作为诊断指标时,最好还是采禁食后的血。

(2) 肝或胆管疾病。由于肝、胆管系统与胆固醇的排泄有关,患有肝衰竭的动物的血浆胆固醇浓度会升高。

(3) 糖尿病。在一些病例中,糖尿病动物脂肪代谢的增加会引起胆固醇浓度的升高,特别是当患病动物还患有肝脂肪浸润而使肝功能降低时。

(4) 库兴综合征。血浆胆固醇浓度升高常见于库兴综合征,部分是由于脂代谢激素紊乱引起,部分是由于类固醇性肝病引起,类固醇性肝病常与该病伴发。

(5) 甲状腺功能减退。食物的影响不可能使血浆胆固醇浓度升高到超过10mmol/L,在肝、肾、糖尿病、库兴综合征中也很少升高到15mmol/L以上。甲状腺功能减退可使血浆胆固醇浓度高达50mmol/L,但30%有甲状腺疾病的动物的血浆胆固醇浓度是正常的。

（二）胆固醇降低

在甲状腺功能亢进的病例中，出现异常的低胆固醇常有报道，但这不具有诊断意义。

二、血浆甘油三酯

正常的血浆甘油三酯浓度，犬约为 1mmol/L，马约为 0.4mmol/L。游离乙二醇的浓度一般低于 100μmol/L。

血浆甘油三酯水平的升高见于一些疾病（脂血症），当在血浆中有乳白色悬浮物时，就要怀疑该病。

但要注意的是，实际中不能直接测定甘油三酯，而是用脂肪酶和酯酶处理样品后再测定总乙二醇的量。甘油三酯的值是由总乙二醇减去游离乙二醇得来的。

与血浆甘油三酯升高相关的疾病包括糖尿病、甲状腺功能减退、肾病综合征、肾衰竭、急性坏死性胰腺炎、马高脂血症。

要注意的是，紧张的运动也会引起血浆总乙二醇浓度的升高，这并不是甘油三酯升高，而是游离乙二醇升高的缘故。

三、血浆胆汁酸

正常的血浆胆汁酸浓度低于 15μmol/L。

胆汁酸分为游离胆汁酸和结合胆汁酸两大类。游离胆汁酸主要有胆酸、鹅胆酸和脱氧胆酸三种，它们由肝细胞产生。结合胆汁酸是胆汁酸与甘氨酸和牛磺酸结合形成的。胆汁酸随胆汁分泌入肠道乳化脂肪，是消化吸收食物中脂肪和脂溶性维生素（A、D、E、K）的必需条件。

分泌入肠道的胆汁酸，大约 95%又重新被吸收入血液，然后又被肝摄取，随胆汁分泌入肠道，此现象称为肝肠循环。

血浆胆汁酸的检测采用放射免疫法或酶联法。

血浆胆汁酸含量增多见于胆管阻塞，其增多变化常与血清 ALP 活性增高相平行。马、犊牛、羊和犬急性中毒性肝坏死时，血浆胆汁酸含量明显增加。

（夏兆飞）

第三节　肾功能检查

一、尿　　素

正常的血浆尿素浓度为 3～8mmol/L（猫和一些马的值可高达 15mmol/L）。

有两种尿素浓度的质量表示方法都表示为 mg/100ml。一个是直接的每 100ml 血浆的尿素的毫克量；另一种是每 100ml 血浆中尿素氮的毫克量，即 BUN（尿素氮）。这两个单位中的数量是不相同的，所以知道化验数值是用哪个单位表示的是十分重要的。最安全的方法是把所有的数据都转换为 SI 单位（每升中尿素的毫摩尔数），但这也需要系数转换方面的知识（尿素是 0.17，尿素氮是 0.36）。

尿素是机体在肝中形成的含氮代谢产物，是氨基酸代谢的终产物。尿素在肝中形成，经肾排泄入尿。因此，血浆中的尿素浓度可受许多不同因素的影响。

（一）食物因素

(1) 食物中过多的蛋白质会引起脱氨基的增加，引起血浆中尿素浓度升高，但其浓度不会升得十分高，在多数动物中仅为7～10mmol/L。

(2) 食物中蛋白质质量低劣也有同样的效果。在没有必需氨基酸时，非必需氨基酸会被脱氨基，从而引起血浆尿素浓度的轻度升高。

(3) 碳水化合物的缺乏。当食物中没有足够的能量时，特别是存在脱水的病例中，血浆尿素浓度可以高达15mmol/L，甚至是20mmol/L。

(4) 食物中低水平的蛋白质可以引起血浆尿素浓度减少至1～3mmol/L。

（二）尿素循环失败（高氨血症）

尿素循环的目的是把有毒的氨离子转化为利于排泄的无毒尿素分子。尿素循环失败会引起氨在体内蓄积，同时血浆尿素浓度降低，为0.5～2.5mmol/L。过量的氨会引起各种中枢神经系统症状。但要注意的是，由于肾的问题，一些真正患高氨血症疾病动物的尿素浓度可能正常或稍升高。因此当发现血浆尿素浓度降低及一些病例中怀疑有高氨血症时，无论尿素浓度是否降低，都应测定氨本身的浓度。

（三）引起血浆尿素浓度升高的原因

(1) 肾灌注不良。这可以由严重的脱水或心功能不全引起。肾本身没有问题，根据灌注不良的严重程度不同，血浆尿素浓度升高至15～35mmol/L。

(2) 肾衰竭。诊断肾衰竭是测定血浆尿素浓度最常见的原因，特别是小动物。血浆尿素浓度可以随疾病严重程度的不同，从正常范围的上限到高达100mmol/L。当尿素浓度只有轻度升高时(低于20mmol/L)，治疗的效果可能是很好的；当血浆尿素水平高于60mmol/L时，治愈希望很小。

(3) 尿道阻塞。由于尿道阻塞对肾产生压力，且血浆尿素浓度可能上升至60mmol/L或更高，故会引起急性肾衰竭。如果阻塞被排除，该现象通常是可逆的。

(4) 膀胱破裂。膀胱破裂可使血浆尿素浓度很快升高至100mmol/L以上。

（四）引起血浆尿素浓度降低的原因

(1) 尿素合成减少，如肝肿瘤、肝硬化、门静脉吻合、低蛋白日粮等。

(2) 黄曲霉毒素中毒。

(3) 输液治疗以后。

二、肌　酐

正常动物血浆肌酐浓度低于150μmol/L。常用的肌酐检测方法是苦味酸法。

像尿素一样，肌酐也是由肾排泄的一种氮的代谢产物，但它不是氨基酸的代谢产物，而是肌氨酸的代谢产物。血浆肌酐浓度的变化只与肌酐的排泄有关，也就是说，它更准确地反映了肾的功能。因此，像尿素一样，血浆肌酐也用于检测肾疾病，但它与尿素有所不同，要得到肾功能的最大信息时，一般要同时检测尿素和肌酐。

(1) 血浆肌酐浓度不受食物和任何可以影响肝及尿素循环因素的影响。

(2) 在疾病初期,它比尿素升高得更快,而好转时也降得更快。

(3) 当出现肾前性的原因(心力衰竭或脱水)时,它比尿素的变化更小;而当存在原发性的肾衰竭时,它升高得更多。

既然肌酐比尿素对肾衰竭更特异、更敏感,为什么还要同时测定尿素呢?

(1) 肌酐在血浆样品中会变质,必须在当天进行分析。

(2) 有些物质容易干扰肌酐的检测,如胆红素可明显地降低肌酐的浓度,头孢菌素可明显地增加肌酐的浓度。所以,存在这些物质干扰时,尿素就成为了检测的首选。

(3) 由于尿素受许多不同因素的影响,故血浆尿素的测定也可以为患病动物提供比肌酐更多的信息。

对血浆肌酐结果的解释是相当直接的——降低没有临床意义;增加至 250μmol/L 左右时,可能是肾前性的原因引起的(脱水或心力衰竭);超过该值时,肾是有问题的(除非存在膀胱破裂或尿道阻塞的情况);当血浆肌酐的浓度超过 500μmol/L 时,情况就十分严重了;浓度超过 1000μmol/L 的情况,见于肾衰竭后期、膀胱破裂和尿道阻塞。

三、氨

大多数动物正常血浆氨浓度都低于 60μmol/L。

全血和血浆中的氨浓度都是非常不稳定的,因为采血结束后,尿素就开始分解为氨。这不足以影响尿素测定的准确性,但可以影响氨测定的准确性,因为即使只有一小部分尿素被分解,也足以引起氨浓度的明显升高,使一个本来正常的血样出现高氨血症的假象(分解 0.1mmol 的尿素可以产生 200μmol/L 的氨)。为了避免这种情况的发生,血样必须用乙二胺四乙酸(EDTA)抗凝(而不是肝素),并迅速放入冰块中,然后进行离心和检测,且必须在采血后 30min 内完成。血浆冷冻保存也必须在 3d 内进行检测。

有三个原因可以引起血氨升高。

(1) 先天性的尿素循环代谢缺陷。临床症状是神经系统紊乱,即攻击行为,有时与采食有关,同时发生昏迷、智力过度低下。唯一的生化异常是氨血症和尿素水平下降,并存在乳清酸(它是尿素循环中断时,旁支的异常代谢产物),且没有肝其他代谢功能受影响的迹象。门静脉血管造影正常。

(2) 先天性门静脉短路(静脉导管未闭合)。临床症状也与先天性缺陷相似,但除了氨血症/尿素异常外,还有其他的肝功能异常:白蛋白血症、低凝血素血症、低胆固醇血症、血浆转氨酶和碱性磷酸酶活性升高等。一般不出现黄疸,但磺溴酞钠(BSP)清除率延长。

(3) 肝衰竭后期。当肝衰竭达到其最后的阶段时,所有的肝功能都倾向于衰竭,包括尿素循环。在获得性门静脉短路的疾病中更是如此,而且有明显的肝功能异常的证据——低白蛋白血症和低血凝素血症十分严重,通常可见黄疸。由于已没有肝组织释放酶,肝酶的水平可能不会升高。BSP 清除率异常地延迟。

四、尿　酸

尿酸是氮代谢的副产物,主要产自肝。尿酸通常被转运到肾与白蛋白结合。在多数哺乳动物中,这种化合物通过肾小球,且大多数被肾小管细胞重吸收,继而转变为尿囊素,由尿排出。对大麦町犬,尿酸吸收入肝细胞的机制存在缺陷,导致尿囊素转化水平下降。因此,该品种尿液中的排泄物是尿酸，而不是尿囊素。

尿酸是禽类氮代谢的主要终产物，尿液中排泄的尿酸占总尿氮排泄量的 60%～80%，尿酸由肾小管分泌。血浆或血清尿酸的水平是评价鸟类肾功能的指标。禽类粪便中的尿酸盐会污染趾甲，由趾甲采集血样会造成尿酸水平假性升高；食肉鸟类进食后尿酸的浓度会升高。患有肾病时，肾功能丧失超过 70%，尿酸浓度才会升高。

五、尿蛋白/肌酐比率

肾脏蛋白尿的定量测定对于诊断肾脏病意义重大。尿液中缺乏炎性细胞时，蛋白尿表明存在肾小球疾病。为精确地评价蛋白尿，应检测 24h 的尿蛋白值。用数学方法比较尿样中蛋白质和肌酐水平，则更为精确和易于理解。尿蛋白/肌酐(P/C)比率，是建立在小管内尿蛋白和肌酐浓度增加水平一致的基础上的。

这种方法已有效地应用于犬。通常在 10∶00AM～2∶00PM，采集 5～10ml 尿液，最好进行膀胱穿刺采集尿样。尿样应在 4℃或 20℃保存。将尿样离心后，取上清液。蛋白质和肌酐浓度用各种分光光度计测定。对于健康犬，尿 P/C<1；尿 P/C 为 1～5，提示由肾前性(高球蛋白血症、血红蛋白血症、肌红蛋白血症)或功能性(运动、发热、高血压)因素所致；尿 P/C>5，提示存在肾疾病。

六、肾小球功能检测

患有氮质血症或未出现氮质血症而有肾病症状的动物，可以进行一些附加的试验评估肾脏功能。这些清除率的研究需要定时、定量采集尿样，同时采集血浆样品。清除率研究的两种主要形式是有效肾血浆流量(ERPF)和肾小球清除率(GFR)。ERPF 采用的试验物质经肾小球滤过和肾排泌，典型代表是对氨基马尿酸。GFR 采用的试验物质仅经肾小球滤过，典型代表是肌酐、菊粉或尿素。ERPF 或 GFR 的计算公式如下。

$$\text{GFR 或 ERPF}[\text{mg}/(\text{kg}\cdot\text{min})]=U_X\times V/P_X$$

式中，U_X代表尿样中该物质的含量(mg/ml)；V 代表在限定时间内采集的尿液量[mg/(kg · min)]；P_X 代表该物质的血浆浓度(mg/ml)。

(一) 肌酐清除率试验

1. 内源性肌酐清除率 由于肌酐仅分泌入肾小球滤过液，且可忽略肾小管分泌量，所以它是检测肾小球滤过作用的天然示踪剂。肌酐的短期血液浓度稳定，可适用于研究菊粉和对氨基马尿酸稳定灌注的清除率公式。这个试验相对简单，需要测定血液肌酐水平，准确地采集同时期的尿样。该试验最重要的是精确度。试验前后必须冲洗膀胱，采集冲洗后的尿样，用于肌酐的分析。清除率等于尿液肌酐排出量(尿液肌酐浓度×尿量)/血浆肌酐浓度。这种评估方法不太精确，但临床上适用。

为避免错误，血浆肌酐浓度应由联合肌酐 PAP 试验测定，而不是 Jaffe 法。联合肌酐 PAP 试验是一种用于测定肌酐浓度的酶显色法。Jaffe 法可以测定血浆中的非肌酐显色物质，而这些物质并不在尿液中出现。由于颜色干扰和交叉反应性，过量的血清酮体、葡萄糖和蛋白质都会造成 GFR 值假性升高。

内源性肌酐清除率试验概述

1. 试验前采集血样，分析血浆肌酐浓度。
2. 膀胱插管，用生理盐水冲洗数次。
3. 采集特定时段内（通常为24h）所有的尿液。
4. 在第三步操作的最后做膀胱插管，收集剩余尿液。
5. 用生理盐水反复冲洗膀胱，测定尿液中肌酐浓度。
6. 肌酐清除率公式：肌酐清除率＝$(U_V \times U_C/P_C)$/体重(kg)

式中，U_V 代表尿量(ml/min)；U_C 代表尿液中肌酐浓度(mg/dl)；P_C 代表血浆肌酐浓度(mg/dl)。

7. 犬的正常清除率为(2.8±0.96)ml/(min·kg)。

2. 外源性肌酐清除率　在小动物中，外源性肌酐清除率是一个准确测定GFR的方法。血浆肌酐浓度升高，使得血浆中非肌酐显色物质带来的误差可忽略不计，Jaffe法即可用于测定肌酐浓度。该试验的关键是要避免动物脱水；进行任何评估肾小球滤过作用的试验都必须保证动物自由饮水。

外源性肌酐清除率试验概述

1. 皮下注射肌酐。
2. 经胃内插管注入一定量的水。
3. 膀胱插管，一段时间（一般为40min）后用生理盐水冲洗膀胱。
4. 采集血样，分析血浆肌酐浓度。
5. 在特定时间段内，采集所有尿样，并采集第二个血样。
6. 用两个样品的平均值计算肌酐清除率。
7. 犬的正常值为(4.09±0.52)ml/(min·kg)。
8. 评估GFR的相关程序包括注射碘海醇，此法不需要采集尿样。

（二）单次注射菊粉清除率试验

菊粉全部由肾小球滤过，不被肾小管分泌、重吸收或代谢。因此，使用恒定的输注率与定量尿样进行的菊粉清除率试验，被认为是评估GFR的最佳方法。单次注射菊粉清除率试验是一个可选用的简单方法。禁食12h后（试验期间自由饮水），按100mg/kg或3g/m^2（按体表面积进行试验可得出更准确的结果）的剂量静脉注射菊粉；分别在20min、40min、80min和120min时，采集血清样品。正常犬的GFR是每平方米体表面积83.5～144.3ml/min。

（三）对氨苯磺酸钠清除试验

在犬中，对氨苯磺酸钠仅经肾小球滤过清除，它从血浆中的清除是肾小球滤过的一个指标。该试验可检测单侧肾切除和肾功能下降氮质血症出现前犬的肾功能情况。在患有肾小球肾炎的马中，对氨苯磺酸钠的半衰期可升至5倍。本试验也可用于猫，但其排泄机制尚不清楚。目前该试验不再广泛应用。

(四) 酚红排泄率试验

酚红是一种经肾小管排泌的有机染料。虽然如此,酚红排泄率仍可用于检测肾脏血流量,因为这对其外流的限制通常超出对肾小管排泌速率的限制。多于 2/3 的肾功能丧失或肾灌注量受损时,酚红排泄率才会下降。本试验不再广泛应用。

(夏兆飞)

第四节 肝功能检查

一、蛋白质及其代谢产物

正常的总蛋白浓度为 60～80g/L(犬的稍低),白蛋白浓度为 25～35g/L(犬和猫的白蛋白浓度比大动物低)。

血浆中含有蛋白质的混合物——白蛋白、球蛋白和纤维蛋白原。白蛋白、大部分 α 球蛋白及 β 球蛋白是由肝合成的,而免疫球蛋白则是由淋巴器官中的淋巴细胞和浆细胞分泌的。蛋白质成分的分析首先是测定血清总蛋白和白蛋白的量,然后用血清总蛋白的量减去白蛋白的量来得到球蛋白的量。

白蛋白/球蛋白(A/G)比率有助于解释蛋白质成分的变化。假如两者成分一致改变,则认为是一种正常现象,可能是由于脱水引起;如果其中之一的成分明显改变,则认为是异常现象。

(一) 总蛋白浓度的升高

总蛋白浓度的升高有三个主要的原因。

(1) 相对的水缺乏,也称为假性升高。常由于脱水引起,当水的相对缺乏引起血浆蛋白浓度升高时,总蛋白、白蛋白和球蛋白都以同一比率升高。

用于表示脱水的程度时,血浆总蛋白浓度没有 PCV 好,而且对于犬,其范围比 PCV 狭窄得多,这就更容易评估某一血样脱水的程度。

(2) 慢性和免疫介导的疾病。这些疾病包括肝硬化、慢性亚急性细菌性传染病和自体免疫疾病,特别是猫传染性腹膜炎,可以引起球蛋白,特别是 γ 球蛋白浓度的升高。

(3) 副蛋白血症。这是一种相当少见的疾病,它与恶性的产生免疫球蛋白的细胞(通常是淋巴细胞)有关,在其中进行免疫细胞的单克隆增殖,产生大量外观异常的、单个的免疫球蛋白,血浆通常十分黏稠。

(二) 总蛋白或白蛋白浓度的降低

总蛋白或白蛋白浓度的降低可见于以下各种不同的临床疾病。

1. 相对的水过多　临床上水过多的情况不常见,但可能是医源性的。最常见于输液后采血或留滞针采血。

2. 过多的蛋白质丢失　由于白蛋白是血浆中最小的蛋白质之一,它比其他的蛋白质更容易丢失,所以有些疾病常表现为低白蛋白血症。

(1) 肾蛋白丢失。见于肾病综合征、肾小球性肾炎、淀粉性样变等。可通过检查尿液中是否存在蛋白质来证实，但有时同时发生的膀胱炎会干扰诊断。

(2) 肠蛋白丢失(蛋白丢失性肠病)。在大动物中，特别是马，见于严重的寄生虫病和过量的保泰松对马的毒性作用(不像其他的动物，引起再生障碍性贫血)。在小动物中，要考虑的疾病有淋巴癌、绒毛萎缩、大肠炎和嗜酸性肠炎。

(3) 出血。当全血丢失时，血浆蛋白的丢失会引起低蛋白血症，同时存在贫血。

(4) 烧伤。大面积皮肤烧伤渗出血清，可引起低蛋白血症。

3. 蛋白质合成的下降

(1) 食物中蛋白质的缺乏。常见于饲养管理较差的动物。

(2) 吸收障碍。可由各种原因引起，如胰外分泌功能不全(先天性或获得性的)、小肠内细菌过度繁殖等。另外，一些蛋白质丢失性的肠病也引起一定程度的吸收障碍。

(3) 肝衰竭。白蛋白主要是在肝中合成的，肝疾病时血清白蛋白水平通常降低。注意肝衰竭和肝细胞损伤是不同的，不能因为肝酶不升高而认为肝衰竭不是引起低白蛋白血症的原因。进行特异性的肝功试验，如 BSP 清除率或胆汁酸检测是必需的。

二、胆红素及其代谢产物

正常动物血浆胆红素的浓度低于 5μmol/L(反刍动物稍高些)，但马的正常的浓度可高达 50μmol/L。

胆红素是红细胞代谢分解的副产物。它的初产物是不溶于水的(称为游离性胆红素)，在血浆中，它与白蛋白结合在一起。通过与运输蛋白相结合，被转运到肝，然后与葡萄糖醛酸或其他物质结合，变成可溶的结合性胆红素，然后分泌入胆汁。结合胆红素及其相关的色素(主要是粪胆素)使粪便呈特征性的棕色。

直接胆红素是指结合胆红素，而非结合(间接)胆红素是通过总胆红素减去直接胆红素计算出来的。实验室检测血清总胆红素和结合胆红素常用的方法有改良 J-G 法和胆红素氧化酶法。

血浆胆红素浓度增加可能由以下原因引起。

(1) 禁食后的高胆红素血症。马是唯一容易出现该病的动物。在饥饿或厌食且没有溶血或肝胆异常的马中，血浆胆红素浓度可升高至 100μmol/L。这可能是由于游离脂肪酸存在，其症状是轻度的，但可进一步发展而出现临床的高脂血症。

(2) 血管内溶血。由于正常的网状内皮-肝胆系统的作用，轻度到中度的溶血，血浆胆红素浓度可能并不升高；而严重溶血时，超过机体排泄胆红素的能力而出现高胆红素血症(黄疸)。

(3) 肝脏疾病。一般来说，在急性肝炎中，结合或排泄功能衰竭常常是暂时性的，血浆胆红素浓度可以升高至 60μmol/L 或更高。在肝脏疾病早期，通常出现的是间接胆红素，但在一些病例中，胆管系统完整性的破坏会引起直接胆红素被释放到循环中。

(4) 胆管阻塞性疾病。在完全阻塞的疾病中，血浆胆红素浓度可以升到非常高，甚至超过 100μmol/L。在该疾病早期，胆红素几乎都是直接胆红素；在阻塞后期，受阻的胆汁会引起真性的肝损伤，这时也可见到间接胆红素升高。

三、胆 汁 酸

胆汁酸的具体内容详见本章第二节。

四、血 清 酶

(一)天冬氨酸氨基转移酶

天冬氨酸氨基转移酶(AST)催化天冬氨酸和 α-酮戊酸转氨生成草酰乙酸和谷氨酸,广泛地分布于机体中,特别是骨骼肌、心肌、肝脏和红细胞中。它用于所有动物的肌损伤的检查,其半衰期介于肌酸激酶(CK)和乳酸脱氢酶(LDH)之间。在大动物中,它常用于检查肝脏疾病。虽然 AST 在作为肝脏诊断指标时不是很特异,特别是马,但许多兽医仍然经常使用,因为大动物特异性肝酶[山梨醇脱氢酶(SDH)、谷氨酸脱氢酶(GLDH)]很难测定,在许多实验室都不测定这些酶。

AST 检测方法有比色法和速率法。

除马外,所有动物正常的血浆 AST 活性低于 100IU/L。马血浆 AST 活性在 200～400IU/L 是相当正常的,一些外观正常的马的 AST 酶活性可能超过 1000IU/L。因此,马的肝病的诊断不能只基于血浆 AST 的升高。

(二) 丙氨酸氨基转移酶

丙氨酸氨基转移酶(ALT)与 AST 的功能类似,没有同工酶。它催化丙氨酸和 α-酮戊二酸转氨生成丙酮酸和谷氨酸。在犬和猫中,它是肝细胞损伤特异酶;正常犬、猫血浆 AST 活性低于 100IU/L,在急性疾病(急性肝炎、类固醇肝病)中可升高至 5000IU/L;但在大动物中,ALT 实际上是肌肉的酶。

ALT 检测方法有比色法和速率法。

(三) γ-谷氨酰转移酶

γ-谷氨酰转移酶(GGT 或 γGT)主要存在于肝脏和肾脏中,但在临床上它的使用只限于肝脏疾病的诊断。在大动物中,它反映肝损伤比 SDH 或 GLDH 更持久。当 SDH 或 GLDH 升高时,它是正常的;而当它们下降时,GGT 开始升高。在小动物中,它的升高与 ALT 平行。犬血清 ALT 和 GGT 活性同时升高,表明肝脏既存在损伤或坏死,也存在胆汁郁积。

GGT 的半衰期特别长,狗舌草中毒的马,在临床症状恢复后,其血清水平仍将持续升高一段时间。马和反刍动物的正常值在 60IU/L 以下,而其他动物要稍微低于这个值。

(四) 碱性磷酸酶

碱性磷酸酶(ALP)是体内分布最广泛的酶之一。它是由一组同工酶组成的,在碱性(pH 9～10)环境下,这些同工酶会水解磷酸酯,在骨骼(成骨细胞)、肝脏和肠壁中可见到这些同工酶。血浆 ALP 正常值的范围非常广,大多数动物可达 300IU/L,马为 100～500IU/L。成骨细胞活性较高的幼年动物,其 ALP 水平较高;当骨骺生长板闭合后,ALP 水平会降低,其来源主要是肝源性的。ALP 易受测定条件的影响,特别是所用的缓冲液的影响。"正常值"在不同的化验室之间存在着非常大的差异。

全身性的骨骼疾病,如佝偻病、软骨病、甲状旁腺功能亢进、骨源性骨肉瘤、非骨骼性癌症的骨转移及颅骨-下颌骨骨关节病,能使血清 ALP 活性发生中度到显著升高。由于 ALP 正常值范围非常广,局部创伤,如骨折,一般不会产生足以被观察到的变化。骨源性 ALP 的升高,通过肝实质性酶(AST、ALT、SDH、GLDH 或 γGT 取决于动物的品种)的不升高和黄疸缺乏，很容易与肝胆疾病区别。

肝损伤会导致所有动物的血浆 ALP 活性中度升高，它与上面所列的其他肝脏酶活性升高趋于平行。

胆道疾病，特别是阻塞，会引起血浆 ALP 的大量升高，可达 50 000IU/L。随着病情的发展，胆汁逆流入肝脏会引起真正的肝损伤，其他肝脏酶活性也会升高。在某种程度上，ALP 被作为肝胆功能的一个指标，而所有其他酶只是测定细胞的损伤。

（夏兆飞）

第五节　心肌损害指标

一、肌酸激酶

肌酸激酶(CK)与高能量的代谢有关，它催化肌酸和腺苷三磷酸(ATP)生成磷酸肌酸和二磷酸腺苷(ADP)之间的可逆反应。要注意把它与肌酐区分开来，因为在临床生化中，这两个指标是完全不相关的。CK 以一个二聚体的形式存在，已发现有两个亚型——M 型和 B 型，这样就可能有三种同工酶的形式——MM、MB 和 BB。

CK-MM 是骨骼肌的形式，在一般的肌损伤，如肌溶解时会明显升高。总 CK 活性可以从正常的约 100IU/L(马稍高些)到严重病例中的 500 000IU/L。手术、肌肉运动或肌内注射都会使血浆 CK-MM 活性轻度到中度的升高。

CK-MB 是心肌的形式。在人中，它特异用于诊断心肌梗死，但该病在动物中很少，且慢性的心肌症型的疾病很少引起可见的酶变化，这是因为该酶的半衰期很短。

CK-BB 是脑的形式。它在诊断脑病中十分有用，如脑皮质坏死和由硫胺素缺乏引起的幼年反刍动物急性中枢神经系统疾病。

CK 的检测有比色法和酶偶联检验法。

一般来说，总 CK 的测定反映了 MM 同工酶，因为它的含量是最多的。MB 和 BB 的增加只能通过同工酶的测定来获得，否则会被 MM 所掩盖。健康动物血清 CK 活性因年龄大小而有变化，青年动物通常高于成年动物。

需要注意的是，CK 是一个很小的酶，其半衰期短，只要持续的损伤停止后，即使在横纹肌溶解过程中，酶的水平也会在 24～48h 内回到正常。总 CK 也是很容易变化的，特别是在室温或更高的温度时，故采集的样品必须当天化验；也可以在－20℃保存，但邮寄的样品是不可靠的，除非酶活性升得很高。

二、乳酸脱氢酶

乳酸脱氢酶(LDH 或 LD)，即羟基丁酸脱氢酶(HBD 或 HBDH)，促进乳酸和丙酮酸盐间的可逆变化，是糖原酵解和糖异生的主要酶之一，也是体内最大的蛋白质分子之一。它是一个四聚体，每个分子中有 4 个亚单位，且亚单位有两种形式，即 H 和 L。这样存在 5 种同工酶(HHHH、HHHL、HHLL、HLLL 和 LLLL)，用 LDH1～LDH5(HBDH)表示，其电泳活性逐渐降低。LDH1 与心肌、肾和红细胞有关，LDH5 则与肝有关。其他同工酶与骨骼肌和肺有关。

由于其分布广泛，总 LDH 活性的增加在兽医临床上是很难解释的，如果要知道它增加的原因，同工酶电泳分离是十分重要的。但由于 LDH 分子大且半衰期长，它的升高可在损伤后持续一段时间，所以有时对回顾诊断十分有用。

在大多数动物中，正常的血浆总 LDH 活性为 200～300IU/L，在一些病例中，可升高到几千 IU/L。

LDH 检测有比色法和速率法；同工酶检测可用琼脂糖电泳法。

（夏兆飞）

第六节　胰脏损伤的指标

一、α-淀粉酶

α-淀粉酶（AMS）与食物中纤维和糖原分解为麦芽糖有关。它主要存在于胰腺中，通常通过肾脏排泄。临床上主要用于诊断急性坏死性胰腺炎。在该疾病中，淀粉酶从细胞中漏出，并开始消化自己的组织。有急性腹痛和呕吐的症状，可能会被误认为是小肠内有异物，如果不能确定的话，就应该检查淀粉酶和脂肪酶。正常淀粉酶的上限约为 3000IU/L，而在急性胰腺炎时可达 5000～15 000IU/L，之后随着病情的改善而下降。

轻度到中度的非特异性的升高，可见于其他急性的腹部疾病（包括肠梗阻）和肾衰竭。

二、脂　肪　酶

脂肪酶（LPS）与食物中脂肪的分解有关，主要存在于胰腺中，其次为十二指肠和肝脏。溶血可抑制 LPS 活性。LPS 通常与淀粉酶一起用于诊断急性坏死性胰腺炎，且对该病较特异，受非特异因素影响小。作为一个大分子，它在疾病早期持续增加的时间较长，但在疾病开始阶段，它没有像淀粉酶升得那样快，所以建议同时化验两种酶。犬的正常值约低于 300IU/L，而在胰腺炎的早期，通常可超过 500IU/L。

血清 LPS 活性升高主要见于胰脏疾病、肠阻塞、肝和肾疾病，以及使用强的松或地塞米松等药物。

（夏兆飞）

第十二章　血浆电解质及血气和酸碱平衡分析

第一节　血浆电解质分析

一、血　浆　钾

血浆钾正常浓度为3.3～5.5mmol/L。

钾是细胞内主要的阳离子，在细胞外的浓度很低。它与水的关系不如钠与水密切，大多数血钾紊乱是由于过量的丢失或排泄减少造成的，与脱水无关。

1. 血钾升高(高钾血症)　当丢失低钾液体时可以使血钾升高，但一般不会达到危险的程度。明显的高钾血症，大多是由于肾脏排泄钾的能力丧失造成的，但不是所有的肾衰竭病例都会引起血浆钾浓度的升高。另外，持续使用保钾的利尿药(如安体舒通、醛固酮的拮抗剂)可引起高钾血症。严重脱水的患病动物因排泄减少，有时也可能是高钾血症。

当血浆钾浓度接近或超过7mmol/L时，就必须把它当作急症，因为细胞外液中钾浓度过高，很容易引起心脏停止(但严重溶血的血浆或采血7h以后才与红细胞分离的血浆，会引起血浆钾浓度的假性升高，后者是因为钾从细胞内逸出造成的)。

2. 血钾减少(低钾血症)　常见于持续高钾液体的丢失，腹泻是最典型的情况，甚至没有腹泻也可以引起类似的或更明显的低钾血症。低钾血症也可见于长期使用无钾液体治疗的患病动物，如用葡萄糖盐水或等渗盐水。另外，要注意持续使用促进钾丢失的利尿药(如呋塞米)，也可引起低钾血症。在奶牛卧倒不起综合征中，血钾可能降低，症状包括嗜睡、肌肉无力和心律不齐。

就血浆钾而言，马是个特殊的情况，在休息时其浓度降低至2.5mmol/L，也没有临床症状，特别是在吃干草时，会引起大量的唾液分泌。马的汗液中钾浓度很高，在长时间运动后，血浆钾的水平可降到2.0mmol/L，且也无任何临床症状。但在运动时，血浆钾的水平总是偏高的(约为4mmol/L)，这是由于钾不断从肌肉细胞中流出的缘故。

在所有其他的动物中，血浆钾浓度低于3.5mmol/L，被认为是有临床诊断意义的，低于3.0mmol/L是一个临界水平。口服或输钾对补钾很重要，但输液时要慢。林格液或乳酸林格液含4.0mmol/L钾，它用于维持体液是相当安全和正确的，但不能改善已有的低钾血症的状况。

二、血　浆　钠

正常的血浆钠含量为135～155mmol/L。

钠是一种与水最密切的电解质，大多数的紊乱都是原发的体液问题。

1. 血钠升高(高钠血症)　丢失低钠液体时容易引起血钠升高，如呕吐、过度喘气。血钠升高也可以见于严格限制饮水而限制了钠正常排泄的情况，最典型的例子是猪的食盐中毒。盐皮质激素的过度分泌也可以引起血钠升高。高钠血症可引起各种中枢神经系统的症状，如脑压升高、失明、昏迷(由中枢神经系统内的细胞脱水引起)等。血浆钠浓度高于160mmol/L

是很危险的。血浆钠浓度的变化率非常重要，过快地纠正高钠血症，也会引起中枢神经系统的症状。这是因为血浆渗透压的恢复速度比细胞的渗透压快，造成脑细胞吸收水分而引起水肿。

2. 血钠降低（低钠血症） 血钠降低主要发生于丢失高钠的液体时，最常见的情况是肾衰竭，肾不能浓缩尿液，且快速流动的尿液也不利于在肾小管进行有效钠钾交换而引起高钠尿。血钠降低也可发生于静脉注射大量的葡萄糖之后。其他引起血钠降低的主要原因有阿狄森病。

三、血　浆　氯

正常的血浆氯浓度为 100～115mmol/L（猫可高达 140mmol/L）。

氯与电解质的关系不密切，但可以提供十分重要的信息。作为一个阴离子，它的浓度受其他主要阴离子（碳酸氢根）浓度的影响。为了维持阴离子和阳离子的平衡，在碳酸氢盐浓度降低的酸中毒动物中，氯离子浓度一般都相当高；而在碳酸氢盐浓度升高的碱中毒动物中，氯离子的浓度一般非常低。不存在明显的酸碱紊乱时，血浆的氯离子浓度与钠离子浓度一般是平行的。

1. 血氯升高（高氯血症） 常发生于酸中毒中，也常见于几乎所有与高钠血症有关的疾病。用氯离子浓度来评估脱水的严重程度（基于水丢失会引起钠离子浓度升高的假设）是无效的。

2. 血氯减少（低氯血症） 常见于碱中毒中，另外，也常见于与低钠血症有关的疾病。不伴有低钠血症的低氯血症，也可在丢失大量的高氯或低钠液体时发生，这一般就是盐酸，即胃分泌液丢失的缘故，故在刚采食后，持续的呕吐是其中可能的原因之一（但要注意的是在空胃时，呕吐中丢失的主要是钾）。另一种情况是马属动物的疝痛，胃肠道的上部被阻塞，虽然液体没有真正丢失，但大量的含氯液体都储存在胃和上段小肠中。要注意在未知原因的激动或恐惧的马中，血浆氯浓度会明显下降；在奔跑后，马的血浆氯浓度降至 85～90mmol/L 是正常的。

治疗氯的紊乱，主要是纠正酸碱平衡和钠的异常，而不是特异地纠正氯离子本身的浓度。

四、血　浆　钙

正常的血浆钙浓度为 2～3mmol/L（马为 2.5～3.5mmol/L）。

钙在神经肌肉传导和肌肉收缩中具有十分重要的作用，也是骨骼的重要组成成分。大约一半的血浆钙是游离的，这是有活性的部分；另一半是无活性的，与白蛋白结合在一起。

1. 血钙升高（高钙血症） 轻度的高钙血症可能是血浆中白蛋白浓度升高的结果（如脱水），或是在采血时静脉过度郁积。在兽医临床实践中，最可能引起高钙血症的原因是过度使用葡萄糖酸钙治疗低钙血症，但真正的高钙血症多是由于各种类型的甲状旁腺功能亢进引起的。高钙血症的症状主要表现为多尿，这是因为循环中高浓度的钙会干扰正常的尿液浓缩机制，所以也会引起烦渴。

除了烦渴，高钙血症的其他临床症状包括便秘和腹痛（由神经肌肉活性的抑制引起的），以及肾功能障碍和心脏病等。

2. 血钙降低（低钙血症） 这是到目前为止最常见的钙的异常，可由以下几种原因引起。

（1）低白蛋白血症：这种原因引起的低钙血症只是中度的，并且当游离的钙不受影响时，它常是无症状的。但当低钙血症是由白蛋白的丢失引起时，在一定时间内依赖于白蛋白的钙的丢失可能会引起真性的、有症状的低钙血症。

(2) 产后低血钙：在乳牛中是十分常见的，分娩后会马上出现低钙性搐搦。这是泌乳因素、激素因素和泌乳早期对乳牛的钙的过度需求共同作用的结果。类似的综合征也发生于其他种类的动物。

(3) 慢性肾衰竭：特别是小动物。患这种疾病后，它们无法排泄磷，会出现高磷血症并继发血钙下降。这反过来又会刺激甲状旁腺激素分泌，以增加骨钙(和磷)的释放，低钙血症改善了，但高磷血症就恶化了，导致该病(继发性甲状旁腺功能亢进)的主要症状是高磷血症而不是低钙血症。

(4) 急性胰腺炎：一些急性胰腺炎会引起低钙血症和搐搦。如果在急性发作期可通过静脉注射钙来治疗，当胰腺炎治愈后，大多数病例都能恢复。

五、血　浆　磷

正常的血浆磷浓度为 1～2.5mmol/L(但猪的要远远超过该值)。

无机磷在许多代谢过程中是十分重要的，而且像钙一样，它也是骨骼的主要组成成分之一。甲状旁腺激素和维生素 D 调控血磷水平。溶血会使血浆磷浓度假性增高，年幼动物的血浆磷水平比成年动物的高。

1. 血磷升高(高磷血症)　在慢性的肾疾病中最常见(通常是在小动物中)。肾排泄磷的功能下降，从而引起血磷的浓度升高。这实际上是通过继发的低钙血症倾向引起甲状旁腺激素分泌增加，导致了骨磷的释放，从而使高磷血症恶化。这种方式会引起骨骼脱矿物质的恶性循环，就是所谓的继发性甲状旁腺功能亢进，患病动物会出现骨骼异常。

要注意的是，临床中可见有的猪无机磷浓度升高(甚至高达 5mmol/L 或更高)，但无症状出现，这有可能是食物的影响。

2. 血磷降低(低磷血症)　典型的低磷血症在兽医中称为“奶牛卧倒不起症”，就是一种奶牛产后低钙血症，虽经充分治疗，但仍卧倒不起的病症。它包含着许多不同的疾病，其中一部分是低磷血症引起的。这些奶牛意识清醒，能吃喝、反刍、排粪尿，且无其他内科或外科疾病(如子宫炎、乳房炎或骨折)，但就是不能站立。

(夏兆飞)

第二节　血气和酸碱平衡分析

血液酸碱平衡受呼吸和代谢两方面因素的影响。因此，为了正确评价酸碱平衡状况，最好同时检测酸碱度及反映呼吸和代谢因素的各项指标。血气及 pH 测定，现多使用血气分析仪，同时测出反映呼吸因素的指标[主要是二氧化碳分压(partial pressure of carbon dioxide，PCO_2)、氧分压(partial pressure of oxygen，PO_2)、血氧饱和度(saturation oxygen，SaO_2)]和反映代谢因素的指标[包括实际碳酸氢盐(actual bicarbonate，AB)、标准碳酸氢盐(standard bicarbonate，SB)和剩余碱(base excess，BE)等]，并计算出阴离子隙(anion gap，AG)。采肝素抗凝动脉血立即检测；如不能立即检测，应严加密封，不能接触空气，立即送检，天热可放冰箱中。

一、pH

pH 是表示体液氢离子浓度或酸碱度的指标，常由血液 pH 测定来间接了解细胞内和与细胞直接接触的内环境的 pH。血液 pH 实际上是未分离血细胞的动脉血浆中$[H^+]$的负对数值，正常动物的动脉血液 pH 在 7.35～7.45 变动，平均为 7.40。静脉血 pH 比动脉血低0.02～0.10。静脉血 pH：犬为 7.31～7.42，猫为 7.24～7.40，牛为 7.35～7.50，马为 7.32～7.44。

血液 pH 的恒定为呼吸和代谢因素共同作用的结果。它反映体内呼吸性和代谢性综合作用的结果。pH 过高或过低均严重影响机体的生物活性，pH 升高超过正常范围的上限，可确定为失代偿性碱中毒；pH 低于正常范围下限，则为失代偿性酸中毒。pH 正常并不排除存在酸碱失衡的可能性，因为代偿性酸、碱中毒，或同时存在等强度的酸中毒和碱中毒时，pH 可能正常或接近正常范围的上限或下限。

pH$<$7.35 为失代偿性酸中毒，存在酸血症；pH$>$7.45 为失代偿性碱中毒，有碱血症；pH＝7.35～7.45 可有三种情况——无酸碱失衡、代偿性酸碱失衡或复合性酸碱失衡，由于酸碱综合作用的结果已被代偿，要区别是呼吸性、代谢性，亦或两者的复合作用，须结合其他有关指标进行综合判断。

二、二氧化碳分压

二氧化碳分压（PCO_2）指在血液（或血浆）中物理状态溶解的 CO_2 产生的压力。正常时动脉血 PCO_2 参考值为 4.4～6.3kPa（33～47mmHg）。静脉血 PCO_2 略高于动脉血，6.1～6.7kPa（46～50mmHg）。犬为 3.9～5.6kPa，猫为 3.9～5.6kPa，牛为 4.6～5.9kPa，马为 5.1～6.1kPa。

二氧化碳分压反映酸碱平衡中的呼吸因素，是诊断呼吸性酸碱失衡的确定性指标。$PCO_2<$4.65kPa 为低碳酸血症，$PCO_2>$5.98kPa 为高碳酸血症。测定 PCO_2 并结合 PO_2 可以判断呼吸衰竭的类型和程度，PCO_2 增高提示通气不足，CO_2 蓄积，为呼吸性酸中毒；PCO_2 低于正常，提示通气过度，CO_2 排除过多，为呼吸性碱中毒。但在代谢性碱中毒和酸中毒时，PCO_2 可因肺的代偿作用而高于或低于正常。

三、氧　分　压

氧分压（PO_2）指在血液中物理状态溶解的 O_2 产生的压力。正常时动脉血 PO_2 参考值为 10.64～13.3kPa（80～100mmHg），犬为 11.3～12.7kPa，猫为 11.3～12.7kPa，牛为 12.3kPa，马为 12.5kPa。

氧分压反映肺的换气功能及组织氧合状态，判断机体是否缺氧及其程度。低于正常范围下限称为低氧血症。PO_2 降至 8.0kPa（60mmHg）以下，机体已濒临失代偿边缘，也是诊断呼吸衰竭的标准；$PO_2<$5.33kPa（40mmHg）为严重缺氧；$PO_2<$2.67kPa（20mmHg，相应血氧饱和度 32%）以下，由于不同组织器官间的氧降阶梯消失，脑组织不能再从血液中摄氧，有氧代谢不能正常进行，生命难以维持。

四、血氧饱和度

血氧饱和度（SaO_2）指动脉血中氧与 Hb 结合的程度，是单位 Hb 含氧百分数。血液中的氧以物理溶解和与血红蛋白结合的两种形式存在。与血红蛋白结合的氧量远超过物理状态溶解的氧量。物理状态溶解的氧量与氧在血液中的溶解度和氧分压的强弱有关。$SaO_2=(HbO_2/\text{全部}Hb)\times100\%$。根据 Dalton 气体定律，氧在空气中的浓度为 20.93%，所以在空气气压为 101.3kPa 时，氧的分压为 $101.3\times0.2093=21.20$kPa（159mmHg）。因为氧的溶解度系数为 0.003，所以物理状态溶解的氧为 159×0.003＝0.48（体积比）。每克血红蛋白能结合 1.39ml 氧，因此正常情况下 150g/L 血红蛋白可结合氧 208.5ml（20.85ml/100ml 血），物理状态溶解者除外。由于并非全部 Hb 都能氧合，且血中还存在其他 Hb，如高铁 Hb 等，SaO_2 难以达到 100%，正常为 95%～98%。关于血氧测定除饱和度以外，尚有氧含量和氧结合量测定。

五、红细胞压积

红细胞压积（PC）规范名词为血细胞比容（HCT），又称红细胞比积，是指抗凝全血经离心沉淀后，测得下沉的红细胞在全血中所占容积的百分比。根据其值的变化来帮助诊断贫血及其程度或测知血浆容量是否丢失，也可用于红细胞的各项平均值的估算，有助于贫血的形态学分类。犬为 37%～55%，猫为 30%～45%，牛为 24%～46%，马为 32%～48%，猪为 36%～43%，绵羊为 27%～45%，山羊为 22%～38%。

红细胞压积相对性增高主要是血浆容量减少所致，见于呕吐、腹泻、多尿、多汗、急性肠胃炎、肠梗阻、肠变位、渗出性胸膜炎、某些传染病和发热疾病。红细胞压积绝对性增高是红细胞增加过多所致，有原发性和继发性两种。原发性红细胞增多又叫真性红细胞增多症，与促红细胞生成素产生过多有关，见于肾癌、肝细胞癌、雌激素分泌细胞肿瘤、肾囊肿等疾病，红细胞数可增加 2～3 倍。继发性红细胞增多，是由于代偿作用使红细胞绝对数增多，见于缺氧、高原环境、一氧化碳中毒、代偿功能不全的心脏病及慢性肺部疾病。红细胞压积降低多见于各种原因引起的贫血。由于贫血类型的不同，红细胞数、血红蛋白量与红细胞压积在减少的程度上不一定成比例。因此，必须将红细胞数、血红蛋白量及红细胞压积三者结合起来，计算红细胞各项平均值才有参考意义。

六、剩　余　碱

剩余碱（BE）是指在标准条件下（PCO_2 为 5.33kPa，血氧饱和度为 100%，温度为 37℃）用酸或碱滴定全血或血浆至 pH 7.4 时所消耗的酸或碱量（mmol/L）。剩余碱能表示血浆、全血或血细胞外液中碱储量增加或减少的量。由于在测定时排除了呼吸因素的干扰，可理解为实际缓冲碱与正常缓冲碱（均值）的差值（ΔBB），是评价代谢性酸碱平衡失调的重要指标。需加酸者 ΔBB 为正值，在 BE 前加"＋"，说明缓冲碱增加，固定酸减少，常表示代谢性碱中毒；需加碱者 ΔBB 为负值，则在 BE 前加"－"，说明缓冲碱减少，固定酸增加，表示代谢性酸中毒。正常全血或血浆 BE 在－3.0～＋3.0mmol/L 变动。

七、实际碳酸盐

实际碳酸氢盐（AB）又称真实碳酸氢盐，指的是隔绝空气的动脉血标本在实际条件下血浆中 HCO_3^- 的实际含量。参考值为 21.4～27.3mmol/L。

AB 和 SB 不同，受到呼吸性和代谢性双重因素影响。在正常情况下，AB 和 SB 一致；在病理状态下，AB 和 SB 之差反映呼吸对酸碱平衡影响的程度。AB 升高，既可能是代谢性酸中毒，也可能是呼吸性酸中毒时肾的代偿调节的表现。慢性呼吸性酸中毒时，AB 最大可代偿升高至 45mmol/L；慢性呼吸性碱中毒时，AB 可代偿性减少至 12mmol/L。

八、标准碳酸氢盐

标准碳酸氢盐（SB）是指全血在 38℃、血红蛋白完全（100%）氧合及 PCO_2 为 5.3kPa 的气体平衡条件下所测得的血浆 HCO_3^- 浓度，一般不受呼吸因素的影响，为血液碱储备，受肾调节，被认为是能准确反映代谢性酸碱平衡的指标，SB 的特点是不受呼吸因素影响，其数值的增减反映体内碳酸氢盐储备量的多少，因此是判断代谢性酸碱平衡失调的良好指标。SB 在代谢性酸中毒时降低，代谢性碱中毒时升高。参考值为 24(21～26)mmol/L。

综合分析 AB 和 SB 这两项指标，有助于酸碱平衡失调的分析。AB＝SB，且两者均正常，表明不存在酸碱平衡紊乱；AB＝SB，但两者都低于正常，表明失代偿性代谢性酸中毒；AB＞SB，表示呼吸性酸中毒或代偿性碱中毒；AB＜SB，表示呼吸性碱中毒或代偿性代谢性酸中毒。

九、阴离子隙

阴离子隙(AG)是指血浆中未测定的阴离子(undetermined anion，UA)与未测定的阳离子(undetermined cation，UC)的差值。由于细胞外液中阴阳离子总当量数相等，故有：已测定阳离子(Na^+)＋未测定阳离子(UC)＝已测定阴离子(Cl^-＋HCO_3^-)＋未测定阴离子(UA)。阴离子隙可根据血浆中常规可测定的阳离子(Na^+ 和 K^+)总和与常规测定的阴离子(Cl^- 和 HCO_3^-)总和的差算出，即 $AG=(Na^+ + K^+)-(Cl^- + HCO_3^-)$。由于血清中 K^+ 浓度很低，且相当恒定，故上式可简化为：$AG=[Na^+]-\{[Cl^-]+[HCO_3^-]\}$。

AG 可鉴别不同类型的代谢性酸中毒。AG 增高反映动物机体存在代谢性酸中毒、酮症酸中毒、尿毒症等，见于肾功能不全、乳酸中毒、糖尿病酮酸中毒、严重低血钾、低钙血症、低镁血症。AG 降低见于低蛋白血症、低磷酸盐血症、高钾、高钙、高镁血症、锂中毒及多发性骨髓瘤等。AG 正常的代谢性酸中毒如高血氯性代谢性酸中毒。

血气和酸碱分析用于判断呼吸功能及酸碱平衡的紊乱状况。临床上常见的酸碱平衡紊乱的实验室诊断指标见表 12-1。

表 12-1　临床上常见的酸碱平衡紊乱的实验室诊断指标

	pH	PCO_2	HCO_3^-	BE	AB	SB	原因
代谢性酸中毒	↓	↓	↓	负值增大	↓	↓	腹泻、缺氧、肾衰竭、高血钾、酮病等
呼吸性酸中毒	↓	↑	↑或正常	正值增大	↑	↑	通气障碍引起 CO_2 排出受阻
代谢性碱中毒	↑	↑	↑	正值增大	↑	↑	呕吐、长期用利尿药、低钾血症等
呼吸性碱中毒	↑	↓	↓	正常	—	—	肺通气过度
呼吸性酸中毒并代谢性酸中毒	↓	↑	↓	负值增大	↓	↓	肺水肿、慢性阻塞性肺病、CO 中毒
代谢性碱中毒并呼吸性碱中毒	↑	↓	↑	正值增大	↑	↑	呕吐、通气过度
呼吸性酸中毒并代谢性碱中毒	正常 ↑↓	↑	↑	正值增大	↑	↑	慢性阻塞性肺病
代谢性酸中毒并呼吸性碱中毒	正常 ↑↓	↓	↓	负值增大	↓	↓	糖尿病、肾衰、慢性肝病
代谢性酸中毒并代谢性碱中毒	正常	正常 ↑↓	正常	正常	正常	正常	呕吐、腹泻

注：↑表示升高，↓表示下降

资料来源：王俊东等，2003

（郭梦尧　邓干臻）

第三篇　兽医影像学检查

第十三章　X 线 检 查

X 线检查属于影像学检查。影像学检查是器械检查的一部分，包括 X 线检查、CT 检查、磁共振检查、超声检查、心电图检查和内镜检查等。本书主要讲解 X 线检查、超声检查、心电图检查，介绍 CT 检查、磁共振检查、内镜检查等。

自德国物理学家伦琴(Röentgen)于 1895 年发现 X 线后，其被迅速应用于人和动物体检查及疾病诊断，形成了放射诊断学，奠定了兽医影像学的基础。

第一节　X 线 成 像

X 线诊断技术在兽医临床上已经得到广泛的应用，成为兽医临床上重要的特殊诊断技术，可以更方便、准确且在早期对疾病作出诊断，而且对疾病的预防、疗效观察及预后判断等都有重要的价值。

一、X 线成像及其基本原理

(一) X 线的产生

X 线是电磁波谱中的一部分，它是高速运动的电子被物质突然阻挡时产生的射线。位于阴极的低压钨合金灯丝，通电加热到白热化后，就会释放了电子；电子在真空管内的两个电极间，通过高压电场(通常在 50～150kV)的作用就可以高速运动，当被阳极钨靶突然阻断后就能在钨靶上产生 X 线。真空管由阴极、阴极灯丝、阳极和玻璃罩构成，真空管外由金属外套包裹；真空管和外套共同构成 X 线球管。电子群撞击钨靶后，其大部分能量(约 99.8%)转化为热能，仅有约 0.2%转化为 X 线。其中只有一小部分 X 线能从 X 线管的窗口射出，其余大部分都被 X 线管的金属外壳吸收。X 线球管内部构造见图 13-1。

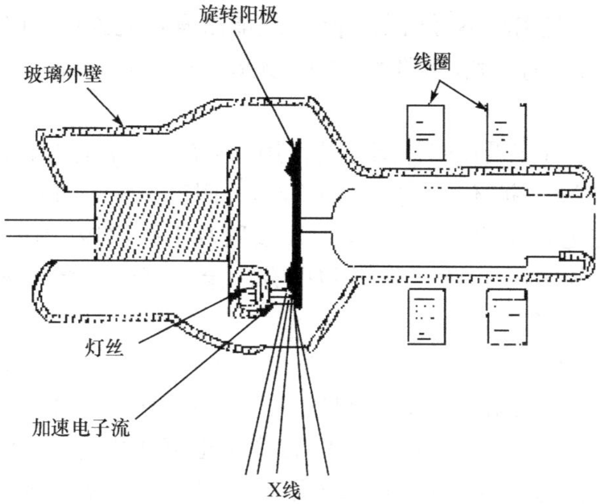

图 13-1　X 线球管构造

除去X线球管的金属外壳后，可见到玻璃罩(glass envelope)及玻璃罩(内为真空)内的旋转阳极(rotating anode)、阴极(cathode)等。

(二) X线的特性

X线是一种波长很短的电磁波，波长为0.0006～50nm。X线诊断常用的X线波长为0.008～0.031nm(相当于40～150kV时产生的X线)。在电磁辐射谱中，居γ射线与紫外线之间，比可见光的波长要短得多，肉眼看不见。

除上述一般物理性质外，X线还具有以下几方面与X线成像相关的特性。

(1) 穿透性(penetrability)：X线波长短，光子能量大，具有强的穿透力，能穿透一般可见光不能穿透的各种不同密度的物质如动物体等，并在穿透过程中伴有一定程度的吸收即衰减。根据物质对X线的不透过性，可大体区分为5类：金属、骨骼(或矿物质)、液体(或实质性脏器)、脂肪及气体(包括空气)(图13-2)。此外，X线的穿透力与X线管电压密切相关，电压越高，所产生的X线的波长越短，穿透力也越强；反之，电压越低，所产生的X线波长越长，其穿透力也越弱。另外，X线的穿透力还与被照体的密度和厚度相关，被穿透物质的密度与厚度越大，吸收的X线越多，则穿透能力越弱；反之，密度与厚度越小，吸收的X线越少，穿透能力越强。X线穿透性是X线成像的基础。

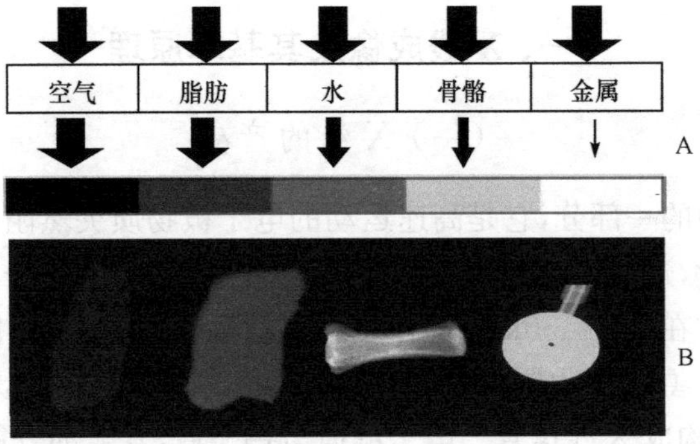

图13-2　各种物质对X线的不透过性示意图

A. 不同实物X线摄影表现；B. 自左向右依次为脂肪、软组织、骨骼和金属，它们四周即空气

(2) 荧光效应：X线是肉眼不可见光。但X线能激发荧光物质(如硫化锌镉、铂氰化钠及钨酸钙等)，产生肉眼可见的荧光，此即X线的荧光效应(fluorescent effect)。此特性是进行透视检查的基础。

(3) 感光效应：X线有使摄片胶片感光的作用，感光所产生的潜影，经显、定影处理，感光的溴化银中的银离子(Ag^{+})被还原成金属银(Ag)，并固定于胶片的胶膜内，在胶片上呈黑色；而未感光的溴化银，在定影及冲洗过程中，从X线胶片上被洗脱，因而仅剩下透明的胶片片基。依金属银沉积的多少，便产生了从黑到白有一定灰度的影像。感光效应(sensitization effect)也是X线成像的基础。

(4) 电离效应：X线通过任何物质都可产生电离效应(ionization effect)。空气的电离程度与空气所吸收X线的量成正比，因而通过测量空气电离的程度可计算出X线的量，此为多种照射量检测仪器的测定基础。X线进入人体，也产生电离作用，使人体产生生物学方面的改变，即生物效应。微量照射不显示对机体的明显影响，但经一定剂量辐射后，机体会出现明显的损害，过量照射往往导致不可逆损害。损害的程度与细胞分化有关，分化程度低的细胞如生殖细胞、造血干细胞等，对X线极其敏感；分化程度高的细胞如骨细胞等，则对X线的敏感性较差。电离效应是放射防护学和放射治疗学的基础。

（三）X线成像基本原理

X线之所以能使动物体在荧屏上或胶片上形成影像，一方面是基于X线的穿透性、荧光效应和感光效应；另一方面是基于动物体组织有密度和厚度的差别。由于存在这种差别，当X线透过动物体各种不同组织结构时，它被吸收的程度不同，所以到达荧屏或胶片上的X线数量和质量存在差异，并因此导致对荧光效应和感光效应的不同。这样，在荧光屏或X线片上就形成不同灰度的影像。

X线影像的形成应具备以下三个基本条件：第一，X线应具有一定的穿透力，这样才能穿透被照射的组织结构；第二，被穿透的组织结构必须存在着密度和(或)厚度的差异，这样，在穿透过程中被吸收后剩余下来的X线数量和质量才会有差别；第三，这个有差别的剩余X线仍是不可见的，还必须经过显像这一过程，如经X线片、荧光屏或电视屏等显示才能获得具有黑白对比、层次差异的X线影像。因此，X线用于诊断主要取决于X线的特殊性质、动物体组织器官密度和厚度的差异，以及人工造影技术的应用。

1. 天然对比　动物体某些组织器官存在着比重和密度的不同，各部位的体积和厚度也有差异，所以吸收X线的程度也不一致，在荧光屏上或X线片上就产生黑白明暗、层次不同且对比度较高的X线影像，这种现象称为天然对比(natural contrast)。动物体组织器官根据天然对比的不同，大致可以分为以下4类。

(1) 骨骼：骨骼是动物体中密度最高、比例最大的组织，主要由钙和磷构成，吸收的X线也最多，与其他三类组织的天然对比极为鲜明。在X线片上感光最弱，呈浓白阴影，在荧光屏上则显示为黑色阴影。

(2) 软组织和液体：动物体结构大部分由软组织和液体所组成，是体内中等密度的组织。软组织包括皮肤、肌肉、结缔组织、淋巴组织、内脏和软骨等。液体包括血液、淋巴液、脑脊液及多种分泌液，如胃液、尿液等。软组织和液体除水分外，主要由蛋白质、碳水化合物、脂肪等有机物所组成，这些有机物又主要包括氢、氮、氧等。因此，各种软组织和液体的密度均与水大致相似，故在X线片上都呈现灰白色影像，缺乏明显对比，但它们与骨骼和气体之间对比显著。

(3) 脂肪组织：脂肪在单位体积内原子数目较少，组织结构较疏松，其密度略低于软组织和体液，故只有在比较清晰的X线片上，才能显示脂肪与其他软组织间的对比。脂肪组织在X线片呈灰黑色阴影，在荧光屏上则较亮。

(4) 气体：动物体的呼吸器官、副鼻窦和胃肠道都含有气体，其气体原子排列极为松散，密度极低，吸收X线最少，与其他组织均有明显的对比。气体在X线照片上呈黑色阴影，在荧光屏上则最为明亮。

2. 人工对比　虽然动物体各部位及各脏器具有不同程度的天然对比，但常不足以产生完全达到诊断要求的影像，尤其以腹腔和颅腔最差。即使是天然对比条件较好的胸部和四肢，也常不能满足诊断要求。因此，单纯依靠天然对比进行X线检查，在诊断上有相当大的局限性。因为动物体组织和器官内部及其与邻近组织和器官之间，大部分是由密度相差很小的软组织和液体组成，如要拓展诊断范围和准确性，使密度相似的组织和器官产生鲜明对比，就必须应用人工方法，向动物体组织和器官内注入造影剂，将高密度或低密度造影剂(对比剂)灌注到器官的内腔或其周围，人为改变它们之间的密度差异，此方法称为人工对比法或造影法

(artificial contrast)。用作造影检查的物质称为造影剂或对比剂。常采用原子量大和密度高的钡剂或碘剂,也可用原子量小及密度低的气体,前者称为阳性造影剂,后者称为阴性造影剂。

3. 病理对比　动物体某些部位的病变,也可与周围正常组织形成不同密度的天然对比,根据病变的表现形式,作为X线诊断的基础。例如,炎症、积液、增生或异物等,使病变部位的密度增加;另外,组织缺损、破坏或积气等,则使病变部位的密度降低。

二、X线图像的特点

动物体组织和器官的X线影像由黑影、白影和介于二者之间的不同灰度(gray scale)的灰影所组成。X线图像主要具有以下三个特点。

(1) X线影像是X线束穿透某一部位各层不同密度和厚度组织结构后的投影总和,所以是组织结构的重叠影像。相互叠加的结果可能因累积增益而显示更为清晰,也可因相互重叠而模糊不清。例如,胸部X线侧位片(图13-3),其影像既包含构成胸腔的胸壁软组织、肋骨、胸椎、胸骨,还包括胸腔内心脏、肺脏、膈肌等组织器官。

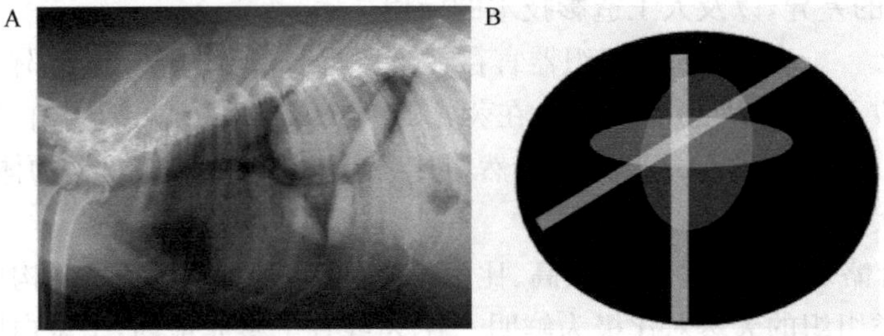

图13-3　胸部侧位片

A. 为胸部多种正常或病变组织器官的相互重叠影;B. 多种物质重叠效果示意图

(2) 由于X线束是从球管向动物体作锥形或金字塔形投射,X线影像有一定程度放大并有伴影形成,使影像的清晰度降低。

(3) 处于中心射线部位的X线影像虽有放大,但仍保持被照体原来的形状;而边缘射线部位的X线影像,由于倾斜投射,影像既有放大,又有歪曲和失真。因此,在观察X线影像时,应考虑到上述情况。

三、X线检查技术

临床上,透视、普通X线摄片和造影检查为目前最常用的三种X线检查技术。而体层摄片、放大摄影、软线摄影和数字X线摄片等特殊摄片检查技术在国内使用相对较少。

(一) 透　　视

利用X线的穿透性和荧光作用,将被检查部位置于X线管与荧光屏之间,进行直接观察,称为荧光透视,简称透视(fluoroscopy)。

1. 透视的优缺点和应用范围

(1) 透视的优缺点:透视的优点在于简便、经济。其不仅可以观察组织器官的形态和运动情况(如膈肌的运动、心脏大血管的搏动及胃肠道的蠕动和排空等),还可以随意转动动物体位、多方位观察病变状况。然而透视也有缺点,如荧光屏影像清晰度欠佳,对轻微病变、早期病变或细致的结构不易显示,细微病变易漏诊,较厚或过于密实的部位也难以显示清楚。此外,透视如没有数字和影像存储系统,还不易留下客观记录,不便于病变复查、对比等。

(2) 透视的应用范围:普通透视对于肺、心脏、大血管的观察较为适合。对于骨关节系统,虽具有良好的天然对比,但仅适用于四肢骨、关节的明显外伤,如骨折、脱位等,而对颅骨、脊柱及骨盆的外伤观察较难。其他骨关节病变均应摄片检查。对于腹部病变,除可观察腹部积气、胃肠道梗阻及高密度异物外,普通透视不能解决诊断问题,应用造影方法方可获得较满意的诊断效果。

2. 透视的设备

(1) 荧光屏:由荧光纸和铅玻璃组成,镶在一个金属框内。荧光纸为涂有荧光物质硫化锌镉的一纸板,经X线照射能产生荧光。铅玻璃无色透明,可阻挡大部分X线、保护检查者。

(2) 活动光门:又称活动光栏或光栅,安装在X线机头的放射窗上,以便随意调节照射视野的大小。

(3) 透视暗室:无X线透视电视装置时,透视检查通常需要在暗室下进行,这是由于荧光屏产生的荧光不强,需要在黑暗环境下才能观察清楚其影像。应用X线电视装置进行透视时,影像显示在电视屏幕上且亮度较高,可于明室下进行检查。

(4) 红色护目镜:在无X线透视电视装置时,帮助检查者做眼睛暗适应以方便在暗室内透视检查。

(5) 防护设备:包括铅屏风、铅眼镜、铅围裙和铅手套等。

使用影像增强装置的X线机还有X线影像增强管及透视电视系统(图13-4)。影像增强管是20世纪50年代初美国化学家欧文·篮穆尔发明的一种将X线转换成可见光线的高真空器件,它不但实现了不可见光到可见光的转换,而且可以得到足够的可见光输出,比荧光屏的转换率高很多,因而使用影像增强器,对X线管的管电流要求降低了许多,在明室观察时X线剂量可降为原来的几十分之一。电视系统是把光信号变成电信号,并经放大处理后变成电视信号,实现明室观察。

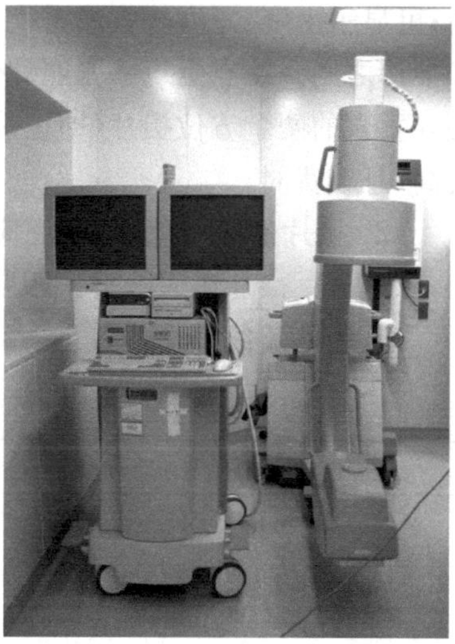

图13-4 X线影像增强管及透视电视系统(C型臂)

3. 透视技术

(1) 透视检查的条件:管电流通常用2～3mA。视被检动物和被检部位使用适中的管电压,小家畜为50～70kV,大家畜为60～85kV。焦点至荧光屏的距离,小家畜为50～75cm,大家畜为75～100cm。用脚踢开关控制间歇曝光,曝光时间为3～5s,间歇2～3s,断续地进行。透视时间不宜过长,一般胸部透视0.5～1min即可,对疑难病例,最长也不要超过5～6min,以减少X线辐射剂量。

(2) 透视检查的顺序:预先了解透视目的或临床初步意见,在被检动物确实保定后,将荧光屏贴近被检部位,并与X线中心线相垂直,减小影像的放大和失真。透视检查时,先对被检部位做一全面观察,大体了解有无异常。当发现可疑病变时,则缩小光门进行重点深入观察,并与对称部位比较。最后,记录检查结果,必要时进一步做摄片检查。

4. 注意事项 由于普通透视X线机荧光屏亮度较低，透视须在暗室内进行；也可采用隔室透视（患病动物在明室，检查者在暗室内），透视前检查者须作好眼睛暗适应，一般需在暗室内停留或室外戴红色或深色眼镜10～15min，以便在暗室下观察微弱的荧光影像。使用影像增强装置时，无需暗适应，但也要防止室外强光进入影响观察。透视前养成检查机器的习惯，如校对电压和电流等。此外，还应脱下动物身上的衣物，除去动物体表（被检部位）的泥沙污物、敷料、油膏，以及碘、铋、汞等高原子序数成分的药物等。注意对X线的防护，如穿戴铅橡皮围裙与手套，使用防护椅等。全面系统检查，避免遗漏。调节光门，使照射野小于荧光屏的范围。熟练掌握技术，在正确诊断的前提下，缩短透视时间，不做没必要的曝光观察。患病动物须做适当保定，以确保人员、动物和设备的安全。在有X线影像增强管及透视电视系统的隔室透视时不需要暗适应。

（二）X线摄片

X线摄片（radiography）是利用X线的穿透性和感光效应（光化学作用），使X线透过动物体后照射到胶片上感光成像，经过显影、定影后观察X线胶片上的影像进行诊断的方法，它是在临床上应用最为广泛的检查方法。X线摄影所得照片常称为“平片”（未经特殊检查或造影检查所摄的X线片）。

1. 摄片的优缺点和应用范围

（1）摄片的优缺点：优点是影像清晰，对比度及清晰度均较好，X线图像的空间分辨力较高；可显示密度、厚度较大或密度、厚度差异较小部位的病变；可作为客观记录，便于复查对照和会诊之用。缺点是每一张照片仅是一个方位、某一瞬间的X线影像，为有立体概念常需摄相互垂直的两个方位摄片（即正位和侧位）；对功能方面观察不及透视方便和直接；费用比透视要高，且较费时。

（2）摄片的应用范围：广泛应用于全身各系统器官，但应按检查部位与范围确定胶片大小，以免盲目摄片造成浪费。四肢和骨骼关节的检查，以摄影检查为主。

2. 常用X线摄片位置 常用X线摄片位置的名词术语见表13-1。

表13-1 X线摄片位置

常用英文名称和缩写	名称	X线胶片位置
RL(right lateral) view	右侧卧位像	右侧
LL(left lateral) view	左侧卧位像	左侧
VD(ventrodorsal) view	腹背（仰卧位）像	背侧
DV(dorsoventral) view	背腹（伏卧位）像	腹侧
RoCd(rostocaudal) view	吻尾侧像	尾侧
CdRo(caudorostal) view	尾吻侧像	吻侧
CrCd(craniocaudal) view	头尾侧像	尾侧
CdCr(caudocranial) view	尾头侧像	头侧
ML(mediolateral) view	内外侧像	外侧
LM(lateomedial) view	外内侧像	内侧
* DP(dorsopalmar/dorsoplantar) view	背掌（蹠）侧像	掌（蹠）侧
* PD(palmarodorsal/plantodorsal) view	掌（蹠）背侧像	背侧

续表

常用英文名称和缩写	名称	X线胶片位置
skyline view	水平投照位(髌骨轴位)像	
oblique view	斜位像	
* AP(anteroposterior) view	前后位像	后侧
* PA(postoanterior) view	后前位像	前侧

* DP(PD)像主要在前(后)肢远端部位检查时使用;AP(PA)表示法通常用于人的X线摄影检查,动物X线摄影时一般不使用

3. 摄片主要器材设备

(1) X线胶片:X线胶片与一般相机用胶片性质相似,不同之处是X线胶片的片基较厚,为两面均涂有卤素银化物感光药物的软片。X线胶片有5in×7in、8in×10in、10in×12in、11in×14in、14in×14in及14in×17in等多种规格(1in=0.0254m),但以8in×10in和11in×14in最常用。一般X线胶片(感蓝光X线胶片)为红色色盲片,对蓝色、紫色光最敏感。根据感光速度分为高速、中速和低速三种。另有一种感绿光X线胶片,专适用于某些稀土元素高速增感屏产生的绿色荧光。X线胶片应保存在干燥阴凉处,防潮、防辐射。胶片应立放,避免受压,并在有效期内使用。

(2) 增感屏:为两块面上涂有荧光物质药膜的纸板或塑料板。将其贴在暗盒内,摄片时把X线胶片夹在其间,可增强胶片感光,缩短曝光时间。其规格与胶片相同,可分为中速和高速增感屏。中速增感屏如钨酸钙增感屏,产生蓝紫色荧光,适用于普通X线胶片;高速增感屏有硫氧化钆与氟氯化钡铕等增感屏,其增感率为中速钨酸钙增感屏的4～6倍。高速增感屏的使用,既明显缩短曝光时间、降低动态模糊的概率,又能减少X线的照射量、减轻X线机的负荷和损耗,扩大了小型X线机的应用范围,所以目前被广泛使用。

(3) 暗盒:摄片时用于装放X线胶片、避免漏光的铝质或塑料扁盒。其大小规格与胶片相同。

(4) 线束限制装置:常见的有平板遮线器、圆柱形或圆锥形聚光筒(又称遮线筒)等装置。它们既不聚焦光束,也不改变光束的方向,主要是通过吸收一部分原发射线而限制原发射线的照射野。大型X线机则配备准直遮线器,其对准的照射野以相同大小的可见光束指示,可很方便地得到任何尺寸的矩形照射野。照射野范围内的黑线交叉点,即X线束中心。

(5) 测厚尺:多为铝制卡尺,用以测量被检部位的厚度,作为确定摄片曝光条件的依据。

(6) 滤线器:是由很多薄铅条和能透过X线的物质如塑料、木条或铝条相间构成的铅栅,铅条按一定的焦距(如80cm、100cm或150cm等)排列,摄片时必须按此焦距使用。应用时将它置于被投照物体与胶片之间,它的作用如同一个滤器,只容许由X线管射来的原发X线通过铅条间隙而到达胶片。从其他方向射来的散射线,则遇到铅条而被吸收,用于滤去对诊断无用而有害的散射线,使照片影像清晰度提高。滤线器又分为静止的和活动的两种,前者在照片上显现铅的薄条影,后者可做匀速往返运动,故在照片上没有铅条影像。在兽医上多使用密纹静止滤线器,因制作精细,不会感到有明显的铅条影,通常在拍摄较厚部位时使用。由于部分X线被滤线器中的铅条吸收,故需要增加曝光条件。根据滤线栅比值不同,一般管电流应相应增加1～4倍,或管电压增加5～25kV。

(7) 铅号码:通常为铅制的数字、中文字与英文字母贴于塑料片上或镶嵌于塑料等其他相

对密度较低的材料中制成，用于标记X线摄片体位、X线照片的编号和日期等。

(8) 摄片架：是装载和固定暗盒进行X线摄影的支架，如大、小动物的脚片架和四肢摄影架等。

4. 摄片条件的选择 X线胶片的感光作用受多种条件因素的影响，主要有管电压峰值、管电流、焦点胶片距(焦片距)和曝光时间等。由于不同厂家、型号的X线机性能有所差异，要拍摄质量良好的X线照片，针对具体某一台X线机，均应制订出一张适用的摄片曝光条件表，以供日常工作参考。

1) 摄片的技术条件

(1) 管电压(kV)：为管电压峰值单位，决定X线的穿透力。一般的原则是投照厚的部位要用较高的千伏，薄的部位则用较低的千伏。通常先获得对一定厚度部位的最佳摄片千伏，然后以此为基准，按被检部位厚度变化调整千伏。千伏变化的标准是：一般厚径每增减1cm，电压相应增减2kV。较厚密的部位(当需用80kV以上者)，厚径每增减1cm，电压则要增减3kV或更多。当使用千伏可调范围很小或固定千伏的X线机时，则应用千伏与毫安秒转换规律，调整毫安秒的值。

(2) 管电流(mA)：为管电流的单位，反映X线的量。毫安大即单位时间内X线输出量大。毫安值要根据需要和X线机的性能选择。

(3) 焦点胶片距(FFD)：即X线球管阳极焦点面至胶片的距离，故也称为焦点胶片距离，以cm表示。在被检部位紧贴暗盒的情况下，焦片距越远，影像越清晰。但X线的强度也受距离平方反比规律的限制，距离增加一倍，强度减弱至原来的1/4。当焦片距增加时，为使胶片达到一定的感光量，必须延长曝光时间，从而增加了摄片时动物移动导致影像模糊的机会。焦片距过近则使影像放大和清晰度下降。一般选择75cm，胸部照片距离可延至100～180cm。

(4) 曝光时间：管电流通过X线管的时间，以秒(s)表示。常以毫安秒(mAs)计算X线的量，即毫安与秒的乘积，如25mA×2s＝50mAs，也可采用其他条件组合：50mA×1s＝50mAs或100mA×0.5s＝50mAs。它决定每张照片上的感光度。感光度过高、过低可造成照片过黑、过白，最终细节丢失过多，不利于诊断。临床上应根据X线机的实际性能，在保持一定的毫安秒情况下，尽量选择短的曝光时间，以减少动物移动而致影像模糊不清。如拍摄活动的器官如心、肺、胃、肠等，要比相对静止的部位如骨骼、关节等，选择更短的曝光时间。

2) 摄片曝光条件表的制订 不同的机器，其性能特点不尽相同，不同厂家、型号的X线胶片及增减屏、滤线器等对摄片曝光条件的要求也有差异。使用自动X线胶片洗片机洗片时，则要求有更加精确的曝光条件。因此应根据本单位实际情况制订一份摄片曝光条件表，专供本单位日常摄影使用。在拍摄某部位的照片时，可以方便地从表内挑选适宜的X线曝光条件。例如，按照不同的被检部位，固定毫安秒和焦片距，只变更千伏，即按照被检部厚度的厘米数的不同而改变千伏。对胸部或较薄的部位，厚度每增减1cm，就相应增减2kV。通过使用曝光条件表，可确保在不同时期对同一患病动物同一部位的曝光条件保持相对恒定，有利于对病情发展或治疗效果作出正确评价。

对曝光条件的决定，首先要根据被检部位的厚度选定千伏数。在没有经验或缺乏现成参数资料情况下，千伏数可参考下列简便公式计算：管电压(kV)＝厚径(cm)×2＋基数。基数是通过试验，以质量最好的X线照片的实际条件计算得来的。摄片的部位不同，基数也有改变，其范围为20～30。毫安秒的确定，可在下述的范围做初步的选择：中、小动物胸部为6～15mAs，大动物胸部为15～35mAs，大动物四肢为8～20mAs。

具体的试验方法是：可选定一头中等大小的试验动物，并决定要拍摄的部位，准确测量被检部位的厚度(cm)，从而初步选定摄影条件(kV、mA、时间、焦片距)，装好胶片(胶片尺寸按被检查部位范围大小而定)。在片盒上依次划分成4份，准备摄片同一个部位，然后用铅板或铅橡皮将3/4覆盖，只露出前1/4部分，以原定时间减半曝光。顺次露出第二份，覆盖其他三部分，以加倍第一次的时间进行曝光。再露出第三部分覆盖其他部分，加倍第二次的时间进行曝光。最后露出第四份，又以加倍第三次的时间曝光。照片按标准进行显影、定影。对照片的4个部分进行评比，选出其中最满意的一份，以其条件作为正确的标准。如果试验的结果全部不佳，4个部分都过黑或过白，则相应改变曝光时间或千伏，再行试验，直至能达到满意的结果为止。一旦找出了最佳的条件，则可以此为基准，按被检部位厚度的变化，制订出一个技术条件表来。为了保持原来的满意感光效果，而又不使影响因素的关系复杂化，应使距离和毫安秒等因素固定不变，只根据被检部厚度(cm)的变化来改变千伏。

5. X线摄片的步骤及注意事项

1) X线的摄片步骤　首先确定检查部位和投照体位，进行胶片的准备、X线编号登记、被检部测厚。然后根据摄片曝光条件表选择并设定管电压(kV)、管电流(mA)、曝光时间(s)及焦点胶片距等。将暗盒对准X线中心线，选择适当时机进行曝光。

2) 摄片注意事项

(1) 检查部位的准备：清理摄片待检查部位，尽可能去除覆盖的衣物、附着的药物和绷带等。

(2) 投照条件的选择：参考摄片曝光条件表，通常保持焦点胶片距及管电流不变，只根据不同的厚径改变千伏值。

(3) 暗盒准备：选择大小合适的胶片并正确无误地准备暗盒上的铅号码，暗盒的放置要正确，X线中心线束要对准胶片中心，并调整缩光器使照射野不超过暗盒大小，并最好以恰好能覆盖被检部位为宜，以减少不必要的曝射。

(4) 动物保定位置：投照狭长的部位，X线管长轴应与被检肢体或胶片长轴垂直；但投照长而宽的部位时，X线管的长轴应与胶片长轴平行，以减少由于阳极效应(X线量的分布在阴极端较密集而阳极端较稀少)带来的负面影响，使胶片曝光均匀。

(5) 曝光时机：曝光时应在动物呼吸间歇或安静的瞬间进行，以免发生移动。

6. 暗室技术　尽管自动X线胶片洗片机已逐渐得到推广，但兽医临床(尤其在国内)仍然以手工冲洗为主。暗室技术是取得质量优良的X线照片的一个重要环节，忽视这一环节，不论投照技术如何良好，往往也得不到良好的照片。相反，富有暗室技术经验者，对投照技术欠佳的照片，也可得到补救。

1) 暗室设备

(1) 安全红灯：用于方便暗室环境下工作和观察胶片显影的程度，是装卸胶片及冲洗过程中唯一的照明光源。光源与操作台的距离应保持在30cm以上，用一条未曝光的X线胶片，以黑纸盖着一半在红灯下经5min照射，冲洗后不变黑，两段无黑白的差异而胶片也不引起灰雾朦胧者为安全。

(2) 裁片刀：根据需要裁剪胶片用，有多种规格，但以15in为宜。

(3) 洗片架：也称洗片夹，用以夹持胶片进行桶内冲洗和晒干。由不锈钢制成，规格与胶片相同。

(4) 洗片箱：也称洗片桶，通常三个为一套，分别作为显影桶、洗影桶和定影桶。

(5) 冲片池:为照片定影完毕后用流动清水冲洗的水池。

(6) 自动冲片机:冲洗过程在高温、匀速下进行,通常可在2min内获得一张已经显影、定影、漂洗和干燥的X线照片。

(7) 观片灯:用于初步观看冲洗完毕后的X线照片。

(8) 其他:如定时钟、温度计、升温恒温器、胶片干燥箱、晾片架、驼毛刷等。

2) 显影剂与定影剂

(1) 显影作用与显影剂。胶片经过X线照射后曝光,其中已感光的溴化银形成潜影,经过显影剂的还原作用,使银离子还原为黑色的金属银,成为可见的影像。

显影剂的组成通常包括:①还原剂——米吐尔(对甲氨基酚)、海得或坚安(对苯二酚)、菲尼酮(1-苯-3-羟基二氢钾二氮茂);②保护剂——无水亚硫酸钠;③促进剂——无水碳酸钠;④防灰剂——溴化钾和苯骈三氮唑。

(2) 定影作用与定影剂。定影是将已经显影的X线影像固定下来,并通过化学作用,将其中未感光的溴化银溶解移去,使胶片变为透明。起溶解溴化银作用的药物为硫代硫酸钠,是定影剂中的主药。

定影剂的组成包括:①定影剂——硫代硫酸钠(也称海波);②保护剂——亚硫酸钠、乙酸及硼酸;③酸化停影剂——乙酸;④坚膜剂——钾矾。

目前市售的X线胶片显影剂和定影剂多为通用配方,为半成品,使用时按说明加水溶解配制即可。不同品牌、型号的胶片都有其最适合的配方,最好购买胶片厂家配套的成品药水,或按其推荐的处方配制。

3) 胶片装卸

(1) 胶片的安装。预先取好与X线胶片尺寸一致的暗盒置于工作台上,盒底向上在暗室中打开暗盒。以手指捏住胶片一角轻轻从X线胶片盒内取出一张胶片,把胶片放入暗盒内。确保胶片四周均已在暗盒内,紧闭暗盒后即拿出暗室使用。

(2) 取出胶片。将投照过的暗盒送回暗室,于暗室中开启,把暗盒倒向底侧,或轻拍暗盒使X线胶片脱离增感屏,以手指捏住胶片一角轻轻提出。禁止用手指向暗盒内挖取或以手触及胶片中心部分,以免胶片或增减屏受污损。在高温高湿气候的地区,胶片装盒时间不宜过长,应及早卸片,以防粘连。胶片取出后,送自动冲片机;如人工冲洗,则将胶片夹在洗片架上,稳妥地将四角夹住进行冲洗。

4) 胶片冲洗　胶片的冲洗操作过程包括显影、洗影、定影、冲影及干燥等几个步骤,前三个步骤须在暗室内进行。

(1) 显影:显影温度为18～20℃,显影时间为4～6min。显影时一手拿起显影筒盖,另一手把夹好胶片的洗片架放入显影液内,上下移动数次再放好,把盖盖回。显影完毕即拿起洗片架,把多余的药液滴回箱内,随即进行洗影。在显影时间内不宜把胶片取出在红灯下观看,但对投照技术缺乏把握者,可在显影2～3min后取出观察一次,或到预定显影时间结束时再观看一次,以便对曝光过度或曝光不足的胶片及时调整显影时间以图补救。

(2) 洗影:是用清水洗去胶片上附着的残余显影液。即将胶片置入洗影桶内(清水中)上下移动数次(10～20s)后拿起,滴去片上的水滴即行定影。

(3) 定影:把洗影后的胶片放入定影液中,定影温度为18～20℃,定影时间为15～20min,但不应超过30min,定影箱上也应加盖。

(4) 冲影:定影完毕后,取出胶片,滴回多余的药液于定影筒内,然后放入冲洗池内用缓慢流动清水冲洗30～60min。若无流动清水，则需适当延长浸洗的时间。

(5) 干燥：冲洗完毕的胶片，取出后置于晾片架上自然晾干或在干燥箱内干燥。胶片干燥后，从洗片架中拆下并装入封套，登记后送交阅片诊断。

5）自动冲片机操作及注意事项　与传统手工冲洗方法相比，自动冲片机洗片原理相同，但操作比较简便，只需按照机器使用规程，使用高温快显X线胶片和配套药水，在短时间(约2min)内即可迅速完成显影、定影、水洗和干燥的全过程。

自动冲片机洗片同样需要在暗室中操作，因此，使用者事先一定要清楚每一开关的位置和功能，了解各指示灯的意义。

(三) 造影检查

动物体组织结构中，有相当一部分缺乏天然对比。此时可将密度上高于或低于该组织结构的物质引入器官内或其周围间隙，使之产生对比而显影，即造影检查。该引入的物质称为造影剂或对比剂。造影技术的应用显著扩大了X线检查的范围。

1. 造影剂的要求　理想的造影剂应具备下列条件：①安全、无毒，不引起人和动物不良反应；②对比度高，显影清晰；③易于吸收与排泄；④理化性质稳定，能久储不变质；⑤来源广，价格低廉；⑥使用方便。

2. 常用的造影剂　造影剂大致分为两类：高密度造影剂和低密度造影剂。

1）高密度造影剂　为原子量高、密度大的物质。常用的有钡剂和碘剂。

(1) 钡剂。为医用纯硫酸钡粉末，加水和胶(常用羟甲基纤维素)配成。根据检查部位及目的，依粉末微粒大小、均匀性及水和胶的用量不同配成不同类型的混悬液和钡糊，通常以质量/体积来表示浓度。钡糊含硫酸钡约70%(m/V)，用于食管和胃黏膜的检查。含有硫酸钡50%(m/V)左右的混悬液常用于食管及胃肠造影(包括钡灌肠检查)，并可用于钡气双重对比检查，以提高诊断质量。小肠造影多使用含30%(m/V)的硫酸钡浆，犬用量为5～12ml/kg体重，猫用量为12ml/kg体重。对有食管穿孔、食管气管瘘、胃肠道穿孔、急性胃及小肠出血、肠梗阻等可疑时，应禁用钡剂造影，改用刺激性较小的水溶性的碘制剂。

(2) 碘剂。有碘化钠、碘苯酯、碘化油及有机碘水剂等多种碘剂。其中碘化钠溶液价廉，但刺激性较大，此前仅用于泌尿系统和胆道逆行造影。常用浓度为12.5%，膀胱造影用3%～6%；碘苯酯含结合碘约为30%，不溶于水，曾主要用于脊髓造影，但由于吸收缓慢现已少用；碘化油约含碘40%，常用于瘘管、子宫输卵管造影，曾用于支气管造影，由于吸收极慢，造影完毕应尽可能吸出或促其尽快排出体外；有机碘水剂因对血管刺激较小，故可注入血管内，并经肝、肾从泌尿道、胆道排泄，因而可用作血管造影和泌尿系统、胆道等的造影。如今有机碘水剂已发展为多品种、多规格的通用型造影剂，其他几种碘剂应用逐渐减少。

20世纪70年代以来，相继研制出的水溶性非离子型造影剂如甲泛葡胺(metrizamide)、碘苯六醇(iohexol)、碘异酞醇(iopamidol)、碘普罗胺(iopromide)和碘曲伦(iotrolan)等，具有低渗透压和低化学毒性，是比较理想的造影剂，尤其适用于神经系统造影，如椎管及脑室造影。碘曲伦为非离子型二聚体，其渗透压与血浆相同，故更适用于全段脊髓造影。但由于此类造影剂的价格较高，通常仅在高危病例时才选用。

2）低密度造影剂　应用于临床的有空气、氧气和二氧化碳等气体。在动物体内，空气吸收最慢，二氧化碳吸收较快。空气与氧气不能注入正在出血或有破损出血的器官，以免发生气栓。气体造影剂可用于蛛网膜下腔、关节囊、腹腔、胸腔及软组织间隙的造影检查。

3. 造影检查的方法

1）直接引入法　直接引入法包括以下几种方式。

(1) 口服法：用于食管及胃肠钡餐检查。

(2) 灌注法：钡剂灌肠、支气管造影、逆行胆道造影、逆行泌尿道造影、瘘管、囊腔造影及子宫输卵管造影等。

(3) 穿刺注入法：可直接或经导管注入器官或组织内，如心血管造影、关节囊造影（用气体或有机碘剂或两者并用）和脊髓造影。

2）间接引入法　造影剂先被引入某一特定组织或器官内，经吸收并特异性地聚集于欲造影的器官内，使该器官显影。根据造影剂的不同分为吸收性与排泄性两类。吸收性如淋巴管造影（用乙碘油等）；排泄性如静脉尿路造影（用泛影葡胺等有机碘剂）、静脉胆道造影（用胆影葡胺等有机碘剂）。

（四）X 线检查方法的选择原则

X 线检查方法很多，当确定需要进行 X 线检查之后，就应按实际情况，依据临床初步诊断，并在了解各种 X 线检查方法的适应证、禁忌证和优缺点的基础上，提出 X 线检查方案。一般应当选择安全、准确、简便而又经济的检查方法。原则上应首先考虑透视或摄片，必要时才考虑造影检查。就透视与摄片而论，首先应考虑临床要求和检查部位是适于透视还是摄片，如果透视不能达到目的，则必须摄片，如脊柱、骨盆等 X 线不易穿透且需观察细微结构的部位。反之，如果要了解某器官的功能情况时，则必须透视，如观察心脏搏动、膈肌运动等。对于可能产生一定不良反应和有一定危险性的检查方法，更应严格掌握适应证，不可视作常规检查加以滥用。

四、X 线的防护

X 线对机体可产生一定程度的损害，其中一部分是累积性的甚至是不可逆的。所以，尽管随着 X 线设备的改进，高千伏技术、影像增强技术、高速增感屏和高速 X 线感光胶片的使用，使 X 线曝射量已显著减少，但是仍不能掉以轻心，必须增强防护的意识和采取有效的防护措施。除被检动物外，尤其应重视孕妇、未成年人和长期从事放射的工作人员。

1. X 线对人体的损害　微量照射可引起人体组织细胞的轻度损害，大量照射则使细胞的功能受到抑制，甚至遭到破坏。人体的造血系统、生殖腺与眼球晶状体对射线较敏感，而皮肤、肌肉、骨骼、结缔组织较迟钝。当受过量照射或微量长期累积至一定数量后，机体可出现慢性反应，如精神不振、倦怠、睡眠不佳、头痛、健忘、食欲不振或呕吐，白细胞与淋巴细胞减少，血小板降低甚至发生出血性征候群，生殖功能障碍、不孕，晶状体混浊、白内障，皮肤干硬、红斑、脱毛，严重者皮肤溃疡或癌变等。

2. 安全剂量　人体受 X 线的直接或间接照射后，最敏感的组织细胞检查不到任何反应，身体观察不出任何损害，则所接受的照射量属于安全剂量。

X 线剂量的常用单位为 R（伦琴），即在 0℃和 760mmHg 大气压下，1ml 干空气受照射产生的电离电流量为 1 静电单位时的 X 线量。后来国际放射防护委员会确定使用生物伦琴当量，即生物体吸收的能量作用相当于 1R 的 X 线或 γ 射线所起作用的剂量，这种剂量当量的单位为 rem（雷姆）。

国家标准《电离辐射防护与辐射源安全基本标准》(GB18871—2002)及国家职业卫生标准《医用X射线诊断卫生防护标准》(GBZ 130—2002)要求对于任何照射剂量可能大于0.5rem的工作人员，均应进行个人监测，用人单位必须为每一位工作人员都保存职业照射记录。该标准规定了职业照射剂量的上限值：连续5年的年平均有效剂量为2rem；任何1年中的有效剂量为50rem；眼晶体的年当量剂量为15rem；四肢(手和足)或皮肤的年当量剂量为50rem。对于年龄为16～18岁的学员，应控制其职业照射使之不超过下述限值：年有效剂量0.6rem；眼晶体的年当量剂量5rem；四肢(手和足)或皮肤的年当量剂量15rem。

3. 防护措施　X线的防护包括从X线管放射出来的放射线(原发射线)和照射到其他物质后产生的继发射线(散射线)。防护的主要办法是采用屏蔽。此外，缩短照射时间、增加与X线源的距离也是重要的防护措施。在屏蔽方面，铅是制造防护设备的最好材料，一定厚度的铅板可以防护一定千伏电压的X线。如用其他材料，也用铅当量计算其防护性能(表13-2)。

表13-2　不同管电压下常用建筑材料的铅当量

管电压/kVp	铅当量/mm	混凝土/mm	含钡混凝土/mm	砖/mm
65	1.0	60	13	120～150
75	1.0	80	15	175
100	1.5	120	28	200
150	2.5	210	58	300
200	4.4	220	100	400
300	9.0	240	140	425

具体防护措施可综合为以下几点。

(1) 检查前将与操作无关的人员清理出检查室，禁止未满18岁者或孕妇进入或停留在检查室。尽可能地使用沙袋、泡沫、带子等方法保定被检动物，尽量避免由助手保定。必要时可于麻醉或镇静后进行检查。

(2) 检查过程中，工作人员必须穿上铅围裙；需要接近X线直接照射野时还必须戴上铅手套；不论是否穿戴有防护手套、围裙，禁止将身体任何部位暴露于X线的直接照射之下；工作量大时还应考虑戴上防护眼镜以保护眼睛，颈部围上迷你铅围裙以保护甲状腺；操作时禁止扶持X线球管、X线机或暗盒。

(3) 所有工作人员均应佩带X线个人胶片剂量计，并按要求置于铅围裙外部相应位置。每年或半年定期进行全面体检，发现问题应及时处理。

(4) 提高和熟练透视技术，检查时还应尽可能缩小和控制其照射野范围，缩短透视观察时间，不做非必要的延长观察。

(5) X线室应有适当的面积和高度，以减少散射线强度。X线室四壁与天花板建筑结构，要根据X线机的千伏数考虑防护材料的铅当量。

(6) 使用质量合格的X线诊断设备，定期检查、及时修理，并坚决淘汰不符合防护要求的设备和防护用品；尽可能使用高速增感屏和高速X线胶片。

五、X线图像分析与诊断

（一）X线诊断的原则

鉴于X线影像的非特异性，在X线诊断时，必须密切结合临床表现及实验室检查的结果，全面、客观地分析X线征象，并须遵循下列原则：①依据正常解剖、生理的基础知识，认识动物体器官和组织的X线影像的正常表现；②根据病理学的基础知识，认识动物体病理改变所产生的影像；③结合临床（包括病史、症状、体征、治疗经过及其他临床检查材料等）进行综合分析，作出结论或印象。

（二）X线图像分析与诊断步骤

1. 进行系统周密地观察

1）*X线片的技术条件*　阅片时首先应注意照片的技术条件是否符合诊断要求（透视时注意所用条件是否正确），必须是：位置正确，黑白对比鲜明，细微结构清晰可见，清洁无污迹，标记（左、右及编号等）鲜明无误。

2）*按顺序观察X线照片或用荧光屏透视*　按习惯不同，可自上而下、从左到右，或由外至内，有规则地细看每个区域范围，避免遗漏。也可按解剖系统逐项观察，如对小动物的胸部检查，应按胸廓、纵隔、横膈、肺部及胸膜等依次逐步观察。若检查动物的四肢骨骼，可分为骨骼、关节、周围软组织等部分进行观察，而对骨骼本身可分别为骨膜、骨皮、髓腔、骨松质等。总之，应全面观察，避免遗漏。在观察过程中，还应与对侧或邻近部位的影像进行比较，以求发现异常表现。

3）*对病变观察的要点*

（1）病变的位置和分布。某些病变常常容易发生在动物体的一定部位，它们的分布有一定的规律性。

（2）病变的形状与边缘。肺内片状或斑点状影多为炎性，而圆形阴影则多为肿瘤。边缘锐利者常见于良性肿瘤、慢性炎症及病变的愈合期，而边缘模糊者则以恶性肿瘤或急性炎症为常见。

（3）病变的数目。病变的数目常与其性质有关，如肺内多发性球形病变绝大部分是转移瘤；而单发的球形病变，有可能是肿瘤，也可能是其他疾患。

（4）病变的密度。病变的密度可以比周围增高或降低，如急性化脓性骨髓炎，病变以骨破坏为主，可表现为骨密度降低，当进入慢性期或骨破坏转向修复时，可有骨质增生、硬化、密度增高等变化。

（5）病变周围的组织结构。观察病变时，对其周围情况的了解也有助于正确诊断。例如，一侧胸部发生广泛性密度增高的阴影，但此阴影的病理性质如何，往往需要注意附近的周围组织结构，若发生患侧胸廓扩大、膈肌后移、纵隔向健侧移位，则应考虑为胸积液；相反，如纵隔向患侧移位、胸廓下陷、肋间变窄等，则是一侧性肺不张或胸膜增厚、粘连收缩的表现。

4）*掌握临床情况*　对患病动物的临床情况除病历中记载者外，根据诊断需要，可亲自做进一步询问和必要的体征检查。此外，也可会同其他医生共同研究会诊，以便掌握更加可靠和全面的临床资料，这对正确的X线诊断是十分重要的步骤。

2. 作出客观的分析判断　X线诊断的最后步骤，是与临床资料结合并作出诊断。诊断过程中，必须通过对患病动物资料进行的一系列必要的观察与了解，获得大量的信息后，产生许多印象；还必须经过认真思考，科学分析，综合研究，方有可能得出正确或较正确的 X 线诊断结论或印象。在兽医临床上，虽然某些疾病有其特征性 X 线征象，但许多疾病在 X 线片上并无特异性表现。通常情况下，除非诊断依据十分肯定，结论或印象应以考虑到某几种可能为宜，并指出哪一个可能性最大，以便临床参考与进一步处理。

（李小兵）

第二节　呼吸系统 X 线检查

呼吸系统富含空气，与周围组织器官有着良好的天然对比，有利于进行 X 线检查。因此 X 线诊断呼吸系统疾病具有重要的实用价值，尤其在中、小动物中应用非常广泛；而大家畜由于体躯庞大，加之解剖结构上的特点而受到一些限制。

一、呼吸系统 X 线检查方法

胸部的 X 线检查主要包括透视与摄片两种方法，两者应互相配合。

常规胸部 X 线摄片检查应至少包括两个相互垂直的体位。标准的胸部 X 线片有右侧卧位（RL）、左侧卧位（LL）、腹背位（VD）或背腹位（DV）片，可根据不同的检查目的进行体位选择。胸腔积液时，采用站立侧位水平投照可使液体下移而利于肺部肿瘤等病变的检查。

胸部摄片时，采用高千伏（kV）、低毫安秒（mAs）技术可以得到有更高灰度差（层次）的 X 线照片。高毫安（mA）与短时间（s）摄片条件组合还有利于减少因为呼吸运动所带来的模糊，从而提高 X 线片的清晰度。胸部 X 线摄片最佳时机为吸气顶点。通常情况下，要求 X 线机容量至少可达到 1/30s 或 1/60s 等较短的曝光时间。

二、呼吸系统正常 X 线表现

动物的种类虽然不同，但其胸部解剖结构基本一致，从外到里可分为胸外区、胸膜、肺实质、纵隔（包括心脏和大血管）4 个基本的解剖区域。胸部横断面示意图见图 13-5。这些组织和器官在 X 线片上互相重叠构成胸部的综合影像。然而不同种类及年龄的动物也存在着解剖形态、位置和大小比例上的差异。下面主要以犬、猫为例进行说明。正常胸部 X 线解剖见图 13-6、图 13-7。

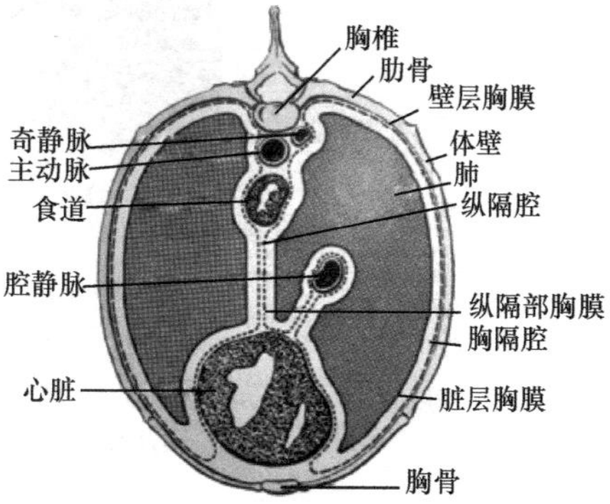

图 13-5　犬胸部横断面示意图
纵隔将胸部分为左、右两半，
其中纵隔（纵隔腔）与胸膜腔并不相通

（一）胸外区

胸外区（extrathoracic region）由胸部骨骼、胸壁软组织和横膈组成。

1. 胸部骨骼　包括胸椎、胸骨、肋骨及肩胛骨等，在 X 线片上表现为密度最高的不透明的阴影。

（1）胸椎（thoracic spine）：在侧位片上，胸椎位于胸廓的背侧，排列整齐，轮廓清晰，椎间隙明显。正位片中，胸椎与纵隔及胸骨等重叠。

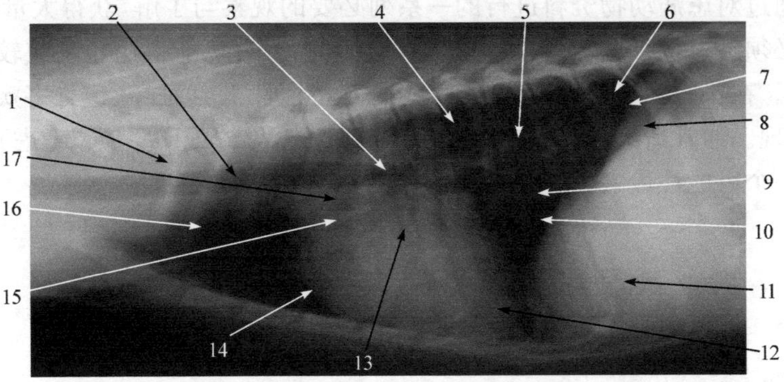

图 13-6　犬正常胸部左侧卧位(LL)片

1. 第 1 肋骨；2. 气管；3. 右前叶支气管；4. 大动脉；5. 肺后叶动、静脉；6. 椎膈角；7. 左横膈脚；8. 右横膈脚；9. 后腔静脉；10. 副叶区域；11. 肝脏；12. 心脏；13. 右中叶肺动脉；14. 右心室壁；15. 右前叶肺动脉；16. 肺叶尖部；17. 右前叶肺静脉

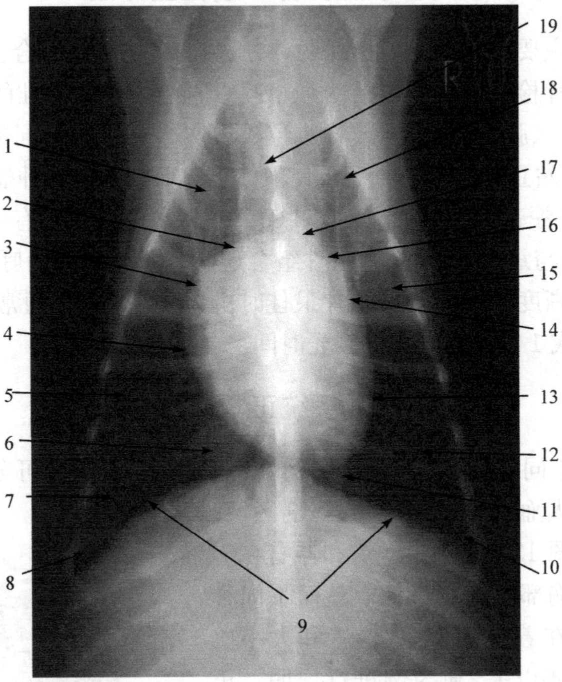

图 13-7　犬正常胸部腹背位(VD)片

1. 右前叶；2. 右心耳；3. 右心房；4. 右心室；5. 右中叶；6. 后腔静脉；7. 右后叶；8. 右侧肋膈角；9. 横膈；10. 左侧肋膈角；11. 后腹侧纵隔；12. 左后叶；13. 左心室；14. 左心耳；15. 左前叶后部；16. 肺动脉干；17. 主动脉弓；18. 左前叶前部；19. 前纵隔

(2) 胸骨(sternum)：由 8 块胸骨节(sternebra)组成，在侧位片上位于胸廓的腹侧，密度略低于胸椎。

(3) 肋骨(ribs)：肋骨左右成对，为弓形长骨。在 RL/LL 片上常为左右重叠影像，近片侧肋骨影像边缘清晰，远片侧肋骨影像边缘模糊且影像增宽。在正位片上可见肋骨由胸椎两侧发出，上段平直，下段由外弯向内侧，影像不太清楚。

2. 软组织　包括皮肤、皮下脂肪、皮下肌肉及肋间软组织等，X 线表现为灰白的软组织阴影，有时会遮挡一部分前部肺叶。

3. 横膈(diaphragm) 是位于胸腔和腹腔之间的一层肌腱组织。正位片中，横膈左右大体对称，圆顶突向头侧并接近心脏，与心脏形成左右两个心膈角。外侧膈影向尾侧倾斜，与两侧胸壁的肋弓形成左右两个肋膈角。横膈前部为肺和心脏，后部为腹腔器官。胸部侧位片中，横膈自背后侧向前腹侧倾斜延伸，表现为边界光滑、整齐的弧形高密度阴影。

（二）胸 膜 腔

正常胸膜由壁层(与肋间组织、肋骨及隔膜融合)和脏层(紧贴肺脏与心包膜)构成，两者之间的间隙即胸膜腔(pleural space)。正常情况下，胸膜腔中存在极少量的液体，由于产生和吸收的速度大致相等，不会造成液体的大量蓄积。在正常胸片中胸膜通常不能显现。

（三）肺 实 质

肺实质(lung parenchyma)被中膈分为左右两部分，各约占胸腔的50%。其中右肺叶分为右前叶、右中叶、右后叶和副叶，左肺叶分为左前叶(包括左前叶前段和左前叶后段)和左后叶。各肺叶位于胸腔中的特定位置，其中右前叶与右中叶肺裂隙位于第4～5肋间，右中叶与右后叶肺裂隙位于第6～7肋间；左前叶前段与左前叶后段肺裂隙位于第4肋间，左前叶与左后叶肺裂隙位于第6～7肋间。支气管造影术可很好地反映各肺叶分布的位置(图13-8)。

正常胸部X线片是胸腔内外器官和组织重叠的复合影像。正常肺脏充气良好，具有很好的天然对比，胸椎、肋骨、胸骨、肺野、横膈、大血管和气管等可较清楚地显示。

胸部正位片中，正常肺表现为位于纵隔两旁的广泛而均匀的透明区域，在肺野两心膈角区，由肺门向下外方放射的中等密度树枝状阴影，是肺纹理的影像，主要由肺动脉、静脉、支气管等组成。在中央部阴影较粗大明显，末端渐细弱，至肺野外围一般则少见。肺裂隙通常不显示，各肺叶的分界也无从区别。

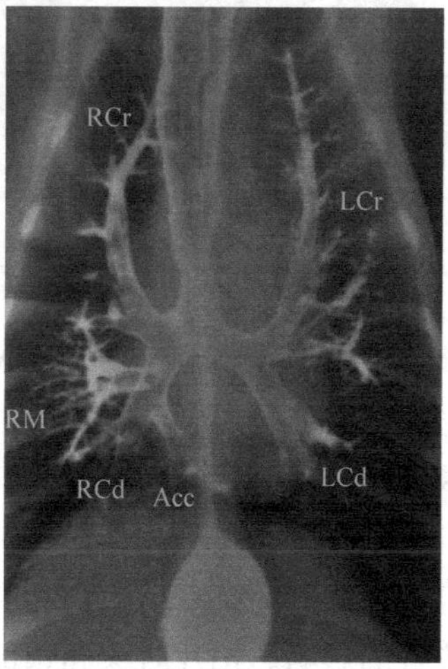

图13-8 肺叶解剖位置肺支气管造影正位片(Donald,2002)

LCr. 左前叶；LCd. 左后叶；RCr. 右前叶；RM. 右中叶；RCd. 右后叶；Acc. 副叶

胸部侧位片中，两侧的肋骨重叠，靠近胶片或荧光屏一侧肋骨影像较小而且清晰，远离胶片的对侧肋骨影像放大且较模糊。前至第一对肋骨，后至向前倾斜隆突的横膈，胸椎和胸骨之间的广大透明区域为肺野。肺野中部呈斜置的类圆锥形软组织密度的阴影为心脏。心基部向前的一条带状透明阴影为气管。主动脉是一由心基部上方升起、弯向背侧、与胸椎平行的较粗宽带状软组织阴影。心基部后方有一向后的较窄短的带状软组织密度阴影，为后腔静脉。在主动脉与后腔静脉之间的肺野，由心基部向后上方发出的树状分枝的阴影，为肺门和肺纹理阴影。心脏后缘与膈肌前下方构成锐角三角区，为心膈三角区。

（四）纵 隔

在侧位片上，纵隔以心脏为界限可分为前、中、后三部分。前纵隔位于心脏之前，中纵隔将心脏包含在内，后纵隔则位于心脏之后。纵隔也可按经过气管分叉隆起的平面分为背侧部和腹侧部两部分。

在胸部正位片上，前纵隔的大部分与胸椎重叠，其正常厚度不超过前部胸椎横截面的两倍。在肥胖的犬，由于脂肪在纵隔内堆积，增加了纵隔的宽度。犬侧位胸片上的纵隔，前部以前腔静脉的腹侧线为下界，其内可见到气管阴影，如果食管内有气体存在或存有能显影的食物时，也能见到食管的轮廓。在正位片上，前腔静脉影像形成了右纵隔的边缘，左锁骨下动脉形成左侧纵隔影像的边缘。

纵隔内的器官种类很多，但只有心脏、气管、后腔静脉、主动脉、幼年动物的胸腺等少数几种器官在正常的胸片上可以显示。其他纵隔内器官或由于体积太小，或由于器官之间界限不清、密度相近而不能单独显影。

三、呼吸系统常见疾病X线诊断

1. 支气管炎　支气管炎(bronchitis)是支气管黏膜表层或深层的炎症，临床上分为急性支气管炎与慢性支气管炎两种。

X线表现：支气管炎在X线上缺乏明显表现，而X线检查的目的主要是为了排除其他疾患，进行鉴别诊断。急性支气管炎时，肺组织和支气管的密度不发生明显的改变，有时可见肺纹理增重现象。慢性支气管炎时，由于长期发炎的结果，肺纹理增粗、紊乱或肺门扩大，肺纹理增重，呈粗乱的条索状阴影。严重的慢性支气管炎，可见大支气管壁明显增厚，密度增高，管腔变得较为狭窄，内壁粗糙不平。在透亮的肺野和支气管内空气的对照及衬托下，显示两条平行的粗线条状的致密阴影，呈现明显的“双轨征”现象(图13-9)。增厚的支气管外壁也表现得粗糙不整。若病蔓延到细支气管和肺泡壁，则可呈现不规则的网状阴影。慢性支气管应与支气管肺炎、肺结核、马属动物气喘病相区别。

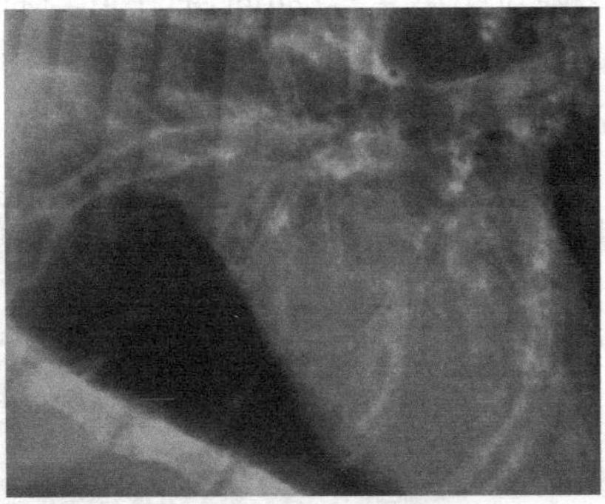

图13-9　严重的慢性支气管炎(Donald,2002)

2. 气管塌陷　气管塌陷(tracheal collapse)是发生在颈部、胸部或全段气管，表现为上、下管壁压扁，造成管腔狭窄的一种呼吸器官疾病。本病多发生于中年宠物犬及其他小型犬。

X线表现：侧位X线片中，在胸腔入口处或心基部的气管呈上、下压扁性狭窄(图13-10)。但需要注意的是，气管直径的变化，特别是胸腔入口处气管直径的变化明显受拍片时颈部所处位置的影响。拍片时头和颈部过度向上方伸展则可导致气管在胸腔入口处同样显示上、下压扁的气管塌陷、狭窄现象。

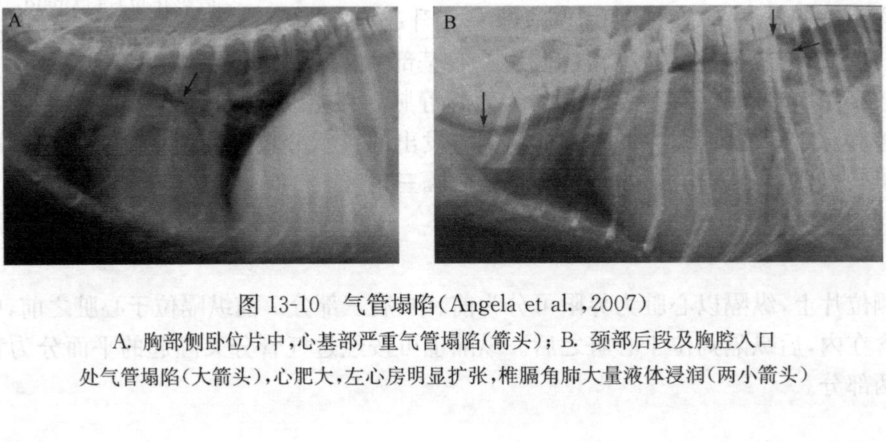

图13-10　气管塌陷(Angela et al.,2007)

A. 胸部侧卧位片中，心基部严重气管塌陷(箭头)；B. 颈部后段及胸腔入口处气管塌陷(大箭头)，心肥大，左心房明显扩张，椎膈角肺大量液体浸润(两小箭头)

3. 支气管扩张　支气管扩张(bronchiectasis)通常是严重的慢性支气管炎，以及肺内长期炎症所引起的支气管内腔局限性扩大。支气管扩张可两肺弥漫存在，也可局限于一侧肺、一叶肺或一个肺段。其可分为圆柱状支气管扩张、囊状支气管扩张和混合型三种类型。

X线表现：早期轻度支气管扩张在平片上多无异常表现，较明显的支气管扩张在平片上可以发现某些直接或间接征象如肺纹理增多、紊乱或呈网状，有时也可见扩张的支气管及增厚的管壁。支气管造影检查可以确定支气管扩张的部位、范围及类型，为手术治疗提供重要资料(图13-11)。支气管造影时，有圆柱状扩张，造影表现为支气管腔粗细不匀、失去正常时由粗渐细的移行状态，有时远侧反较近侧粗，柱状支气管扩张的管径，在大动物可达1cm，甚至更大；囊状扩张，表现为末端呈多个扩张的囊，状如葡萄串，对比剂部分充盈囊腔，在囊内形成液平面；混合型扩张，表现为柱状和囊状扩张混合存在。

4. 肺气肿　肺气肿(pulmonary emphysema)是肺泡的过度膨胀扩大，而使肺泡内含气量增多的表现。肺气肿主要是由于支气管的不完全阻塞而产生活瓣作用，呼吸时吸入的空气不能完全呼出，该支气管分布的肺泡内进行性含气量增多，肺泡的弹性减弱而形成气肿，这是阻塞性肺气肿。此外，肺气肿也常见于其他能引起肺部实变的疾病，此即代偿性肺气肿。工作犬、马、役牛等均易发生此病，尤其以老龄动物多发。按其病变的范围可以分为局限性、一侧性和双侧性肺气肿。

X线表现：患部肺叶的透明度增高，同时由于肺容积的增大，其周围组织也受到影响。如膈呼吸运动减弱并向后移位，肋间增宽和胸廓变形。若为一侧性气肿，可使纵隔明显移位等。双侧肺气肿(图13-12)时，两肺普遍性透明度增高，膈后移及其运动减弱，肺的透明度不随呼吸而发生应有改变，并可见肋间增宽和胸廓变形。小动物的肺气肿，因检查较充分可以显示上述的全面变化；但大动物因限于站立水平侧位检查，通常只可表现透明度增高且不随呼吸而发生应有改变、膈后移及呼吸运动减弱等变化。

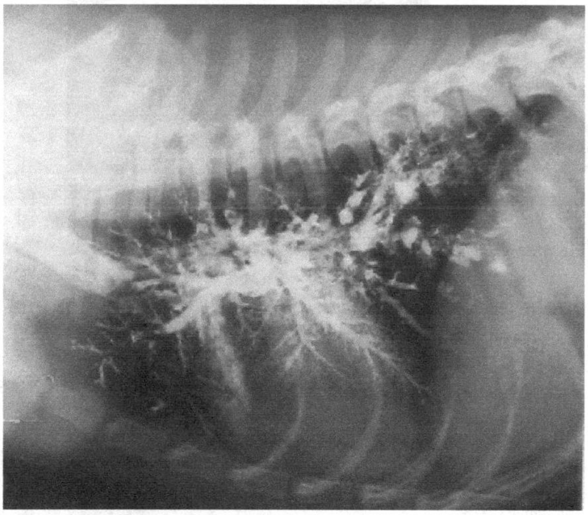

图13-11　犬混合性支气管扩张(Kevin，2000)
左肺支气管造影侧卧位片中，左肺前叶支气管扩张，
左肺后叶次级支气管呈囊状(球形)扩张

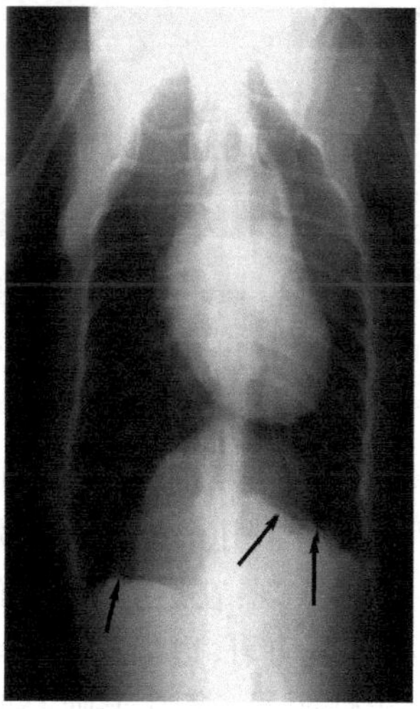

图13-12　犬严重肺气肿
桶状胸，双侧肺野普遍性透明度增高，
横膈显著后移，不对称且呈起伏不平的波浪样
(箭头所指)(进行性假性肥大性肌营养不良病例)

5. 肺水肿　肺水肿(pulmonary edema)是由于液体从毛细血管渗透至肺间质或肺泡内所造成的。

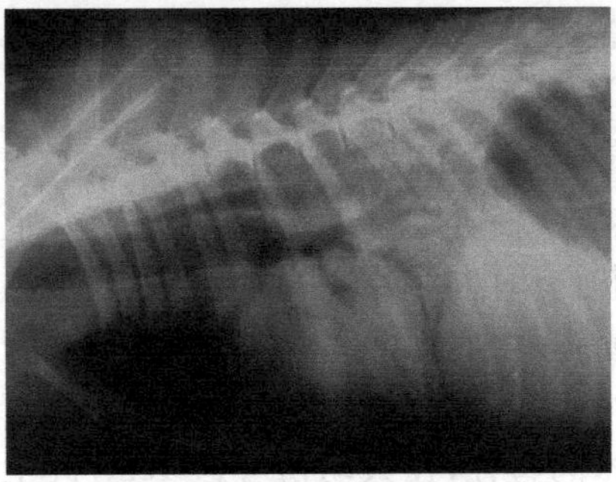

图 13-13 犬肺水肿

椎膈三角区及肺门呈密实阴影，含气支气管影清晰

X线表现：①肺泡性肺水肿的主要表现为腺泡状增密阴影。大多数的病例中，这些阴影常相互融合而成为片状不规则模糊阴影，可以见于一侧或两侧肺野的任何部位，但以围绕两肺门的两肺野的内、中带较为常见。如果水肿范围较广，则往往显示为均匀密实的阴影，于其中可见含气的支气管影(图 13-13)。②间质性肺水肿时，X线表现较为特殊。肺血管周围的渗出液可使血管纹理失去锐利的轮廓而变得模糊，并使肺门阴影变得也不清楚。小叶间隔中的积液可使间隔增宽，形成小叶间隔线，即 Kerley B线和 Kerley A线。

6. 肺不张 肺不张(pulmonary atelectasis)也称肺膨胀不全。在支气管完全阻塞后，肺泡内气体被血液循环吸收，因而发生肺的萎陷和容积缩小。临床上，先天性局限性肺不张，动物可无明显症状，但如果发生一侧肺或一大叶发生肺不张，则可能出现呼吸困难，于病侧肺野叩诊呈浊音。当主支气管或小支气管发生完全阻塞时，肺泡内的气体被完全吸收而实变，沿此支气管分布的肺脏即发生肺不张。其中犬、猫的肺不张多发生于右肺中叶。

X线表现：为密度增高的阴影，由于容积缩小，其周围组织也可受相应影响，如大叶肺不张时，可发生肋间变窄，膈和纵隔向患侧移位等。如为多发的小叶肺不张，则显现多发斑块状密影；一叶性肺不张，则呈三角形或扇形，尖端指向肺门(图 13-14)。

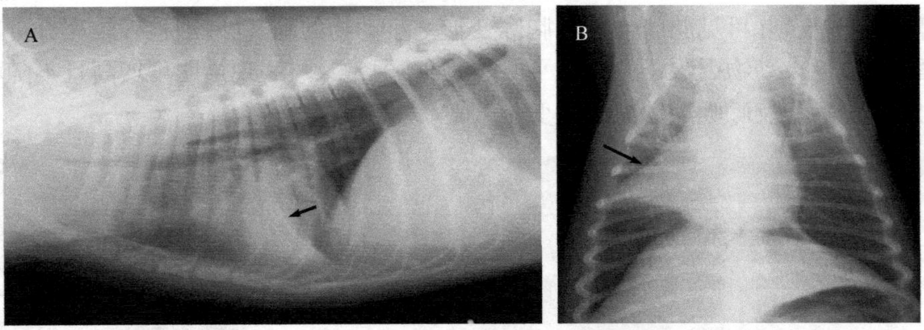

图 13-14 犬右肺中叶不张(北里大学，2006)

侧位(A)及腹背位(B)片显示右肺中叶有一三角形的致密阴影，尖端指向肺门(箭头所示)

7. 支气管肺炎 支气管肺炎(bronchopneumonia)又称卡他性肺炎(pneumonia catarrhalis)或小叶性肺炎(lobular pneumonia)，是病原微生物感染引起的以细支气管为中心的个别肺小叶或几个肺小叶的炎症。

X线表现：在透亮的肺野中可见多发的大小不等、密度不均匀、边缘模糊不清的点状、片状或云絮状渗出性阴影，多发于肺心叶和膈叶，呈弥漫性分布，或沿肺纹理的走向散在于肺野。支气管和血管周围间质的病变，常表现为肺纹理增多、增粗和模糊。病变可侵犯一个或多个肺叶，大量的小叶性病灶可融合成大片浓密阴影，称为融合支气管肺炎(图 13-15，图 13-16)。与大叶性肺炎的区别在于其密度不均匀，不是局限在一个肺的大叶，或大叶的一

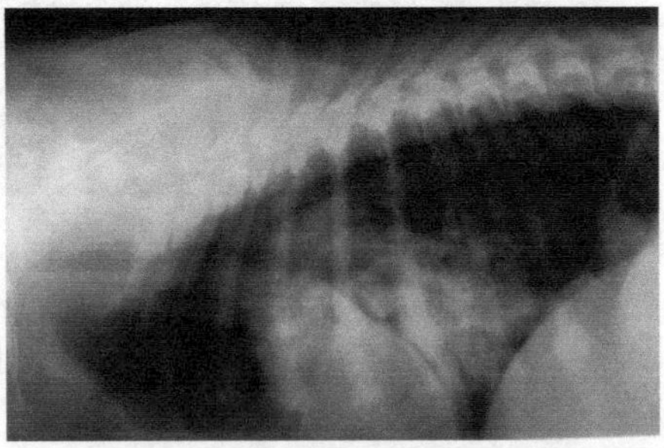

图 13-15 犬支气管肺炎

于侧卧位片可见心膈角大片的云絮状渗出性阴影

段，X线片上往往位于肺野的中央、肺门区、心叶和膈叶的前下部，致心脏的轮廓不清，后腔静脉不可见，但心膈角尚清楚。在膈叶的后上部显得格外透亮时，表示伴有局限性肺气肿。

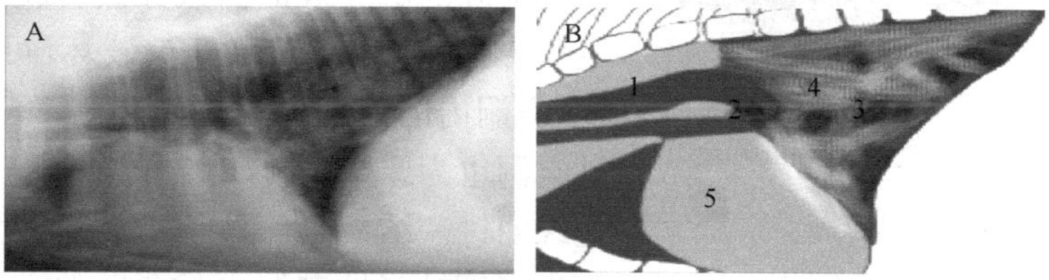

图 13-16 犊牛严重支气管肺炎(Jung et al.,2004)

A. X线影响；B. 示意图

1. 气管；2. 支气管横断面；3. 含气肺泡；4. 融合的肺组织；5. 心脏

8. 大叶性肺炎 大叶性肺炎(lobar pneumonia)是整个肺叶或肺大叶的一段发生急性炎症，以肺泡内充满大量纤维蛋白性渗出物为特征，又称格鲁布性肺炎(Croupous pneumonia)或纤维素性肺炎。

X线表现：大叶性肺炎充血期无明显的X线特征，仅可见病变部肺纹理增粗、增浓，肺部的透亮度稍降低。肝变期比较典型，在肺野的中、下部，相当于肺体的中、下部，显示大片广泛而均匀致密的阴影(图 13-17)。阴影上缘(背侧)呈弧形向上隆起为其特殊表现，此征可与叩诊出现的弓形浊音区符合，与肺叶的解剖结构或肺段的分布完全吻合。由于目前多在病初用大剂量抗生素治疗，典型大叶性肺炎已不常见。消散期表现为大片密实阴影逐渐缩小、稀疏变淡，肺透亮度逐渐增加，病变呈不规则、大小不一的斑片状模糊阴影。经治疗痊愈的病例，病变全部被吸收消散，肺组织恢复正常。

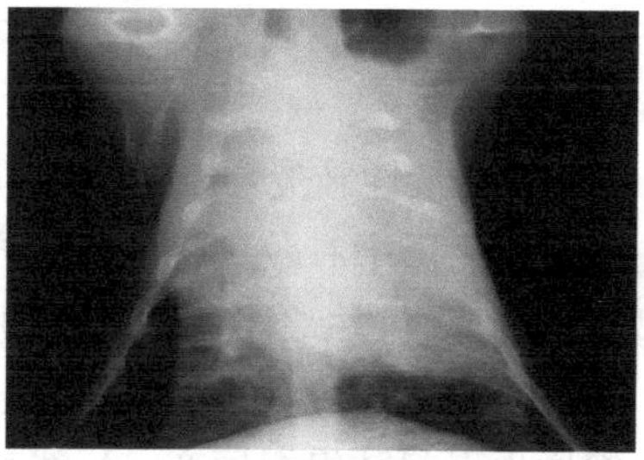

图 13-17 犬大叶性肺炎

左、右肺前叶呈大片广泛而均匀致密的阴影

9. 肺脓肿 肺脓肿 (pulmonary abscess) 是由化脓性细菌引起的肺坏死性炎性疾病。

X线表现：最典型者为显示出含液平面的脓肿腔的空洞阴影(图 13-18)。但在急性化脓性肺炎阶段，肺内出现大小不等的致密阴影，边缘模糊不清，密度比较均匀，与一般肺炎无明显区别。当病变中心组织发生坏死液化后，则在致密的实变区中出现含有液平面的空洞，呈现为圆形或椭圆形透亮区，大小不等，壁内缘可光滑或不规则(图 13-19)。慢性肺脓肿时，周围炎性

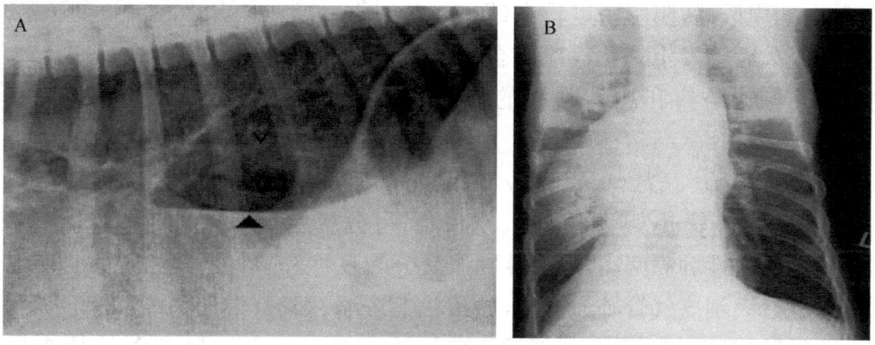

图 13-18 犬纵隔脓肿

站立侧位水平投照时(A)，可见液平面；腹背位(VD)片(B)显示脓肿位于中部，与心影重叠，右肺中叶及副叶浸润

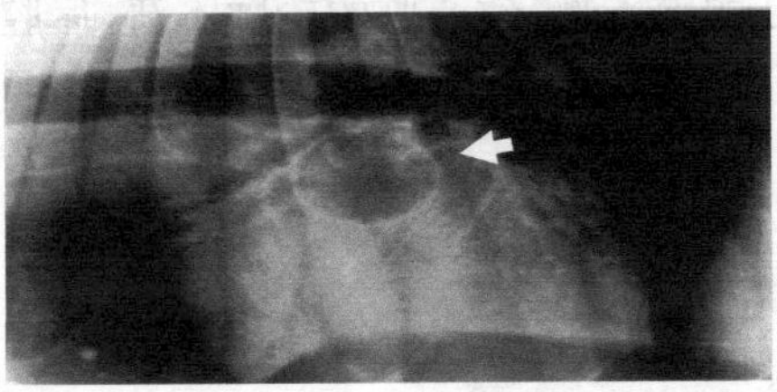

图 13-19　犬肺脓肿
(Christopher et al. ,2000)
边缘光滑的空洞(箭头所示)

浸润大部被吸收,纤维结缔组织增生,表现为厚壁空洞。空洞壁清楚,多数空洞内有液平面。若脓肿位置靠近肺的胸膜表面而致穿破胸膜时,可以形成脓气胸影像;若肺组织多处被破坏,可形成多房性空洞,空洞内的液平面表现为高低不一。肺肿瘤坏死性空洞也为厚壁空洞,但空洞多呈偏心性且不规则,边缘明锐。结核性空洞也可为多发性,且洞壁较薄,而支气管扩张性空洞更是薄壁的空洞,应注意加以区别。

10. 肺结核　肺结核(pulmonary tuberculosis)是由结核分枝杆菌引起的一种人畜共患的慢性传染病,可发生于多种动物,奶牛最易感染。

X线表现:肺结核病理变化比较复杂,其X线所见常呈多样性表现,多是以某种病变为主的混合型表现。

(1) 急性粟粒性肺结核:由大量结核杆菌一次侵入血液循环所引起,又称血液播散型肺结核。X线透视表现为整个肺野透明度降低,呈磨砂玻璃状改变。X线片可见整个肺野均匀分布大小相等的点状或颗粒状边缘较清楚的致密阴影,有些病例可见到小病灶融合成较大的点状阴影。

(2) 结核性肺炎:此型病情较严重,多为大片状渗出性阴影,与融合性支气管肺炎相似,但在渗出性阴影中有较致密的结节样病变,有时在大片状模糊阴影之间出现密度降低区或较明显的空洞形成,并常伴发结核性胸膜炎。

(3) 肺硬变:为慢性增殖性经过,由于炎性结缔组织发生收缩,支气管和淋巴管周围结缔组织增生引起肺组织硬变。X线表现为范围不等、密度较高、边缘清楚的致密阴影,有时在病变区出现单发或多发的空洞透明区,并有点状或片状钙化灶混杂其间。

11. 真菌性肺炎　真菌性肺炎(mycotic lung disease)是当机体抵抗力减弱,或有其他病原微生物感染时,环境中存有的真菌和真菌孢子进入呼吸道后大量繁殖,最终所引发肺部感染。肺部发生真菌感染后,真菌能刺激肉芽组织增生,形成大小不等肉芽肿性结节,结节中间有化脓灶,并混有霉菌丝。肉芽结节为多发性、散在分布。

X线表现:肺实质浸润性病变,可见散在性或融合成片状的云絮状阴影;肺门周围分布有大小不等的粟粒状阴影,并向四周散播,阴影密度较高(图 13-20);在肺门处的结节经久后会发生钙化。应结合临床及其他相关信息,注意与肺结核和恶性肿瘤的肺转移进行区别。

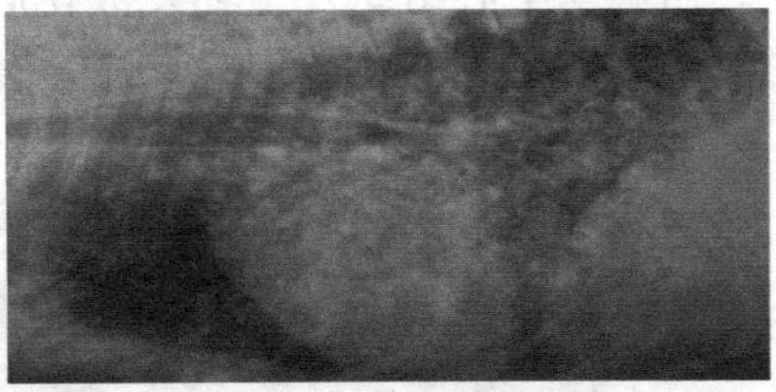

图 13-20　真菌性肺炎——新型隐球菌感染(Donald,2002)

12. 肺肿瘤　肺肿瘤(pulmonary neoplasia)是指肺实质、胸膜和支气管壁发生的肿瘤。肺肿瘤可分为原发性肿瘤和转移性肿瘤两类,原发性肿瘤又分为良性和恶性肿瘤。原发性肺肿瘤多起源于支气管上皮、腺体、细支气管肺泡上皮,如鳞状上皮瘤、腺瘤、淋巴肉瘤和黑色素瘤等。转移性肺肿瘤由恶性肿瘤经血液、淋巴或邻近器官蔓延至肺部。因此,肺部X线检查是恶性肿瘤诊疗的常规检查手段。应注意肺肿瘤与肺结核、肺棘球蚴、霉菌性肺炎、肺炎、肺脓肿相鉴别。

X 线表现：原发性肺肿瘤 X 线显示为多位于肺门区的边缘轮廓清楚的圆形或结节状致密阴影；黑色素瘤呈边缘不平、密度均匀、典型块状阴影；恶性肺肿瘤则呈现边缘分叶状或粗糙毛刷状。肺肿瘤可产生支气管阻塞，导致肺气肿和肺不张。转移性肺肿瘤可见肺野内单个或多个、大小不一、轮廓清楚、密度均匀的圆形、类圆形阴影，转移性肺肿瘤可侵犯胸膜，引起胸腔积液（图 13-21，图 13-22）。

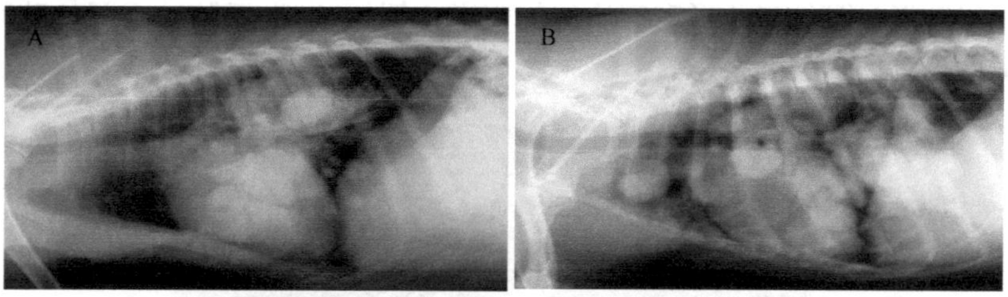

图 13-21　乳腺癌肺转移（A）和滑膜肉瘤肺转移（B）

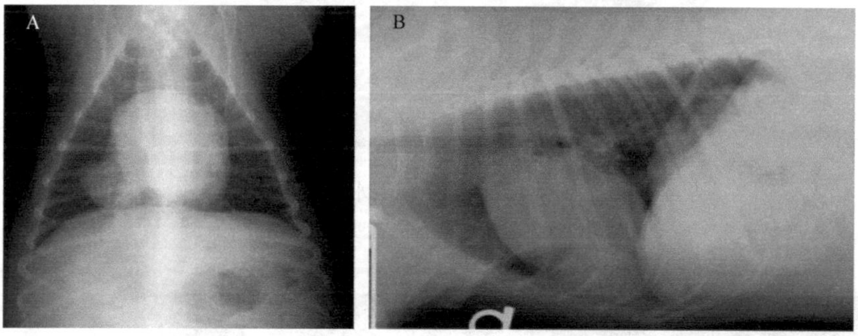

图 13-22　纵隔肿瘤（Andrew，2005）

腹背片（A）显示于右肺中叶下方有一近圆形的软组织阴影，且与心影重叠无明确界限；侧卧位片（B）显示该肿块与心影重叠。经 CT 及病理组织学检查确诊为转移性纵隔癌瘤

13. 胸腔积液　胸腔积液（pleural effusion）是指液体潴留于胸膜腔内。

X 线表现：X 线检查仅可证实胸腔积液，但不能区别液体性质。胸腔积液包括游离性、包囊性和叶间积液。胸腔积液多为双侧发生（图 13-23）。极少量的游离性胸腔积液（小型犬、猫

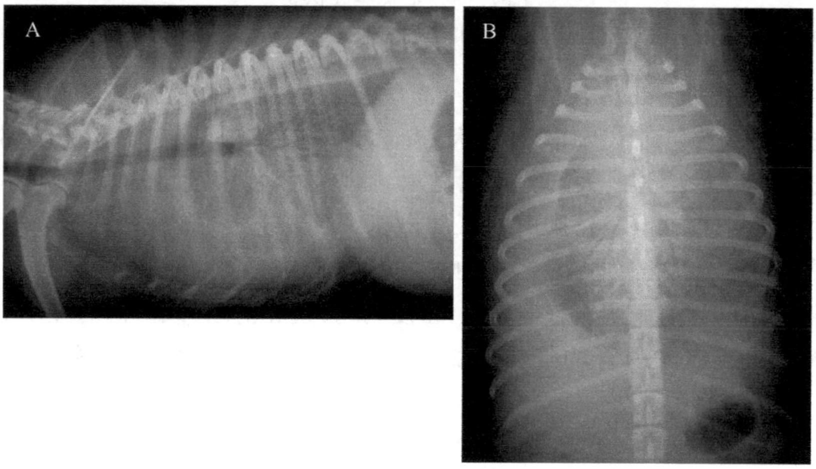

图 13-23　胸腔积液

左侧横卧位（A）及腹背位（B）显示双侧胸腔大量积液

<50ml;中大型犬<100ml),在X线上不易发现。游离性胸腔积液量较多时,站立侧位水平投照显示胸腔下部均匀致密的阴影,其上缘呈凹面弧线(图13-24)。这是由胸腔负压、肺组织弹性和液体重力及表面张力所致。大量游离性胸腔积液时,心脏、大血管和中下部的膈影均不可显示。单侧性胸腔积液较多时,除积液一侧致密阴影之外,还有纵隔移位,对侧肺脏受压(图13-25)。当液体被纤维结缔组织包围并因粘连而固定某一部位,形成包囊性胸腔积液时,X线表现为圆形、半圆形、梭形、三角形密度均匀的密影。例如,发生于肺叶之间的叶间积液,X线显示梭形、卵圆形密度均匀的密影。

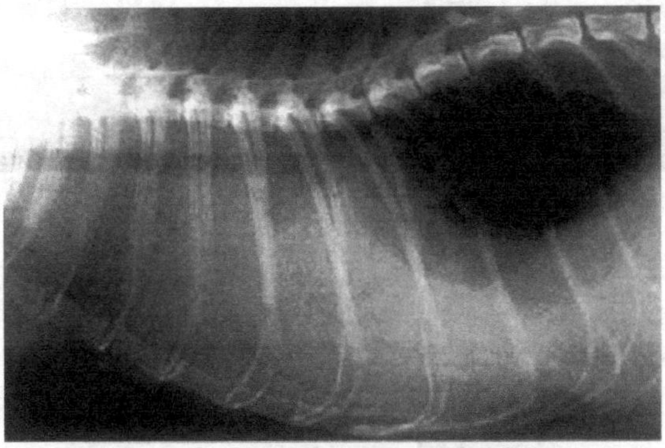

图13-24 胸腔积液水平位图

站立侧位水平投照可见上缘呈凹面弧线的液平面

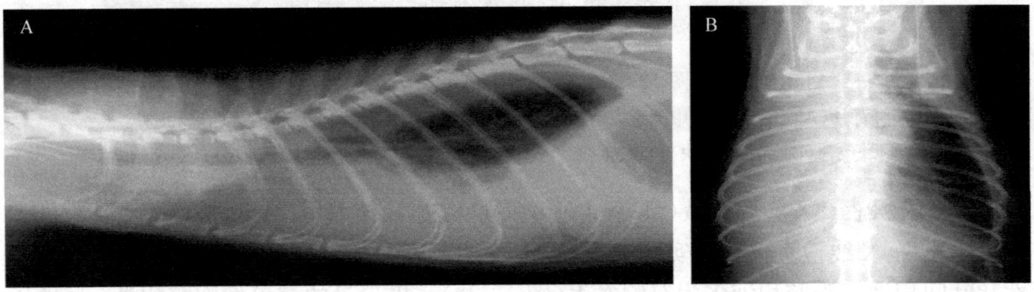

图13-25 右侧胸腔积液

A. 侧位图,可见胸腔内广泛积液;B. 正位图,可见右侧胸腔液体充盈,不见肺野,与左侧胸腔对比鲜明

14. 膈疝 膈疝(diaphragmatic hernia)是腹腔内器官因横膈破裂而进入胸腔中。如疝入心包腔内,则为心包疝。膈疝多见于犬、猫,多因外伤而使横膈在肋弓的附着处撕裂引起。

X线表现:膈肌的部分或大部分不能显示,肺野中下部密度增加,胸、腹的界限模糊不清。因常并发血胸或胸腔积液,肺野中下部出现广泛致密影,胸腔内的正常器官影像不能辨认。如胃肠疝入,在胸腔内可显示胃的气泡和液平面、软组织密度的肠曲影和其中的气影。先天性心包疝时,心脏阴影普遍增大,密度均匀,边界清晰,或可同时显示疝入脂肪、肝脏等的块状影像或疝入肠管的气体阴影。钡餐造影检查有利于观察疝入的胃及肠管(图13-26)。

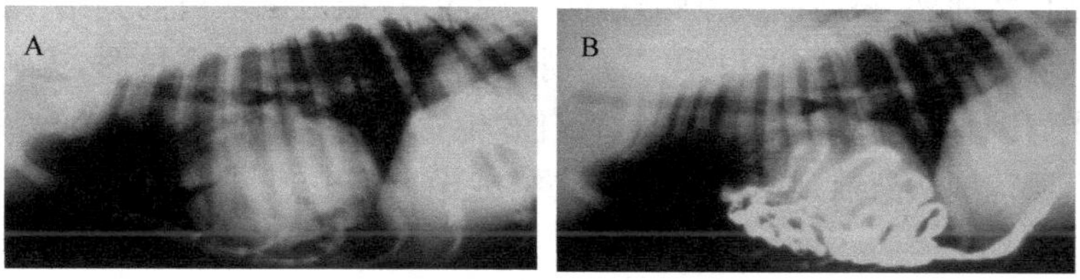

图 13-26 犬先天性腹膜心包膜横膈膜疝

平片(A)上心影明显扩大,并有类似含气管腔样的低密度阴影存在,经消化道造影(B)确认为小肠

15. 气胸 气胸(pneumothorax)是指空气进入一侧或双侧胸膜腔,引起全部或部分肺萎陷。气胸可分为开放性气胸、闭合性气胸、张力性气胸和中隔积气4种。

X线表现:小动物肺野显示萎陷肺的轮廓、边缘清晰、密度增加,吸气时稍膨大,呼气时缩小。在此萎陷肺的轮廓之外,显示比肺密度更低的、无肺纹理的透明气胸区(图13-27)。一侧性大量气胸时,纵隔可向健侧移位,肋间隙增宽,横膈后移。

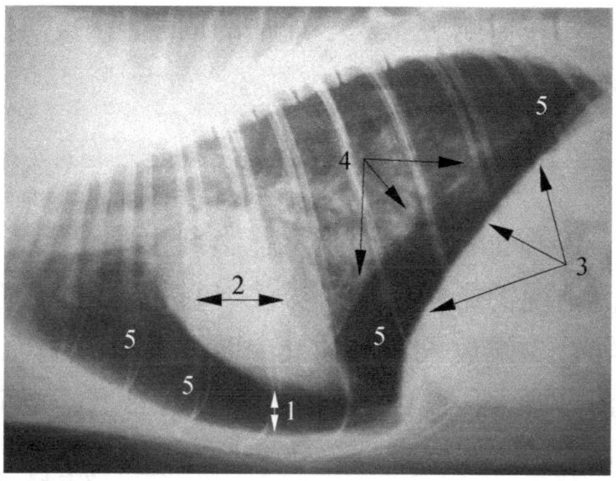

图 13-27 气胸

1. 心脏位置上移,与胸骨分离;2. 肋间隔增宽;3. 横膈明显后移;4. 萎陷肺的后沿;5. 透明气胸区

大动物气胸时,显示胸椎下侧缘特别清晰,上部肺野呈无肺纹理的高度透明区。透明区的下方,显示萎陷肺的轮廓、边缘清晰、密度增加。大量气胸时膈肌后移,膈圆顶变直,椎膈脚变大,肋间隙增宽,膈肌的呼吸运动减弱。

(李小兵)

第三节 循环系统的X线检查

循环系统的X线检查主要指心脏的X线检查。充满空气的肺提供了良好的天然对比,有利于胸内心血管系统的检查。胸部的X线影像可提供直观的关于心脏大小、轮廓、位置及其邻近器官和循环状况的信息,有助于心脏疾病的诊断。X线检查的结果也可作为判定心脏疾病严重性和评价治疗有效性的参考,并可判断预后。小动物胸部摄片更加常用。

一、循环系统X线检查方法

(一)投照要求

心脏X线检查,即胸部X线摄片,要求高千伏、低毫安秒。曝光时间一般选择在0.02~0.05s,最好低于0.04s。另外,为了增加心脏影像的清晰度和减少失真度,FFD至少为91cm,一般选用FFD=100cm。当犬的体型较大、胸部厚度超过15cm时,应使用滤线器;如果怀疑胸腔积液、肺萎陷、肺实变或特别肥胖时,应将胸厚的标准降低为11cm。

(二)摆 位

心脏X线检查的标准摆位是胸部右侧位和背腹位。右侧位时,犬右侧卧,前肢平行前拉,后肢后拉，头颈自然伸展，垫高或支撑胸骨，防止旋转；投照范围从肩前到第 1 腰椎，投照中心在第 5 肋间隙(肩胛骨后缘)，胸厚以第 13 肋骨处的厚度为准。背腹位时，犬俯卧，前肢前拉，肘头外展，防止肩胛骨与前胸部的重叠，后肢自然位置，脊柱拉直，胸椎和胸骨重叠，在上下同一垂直平面；投照范围从肩前到第 1 腰椎，投照中心在第 5～6 肋间隙(肩胛骨后缘)，胸厚以第 13 肋骨处的厚度为准。

有时根据临床诊断需要或疾病状态，也可选用左侧位、腹背位和水平 X 线投照。左侧位时，犬左侧卧，其他要求同右侧位；腹背位时，犬仰卧，其他要求同背腹位。水平 X 线投照时，可选用站立或直立姿势的侧位、直立姿势的背腹位或腹背位及仰卧或俯卧姿势的侧位投照。

在影响心脏大小评估的因素当中，摆位非常重要，所以良好的摆位是进行心脏大小评估的前提。

(三) 造 影 检 查

心血管造影是指将造影剂快速注入心脏或大血管，借以显示其内部的解剖结构、运动及血流情况的影像学检查方法，包括选择性心血管造影和非选择性心血管造影。前者是指通过将导管尖端放入心脏的某一腔或大血管内而引入造影剂进行造影；后者是将造影剂快速注射到颈静脉，并在注射后拍摄连续 X 线片。然而，该技术在很大程度上已经被超声心动图所代替。

二、循环系统正常 X 线表现

犬侧位拍摄的心脏影像，其前缘为右心房和右心室，上为心房，下为心室，在近背侧处加入前腔静脉和主动脉弓的影像。前纵隔的腹侧缘与右心边界相交形成浅的凹陷，称为心前腰。心脏的后缘由左心房和左心室影像构成，与膈顶靠近，其间的距离因呼吸动作的变化而不同。左心房与左心室在背侧相交形成一浅的凹陷，称为心后腰。后腔静脉的背侧缘位于后腰水平上，后腰与房室沟的位置对应。后缘靠近背侧的地方(左心房)加入肺静脉的影像。心脏的背侧由于有肺动脉、肺静脉、淋巴结和纵隔影像的重叠而模糊不清。主动脉与气管交叉清晰可见，其边缘整齐，沿胸椎下方向后行。

背腹位或腹背位 X 线片上，心脏形如歪蛋。通常使用“钟面”来描述心脏边缘的位置：11～1点处是主动脉弓，1～2 点处是肺动脉段，2～3 点处是左心耳，3～5 点处是左心室，5 点处是心尖，5～9 点处是右心室，9～11 点处是右心房，4 点和 8 点处是走出左、右肺后叶的肺动脉，左、右肺后叶的肺静脉分别位于其肺动脉的内侧。后腔静脉自心脏右缘尾侧近背中线处走出，正常时左心房不参与组成心脏边界。单个心腔的边缘不能从平片上辨认出来。

三、循环系统常见疾病 X 线表现

(一) 全 心 增 大

心脏增大是指整个心脏体积的增大，是心脏疾病的重要征象。全心增大可能是由心肌肥厚或扩张造成的，但两者不能通过 X 线平片来辨别，只能通过心血管造影或超声心动图才能辨别。

心脏轮廓增大并不一定表明心脏增大，如果心包囊内含有液体、脂肪或腹腔器官，而心脏正常时，心脏轮廓看起来也会增大。

全心增大在侧位X线片上表现为心脏轮廓圆，前腰和后腰消失，心脏的前后径增大。心脏相对于胸廓的其他部分看起来较大。右心边缘变圆，与胸骨的接触范围加大。左心边缘变直，更加直立。因心脏的心尖至心基部的距离变大，气管和主支气管被抬高，气管和脊柱的夹角变得更小，末端气管弯曲消失。主支气管可因左心房增大而受到压迫；后腔静脉朝向前背侧；背腹位X线片表现为心脏直径变大，两边的肺野变小。心尖向后移位，朝向左侧；膈可能受到压迫或重叠；心脏轮廓可能不规则(图13-28)。

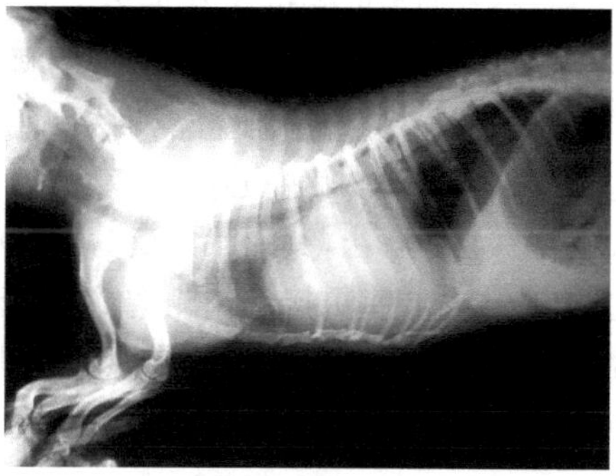

图13-28　犬全心增大

心脏前后径增大，右心比正常时与胸骨接触更大，气管被抬高

可能的话，比较现在的X线片和动物生活早期发生心脏疾病以前拍摄的X线片，以评估心脏增大情况。也可使用椎体测量系统(VHS)评估犬心脏的形态大小。心脏的形态大小和轮廓因动物品种、年龄的不同而变化很大。就犬来说，胸深的动物(雪达犬、柯利犬和阿富汗犬)心脏影像在侧位片上长而直，约为2.5肋间隙宽，正位片上心脏显得较圆而小(图13-29)；呈圆桶状宽胸动物(腊肠犬、斗牛犬)心脏影像在侧位片上右心显得更圆，与胸骨接触面更大，气管向背侧移位更明显，心脏宽度为3～3.5肋间隙宽，正位片上右心显得扩大而且更圆(图13-30)。

A　　B

图13-29　深胸犬的心脏形态

A. 侧位，心脏显得窄而直立；B. 正位，心脏显得圆而小

A　　B

图13-30　浅胸犬的心脏形态

A. 侧位，心脏显得较大，右心室更圆，气管与胸椎的夹角小；B. 正位，心脏显得大而圆

(二) 右心增大——右心室

任何增加右心工作负荷的情况最终都会引起右心室增大，这些情况包括肺动脉瓣或三尖瓣闭锁不全、室间隔或房间隔缺损。右心室增大也可见于心丝虫病、慢性肺病和法络四联症。

右心室增大的侧位X线征象为心室区的心脏前缘变圆。因心室边缘变圆，前腰可能更明显，以后可能消失。增大的心室可能间接地引起气管抬高，但末端气管的腹侧弯曲仍然存在。心脏与胸骨的接触范围比正常时更大。增大的心室可能引起心脏倾斜，使心尖向后背侧移位，这种移位可被误认为左心室增大。背腹位X线征象表现为右心缘更靠近右侧胸壁。增大的心室在右心缘膨出，其形状如反写的"D"。左心室受增大的右心室影响而移位，心尖可能移向左侧，造成左心室更接近左侧胸壁，可能被误认为左心室增大。心尖的位置可以通过左后侧胸腔胸膜的映像确定。右心室增大的早期，肺动脉可能明显凸出(图13-31)。

(三) 右心增大——右心房

三尖瓣功能受损时，右心房可能增大。房间隔缺损、右心室增大和法络四联症时，右心房也可能增大。偶见血管肉瘤影响右心房。

右心房增大很少单独发生，很难通过X线影像确定，通常与右心室增大同时发生。侧位X线片上可见气管在气管分叉处前被抬高，右主支气管被抬高，但末端气管的腹侧弯曲仍然存在。心脏前腰不明显或消失，右心房增大依其相对位置不同而使前腰突出或消失。后腔静脉通常增大。背腹位片上，增大的右心房使心脏轮廓在右前侧膨出(时钟9～11点处的位置)(图13-32)。

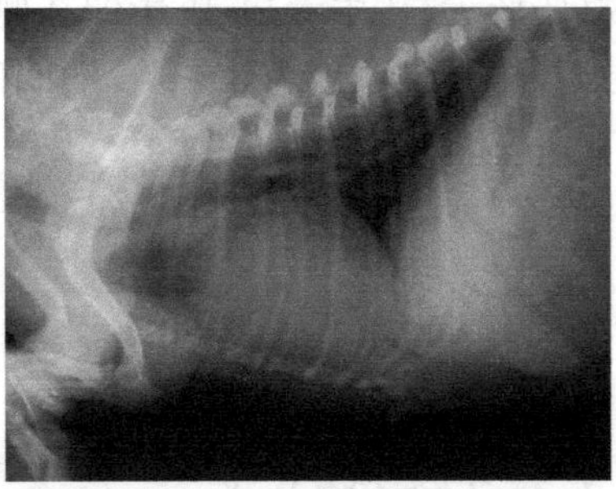

图13-31 犬右心室增大

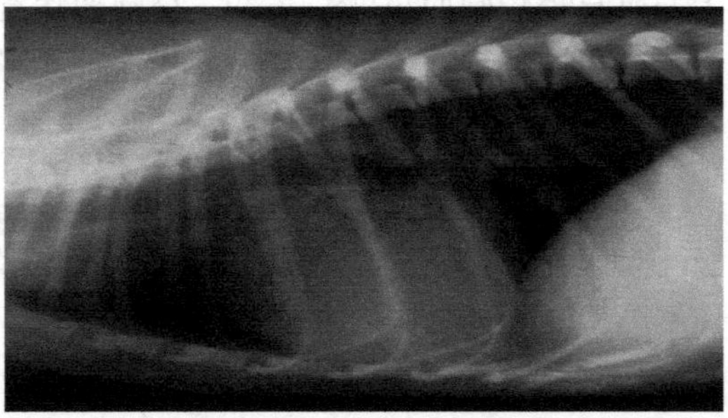

图13-32 犬右心房增大

增大的肺动脉或增大的主动脉向前纵隔内凸出，也参与形成心脏轮廓的前背侧，可被误认为右心房增大。

(四) 左心增大——左心室

左心室增大见于主动脉瓣或二尖瓣闭锁不全、主动脉瓣狭窄、从左至右分流和中隔缺损。任何引起左心室工作负荷增加的情况都会造成左心室增大。

侧位X线片早期变化不明显，心脏后缘在后腰处的向内弯曲消失。心脏后缘变得更直，与胸骨基本成直角。心脏后缘比正常时更向后延伸，但心脏前后径的增大程度通常不如右心室增大时前后径的增大程度明显。左心室的伸长使末端气管向背侧移位，其腹侧弯曲消失。气管与脊柱形成的夹角变小，经常伴发左心房增大，向后背侧凸出。背腹位片上左心边缘靠近左侧胸壁，使得左侧肺野变小(图13-33)。左心室缘变圆，心尖也可能变圆。

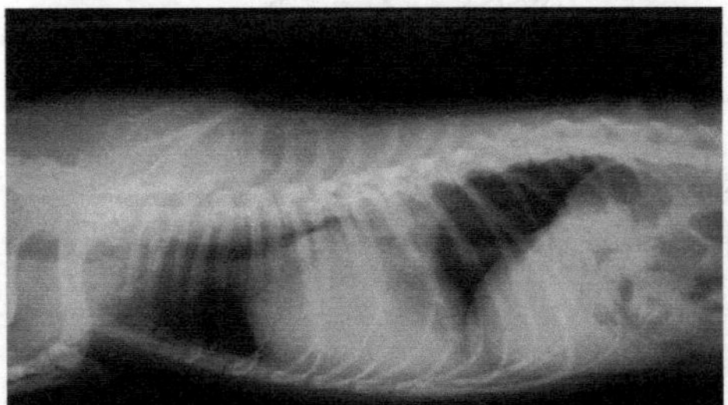

图13-33 犬左心增大

（五）左心增大——左心房

左心房增大常与二尖瓣闭锁不全和扩张型心肌病有关，也可见于自左至右分流、动脉导管未闭和房间隔缺损。

侧位X线片表现为末端气管被抬高，其腹侧弯曲消失。左主支气管被抬高，有时可见左心房在肺后叶支气管之间向背侧延伸，使支气管分离，呈“V”形。可见增大的左心房为一伸展至后叶的阴影，通常为楔形外观。后腰消失。肺静脉注入左心房时明显，密度更高。背腹位片上左心耳（2～3点处）从心影的中心向外侧凸出超过左心边缘。如果左心室也增大，该征象可能看不见。增大的心房常抛出一阴影与右心室重叠，所以在心影内可看到与右心室边缘相贴近且平行的心房边缘，有时心房边缘参与形成左心室边缘（图13-33）。心房极度增大时，可使主支气管分开。

（谢富强）

第四节 消化系统X线检查

消化道由食管、胃和肠组成。出现消化道症状需要进行X线检查时，应先根据临床症状确定需检查的部位。由于透视辐射量较大，且动物保定比较困难，因此现在小动物临床上常用X线摄片检查。尽管某些消化道的疾病可在平片上显示，但对于其确诊常需进行造影检查。常用的造影剂为医用微粒硫酸钡。以下以犬为例进行概述。

一、消化系统X线检查方法

（一）食管检查

X线检查时，首先应采取侧位和腹背位X线投照。腹背位时，由于食管部分位于脊柱的上方，建议可加拍斜位。更多情况下为了确诊需要进行食管造影检查。食管造影检查是把阳性造影剂引入到食管内，以观察、了解食管的解剖学结构与功能状态的一种X线检查技术。常用剂量为3～5ml/kg体重，钡餐后应立即进行X线摄片。造影检查对于食管的可透性异物，食管狭窄、阻塞、扩张、痉挛和食管壁的溃疡、憩室、穿孔、肿瘤，以及食管壁外的占位性压迫等疾病的诊断有重要价值。通常使用较为黏稠的硫酸钡悬液进行造影，但疑为食管破裂时，更适于用水溶性造影剂代替。

（二）胃肠检查

常用右侧位和腹背位进行投照。右侧位投照时，将动物右侧卧，用透射线的衬垫物将胸骨垫高至与腰椎等高水平。将后肢向后牵拉使之与脊柱约成120°角。射线束中心对准腹中部（最后肋弓的后缘），照射范围前界含横膈，后界达髋关节水平，上界含脊柱，下界达腹底壁。腹背位投照时动物取仰卧位，前肢向前拉，后肢自然屈曲呈“蛙腿”状，以避免皮肤褶皱影像干扰。动物体位一定要摆正，避免扭曲。投照中心对准脐部，范围包括剑状软骨到耻骨的区域。

为增加X线片的对比度，应适当降低管电压而增加曝光量。曝光应在动物呼气之末进行，这样可以避免内脏器官的拥挤及膈运动造成的影像模糊。

由于胃肠道所在的腹部多为软组织结构，自然对比较差，拍摄的X线平片的影像对比度也不良，故影响诊断结果。为弥补上述不足，选择适当的造影技术对腹部器官进行造影检查是腹部X线检查必不可少的。

胃肠钡饲造影是将钡剂引入胃内，以观察胃及肠管的黏膜状态、充盈后的轮廓及蠕动与排空功能的一种X线检查方法，其主要用于检查胃肠道的通畅程度、胃内异物、消化道肿瘤、肠梗阻等。

将稀的钡剂经直肠逆行灌入结肠及盲肠，以了解结肠器质性病变的X线检查方法称为钡剂灌肠造影。该法可为肠壁肿瘤、黏膜病变或外在的占位性肿块和先天性畸形等提供诊断依据。

二、消化系统正常X线表现

在颈部或胸部X线平片中通常不能见到食管，食管中的空气和食物可部分勾画出其轮廓。食管中存有气体，除非含量较少，否则需做进一步检查。

犬食管造影后，一些钡剂残存于食管黏膜皱褶中的纵行腺窝内，X线片中显示为一系列排列规则、几乎等宽的平行线。对于猫，食管的后1/3除了有纵行皱褶外，还有横向条纹。钡剂造影呈现"鲱骨状"外观。

在大多数情况下，犬胃内都存在一定量的液体和气体，所以在X线平片上可以据此辨别胃的部分轮廓，但不可能显示出胃的全部轮廓。胃位于前腹部，前面是肝脏，胃底位于体中线左侧，直接与左侧膈相接触。由于胃内存有一定的气体和液体，且气体趋向于升至最高点，故在拍片时选取不同的体位显示胃的不同区域。右侧位X线片，动物左侧卧，气体在胃底可见，可显示胃底和胃体的轮廓。相反，左侧位时，气体大多数情况下聚集于幽门窦，显示为较规则的圆形低密度区。不论在侧位片还是正位片上，均可自胃底经胃体至幽门引一条直线，侧位片上此直线几乎与脊柱垂直，与肋骨平行；正位片上，此线与脊柱垂直。胃在空虚状态下一般位于最后肋弓以内，当胃充满时则有一小部分露出肋弓以外。通过胃造影术可以清楚地显示胃的轮廓、位置、黏膜状态和蠕动情况。

造影检查后，造影剂在胃内的位置将取决于动物的姿势，与气体的位置相反。造影剂因重力的作用，将存在于胃内的最低点。在右侧位时，其可见于幽门窦内；左侧位时，则见于胃体和胃底。腹背位时，造影剂将聚集于胃底和贲门周围；背腹位时，将沉于胃体和幽门窦。

小肠内通常含有一定量的气体和液体，通过气体的衬托，在X线平片上小肠轮廓隐约可见。显示为平滑、连续、弯曲盘旋的管状阴影，均匀分布于腹腔内。若动物腹内有足够的脂肪来形成对比，则平片上可见小肠的浆膜面。小肠的直径不定，一般认为犬的小肠直径相当于两个肋骨的宽度，猫小肠直径不超过12mm。

十二指肠的位置基本固定，通常在平片上不可见。空肠和回肠的活动范围大，很容易被其他器官或腹部肿块取代位置。

造影可显示小肠黏膜的影像，犬的正常小肠黏膜平滑一致，而降十二指肠的肠系膜侧黏膜则呈规则的假溃疡征。猫的十二指肠正常影像是分叶的，类似"珍珠串"。

大肠内有粪便和气体，因此通常在平片上可见。犬和猫的盲肠X线影像不同，犬盲肠的形状呈半圆形或"C"形，肠腔内常含有少量气体，所以可在正位片的腹中部右侧辨别出盲肠。猫的盲肠为短的锥形憩室，内无气体，故难以辨认。

结肠是大肠最长的一段，在平面上的清晰度依内容物而定。在侧位片上，结肠位于腹腔背侧1/3处，与脊柱大致平行。腹背位片上形如"?"，升结肠在右侧，降结肠位于左侧，横结肠基本上与胃大弯相接触。降结肠的后段位于腹中线，后行进入骨盆腔延续为直肠。钡剂灌肠可显示平滑的黏膜表面。

三、消化系统常见疾病的X线诊断

（一）犬巨食管症

犬巨食管症又称食管失弛缓症，是一种神经-肌肉功能障碍造成的后果，是胆碱能协调与神经支配功能紊乱引起的。当后段食管括约肌弛缓、能力降低时，食管不能继续蠕动。本病的病因尚不清楚，可能与心理、遗传，甚至中毒和外伤有关。常见于转换成喂固体犬粮之际的幼犬，但已至7岁的成年犬也可发生。多见于德国牧羊犬和德国大丹犬，公犬较母犬多发。

常规X线检查可见食管扩张，存有气体、液体或食物。当食管充气扩张时，其将与气管背侧重叠，呈现气管条纹征。背侧的食管壁因气体存在而清晰可见。有时可伴发异物性肺炎。造影检查可显示食管扩张的程度。怀疑为该病时应让犬站立进行钡饲，钡饲5min后摄片。为了显示食管的整个轮廓可能需要大量钡剂，钡剂与食物混用可更加有助于检查(图13-34)。

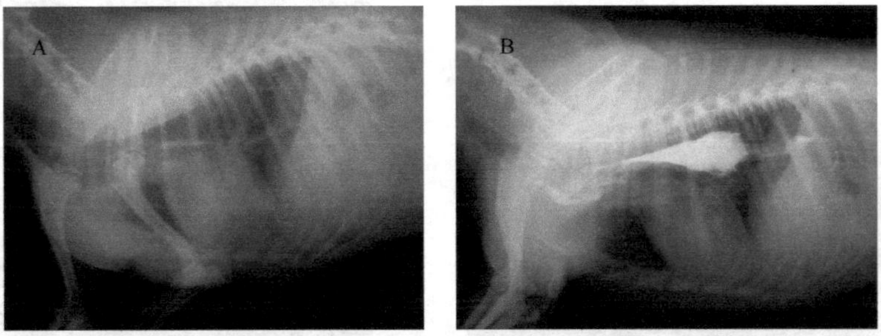

图13-34　犬巨食管

A. 平片，可见心脏背后的含气食管，并向腹腔延伸；B. 造影片，可见膨大的食管

（二）持久性右主动脉弓

胸腔内血管系统先天性异常可导致血管或血管遗迹形成带状而束缚心基附近的食管，其中永久性右主动脉弓(PRAA)最常见。临床上常以持续呕吐为特征。本病多发于断奶后20～60日龄的幼犬。流体食物可通过食管进入患犬的胃内，但固体和半固体食物则停留在心脏水平面的食管内。进食后数分钟即发生持续性呕吐，然后又将呕吐物重新食入。随着病程发展，患犬表现为营养不良、瘦小和脱水。持续的呕吐可能引起异物性肺炎。

侧位X线片可见从食管收缩处往前的部分食管扩张，在X线平片上常可见由食物、液体、空气或这些物质的混合物勾画出扩张的食管轮廓呈囊袋状外观。如果食管内充有气体，则气管条纹征将明显可见。扩张的食管止于心基的上方，收缩点之后食管显示正常。食管可能下垂而遮住气管影像。钡饲造影可显示食管由心基向前扩张的区域(图13-35)。

（三）食管异物

食管异物指未能咽下而滞留于食管内的外物。

通常不透射线的异物在X线片上很容易观察。完全阻塞的食管前部通常可见空气存在于管腔内，食管扩张。阻塞部位之前可见不等量的食物残留。可透射线的异物可通过造影检查显示其轮廓，如果怀疑有穿孔，造影检查时最好使用非离子型造影剂。异物周围有软组织密度阴影、气纵隔或纵隔内肿块，提示有食管穿孔并导致纵隔炎(图13-36，图13-37)。

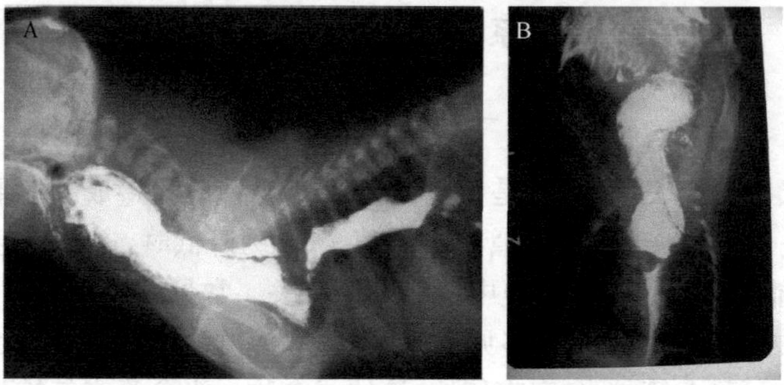

图 13-35　40 日龄犬持久性右主动脉弓

A. 侧位片；B. 正位片，食管造影可见心基收缩点，点前方为膨大的食管，后方食管未见异常

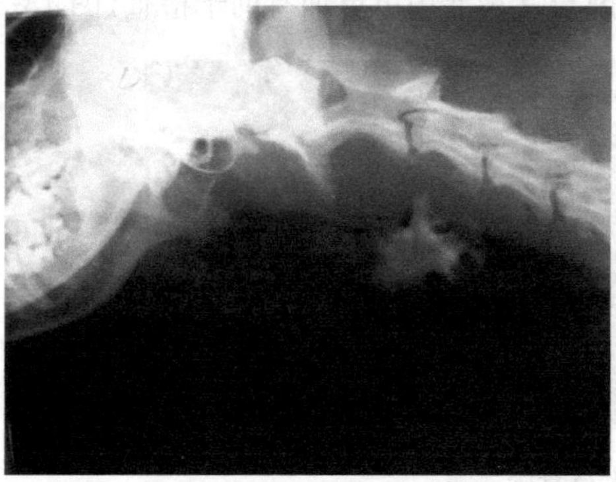

图 13-36　犬颈段食管异物

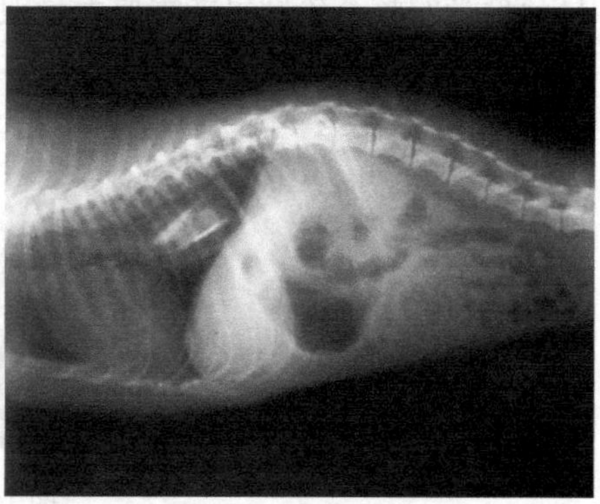

图 13-37　胸内食管异物

（四）食 管 狭 窄

各种原因引起食管壁严重发炎，炎症蔓延到肌肉层之后形成瘢痕组织而导致食管内腔狭窄。犬全身麻醉期间，胃食管反流引起食管炎而导致食管狭窄是最常见的一种，其他原因还有因异物、中毒或肿瘤引起的黏膜损伤，以及术后的并发症。严重危及食管管腔的狭窄将导致狭窄处食管扩张。

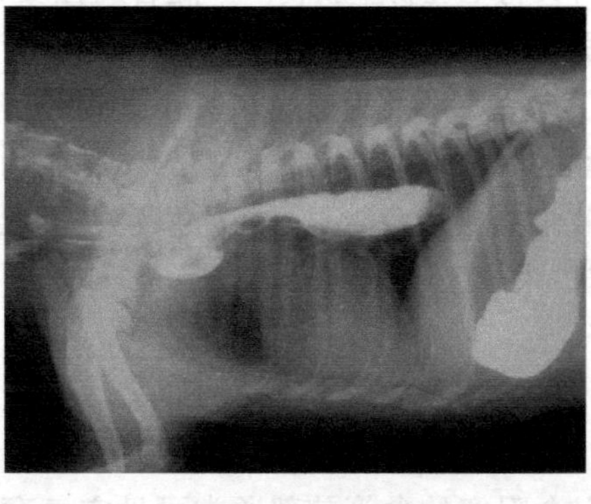

图 13-38　犬食管狭窄

食管本身的大肿块和食管外的压迫性肿块发生在胸段食管者，可在肺野的食管路径上显示致密的块状阴影；发生在颈段食管时，则普通的 X 线检查不能显现，但临床上有时可以触知。X 线平片上，常可见食管管腔内含气量异常，钡剂造影可以显示收缩的区域及扩张的程度。通常使用造影透视检查或食管内镜检查更能确诊该病（图 13-38）。

犬的食管狭窄与巨食管症都表现有食管的扩张，但前者是由于后方狭窄反馈性地导致前方扩张，而后者则不存在狭窄。

（五）胃内异物

胃内异物是犬、猫因各种原因误食异物引起的疾病，异物种类复杂，不能被胃液消化，又不能通过呕吐或肠道排出体外，使胃黏膜受到损伤，影响胃的功能。

多数胃内异物是不透射线的，因此在X线平片中很容易辨识（图13-39），但偶尔也会遇到透射线的异物。X线投照时应采用右侧位和左侧位两种体位，因为胃内气体的移动可能使得异物在某一体位时被显示出来。尽管胃内异物有时可以在胃内气体阴影的衬托下显示出轮廓，但最好使用阳性造影来证实。造影时钡剂用量不能过多，以免遮蔽异物，犬的用量在10ml左右，猫的用量在5ml左右。在胃的造影影像中，碎布块等异物可以吸附钡剂，故在胃排空后仍能显示异物阴影。橡皮球之类的无吸附性异物则呈充盈缺损的X线征象。

（六）胃扩张-扭转综合征

胃扩张-扭转综合征是深胸大型犬的一种急性、致命性疾病，多发于中老年犬，小型犬、猫也可能发生。致病原因不明，但可能的诱因有超重、过食、采食速度过快、食后剧烈运动及脾气狂躁等。扩张使胃大弯向腹部右侧移位，造成胃肝韧带拉伸延长，并最终变松弛，然后幽门向前背侧移位至体中线左侧。

右侧位投照时，气体集聚于幽门，从而可以显示出移位的幽门，有利于诊断。反方位的扭转不常见。胃扭转可导致胃食管接合部也发生扭转。因此，其结果是胃食管入口和幽门出口均被阻塞。胃大弯的移位同时也牵引脾向右侧移位，其血液循环受到干扰，导致脾增大，并且也可能发生扭转。X线平片可见一巨大的、充满气体的、扩张的胃。小肠向后移位。通常在侧位X线片中可见到胃壁上有一折痕，横过扩张的胃，此折痕使扭转的胃之间出现分区。幽门向背侧、前方，再向左侧移位。对其在此异常位置的识别有助于扭转和单纯的扩张的区分。十二指肠和小肠可能含有大量气体。脾增大，并且向右有不同程度的位移。肝脏和喉腔静脉显得比平时较小，因为静脉回流受到影响（图13-40）。

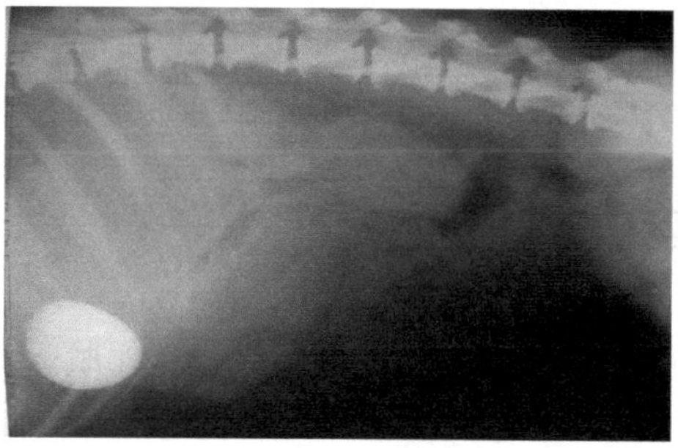

图13-39 犬胃内异物

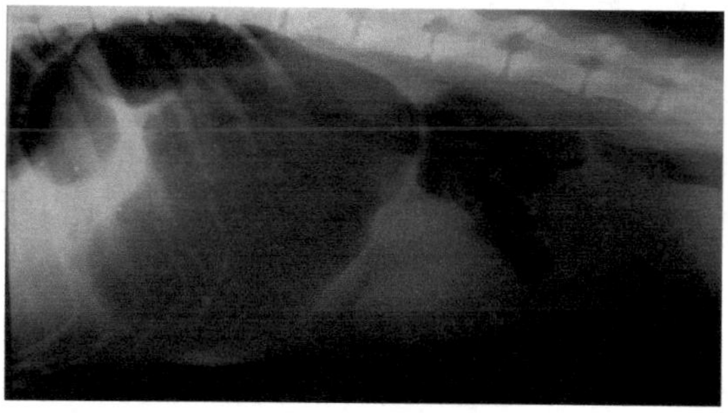

图13-40 犬胃扩张扭转

（七）肠梗阻

肠梗阻是犬、猫常见的一种消化道疾病，是一种急腹症。发病部位主要在小肠，常于小肠肠腔发生机械性阻塞或小肠正常生理位置发生不可逆的变化，如肠套叠、嵌闭和肠扭转等。引起梗阻常见的原因有异物、肿瘤、肠套叠、先天性或获得性狭窄及麻痹性肠梗阻。

X线片上可见肠袢扩张，其中充满气体或液体或两者的混合物。一些近端小肠阻塞的病例，因气体可能被嗝出而肠袢充气不明显。如果有高密度异物，则很容易观察到。阻塞的程度可从阻塞部位之前肠管的充气长度估计，阻塞部后的肠管可能是空的。钡餐检查可见胃排空延迟，造影剂通过小肠的速度减慢（图 13-41）。低密度异物可由钡剂显示其轮廓。肠套叠最常见于回结肠，此种梗阻通过钡剂灌肠诊断效果较好。肠套叠套入部和鞘部之间的钡剂渗出液勾勒出套入部环形的黏膜轮廓，呈“螺旋弹簧征”（图 13-42）。

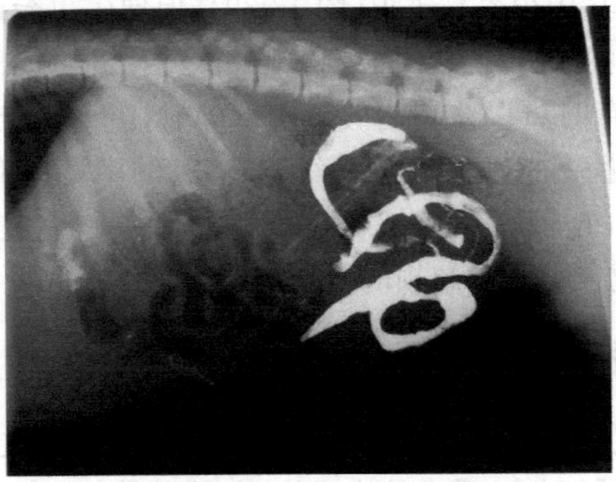

图 13-41　异物引起肠梗阻

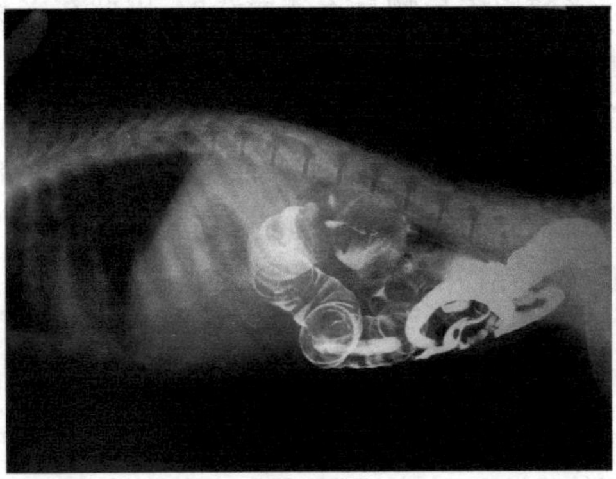

图 13-42　钡剂灌肠检查，肠套叠引起肠道梗阻

（八）巨　结　肠

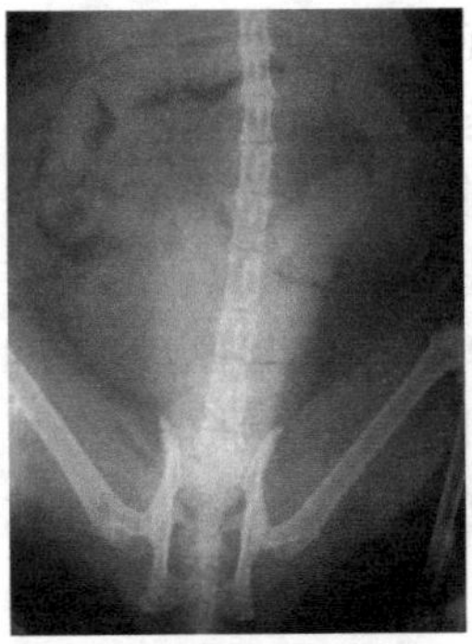

图 13-43　猫的巨结肠

巨结肠分先天性和机械性两种。先天性巨结肠是由扩张部分后端的结肠肠段缺失肠肌层神经节细胞引起的，受累肠段内的肌肉维持永久的收缩状态，阻碍了粪便的通过。机械性巨结肠是由粪便通过后段结肠或直肠时过长时间的阻塞引起的。猫比犬更常易患该病。临床症状包括反复便秘、排血性黏液及里急后重。

通过 X 线平片，通常就可以作出诊断。扩张的结肠内可见不透射线的粪便团块。先天性巨结肠时，无神经节肠段和直肠通常为排空状态。这可与单纯性粪便嵌塞区分，后者常在直肠内可见到粪便（图 13-43）。

（谢富强）

第五节　泌尿生殖系统 X 线检查

泌尿生殖系统的 X 线检查一般仅用于小动物，可以诊断泌尿道的结石、妊娠、死胎、子宫蓄脓及某些肿瘤等疾病。

一、泌尿系统 X 线检查方法

投照体位和投照条件与上述胃肠道 X 线检查的相同，投照中心应对准后腹部，前界至少包括右肾，后界应包括整个尿道。尿道结石（阳性）和妊娠检查时，管电压应略微增加 2～3kV。公犬尿道结石右侧位投照检查时，两后肢尽量后拉，避免遮挡尿道。大型犬妊娠检查时，投照中心应位于下腹中部，有利于观察到所有胎儿。

泌尿系统的造影检查主要有排泄性尿路造影和膀胱阳性造影，常用的造影剂为复方泛影葡胺注射液。排泄性尿路造影是指将某种造影剂静脉注射后迅速经过肾排泄，从而使尿路各部分显影。膀胱阳性造影是将导尿管经尿道逆行插入膀胱，然后注入造影剂，使膀胱充盈显影，以观察其大小、形态、位置及与周邻位置关系。膀胱阳性造影时先进行导尿，将膀胱排空，然后将76%复方泛影葡胺与生理盐水按1∶1进行稀释，通过导尿管将稀释后的造影剂按6～12ml/kg体重注入膀胱。排泄性尿路造影可观察整个泌尿系统的解剖结构、肾的分泌功能及各段尿路的病变，能对肾盂积水、肾囊肿、肿瘤、阴性结石、输尿管阻塞、膀胱肿瘤、前列腺疾病及尿路先天性畸形等作出诊断。膀胱阳性造影可用于膀胱肿瘤、息肉、炎症、损伤、结石和发育畸形等的诊断。

膀胱检查也可使用阴性造影或双重造影。空气是最方便的阴性造影剂。阴性造影时通过柔软的导尿管和大注射器将空气以6～12ml/kg体重注入已经排空的膀胱，也可通过拍打膀胱来判定膀胱内注入的气体量的多少。但应当注意使用空气造影时应将犬左侧卧，以降低肺栓塞发生的可能。犬双重造影时应先将1～5ml/kg体重复方泛影葡胺注射液注入已排空的膀胱，再将犬翻转，使造影剂附着于黏膜，之后再注入1～5ml/kg体重的空气来进行双重造影。猫双重造影时所用造影剂为0.5～1ml/kg体重。双重造影提供有关黏膜面和膀胱壁厚度的信息最多。

雄犬的尿道造影与膀胱造影相似，不同之处在于插管时导尿管只进入到尿道的某一部位，造影剂的用量以能够满意地显示尿道轮廓即可。母犬很少进行尿道造影。生殖系统的造影检查不常用，但有些子宫颈或阴道内的肿瘤或肿块可使用阳性造影进行确诊。此外，尚可进行气腹造影，以检查肾和膀胱的外形轮廓。

二、泌尿系统正常X线表现

肾位于腹腔胸腰椎两侧，左右各一，呈软组织阴影，轮廓光滑，略呈豆形。在平片上其影像清晰程度与其周围脂肪量和消化道内食物成分有关。若平片上显示不良，可通过静脉尿路造影显示肾和输尿管。因动物的姿势不同，肾的X线影像会有差异。侧位片肾会有部分重叠，左肾的前极覆盖了右肾的后极。右侧卧时，右肾前移，两肾重叠度最小，所有侧位投照应首选右侧位。正常犬、猫的左右两肾的大小及形状相同，但位置不同。犬的右肾位于第13胸椎至第1腰椎水平处，猫的右肾位于第1～4腰椎水平处。左肾的位置变异较大，而且比右肾的位置更靠后。犬的位于第2～4腰椎水平处，猫的位于第2～5腰椎水平处。正常犬肾的长度约为第2腰椎长度的3倍，在2.5～3.5倍均属正常。猫肾的长度为第2腰椎的2.5～3倍，幼小的仔猫和大公猫的肾脏相对较大。

造影时双肾的显影应该都很好，肾皮质表现为弥散性阴影，其轮廓光滑。肾盂凹处(憩室)是成对的集合管，这些集合管从肾盂延伸到肾髓质，而且在肾盂中都应该看到，还应该看到输尿管。正常的输尿管在平片上看不到。

正常膀胱的体积、形状和位置处在不断变化之中，排尿后膀胱缩小，故在X线平片上不显影。充满尿液时膀胱增大，X线平片上显示位于耻骨前方、腹底壁上方、小肠后方、大肠下方的卵圆形或长椭圆形(猫)均质软组织阴影。极度充盈时，膀胱可向前伸达脐部的上方。

当膀胱内有大量尿液时，侧位片上前列腺紧位于耻骨缘前方。如果膀胱空虚，前列腺位于骨盆内或部分位于骨盆内，其显影好坏与周围脂肪的量有关。腹背位片上，前列腺位于中线，在耻骨缘前方或后方，正常前列腺很少超过盆腔入口宽度的1/2。

正常的尿道在X线片上看不到，造影显示尿道的轮廓光滑。前列腺部尿道较骨盆外尿道有一定程度的增宽。

雄性生殖道除了前列腺，还包括阴茎和睾丸。犬除了阴茎骨外，平片上看不到其他与阴茎有关的影像。在侧位片上，阴茎骨位于腹部的腹侧。腹背位片上，如果摆位恰当的话，阴茎重叠在脊柱上，难以清晰地看到。猫没有阴茎骨，平片上看不到阴茎影像。阴囊和睾丸在平片上为骨盆后的软组织阴影，犬的侧位和腹背位片都可以观察到。

对于非怀孕的雌性动物，通常平片上看不到其生殖道，除非子宫或卵巢发生生理性或病理性的增大。

三、泌尿系统常见疾病的 X 线诊断

（一）肾　结　石

肾结石是在肾内形成盐类结晶的凝结物，使患病动物呈现肾性疝痛和血尿，严重时，形成肾积水。结石常由多种化学成分构成，包括草酸盐、磷酸盐、尿酸盐和胱氨酸盐等。

结石一般位于肾中央，偶尔可见单个大的结石，同肾盂的形状类似。这样的结石称为“鹿角”样结石。高密度的结石在 X 线平片上可以显示；低密度的结石需经造影检查，在造影片影像上显示为充盈缺损的阴影。不透射线的结石为磷酸盐（磷酸铵、磷酸镁和磷酸钙）和草酸钙结石。尿酸盐和胱氨酸结石通常为射线可透性结石。有必要对动物进行良好的准备，因为小的结石可以与肠道内容物混淆。而且，与肾重叠的肠道阴影也可能被误认为结石（图 13-44）。

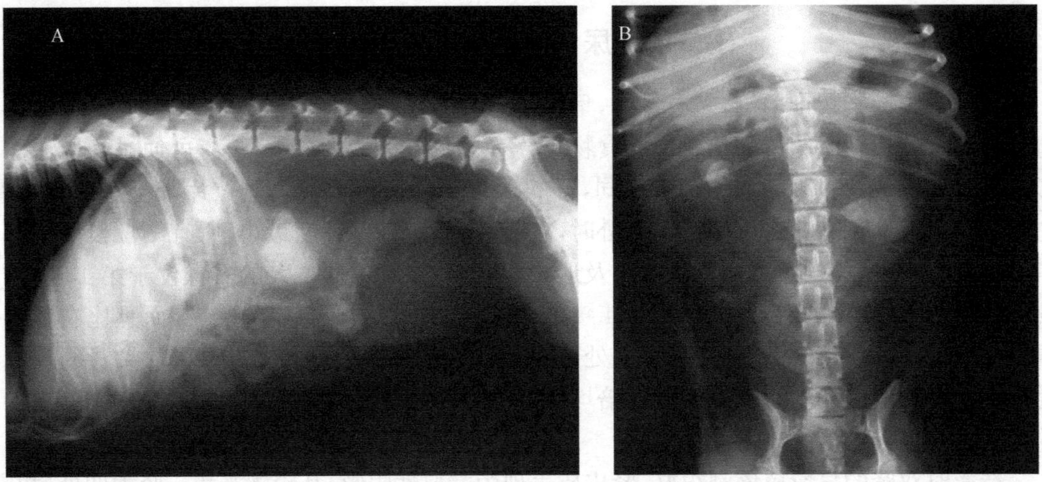

图 13-44　犬肾结石

A. 侧位片，可见肋弓后有一个三角形结石，11～12 肋下也有一个结石；B. 正位片，左右肾内各有一个结石

（二）膀 胱 结 石

膀胱内出现尿路结石即膀胱结石。犬的膀胱结石常见，结石成分与肾结石相同。母犬的结石一般比公犬的大（图 13-45，图 13-46），这是因为小的结石更容易通过相对宽的母犬尿道。

确认不透射线的结石较为容易，而要显示可透射线的阴性结石，则需进行膀胱阳性造影。

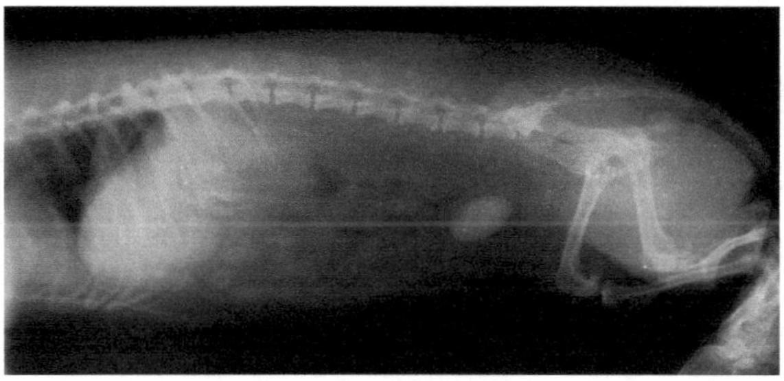

图 13-45　母犬膀胱结石

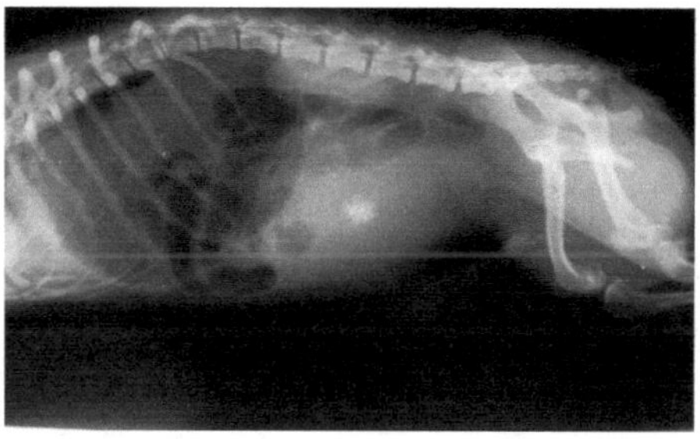

图 13-46　公犬膀胱、尿道结石

尿道结石多发生于雄性动物，其成分和检查方法与膀胱结石基本相同。

（三）前列腺增大

前列腺增大可能会由增生、囊肿、前列腺炎、脓肿或肿瘤导致，通过X线片无法区分这些疾病。通常表现为里急后重、排便困难或便秘，有时会出现排尿困难、痛性尿淋漓、脓尿及阴茎头有分泌物。

X线片上可见增大的前列腺使膀胱向前侧和腹侧移位，结肠或直肠向背侧移位。在后腹部可见增大的前列腺位于膀胱后侧，呈圆形（图 13-47），轮廓不规则意味着为恶性肿瘤。慢性炎症或肿瘤时可能见到前列腺内钙化。如果后腹部出现两个肿物，可能难以判断哪个是膀胱，哪个是前列腺，使用膀胱造影可以将其区分开。膀胱排空后可以更好地判断前列腺的大小，而充满尿液的膀胱可使前列腺看起来更大，但此时并不一定出现前列腺增大。

（四）子宫蓄脓

子宫蓄脓指子宫内有脓汁。该病在犬中很常见，而猫不易发。

X线检查时可见子宫增大，位于后腹部和腹中部，表现为一个大的、盘绕的、液体密度的肿物，将小肠移向前背侧。通常只有当子宫的直径超过小肠时才可看到（图 13-48），尤其是在开放性子宫蓄脓时。除非出现胎儿钙化，否则无法用X线检查区分蓄脓和怀孕引起的子宫增大。超声检查对于确诊子宫蓄脓及妊娠检查都具有很重要的意义。

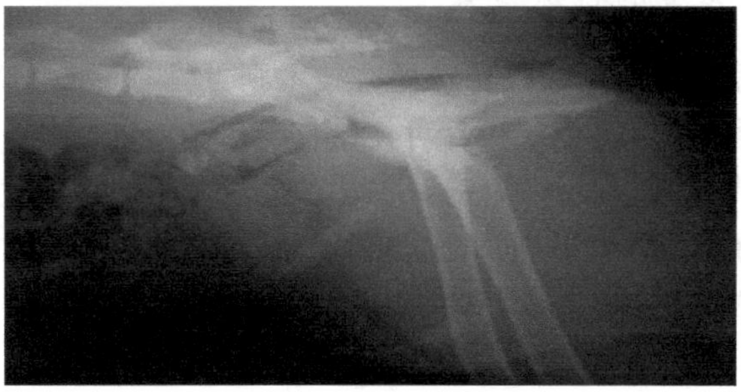

图 13-47　犬前列腺增大

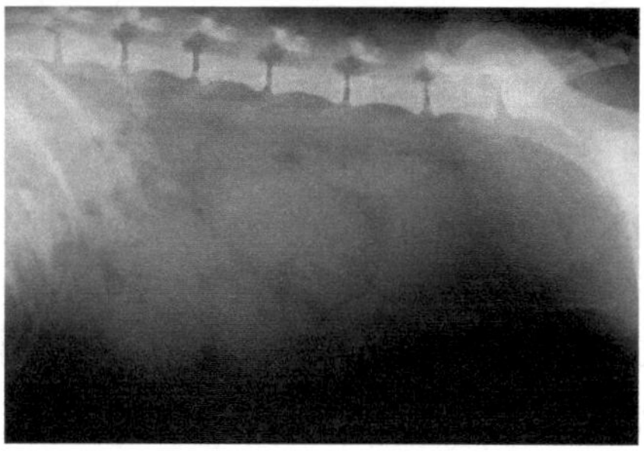

图 13-48　犬子宫蓄脓

（谢富强）

第六节　骨和关节X线检查

骨骼、关节及临近软组织在临床上经常发病，常见的有外伤、炎症和肿瘤，另外有些全身性疾病如营养代谢病和内分泌疾病也可导致骨骼的改变。X线检查是这些疾病首选的基本方法，因此广泛应用于骨、关节疾病的诊断中。

骨骼外部的骨皮质密度高，内部的骨松质和骨髓比骨皮质密度低，也有鲜明的对比。由于骨与软组织具备良好的天然对比，在普通X线检查中就可清楚显示，同时观察到病变的存在、范围和程度，作出定性诊断。但有些骨、关节疾病的X线表现比病理改变和临床表现出现晚，因此，初次检查阴性，不能排除早期病变的存在。应根据其他临床检查结果和不同疾病的发展规律，定期复查，才有可能发现病变。也有一些疾病初次X线检查发现病变，但不能诊断，经过复查后才能作出定性诊断。

一、骨与关节的检查方法

（一）骨与关节的普通检查

骨与关节的X线检查主要是摄片，透视只用于异物定位和外伤性骨折与脱位进行复位时。

普通摄片是骨与关节的X线检查中最常用的技术。拍片时要注意以下几点。

(1) 任何部位，包括四肢长骨、关节和脊柱都要拍摄正、侧两个方位的X线片。某些部位可能要加拍斜位、切线位和轴位，以及关节伸展和屈曲位。

(2) 摄片范围应包括骨骼周围的软组织。四肢长骨摄片都要包括邻近的一个关节；在进行脊柱摄片时要包括相邻部位。例如，摄照腰椎应包括前部胸椎，以便计数。

(3) 拍摄关节时，应设法使X线束的中心平行通过关节间隙。检查关节的稳定性及关节间隙的宽窄时，应在关节负重的情况下进行拍摄。

(4) 两侧对称的骨与关节，病变在一侧而症状与体征较轻，或X线片上一侧有改变，但不够明显时，应在同一技术条件下摄照对侧，以便对照。

（二）骨与关节的特殊检查

当普通检查不能满足诊断要求时，选择性地应用一些特殊检查技术则更具有诊断意义。在骨与关节本身结构复杂或同其他结构重叠的部位，体层摄片可使结构显示地更加清楚。放大摄片主要用于局部骨小梁和小的骨与关节检查。使用微焦点X线管通过X线影像的直接放大，可观察结构的轻微变化。形成关节的各种软组织，如滑膜、软骨、半月板、韧带等密度一致，缺乏天然对比，可采用关节造影技术，根据需要向关节腔内注入造影剂，形成人工对比，以观察这些结构的变化。

二、骨与关节正常X线表现

动物骨与关节共同完成了对机体的支持和运动等多种重要功能。掌握动物骨、关节的正常解剖结构和生理功能，特别是掌握与X线诊断密切相关的骨与关节的解剖特征，是对骨与关节疾病进行X线检查与诊断的基础。

（一）骨的X线表现

骨骼按形状不同，可分为长骨、短骨、扁骨及异形骨4种。四肢骨骼为管状长骨，肋骨为弓形长骨，腕骨和跗骨等属于短骨，颅骨属于扁形骨，椎骨属于异形骨。在骨骼的X线解剖结构中，管状长骨的结构最为典型（图13-49），可分为以下几个部分。

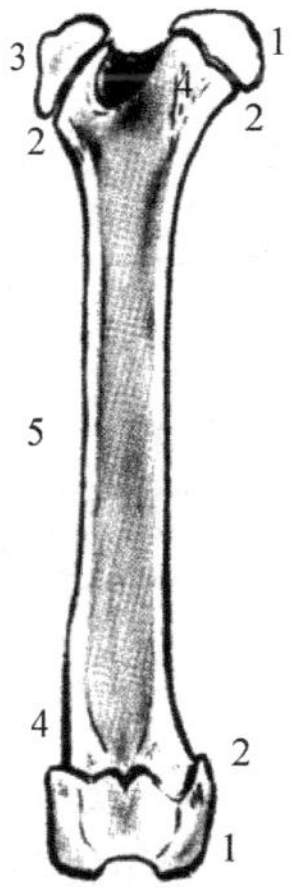

图13-49 正常长骨解剖结构示意图

1. 骨骺；2. 骺板；3. 骨突；4. 干骺端；5. 骨干

（1）骨膜。覆于除骨端关节面之外的所有骨的表面的致密结缔组织膜。正常骨膜在X线片上不能显现，与周围的软组织也不能区别。

（2）骨密质。X线影像称为骨皮质。由哈佛氏系统的密质骨构成，位于骨的外围，含钙质最多，密度最高，在X线片上显示为均匀致密的白色阴影。阴影在骨干中央最厚，两端逐渐变薄。骨皮质外缘光滑整齐。其内缘与骨松质相连，不及外缘光整。

（3）骨松质。位于骨皮质内面，并充满于长骨两端，由致密的骨小梁及透光的骨髓间隙所构成，呈网格状、有一定纹理的阴影。骨小梁的排列和行走方向与承受压力或张力的方向一致。骨松质的影像密度低于骨密质。阴影在骨端最厚，到骨干中部变薄。

（4）骨髓腔。位于骨干的中央，腔内充有骨髓。X线影像呈带状边缘不整的低密度阴影。

（5）骨端，既骨骺及干骺端。干骺端为骨干两端向骨骺移行的较粗大部分，周边为薄层骨皮质，内由骨松质构成，骨小梁彼此交叉呈海绵状。顶端为一横行薄层致密带影，为干骺端的临时钙化带。此临时钙化带随着软骨内成骨而不断向骨髓侧移动，骨即不断增长。骨干与干骺端间无清楚的分界线。骨骺位于未完成发育的长骨末端。胚胎期的骨骺为软骨组织，即骺软骨，X线片上不能显示。骺软骨有化骨功能。在骨骺出现骨化中心后，X线片上表现为小点状骨性致密影。出生后，骺软骨不断增大和骨化，形成骨松质，边缘由不规则变为光滑整齐。当骺与干骺端不断骨化，两者间的软骨逐渐变薄而呈板状时，则称为骺板。因为骺板是软骨，X线片上呈横行低密度带状阴影，居骨骺与干骺端之间，称为骺线。骺板不断变薄，最后消失，即骨骺与骨干结合，完成骨的发育，X线表现为骺线消失，形成不规则线样致密影。

（二）关节的X线表现

关节为两块或两块以上骨骼的彼此结合，根据其能否活动及活动程度分成三种类型，既不动关节、微动关节和能动关节。四肢关节多为能动关节，结构典型。

简单的四肢活动关节由两个骨端（或骨骺）组成，骨端上覆盖一层软骨，在X线片上不能显影。关节囊包围着关节，并附着于关节面临近的骨膜上。关节囊分为内外两层，外层为较坚韧的纤维层，内层为滑膜层，后者能分泌滑液，以润滑关节，减少摩擦，并有营养关节软骨的作用。滑膜还内衬于骨端关节软骨上，形成关节腔。在X线片上，骨端关节面之间相对较透X线，呈低密度清晰阴影，称为关节间隙。这个间隙由覆盖在骨性关节面上的软骨、滑膜和其间的关节腔构成。骨性关节面由密质骨形成的关节骨皮质构成，呈一层边缘光滑锐利的致密阴影。关节骨皮质异常薄，其下为骨松质。幼龄动物，因骨骺尚未完全骨化，关节间隙较宽。随年龄增长，骨骺渐渐增大，关节间隙逐渐变窄，至发育完全后达成年动物宽度。老龄动物，因关

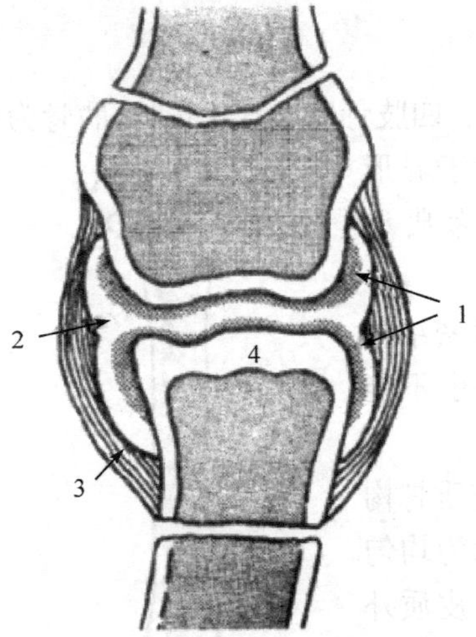

图 13-50　关节解剖结构示意图
1. 关节软骨；2. 关节腔；
3. 关节囊；4. 软骨下骨

节软骨的萎缩，关节间隙又趋于狭窄（图 13-50）。正常的关节囊与周围韧带和软组织不能区别。

三、骨和关节病变的 X 线表现

骨与关节疾病的病理改变及其影像学表现多种多样，但大多数均表现为以下一种或多种基本病变，因此熟悉这些基本病变的病理基础和 X 线特征，对于骨与关节疾病的诊断是十分重要的。在实际工作中就是观察这些影像学表现，加以综合分析，并作出诊断。

（一）骨密度的改变

1. 骨质疏松　骨质疏松是指一定单位体积内正常钙化的骨组织减少，即骨组织的有机成分和钙盐都减少，但骨内的有机成分和钙盐含量比例仍正常。组织学变化是骨皮质变薄、哈佛氏管扩大和骨小梁减少。

骨质疏松的 X 线表现主要是骨密度降低。在长骨可见骨松质中骨小梁变细、减少、间隙增宽，严重者骨小梁消失。致密的骨皮质出现分层和变薄现象。椎体上下缘内凹，而椎间隙增宽。有的骨质疏松，在弥漫性骨密度降低的基础上，出现散在分布点状透亮区，其边界可以模糊或较清楚，不可误认为骨质破坏。

2. 骨质软化　骨质软化是指一定单位体积内骨组织有机成分正常，而矿物质含量减少。因此，骨内的钙盐含量降低，骨发生软化。组织学上显示骨样组织钙化不足，常见骨小梁中央部分钙化，而外面围以一层未钙化的骨样组织。

骨质软化的 X 线表现主要是由于骨内钙盐减少而引起的骨密度降低。与骨质疏松不同的是骨小梁和骨皮质边缘模糊，是因骨组织内含有大量未经钙化的骨样组织所致。由于骨质软化，承重骨骼常发生各种变形，常发生于四肢，如股骨弯曲。

3. 骨质破坏　骨质破坏是局部骨质为病理组织所代替而造成的骨组织消失。可以由病理组织本身或由它引起破骨细胞生成和活动增强所致。骨松质或骨皮质均可发生破坏。

在 X 线片上，骨质破坏表现为密度降低的透明区。骨松质的破坏，表现为骨小梁稀疏消失，形成斑片状的骨小梁缺损。骨皮质破坏，可见骨皮质发生局限性缺损，甚至局部骨皮质消失。

4. 骨质增生硬化　骨质增生硬化是一定单位体积内骨量的增多。组织学上可见骨皮质增厚，骨小梁增粗、增多，这是成骨增多或破骨减少或两者同时存在所致。骨质增生硬化的 X 线表现是骨质密度增高，骨小梁增粗、增多、密集，失去海绵状结构，骨皮质增厚、致密，骨髓腔变窄。

（二）骨 膜 增 生

正常骨膜为中等密度的软组织，在 X 线片上不能显现，当骨膜受到刺激增生而开始骨化后，才能在 X 线片上显示。其形状不一，可呈均质光滑型、层面型、花边型或不规则型、放射型等（图 13-51）。骨膜增生多见于炎症、肿瘤、外伤、骨膜下血肿等情况。骨膜增生的 X 线表现形状与病变性质有一定关系。

(1) 均质光滑型。骨膜骨化后形成的新骨形态厚而致密,边缘光滑,与骨皮质的界限清楚。此为非侵袭性疾病或慢性疾病的征象,如慢性非感染性骨膜炎、骨折愈合、慢性骨髓炎。

(2) 层面型。新生骨沿骨干逐层沉积,呈层片状层次,纹理清楚。当疾病呈间歇性反复发作,每次发作就会出现一次沉积而形成。常见病种有反复创伤、细菌性骨髓炎、某些代谢性骨病等。

(3) 花边型。形成的新骨呈花边型沿骨干分布,边缘清楚、界限分明。常见于骨髓炎和肥大性骨病。

(4) 放射型。骨膜骨化形成的新骨呈放射状从骨皮质发出,形如骨针或骨刺,密度不均,与骨皮质界限不清。这种骨膜增生类型常表明疾病病程急,发展快,具侵袭性。见于恶性肿瘤或急性骨髓炎。

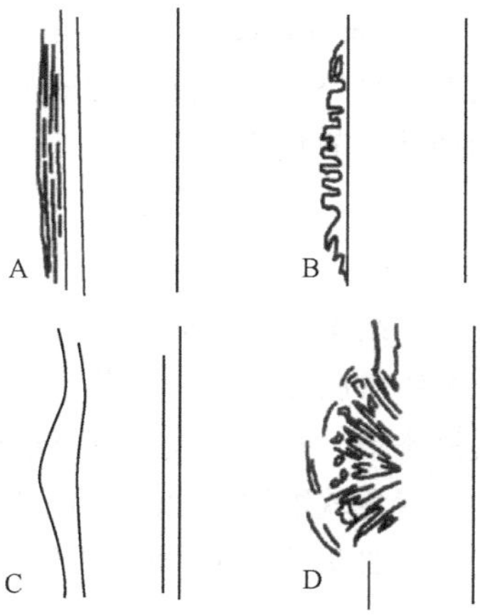

图 13-51 骨膜反应类型示意图
A. 层面型；B. 花边型；
C. 均质光滑型；D. 放射型

(三) 骨质坏死

骨质坏死是骨组织局部代谢的停止,坏死的骨质称为死骨。形成死骨的原因主要是血液供应的中断。在早期,骨小梁和钙质含量无任何变化,此时X线上也无异常表现。当血管丰富的肉芽组织长向死骨,死骨骨小梁表面有新骨形成,骨小梁增粗,骨髓内也有新骨形成。死骨周围骨质被吸收,或在肉芽、脓液衬托下,死骨显示为相对高密度。死骨的形态因疾病的发展阶段而不同,并随时间而渐被吸收。骨质坏死多见于慢性化脓性骨髓炎,也见于骨缺血性坏死和外伤骨折后。

(四) 骨骼变形

骨骼变形多与骨骼大小改变并存,可累及一骨、多骨或全身骨骼。局部病变或全身性疾病均可引起。如骨肿瘤可使骨局部膨大、变形。各种先天性骨发育不良可致先天性发育畸形,佝偻病和骨软症可使长骨弯曲变形等。

(五) 关节的改变

1. 关节肿胀 关节肿胀常由于关节积液或关节囊及其周围软组织充血、水肿、出血和炎症所致。X线均表现为关节周围软组织肿胀、密度增高,因而难于区别病变的结构,多见于急性关节炎、化脓性关节炎或软组织急性炎症早期。

2. 关节破坏 关节破坏是关节软骨及其下方的骨性关节面骨质为病理组织所侵犯、代替所致。其X线表现是当破坏只累及关节软骨时,仅见关节间隙变窄;在累及关节面骨质时,则出现相应区的骨破坏和缺损。关节间隙变窄和骨破坏的程度不同,严重时可引起关节半脱位和变形。关节破坏常见于化脓性关节炎、关节囊蜂窝织炎等。

3. 关节强直 关节强直分为骨性与纤维性两种。骨性强直是关节明显破坏后,关节骨端由骨组织所连接。X线表现为关节间隙明显变窄或消失,并有骨小梁通过关节连接两侧骨端,多见于急性化脓性关节炎愈合后。纤维性强直也是关节破坏的后果,虽然关节活动消失,但X线上仍可见狭窄的关节间隙,且无骨小梁贯穿。

4. 关节脱位　关节脱位是组成关节骨骼的脱离、错位，有完全脱位(原相对的关节现彼此不接触)和半脱位(相对的关节面尚有部分接触)两种。关节脱位多为外伤性，也有先天性或病理性关节脱位。

(六) 周围软组织改变

软组织是指骨骼关节周围的皮肤、肌肉、肌腱、韧带等。骨与关节疾病常伴有软组织改变。软组织肿胀常见于外伤和感染，X线表现为局部软组织肿胀，密度增高，软组织内的正常层次模糊不清。开放性损伤、产气细菌的感染，于皮下或肌纤维间可见气体；软组织肿瘤或恶性骨肿瘤侵犯软组织，可见软组织肿块影；肢体运动长期受限，可见肢体变细、肌肉萎缩变薄；外伤后发生骨化性肌炎，可见软组织内钙化和骨化。

四、骨和关节常见疾病X线诊断

(一) 骨　折

骨的完整性或连续性中断时称为骨折，包括幼畜的骨骺分离。动物因外伤而发生严重的跛行或其他支持与运动功能障碍时，均应做X线检查，以确定是否发生骨折或脱位。即使临床上确诊的骨折，也需要X线检查，以辨别骨折的种类和性状，便于制订治疗方案和判断预后。对已复位骨折，则需检查对位、对线是否良好，并需定期复查，判断愈合状况。动物长骨骨折最为常见，其次为骨盆骨折、下颌骨折和脊椎骨骨折。

1. 骨折的分类　经X线摄片检查后，根据骨折(图13-52)的程度及骨折线的走向，可分类如下。

(1) 按骨折的程度：可分为完全性和不完全性骨折。前者骨折线贯穿骨全径，后者则不贯穿全径。

(2) 按骨折线的形状和走向：可将骨折分为横行、斜行和螺旋形骨折。复杂的骨折又可按骨折线形状分为T形、Y形等。

(3) 按骨折所在的部位：可分为骨干骨折、骨端骨折、骨骺分离、关节内骨折等。

(4) 按骨碎片情况：可分为撕脱性、嵌入性和粉碎性骨折。

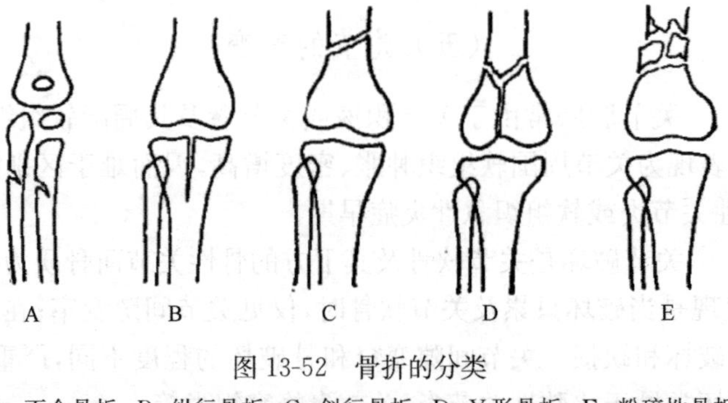

图13-52　骨折的分类

A. 不全骨折；B. 纵行骨折；C. 斜行骨折；D. Y形骨折；E. 粉碎性骨折

2. 骨折的X线检查技术　骨折在进行X线检查时要注意不能再加重骨折的程度，要将患病部位保定确实后方能检查。疼痛严重的病例可对动物进行安定或浅麻醉后再进行检查。

(1) X 线摄片范围应至少包括一个邻近的关节,以便确定骨折的部位。

(2) 常规应拍摄正、侧位两张照片。有时还需作特殊位置摄片,或加拍健侧相同部位的对比 X 线片。

(3) 中心 X 线束对准骨折线且与骨折线平行。X 线与骨折线不平行或垂直时,骨折线显现不清或不能显现。

(4) 怀疑关节骨折时,需拍摄关节伸、屈位 X 线片以便观察骨折线。

(5) 有些正常解剖结构或解剖变异易被误认为骨折,包括滋养孔、骺板、籽骨分裂、韧带联合(桡尺骨、胫腓骨、掌骨间韧带联合)。

3. 骨折的基本 X 线表现

(1) 骨折线:骨折断裂以后,断面多不整齐,X 线片上呈不规则黑色线条影,称为骨折线。在骨皮质的骨折线表现最为清楚,在骨松质则表现为骨小梁中断、扭曲、错位。新鲜骨折线边缘锐利;嵌入性或压缩性骨折的骨小梁紊乱,甚至局部骨密度增高,而可能看不到骨折线。发生于骨端的骨折线,应注意与骨骺线相区别。

(2) 骨折断端移位:当发生完全骨折时,断端常发生不同程度的移位。确定移位时,以骨折近段为准,借以判断骨折远段的移位方向和程度。骨折端可发生内外或前后移位。骨折端还可成角,即两断端纵轴形成大小不等的交角。此外,骨折端还可发生旋转移位,即断端围绕该骨纵轴向内或向外回旋。骨折断端的内外、前后和上下移位称为对位不良,而成角移位则称为对线不良。骨折的对位及对线情况与预后关系密切,故应注意观察。在骨折复位后复查时,应注意骨折断端的对位与对线关系。

(3) 嵌入性骨折:骨折断端可能相互嵌入,形成嵌入性骨折。X 线片上并不显示透明的骨折线,反而表现为密度增加的条带状影,是因相互嵌入的骨断端重叠所致。骨皮质与骨小梁连续性消失,断裂相错。嵌入可引起骨骼的缩短与变形,但断端移位多不明显。

(4) 压缩性骨折:多见于脊椎,骨松质因压缩而变形。X 线征象为患骨变形,体积缩小,呈楔状改变,密度增高,无明显骨折线。

(5) 撕脱性骨折:由于肌肉、腱、韧带的强力牵引而使其在骨的附着部发生的骨折称为撕脱性骨折。撕脱性骨折常发生在骨端及关节周围骨。被撕脱的骨体留下的缺损称为骨折“床”,撕脱的骨片则位于“床”周围的软组织阴影内。

(6) 幼畜的骨折:幼畜的骨骼柔韧性较大,外力不易使骨质完全断裂,仅表现为局部骨皮质和骨小梁的扭曲,而看不见骨折线或只引起骨皮质发生皱折、凹陷或隆突,称为青枝骨折。发生在幼畜骨骺、骺板和干骺端的骨折称为骨骺骨折。由于幼畜的骨骺尚未与干骺端结合,外力可使骨骺与干骺端在骺板软骨处分离,称为骨骺分离。由于骨骺软骨不能显影,因此它的骨折线并不能显示,X 线片上只显示为骺线增宽或骨骺与干骺端对位异常。骨骺相对于骨干的移位、骨骺线中断或其附近出现骨折片是区分骨骺骨折的重要 X 线征象。骨折移位不明显时应与对侧肢对照或待 10～14d 后复查。若发生了骨折,一段时间后将出现骨骺生长紊乱的 X 线征象。骨骺骨折的分类见图 13-53。

4. 骨折的愈合　从影像学的角度可将骨折愈合分成三个阶段,既骨痂形成期、骨痂钙化期和骨痂改建期。

(1) 骨痂形成期:骨折愈合是一个连续的过程,其基本过程是先形成肉芽组织,再由成骨细胞在肉芽组织上产生新骨,称为骨痂。骨痂使骨折断端连接并固定。骨折后,断端之间、骨髓腔内和骨膜下形成血肿。2～3d 后血肿开始机化形成原始骨痂(纤维性骨痂),此过程需要 1～2 周。此期内,X 线片上骨折线变得模糊不清。

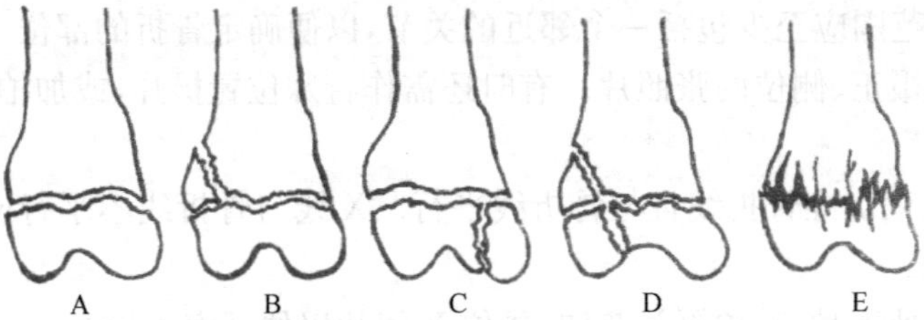

图 13-53 骨骺骨折示意图

A. Ⅰ型骨骺骨折；B. Ⅱ型骨骺骨折；C. Ⅲ型骨骺骨折；D. Ⅳ型骨骺骨折；E. Ⅴ型骨骺骨折

(2) 骨痂钙化期:原始骨痂通过膜内成骨或软骨内成骨形成的原始骨痂逐渐钙化成骨性骨痂。随着骨痂的形成和不断增多,骨折断端不再活动,即达临床愈合期。此后,骨痂范围加大,生长于骨折断端之间和骨髓腔内,使骨折连接坚实。X线影像上可见骨折线模糊以至消失,骨折断端处为较大面积的高密度阴影,软组织肿胀消退。这个过程需3周以上。

(3) 骨痂改建期:机体为了适应负重和活动的需要,愈合的骨折还要进行改建,使应力线上的骨小梁致密,非应力线上的骨痂逐渐被吸收;而骨不足处,则经骨膜生骨而补足,使断骨恢复正常形态。骨皮质加强、骨髓腔再通,骨折愈合。在X线影像上可见骨折线消失,骨断端连接,骨皮质内外连续光滑,骨髓腔恢复为低密度阴影。这个过程需8周以上。

5. 骨折的异常愈合 由于各种原因引起骨折出现并发症,都可造成骨折的愈合不良或不能愈合。

(1) 骨折延迟愈合或不愈合:复位不良、固定不佳、局部血供不足、全身营养代谢障碍、软组织嵌入断端间和并发感染等都可引起延迟愈合或不愈合。愈合不良的X线表现是骨痂出现延迟、稀少或不出现,骨折线消失迟缓或长期存在。不愈合的表现是断端为密质骨封闭,致密光整;或骨折断端吸收变尖,断端间有明显裂隙。有时可形成假关节。

(2) 骨折畸形愈合:骨折虽然愈合,但有成角、旋转、缩短和延长改变,轻者不影响外观与功能。复位不正或固定后移位是畸形愈合的常见原因。

(3) 外伤后骨质疏松:骨折经固定后引起伤肢失用性骨质疏松,轻者恢复,重者则持续较久,且影响功能。X线片上可见骨密度降低,骨小梁稀疏,骨皮质变薄及骨髓腔变宽。

(4) 骨缺血性坏死:由于动脉供血中断或因反复手术复位所致,如股骨颈骨折后,股骨头坏死。X线片上可见股骨头形状不整,密度不均或降低。

(5) 关节强直:多因关节周围及关节内粘连所致,X线上关节间隙依然存在,但可见骨质疏松和软组织萎缩。

(6) 关节退行性变:关节内骨折或骨折畸形愈合,可引起这种改变。X线片上可见关节结构不清,间隙变窄,关节面模糊。

(7) 骨化性肌炎:骨折后于软组织中形成广泛性骨化,称为异位性骨化,发生于肌纤维之间,可引起局部疼痛和关节活动受限。异位骨化可逐渐吸收缩小。

(二) 代谢性骨病

骨骼的代谢包括骨形成和骨吸收两个过程,相互偶联,并保持动态平衡。饲料中的钙、磷含量不足或比例失调,维生素D缺乏,动物缺乏光照或肠道和肾发生疾病而引起钙、磷、维生素D吸收不良,均可以导致骨代谢平衡紊乱,引起代谢性骨病。临床上患病动物发育不良,异嗜,四肢变形,关节肿大,跛行,骨端膨大,串珠肋等。由于动物的年龄不同,在幼畜称为佝偻病,在成年动物则称为骨软症。

本病骺板和干骺端是主要病变区，X线表现以干骺端生长发育较快的部位变化明显。X线检查的主要部位为桡骨、尺骨远端及肋骨的胸端。较早的变化在骺板，表现为临时钙化带不规则、模糊、变薄以至消失。由于软骨基质钙化不足或骨样组织不能钙化，大量堆积于骨骺软骨处，从而使干骺端膨大。干骺端边缘凹陷变形，明显者呈杯口状变形。其边缘因骨样组织不规则钙化而呈毛刷状致密阴影。骨骺出现延迟，密度低。骨骺与干骺端的距离由于骺板软骨增生、肥大、不骨化而增宽。肋骨胸端由于软骨增生而膨大，形成串珠肋。长骨弯曲变形。全身骨密度降低，骨小梁稀疏，骨皮质变薄。严重病例，因骨质脆弱，易发生病理性骨折。

（三）关节脱位

关节脱位又称脱臼，是关节各骨的关节面失去正常的对合关系。关节脱位通常是突然发生，有的间歇发生或继发于某些疾病。本病多发生于马、牛的髋关节和膝关节，在犬、猫多发生于肘关节、髋关节和膝关节的骨髌关节(图 13-54)。

X线检查技术要点不仅可以对脱位进行确诊，还能了解关节的病理变化，辅助复位和判断预后。其检查要点为：当怀疑患部不完全脱位时，应在患肢负重情况下进行检查，必要时摄取对侧关节进行对照。读片时要注意判断关节脱位的类型与程度，对于外伤性关节脱位更要仔细观察有无撕脱性骨折、关节内骨折和骨骺分离等。

关节脱位应进行正、侧两个方位的X线摄片检查。关节不全脱位时，表现为关节间隙宽窄不均或关节骨移位，但关节面之间尚保持有部分接触；关节完全脱位时，相对应的关节面完全分离移位，无接触。先天性脱位可能有关节或骨发育不良的X线征象。外伤性关节脱位常有周围软组织肿胀、撕脱性骨折、关节内骨折的X线征象。病理性关节脱位可见原发性关节疾病的X线征象，如化脓性关节炎、变性性关节疾病和发育不良关节疾病等。

（四）感染性关节炎

关节感染病原微生物后所发生的关节炎症称为感染性关节炎。

急性期X线表现为关节囊肿胀和关节间隙增宽。此时化脓病变极易破坏关节囊、韧带而引起关节的半脱位或脱位。构成关节的骨骼可有一时性失用性骨质疏松。在关节内脓液中蛋白质溶解酶的作用下，关节软骨被破坏，即引起关节间隙的狭窄。由于肉芽组织增生并侵及骨端，使关节软骨下骨质发生破坏，可见骨质破坏和增生，严重时可发生骨髓炎，引起骨髓的一系列改变(图 13-55)。愈合期，骨质破坏停止，出现修复。病变区骨质增生硬化。

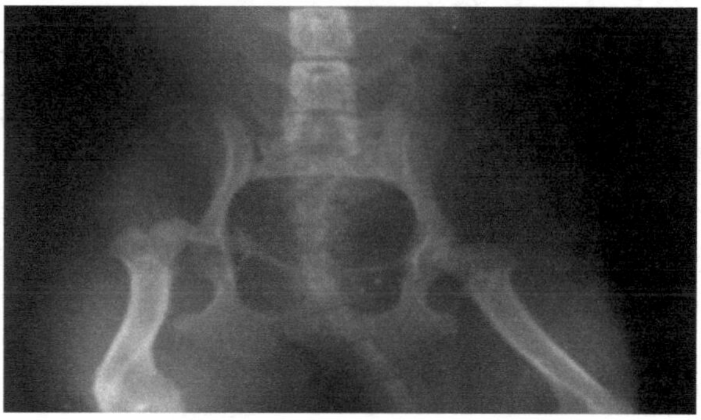

图 13-54　髋关节前外方脱位

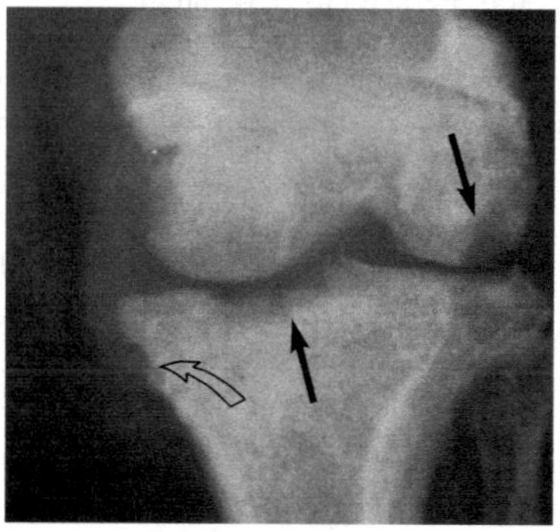

图 13-55　猫感染性关节炎

黑色箭头示关节软骨下骨侵蚀，空箭头示骨骼缺损如软骨与骨质破坏不甚明显，则关节间隙可部分保留，并有一部分功能，严重时则形成骨性强直。

（五）骨关节病

骨关节病是一种慢性非炎性的退行性疾病，以关节软骨、骨端和关节间短骨发生退行性变化为特征。

关节软骨首先混浊变性，失去弹性，在关节活动时发生磨损而破坏。磨损最大的关节面上的软骨磨损，使软骨下骨显露。由于不断摩擦、冲击和压迫，骨面变得很光滑，骨质硬化或象牙质化。磨损较小的外围软骨骨面出现增殖和肥厚，骨化后形成骨赘。关节缘的广泛骨赘则形成唇样骨质增生。关节囊和韧带产生纤维性变、增厚和紧张，限制关节的活动。关节周围的肌肉因疼痛而产生保护性痉挛，使关节处于畸形位，关节的活动进一步受到限制，这将增加局部受压部位的退行性病变，其结果是关节的纤维性强直。

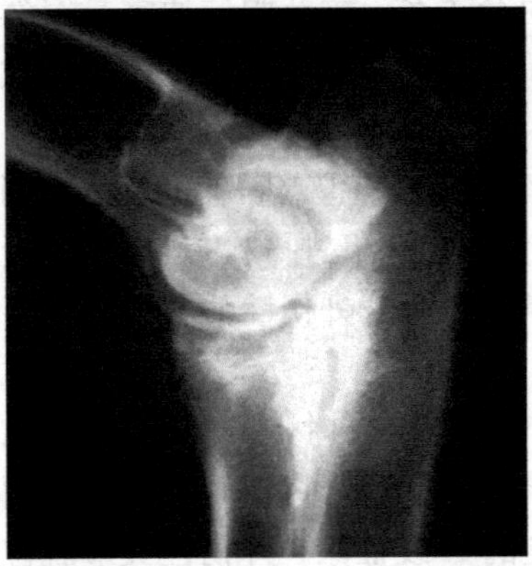

图 13-56 犬肘关节骨关节病
示关节间隙变窄，关节软骨下骨增生

本病的X线征象为关节间隙不均性狭窄。关节软骨下骨增生致密，关节面磨损凹陷(图 13-56)。在马的跗关节，两骨的关节面有蚕食状破坏的骨质缺损的密度降低阴影。关节面边缘有唇样骨质增生，关节囊和关节韧带附着点骨质增生。病程长久者可发展为关节脱位或关节纤维愈着或骨性愈着。脊椎退行性骨关节病的X线表现包括脊椎小关节和椎间盘的退行性变，可统称为脊椎关节病。脊椎小关节改变包括关节面骨质硬化和关节间隙变窄。椎间盘退行性病变表现为椎体边缘出现骨赘，相对的骨赘可连成骨桥。

（六）犬髋关节发育不良

犬髋关节发育不良是一种多病因导致的复合性疾病。疾病的特征是髋臼变浅，股骨头变形，髋关节不全脱位，变形性关节炎。临床症状表现为后肢步幅异常，走路摇摆，起立困难，髋部疼痛，跛行，肌肉萎缩。踏动运动感觉关节松弛，可听到异常声音。该病多发生于大型犬，具有遗传性。一般在6个月至2岁这一时间段内逐渐发病。多呈两侧发病，无性别差异，发病后病情随年龄的增长逐渐加重。

X线检查时动物需正确摆位。髋关节的摄片体位采用腹背位，前肢前拉固定，后肢充分伸展、后拉。两膝内旋使两股骨平行，膝盖骨正位于滑车沟上方。X线束中心指向两髋关节连线的中点，投照范围应包括骨盆、股骨和膝盖骨。

髋关节发育不良的X线表现为：髋臼变浅，股骨头扁平，关节间隙增宽；髋臼与股骨头关节软骨下骨质硬化，影像密度增高；髋臼缘骨质增生；股骨颈骨质增生、增粗，倾角改变，呈髋内翻或髋外翻；髋关节半脱位或全脱位(图 13-54)。

（七）蹄叶炎

蹄真皮的弥散性、无败性炎症称为蹄叶炎。蹄叶炎可广义地分为急性、亚急性或慢性，常发生于马、骡等家畜的两前蹄，也发生在所有四蹄，或偶然地发生于两后蹄，或单独一蹄发病。

致病原因尚不能明确，一般认为本病属于变态反应性疾病，但从疾病的发生来看，可能是多因素的。临床上表现为不愿运步，患肢蹄踵负重，紧张步样，肌肉震颤，蹄壁增温、敏感，指(趾)动脉亢进。慢性病例则继发蹄变形。严重病例，蹄骨尖端可穿透蹄底。

蹄叶炎的典型X线征象是蹄的侧位X线片上可见蹄骨的背侧缘与蹄壁的背侧缘不平行，彼此之间出现夹角，蹄骨转位。慢性病例，可见蹄骨背侧缘粗糙不平，蹄骨底缘骨质疏松，蹄骨的蹄尖部变为菲薄。蹄骨尖被压向后下方，并接近蹄底角质。严重的病例，蹄骨尖端可穿透蹄底。在背-掌(跖)位X线片上显示蹄底缘血管沟增多、增粗。蹄骨转位后发生凝缩性骨炎，由于骨内血管网进行性破坏，蹄骨营养不良，因而蹄骨萎缩、变小，骨小梁弯曲，杂乱如麻。

(杨德吉 周振雷)

第十四章　超声检查

研究和应用超声的物理特性，以某种方式扫描动物体、诊断疾病的科学称为超声诊断学(ultrasound diagnostics，USD)。超声诊断学主要是研究动物体对超声的反作用规律，以了解动物体内部结构和功能情况，包括作用原理、仪器构造、显示方法、操作技术、记录方式及对回声或者透声信号的分析与判断等内容。它无损伤、无痛苦和无危害，与X线诊断、CT、磁共振等互为补充，共同构成兽医影像诊断技术。

第一节　超声诊断的基本知识

一、超声波及其物理学特性

振动的传播称为波动，简称波。波的产生首先是波源的振动系统激发波动；其次要有能够传播波动的介质。振动只有通过介质中质点间的相互作用，才能将振动由内向外传播出去，即产生波动。振动和波动关系密切，振动是产生波动的根源，波动是振动的传播。

波分为机械波和电磁波。物体在平衡位置附近来回往复运动称为机械振动，机械振动在介质中传播称为机械波。声波是一种机械波。

在波动中，质点的振动方向与波的传播方向相互垂直，这种波称为横波；质点的振动方向与波的传播方向相互平行，这种波称为纵波。波动中的某一振动相位在介质中的传播速度称为声速(m/s)。液体和气体只有容积变形才能传播波，即只能传递与容积相关的纵波。动物体软组织中传播的声波也是纵波。固体能够产生切变、容变、长变等弹性变形，所以，固体既能够传播与切变有关的横波，又能够传播与容变或长变有关的纵波。各种物体中的声速见表14-1。

表14-1　声在各种物质中的传播速度

名称	空气	水	钛酸钡	液体石蜡	铝	人体软组织	肌肉	脂肪	骨骼
声速/(m/s)	340	1 500	5 000	1 420	6 400	1 500	1 400	1 580	3 380
密度/(g/cm^3)	0.001 29	1	5.4	0.835	2.7	1.06	1.07	0.95	1.8
声阻/[$g \cdot 10^5/(cm^2 \cdot s)$]	0.000 439	1.5	27	1.186	17.28	1.59	1.498	1.501	6.184

自然界中的波依据频率大小分为次声、声和超声三类。频率低于20Hz的波称为次声；超过20kHz的波称为超声(ultrasound)；介于20Hz～20kHz之间的波称为声。人耳只能听到声，超声和次声都不能听见。

当波在介质某处传播时，该处原来静止的质点开始运动，因而具有动能；同时，该处质点离开了原来的平衡位置，因而还具有势能。动能和势能构成了波的质点的总能量。波在传播时，介质由近及远一层层地振动，其能量也就逐层传播出去。单位时间内通过介质某个面积内的能量称为通过该面积的能流；通过垂直于波动传播方向单位面积的能流称为能流密度或波的强度(声强)。

波在介质中的传播速度是不一样的，它由介质的声阻抗值决定。介质的声阻抗值等于介质的密度与介质中声速的乘积。

（一）超声的发生与接收

1880 年，法国物理学家居里(Curie)兄弟发现了压电效应(piezoelectric effect)，故压电效应又称居里效应。压电效应可简单解释为机械压力和电能通过超声波的介导而相互发生能量转换。压电效应的发生必须借助具有良好压电性质的晶体物质，即压电晶片(piezoelectric wafer)，如石英、钛酸钡、锆钛酸铅、硫酸锂等，最常见的是锆钛酸铅。

1. 超声波的发生　超声的发生和接收是根据压电效应的原理，由超声诊断仪的换能器(transducer)或探头(probe)来完成。探头就是超声仪的波源。压电晶片置于探头中，由主机发生变频交变电场，并使电场方向与压电晶体电轴方向一致，压电晶体就会在交变电场中沿一定方向发生强烈的拉伸和压缩，即机械振动(电振荡所产生的效果)，于是就产生了超声。在这一过程中，电能通过电振荡转变为机械能，继而转变为声能。因此，把这一过程称为负压电效应(negative piezoelectric effect)。如果交变电场频率大于 20kHz，所产生的声波即超声波。

2. 超声波的接收　超声在介质中传播，遇到声阻抗相差较大的界面时即发生反射，反射波被超声探头接收后，就会作用于探头内的压电晶片，使压电晶片发生压缩和拉伸，于是改变了压电晶片两端表面电荷(即异名电荷)，即声能转变为电能，超声转变为电信号，这就是正压电效应(positive piezoelectric effect)。主机将这种高频变化的微弱电信号进行处理、放大，以波形、光点、声音等形式表示出来，产生影像(image)(图 14-1)。

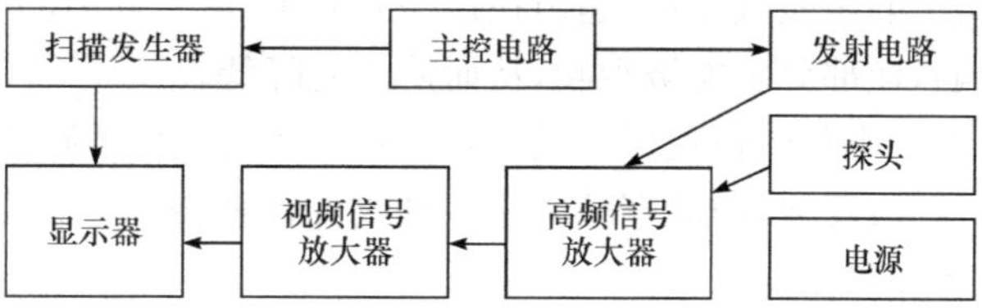

图 14-1　脉冲回波式超声诊断仪基本结构流程图

（二）超声的传播和衰减

同其他物理波一样，超声波在介质中传播时也发生透射、反射、绕射、散射、干涉及衰减等现象。

1. 透射　超声穿过某一介质或通过两种介质的界面而进入第二种介质内称为超声的透射(transmission)。除介质外，决定超声透射能力的主要因素是超声的频率和波长。超声频率越大，波长越小，透射能力(穿透力)越弱，探测的深度越浅；超声频率越小，波长越长，穿透力越强，探测的深度越深(图 14-2)。

2. 反射与折射　超声在传播过程中，如遇到两种不同声阻抗(acoustic impedance)介质所构成的声学界面时，一部分超声波会返回到前一种介质中，这一现象称为反射(reflection)；超声波在进入第二种介质时发生传播方向的改变，称为折射(refraction)(图 14-2)。

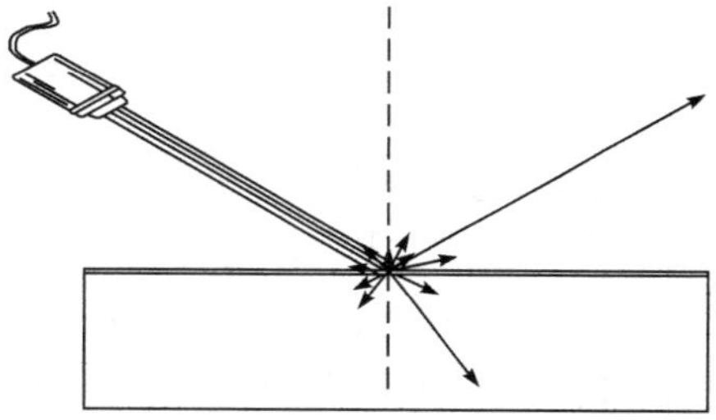

图 14-2　超声的透射、折射和散射

超声波反射的强弱主要取决于形成声学界面的

两种介质的声阻抗差值,声阻抗差值越大,反射强度越大,反之越小。当两种介质的声阻抗差值达到 0.1%,即两种物质的密度差值只要达到 0.1%,超声就可在其界面上形成反射,反射回来的超声称为回声(echo)。反射强度通常以反射系数表示。

反射系数=反射的超声能量/入射的超声能量

空气的声阻抗值为 0.000 428,软组织的声阻抗值为 1.5,两者声阻抗值相差约 4000 倍,故其界面反射能力特别强。临床上在进行超声探测时,探头与动物体表之间一定不要留有空隙,以防声能在动物体表大量反射而没有足够的声能达到被探测的部位。这就是超声探测时必须使用耦合剂(coupling medium)的原因。

超声诊断的基本依据就是被探测部位的回声状况。

3. 绕射 超声遇到小于其波长一半的物体时,会绕过障碍物的边缘继续向前传播,称为绕射或衍射(diffraction)。实际上,当障碍物与超声的波长相等时,超声即可发生绕射,只是不很明显。根据超声绕射规律,在临床检查时,应根据被探查目标的大小选择适当频率的探头,使超声波的波长比探查目标小得多,以便超声波在探查目标时不发生绕射,把比较小的病灶也检查出来,提高分辨力和显现力。

4. 散射与衰减 超声在传播过程中除了透射、反射、折射和衍射外,还会发生散射(scatter)(图 14-2)。散射是超声遇到物体或界面时沿不规则方向反射(非 90°)或折射(非声阻抗差异所造成的)。超声在介质内传播时,会随着传播距离的增加而减弱,这种现象称为超声衰减(attenuation)。引起超声衰减的原因:①超声束在不同声阻抗界面上发生的反射、折射及散射等,使主声束方向上的声能减弱;②超声在传播介质中,由于介质的黏滞性(内摩擦力)、导热系数和温度等的影响,使部分声能被吸收,从而使声能降低。

声能的衰减与超声频率和传播距离有关。超声频率越高或传播距离越远,声能的衰减,特别是声能的吸收衰减越大;反之,声能衰减越小。动物体内血液对声能的吸收最小,其次是肌肉组织、纤维组织、软骨和骨骼。

5. 多普勒效应 多普勒(Christian Doppler)发现,声源与反射物体之间出现相对运动时,反射物体所接收到的频率与声源所发出的频率不一致。当声源与反射物体相向运动时,声音频率升高,反之降低,此种频率发生改变(频移)的现象称为多普勒效应(Doppler effect)。

频移的大小取决于声源与反射物体间相对运动速度,速度越大,频移越大。相向运动时频移为正,声音增强;反向运动时,频移为负,声音减弱。D 型超声诊断仪就是利用超声的多普勒效应把超声频移转变为不同的声响以检查动物体内活动的组织器官,包括妊娠检查。

6. 超声的方向性 超声波与一般声波不同,由于其频率极高,波长又短,远远小于探头的直径,在传播时集中于一个方向,类似平面波,声场分布呈狭窄的圆柱状,声场宽度与探头的压电晶片大小相接近,因而有明显的方向性,故而又称为超声的束射性或定向性。

(三)超声的分辨性能

1. 超声的显现力 超声的显现力(discoverable ability)是指超声能检测出最小物体大小的能力。能被检出物体的直径大小常作为超声显现力的大小:能被检出的最小物体直径越大,显现力越小;能被检出的最小物体直径越小,显现力越大。从理论上讲,超声的最大显现力是波长的一半,如 5.0MHz 的超声波长为 3.0mm,其显现力为 1.5mm。决定超声显现力的物理基础是超声的绕射。实际上,病灶要比超声波波长大数倍时才能发生明显的反射,故超声频率越高,波长越短,其显现力也越高,见表 14-2。

表 14-2　不同超声频率与显现力的关系

频率/MHz	2.25	2.50	5.00	7.00	10.00
显现力/mm	3.35	3.00	1.50	1.05	0.75

2. 超声的分辨力　超声的分辨力(resolution of ultrasound)是超声能够区分两个物体间的最小距离。根据方向不同,将分辨力分为横向分辨力(lateral resolution)和纵向分辨力(depth resolution)。

1) *横向分辨力*　是指超声能分辨与声束相垂直的界面上两物体(或病灶)间的最小距离,以 mm 计。决定超声横向分辨力的因素是声束直径,声束直径小于两点间的距离时,单一声束就能在两点间穿行,也就能区分这两个点。声束直径大于两点间的距离时,两个点在屏幕上就会变为一个点(图 14-3)。

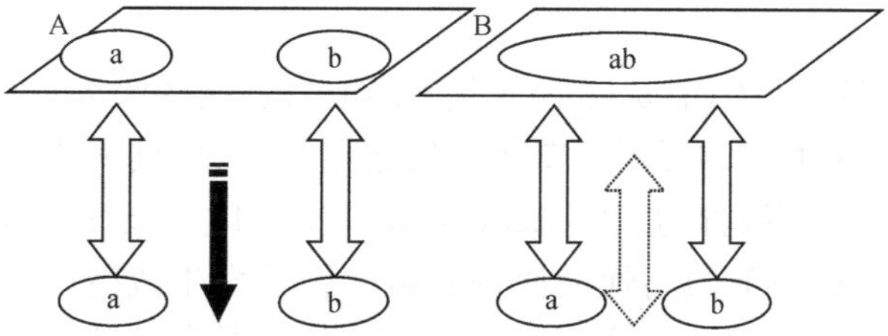

图 14-3　超声横向分辨力示意图

决定声束直径的主要因素是探头中的压电晶片界面的大小和超声发射的距离。

图 14-3A 中的 a、b 两物体间距大于声束直径,超声分别在物体 a、b 上产生反射,在两物体间透射(无回声),显示器上分别显示物体 a、b 图像。图 14-3B 中 a、b 两物体间距小于声束直径,声束在 a、b 两物体及两物体间均产生回声,因而在显示器上融合成一个图像而不能分辨。

2) *纵向分辨力*　纵向分辨力是指声束能够分辨位于超声轴线上两物体(或病灶)间的最小距离,以 mm 计。决定纵向分辨力的因素是超声的脉冲宽度,脉冲宽度越小,分辨力越高;脉冲宽度越大,分辨力越低。超声的纵向分辨力约为脉冲宽度的一半。

脉冲宽度是超声在一个脉冲时间内所传播的距离,即脉冲宽度＝脉冲时间×超声速度。超声在动物体组织内传播速度约为 1.5×10^6mm/s,即 1.5mm/μs。假设三种频率探头脉冲持续时间分别为 1μs、3.5μs、5μs,其脉冲宽度则分别为 1.5mm、5.25mm、7.5mm,故其纵向分辨率分别为 0.75mm、2.625mm、3.75mm。决定脉冲时间的一个因素是超声频率,频率越高,脉冲时间越短,脉冲宽度越小,超声的纵向分辨力越大;反之,则越小(图 14-4)。

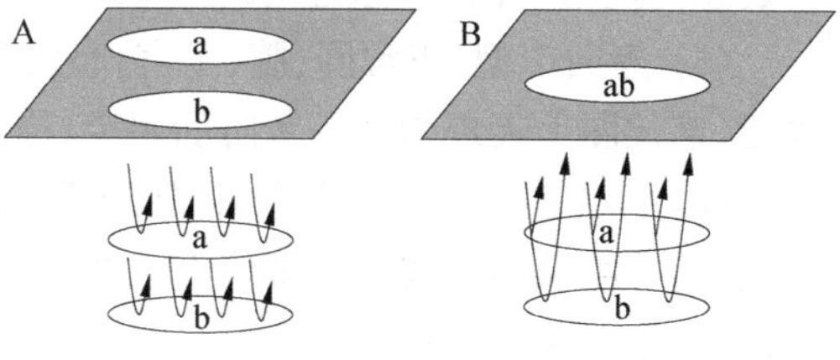

图 14-4　超声纵向分辨力示意图

脉冲宽度不仅决定纵向分辨力,也决定了超声能检测的最小深度。脉冲从某一组织或病灶反射后被探头所接收,超声这一往返时间等于深度除以超声速度的两倍,即脉冲往返时间＝2×深度÷声速。探测的组织或病灶与探头的距离应大于 1/2 脉冲宽度,才能被检出,小于 1/2 脉冲宽度的近场称为盲区。实际上,盲区深度比脉冲宽度的 1/2 要大数倍。盲区内的组织或病灶不能被检出。解决这一问题的主要方法有:①加大探头的频率;②在体表与探头之间增加垫块。

图 14-4A 中超声脉冲宽度小于声束轴向上物体 a、b 间距的两倍，超声在物体 a、b 界面上分别回声，且同一束超声在两个界面上产生的回声不会全部重叠，因而在显示器上分别显示了物体 a、b 的影像。图 14-4B 中的超声脉冲宽度大于 a、b 间距的两倍，同一束超声分别在物体 a、b 产生回声，a、b 两物体在显示器上表现为两物体的融合或叠加。

3. 超声的穿透力　超声频率越高，其显现力和分辨力越强，显示的组织结构或病理结构越清晰；但频率越高，其衰减也越显著，透入的深度就越小，即频率越高，穿透力（penetration）越低；频率越低，穿透力越高。因而，探测浅表部位的组织或病灶时，应尽可能选用高频探头；探测较深部位的组织或病灶时，应在保证探测深度的情况下，尽可能选用高频探头。

二、动物体组织结构的回声性质与超声图像诊断

（一）动物体组织结构和病灶的声学分型

超声图像是由许多大小不同、灰度不一的像素组成的，这些像素的大小反映了回声界面的大小，灰度的高低反映了回声的强弱。图像上从亮到暗（从白到灰再到黑）的变化程度称为灰度（gray），不同的灰度等级称为灰阶（gray scale）。动物体复杂的结构因其声阻抗不同而具有不同的声学特征，疾病下的病灶又使得其声学特征发生改变，这些声学特征在声像图上表现为大小和灰度的不同。按声学特征，动物组织器官及病灶可分为以下几种声学类型。

（1）无回声型：动物体内液体是最均一的声学介质，内部无明显的声阻抗差异，不存在声学界面。超声波通过液体时因无声学界面而无回声，在图像上表现为无回声暗区，又称液性暗区或液性无回声（fluidity anecho）。动物体内常见的液体如尿液、胆汁、血液就是典型的液性暗区，一些病理性积液如胸腔积液、腹腔积液、脑积水、淋巴外渗、血肿（无凝血）、脓肿等也表现为液性暗区，但脓肿和有凝血的血肿在液性暗区内会有细小的弱回声。

（2）弱回声型：一些实质性器官如肾锥体、淋巴结、肾上腺皮质等，因其结构均一而具有较好的透声性能，在声像图上表现为暗区，这种暗区称为弱回声（weak echo）或实质性暗区（parenchymatous anecho）。实质性暗区是相对的暗区，加大增益后仍然有弱回声出现。

（3）低回声型：一些组织如肾皮质，因机构不十分均一而具有少量弱回声界面，在声像图上表现为灰暗的回声，称为低回声（low level-echo）。

（4）等回声型：正常肝、脾、子宫、心肌等实质性器官因实质与间质并存而形成中等的声学界面，声像图上表现为中等灰阶的回声，称为等回声（equal echo）。

（5）高回声型：肾窦、纤维组织、乳腺及结构复杂、排列无一定规律的实质性病变如肝硬化、肝癌等组织内存在声阻抗值大于 20％的声学界面，其回声明亮但后方不存在声影，称为高回声（high-level echo）。

（6）强回声型：结石、钙化灶、骨骼等与周围软组织声阻抗值大于 50％，在声像图上灰度明亮、后方常伴有声影的回声，称为强回声（strong echo，dense echo）。

（7）含气型：气体与周边软组织声阻抗值相差 3000 倍以上，超声不能透射而几乎全部被反射，并且会出现多次回声，声像图上回声界面灰度特高，后方组织不能显示，又称特强回声。

（二）回声形态描述

回声形态指声像图上光点的形状，常见的有以下几种。

(1) 光点或光斑(light spot)：细而圆的点状回声 (spot echo)。

(2) 光团(light mass)：回声光点以团块状出现。

(3) 光条或光带(echogenic band)：回声呈条带状。

(4) 光环(echogenic ring)：回声呈环状，光环中间较暗或为暗区，如胎儿头部回声。有些器官或病灶内部出现回声，称为内部回声。光环是周边回声的表现。

(5) 光晕(halation)：光团周围形成暗区，如癌症结节周边的回声。

(6) 网状回声(dictyo-echo)：多个环状回声聚集在一起构成筛状网，如脑包虫、犬的子宫脓肿、腹腔脓肿等的回声。

(7) 云雾状回声(cloudiness echo)：多见于声学造影。

(8) 声影(acoustic shadow)：由于声能在声学界面衰竭、反射、折射等而丧失，声能不能达到的区域(暗区)，即特强回声下方的无回声区，称为声影。有些脏器或肿块底边无回声，称为底边缺如(bottom margin absence)；如侧边无回声，则称为侧边失落(lateral absence)。

(9) 声尾：或称蝌蚪尾征(tadpole tail sign)，指强回声后方的类似彗星尾样回声，如囊肿后方的声尾。在特强声学界面上，超声波在肺泡壁上反复反射，声能很快衰减，称为多次重复回声(3 次以上)或多次回声(multiple echoes)。

(10) 靶环征(target sign)：以强回声为中心形成圆环状低回声带，如肝病灶组织的回声。

超声扫查可作为疾病的一种辅助诊断手段。许多疾病的波型或声像图都没有特异性，且波形或光点密度、亮度和大小往往与所选择的仪器的增益(灵敏度)有关。因此，临床探查时必须校正仪器灵敏度，并密切结合临床实际进行判断，才能提高诊断的准确率，减少误诊和漏诊。

（三）超声图像诊断

超声诊断是将超声原理与兽医学基础和兽医临床紧密结合的综合性兽医临床技术，对超声图像的诊断应着重考虑以下内容。

1. 定位诊断　根据扫查位置、断面方向及图像显示内容和特征，确定病变的解剖部位，包括组织器官上的具体位置等。如肝脓肿，其位置在哪一叶或哪一段、对哪些肝组织有压迫等。

2. 定性诊断　包括病变的物理性质和病理性质。

(1) 物理性质：根据病变的声像图特点判定病变的回声类型。病变内部无回声属于液性；内部低回声或强回声属于实质性；内部无回声兼有点状强回声可考虑为混合性肿块、囊性或实质性病变。

(2) 病理性质：正常动物组织器官解剖结构复杂但有自身的声学特点，当机体发生病变时，这种正常的回声特点就发生了改变，其变化在声像图上归纳为：回声界面增多、减少或消失；散射点大小和均匀度改变；回声强度改变；反射振幅改变；局部声衰减系数改变；出现病灶周边和后方的声学特性等。

3. 定量诊断　通过对组织器官及病灶声像图进行测量分析，获得其直径、角度、管腔内外径和壁厚、区域面积和周长及体积。根据测量结果判断脏器大小是否异常、管腔是否狭窄或扩张、病变大小和范围等，达到量化诊断的目的。

（邓千臻）

第二节　超声诊断的类型

超声检查的种类很多，分类复杂，按显示回声方式分类，临床上最常见的类型有A型超声诊断、B型超声诊断、M型超声诊断和D型超声诊断。

其中超声成像因为具有以下三个特点：①超声波为非电离辐射，在诊断用功率范围内对人体无伤害，可经常性地反复使用；②超声波对软组织的鉴别力较高，在对软组织疾患诊断时具有优势；③超声成像仪器使用方便、价格便宜，使得医学超声成像具有强大的生命力和发展前途，是其他成像技术所无法替代的现代诊断技术。

一、A型超声诊断

A型超声诊断又称幅度调制型（amplitude modulated mode）超声诊断或示波超声诊断，是将超声回声信号仪波型显示，通过对波的幅度、大小、形状和疏密等的分析，对动物体组织器官或病变进行诊断的一种超声诊断形式，简称A型超声或A超（图14-5）。波幅（y轴）表示回声信号的强弱；x轴表示扫描深度，其中的波宽表示被扫描物体的厚度。A超是超声技术应用于医学和兽医学诊断中最早、最基本的方式，主要适用于检查肝、胆、脾、眼及脑等简单解剖结构，测量线度，通过分析回波幅度的分布以获得组织的特征信息。由于B型诊断仪的出现，A型诊断仪已经面临淘汰，目前只在动物背膘和眼肌测量、妊娠诊断等方面还在应用。现在在妊娠诊断上所用的A型超声主要是警报型A超，在背膘和眼肌测量上主要是数显式A超。

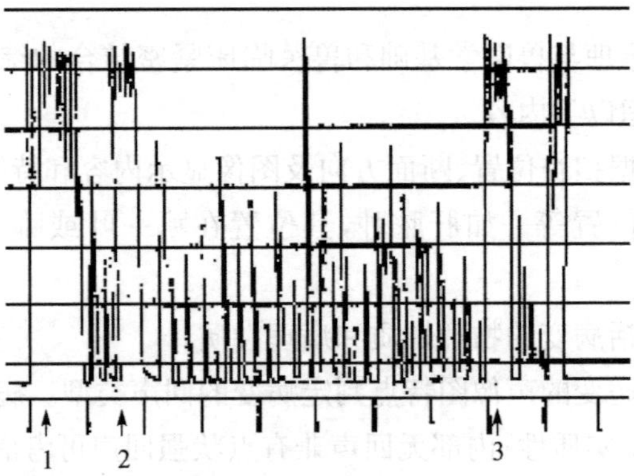

图14-5　A型超声示波图

1. λ波；2. 始波；3. 出波

二、B型超声诊断

B型超声诊断又称超声断层显像法（ultrasonotomography）或灰度调制型超声诊断法（brightness modulation mode），简称B型（B-mode）超声或B超。B型超声诊断法是将回声信号以光点明暗，即灰阶(gray scale)的形式显示出来。灰阶的强弱反映回声界面反射和衰减超声的强弱；光点的大小反映回声界面的大小。这些不同强度的光点、光线和光面构成了被探测部位二维断层图像或切面图像，这种图像称为声像图(sonography)。

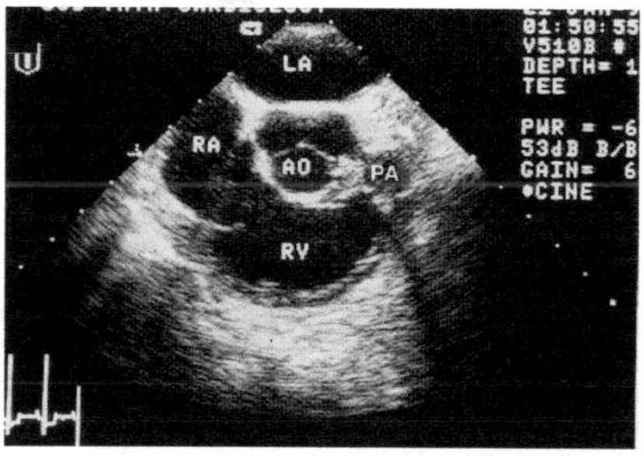

图 14-6　正常心脏的声像图

B 超工作过程为：当探头获得激励脉冲后发射超声波，同时探头受聚焦延迟电路控制，实现声波的声学聚焦；经过一段时间延迟后再由探头接受回声信号；回声信号经过波束形成处理；由数字扫描转换器(DSC)电路进行数字变换形成数字信号，在 CPU 控制下进一步进行图像处理；同图表形成电路和测量电路一起合成视频信号送给显示器形成 B 超图像，即二维黑白超声图像(图 14-6)。

B 超的特点：①它将从组织器官反射的回波信号以光点形式组成切面图像。此种图像与动物体的解剖结构极其相似，故能直观地显示脏器的大小、形态、内部结构，并可将实质性、液性或含气性组织区分开来。②所形成的图像属于实时动态图像。超声的传播速度快，成像速度快，每次扫描即产生一幅图像，快速地重复扫描所产生的图像组合起来便构成了实时动态图像，因而能够实时地观察心动、胎动及胃肠蠕动等。③对软组织的分辨力高。动物体内相邻两组织的密度不同，声阻抗也不同，当声阻抗差达千分之一时，两组织界面便会产生回声反射，从而将两组织区分开来。超声对软组织的这种分辨力是 X 线的 100 倍以上。

人们习惯于对 X 线平片图像的观察，因而也希望 B 超能够获得与 X 线透视相似的图像，这就是 C 型超声诊断的图像。C 型和 B 型的成像都是二维图像，但 C 型的成像画面是与超声束垂直的，即与 B 型扫描面相差 90°。C 型检查在肿瘤组织的范围监测上意义重大。

在获得平面图像基础上，人们总是希望获得立体图像。B 型超声仪的延迟电路控制的距离选通门的开启时刻是个可调常数，如果距离选通时间随位置变化，其成像画面就不是一个平面，而是一个由位置函数决定的曲面，即 F 型超声。F 型成像画面可从三维角度去观察体内组织及病变情况。

三、M 型超声诊断

M 型超声诊断又称光点扫描法或时间-运动型超声诊断法(time-motion mode)，简称 M 型超声或 M 超(motion type)，也属于实现灰度调制诊断法。在 B 超扫描图像上有一根法线，当扫描方式转换成 M 型时，法线所经过的所有位点构成了 M 型超声的基本扫描位置，它是由扫描信号加在垂直偏正板上形成的；当在水平偏正板上施加慢扫描电压时，由于组织器官运动而上下摆动的光点就会随着慢扫描的进行而横向展开，由此获得了一条位移-时间曲线，即位点运动的声像图。其中，纵坐标为扫描时间(即超声传播时间)，横坐标为光点慢扫描时间。当探头固定一点扫描时，在双重扫描电压作用下，扫描回声信息线被时间扫描分离，当重复频率足够高时，每个固定的目标的界面就显示成一条连续变化的曲线光迹。曲线的幅度表示反射界面在运动中所通过的距离大小，而曲线的斜率则表示反射界面运动速度的大小。从光点移动可观察被扫描物体的深度及其活动状况(图 14-7)。

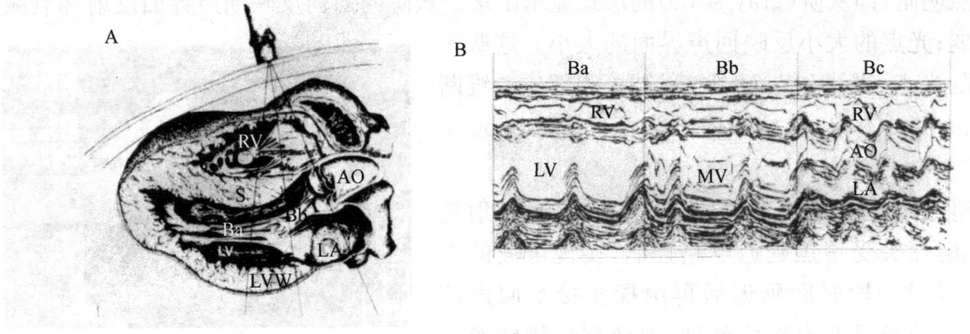

图 14-7　标准的 M 型声像图(Moise,1988)

A. 法线上左室壁和室中膈在心脏运动过程中上下位移的时间轨迹;

B. 声束从三个法线穿过心脏形成三个声像图,分别显示左心室腔(Ba)、室中膈(Bb)和主动脉瓣(Bc)

RV. 右心室;LV. 左心室;MV/S. 室中膈;AO. 主动脉;LA. 左心房;LVW. 左心室壁

M 型超声诊断的主要特点是能测量运动器官,因此主要用于心血管各部分大小、厚度和心脏瓣膜运动状况的测量等。许多超声诊断议还具有心电图、心音图功能,可用于研究心脏搏动和脉搏之间的相互关系,还可用于研究其他各运动面的活动情况。

四、多普勒超声诊断

根据多普勒效应制成的超声诊断仪称为多普勒超声诊断仪(D 型超声诊断仪),相关的诊断方法称为多普勒超声诊断法,简称 D 超(Doppler ultrasound)。它在临床诊断学中用于心脏、血管、血流和胎儿心率等诊断。

多普勒超声仪种类繁多,根据显示方式的不同,可把它大致分为两类:频谱多普勒仪和超声多普勒显像仪。频谱多普勒根据产生信号的方式不同又分为连续型多普勒和脉冲型多普勒;超声多普勒显像仪包括超声多普勒血管显像仪和彩色多普勒血流显像仪。

1. 连续多普勒超声诊断仪　连续多普勒超声诊断仪通过发射与接收连续多普勒信号来获得运动目标的信息。这类仪器结构简单、价格低廉、操作方便,可用来观测心壁、瓣膜、胎体的运动状态,但是这类仪器不能判断物体的运动方向、不能探测血流状态、不能探测运动物体的深度,因此目前除用以妊娠诊断外,已很少在临床上使用。

2. 连续多普勒超声血流计　连续多普勒超声血流计将多普勒频移的正负值加以区分,可以检测血流速度的大小与方向,在测量高速血流时有其独特的优势。但此类仪器仍不能分辨探头和运动目标间的距离,即深度,测量结果受声束和运动方向夹角的影响较大,无法了解异常血流的产生部位。

3. 脉冲波多普勒血流计　脉冲波多普勒血流计发射的是超声脉冲,同时由延迟电路来控制接收器,使得这种仪器具有距离选通能力。如果采用不同的延迟时间,就可以得到沿声束方向上的血流速度,从而构成血流剖面图。目前脉冲多普勒血流计与 B 超显像仪进行组合,用前者检查血流状态,用后者探测解剖结构,所以能在诊断瓣口与血管狭窄、瓣膜关闭不全及先天性间隔缺损所致的分流方面取得良好的效果。这类仪器也有它的缺点,它所测血流速度的大小即多普勒频移大小受脉冲重复频率的限制。

4. 彩色多普勒血流显像仪 彩色多普勒血流显像仪就是通过对散射回声多普勒信息作相位检测并经自相关处理和彩色灰阶编码，把平均血流速度分类并以色彩显示，它与B超和M超相结合，可提供心脏和大血管内血流的时间和空间信息。它可同时显示心脏某一断面上全部血流束的分布及数量，腔室形态、大小；表现血流途径及方向；辨别层流、湍流或涡流；测量血流束的面积、轮廓长度和宽度；清楚暗示血管结构异常与血流动力学异常的关系。彩色多普勒血流显像直观、形象、快速，诊断灵敏，准确率很高，临床上主要用于先天性心脏病、心脏瓣膜病、心肌病、心脏肿瘤等的无创伤诊断。当然，彩色多普勒血流显像也有其局限性，它更多地作为定性诊断的方法，而对血流动力学的定量分析还需借助频谱多普勒(图14-8)。

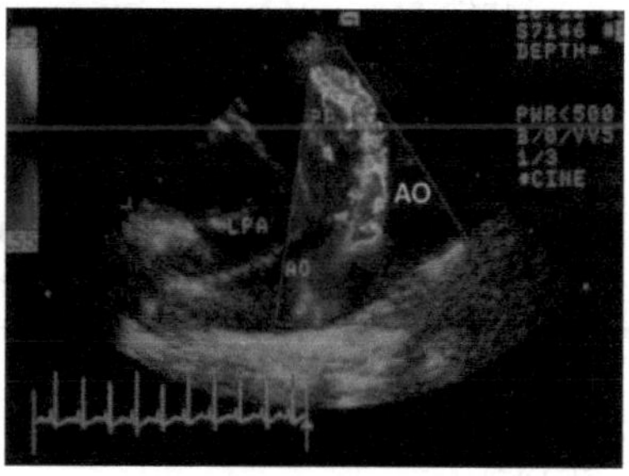

图14-8 彩色多普勒血流显像

（邓干臻）

第三节 超声诊断的临床应用

一、肝、胆、脾、肾、胰的超声检查

（一）肝胆系统的超声检查

超声诊断法可探查肝的大小、厚度及内部的某些病变。胆囊为含液器官，在声像图中呈液性暗区，较易辨认。B超对胆囊的部位、形状、大小及其内容物状态等的判定有较高的准确性。

1. B型超声探查法

(1) 仪器条件及探查方法：一般大动物因需探测较深而用较低频率探头，如3.5MHz；小动物则用分辨力好的高频率探头，如5.0MHz。

动物仰卧保定在“V”字形的保定台上。腹前部剪毛涂耦合剂。探头紧紧放在胸骨剑突之下，并轻轻加压。若仍难看清肝，被检动物可取站立、俯卧(腹位)或侧卧位姿势，以改变胃内气体的位置。

肝的探查可进行纵切和横切扫查。横切扫描时探头的位置是相对固定放在胸骨剑突下方的皮肤上。在纵切扫描图像上，动物的前部图像对着观察者的左侧，而横切扫描时的图像是动物的右侧对着观察者左侧。在两个平面进行扫查时通常要注意保证肝所有部分都能显示，这就要求对整个肝进行多次扫查，在矢状平面上要使声束射向背侧和腹侧，在横切面上要使声束指向身体左侧或右侧。若有必要，肋间观察可用于对肝周边作补充显像。在右外侧11或12肋间横切扫描对肝门附近主要腹腔血管或胆总管的观察特别重要。

(2) 肝胆系统的扫描部位及声像图特点。正常肝回声图：肝是一个实质器官，外覆有结缔组织包膜，肝由肝小叶、血管、胆管和间质组成，肝组织密度较均匀，其声阻抗差较小。探查部位及声像图特点见表14-3。

表 14-3 几种主要动物肝胆系统超声探查的部位及声像图特点

动物种类	牛	羊	马	犬
体位	立位	立位	立位	仰卧、俯卧或侧卧
扫查部位	右侧 8～12 肋间肩关节水平线下	右侧 8～10 肋间肩关节水平线下	右侧 10～14 肋间肩关节水平线下	右侧 10～12 肋间或剑突后方
声像图特点	肝实质为低强微细回声，周边回声强而平滑；胆囊为液性暗区，壁薄而光滑；根据扫查面不同可显示门静脉、胆管、大血管、膈肌和相邻器官			

犬肝胆超声探查时主要有 6 个参考纵切面和 4 个矢状切面（图 14-9），其参考声像图见图 14-10。

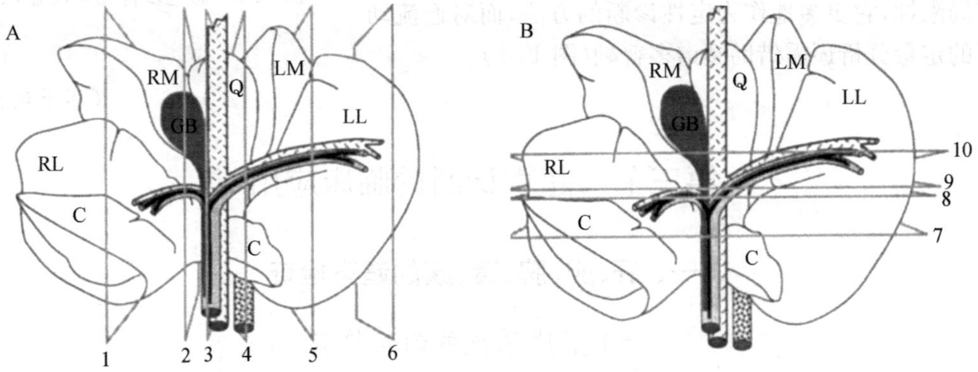

图 14-9 犬肝胆切面示意图

A. 1～6 分别表示 6 个纵切面；B. 7～10 分别代表 4 个矢状切面

RL. 右外侧叶；RM. 右内侧叶；Q. 方叶；LL. 左外侧叶；LM. 左内侧叶；C. 尾叶；GB. 胆囊

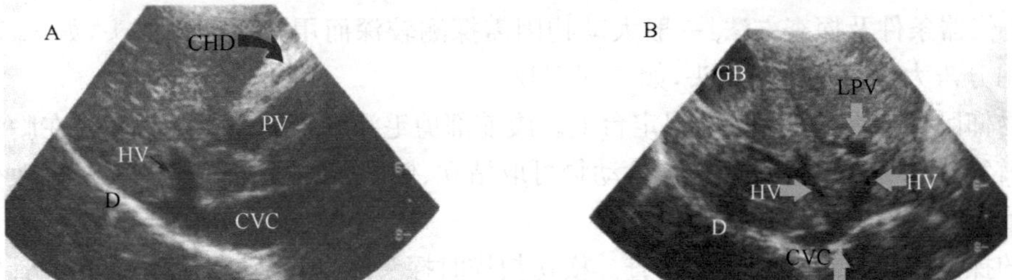

图 14-10 犬肝纵切面和矢状切面声像图

A. 为第 3 纵切面声像图，在膈肌（D）附近可见后腔静脉（CVC）和肝静脉（HV），门静脉（PV）附近有时可显示胆总管（CHD）；B. 为犬肝脏第 9 矢状切面，可清楚显现门静脉左支（LPV）及肝静脉（HV）进入后腔静脉（CVC），并可见胆囊（GB）

2. 临床应用

（1）肝脓肿（hepatic abscess）：由于肝组织、脓腔壁和脓液的声阻抗不同，可出现不同的声像图。

除可见肝肿大外，肝脓肿声像图上可见液性暗区：肝脓肿形成后，由于脓液属于液体范畴，因此无回声，故在荧光屏上呈现液性暗区；加大增益后，由于脓汁中存在细小的脓性凝块或脓球，声像图上可见细小的回声光点，大的凝块可产生絮状光斑。一旦发现肝内有液性暗区，应从不同方向向同一部位探查，并注意液性暗区的数目、形状、大小等情况。由于肝脓肿在各个阶段病理变化不一样，脓肿组织结构和脓肿中内容物也不相同，液性暗区情况也会不一样，在液性暗区内可出现散在的光点或小光团。

(2) 肝肿瘤(hepatic tumor)：肿瘤的声像图随肿瘤性质不同而异。原发性肝癌在马呈现肝脏肿大和在肝实质内有癌症结节样图像，其癌症结节回声比周围肝实质回声强，甚至出现声尾(图 14-11)。

淋巴肉瘤是最常见的肝肿瘤。这种肿瘤的浸润过程可导致弥漫性肝肿大，也可出现淋巴结节。通过直肠探查或腹部用超声显像法检查，均可发现淋巴肉瘤。

(3) 肝纤维化(hepatic fibrosis)：肝由于纤维化的结果，肝区回声增强，即肝区光点增多、变粗或有小光团，而且光点分布欠均匀。在马由于胆石症所致胆汁性纤维化时，除可见肝内胆管扩张外，还可见到胆结石图像。肝纤维化的不同时期，可出现肝肿大或缩小等变化。

(4) 胆石症(cholelithiasis)：胆囊内有胆结石形成时，其典型的声像图表现为：①强回声光团。由于结石的形态、大小不同，强回声可以呈斑点状或四块状；散在球形结石多呈新月形或半圆形。胆囊强回声明亮稳定、边界清楚。②伴有声影。在结石强回声后方，往往出现一条无回声暗带，即声影。声影边缘锐利、明晰，其内无多重反射回声。有时强回声不明显而声影显著。声影的出现对于结石特别是小结石诊断有重要意义。

(5) 胆囊炎(cholecystitis)：胆囊炎的声像图表现为胆囊壁增厚(gallbladder wall thickness)(图 14-12)或边缘不整齐，胆囊内有时有雾状低回声。

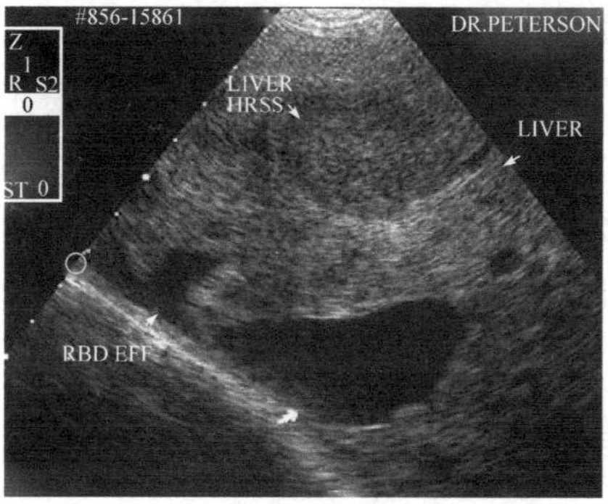

图 14-11　肝肿瘤声像图(前腹部探查)
图中上方可见明显的肿瘤边缘；左下方膈肌后下方可见因腹水(白箭头所指的液性暗区)将肝叶尖部游离

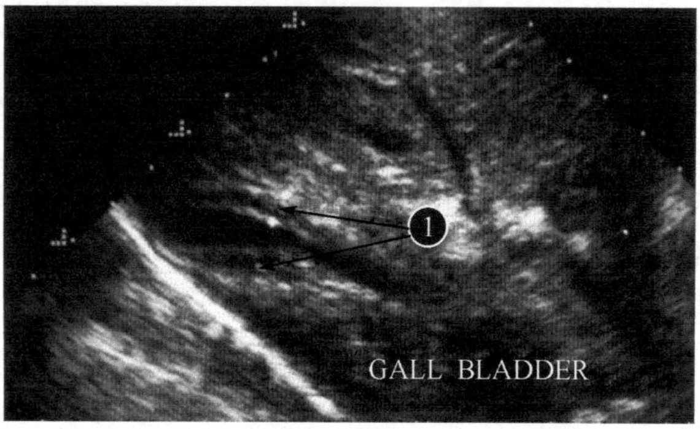

图 14-12　犬胆囊壁增厚(Spaulding，1993)
肝结构明显可见，胆囊为纵切面图，中间无回声区为胆囊液，①指示增厚的胆囊壁(4mm)，胆囊壁内为实质性无回声(低回声)

(二) 脾的超声检查

脾的均质程度较高，可用 B 型超声诊断仪对脾病变、体表投影面积及体积进行探测。

牛于左侧 11、12 肋间背侧部，探头稍对向头部扫描，可得到脾的声像图。其左侧为胸椎及肋骨，内侧为由第 1 胃包围，呈均质的低强度回声。其边缘可描出肝及其尖锐的楔状。

山羊于左侧 8～12 肋间背侧部与牛大致相同处，可获得脾的声像图，并在脾的背侧内方，可扫描出大动脉。

马于左侧肷部下方 8～17 肋骨，肩端水平线位置及沿肋骨弓边缘的大部区域探查，可得到脾的声像图。正常脾内部呈均质的特征性的低强度回声，仔细观察可确认脾门部的血管像。脾周围可看到前部肋间的肺、横膈及胃等，后部肋间是结肠等消化管和左肾等影像。

犬脾的内部回声和上述的几种动物相同。犬脾的探查可采取立住、右侧横卧、仰卧及犬坐等体位。在左侧最后肋间及肷部,可探查到脾,并可观察到与其相邻器官的动态。脾的内侧是消化管。于其后缘扫描时,可观察到左肾。犬脾超声探查部位可在左侧 11、12 肋间,由于胃内积气而在腹部纵切面和横切面难于显示脾头时可用此位置探查。也可在前下腹壁探查脾的纵切面,该位置可显示脾头、脾体和脾尾,将探头旋转 90°即横切面。在纵、横两个切面上可系统探查到整个脾。用透声垫块探查有利于脾近腹壁部分的显示。其正常声像图见图 14-13。

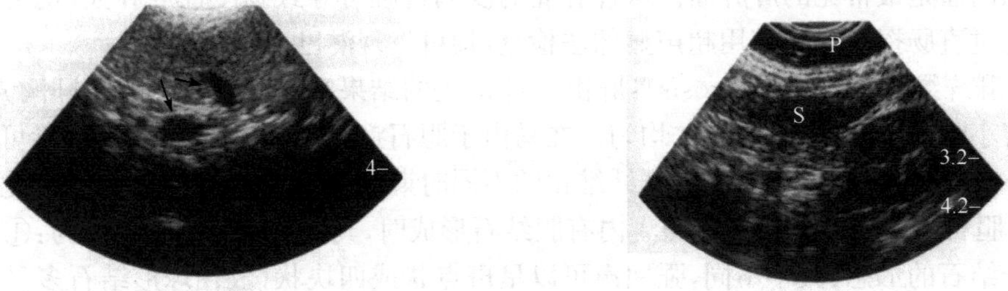

图 14-13　犬脾声像图

A. 脾静脉(箭头所指)在脾门附近显示清晰,脾静脉的邻近分支在近处脾实质中明显可见;B. 用透声垫块后显示的正常脾声像图,当垫块(P)拉大了脾与探头的距离后,近侧脾(S)即显示得清楚,此法更适合于猫

(三) 胰腺的超声检查

胰腺是腹腔中难于探查的器官。犬通常仰卧,用 5.0MHz 或 7.5MHz 线阵或凸阵探头于左腹壁探查。有时也可令犬右侧卧或俯卧,利用下方开口的有机玻璃台于左侧第 11、12 肋间探查。胰腺声像图较难判断,往往被周围脂肪或积气肠管所掩盖(图 14-14)。可根据周围器官和脉管定位,并做横切面与纵切面比较,必要时向腹腔注入适量生理盐水以增强透声效果(图 14-15～图 14-17)。

二、泌尿系统的超声检查

泌尿系统包括肾、输尿管、膀胱和尿道,这些腔器患病后的诊断主要靠临床体检和尿液化验。超声检查对肾形状、大小和质地的确定,能对肾变化作出更准确地判断;膀胱壁的厚度及完

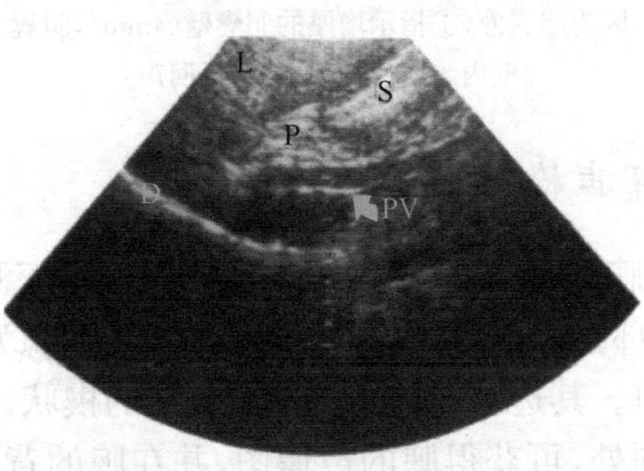

图 14-14　犬正常胰脏纵切面声像图

门静脉(PV)有助于鉴别胰脏且将其分成左右翼,但有时因周围脂肪或肠管积气而不能显现。S. 胃;D. 隔;L. 肝;P. 胰

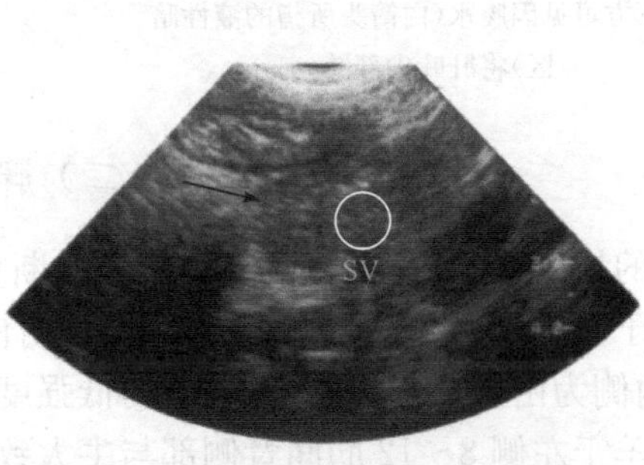

图 14-15　犬正常胰脏纵切面声像图

箭头所指为胰左翼,脾静脉(SV)在其背侧

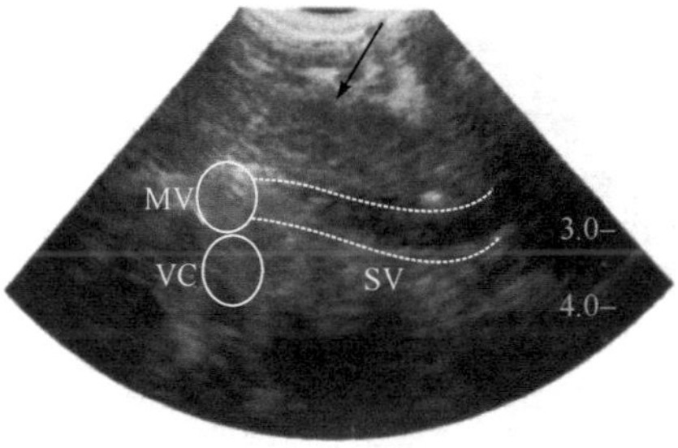

图 14-16 犬正常胰脏横切面声像图
箭头所指为胰，脾静脉(SV)在其背侧呈长轴状从脾脏到肠系膜静脉(MV)汇入门静脉，VC为后腔静脉

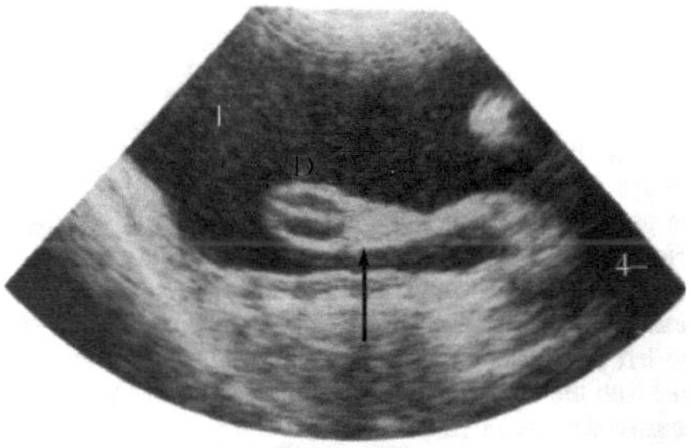

图 14-17 犬胰脏右翼在横切面上的正常位置
当犬有明显腹水(F)时，在十二指肠降支(D)背侧即可清晰显示胰左翼(箭头所指)。正常犬在无腹水时向腹腔内注水有助于胰脏的显现

整性、尿液充盈度和有无异物可以作为判断膀胱疾病的重要依据。肾盂积水，肾皮质和肾髓质相对增厚、质地改变、有无占位性病变等的确定，都可以采用超声诊断技术予以识别。超声还可以引导肾活体组织穿刺检查。

(一) 肾

1. 探查部位 常见动物肾探查部位见表 14-4。

表 14-4 几种主要动物肾的声像图特点

动物种类	牛	羊	马	犬
体位	立位	立位	立位	立位、卧位或坐位
扫查部位	右侧 12 肋间上部或肷部上前方；左侧肷部上后方	同牛	左、右侧 16～17 肋间上部或左侧最后肋骨后缘	左、右 12 肋间上部及最后肋骨上缘

2. 健康动物肾的声像图表现 健康动物正常声像图特点是：包膜周边回声强而平滑；肾皮质为低强度均质微细回声；肾髓质呈多个无回声暗区或稍显低回声；肾盂及其周围脂肪囊呈放射状排列的强回声结构。根据扫查面不同可显示肾静脉、后腔静脉、肝或脾。

正常动物肾的声像图表现，以犬为例，参见图 14-18。

3. 临诊应用

(1) 肾结石(renal calculi)：超声探查有助于肾结石的诊断，特别是对 X 线不能显示的结石更有意义。

肾结石声像图：肾结石在肾盂(马)或肾窦内有强回声，完全的声影投射到整个深层组织。这两点是肾结石存在的特征。声影提示光亮强回声表面几乎把声能全部反射回去，声束完全不能到达深层组织。肾盂或肾窦的结缔组织也可能产生弱的声影，其深部组织还可成像，因为它比肾实质更易使声能衰减，但并非完全为黑影。若肾结石导致输尿管阻塞，就会发生肾盂肾窦积水，则声像图兼有积水的液性无回声特征。

(2) 肾肿瘤(renal tumor)：动物肾肿瘤的生前诊断往往比较困难，通过 X 线摄影和超声探查互相补充，可大大提高诊断准确率。由于肿瘤的种类、大小和数量不一，其声像图表现也不完全一样。一般来说，肾肿瘤为一种占位性病变，其声像图中出现异常回声，如肾增大甚至占据整个像面，实质均质暗区、实质不均质暗区或密集强回声光团散在分布等。

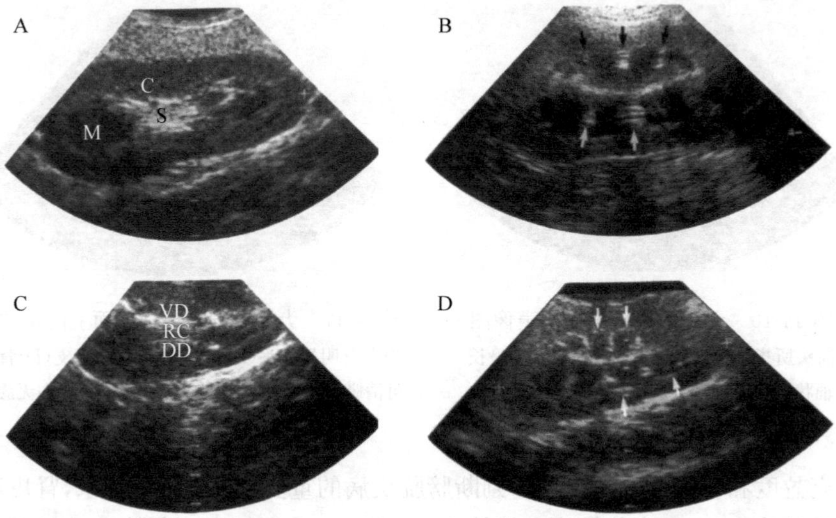

图 14-18　犬正常肾的纵切面声像图

A. 正中纵切面显示出肾皮质(C)、肾髓质(M)和肾盂(S)；B. 更靠外的纵切面显示背侧憩室和腹侧憩室呈短而均匀的回声结构穿过肾髓质到达肾皮质；C. 靠近正中的纵切面可见肾乳头(RC)及其背侧憩室(DD)和腹侧憩室(VD)及内部脉管；D. 皮质与髓质交界处的纵切面有时可见内叶拱形动脉(箭头所示)

(3) 肾盂积水(hydronephrosis)：肾脏体积不同程度增大。少量积水可见肾盂光点分散，中间出现回声暗区，随着积液量增多，透声暗区也随之增大。当有大量肾盂积水时，肾体积太大以致肾深侧面超出扫查范围(20cm 以上)，形成巨大液性暗区或整个肾组织全部为均质的液体所代替，仅远侧壁有回声光带。有的病例还可见输尿管近端扩张。

(二) 膀胱与尿道

大型和中型动物多采用直肠探查法，取站立保定位，用 5.0MHz 或更高频率直肠探头伸入直肠内向下方扫查，能清晰显示膀胱和盆腔段尿道的各个纵切面。中、小型动物一般采用体表探查法，取站立或仰卧保定位，于耻骨前缘后腹部做纵切面和横切面扫查。需要显示膀胱下壁结构时，可在探头与腹壁间垫以透声垫块。公畜阴茎段尿道探查多在怀疑有结石的部位垫以透声块进行扫查。

膀胱内充满尿液者是无回声暗区，周围由膀胱壁强回声带所环绕，轮廓完整，光洁平滑，边界清晰。近段尿道在膀胱颈后可部分显现，公畜前列腺可作为定位指标之一；远段尿道常显示不清，尿道插管或注入生理盐水扩充尿道后可显示清晰。

(三) 前列腺的超声检查

前列腺为公畜副性腺之一。其大小和位置随年龄和性兴奋状况而异，性成熟后位于骨盆前口后方，环绕膀胱颈后段尿道。其探查方法与膀胱类似，可经直肠探查或经耻骨前缘向后扫查，膀胱积尿有助于前列腺影像显现。其横切面呈双叶形，纵切面呈卵圆形。前列腺包膜周边回声清晰光滑，实质呈中等强度的均质回声，间杂小回声光点。膀胱颈和前段尿道充尿时，在前列腺横切面背侧两叶间可清晰显示尿道断面(图 14-19)。

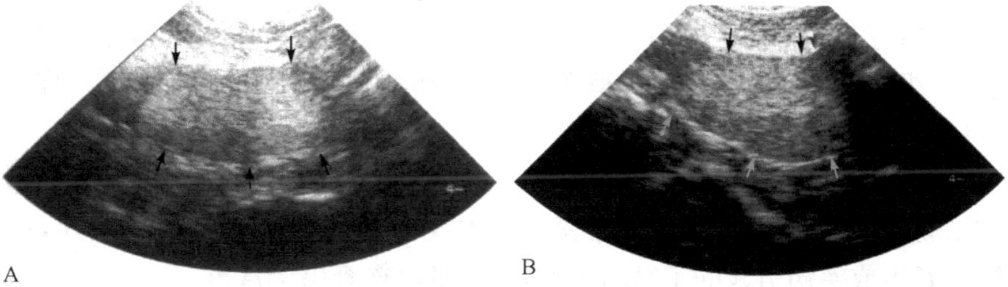

图 14-19　犬前列腺正常声像图

箭头所指为中年正常犬的前列腺，其实质回声中度均质，边缘清晰光滑。

A. 横切面呈双叶状；B. 纵切面呈均质卵圆形

（四）肾上腺的超声检查

犬的肾上腺通常用 5.0MHz 或 7.5MHz 的探头评价，其方法类似于肾探查，动物取仰卧或侧卧保定，从后腹部或侧腹部进行横切、纵切和额切扫描。必须除毛，尽可能避开肠管，以便在多数情况下从腹侧得到适宜的肾上腺显像。在侧卧时，肾上腺浅表部可以成像；使用中间有方形孔的有机玻璃台进行探查可使肾上腺成像良好，右肾上腺比左肾上腺更难于探查。右肾上腺从右侧前腹部 11 或 12 肋间最好探查；左肾上腺从左侧腹部最好观察，偶尔从 12 肋间探查。犬肾上腺声像图见图 14-20。

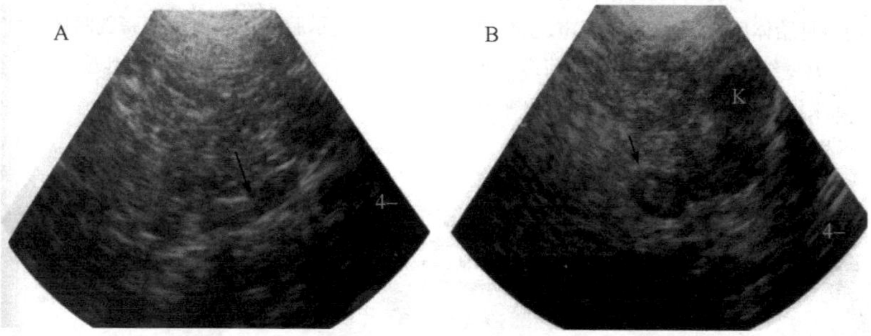

图 14-20　犬肾上腺正常声像图

A. 为左肾上腺纵切面正常声像图，其大小和形状在纵切面上同样多变，多呈长条形或近似圆形，且头端宽而尾端扁平；B. 为左肾上腺矢状切面正常声像图，从左肋部做矢状切面有助于避开肠管积气，利于肾（K）和肾上腺（箭头所指）在同一切面上显现。图中左肾上腺皮质和髓质均清晰显现

三、妊娠诊断

7.5MHz 的探头用于评价犬的正常卵巢和子宫较理想，而母猫则要用 10MHz 的探头。衬垫块有益于小患病动物的检查。5.0MHz 的探头适用于中、后期妊娠诊断及子宫积脓和卵巢肿瘤等的探查。

患畜常取仰卧姿势，也可以采取右侧卧或左侧卧或站立姿势。

除去后腹部被毛，涂耦合剂。若在妊娠早期声像图呈阴性，应在 1～2 周后复查，以排除假阴性。中期或后期妊娠诊断常无需剪毛，但腹部显著增大时不一定是妊娠，也可能有积脓和其他疾病。

探查犬和猫卵巢时应该在肾后部和邻近区域进行纵切和横切扫描。卵巢可以和肾脏后部接触，或在肾脏后方几厘米的区域内。犬和猫可能发生卵巢不显示的情况，这是由于它们体积小，常被脂肪组织包裹和过量充气肠道遮盖。此外，卵巢不能像其他腹腔脏器一样进行常规扫查，因为许多动物已做过卵巢切除术。

扩张的膀胱在骨盆腔前口处较易探到，膀胱作为声窗有利于观察子宫体乃至子宫角(位于膀胱下方和结肠上方之间)。子宫体通常紧靠腹中线，但由于膀胱和直肠的挤压，可向左或向右移位。除了妊娠或疾病引起的子宫增大外，一般难以探查出子宫角。

犬妊娠声像图见图 14-21，猫妊娠纵切面声像图见图 14-22，犬胎龄检查见图 14-23。

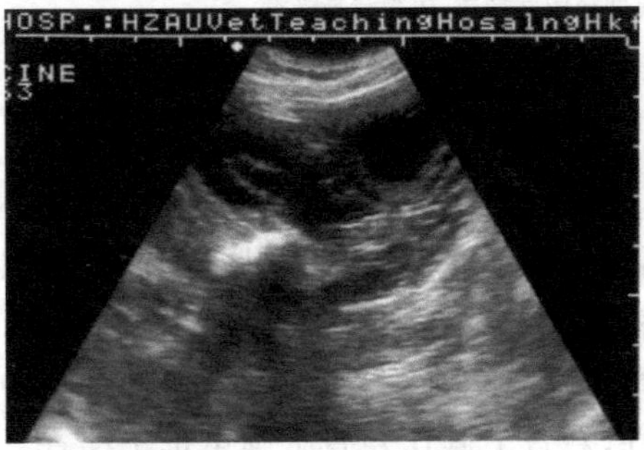

图 14-21　犬妊娠声像图(仰卧位耻骨前缘横切图，苏格兰牧羊犬，孕龄 29 日)

图中可见左、中、右三个孕囊，表现为液性暗区；右侧及之间孕囊内可见胎体反射，表现为等回声；三个孕囊均有完整的子宫壁结构，表现为均一的等回声。在妊娠检查时，如果没有子宫内液性病变时，当扫查到孕囊或(和)胎体反射时，即可确定受孕

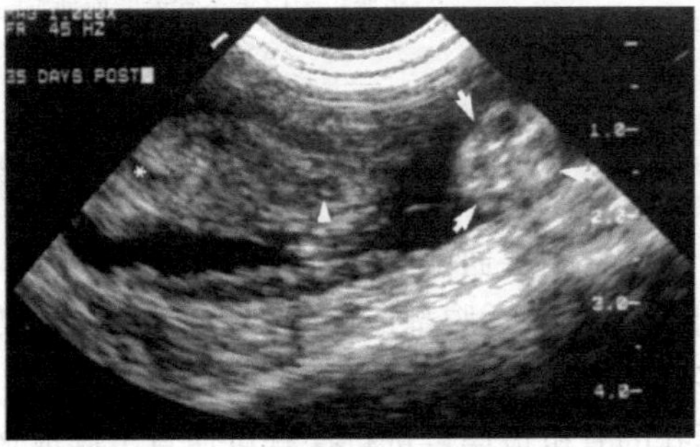

图 14-22　猫妊娠纵切面声像图

白箭头所指为带有中度声影的胎头反射；三角箭头所指为被肺环绕的低回声胎心；＊示胎儿腹腔内小的膀胱暗区。肺和肝回声强度相近

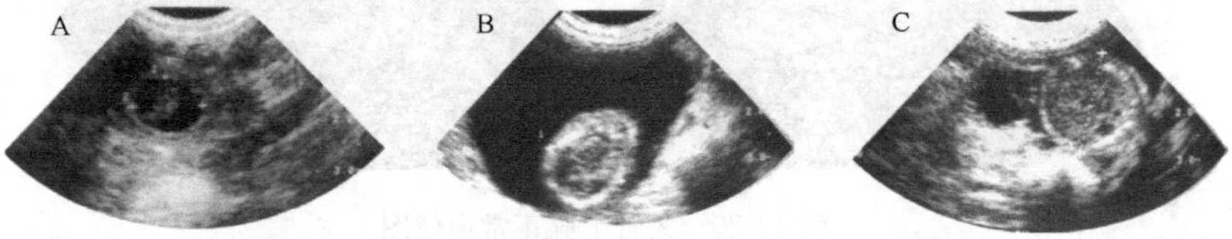

图 14-23　犬胎龄估算

A. 为犬早期孕囊声像图，其最大直径(GSD)经电子尺测量为 1.1cm，根据计算公式预测胎龄为 27d［(6×1.1)＋20＝26.6］或产前 38d(65－27＝38)；B. 为犬妊娠中期胎头声像图，电子尺测量胎头最大横径(HD)为 1.64cm，根据计算公式预测胎龄为 45d［(15×1.64)＋20＝44.6］或产前 20d(65－45＝20)；C. 为犬胎儿肝脏区域体腔横切面声像图，电子尺测量其最大横径(BD)为 2.18cm，根据计算公式预测胎龄为 44d［(7×2.18)＋29＝44.3］或产前 21d(65－44＝21)。(各品种犬有差异，以上指标对大型犬测内径、小型犬测外径)

四、心脏的超声诊断

超声检查法可用以诊断多种心血管疾病。例如，B 型切面显像法可显示心脏切面的动态图像，以直接观察、判断心脏的大小及有无心脏间隔缺损等情况；D 型多普勒法可了解瓣膜的运动时间及血液的流动情况等；特别是 M 型超声心动图法，可用于心脏瓣膜狭窄及闭锁不全等多种心血管疾病的诊断。

尽管由于超声的物理特性及心脏解剖生理位置的影响(声束不能穿透胸骨、肋骨及含气的肺组织等),致使心脏疾病的超声探查受到了一定的限制,但超声影像探查技术仍然是各种动物(尤其是小动物)心脏疾病诊断不可缺少的重要辅助手段。目前,兽医临床主要应用B型切面显像法及M型超声心动图法研究和诊断心脏及其瓣膜的各种疾病。

(一)心脏超声探查部位和方法

可用B型、M型单独显示,也可B型、M型同时显示。探头频率可用3.0MHz(超声束发射面积为120mm×9mm),3.5MHz(120mm×9mm)及5.0MHz(70.4mm×9mm)乃至7.0MHz等。

大动物采取立位栏内保定,小动物(如犬、猫、羊等)可立位、仰卧位及坐位。局部剪毛(或剃毛)、消毒、涂耦合剂。探头与皮肤保持垂直并充分密合。

健康动物心脏瓣膜扫查部位和方向见表14-5。

表14-5 几种主要动物心脏瓣膜扫查部位和方向

腹膜及心壁	扫查部位及方向	牛、羊(立位)	马(立位)	犬(横卧、立位)
二尖瓣	部位	右侧3、4肋间肘头稍偏上方	右侧4、5肋间肘头上方	右侧3~5胸骨右边缘稍偏上方
	方向	从对侧肘头向尾部方向		
主动脉瓣	部位	右侧3、4肋间肘头稍偏上方	右侧4、5肋间肘头上方	右侧3~5胸骨右边缘稍偏上方
	方向	从对侧肘头向头部方向		
三尖瓣	部位	右侧3、4肋间肘头稍偏上方	右侧4、5肋间肘头上方	右侧3~5胸骨右边缘稍偏上方
	方向	向对侧垂直方向		
肺动脉瓣	部位	左侧3、4肋间肘头稍偏上方	左侧4、5肋间肘头稍偏上方	左侧3、4肋间胸骨侧缘稍偏上方
	方向	从对侧肘头向头部方向		
心室壁	部位	左、右侧3、4肋间肘头部	左、右侧4、5肋间肘头稍偏上方	左、右侧3、5肋间胸骨左右缘稍偏上方
	方向	向对侧垂直方向		

(二)健康动物心脏的声像图及窦壁缺损实例

正常犬声像图见图14-24,马窦壁缺损实例见图14-25。

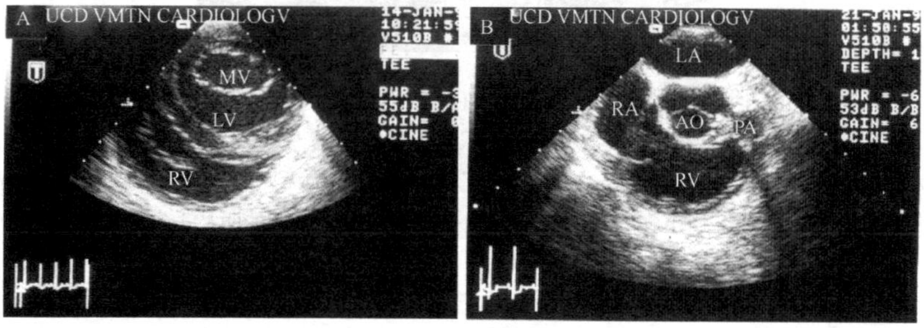

图14-24 正常犬心脏声像图及其对应的示意图(Carroll et al.,1995)
A、B分别为不同的界面。RA.右心房;RV.右心室;LA.左心房;LV.左心室;
AO.主动脉;MV.房室瓣;PA.肺动脉

五、腹　水

腹水(ascites)是指腹膜腔内积液,无论是渗出液还是漏出液都统称为腹水。很多疾病包括腹膜炎、肿瘤、充血性心力衰竭、出血、低蛋白血症和膀胱、子宫或胃、肠破裂、乃至某些中毒等,都可导致腹水。超声探测可探出积液的厚度,估算出积液的多少。在需要穿刺放液时,利用超声探查可提示穿刺部位、进针方向、角度和深度,并可在整个病程中监视病情的发展和结局。

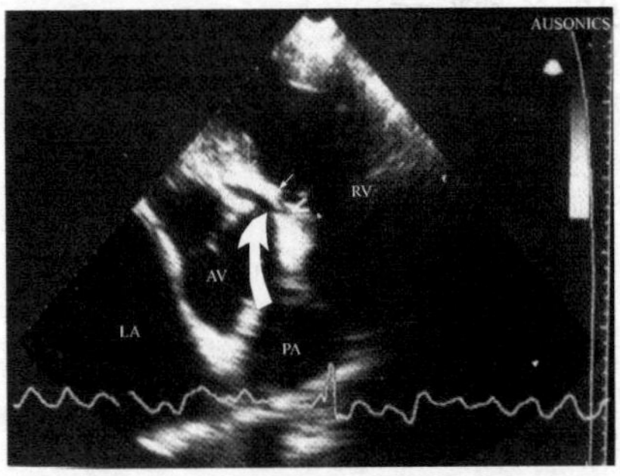

图 14-25　主动脉窦壁缺损及室间相通,18 岁纯种公马胸骨右侧短轴声像图(Celia et al.,1998)

弯箭头指示主动脉窦右壁缺损且造成一通道与右心室相通(箭头指向),血液充盈室中隔通道(小的直箭头所指),心电图显示心房纤维性震颤。AV. 主动脉瓣;PA. 肺动脉;LA:左心房;RV. 右心室

超声探查腹腔积液部位在下腹壁和侧腹壁均可。马可在腹中线左侧,腹壁最低部位,即白线左侧 2～3cm,距剑状突后方 10～15cm 处,这个部位可避开盲肠及左侧大结肠对探查的干扰。反刍动物在腹中线的右侧距剑状突后方 20～30cm 处,这可避免瘤胃对探查的干扰。

在用 B 型超声诊断仪扫查时,若存在的液体是清亮(均质)的,由于没有声学界面就不产生回声,于是腹水显示为液性暗区。在浆膜面上若有纤维蛋白条状物存在,则有条块强回声,它提示有严重的炎症反应。马有这种图像,往往预后不良。猫渗出性腹膜炎(peritoneal effusion)所致的腹水声像图见图 14-26。

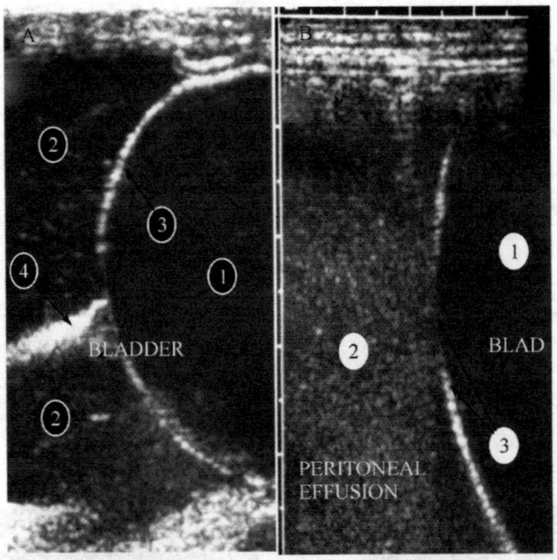

图 14-26　猫渗出性腹膜炎声像图(由低蛋白血症引起)(Kathy et al.,1993)

A. 几乎无回声的渗出物②与膀胱中无回声尿液①不同,膀胱壁及其边界回声③因其周围的液体而加强,膀胱韧带表现为强回声条带④;B. 膀胱内的尿液为无回声区域①,与回声相对较高的腹膜渗出物②形成对比,回声强度与渗出程度相一致,膀胱壁连续性的明显丢失③为膀胱侧壁失落

(邓立新)

第十五章　兽医内镜诊断技术

第一节　内镜的基本知识

内镜(endoscope)又称内窥镜，主要是通过一个管道深入到机体的腔道。例如，消化道疾病可以用胃镜，结肠镜深入到食管、胃、十二指肠还有结肠及小肠的末端。介入要通过X线，或者是其他的影像学的帮助，来将一些管道或者是手术器械深入到要治疗的区域来进行切割或者是封闭病灶，这些都是我们所说的微创技术。

目前内镜技术在畜牧兽医中的应用相对滞后，这可能是由畜牧兽医从业人员对内镜在兽医临床与动物生产中的作用认识不够、没有动物专用的腹腔镜设备及设备费用昂贵等原因所导致的。畜牧兽医中的应用主要在三个方面：大型牛、羊养殖场进行妊娠、疾病的检查和诊治；兽医门诊对家畜及宠物的妊娠、疾病的诊断；院、科研单位的教学科研活动。

一、内镜种类

内镜就分成硬质和软质两类。硬质镜如腹腔镜；软质镜质地柔软，可以根据人体腔道而调整，比如说十二指肠镜等。目前应用于消化道检查的都是软质镜。

1. 按其发展及成像构造分类　内镜可大体分为三大类：硬管式内镜、光学纤维(软管式)内镜和电子内镜。加上最近发明的胶囊式内镜，共有四大类。

2. 按功能分类

(1) 用于消化道的内镜：食管镜、胃镜、十二指肠镜、小肠镜、结肠镜和直肠镜等。

(2) 用于呼吸系统的内镜：喉镜、支气管镜、胸腔镜和纵隔镜。

(3) 用于腹膜腔的内镜：硬管式、光学纤维式、电子手术式腹腔镜。

(4) 用于胆道的内镜。

(5) 用于泌尿系统的内镜：膀胱镜、输尿管镜、肾镜。

(6) 用于生殖系统的内镜：阴道镜、宫腔镜。

(7) 用于血管的内镜：血管内腔镜。

(8) 用于关节的内镜：关节腔镜医用电子内镜。

二、内镜用途

临床上较常使用的内镜有食管镜、胃镜、十二指肠镜、腹腔镜、支气管镜、结肠镜等。内镜的主要用途如下。

(1) 对器官和腔道细微病变、早期癌肿和癌前期病变、各种中晚期恶性肿瘤及相关疾病进行诊断、鉴别和随访。

(2) 深入研究肿瘤和有关疾病。

(3) 进一步拓宽对良、恶性肿瘤施行闭合性或半闭合性腔内手术。

（4）对疾病进行治疗。

（郭新怀　邓干臻）

第二节　消化道内镜检查

一、消化道内镜检查种类

1. 一般内镜检查

（1）活组织检查：对镜下发现的病变黏膜进行常规活组织钳取并送病理检查。

（2）黏膜剥离活检：切除大面积黏膜，可提高诊断率。

（3）细胞学检查：可应用细胞刷取、收集胃肠液后涂片进行细胞学检查。

2. 内镜色素染色技术（色素内镜）　作为诊断消化道早期肿瘤的辅助方法，可提高诊断率。应用不同的色素剂使正常与病变的胃肠黏膜染色后在内镜下更易辨别。依检查的部位及目的不同选用不同的色素剂。常用的色素剂有靛胭脂、亚甲蓝、Lugol 碘液、刚果红等。

3. 放大内镜技术　放大后与实体显微镜所见相当。放大内镜结合色素染色在内镜诊断中的应用逐渐增多，可以看到以前从未观察到的微小结构，对病变判断的准确率不断提高。

4. 超声内镜技术　将微型超声探头装于内镜前端，随着内镜送入胃肠腔内，从黏膜面向外进行探查，能将消化管壁组织层次及邻近器官的断层图像显示在电视屏上，为检查黏膜层以下的深层病变提供了手段。主要作用有：①鉴别胃肠道隆起性病变——黏膜下病变的性质与起源；②消化道病变侵犯管壁深度的判断及有无淋巴结转移；③判断食管静脉曲张程度及栓塞治疗效果；④胆胰疾病的诊断等。

5. 小肠镜检查技术　常用推进式小肠镜检查法，目前有双气囊小肠镜，检查成功率较以前有所提高，检查时间缩短。

6. 十二指肠镜逆行胰胆管造影（ERCP）技术　1968 年始应用于医学临床，40 多年来，ERCP 技术已得到了长足的发展，ERCP 已成为胆道及胰腺疾病影像诊断的“金标准”。

7. 胶囊内镜　胶囊型内镜，大小为 27mm×11mm，照明时间长达 8h。该胶囊由微型摄像镜头、发光管、电池和电脑微芯片组成，属一次性用品，从口腔吞入后利用胃肠蠕动将到达不同部位的内镜图像发送到绑在患病动物腰际的无线感应接收器，通过电脑储存与分析，能比较清晰地看到胃、小肠乃至结肠的内镜图像。

8. 超细径无痛性电子胃镜　是目前世界上直径最细的最新型电子胃镜，与普通胃镜相比主要有以下不同。

（1）细：镜体细。普通胃镜直径为 12mm，超细径无痛性电子胃镜直径仅有 5mm，很适合于小动物使用。

（2）软：镜体柔软。超细径无痛性电子胃镜远比普通胃镜柔软，像一根粗面条，患病动物配合好的话，不会感到难受。

（3）真：图像清晰逼真。

（4）多：插入途径多，作用多。

（5）少：痛苦少，危险少，并发症少。

（6）高：诊断准确率更高，镜下治疗效果更好，安全系数更高。

二、适应证与禁忌证

（一）消化道内镜适应证

1. 前消化道内镜　一般来说，一切食管、胃、十二指肠疾病诊断不明者，均可行此项检查，主要适应证为：①有吞咽困难、呕吐、腹胀、食欲下降等消化道症状；②前消化道出血；③X线钡餐不能确诊或不能解释的前消化道疾病；④需要跟踪观察的病变，如溃疡病、萎缩性胃炎、胃手术后、反流性食管炎、幽门狭窄等；⑤需做内镜治疗的病例，如取异物、出血、息肉摘除、食管狭窄的扩张治疗等。

2. 后消化道内镜　主要适应证为：①有腹泻、便血、便秘、腹痛、息肉、腹部包块、大便形态反复改变等症状，但病因不明病例；②钡灌肠或结肠异常的病例，如狭窄、溃疡、息肉癌肿憩室等；③肠道炎性疾病的诊断与跟踪观察；④结肠癌肿的术前诊断、术后跟踪、癌前病变的监视、息肉割除术后跟踪观察；⑤需作出血及结肠息肉摘除等治疗的病例。

（二）消化道内镜禁忌证

1. 前消化道内镜　主要禁忌证有：①严重的心肺疾病；②休克或昏迷的病例；③神志不清，精神失常而不能合作的病例；④前消化道穿孔急性期；⑤严重的咽喉部疾患，腐蚀性食管和胃炎，巨大食管憩室、主动脉瘤，以及严重颈胸脊柱畸形等；⑥急性传染性肝炎或胃肠道传染病等。

2. 后消化道内镜　主要禁忌证有：①肛门和直肠严重狭窄；②急性重度结肠炎性病变；③急性弥漫性腹腔炎及腹腔脏器穿孔；④妊娠、严重的心肺功能不全、神经样发作及昏迷病例。

三、术前准备

（一）纤维结肠镜术前准备

（1）了解病情，阅读钡灌肠X线片，向动物主人说明检查注意事项。

（2）肠道准备：动物肠道清洁是检查成功的先决条件。检查前2～3d进少渣半流食，检查当日禁食，清洁肠道可选用下列方法之一。①术前灌服蓖麻油或食用油10～30ml，检查前2～3h用温水或生理盐水灌肠2～3次，至排液清亮为止；②检查前1d用番泻叶5～10g煎水饮服；③检查前3h用20%甘露醇10～50ml口服，0.5h后饮糖盐水50～100ml。后两种方法简便，无需再灌肠，但甘露醇在肠道被细菌分解产生氢气，不适于高频电凝切除治疗的肠道准备。

（3）术前用药：术前15～30min肌内注射阿托品，适当麻醉。

（二）电子胃镜术前病例准备

（1）禁食水12h以上。

（2）做好清洁卫生和消毒工作。

（3）取下身上带有金属的物品，如项圈、颈铃等。

四、消化道常见疾病的内镜诊断

胃镜的用途很广，从诊断方面来看，它可以很好地观察和了解食管、贲门、胃、十二指肠、胆

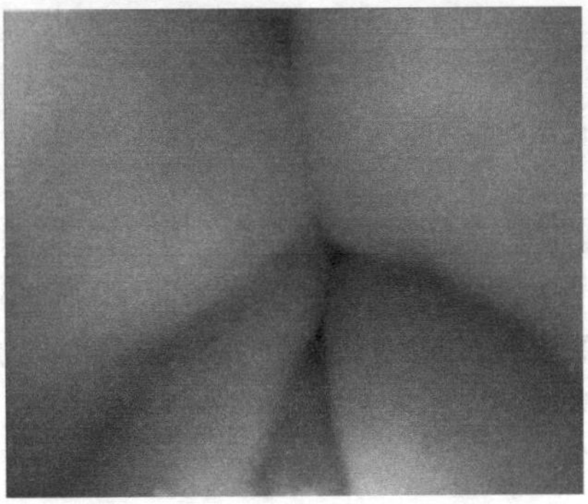

图 15-1　内镜下犬的胃黏膜

总管的开口部位等的乳头病变，必要时还可以进行活组织检查。同时还可以进行照相、录像供临床研究、教学、科研用。犬胃黏膜正常内镜图像见图 15-1。

（一）胃癌的内镜诊断

临床上所使用的内镜主要有纤维内镜、电子内镜和超声内镜三种。

目前广泛应用的胃癌内镜分期、分型是根据癌肿浸润胃壁结构层次的深浅进行的，通常分为：早期胃癌（表浅性胃癌），不论癌的大小，不管有无淋巴结转移，凡癌限于黏膜内及黏膜下层者均为早期胃癌；中期胃癌为癌肿浸润固有肌层但未穿透固有肌层者；晚期胃癌为癌肿浸润到浆膜层或浆膜外者。中期胃癌和晚期胃癌统称为进展期胃癌。

对于胃癌，内镜下主要观察病变的基本形态：隆起、糜烂、凹陷或溃疡；表面色泽加深或变浅；黏膜面粗糙不光滑；有蒂或无蒂；污苔与否；病变边界是否清楚及周围黏膜皱襞性状态。临床上可以采用与正常黏膜对比的方法来区分、辨别病灶。肉眼内镜观察的结果大多只局限于表面，只能了解局部病变的表面情况，一般只能通过临床经验来判断。超声内镜的临床应用可提高人们对病变及病情严重程度比较客观准确的判断能力和认识水平。超声内镜观察的主要内容是：胃壁正常 5 层回声结构的异常改变——局限凹凸于腔内外；表面光滑和完整性破坏；回声层的厚度相对或绝对改变；回声层密度改变；层中断等；观察胃周围淋巴结，根据淋巴结的形态、回音及距病灶的距离判断淋巴结转移与否，以确定分期；同时观察胃周围邻近重要脏器的形态密度变化以确定有无与邻近脏器转移。以肉眼内镜观察为基础，辅以超声扫描观察对于提高胃癌的诊断水平很有意义。

（二）消化道出血内镜检查

内镜直视下出血局部喷洒 5% Monsell 液（碱式硫酸铁溶液），其止血机制在于可使局部胃壁痉挛，出血周围血管发生收缩，并有促使血液凝固的作用，从而达到止血的目的。内镜直视下高频电灼血管止血适用于持续性出血病例。由于电凝止血不易精确凝固出血点，对出血面直接接触可引起暂时性出血。近年已广泛开展内镜下激光治疗，使组织蛋白凝固，小血管收缩闭合，起到机械性血管闭塞或血管内血栓形成的作用。

（三）结肠癌的诊断

凡有便血或大便习惯改变、经直肠指检无异常发现的病例，应常规进行结肠镜或纤维结肠镜检查。内镜检查能在直视下观察病灶情况，并能取活检做病理学诊断。

纤维结肠镜检查是对结肠内病变诊断最有效、最安全、最可靠的检查方法，绝大部分早期结肠癌可由内镜检查发现。

（四）色素内镜应成为诊断早期食管癌的主要工具

内镜检查对诊断消化道中晚期癌变较容易，而对于早期癌变及微小癌变容易漏诊，因此色素内镜弥补了内镜的不足，提高了早期癌变及微小癌变的诊断率。尤其对于中老动物，色素内镜的优势更大。早期癌变及微小癌变在普通内镜下可只表现为黏膜粗糙不平，而食管、胃黏膜弥漫性粗糙不平在中老年动物慢性食管炎、慢性萎缩性胃炎中极常见，若不染色直接取活检只有在黏膜粗糙处进行，活检具有极大的随意性；而如在内镜检查中增加了染色，可使病灶与周围组织界限清楚，清晰显示病变的形状、边缘和范围，从而避免活检取材的随意性，提高了诊断的准确率。

（郭新怀 邓干臻）

第三节 纤维支气管镜检查

一、适应证与禁忌证

（一）诊断适应证

诊断适应证包括：①不明原因的痰血或咯血；②不明原因的肺不张；③反复发作的肺炎；④不明原因的干咳或局限性哮鸣音；⑤不明原因的声音嘶哑、喉返神经麻痹或膈神经麻痹；⑥胸部影像学表现为孤立性结节或块状阴影；⑦痰中查到癌细胞，胸部影像学阴性；⑧诊断不清的肺部弥漫性病变；⑨怀疑气管食管瘘者；⑩ 选择性支气管造影；⑪肺癌的分期；⑫气管切开或气管插管留置导管后怀疑气管狭窄；⑬气道内肉芽组织增生、气管支气管软骨软化；⑭气管塌陷。

（二）治疗适应证

治疗适应证包括：①去除气管、支气管内异物；②建立人工气道；③治疗支气管内肿瘤；④治疗支气管内良性狭窄；⑤气管塌陷时放置气道内支架；⑥去除气管、支气管内黏稠分泌物。

（三）禁　忌　证

禁忌证包括：①麻醉药物过敏；②通气功能障碍引起 CO_2 潴留，而无通气支持措施的病例；③气体交换功能障碍，吸氧或经呼吸机给氧后动脉血氧分压仍低于安全范围的病例；④心功能不全、严重高血压和心率失常的病例；⑤颅内压升高的病例；⑥主动脉瘤；⑦凝血机制障碍的病例；⑧近期哮喘发作，或不稳定哮喘未控制者的病例；⑨大咯血过程中或大咯血停止时间短于 2 周的病例；⑩全身状态极差的病例；⑪受检病例无麻醉药控制的病例。

另外，纤维支气管镜主要并发症有：咯血，喉、支气管痉挛，术后发热，鼻出血等。

二、术 前 准 备

1. 病情调查　详细询问患病动物过敏史、支气管哮喘史及基础疾病史，备好近期 X 线胸片、肺部 CT 片、心电图、肺功能报告。肺功能差者应行动脉血气分析。高血压病、冠心病、大咯血急性期、危重患病动物或体质极度衰弱的患病动物，应慎行操作。如有镜检必要，必须心电监护，在吸氧状态下进行。有凝血机制障碍或有出血倾向者（尿毒症），严重缺氧者，近期心肌梗死、严重心律失常者应禁忌检查。

2. 药品、器械的准备　备好急救药品、氧气、开口器和舌钳，检查活检钳有无松动、断裂，纤维支气管镜镜面及电视图像是否清晰，确保心电监护仪、吸痰器性能良好，必要时备好人工复苏器。

3. 患病动物的准备　术前禁食、禁饮水4h；术前30min肌内注射阿托品适量以减少支气管分泌物，防止迷走神经反射和减弱咳嗽反射；适度麻醉。

三、临 床 应 用

（一）支气管镜在诊断上的应用

1. 评价气管、支气管黏膜　气管、支气管中正常的白粉红色黏膜和高血管区域之间的差别可为诊断提供重要的线索。最常见的黏膜颜色变化是炎症反应，特别是支气管炎。这与小的血管瘤、增大的新生物或淋巴结压迫引起的血管扩张存在明显差别。有时也可见到小范围的淋巴管网，可由于外科手术、纤维化或恶性肿瘤的淋巴管破裂引起，其常合并局部水肿，并引起气流阻塞。

2. 采取活组织标本　支气管镜检查时，可应用活检钳采取活组织标本，进行病理、免疫组化甚至分子生物学等方面的检查，作出正确诊断。对支气管镜可见的病变采取活组织通常较容易，可选择无锯齿的活检钳，近病灶时充分张开，抵住靶目标后夹牢拉出，即可取得理想的结果。经支气管镜肺活检的另一并发症是出血，通常用1∶10 000的肾上腺素即可止住。

（二）支气管镜在治疗上的应用

1. 去除异物　支气管镜的最早用途之一就是去除气管、支气管内异物，并根据临床治疗的要求发展了抓取钳、回收网和磁力器等工具。硬质支气管镜和可曲支气管镜均可采用。

取出异物后，应密切观察动物一段时间，注意有无咯血或声门水肿等症状。术中应注意轻柔操作，避免损伤。取出异物后应再次用支气管镜检查气道和声带损伤的程度，出血较多时可给予1∶10 000肾上腺素止血。

2. 治疗分泌物潴留　应用支气管镜给这些病例吸出气道内的分泌物后，可迅速改善呼吸和气体交换功能，取得明显的效果。

犬喉及鼻道后孔狭窄的内镜图像见图15-2。

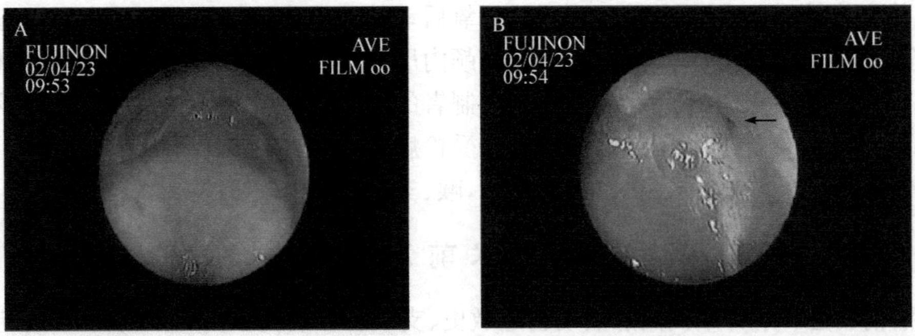

图15-2　犬喉及鼻孔后部内镜图像

A. 两侧鼻孔后侧被一层灰白色的伪膜完全遮盖；B. 鼻道后孔因肿胀而只有针状大小

3. 去除气道狭窄的病理基础　末梢支气管的狭窄或阻塞，对呼吸生理影响不大，可不予特殊处理。而无法手术的气管和主干支气管塌陷、狭窄和阻塞常可影响通气和气体交换功能，引起严重的低氧血症，诱发肺部感染甚至呼吸衰竭。此时有必要应用支气管镜去除气道狭窄或阻塞的病理基础，改善动物的呼吸功能。例如，气管或支气管塌陷时放置气管或支气管支架等。

在气管、支气管内放置支架前，应考虑到三个因素：支架的安全放置固定，术中动物通气和气体交换的保证，以及可能发生的并发症及其处理。放置支架的理想指征是短的节段性狭窄（不超过 2～3 个软骨环），位置最好在总支气管或气管。引起气道狭窄的原因最好是气管、支气管软骨软化或软组织类的外源性压迫。

四、并　发　症

（一）支气管镜的直接不良反应

有时在支气管镜通过进入气管过程中，可表现出喉、气管、支气管痉挛，呼吸暂停，甚至心脏骤停等严重并发症。支气管镜检查时的很多威胁生命的并发症与预先使用的药物和局部麻醉有关。加重因素包括高龄，心血管病，慢性肺疾病，肝、肾功能异常等。

（二）发热和感染

支气管镜检查过程中，尤其是硬质支气管镜损伤黏膜或组织后，细菌易进入血液引起感染。因此，原有心血管疾病，特别是有心内膜炎的病例，在硬质支气管镜检查前应常规使用抗生素。应用可曲支气管镜时可不作为常规。

支气管镜检查后出现的暂时发热通常不需要抗生素治疗。然而，发热同时伴有胸部影像学提示的肺内斑片状阴影，或持续性发热，则需给予抗生素。

（三）气道阻塞

引起气道阻塞的常见原因为支架等。硅橡胶支架的直径与气道不匹配，支架移位或者展开不完全，常可引起严重的气道阻塞。金属性支架存在于气道内可导致严重的局部反应，在支架的锐利边缘特别易出现肉芽组织增生、出血甚至穿孔。

（四）出　　血

出血是与支气管镜手术相关的最常见的并发症之一。术前适当地评价出凝血功能可在一定程度上避免出血。即使是无出血倾向的病例，经受支气管镜检查时，术中的机械创伤、活检、负压吸引也可引起一定程度的出血。少量出血时，在局部滴入 1∶10 000 肾上腺素即可取得很好效果。

（郭新怀　邓干臻）

第十六章　兽医心电图检查

心肌细胞在兴奋过程中可产生微小的生物电流，即心电。这种电流通过动物组织传到体表，用心电描记仪将其放大，描记下来，形成一个心肌电流的时间连续曲线，称为心电图（electrocardiogram，ECG），描记心电图的方法称为心电描记法（electrocardiography）。自从 Einthoven 于 1897 年首先用弦线电流计描记出心脏的动作电流，以及 Tehermaker 于 1910 年在马中描记出第一张心电图以来，各国学者对动物心电图正常值及其在疾病时的变化进行了颇多的研究，并已广泛应用于兽医临床实践中。目前，心电图检查已经成为兽医临床上动物心血管疾病诊断中一项重要的非创伤性辅助诊断方法，尤其对心律失常、心肌梗死、心肌缺血、心脏肥大、血液电解质紊乱等具有重要的诊断价值。

第一节　临床心电图基础

一、心电发生原理及心电向量

动物机体的组织和体液都可以导电，并具有长、宽、厚三维空间，所以动物机体也是一个容积导体。心脏相当于一个“电池”，处于容积导体的内部。当然，在心动周期中心脏的电变化能从体表两点间的电位差反映出来，可以用导线连接记录电极，通过心电图机进行记录。所记录的心电图与心脏在容积导体中的位置、探查电极在体表的位置，以及电极与心电向量方向的关系有直接联系。一般来说，引导电极面向心电向量的方向，则记录出的电变化为正；波形向上，背向心电向量的方向，则记录的电变化为负；波形向下，处于等电点时（极化状态），则记录不出电变化（等电点线或基线）。

在动物体表测出的电位，描记出的心电图，代表着整个心脏细胞激动时所产生的综合电位变化。心脏是一个立体脏器，它在除极化和复极化过程中产生的电偶移动必然有空间的方向性。因此，必须引入心电向量概念。

（1）心电向量：向量是物理学上用以表示既有数量大小，又有方向性的量。心电偶电源与电穴（半导体载流子的一种）之间的电位差就是心肌电动势。心电偶移动是具有一定方向性的，因此心肌电动势也有一定的方向。同时，由于同时除极化的心肌细胞的多少（即除极化面的大小）不同，其电偶数目也不同，使心肌电动势也有大小之分。这样，心肌电动势也有一个既有大小，又有方向的量，称为心电向量（vector）。通常用箭矢表示，箭矢的长短代表大小，箭矢所指方向代表心电向量的方向。箭头所指的方向是正电位，箭尾所指的方向为负电位。

（2）综合心电向量：心脏激动是许多心肌细胞同时除极化，每个心肌细胞都会产生一个心电向量。它们的总和共同构成心脏除极化的心电向量，称为综合心电向量。

（3）瞬间心电向量：在心脏激动过程中，心电向量的大小和方向都在不断地变化着。心脏激动的每一瞬间都产生一个心电向量，称为瞬间心电向量。

（4）心电向量环：将心脏激动各个瞬间心电向量的箭头顶点按激动时间的顺序连接成一曲线，构成心电向量环。心房肌除极化构成 P 环，心室肌除极化构成 QRS 环，心室肌复极化构成 T 环。

二、心电图的导联

电极在动物体表放置的部位不同、与心电图描记仪连接方式的差异，可以描记出波形、波向、电压不同的心电图。为了便于对不同患病动物和同一患病动物在不同时期的心电图进行比较，必须对电极在动物体表的放置部位，以及与心电图描记仪正、负极的连接方法作出统一的规定。这种电极在动物体表的放置部位及其与心电图描记仪正、负极的连接方法，称为导联(lead)。动物中常用的导联有双极肢导联、加压单极肢导联、A-B 导联、双极胸导联和单极胸导联。

(一) 双极肢导联

双极肢导联(bipolar limb lead)又称标准肢导联(standard limb lead)，由三个导联组成，分别以罗马数字“Ⅰ”、“Ⅱ”和“Ⅲ”表示。双极肢导联的电极放置部位和连接方法如下。

Ⅰ导联：心电图描记仪的正极(L，黄线)置于左前肢内侧与胸廓交界处；负极(R，红线)置于右前肢内侧与胸廓交界处。

Ⅱ导联：心电图描记仪的正极(F，蓝线或绿线)置于左后肢膝内侧上方(相当于股内侧下方)；负极(R，红线)置于右前肢内侧与胸廓交界处。

Ⅲ导联：心电图描记仪的正极(F，蓝线或绿线)置于左后肢膝内侧上方；负极(L，黄线)置于左前肢内侧与胸廓交界处。

以上 3 个导联的接地线电极(黑线)均置于右后肢膝内侧上方。

(二) 加压单极肢导联

加压单极肢导联(augmented unipolar limb lead)是在单极肢导联的基础上改进的导联系统。加压单极肢导联描记出的心电图波形与单极肢导联的相同，但波的电压可增加 50%，便于观察、测量与分析。因此，在临床实践中，加压单极肢导联已经完全代替了单极肢导联。加压单极肢导联系统的三个导联分别以符号“aVR”、“aVL”和“aVF”表示。

(三) A-B 导联

A-B 导联(A-B lead)是心尖-心基导联(apex-base lead)的缩写，是一种沿动物心脏解剖学长(纵)轴方向设计的导联。该导联有描记的心电图电压高、波形和波向一致、不受体位影响等优点，而且可应用于牛、羊、马、猪、骆驼、禽、兔等的心电图描记。由于各种动物心脏的解剖学纵轴方向有所不同，故导线连接方法也有差异(表 16-1)。

表 16-1　动物 A-B 导联的电极放置部位

畜别	A 点(正极)	B 点(负极)
猪	剑状软骨端皮肤的腹中线上	第一胸椎与背部皮肤的交点
牛	左侧第 6 肋间肋软骨与胸骨连线处	左侧肩胛骨前缘中央
羊	左侧第 6 肋间肋软骨与胸骨连线处	鬐甲部顶点与右侧肩端连线的上 1/4 处
马	左侧肘头后方约 10cm 处	鬐甲部顶点与右侧肩端连线的上 1/4 处
骆驼	左侧肘头后方 10cm 处	左侧肩端与鬐甲部顶点连线的中点

续表

畜别	A点(正极)	B点(负极)
犬	左侧心尖部	左侧肩胛冈上1/3处
兔	剑状软骨部	颈部中央
鸡(长轴)	锁骨结合点	胸骨脊末端
鸡(短轴)	右锁骨中点	左锁骨中点

(四) 双极胸导联

根据心脏解剖学纵轴及心肌除极化方向应与爱氏三角平面平行的原则,将原来放置在肢体上的肢导联电极R、L和F移到胸(背)部的相应部位,使它们构成一个与心脏纵轴和心肌除极化方向平行的近似等边三角形,组成双极胸导联(bipolar chest lead)。实际上,A-B导联也是一种双极胸导联。除了A-B导联以外,有人还设计了双极胸导联(一)、双极胸导联(二)等。

(1) 双极胸导联(一):R、L和F 3个电极沿横面放置,组成一个近似的等边三角形,即R电极放置在右侧肘头后方的胸部,L电极放置在左侧肘头后方的胸部,F电极放置在鬐甲部顶点,接地电极放置在右后肢膝关节内侧上方或肛门附近。3个导联分别以符号C1、C2、C3表示。

(2) 双极胸导联(二):R、L和F 3个电极组成的三角形平面与矢状面(侧面)大致平行,即R电极位于左侧心尖部,L电极位于胸骨柄正中直上方(马在左肩端),F电极位于鬐甲部顶点。3个导联分别以符号CⅠ、CⅡ、CⅢ表示。

(五) 单极胸导联

单极胸导联(unipolar chest lead)又称心前导联(precardial lead),是横面心电向量在相应导联轴上的投影。在兽医临床心电图学中,研究者根据各种动物心脏的解剖学位置和心肌除极化的特点设计了许多单极胸导联系统。各种动物的单极胸导联如下。

1. 牛、绵羊和山羊 V_1导联:探查电极位于右侧第4肋间,肩端水平线下方12cm处,电极主要对向右心室侧壁。

V_2导联:探查电极位于胸骨柄左侧与左腋窝连线的中点,电极主要对向室中隔。

V_3导联:探查电极位于左侧肩胛骨上端前缘,电极主要对向左心室前侧壁。

V_4导联:探查电极位于左侧肩胛骨前缘中点,电极主要对向左心室侧壁的基部。

2. 马 V_1导联:探查电极位于右侧第4肋间,肩端水平线下方约12cm处,电极主要对向右心室前壁。

V_2导联:探查电极位于左侧肘头引垂线与胸骨交点之后3cm的胸骨体中线上,电极主要对向室中隔。

V_3导联:探查电极位于左侧腋部左、右肩端水平线下方4cm处,电极主要对向左心室侧壁。

V_4导联:探查电极位于左、右肩端连线的中点,电极主要对向左心室前壁。

V_5导联:探查电极位于左、右肩端水平连线中点上方6cm处,电极主要对向左心室前壁。

V_6导联:探查电极位于鬐甲部顶点偏左侧6cm处,电极主要对向左心室尖部。

V_7导联：探查电极位于鬐甲部顶点后方 6cm 偏右侧 6cm 处，电极主要对向心尖部。

3. 犬和猫 CV5RL：探查电极位于右侧第 5 肋间胸骨缘。

CV6LL：探查电极位于左侧第 6 肋间胸骨缘。

CV6LU：探查电极位于左侧第 6 肋间，肋骨与肋软骨连接处。

V_{10}导联：探查电极位于背中线第 7 胸椎棘突处。

4. 禽 V_1导联：探查电极位于右侧第 3 肋间胸骨缘上。

V_2导联：探查电极位于左侧第 4 肋间胸骨缘上。

V_3导联：探查电极位于剑状软骨后方的凹陷处。

V_{10}导联：探查电极位于背部第 3 胸椎骨之上。

三、心电图的记录

(1) 被检动物准备：将被检动物妥善保定，其脚下应放置橡皮垫，保定栏应与地面绝缘。接导联部位剪毛，用 95%乙醇脱脂，涂以导电糊或饱和盐水。

(2) 连接导联线：将导联的插头插在心电图机的插座上，按顺序连接导联线，即红色导线接右前肢电极；黄色导线接左前肢电极；绿色导线接左后肢电极；黑色或蓝色导线接地线(通常是右后肢)；白色导线接单极胸导联电极。

(3) 心电图机的调试：将心电图机的导联选择开关旋转至“零”位，衰减拨至“1”，走纸速度定为 25mm/s，定标电压 1mV 相当于上下摆动 10mm，基线调至心电图纸中间，接限地线，连接电源后预热 2～5min。描记心电图时，每个导联可打一个定标电压，也可酌情在几个导联描记后打一个定标电压。

(4) 心电图描记：旋动导联选择开关到“Ⅰ”，描记 4～6 个心动图周期的心电图，再旋转导联选择开关，依次描记“Ⅱ”、“Ⅲ”、“aVR”、“aVL”、“aVF”及单极胸导联的心电图。如发现心律失常，或异常心电图，可选择图形清晰、波幅大的导联，适当地多描记一些心动周期，以便分析。如需描记 A-B 导联或双极胸导联心电图，则需将电极调节到相应部位后再描记。如单极胸导联的导线不够(通常为 a、b、c 3 根，也有 6 根者)，也需在描记完前几个单极胸导联心电图后，调整电极位置再行描记。

(5) 心电图机关机：描记完毕后，关闭电源开关，将导联选择开关旋至零位，卸下导联连接电极，并立即在心电图上标明家畜畜别及标号、描记日期、导联方法。

四、心电图分析步骤和方法

(1) 将各导联心电图按双极肢导联、加压单极肢导联、双极胸导联、单极胸导联、A-B 导联的顺序剪下，并贴在同一张纸上。

(2) 从Ⅰ导联开始观察整个心电图的标准电压打得够不够，阻尼是否适当，导联线有否接错，有无各种干扰因素的影响。

(3) 找出 P 波，尤其注意它与 QRS-T 波群之间的关系，以确定心律。

(4) 测量 R-R 或 P-P 间期时限，以计算心率。

(5) 测量各波、P-Q 和 Q-T 间期时限，测量各波的电压。观察各波波向、QRS 综合波波型和 S-T 段移位情况。

(6) 用目测法和查表法测量心电轴。

(7) 经阅读和分析的心电图，一般以正常心电图、可疑心电图和异常心电图三种方式表达。报告中必须写明心率、心律、心电轴、有无期前收缩和传导阻滞等内容。

（王　勇）

第二节　正常心电图

一、心电图的组成与命名

动物的典型心电图模式及各波段的组成和命名见图 16-1。

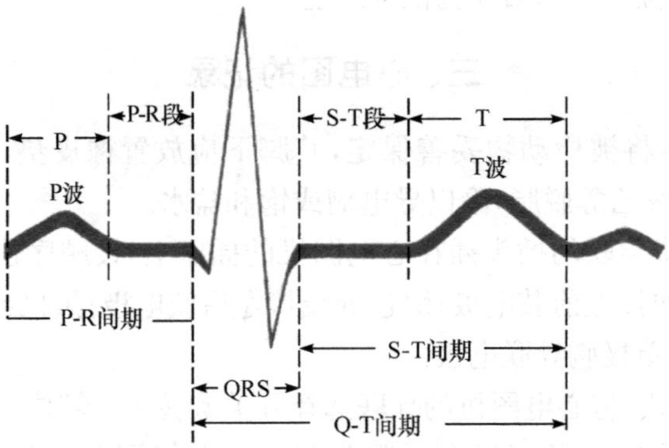

图 16-1　动物的典型心电图模式

1. P 波　P 波代表左、右心房激动时的电位变化。P 波的持续时间（P 波时限）表示兴奋在两个心房内传导的时间。P 波是一个圆顶状的小波，有正向（直立）、负向（倒置）、双向（＋/－和－/＋）和低平 4 种波形。

2. P-R 段　P-R 段是从 P 波结束到 QRS 综合波起点的一段等电位线，其距离代表心房肌除极化结束到心室肌开始除极化的时间，也即激动从心房传到心室的时间。

3. P-Q 间期　P-Q 间期又称 P-R 间期，是指从 P 波起点到 QRS 综合波起点的距离，其时限代表激动从窦房结传到房室结、房室束、蒲肯野纤维，引起心室肌除极化的时间，相当于 P 波时限与 P-R 段时限之和。为了与 P-R 段相区别，并与以后的 Q-T 间期之间衔接，这一段距离以 P-Q 间期命名比以 P-R 间期命名更加合适。

4. QRS 综合波　QRS 综合波又称 QRS 波群或 QRS 复波，由向下的 Q 波、陡峭向上的 R 波与向下的 S 波组成，代表心室肌除极化过程中产生的电位变化。QRS 综合波的宽度表示激动在左、右心室肌内传导所需的时间。

QRS 综合波的波形极其多样化，而且在动物的正常心电图上常常不一定全部具有 Q 波、R 波和 S 波 3 种波，可能具有其中的一种、两种或几种波。习惯上将先出现的向下的负向波称为 Q 波，向上的正向波称为 R 波，在 R 波以后出现的负向波称为 S 波。如在 S 波以后再出现一个正向波，则称为 R′波，它的后面再出现的负向波称为 S″波。依此类推，可能还有 R″波和 S″波。此外，还根据各波振幅的大小，用大写或小写的字母表示（图 16-2）。

5. S-T 段　S-T 段是指 QRS 综合波终点到 T 波起点的一段等电位线，相当于心肌细胞动作电位的 2 位相期。此时全部心室肌都处于除极化状态，所以各部分之间没有电位差而呈一段等电位基线。

6. T 波　T 波是心室肌复极化波，代表左、右心室肌复极化过程的电位变化，相当于心

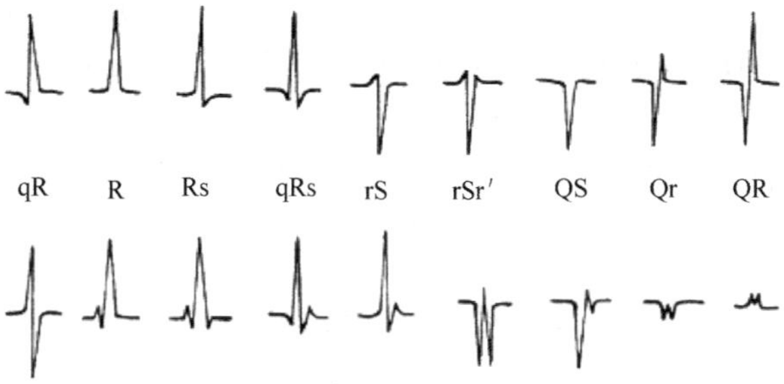

图 16-2　QRS 综合波命名

肌细胞动作电位的 3 位相期。T 波一般呈尖顶状或钝圆形，其上升支与下降支通常不对称，上升支坡度较小而下降支较陡峭。在动物中，T 波的波向变化较大，通常有正向、负向、双向（＋/－和－/＋）、低平、双峰或切迹等多种波形。

7. Q-T 间期　Q-T 间期是指从 QRS 综合波起点到 T 波终点之间的距离，其时限代表心室肌除极化和复极化过程的全部时间。

Q-T 间期时限的长短与心率有密切关系。心率愈快，Q-T 间期时限愈短；反之，心率愈慢，Q-T 间期时限愈长。为了避免心率影响的干扰，确定 Q-T 间期时限的正常范围，将实测的 Q-T 间期时限都折合成心率为 60 次/min 时的数值。经心率校正过的 Q-T 间期称为校正的 Q-T 间期（corrected Q-T interval），简称 Q-Tc。Q-Tc 可用 Bazett 公式计算：

$$\text{Q-Tc}=\text{实测 Q}-\text{T 间期}\div\sqrt{\text{R-R 间期}}$$

动物由于畜别不同，Q-Tc 的正常值也有所不同。各种动物的 Q-Tc 正常值为：黑白花奶牛 0.35～0.36，新疆褐牛 0.39，牦牛 0.32，牦牛犊 0.34～0.35，犏牛犊 0.34，绵羊 0.32～0.34，西德长毛兔 0.26，火鸡 0.29～0.30。

在临床实践中，可将上述 Q-Tc 当作一个常数 K，按以下公式计算 Q-T 比值（Q-T radio，简称 Q-Tr）。

$$\text{Q-Tr}=\text{实测 Q-T 间期}\div(K\cdot\sqrt{\text{R-R 间期}})$$

8. U 波　有时在 T 波之后出现一个小波，称为 U 波。U 波的产生原因尚未完全弄清。

9. T-P 段　T-P 段是指从 T 波终点到下一心动周期 P 波的起点之间的一段等电位线，代表心脏的舒张期。它的时限相当于 R-R 间期时限与 P-Q 间期和 Q-T 间期时限之和的差值，即

$$\text{T-P 段时限}=\text{R-R 间期时限}-(\text{P-Q 间期时限}+\text{Q-T 间期时限})$$

10. R-R 间期　R-R 间期又称 P-P 间期（P-P interval），是指前一心动周期 R 波的顶点（或 P 波的起点）到下一心动周期 R 波的顶点（或 P 波的起点）之间的距离，其时限相当于一个心动周期所需的时间。

二、心电图的测量方法

（一）心 率 测 定

（1）测量 R-R 间期或 P-P 间期时限（s），按以下公式计算心率。

心率(次/min)=60÷R-R(或P-P)间期

如果有心律失常,则应多测量几个R-R间期时限,取它们的平均数,再按上面的公式计算。

(2) 在一条连续描记的心电图纸上数出3s或6s内的R波(或P波)个数,起始点的R波不计入内,乘以20或10,便得出每分钟的心跳次数。

(二) 心电图振幅的测量

测量正向波的振幅时,应自等电位线的上缘,测量到波顶点的垂直距离;测量负向波的振幅时,应自等电位线的下缘,测量到波底端的垂直距离(图16-3)。

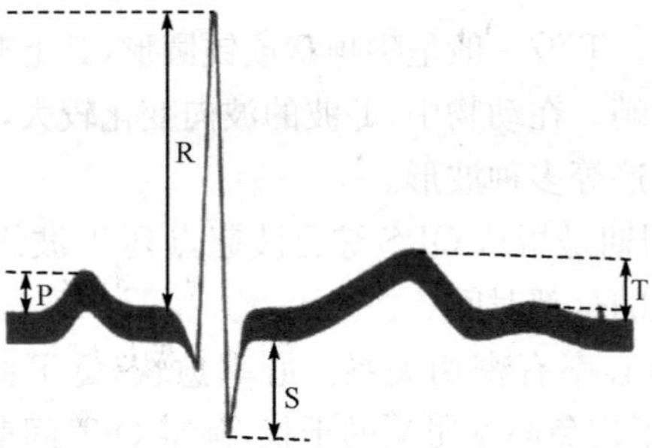

图16-3 心电图波形振幅的测量方法

(三) 心电图波时限的测量

选择波形清晰的导联,从波形起点内缘量至波形终点内缘的距离,在走纸速度为25mm/s时,将所测小格数乘以0.04,即该波的时限数值(s)。如走纸速度为50mm/s时,则将所测小格值乘以0.02,即该波的时限数值。

(四) P-Q间期时限的测量

应选择P波宽大显著且具有明显Q波的导联测量,一般以测量A-B导联或单极胸导联比较适宜。

(五) Q-T间期时限的测量

应选择具有明显Q波和T波比较清楚的导联来进行。当心率过快时,尤其是家禽和实验动物,T-P段常常消失,T波终末部与P波相连,不易分开,或者T波低平,其起点与终点难以确定,或者存在明显的U波或T波与U波重叠而易误认为T波存在切迹,这些情况都会给测量造成困难。这时应选择T波电压较高的导联测量(图16-4)。

(六) 心电轴的测量

心电轴(cardiac electric axis),又称平均心电轴,简称电轴,是一个既有方向、又有量值的指标。不过其量值的意义远远不如其方向,因此人们习惯上只指明心电轴的方向。心电轴的方向通常以QRS综合波额面向量与Ⅰ导联轴正侧段所构成的夹角度数来表示,在其下方者为正,在其上方者为负。心电图中报告的心电轴数值,就是心电轴与Ⅰ导联正侧段的夹角度数。

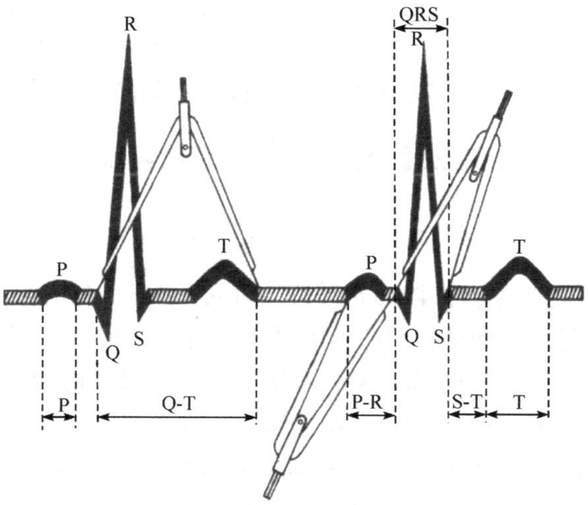

图 16-4　心电图各波和间期时限的测量方法

1. 心电轴的判定标准　按照人医的标准,正常心电轴的范围在－30°～＋110°。＋30°～＋90°称为心电轴无偏移(不偏),＋30°～0°为心电轴向左轻度偏移(轻度左偏),0°～－30°为中度左偏,－30°以上为重度(或显著)左偏,＋90°～＋120°为向右轻中度偏移(轻中度右偏),超过120°为显著(重度)右偏,超过＋180°为极度右偏(图 16-5)。

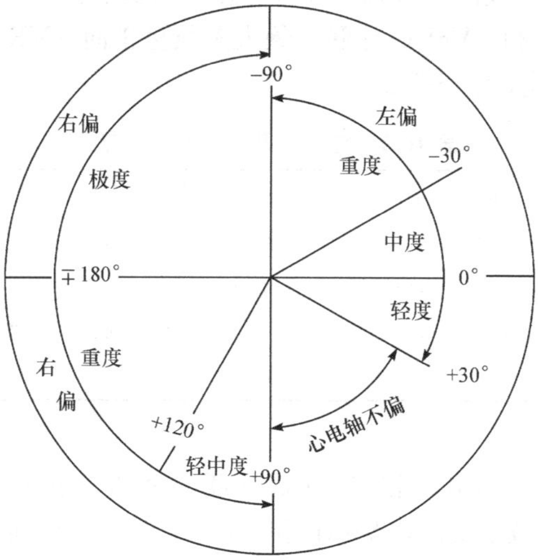

图 16-5　心电轴偏移的判断标准

2. 心电轴的测量方法　心电轴的测定方法较多,其中以目测法最简单。即根据Ⅰ导联和Ⅲ导联心电图上 QRS 综合波主棘波的方向,可以大致估计心电轴是否偏移。①Ⅰ导联和Ⅲ导联心电图上 QRS 综合波主棘波均呈正向,则心电轴不偏;②Ⅰ导联心电图上 QRS 综合波主棘波呈正向,Ⅲ导联的呈负向,则心电轴左偏;③Ⅰ导联心电图上 QRS 综合波主棘波呈负向,Ⅲ导联的呈正向,则心电轴右偏;④Ⅰ导联和Ⅲ导联心电图上 QRS 综合波主棘波均呈负向,则心电轴极度右偏,多数为＋180°～＋270°(即－180°～－90°)。

3. 心电轴测量的临床意义　心电轴的正常范围因其种类的不同而有悬殊的差异,即使在同一品种内也有较宽的界限。一般认为心电轴右偏见于右心室肥大、左后半支阻滞、肺气肿和广泛性侧壁心肌梗死。在牛心内膜炎时,因伴有右心室扩大和肥大,心电轴重度右偏,为−178°～−137°。心电轴左偏见于左心室肥大、左前半支阻滞、原发性孔型房间隔缺损等。

三、心电图各波段的正常值及其临床意义

(一) 动物的正常心电图

在哺乳动物中,Q-T 间期、S-T 段的相对持续时间、QRS 向量的方向及 T 波的恒定性存在明显的种间差异,由此造成不同动物的心电图具有不同的特征。按 QRS 向量的方向可将哺乳动物分为两类。第一类包括犬、猫、猴、鼠等动物。它们的 QRS 向量通常沿躯体长轴指向后下方,因而在 V_{10} 导联上形成一个负向的 Qr 型 QRS 综合波,aVF 导联上形成一个正向的 qRs 型(或 Rs 型,或 qR 型)波。第二类包括马、牛、猪、驯鹿、豚鼠等动物。它们的 QRS 向量常从胸部指向背侧,略向前向右方偏斜,因而在 V_{10} 导联上形成一个大的正向的 qR 型 QRS 综合波,aVF 导联上为一个负向波。某些动物,如猿、猴和牛、羊、猪等偶蹄动物的 T 波电压和极性十分稳定,而在犬,尤其是马的 T 波向量非常不稳定。在肢导联和某些胸导联上,T 波电压和波向常有变化。

1. 马(纯血马)的心电图

1) 波向和波型

(1) P 波:P 波可分为开始部的 P_1 波和终末部的 P_2 波两部分。

P_1 波:Ⅰ、Ⅱ、CV6LL 和 CV6LU 导联上绝大多数呈正向,aVR 和 V_{10} 导联上绝大多数呈负向,其余导联上波向不定(表 16-2)。

表 16-2 纯血马 P 波的波向和电压 (单位:mV)

波名	波向		Ⅰ	Ⅱ	Ⅲ	aVR	aVL	aVF	CV6LL	CV6LU	V_{10}	CV6RL	CV6RU
P_1	正	$\bar{x}$	0.11	0.15	0.10	—	0.08	0.12	0.10	0.10	—	0.05	—
	负	$\bar{x}$	—	—	0.09	0.13	0.06	0.06	—	—	0.08	0.06	0.09
P_2	正	$\bar{x}$	0.10	0.28	0.24	—	—	0.25	0.20	0.38	—	0.06	0.05
	负	$\bar{x}$	—	—	—	0.16	0.10	—	—	—	0.08	0.06	0.06

资料来源:Fregin,1982

P_2 波:Ⅰ、Ⅱ、Ⅲ、aVF、CV6LL 和 CV6LU 导联上全部呈正向,aVR 导联上全部呈负向,aVL 和 V_{10} 导联上绝大多数呈负向,CV6RL 和 CV6RU 导联上波向不定。

(2) QRS 综合波。

Q 波:除 aVR、aVL 和 CV6RL 导联以外,其他导联上常可发现 Q 波,而 V_{10} 导联上因 QRS 综合波呈 qR 型,故全部都有 Q 波(表 16-3)。

表 16-3 纯血马 QRS 综合波的电压 (单位:mV)

波名		Ⅰ	Ⅱ	Ⅲ	aVR	AVL	aVF	CV6LL	CV6LU	V_{10}	CV6RL	CV6RU
Q	$\bar{x}$	0.06	0.12	0.10	0.75	0.18	0.09	0.05	0.10	0.18	0.025	0.04
R	$\bar{x}$	0.59	1.13	0.67	0.12	0.33	0.89	0.51	0.70	1.27	0.25	0.60
S	$\bar{x}$	0.08	0.15	0.30	0.86	0.19	0.19	1.62	0.27	—	0.76	0.12

资料来源:Fregin,1982

R波：R波的出现频率至少为95%。Ⅰ、Ⅱ和V_{10}导联上，R波的出现频率都是100%。

S波：V_{10}导联上没有S波，CV6RL和aVR导联上几乎都能见到S波，Ⅲ、aVL和CV6LL导联上S波的出现频率也较高(65.0%以上)。QRS综合波平均心电轴：额面平均心电轴92.5%在+13°～+102°，其余的在-23°～0°。横面平均心电轴在-100°～-42°，左侧面平均心电轴在-96°～-31°。

(3) T波：T波的波向变化甚大，Ⅰ和aVL导联上以负向为主，CV6RL导联上以正向为主，其余导联上波向不定，大多数呈-/+型双向。T波的最高电压在CV6LL导联上，正向T波分别为1.70mV和1.40mV，负向T波分别为1.90mV和1.40mV。

2) 时限　P，0.15s(0.11～0.20s)；P-Q，0.35s(0.24～0.56s)；QRS，0.13s(0.10～0.17s)；Q-T，0.54s(0.44～0.64s)，R-R，1.66s(1.30～2.31s)；心率，36.1次/min(26～46次/min)。

3) 电压　见表16-2和表16-3。

2. 犬的心电图

1) 波向和波型

(1) P波：Ⅱ、Ⅲ、aVF、A-B导联上皆呈正向，aVR导联上皆呈负向，Ⅰ导联上绝大多数呈正向或波向不定，aVL导联上波向不定。

(2) QRS综合波：Ⅰ、Ⅱ、Ⅲ和aVF导联上绝大多数呈qRs型或qR型，aVR和aVL导联上绝大多数呈rSr′型或rS型，A-B导联上皆呈rS型或QS型。

(3) T波：肢导联上T波波向的变化甚大，A-B导联上皆呈负向。

2) 时限　犬Ⅱ导联心电图各波和间期的时限见表16-4。

表16-4　犬Ⅱ导联心电图各波和间期的时限　(单位：s)

作者	P	QRS	T	P-Q	Q-T
于志铭	0.038	0.04(0.03～0.06)		0.09(0.06～0.12)	0.16(0.12～0.20)
施新猷	0.03～0.05	0.048(0.04～0.06)	0.04～0.08	0.089(0.07～0.11)	0.175(0.16～0.20)
章开训等	0.043(0.03～0.06)	0.055(0.03～0.08)		0.118(0.10～0.14)	0.210(0.16～0.24)
杨守凯等		0.05～0.08		0.08～0.15	0.18～0.26
Petersen等		0.04～0.06		0.08～0.12	0.14～0.24
Horwitz等		0.05～0.07		0.10～0.14	0.19～0.23
Bunman等*		0.021～0.069		0.074～0.122	0.121～0.23
铃木**		0.033～0.043		0.085～0.105	0.160～0.230
管野		0.030～0.038		0.086～0.118	0.168～0.208
Pouchelon等	0.05	0.056	0.095	0.111	0.22

*该作者的实验材料为麻醉犬，右横卧位；**该作者实验采取站立位；其余均为背位

3) 电压　具体见表16-5。

表 16-5 犬肢导联和心前导联心电图各波的电压 (单位:mV)

导联	P	Q	R	S	T
Ⅰ	0.070±0.064	0.522±0.338	0.778±0.480	0.184±0.180	−0.072±0.140
Ⅱ	0.242±0.116	0.682±0.454	2.406±0.876	0.318±0.258	−0.146±0.336
Ⅲ	0.180±0.112	0.428±0.268	1.890±0.760	0.432±0.330	−0.030±0.310
aVR	−0.200±0.090	0.200±0.450	0.210±0.240	1.210±1.270	−0.110±0.200
aVL	0.020±0.100	0.110±0.180	0.410±0.400	0.300±0.100	−0.040±0.140
aVF	0.190±0.110	0.170±0.140	1.350±0.500	0.170±0.170	0.130±0.023
CR6U	0.350±0.114	0.570±0.370	4.246±1.438	0.528±0.406	0.370±0.554
CR6L	0.334±0.100	0.406±0.276	4.766±1.348	0.726±0.540	0.598±0.570
CR5	0.164±0.100	—	2.598±1.206	1.236±0.766	0.724±0.480

资料来源:中国人民解放军兽医大学内科教研室

3. 猫的心电图

1) 波向和波型

(1) P 波:Ⅰ、Ⅱ、Ⅲ和 aVF 导联上绝大多数呈正向,aVR、aVL 和 V_{10} 导联上大多数呈负向,aVL 导联上波向不定。

(2) QRS 综合波:Ⅰ、Ⅱ、Ⅲ和 aVF 导联上绝大多数呈现主棘波为正向的 qR 型、R 型或 Rs 型,aVR 导联上主要呈现主棘波为负向的 Qr 型或 rS 型。

(3) T 波:与 P 波波向相似,Ⅰ、Ⅱ、Ⅲ和 aVF 导联上绝大多数呈正向,aVR 和 V_{10} 导联上大多数呈负向,aVL 导联上波向不定。

2) 时限　在Ⅱ导联心电图上,各波和间期的最大时限为:P 波,0.12s;QRS 综合波,0.04s;P-Q 间期,0.05~0.09s;Q-T 间期,0.12~0.18s。

3) 电压　在Ⅱ导联心电图上,P 波最大电压为 0.2mV,R 波最大电压为 0.9mV,T 波最大电压为 0.3mV。

(二) 心电图各波和间期变化的临床意义

1. P 波变化的诊断意义

(1) P 波增宽而有切迹:在心电图描记仪灵敏度较高或描记的曲线较细的情况下,某些健康动物的 P 波有轻度切迹,或呈双峰,但峰间距较短。假如 P 波切迹特别明显,或峰间距较大,且伴有 P 波增宽(时限延长),则应视为病理现象。这种 P 波称为二尖瓣型 P 波(mitral valve type P wave),提示二尖瓣疾病(主要是二尖瓣狭窄)引起的左心房肥大,常见于犬和猫的肥大性心肌病和扩张性心肌病,此时犬的 P 波时限大于 0.05s,猫的 P 波时限大于 0.04s。

(2) 肺型 P 波:P 波时限在正常范围内,P 波高耸,波峰尖锐,称为肺型 P 波(pulmonary type P wave),最常见于右心房肥大,也见于肺部感染、缺氧及交感神经兴奋性增高。

(3) P 波呈锯齿状:P 波消失,代之以频速而不规则的细小"f"波,见于心房纤颤;代之以形态相同、间隔匀齐锯齿样的"F"波,见于心房扑动。

(4) P 波减小:是指 P 波的电压降低,时限缩短。常见于牛创伤性心包炎,犬和猫的心包积水,甲状腺功能减退。

(5) P 波消失:通常表示心脏节律异常,见于窦性静止、窦室传导、逸搏和逸搏心律等。

(6) 逆行P波:逆行P波(retrograde P wave)在本应是正向P波的Ⅱ、Ⅲ、aVF、A-B导联上呈负向,在本应是负向P波的aVR、V_3和V_4(牛和羊)导联上呈正向,主要见于房室交界性心律、房室交界性心动过速、阵发性房室交界性心动过速等。逆行P波可能出现在QRS综合波之前、之后或重合在其中。

(7) 易变P波:P波波向、电压和形态在同一导联心电图上不断变化,如P波忽大忽小、忽高忽低、有时正向、有时负向或双向,称为易变P波(variable P wave)。这是由激动在窦房结的体部、头部和尾部游走所引起的。主要见于窦房结内游走性起搏点(窦房结内游走心律),常与迷走神经兴奋性增高有关。

(8) P波与QRS综合波数不一致:P波多于QRS综合波数,常见于二度房室阻滞、完全性房室阻滞、房性心动过速、未向心室传导的房性期前收缩;P波少于QRS综合波数,常见于室性逸搏和逸搏心律。

2. QRS综合波变化的诊断意义

(1) QRS综合波电压增高:主要见于左心室肥大,右心室肥大,预激综合征,房室束支阻滞,犬和猫的肥大性心肌病等。

(2) QRS综合波低电压:据人医中的判定标准,在标准肢导联和加压单极肢导联上,R波+S波(或Q波+R波)电压小于或等于0.5mV,心前导联上小于或等于1.0mV时,称为QRS综合波低电压。在动物上属于QRS向量第二类动物中,由于QRS向量与爱氏三角平面几乎垂直,因此在肢导联上QRS综合波电压都较低。在病理情况下,低电压主要见于牛创伤性心包炎、心包积水、甲状腺功能减退等。

(3) QRS综合波时限延长:QRS综合波时限延长由心室壁增厚或心脏传导系统功能障碍引起,主要见于心室肥大、房室束支阻滞、预激综合征、心肌变性、洋地黄中毒、室性期前收缩、室性逸搏。但应指出,在QRS向量第二类动物(如牛、羊、马等)中,由于蒲肯野纤维穿透整个心室肌壁,心室肌壁增厚对传导时间影响甚微,QRS综合波时限延长不明显。

(4) QRS综合波畸形:常见于预激综合征、室性期前收缩、室性阵发性心动过速、室性逸搏、房室束支阻滞等;QRS综合波呈"M"型或"W"型多提示心肌有严重病变,尤其是犬、猴的Ⅰ和Ⅱ导联出现这种波型时。

3. T波变化的诊断意义

(1) 冠状T波:冠状T波(coronary T wave)是指波谷较尖锐,降支与升支相对称的负向T波,以及波峰高尖、升支与降支相对称,如帐篷样的正向T波,有时T波电压可超过R波或S波。出现冠状T波常表明冠状动脉供血不足,常见于急性心肌炎的中后期,应用静松灵、新保灵、隆朋等安定麻醉药以后,高钾血症,甲状腺功能亢进,房室束支阻滞等。

(2) T波电压降低:T波电压降低,常是心肌疾患的主要心电图变化,也见于严重感染、贫血、维生素缺乏、中毒病等多种疾病。

(3) T波倒置:T波倒置(T wave inversion)常见于心肌缺血、心肌炎、心室肥大、电解质紊乱、严重感染、中毒等。

4. S-T段

(1) S-T段时限变化:S-T段时限缩短常见于高钙血症,延长主要见于奶牛的低钙血症。

(2) S-T段移位:S-T段上移,见于急性心肌梗死、牛创伤性心包炎、高钾血症、肺栓塞、胸腔肿瘤等。S-T段下移,多见于冠状动脉功能不全而引起的急性心肌缺血。但应指出的是,只有移位幅度超过0.1mV时才具有病理意义。

5. P-Q 间期时限变化的诊断意义 P-Q 间期时限缩短见于预激综合征、交感神经兴奋性增高等，延长见于房室阻滞，心肌缺血，心肌炎，使用洋地黄、奎尼丁、静松灵、新保灵及其制剂等。

6. Q-T 间期时限变化的诊断意义 Q-T 间期时限受到心率、年龄等的影响，因此在判断 Q-T 间期时限的变化时，使用 Q-Tc 和 Q-Tr 两个指标比较合适。

(1) Q-Tc：Q-Tc 时限缩短主要见于高钙血症、高钾血症、应用洋地黄、迷走神经兴奋等；延长见于心肌炎、心包炎、心肌缺血、低钙血症、低钾血症，以及使用奎尼丁、普鲁卡因酰胺、奎宁和砷制剂等。

(2) Q-Tr：Q-Tr 增大见于心肌缺血、心肌损伤、心脏扩大及心力衰竭等；减小见于高钙血症、使用洋地黄及其制剂。

7. R-R(P-P) 间期变化的诊断意义 R-R 间期时限缩短主要见于窦性心动过速、房性心动过速及一切能使心率加快的疾病；延长主要见于窦性心动徐缓、窦性静止等。

（王　勇）

第三节　心电图的临床应用

一、心房、心室肥大

（一）心 房 肥 大

1. 左心房肥大 P 波的时限延长（犬的大于 0.05s，猫的大于 0.04s，即可判定为左心房肥大），P 波呈双峰或有切迹，或呈现二尖瓣型 P 波。在Ⅲ、aVF 和 V_1 导联上，P 波的后半部常呈负向而出现双向 P 波。

2. 右心房肥大 P 波高耸而尖锐（肺型 P 波），在Ⅱ、Ⅲ和 aVF 导联上高耸和尖锐的程度更大。在人、犬和猫，P 波电压超过 0.2mV 即有右心房肥大的可能。牛右心房肥大时，有时可以出现心房复极化波（Ta 波）。

3. 双侧心房肥大 兼有左心房肥大和右心房肥大的心电图特征，P 波增宽，电压增高，即出现具有切迹的高耸尖锐 P 波。

（二）心 室 肥 大

1. 左心室肥大

(1) 犬：Ⅱ导联上 R 波电压大于 3.0mV，aVR 导联上 S 波加深，Ⅲ导联上 QRS 综合波呈 RS 型，QRS 综合波时限大于 0.06s；心电轴左偏或不偏；S-T 段下移或模糊不清，T 波电压增高，在Ⅱ导联上大于 R 波的 25%；常伴有室性期前收缩和左前半支阻滞。

(2) 猫：Ⅱ导联上 R 波电压大于或等于 0.9mV，CV6LU 导联上 R 波电压大于 1.0mV；QRS 综合波时限大于 0.04s；心电轴多数左偏，常小于 30°；常伴发左前半支阻滞及其他类型的心律失常。

2. 右心室肥大 ①犬：右心室肥大时心电轴向右偏移，常大于＋120°；Ⅰ、Ⅱ、Ⅲ导联上出现 S 波；Ⅱ、Ⅲ和 aVF 导联上 Q 波电压大于 0.5mV；aVR 导联上 R 波与 S 波的电压相近，即 QRS 综合波呈 RS 型，电压的代数和等于零；CV6LL、CV6LU 和 V_{10} 导联上有一个深的 S

波(或 Q 波);V_{10}导联上 T 波呈正向(倒置)。②猫:Ⅰ、Ⅱ、Ⅲ、aVF、CV6LL 和 CV6LU 导联上出现 S 波,或 S 波电压增高;QRS 综合波时限没有明显变化;心电轴右偏,可能超过+160°;伴有 S-T 段移位和 T 波的改变。

3. 双侧心室肥大　双侧心室肥大时有两种心电图变化。一种是一侧的电动势大于另一侧,此时呈现某一侧心室肥大时的心电图改变。例如,在牛心内膜炎时,经超声心动图检查证实兼有左心室和右心室肥大的一例荷斯坦-弗里生奶牛,主要的心电图表现为窦性心动过速(149 次/min),心电轴极度右偏(−142°),Ⅰ和Ⅱ导联上呈 QR 型,其电压为 0.7mV,Q-Tc 时限为 0.349s,T 波大而不规则。这种心电图表现与右心室肥大相一致,即左心室肥大的心电图改变被掩盖。双侧心室肥大的另一种心电图变化特征是左心室与右心室因肥大产生的电动势改变相互抵消,致使呈现近于正常的心电图。

鉴于上述两种情况,双侧心室肥大时心电图的诊断正确率很低,在人类中也只有 10%～30%。在动物中可能还达不到这个数字,尤其是牛、羊等 QRS 向量第二类动物。

二、心肌缺血

心肌缺血型心电图的特征主要表现在,心内膜下心肌缺血时出现巨大高耸的冠状 T 波,心外膜下心肌缺血为主时呈出 T 波倒置;QRS 综合波和 S-T 段没有变化;心电图的变化是可复性的。但是,可引起 T 波发生变化的因素很多,如寒冷、炎症、轻度压迫、体液内电解质浓度改变、饥饿、冠状动脉供血不足、缺氧等因素均可影响心肌代谢,从而引起心肌轻度损伤发生缺血型心电图变化。更应该指出的是,某些家畜如马、犬等在正常时就有 T 波不恒定和可变的特征,其机制目前尚不清楚。因此,在兽医临床上要诊断心肌缺血,光凭 T 波的变化是不可信的,必须结合临床上其他资料,才能得出比较可信的结论。

三、心肌梗死

心电图的变化对心肌梗死的诊断具有重要意义。心肌梗死表现在心电图上的主要特征是出现异常 Q 波、S-T 段升高及 T 波倒置。

1. 异常 Q 波　异常 Q 波是由于坏死的心肌丧失了除极和复极的能力引起的。在坏死区缺乏兴奋能力,形成一个缺口,该区没有除极向量和其他各方面的向量相抗衡,因而坏死区形成了一离开该区指向对侧的病理向量,即 Q 向量。该向量与覆盖梗死部位的导联轴方向相反,故得一负波即 Q 波。如果在梗死区对侧放置导联进行记录时,由于该向量的方向正与对侧导联的方向一致,可得到一个正波,使该导联 R 波反而增高。

2. S-T 段变化　S-T 段变化主要由坏死区周围心肌受到严重损伤所引起。在心肌梗死急性期有明显的 S-T 段升高与起始时为直立的 T 波相连,呈一向上的拱形曲线。随后 S-T 段逐渐回到等电位线上,T 波由直立转为倒置,并逐渐加深形成两侧对称的"冠状 T 波"。随着病情的好转,T 波倒置减浅或恢复直立,并趋于稳定。最后留永久性的异常 Q 波,称为陈旧性心肌梗死。

四、心律失常

对心律失常进行心电图诊断时,首先应明确主要心律,确定是否存在 P 波。有房室分离时应确定 QRS 综合波的起源:起源于房室交界部的 QRS 综合波,通常有轻度畸形,但是存在心室内差异性传导者有明显的 QRS 综合波畸形。起源于心室的 QRS 综合波几乎都是增宽和畸形的。如果存在期前收缩,应确定其性质。通常根据 P 波的变化、QRS 综合波畸形与否及 P 波与 QRS 综合波之间的关系来判定。

1. 窦性心律失常

(1) 窦性心动过速(sinus tachycardia):马在 60 次/min 以上,牛在 120 次/min 以上,大、中型犬在 160 次/min 以上,小型犬在 180 次/min 以上,猫在 220 次/min 以上可判定为窦性心动过速。其心电图特征为窦性心律,心电图的波型和波向与健康动物一样;T-P 段缩短,甚至消失;心率特别快时,P 波与前一个心动周期的 T 波融合,使 T 波降支出现切迹或呈双峰 T 波。

(2) 窦性心动徐缓(sinus bradycardia):马在 25 次/min 以下,牛在 30 次/min 以下,大、中型犬在 80 次/min 以下,小型犬和猫在 110 次/min 以下即可判定为窦性心动徐缓。其心电图特征为窦性心律,心电图的波型和波向与健康动物一样;P-Q 间期、Q-T 间期延长,但延长最明显的是 T-P 段;常伴有窦性心律不齐;严重的窦性心动徐缓,可以伴有房室交界性或室性逸搏或逸搏心律。

(3) 窦性心律不齐(sinus arrhythmia):心率时快时慢,表现为 P 波形状相同,P-Q 间期时限相等,而 R-R 间期时限长短不一。在人类中,R-R 间期时限之差大于 0.12s,即可判定为窦律不齐。动物由于畜种不同,心率差异甚大,目前尚无适用于各种动物的通用判定标准。一般认为,与人类心率相似的动物,如牛、羊、马等可以沿用 0.12s 的标准。

(4) 窦性静止(sinus arrest or sinus standstill):是指窦房结在较长时间内暂时停止发出激动,使心房和心室波都消失的现象。其心电图特征为在一段长 R-R 间期内无 P 波、QRS 综合波和 T 波;窦性静止时间过长时,常常伴发房室交界性逸搏或室性逸搏。

2. 期前收缩 期前收缩(extrasystole)又称早搏(premature beat),是由某一异位起搏点兴奋性增高,过早地发出一次激动所致,是动物中十分常见的异位心律。根据异位起搏点的部位不同,期前收缩可分为房性、房室交界性和室性 3 种,其中以室性期前收缩最常见。根据异位起搏点的数量,可分为单源性期前收缩和多源性期前收缩两种。它们心电图的共同特征是期前收缩 P 波(房性),或 QRS-T 波群(室性)异位或形态异常。

(1) 室性期前收缩(ventricular extrasystole)的心电图特征:QRS 综合波提前出现,其形状宽大、粗钝或有切迹,时限延长;提前出现的 QRS 综合波之前没有相关的 P 波,有时逆行 P 波融合在 T 波中;T 波波向改变;有完全的代偿性间歇;室性期前收缩按时重复出现,可能形成二联心律、三联心律或四联心律。

(2) 多源性室性期前收缩(multifocal ventricular extrasystole):由两个或两个以上心室异位起搏点引起的室性期前收缩,称为多源性室性期前收缩。其心电图特征是在同一导联中有两种或两种以上 QRS 综合波形态不同的室性期前收缩波;两种或两种以上室性期前收缩的联结间期不同。

3. 阵发性心动过速 当连续出现 3 次或 3 次以上的期前收缩时,即可称为阵发性心动过速(paroxysmal tachycardia)。其心电图特征为突然发生,突然停止;发作时心率频速,马、牛等大动物可超过 100～120 次/min,犬可超过 200 次/min;发作持续时间较短,一般为数秒、数分或数小时;心律规则。

4. 逸搏和逸搏心律 由频率较低的低位起搏点发出的激动称为逸搏(escape beat),连续 3 次或 3 次以上的逸搏称为逸搏心律(escape rhythms)。逸搏和逸搏心律都是防止长时间心室停搏的一种生理性保护机制。根据低位起搏点的部位,逸搏和逸搏心律可分为房性、交界性和室性 3 种。室性逸搏的心电图特征为一个较长的心室波缺失的间期之后，出现一个宽大、畸形的 QRS 综合波；畸形 QRS 综合波之前没有相关的 P 波；室性逸搏与窦性激动相遇时，可形成室性融合波。室性逸搏心律的心电图特征是心室律缓慢、规则，常在 30～40 次/min 甚至以下；QRS 综合波宽大畸形，时限延长；连续出现 3 次或 3 次以上室性逸搏。

5. 心房扑动和心房纤颤

(1) 心房扑动(atrial flutter)：是一种心房的快速而规则的主动性异位心律。其心电图特征为 P 波消失，代之以形状相同、间歇均匀的"F"波，其形状像锯齿，其频率在大动物为 200～350 次/min，在犬为 300～400 次/min；QRS 综合波的形状和时限与窦性激动时的相同；房率与室率之间有一定的比值，大多数为 2∶1，也可呈 3∶1 或 4∶1。

(2) 心房纤颤(atrial fibrillation)：是心房各部分肌纤维各自为政发生极快而微弱的纤维素颤动，心房失去整体收缩能力的一种心房的自动性异位心律，是动物十分常见的异常心电图。其心电图特征为 P 波消失，代之以一系列大小不等、形状不一、间歇不规则的连续纤颤波，即"f"波；心房频率极度加快，马、牛等大动物为 300～600 次/min，犬为 400～600 次/min，甚至可达到 850 次/min 以上；QRS 综合波波形与窦性激动时的相同；室率极不规则，R-R 间期时限变化甚大；P-R 段消失。

6. 心室扑动和心室纤颤 心室扑动(ventricular flutter)和心室纤颤(ventricular fibrillation)是最严重的心律失常。由于心室肌不协调地扑动或颤动，不能引起心室喷血，可引起病畜迅速死亡，也是动物猝死的常见原因。心室扑动和纤颤的心电图特征为 QRS 综合波和 T 波完全消失，代之以形状不同、大小各异、间隔不均匀的扑动波和颤动波；频率在 250～500 次/min；颤动波之间有长短不一的等电位线；颤动波越来越细小，越来越缓慢，最终发生心室停搏而呈现一条等电位线。

7. 预激综合征 预激综合征(preexcitation syndrome)又名 WPW 综合征(WPW syndrome)，是指心房激动的同时沿正常和异常的房室传导路径传至心室，通过旁路(附加束)传导的激动预先到达，使一部分心室肌预先激动而引起的一系列心电图异常表现。其心电图特征为 P-Q 间期时限明显缩短；QRS 综合波宽大、畸形、时限延长、起始部粗钝，即出现所谓的"delta"波；P-J 间期时限(P 波起始部到 QRS 综合波结束的时间)没有明显变化；常常伴有心动过速；预激期可以与正常期交替出现。

8. 心脏传导阻滞 按照阻滞发生的部位，可将心脏传导阻滞(heart block)分为窦房阻滞、房内阻滞、房室阻滞和室内阻滞四大类，其中以房室阻滞最常见。按照阻滞的程度，可分为一度、二度和三度传导阻滞。前两种为不完全传导阻滞，后一种为完全性传导阻滞。

(1) 一度房室传导阻滞(first-degree atrioventricular block)。P-Q 间期时限延长，超过正常范围的上限，如犬的 P-Q 间期时限超过 0.14s，小型犬和猫的 P-Q 间期时限超过 0.13s，即可认为是一度房室传导阻滞；每个窦性 P 波之后均有相对应的 QRS 综合波。

(2) 二度房室传导阻滞(second-degree atrioventricular block)。二度房室传导阻滞可分成心电图特征和临床意义各不相同的两种类型，即 Mobitz Ⅰ型和 Mobitz Ⅱ型房室阻滞。

Mobitz Ⅰ型房室传导阻滞伴有文氏现象(Wenckebach's phenomenon)，具体表现为：①P-Q间期时限逐渐延长，直到 P 波之后的 QRS-T 波群缺失(心室漏搏)；②P-Q 间期时限延长的同时，R-R 间期时限逐渐缩短，直到心室漏搏为止；③QRS-T 波群缺失之后的第一个心动周期的 P-Q 间期时限最短，且与正常窦性激动传导速度时的 P-Q 间期时限相同；④上述现象会重复出现；⑤心电图上 P 波与 QRS 综合波的数目没有固定的比例，即心室漏搏的发生没有一定的规律。

Mobitz Ⅱ型房室传导阻滞的P-Q间期时限通常没有变化；QRS-T波群不定时或有规律的缺失，房室传导比例常呈3∶2(3个窦性激动中有2个传入心室)，也可呈3∶1，甚至4∶1或5∶1，后者易发生逸搏；心室漏搏前和漏搏后的R-R间期时限是P-P间期时限的两倍；因阻滞率比较固定，故心室率多数是匀齐的。

(3) 三度房室传导阻滞(third-degree atrioventricular block)。P-P间期与R-R间期各有其自己固有的规律，且两者之间没有相应的关系，形成完全性房室脱节；P波的频率常常较QRS综合波频率高2～4倍，且两者之间没有固定的关系。

(4) 房室束支传导阻滞(atrioventricular bundle branch block)。对于犬和猫等蒲肯野纤维网在心肌内的分布与人相似的动物来说，房室束支阻滞的心电图特征与人的大同小异，而牛、绵羊、马等蒲肯野纤维网分布与人不同的动物，尚无确切的房室束支阻滞的心电图诊断标准，一般认为，其心电图特征为P波和P-Q间期时限正常，QRS综合波宽大、畸形，或呈“W”型或“M”型，或有明显切迹。

犬和猫右房室束支阻滞：QRS综合波时限延长，犬的大于0.07s，猫的大于0.06s；心电轴右偏(104°～270°)；在aVR、aVL、CV5RL导联上，QRS综合波主棘波呈正向，在CV5RL导联上常为RSR′型或rsR′型；在Ⅰ、Ⅱ、Ⅲ、aVF、CV6LL、CV6LU导联上，QRS综合波存在一个宽而深的S(Q)波。在V_{10}导联上可见S波或“W”波。

犬和猫左房室束支传导阻滞：QRS综合波时限延长；在aVR、aVL、CV5RL导联上，QRS综合波主棘波为阴性波；在Ⅱ、Ⅲ、aVF、CV6LU导联上，QRS综合波为阳性波；Ⅱ导联和CV6LU导联上的R波电压增高，分别可达到2.5mV和4.8mV。

绵羊左房室束支阻滞：QRS综合波时限延长(由正常的0.044～0.046s延长到0.08～0.10s)；Ⅰ导联上，QRS综合波呈qRSr′型(正常时为QS型)，V_1导联上呈rS型(正常为Rs、R或qR型)，aVL导联呈现粗钝有切迹的qR型波；A-B导联上，r波电压升高到0.6mV，T波电压升高，QRS综合波呈qRS型；V_3和V_4导联上，R波电压下降；心电轴显著左偏。

五、电解质紊乱及药物对心电图的影响

1. 低钙血症(hypocalcemia) S-T段延长，由此使Q-T间期、Q-Tc间期时限延长。当血钙被纠正后，上述指标迅速恢复正常。然而，给低钙血症母牛静脉滴注钙制剂几乎使所有低钙母牛发生心律失常。据Kvart等(1983)的统计，这些心律失常包括室上性期前收缩(96.3%)，窦性心动过速(51.9%)，室性逸搏(40.7%)，房室阻滞(25.9%)，心房游走性起搏点(22.2%)，房性心动过速(22.2%)，室性期前收缩(18.5%)，窦房阻滞(18.5%)，文氏现象(14.8%)，等律性房室脱节(7.4%)，室性心动过速(3.7%)。低钙血症母牛静脉滴注钙制剂后产生的心律失常，应引起兽医临床工作者的重视。

2. 高钙血症(hyperkalemia) 开始为心率变慢，窦性心律失常，房室阻滞；以后出现心动过速，期前收缩；最后出现心动停止或心室纤颤。

3. 低钾血症(hypokalemia) S-T段缩短，最后消失；T波电压逐渐降低，变平坦，最后转为倒置，同时U波逐渐明显、增高。严重者可以出现各种类型的心律失常，其中以期前收缩和阵发性心动过速最常见。

4. 高钾血症(hyperkalemia) 随着血清钾离子浓度的逐渐增高，开始出现T波高耸而尖锐，其基底变窄，状如帐篷，原来的负向T波可转变为正向T波；以后，P波电压逐渐降低，

时限延长，最终完全消失；R 波电压逐渐降低，S 波逐渐加深，S-T 段下移，QRS 综合波也逐渐增宽，最后产生心室纤颤或心脏停搏。

5. 洋地黄类药物对心电图的影响　应用洋地黄类药物时，常可引起明显的心电图改变，其特征是在以 R 型波（qR、R、Rs、qRs）为主的导联上，S-T 段和 T 波呈“鱼钩型”改变。起初 T 波电压降低即变为低平 T 波，继而 S-T 段逐渐斜形下垂，略向下突出，T 波转为双向，其前半部为负向，后半部为正向，S-T 段与 T 波的负向部融合在一起，无法分出它们之间的交界点，最后 T 波完全变为负向，只留下终末部略超过等电位线的正向直立波形。S-T 段与 T 波融合后的波形如鱼钩；Q-T 间期时限缩短；P 波电压降低或出现切迹，U 波电压轻度升高。但使用洋地黄类药物剂量过大或者使用时间过长而蓄积都会引起洋地黄中毒，洋地黄中毒的心电图表现是心律失常，如室性期前收缩、房室阻滞、房室脱节、心房纤颤、阵发性房性心动过速，还可引起室性心动过速、心室纤颤等。

6. 麻醉药对心电图的影响　经临床实践证明，一些新的化学保定剂如隆朋、静松灵、新保灵等都为效果确实、安全的化学保定剂，但它们仍旧有一定的毒副作用，尤其是对心血管系统的作用比较明显，由此对被保定家畜或野生动物的心电图产生不同程度的影响。

隆朋：心率减慢，房室阻滞、窦房阻滞等心律不齐，S-T 段移位和 T 波的变化。

静松灵：窦性心动徐缓、一度和二度房室阻滞、窦性心律不齐等心电图变化。

新保灵制剂：心率减慢，出现窦性心律不齐和室性期前收缩，P-Q 和 Q-T 间期时限延长，T 波电压增高呈高耸的“冠状型”T 波和倒置的 T 波等心电图变化。

（王　勇）

第四节　心 电 监 护

动物专用心电监护仪是一种用以长时间连续测量、显示、记录和监控病畜生理参数，并可与预设值进行比较，出现超差而报警的装置或系统。监护仪是目前临床上用于重症患畜生命体征监测的主要方法，从诸如心电、血氧、血压等单一参数监测发展到现在的多个参数监测。仪器主屏幕显示标准参数心率和心电图、脉搏血氧饱和度和脉搏波形、呼吸频率和波形、体温和无创血压数据。现就其几个常用参数的测量原理阐述如下。

一、心电图测量

心电监护产生机体心电活动的连续波形，以准确地评估动物机体当时的生理状态。

心电信号是由心脏周期性搏动所产生细胞电生理活动综合并传导至体表的微弱信号（毫伏级），这个信号继续被贴在体表的电极获取后传给信号放大器，通常这个信号放大器的增益要有 500～2000 倍，通频带要有 0.05～130Hz，再经 CPU 控制下 AD 处理后得到数字心电信号。这个数字心电信号可以进行滤波、幅度调整、波形特征识别与分类、基本特征参数的计算、功率谱分析，对于长时间心电信号还可以进行心率变异和非线性分析，这些信号分析方法能为心电信号特征检测和疾病诊断及疗效的评价提供有效依据；根据数据采集的通道多少又可分成单通道、三通道 9/12 导联和 8 通道同步 12 导联心电监测，而后者更能全面反映心脏各部位心肌细胞的电生理活动，将有利于对心肌各壁可能的缺血性改变的评价和心脏疾病的诊断。为了记录心电，将探测电极安置于体表相隔一定距离的两点，此两点即构成一个导联，两点连线代表连轴，具有方向性。具体可分为：标准肢体导联（双极导联）和胸导联（单极导联），包括Ⅰ、Ⅱ、Ⅲ导联和 V_1、V_2、V_3、V_4、V_5、V_6 导联；加压单极肢体导联，其中包括 aVR、aVL、aVF。

二、呼吸测量

由于机体胸廓的呼吸(RESP)活动，导致 RA(右前肢)和 LL(左后腿)两个电极间的阻抗变化，监护仪就是通过深测 RA 和 LL 两个电极之间有胸廓阻抗值变化测定呼吸率，并且在屏幕上产生一道呼吸波。

一般借助于心电电缆，通过体表电极给机体施加一个高频恒流源，这个恒流源的载频一般为几十千赫，并由于呼吸所引起的胸部阻抗的变化而调制这个载频，再通过呼吸波放大、解调、再传给低频信号放大器，由于阻抗变化很小，通常整个呼吸电路增益要有 1 万～2 万倍，通频带要有 0.3～2.5Hz，同样再经 CPU 控制下 AD 处理后得到数字呼吸信号，可以进一步识别呼吸特征波并计算呼吸率。一般心电、呼吸都在一个模块上，为降低成本、提高可靠性，心电/呼吸的主要放大电路和滤波处理电路可以采用定制的集成电路芯片。

三、温度测量

监护仪的温度(TEMP)传感器探头其实就是一个精度较高的热敏电阻，机器通过测量传感器的电阻变化，间接测量传感器表面温度。

基于热敏电阻的方法，只要电路保证足够的线性度和 AD 转换精度及传感器具有良好的可重复性，获得准确和稳定的温度数据是可行的。但是目前体温传感器最大的问题在于其响应时间太长，不能确保在 10min 内探头与待测患病动物间的接触部位便能达到热平衡，以获得准确的体温值，影响体温监测的临床应用。

四、脉搏血氧饱和度测量

用来表征血液中氧合血红蛋白比例的数值称为氧饱和度。定义式为：$HbO_2/(HbO_2+Hb)$。血氧饱和度探头使用时探头一般夹在动物的舌头上，也可夹在嘴唇、脚趾、耳朵、包皮、阴户上。如果待测位置被毛太重，要剪毛。

脉搏血氧饱和度(SPO_2)的测量方法和原理：血氧饱和度是临床医疗上重要的基础数据，在许多生理和临床监测过程中需要周期性地采样和计算血氧饱和度。例如，对患有心脏病的动物治疗过程中，麻醉手术或氧疗过程中及时了解机体血氧含量是十分重要的。诊断上测定血氧饱和度的方法技术有无血透射法、反射法、近红外分光光度计法、脉搏法。脉搏法由于简便、准确、稳定性好，很适合长时间监护应用，因而受到医学界的普遍认可，并已广泛应用于临床。脉搏法：氧合血红蛋白(HbO_2)和还原血红蛋白(Hb)在红光和红外光区域的光谱特性不同，在红光区(600～700nm)HbO_2 和 Hb 吸收差别很大，血液的光吸收程度和光散射程度极大地依赖于血氧饱和度，而在红外光谱区(800～1000nm)则吸收差别不大，血液的光吸收程度和光散射程度，主要与血红蛋白含量有关。根据这一原理，从传感器的光源分别发射 660nm 和 940nm 波长的光线照射周期性脉动充血的组织，透过组织后的光线强度随着组织周期性脉动充血而同步变化，探头中的光探测器检测到这些变化，并转化为电信号，经过电路处理后，由微处理器根据光强度变化数据计算出搏动性 SPO_2 的百分比。

五、无创血压测量

无创血压(NIBP)测量原理：血管内的血流在血液壁单位面积上垂直作用的力称为血压。

血压的数值为血液对血管壁的绝对压力与大气压的差值。每个心动周期中的血压最大值为收缩压，最小值为舒张压，积分平均值为平均压。血压是衡量心血管系统状态的重要参数，心脏的泵血功能、冠状动脉的血液供应状况、周围血管的阻力和弹性、全身的血容量及血液的物理状态等因素都反映在血压的指标中。监护仪采用的血压测量方法是振荡法。振荡法的前提是要找到规则的动脉压力脉动。现在，有些监护仪已采用了抗干扰措施，如采用阶梯放气法，由软件来自动判断干扰与正常的动脉脉动波，从而在一定程度上具有抗干扰能力，但是若干扰太严重或持续时间太长，这种抗干扰措施也无能为力。所以，在无创血压监护过程中，应尽量保证有良好条件，同时注意袖带尺寸的选择、放置的部位和捆绑的松紧度。

将动物置于安静处，避免过于明亮的光线，由主人抱住使动物平静，使动物侧卧，将袖带绑在前肢肘部与腕部之间，或后肢膝部与跗部之间，在清醒动物可以绑在尾根部(麻醉动物不能绑在尾部)，若动物小于 2.27kg，可绑在肘部上方，来测量臂动脉的血压，一些清醒的大型犬类不配合侧卧的，可使其呈坐姿，将前爪放于操作者膝盖上，将袖带绑在掌部，常规袖带位置可选择掌部、跗部和胫前侧。除非被毛特别厚，一般不需要剪毛。根据要绑的位置选择袖带的大小。袖带的宽度为绑定位置周长的 40%～60%。推荐使用机器附带的尺子来选择袖带。要尽量使测定血管和心脏处于同一水平位置。

六、呼气末二氧化碳分压测量

呼气末二氧化碳分压($PETCO_2$)已被认为是除体温、呼吸、脉搏、血压及动脉血氧饱和度以外的第六个基本生命体征，美国麻醉医师协会已规定 $PETCO_2$ 为麻醉期间的基本监测指标之一。$PETCO_2$ 对判断肺通气和血流变化具有特殊的临床意义：①对确定气管插管的位置(是否在气管内)被视为“金指标”；②可判断麻醉机或呼吸机通气情况，可及时发现气管打折和气管脱落；③可间接地反映 $PaCO_2$；④可间接地反映循环状态。因此，$PETCO_2$ 在临床麻醉、心肺脑复苏、麻醉后恢复室、重症监护治疗病房及院前急救等具有重要的应用价值。CO_2 监测仪是根据红外线吸收光谱的原理设计而成的，用以测定呼吸气体中的 CO_2 浓度。根据气体的采样方法不同，传统 CO_2 监测仪有旁流型(side stream)和主流型(main stream)两种。旁流型是由有流量调节的抽气泵将气体样本送至红外线测量室，旁流型不需要密闭的呼吸回路，因此可用于对镇痛或镇静治疗的动物机体进行呼吸监测，监测其自主呼吸时 CO_2 浓度，但旁流型测量需要预热。主流型是将红外线传感器直接连接于气管导管接头上，使呼吸气体直接与传感器接触。因此，主流型仅能用于气管插管的患病动物，不能用于自主呼吸患病动物的监测。

(邱昌伟　邓干臻)

第十七章 其他影像检查技术介绍

第一节 计算机体层成像

计算机体层成像(computer tomography,CT)又称计算机体层摄影,是将X线束透过机体断层扫描后的衰减系数,通过计算机处理重建图像的一种现代医学成像技术,它是X线检查技术与计算机技术相结合的产物。

英国工程师Hounsfield早在1972年英国放射学年会上,首次作将EMI公司头部CT机应用于医学的报告,并在1973年英国放射学杂志上报道。这是影像技术的一项重大突破,Hounsfield因此获得1979年诺贝尔医学或生理学奖。此后,CT发展迅速,现已出现第五代CT和螺旋CT。第一代CT仅有1～2个探测器,扫描时间较长(5min)。第二代CT的探测器增加至30个,扫描时间缩短至15～20s。第三、第四代CT探测器分别增加至800个和1200个,扫描时间缩短至2～5s。第五代CT没有球管和探测器的机械转动,最快扫描速度为每层0.05s。螺旋CT扫描则是指当检查床上的机体以匀速进入CT机架时,X线球管同时做连续螺旋式扫描。螺旋CT扫描具有扫描速度快、病灶检出率较高、多功能显示病灶等优点。随着技术的发展,32层、64层螺旋CT将在不久的将来陆续问世。

一、CT成像的基本原理与设备

(一) CT成像的基本原理

计算机体层成像是将X线经准直器形成狭窄线束,做动物体层面扫描。X线束被机体吸收而衰减。位于对侧的灵敏高效探测器,收集衰减后的X线信号,并借模/数转换器转换成数字信号,送入计算机。计算机将输入的原始数据处理,得出扫描断层面各点处的X线吸收值,并将各点的数值排列成数字矩阵。数字矩阵经数/模转换器转换成不同灰暗度的光点,形成由荧光屏显示的断层图像。断层图像可以胶片、磁盘、光盘等形式永久保存。

(二) CT的基本设备

1. X线球管 可分为固定阳极球管和旋转阳极球管。固定阳极X线球管热容量小,仅用于第一、第二代CT。旋转阳极球管热容量较大,焦点较小,为目前CT均采用。

2. 准直器 准直器位于球管X线出口端。准直器的缝隙宽度可在1～10mm内调节,此宽度决定扫描层的厚度。

3. 探测器 用于探测透过动物体的X线信号,并将其转换成电信号。

4. 模/数转换器 用于将探测器收集的电信号转换成数字信号,供计算机重建图像。

5. 高压发生器 为X线球管提供高压,保证X线球管发射能量稳定的X线。

6. 扫描机架与检查床 扫描机架装有X线球管、准直器、探测器、旋转机械和控制电路等。检查床可上下、前后移动,将动物体送入扫描孔。

7. 电子计算机系统 CT有主计算机和阵列处理器。主计算机控制机架与检查床的移动、X线的产生、数据的产生与收集、各部件间的信息交换等整个系统的运行。阵列处理器做图像重建。CT图像可以胶片记录，或存储在磁盘、光盘、医学影像存档与通信系统(PACS)中。

二、基本概念和实例

（一）CT值

不同的组织结构存在有密度的差异，从而导致穿透物质后X线不同程度的衰减。将衰减系数μ值换算为CT值，作为表达组织密度的统一单位。某物质的CT值等于该物质的衰减系数(μ_m)与水的衰减系数(μ_w)之差，再与水的衰减系数相比之后乘以1000。单位为Hu(hounsfield unit)。

$$某物质的CT值=\frac{\mu_m-\mu_w}{\mu_w}\times 1000$$

水、骨、空气的衰减系数分别为1.0、2.0、0，则其CT值分别为0、1000Hu、－1000Hu。机体组织CT值的范围可以骨的CT值(1000Hu)为上界，以空气的CT值(－1000Hu)为下界。其中，软组织的CT值为35Hu，脂肪的CT值为－50Hu，即可包括由骨组织至含气器官的CT值。不同的组织有不同的组织密度，CT图像上就有不同的CT值，这是区别正常组织和病理组织的重要基础。

传统的X线照片是三维生物立体的二维平面图，相邻组织器官影像相互重叠。而断层摄影虽可消除影像重叠，但其分辨率不高。相比之下，CT图像是真正的断面图像，是组织断面密度分布图。CT具有图像清晰，密度分辨率高，无断面以外组织结构干扰等特点。

（二）窗位与窗宽

窗位是指检出某一组织时所选择的CT值范围的中间值；窗宽则是指该组织显示图像所选择的CT值范围。在观察某一组织结构时，通常以其CT值为窗位。提高窗位可使图像变黑，降低窗位则图像变白。加大窗宽可使图像层次增多、组织对比减少、细节显示差；缩短窗宽则图像层次减少(表17-1)。

表17-1　正常比格犬CT扫描的常用窗位与窗宽

扫描部位	窗位(WL)	窗宽(WW)
鼻中部	+21	200
眼眶部	+21	200
眼眶后部	+53	400
额部	+39	200
颧弓中部	+28	75
顶颞部	+24	400
脑部	+32	100
	+35	400
延髓部	+87	400
第1颈椎	+76	400

续表

扫描部位	窗位(WL)	窗宽(WW)
第 2 颈椎	+56	400
第 3 颈椎	+61	400
第 1 胸椎	+61	200
纵隔	+61	400
	−107	400
主动脉弓	+22	200
气管分叉部	−178	400
	+22	200
心中部	−196	400
第 6 胸椎	−182	400
心后部	−164	400
肝脏膈面	+7	400
胆囊部	+20	100
食管终端	+21	400
胃与十二指肠	+20	200
右肾前端	+20	200
右肾中部	+20	200
左肾中部	+20	200
荐部	−3	200
耻骨联合	+35	400

（三）像　　素

像素是组成 CT 图像的基本单元。像素越小、越多，越能分辨图像的细节，即图像的分辨率越高。现在的 CT 像素已由早期 CT 的 160×160 个，经 256×256 个过渡到 512×512 个像素。

（四）空间分辨率

空间分辨率是指在一定密度差下分辨组织几何形态的能力。常以每厘米内的线对数或以可分辨最小物体的直径(nm)来表示。

（五）密度分辨率

密度分辨率是指在低对比下分辨组织密度细小差别的能力。CT 的密度分辨率是普通 X 线的 10～20 倍。

（六）部分容积效应

部分容积效应是指当同一扫描层面内有两种以上不同密度的物质时，所测 CT 值不是其中一种物质的 CT 值，而是这些物质的平均 CT 值。

CT 扫查技术种类繁多，临床上根据需要合理选择。常见的扫查技术有平扫、增强扫描和造影扫描。尚有薄层扫描、重叠扫描、靶区 CT 扫描、高分辨率 CT 扫描、延迟扫描、动态扫描、CT 三维图像重建、CT 多平面重组、CT 血管造影、CT 仿真内镜技术、CT 灌注成像等特殊扫描。

（七）椎间盘脱出

椎间盘脱出时，做横断面 CT 扫描，脱出的椎间盘出现 CT 值不同程度的增加。如脊髓轻微受压，脱出的椎间盘 CT 值为(59±17)Hu，略高于正常犬脊髓的 CT 值[(31.3±8.6)Hu]。如脊髓严重受压，脱出的椎间盘 CT 值为(219±95)Hu。如复发性椎间盘脱出，脱出的椎间盘 CT 值可高达(745±288)Hu。在 CT 影像上，脱出的椎间盘显示为在椎体背侧缘中央的一小类圆形的对比增强阴影(图 17-1)。

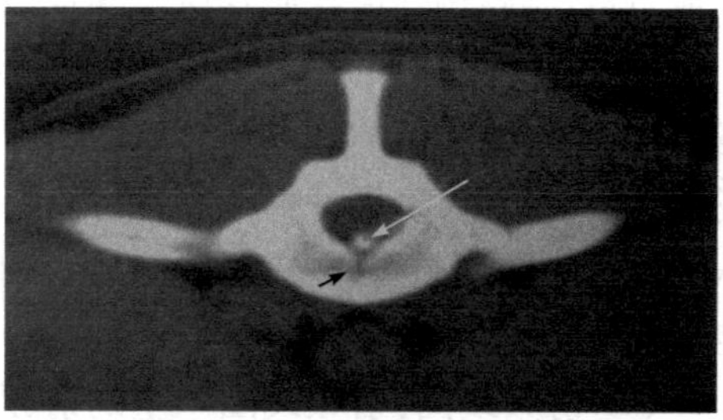

图 17-1　犬胸腰椎椎间盘脱出 CT 横断层扫描(谢富强，2004)

白色箭头指示脱出的椎间盘；黑色箭头指示脱出髓核后纤维环内疏松的髓核质

（杨德吉　周振雷）

第二节　磁共振成像

磁共振(nuclear magnetic resonance，MR)是由美国斯坦福大学 Bloch 和哈佛大学 Purcell 在 1946 年分别在两地同时发现的，因此两人获得了 1952 年诺贝尔物理学奖。20 世纪 50 年代，MR 已成为研究物质分子结构的一项重要的化学分析技术。例如，在目前的药物研究中，MR 波谱分析是重要的内容之一。20 世纪 60 年代，人们开始用它进行生物组织化学分析，检测动物体内氢、磷和氮等的 MR 信号。自 20 世纪 80 年代初 MR 成像用于临床以来，为了与放射性核素检查相区别，改称为磁共振成像(magnetic resonance imaging，MRI)。在此期间，MRI 得到了迅速发展，由于硬件及软件设备的改进，扫描时间已从原先的以分钟计发展到目前以毫秒计；图像质量也大大提高；检查项目从原先的 MRI 发展到磁共振血管造影、磁共振波谱等，成为临床一个重要的检查手段。

一、MRI 设备及成像原理

（一）MRI 设备

MRI 装置主要由四大部分构成，既磁体、谱仪系统、计算机重建和图像显示系统。

1. 磁体　磁体由主磁体、梯度线圈、垫补线圈和射频线圈组成，是磁共振发生和产生信号的主体部分。

(1) 主磁体：主磁体即产生磁场的磁体。

MRI 对磁场的强度、均匀度和稳定性有严格要求，一般认为质子成像的磁场场强为 0.1～2.0 特斯拉，对动物体健康无影响，并能得到较好的图像。磁场均匀度要求在一个较大范围的空间内产生高度均匀的磁场，均匀度需达到 10^{-6}～10^{-4}，即在几个百万分之一(parts per million，ppm)之间。磁场稳定度是指单位时间磁场的变化率，短期稳定度要在几个 ppm/h，长期稳定度要在 10ppm/h。

磁体有三种类型。永磁体主要有铝镍钴、铁氧体和稀土钴等，其特点是造价低，维护简便，但由于磁性材料的用量与磁场强度的平方成正比，故强度不宜过大，一般在 0.3 特斯拉左右。常导磁体由铜或铝导线制成，制造简单，但对电源要求高，耗电量大。超导磁体是用铌-钛合金制成，特点是磁场强度高而且稳定，但技术复杂，费用高，在运行中要消耗液氮。

(2) 磁场梯度系统：磁场梯度系统包括梯度线圈和梯度放大器。梯度线圈可产生梯度磁场，该磁场与主磁体的静磁场叠加在扫描野内产生稳定的磁场梯度，使扫描野内任意两点的磁场强度略有不同，这样被扫描的生物体内的质子在不同的空间位置上具有不同的频率或相位，从而获得成像区域不同位置的信息。梯度磁场用于扫描层面的选择和磁共振信号的空间定位。

(3) 射频线圈：射频线圈产生的射频场与主磁场垂直，用来发射射频脉冲，以激发体内的氢原子核，产生磁共振信号，同时接收磁共振信号。

2. 谱仪系统 谱仪系统是产生磁共振现象并采集磁共振信号的装置，主要由梯度场发生和控制系统、MR 信号接收和控制系统等组成。谱仪系统在整个成像装置中起着“承上启下”的关键作用，它所采集的信号，通过适当接口传送给计算机处理。

3. 计算机重建系统 该系统要求配备大容量计算机和高分辨率的模/数转换器，以保证在最短时间内完成数据采集、累加、傅里叶变换、数据处理和图像重建。由射频接收器送来的信号经模/数转换器，把模拟信号转变为数字信号，得出层面图像数据，再经过数—模转换，用不同灰度或者颜色显示图像。

4. 图像显示系统 现在临床常用的工作站的彩色显示器可根据需求分别对三维重建、三维透射重建和仿真内镜进行器官、相同结构或区域的彩色显示；但对常规 MR 图像大多采用黑白灰阶图像显示。

（二）MRI 成像原理

某些质子数与中子数之和为奇数的原子，如^{1}H、^{31}P、^{23}Na、^{13}C、^{19}F 等，不仅具有一定的质量，带一定的正电荷，还具有两个彼此相关的特性，既自旋和磁矩。在上述原子核中，氢核结构最为简单，磁矩较大，是构成水、脂肪和碳水化合物等有机物质的基本成分。动物体内氢核含量高，在各器官、组织中分布广，临床上主要利用质子进行 MR 成像。我们可以将质子看作具有固定质量、带单位正电荷、绕自身轴不停旋转的小磁针。动物体内存在大量质子，在自然状态下，其磁矩指向各个方向，杂乱无章地分布，磁性互相抵消，因此宏观上动物体不显磁性。

将动物体置于一个外加的强磁场中时，原来杂乱无章排列的质子磁矩受外加磁场的影响，除绕自身轴自旋外，还围绕外磁场的磁矩转动，呈陀螺样运动，称进动。质子进动时，各质子磁矩的方向与外磁场磁矩方向的夹角各不相同。夹角小于 90°的质子磁矩与外磁场磁矩方向大致相同，处于低位能状态，数量较多；夹角大于 90°的质子磁矩方向与外磁场磁矩相反，质子处于高位能状态，数量较少；夹角等于 90°的质子磁矩指向水平方向，在宏观上纵向无磁矩。将全部质子磁矩叠加起来，由于顺外磁场方向的质子比逆外磁场方向的质子多，故产生一个沿外磁场磁矩方向的宏观磁矩。换言之，将动物体置于外磁场中，质子磁矩受外磁场磁矩的影响，而呈有序化排列，使动物体产生了磁性。此时，在与外磁场磁矩垂直方向上加入射频脉冲，既高频无线电波，当其频率与质子进动频率一致时，即产生磁共振现象：质子吸收射频脉冲的能量，磁矩发生偏转，整个自旋系统偏离平衡状态。当射频脉冲去除后，自旋系统自发地恢复到平衡状态，并将所吸收的能量仍以射频脉冲的方式释放。此脉冲即 MR 信号。用线圈接收此信号，经计算机处理后，就得到了 MRI 图像。

射频脉冲激发磁场内的氢原子，使一些低能量质子吸收能量跃进到高能量状态，称为能级变化。但当激发停止后，有关质子的相位变化和能级变化又恢复到激发前的状态，这一过程称为"弛豫"，产生的信号可被周围接收器测得。处于不同物理、化学状态下的质子在射频脉冲激发和激发停止后所发生的相位变化、能量传递与复原的时间各不相同，这段时间称为弛豫时间，有 T_1 和 T_2 两种。

纵向弛豫时间（longitudinal relaxation time）指射频停止后质子发生的变化在纵轴方向（即主磁场方向）上恢复至初始状态所需的时间，简称 T_1。水的 T_1 长，脂肪的 T_1 短。T_1 短的组织，纵向磁化恢复得快，信号就强；反之，信号就弱。主要利用组织 T_1 的差别形成的图像，称为 T_1 加权像（T_1 weighted image，T_1WI）。横向弛豫时间（transverse relaxation time）指质子发生的变化在横轴方向恢复至初始状态所需的时间，简称 T_2。水的 T_2 长，脂肪的 T_2 也长。T_2 长的组织，横向磁化衰减得慢，信号就强；反之，信号就弱。主要利用组织 T_2 的差别形成的图像，称为 T_2 加权像（T_2 weighted image，T_2WI）。

质子密度或称自旋密度也影响组织对比。无质子的部位无信号，质子多的部位则信号强。长 TR，组织间的 T_1 不影响对比，但组织间有质子密度上的差别。所以，用长 TR 信号差别主要由质子密度来决定。由质子密度差别形成的图像为质子密度加权成像（proton density weighted image，PdWI）。

磁共振质子数量与 MR 信号强度成正比。某器官或组织含质子数量越多，则发出的 MR 信号强度就越强。由于动物体各器官及不同组织的质子含量有一定差别，所发出的 MR 信号强度便不相同，构成了 MRI 图像的基础对比度。但动物体各组织、器官的 T_1 和 T_2 长短的差别远大于质子含量的差别，尤其病变组织与正常组织之间更是如此，故临床应用 MRI 时常突出 T_1 和 T_2 的差别，有利于显示病变组织。加权成像是指突出某种成分的成像，使其所占的分量多，比重多。T_1 加权成像（T_1WI）、T_2 加权成像（T_2WI）和自旋质子密度加权成像（PdWI）是指分别突出 T_1、T_2 和自旋粒子密度（Pd）成分的成像。这些成像方法可通过调节重复激发时间（TR）和回波时间（TE）而取得。

二、MRI 声像图的特点

（一）正常组织 MRI 影像特点

了解正常动物体组织 MR 信号的特征是 MR 诊断的基础。

1. 脂肪、骨髓　组织脂肪的 T_1 短，T_2 长，Pd 高，故在 T_1WI、T_2WI 和 PdWI 图像上均呈高信号（白色）；但随着 TR 的延长，在 T_2WI 图像上脂肪信号有逐渐衰减降低的趋势，这是脂肪抑制技术的基础。

骨髓内因含有较多的脂肪成分，在 MR 扫描图像上也呈高信号，和脂肪组织信号有相似的特征。MR 骨髓成像技术对于骨髓疾病尤其是对于早期的骨髓转移或骨髓瘤特别敏感，故临床上有广泛的用途。

2. 肌肉、肌腱、韧带　肌肉组织的 T_1 较长，T_2 较短，故在 T_1WI、T_2WI 和 PdWI 上均呈中等强度信号（黑灰或灰色）。肌腱和韧带组织含纤维成分较多，其信号强度较肌肉组织略低。

3. 骨骼　骨骼含有大量钙质，水分含量甚少，故其 T_1 很长，T_2 很短，Pd 很低，T_1WI、

T_2WI 和 PdWI 上均呈信号缺如的无(低)信号区,故在 MR 扫描图像上不易显示出早期的骨质破坏及较小的钙化灶。

4. 气体 气体的 T_1 很长,T_2 很短,Pd 很低,故在各种成像图像上肺组织均呈较低信号。

5. 水 水的 T_1 较长,T_2 明显延长,故在 T_1WI 图像上呈较低信号,T_2WI 图像上信号明显增加,呈鲜明的高信号。

6. 血流 快速流动的血液因其"流空效应",在各种成像上均呈低(无)信号血管影。而缓慢或不规则的血流,如涡流、旋流,血管内信号增加且不均匀。

(二) 异常病变的MRI影像特点

1. 水肿 无论任何类型的水肿,细胞内或组织间隙内的含水量增加,均使 T_1、T_2 延长,Pd 降低,故在 T_1WI 和 PdWI 图像上水肿区呈较低信号,而在 T_2WI 图像上则呈明显的高信号,对比鲜明。

2. 出血 血肿的信号强度随血肿期龄而发生变化,一般出血 3d 内为急性血肿,4d 至 2 周为亚急性血肿,2 周以上为慢性血肿。血肿 MR 信号变化规律见表 17-2。

表 17-2 血肿期龄与 MR 信号变化规律

	急性期	亚急性期			慢性期
	(3d 内)	(4~5d)	(6~8d)	(9~14d)	(14d 以上)
T_1WI	等信号	外周可稍增高	向中心扩展	整体增高	逐渐下降
T_2WI	等信号,中心区可稍低	中心区信号降低	外周信号增高	整体增高,周围低信号环	逐渐下降

3. 变性 变性病变因为含水量增加,MR 信号呈长 T_1 和 T_2 信号特征,在 T_1WI 图像上呈低信号,在 T_2WI 图像上呈明显的高信号。

4. 坏死 坏死病变早期和修复期 MR 信号呈长 T_1 和 T_2 信号特征。晚期纤维化治愈后,则呈长 T_1 和短 T_2 信号特征,T_1WI 与 T_2WI 图像上均呈低信号。

5. 囊变 含液囊肿 MR 图像上呈边缘光滑的长 T_1 和 T_2 信号特征。囊肿内含丰富的蛋白质或脂类物质时,则呈短 T_1 和长 T_2 信号特征,故 MR 图像有助于分辨囊腔内容物的性质。

6. 肿瘤 MR 图像上信号特征与肿瘤的组织结构类型相关。含脂类肿瘤,如脂肪瘤、畸胎瘤等呈短 T_1 和长 T_2 高信号特征;钙化和骨化性肿瘤呈长 T_1 和短 T_2 的低信号特征。一般性肿瘤呈长 T_1 和长 T_2 信号特征。

三、MRI 检查方法

MRI 因具有鲜明的软组织对比,多参数、多方位成像的优势,以及无骨骼伪影干扰和血管流空效应等特性,故在脑、脊髓、肌肉和骨骼系统中的应用明显优于 CT。

1. 常规 MR 扫描 常规 MR 扫描一般是以轴位扫描为主,根据不同情况再选用矢位或冠位扫描。T_1WI 图像对不同软组织结构有良好的对比度,适于观察软组织的解剖结构。T_2WI和 PdWI 显示病变的信号变化明显,利于观察病理变化。三者结合有助于对病变进行定位、定量和定性诊断。

2. 增强 MR 扫描 MRI 应用初期,无需对比剂增强被认为是 MR 检查的一大优点,当前这种观点已被否定。实践证明,MR 对比剂增强扫描已经成为不可忽略的临床检查方法,其临床应用日益广泛，应用经验日益成熟。增强 MR 扫描的主要用途如下。①发现病变。平扫 MR 成像呈等信号病变，未显示的多发或细小病变，增强 MR 扫描可进一步确定或排除病变的存在。②病变定位。增强 MR 扫描有利于判断病变的起源、延伸范围与周围组织结构的关系，为临床诊断、治疗提供依据。③病变定性。增强 MR 扫描提供病变的内部结构、边缘状况、血液供应等信息，有助于肿瘤与非肿瘤病变，良性与恶性肿瘤的鉴别诊断，甚至可作出病理性质的预测。④病变与水肿的鉴别。增强 MR 扫描上病变常有不同程度的强化，故可与无强化的水肿区鉴别。⑤术后改变与肿瘤复发的鉴别。术后改变包括脑水肿、出血、软化、囊变、纤维化、钙化，与术后肿瘤的复发的鉴别在临床上十分困难。增强 MR 扫描上肿瘤复发常有不同程度的强化，从而可与无强化或强化甚微的术后改变相鉴别。

四、MRI 的临床应用

（一）被检动物的准备

(1) 详细询问病史，结合临床检查出的症状、实验室检查结果，确定扫描的部位并进行层面扫描，有的放矢查出病变的部位、性质和范围。

(2) 询问动物体是否有植入性金属物品或者电磁物品，如心脏起搏器、犬鸣抑制器、金牙等。进入磁共振室的人员也不可以携带任何金属物品和电磁物品，以免这些物品损坏，同时影响图片质量。

(3) 动物经麻醉方可移入检察室，防止动物移动造成运动性伪影或影像缺失，也防止人、动物和机械损伤。

（二）MRI 技术在兽医临床上的应用

1. MRI 在中枢和神经系统疾病诊断上的应用 MRI 诊断已广泛应用于临床，并显示出它的优越性，在神经系统应用较为成熟。三维成像使病变定位诊断更为准确，血管成像则可观察病变与血管的关系。对脑干、幕下区、枕大孔区、脊髓与椎间盘的显示明显优于 CT。对脑脱髓鞘疾病如多发性硬化、脑梗死、脑与脊髓肿瘤、血肿、脊髓先天异常与脊髓空洞症的诊断价值较高。

2. MRI 在骨和关节疾病诊断上的应用 传统评价关节软骨的主要方法有 X 线、CT、关节造影和关节镜检查等。X 线和 CT 可以探查大块软骨丢失及继发改变，表现为关节间隙变窄，骨赘及软骨下囊肿形成，但不能直接显示软骨。关节造影及关节镜检查均为有创性检查，且仅限于显示关节软骨表面的轮廓。MRI 具有良好的软组织对比和空间分辨率，成为显示及评价软骨损伤和修复的最佳手段。二维的 T_1、T_2 加权的自旋回波序列成像可以较好显示软骨内部结构，探测软骨表面缺损及信号异常。骨髓在 $\mathrm{T_1}$WI 上表现为高信号区，侵及骨髓的病变，如肿瘤、白血病、感染及代谢疾病，MRI 上可清楚显示。

3. MRI 在其他疾病上的应用 在 MRI 上，脂肪与血管形成良好对比，易于观察纵隔肿瘤及其与血管间的解剖关系。心脏大血管在 MRI 上因可显示其内腔，所以心脏大血管的形态学与动力学的研究可在无创的检查中完成。在腹部与盆腔器官，如肝、肾、膀胱、前列腺和子宫等疾病诊断方面，MRI 检查也相当有价值。

（杨德吉 周振雷）

第三节　放射性核素检查

核素成像(radio nuclide imaging)技术是利用放射型核素或其标记物在体内各器官分布的特殊规律,用闪烁扫描仪或照相机,从体外显示出内脏器官或病变组织的形态、位置、大小和结构变化及放射性分布,从而进行疾病诊断的一种成像的技术。1950 年,凯森(Cassen)研制成功了闪烁扫描仪,奠定了放射性核素脏器显像的基础。1956 年,安格(Anger)发明了闪烁照相机,采用一次成像法拍摄放射性核素在人体内的分布情况。20 世纪 70 年代以后,计算机技术应用于 γ 闪烁照相机,对获得的影像信息进行处理,这样使影像更清晰,分辨率更高,并可快速进行摄影,自动获取、存储、处理临床所需要的资料。CT 技术问世后,将放射性核素扫描与 CT 技术结合起来,开发出发射型计算机体层(ECT)。ECT 可分为单光子发射型计算机体层(SPECT)与正电子发射型计算机体层(PET)两类,两者的数据采集原理不同。ECT 可从不同方向摄取体内放射性核素的分布图,经计算机处理,获得核素在体内各断层分布及立体分布的重建图像。目前,机体的大部分器官如甲状腺、肝、胆、脑、肺、骨骼及某些肿瘤等,均可作核素成像检查。该技术安全、可靠、迅速、灵敏度高、特异性强,可作动态及定量观察。它不但能显示体内病变组织的形态,而且能反映其功能的动态变化,是其他许多检查技术无法代替的。一些国家已经在兽医临床上进行研究应用。

一、核素成像原理

核素显像的基本原理是将合适的放射性核素标记物经静脉、口服、吸入等方法引入体内后,这些发射性核素标记物可以聚集在特定的组织、脏器或病变部位,并且发出具有一定穿透能力的 γ 光子。用探测器在体表探测正常或病变组织中的放射核素分布,清除、浓聚程度及分布变化,经过光电转换,可以在显示器上显示出正常或病变组织与脏器的影像。

二、核素成像设备

早期使用的核素成像系统是同位素闪烁扫描仪。它是由一套机械传动机构带动核子探测器移动进行逐行逐点扫描,并记录下体内各部位辐射 γ 射线的强度,由此形成闪烁图。这种核素扫描机的最大缺点是无法进行动态观察,而且成像时间较长(数十分钟至数小时),目前在临床上已很少使用。取而代之的是 γ 照相机,γ 照相机可以摄下所感兴趣的区域中放射性药物浓度的分布图且形成一幅完整图像的时间不到 1s。如果在一定时间间隔中摄取一系列的药物分布图,就可以对脏器的功能进行动态分析。γ 照相机由准直器、闪烁晶体、光电倍增管阵列、位置计算电路、脉冲高度分析器与相应的显示装置构成。

三、放射性核素显像药物

进入体内并用于诊断或治疗的放射性核素及其标记物,统称放射性药物,也称核药物,它是核医学的主要组成部分。根据药物使用目的不同,放射性药物可分为放射性核素显像药物和放射性核素治疗药物。放射性核素显像药物不但能用于一般脏器显像,也可用于功能测定,这是核医学在诊断学上的特色之一。

放射性核素显像药物一般由两个部分组成:一是具有某种特殊功能的化合物。例如,甲氧基异丁基异腈(MIBI)可被心肌细胞摄取浓集于心肌;六环甲基丙烯胺肟(HMPAO)能通过血脑屏障而被大脑摄取。二是和上述化合物结合在一起的放射性核素，如^{131}I、^{99m}Tc、^{111}In 等。

放射性核素显像药物对核素有特别要求：① 应能发射 γ 射线，能量适当，不发射或发射 α 射线或 β 射线，因为只有 γ 射线可以穿出体外被探测器记录，而 α 射线或 β 射线不但对诊断无任何帮助，而且会使机体受到不必要的损伤；②应有合适的半衰期，即在满足诊断检查所需要时间的前提下，半衰期尽可能小，以降低机体所受到的辐射剂量；③ 毒性较小，^{99m}Tc 的半衰期为 6.02h，发射能量约为 140keV 的 γ 射线，其优良的核性质非常适宜动物体显像，目前^{99m}Tc 制备的放射性药物占临床诊断药物的 80%以上。

四、动物保定与放射性废物的处理

常用短期麻醉药安定动物。必要时给动物蹄部穿上橡皮靴，并防止放射性粪尿污染。成像检查后，动物隔离 48～54h，其放射性衰减至本底水平后，按非放射性动物处理。放射性废物可在 2～3d 后按照常规处理。

五、临 床 应 用

1. 脑显像 脑疾病导致血脑屏障破坏，放射性核素显像剂为血脑屏障破坏处脑组织所摄取，病变显影。显像剂包括^{99m}Tc-淋洗液、^{99m}Tc-葡庚酸盐等。^{99m}Tc-淋洗液价廉易得，但血中放射性停留时间长，脉络丛和唾液腺摄取影响图像质量，可通过口服过氯酸盐封闭，改善图像质量。^{99m}Tc-葡庚酸盐血中清除快，无脉络丛和唾液腺摄取，为首选显像剂，因其结构与葡萄糖类似，可作为肿瘤代谢底物，肿瘤摄取较多而用于肿瘤显像。小动物取仰卧位、侧位显像。脑创伤，因多种因素影响，动脉血流灌注相表现为创伤区周边放射性减少，而延迟显像表现为周边较创伤区放射性高（“新月征”），通常放射性随时间的延长而增加，延迟显像对诊断有帮助。脑脓肿在延迟显像中表现为反射性增加，可出现“炸面圈”征。该征象无特异性，可见于其他病变，如肿瘤等。

2. 骨与关节显像 主要用于探查潜在性损伤、骨髓炎、关节炎、退行性关节病等疾病，观察病程进展，评价骨活力，可比 X 线更早地检出病变。小动物取仰卧位做头骨、脊柱、骨盆显像，四肢取侧位显像。常用^{99m}Tc 标记多磷酸盐。全身骨骼放射性浓集的程度与骨骼结构、血供情况和代谢水平有关。正常长骨的两端放射性比骨干高。骨干含矿物质较多，血供不丰富，聚集放射性较少。各种原因的病变使骨组织破坏和新骨形成，骨代谢活跃，骨显像中可出现异常放射性浓集区。发展迅速的恶性肿瘤、股骨头缺血性坏死早期及多发性骨髓瘤病灶区，以局部溶骨为主，骨组织血供减少，可出现异常放射性稀疏区。

（杨德吉　周振雷）

第四篇　兽医临床诊断的方法论及症候学

第十八章　兽医临床诊断步骤与诊断的思维方法

兽医临床工作的基本任务是防治畜禽的疾病。在临床实践中，正确的诊断是预防和治疗疾病的重要依据。建立诊断就是诊断的形成。要形成正确的诊断，兽医必须采用一定的步骤和运用正确的思考方法。

第一节　诊断疾病的步骤

在疾病诊疗过程中，建立正确的诊断，通常是按照以下三个步骤来进行。

一、调查研究，广泛搜集资料

完整的病史对于建立正确诊断非常必要。要得到完整的病史资料，应全面认真地调查现病史、既往生活史和周围环境因素等，调查中要特别注意病史的客观性，防止主观片面。片面的和不准确的病史经常会造成诊断上的严重错误，必须注意避免和克服。

除调查病史外，对于建立正确诊断更为重要的是对患病动物进行细致的检查，全面地搜集症状。搜集症状，不但要全面系统、防止遗漏，而且要依据疾病进程，随时观察和补充。因为每一次对患病动物的检查，都只能观察到疾病全过程中某个阶段的变化，而往往要综合各个阶段的变化，才能获得对疾病较完整的认识。在搜集症状的过程中，还要善于及时归纳，不断地做大体上的分析，以便发现线索，逐步地提出要检查的项目。具体来说，在调查病史之后，要对主诉提供的材料进行大体上的分析，以便确定检查方向和重点。在一般检查、系统检查、特殊检查及实验室检查之后，要及时对检查结果进行归纳和小结，为最后的综合分析做准备。这样做看起来多费了些时间，但实际上线索找对了、方向摸准了，更易收到事半功倍的效果。

二、综合分析，形成初步诊断

（一）分 析 症 状

临床实际工作中，不论是所调查的病史材料，还是所搜集到的临床症状，往往都是比较零乱和不系统的，必须进行归纳整理，或按时间先后顺序排列，或按各系统进行归纳，以便对所搜集的症状进行分析评价。在分析症状过程中，应处理好以下 4 种关系。

1. 现象与本质的关系　临床材料，不管是病史资料、症状表现，还是实验室检查结果，都具有它们所代表的临床诊断意义，这就是现象与本质的关系。例如，胸膜摩擦音是一种病理现象，它所反映的本质是胸膜面上有纤维蛋白沉着，是由纤维素渗出性胸膜炎引起的。

对动物主人的主诉材料，应该对照现症检查的结果，分析鉴别。如果主诉与现症一致，证明主诉是正确的，对提供诊断线索有重要意义；不一致时，则应以现症作为诊断依据。

疾病的临床表现一般都比较复杂，如何透过复杂的临床表现去认识疾病的本质，这就要求掌握认识疾病的理论知识与检查患病动物的方法。除此以外，还应掌握识别假象、辨证认病的能力，才能真正揭露疾病的本质。

2. 共性与个性的关系 许多不同的疾病可以呈现相同的症状，即所谓"异病同症"。例如，在一些心脏病、肝病、肾病和贫血等疾病时都可以出现水肿，水肿是这些疾病的共同症状，是共性。但水肿在这些疾病的表现却各有特点，即个性。例如，心脏病性水肿因受重力影响，多出现于胸腹下部及四肢下端；而肾病性水肿则首先出现于皮下疏松组织多的部位，如眼睑等处。

再就疾病与患病动物而言，疾病是共性，患病动物是个性。由于引起疾病的原因复杂，疾病的类型又不相同，发展阶段也不尽一样，个体差异又很大，故同一种疾病在不同患病动物身上的表现是有差异的。有的症状典型，有的表现不明显；有的以这一症状为主，有的以另一症状为主；而且，同一种疾病，即使在同一患病动物身上，由于疾病发展阶段不同，其症状自然也有所差别。因此，要求任何患病动物在相同阶段出现典型化一的症状是不可能的。牛的化脓性疾病，通常不表现为白细胞总数增多，而是表现为明显的嗜中性粒细胞核左移。所以，在临床诊断中，只有善于从特殊性发现一般规律，又能用一般规律去指导认识特殊性，才能对疾病的认识越来越深化。鉴别诊断法就是从共性与个性的关系上来建立疾病的诊断。

3. 主要症状与次要症状的关系 在分析症状时，不仅要去伪存真，还要抓住主要矛盾。一个疾病可以出现多种症状，即所谓的"同病异症"；同一个症状，又可以由不同的疾病引起，所谓的"同症异病"。因此，对待症状不能同等看待，应区分主次，抓住主要症状。在临床上，可根据症状出现的先后和症状的轻重，找出其主要症状。一般说来，先出现的症状大多是原发病的症状，常常是分析症状、认识疾病的向导；明显的和严重的症状往往就是疾病的主要症状，是建立诊断的主要依据。临床上对主要症状明显的疾病，使用论证诊断法较合适。

4. 局部与整体的关系 动物体是一个复杂的整体，各组织、器官虽有相对的独立性，但又相互密切联系。许多局部病变可以影响全身；反过来，全身性的病变又可以局部症状为突出表现。例如，局部脓肿可引起发热等全身症状，而磷、钙代谢障碍等全身性疾病可以表现为骨骼变形、四肢运动障碍等局部症状，所以，对疾病的诊断，必须把局部和整体结合起来进行分析，防止孤立、片面地对待症状。

此外，还应注意症状之间有无内在联系，彼此有无矛盾。只有把由视、触、叩、听诊所搜集到的临床症状与实验室检查和相应的特殊检查的结果综合，纵横剖析、连贯起来思索，分析各种检查结果彼此之间是否一致，各个症状是否符合某种疾病应有的症状，才能提出正确的诊断。

（二）建立初步诊断

建立诊断就是对患病动物所患的疾病提出病名。这一病名应能提出患病器官、疾病性质和发病原因。怎样才能提出恰当的病名？除了上面所说分析症状应注意的几个关系外，还要能善于发现综合症状或示病症状。最后应用论证诊断法或鉴别诊断法，建立初步诊断。在建立诊断时，首先要考虑常见多发病，应注意动物的种属、年龄，以及地区和环境条件等。例如，30日龄以内的仔猪易患大肠杆菌病，2～4月龄幼猪多发副伤寒，在某些传染病流行地区首先要考虑传染病，在高氟地带应考虑氟中毒等。

在建立初步诊断时，如果动物所患疾病不只一种，应分清主次，按顺序排列。影响健康最大或威胁生命的疾病为主要疾病，应排在最前面。在发病机制上与主要疾病有密切关系的疾病称为并发病，列于主要疾病之后；与主要疾病无关而同时存在的疾病称为伴发病，排列在最后。例如，初步诊断为佝偻病，并发肋骨骨折，伴发螨病。

三、反复实践，不断验证或修正

临床工作中，在运用各种检查手段全面客观地搜集病史、症状的基础上，通过分析加以整理，建立初步诊断后，还应拟定和实施防治计划，并观察这些防治措施的效果，以验证初步诊断的正确性。一般来说，防治效果显效的，证明初步诊断是正确的；防治无效的，证明初步诊断是不完全正确的，此时要重新认识，修正诊断。

实际上，在初诊时就能作出正确无误的诊断，并能拟定出始终可用的防治计划的情况并不多见。这是因为诊断过程不但常常受科学技术水平的限制，而且受疾病发展及其表现程度的限制。所以，对于症状比较复杂的患病动物，在建立初步诊断后，仍需在治疗过程中不断观察，不断分析研究，如果发现新的情况或病情与初步诊断不符时，应及时作出补充或更正，使诊断更符合客观实际，直至最后确定诊断。临床工作者只有通过反复实践，在技术上精益求精，才能不断提高对疾病的认识能力和诊断水平。

综上所述，从调查病史、搜集症状，到综合分析症状、作出初步诊断，直至实施防治、验证诊断，是认识、诊断疾病的三个过程，这三者相互联系，相辅相成，缺一不可。其中调查病史、搜集症状是认识疾病的基础；分析症状是揭露疾病本质、制订防治措施的关键；实施防治、观察疗效是验证诊断、纠正错误诊断和发展正确诊断的唯一途径。如果搜集症状不全，或先入为主，主观臆断，根据片面的症状或主观、客观相分离的症状下诊断，就难免得出错误的诊断；如果对搜集的症状不加分析，主次不分，表里不明，那么对疾病的认识就只能停留在表面现象上，无法深入疾病的本质；如果建立初步诊断之后，不去验证，则无从纠正错误的认识，不能达到建立正确诊断的目的。

（韩　博）

第二节　临床思维方法

临床思维方法是兽医临床工作者认识、判断疾病和治疗疾病所用的一种逻辑推理方法。诊断疾病过程中的临床思维就是将疾病的一般规律应用到判断特定个体所患疾病的思维过程。

诊断过程是兽医临床工作者对疾病从现象到本质、从感性到理性的认识，又从理性认识再回到医疗实践中去的反复验证的过程。因此，形成正确的诊断不但需要动物医学专业知识，而且要有正确的思维方式。

资料搜集很好但是思维方法不正确，也不能得出正确的诊断。也就是说，诊断是临床医生的基本实践活动，就是把调查的材料（无论是问诊、物理检查，还是实验室及辅助检查取得的资料）经过分析综合、推理判断，得出符合逻辑的结论。

一、临床思维的两大要素

1. 临床实践　通过各种临床实践活动，如病史采集、体格检查、诊疗操作等，细致而周密地观察病情，发现问题、分析问题、解决问题。

2. 科学思维　是对具体的临床问题比较、推理、判断的过程，在此基础上建立疾病的诊断。临床医生得到的资料越翔实，知识越渊博，思维过程就越快捷，越切中要害，越接近实际，也就越能尽早作出正确的诊断。

二、临床思维的基本方法

(1) 推理:是获得临床资料或诊断信息之后到形成结论的中间思维过程。推理有前提与结论两个部分。①演绎推理:是从共性和普遍性原理出发,来推论对个别事物的认识并导出结论的方法。②归纳推理:从个别和特殊的临床表现导出一般性或普遍性的推理方法。③类比推理:根据两个或两个以上的疾病在临床表现上有某些相同或相似,但也有不同之处,经过比较、鉴别、推论而确定其中之一的推理方法。

(2) 根据所发现的诊断线索和信息去寻找更多的诊断依据。

(3) 根据患病动物的临床表现去对照疾病的诊断标准和诊断条件。

(4) 经验再现,即根据兽医临床工作的经验来判断疾病的方法,但必须和其他思维方法结合应用。

临床思维的几种方法如下:①从解剖的观点,观察有何结构异常;②从生理的观点,观察有何功能改变;③从病理生理的观点,提出病理变化和发病机制的可能性;④考虑几个可能致病的原因,考虑病情的轻重,勿放过严重情况;⑤提出 1～2 个特殊的假说;⑥检验该假说的真伪,权衡支持与不支持的症状体征;⑦寻找特殊症状体征组合,进行鉴别诊断;⑧缩小诊断范围,考虑诊断的最大可能性;⑨提出进一步检查及处理措施。

临床思维中应注意的问题如下。①现象与本质:如患病动物发热,咯铁锈色鼻液,胸部叩诊呈现浊音,听诊可听到湿啰音,X 线示片状阴影,血液常规检查白细胞总数增高等是现象,提示感染—肺感染—肺细菌感染—肺炎(大叶性肺炎)是本质。应透过现象看到本质。②主要矛盾与次要矛盾:临床表现复杂,应抓住主要矛盾才能得到正确诊断。主要矛盾是反映发病本质、威胁生命的矛盾,应抓住主要矛盾兼顾次要矛盾。③局部与整体:局部可影响整体,整体也可以表现在局部。④共性与个性:不同疾病可以有相同征象,即共性。这些疾病又有各自特点,即个性。⑤典型与不典型:典型是相对的,不典型是绝对的。

三、临床思维的基本原则

(1) 首先考虑常见病与多发病,如患病动物表现弓背首先考虑腹部疼痛性疾病(急腹症),而不是首先考虑腰椎损伤。

(2) 应考虑当地流行和发生的传染病和地方病。

(3)"一元论":尽量用一个疾病去解释各种临床表现。如患病动物出现咳嗽、咯血、发热、淋巴结肿大、血尿,可用"结核病"解释,而不用"肺炎,上呼吸道感染,肾炎"等多个疾病来解释。

(4) 首先考虑器质性疾病,然后考虑功能性疾病,以免错失良机,误诊误治。

(5) 首先考虑可以治疗的疾病。

(6) 实事求是原则,避免片面、主观、牵强附会地下诊断。努力寻找诊断和排除诊断的根据。

(7) 简化思维程序原则。当疾病表现多样,诊断不明,尤其是急诊重症时,应抓住重点、关键的临床现象,患病动物才能得到及时恰当的治疗。

四、建立诊断的方法

建立诊断的方法通常有两种,即论证诊断法与鉴别诊断法。

1. 论证诊断法 所谓论证诊断是指对患病畜禽临床检查得到的症状资料分清主次后,

依主要症状提出一个具体的疾病，然后将这些症状与所提出的疾病理论上应具有的症状进行对照印证。如果提出的疾病能解释出现的主要症状，且与次要症状不相矛盾，便可建立诊断。在临床上单一不复杂且症状明显的疾病，如临床上有示病症状的疾病或一些局部症状典型的疾病，一般可以按此法进行诊断。

2. 鉴别诊断法　在症状不典型或病情复杂的情况下，往往无法确定一个具体的疾病，这时必须用鉴别诊断法进行排除。即先根据一个或几个主要症状提出多个可能的疾病，这些疾病过程中都可能出现一个或多个这样的症状，但究竟是哪一种疾病，须进行类症鉴别，以缩小范围，最后归结到一个（或一个以上）可能性最大的疾病，这就是鉴别诊断法。

在进行鉴别诊断时，首先要将所有相关的疾病都考虑在内，这样不会造成漏诊，导致错误诊断。在此基础上具体进行鉴别诊断时，要认真分析各个相关疾病的个性（特殊性），先从大类上排除；具体到某一类型疾病时，如有必要还须进行实验室检查或特殊检查。

在具体的临床诊断中，论证与鉴别可相互补充。进行论证诊断时，对于一些不易解释的症状应排除可能的原因；在鉴别诊断完成后，也可用论证诊断再进行一次证实，这样诊断的可靠性会明显提高。

五、常见误诊、漏诊的原因

错误的诊断是造成防治失败的主要原因，它不仅造成个别动物死亡或影响其经济价值，而且可能造成疫病蔓延，使畜群遭受危害。导致错误诊断的原因多种多样，概括起来有以下 4 个方面。

（1）由于病史不全面而产生误诊。病史不真实，或者介绍得简单，对建立诊断的参考价值极为有限，从而发生误诊。

（2）由于条件不完备而产生误诊。由于时间紧迫，器械设备不全，检查场地不适宜，动物过于骚动不安或卧地不起，难以进行周密细致地检查，也往往引起诊断不够完善，甚至造成错误的诊断。

（3）由于疾病复杂而产生误诊。疾病比较复杂，不够典型，症状不明显，而又忙于作出诊治处理，在这种情况下，建立正确诊断比较困难，尤其对于罕见的疾病和本地区从来未发生过的疾病，由于初次接触，容易发生误诊。

（4）由于业务不熟练而产生误诊。由于缺乏临床经验，检查方法不够熟练，检查不充分，认证辨证能力有限，不善于利用实验室检查结果分析病情，诊断思路不开阔，而导致错误的诊断。

（韩　博）

第三节　临床诊断的内容与格式

一、诊断的内容

所谓疾病的诊断（diagnosis），即兽医师通过诊察之后，对患病动物的健康状态和疾病情况提出的概述性判断，通常要指出病名。一个完整的诊断，要求做到：①表明主要病理变化的部位；②指出组织、器官病理变化的性质；③判断功能障碍的程度和形式；④阐明引起病理变化的原因。

例如,亚急性细菌性心内膜炎,相对来说是一个比较完整的诊断。但在临床上,由于种种原因,有时很难得出完整的诊断,而只是包含了上面所要求的一项或两项内容。

按诊断所表达内容的不同,可将其分为症状诊断、病理形态学诊断、原因诊断、功能诊断和发病学诊断等。

(1) 症状诊断:仅以症状或一般功能障碍所做的诊断,称为症状诊断,如发热、咳嗽、腹痛、腹泻、跛行、趴窝等。因为同一症状可见于不同的疾病,而且未能说明疾病的性质和原因,所以这种诊断的价值不大,力求不作出这类诊断。

(2) 病理形态学诊断:根据患病器官及其形态学变化所作出的诊断,称为病理形态学诊断,如溃疡性口炎、支气管肺炎、渗出性胸膜炎等。这种诊断一般可以指出病变的部位和疾病的基本性质,但仍未说明疾病的发病原因,对于制订预防措施帮助不大,但作为一般的治疗依据还是适用的。

(3) 病因诊断:这种诊断能表明疾病发生的原因,对于疾病防治很有帮助,如炭疽、结核病、放线菌病、肝片吸虫病、风湿性肌炎、霉菌性胃肠炎、营养性缺铁性贫血等。

(4) 功能诊断:表明某一器官功能状态的诊断,称为功能诊断。如胃酸过少性消化不良、前胃弛缓、心功能不全等。

(5) 发病学诊断:阐明发病原理的诊断,称为发病学诊断或发病机制诊断。这种诊断不但要阐明疾病发生的具体原因,还要说明疾病的发展过程,疾病的发生与机体内在矛盾的关系,以及病理过程的趋向和转归,如营养性继发性甲状旁腺功能亢进症、自体免疫性溶血性贫血、过敏性休克等。发病学诊断,除要求作出“疾病的诊断”外,还要求作出切合某一个体患病动物的“患病动物的诊断”,所以它是一种比较完满的诊断。

(6) 并发症的诊断:指原发疾病的发展,导致机体、脏器的进一步损害的疾病,其与主要疾病性质不同,但在发病机制上有密切关系,如犬糖尿病并发白内障。

(7) 伴发疾病诊断:指同时存在的、与主要诊断疾病相关的疾病,其对机体和主要疾病可能发生影响。

(8) 待诊:有些疾病一时难以确诊,临床上常以其突出症状或体征为主题来待诊处理。并尽可能根据收集资料的分析综合,提出一些可能的诊断。尽量根据收集的资料综合分析,提一些诊断的可能性,按可能性的大小排列,反映诊断的倾向性。

二、诊断书的书写要求

(1) 病名要规范,书写要标准。书写应当一律用中文和医学术语,通用的外文缩写和无正式译名的症状、体征、疾病名称、药物名称可以使用外文,但不得用化学分子式。动物主人述及的既往所患疾病名称和手术名称应加引号。

(2) 选择好第一诊断。

(3) 不要遗漏不常见疾病及其他疾病。

(4) 疾病诊断的顺序为:主要的、急性的、原发的在前,次要的、慢性的、继发的在后。

(韩 博)

第十九章　症　候　学

第一节　发　　热

发热(fever)是致热原(pyrogen)直接作用于体温调节中枢,或体温调节中枢功能紊乱,或各种原因引起的机体产热过多和散热过少,导致动物体温超过正常范围的一种临床症状。

一、病　　因

发热按是否感染分为感染性发热和非感染性发热。非感染性发热可因组织器官功能变化或损伤产生代谢产物所引起,也可因体温调节中枢神经功能紊乱引起。

除体温调节中枢功能紊乱外,各种因素所致的发热均需致热原作用于体温调节中枢使其体温调定点(温阈)上升,由此一方面通过垂体内分泌激素使代谢增强,或通过运动神经使骨骼肌阵缩,使产热增加;另一方面通过交感神经使皮肤血管收缩及竖毛肌收缩,排汗停止,散热减少,最终使产热大于散热,导致体温上升。致热原来源于白细胞,包括白细胞介素(IL-1,IL-6)、肿瘤坏死因子(TNF)和干扰素(IFN)等,称为内源性致热原,可通过血脑屏障直接作用于体温调节中枢。感染和非感染性产物不能直接作用于体温调节中枢,而是通过激活血液中的白细胞等,使其产生并释放出内源性致热源,通过内源性致热源的作用机制引起发热,故又称为外源性致热原。

1. 感染性发热　各种病原体及其代谢产物和毒素作用于白细胞产生致热原而导致发热。无论是急性感染还是慢性感染,全身感染还是局部感染,均可引起发热。

(1) 病原微生物感染:包括细菌、病毒、真菌、支原体等。

(2) 寄生虫感染:主要是血液原虫感染,此外各种蠕虫、外寄生虫感染严重时也可引起发热。

例如,猪的常见感染性发热性疾病主要有链球菌病、传染性胸膜肺炎、副猪嗜血杆菌病、猪肺疫、猪丹毒、副伤寒、痢疾、仔猪白痢及红痢、李氏杆菌病、布氏杆菌病等细菌病,猪瘟、蓝耳病、仔猪伪狂犬病、圆环病毒病、口蹄疫、流行性感冒、乙脑、细小病毒病等病毒病;附红细胞体病、弓形虫病等原虫病。

2. 非感染性发热

(1) 无菌性崩解组织的吸收:大面积组织损伤、内脏出血、溶血性疾病等。

(2) 炎性渗出物:各种非感染性炎症所产生的炎性渗出物。

(3) 变态反应:风湿病、血清或疫苗反应、药物过敏等。

(4) 内分泌障碍:犬、猫甲状腺功能亢进。

(5) 体温调节中枢功能紊乱:颅脑外伤或炎症或出血、中暑(日射病和热射病)、镇静剂中毒、过量使用肾上腺素、犬低钙性痉挛(犬产后仔痫)、癫痫等。

二、临床表现及分类

伴随动物体温升高而出现的一系列临床体征,称为热候,又称为发热综合征。主要表现为精神沉郁，甚至呈昏睡状态；食欲减退或废绝，肠音减弱，便秘，反刍动物前胃弛缓；呼吸和心跳频率增加（体温每升高1℃，心率增加4～8次）；皮温增高，末梢发凉，多汗，恶寒（主要见于发热初期）；尿量减少，有时出现蛋白尿；腺体分泌减少；机体脱水等。

发热可按发热程度、热型、病程等进行分类。

（一）发热程度分类

由于引起发热的原因、疾病严重程度及机体反应性不同，发热程度也不一样。一般按发热程度可分为微热、中热、高热和最高热4个等级。了解发热程度可判断疾病的范围、性质及严重程度。

1. 最高热 体温升高3.0℃以上，提示某些严重的急性传染病（如炭疽、猪丹毒、马传染性胸膜肺炎、急性马传染性贫血等），脓毒败血症，日射病与热射病，大剂量应用肾上腺素等。

2. 高热 体温升高2.0～3.0℃，见于急性感染性疾病与实质器官的广泛性炎症。如流感、典型猪瘟、典型蓝耳病、仔猪伪狂犬病、犬瘟热；急性巴氏杆菌病（猪肺疫、牛羊出血性败血症）、败血型链球菌病、猪传染性胸膜肺炎；牛肺疫、羊传染性胸膜炎；马腺疫；弓形虫病、血液原虫病；大叶性肺炎、小叶性肺炎；急性广泛性胸膜炎和腹膜炎等。

3. 中热 体温升高1.0～2.0℃，常见于器官系统一般性炎症（如胃肠炎、支气管炎、外科感染、子宫蓄脓、胎衣不下等）及某些亚急性或慢性传染病（如口蹄疫、非典型猪瘟等多数猪病毒病、犬传染性肝炎等）。

4. 微热 体温升高1.0℃以内，仅见于局限性炎症及轻微病程，如牛结核、布氏杆菌病；感冒、鼻卡他、咽喉炎；口腔炎、胃卡他、消化不良；蠕虫及外寄生虫感染等。

（二）体温曲线和热型分类

每日早晚各测一次动物体温并记录在特制的表格内连成的曲线，称为体温曲线。当动物患发热性疾病时，体温曲线可呈现出各种有规律的变化，称为热型（fever type）。热型对判断疾病的性质和预后具有重要意义。临床上常见的热型有以下几种。

1. 稽留热（continued fever） 昼夜温差在1.0℃以内持续性发热类型，此乃致热物质在血液中长期存在并对中枢给予不断刺激的结果。见于流行性感冒、炭疽；大叶性肺炎；典型猪瘟、猪丹毒；牛肺疫；马胸疫、急性马传染性贫血等。

2. 弛张热（remittent fever） 昼夜温差变动超过1.0℃以上，但不恢复到正常温度的发热类型。见于各种化脓性感染、败血症、小叶性肺炎、风湿热及非典型经过的某些传染病（如马腺疫、亚急性细菌性心内膜炎等）、犬瘟热的二次发热。

3. 间歇热（intermittent fever） 有热期和无热期（1d至数天）在短时间内反复交替出现的发热类型。两次发热之间，间隔较长无期热者称为回归热。典型的间歇热见于血液原虫病及慢性马传染性贫血。典型的回归热见于布氏杆菌病。

4. 双相热（double fever） 体温升高持续数天（通常2～3d）后恢复正常，隔3～5d后再次升高且持续较长时间，称为双相热。典型的双相热见于犬瘟热。

5. 不规则热（irregular fever）或不定型热 体温曲线无规律性。见于非典型经过的疾病中，如布氏杆菌病、慢性结核病、马鼻疽、慢性猪瘟等。

（三）发热病程分类

1. 急性发热 一般发热期延续一周至半月，见于多种急性传染病。

2. 亚急性发热 发热期长达1个月余，见于马血斑病等。

3. 慢性发热 发热缠绵，可持续数月甚至一年有余，多提示为慢性传染病，如结核、慢性猪肺疫、慢性马传染性贫血及马鼻疽等。

4. 一过性热或暂时性热 仅见体温的暂时性（1～2d内）升高，常见于注射血清、疫苗后的一时性反应，或见于暂时性的消化紊乱，某些疾病的初期可能有一过性发热（如猪传染性胃肠炎、伪狂犬病等）。

三、伴随症状

1. 腹泻 见于各种胃肠道感染性疾病（细菌、病毒）及肝脏疾病（犬传染性肝炎）等。

2. 呼吸系统症状 见于各种呼吸道感染性疾病等。

3. 皮肤和黏膜病变 见于一些传染病及蜂窝织炎、药物疹等。

4. 神经症状 见于中暑、乙型脑炎、传染性脑脊髓炎、李氏杆菌病等。

5. 黄疸和血红蛋白尿 见于血液原虫病、附红细胞体病、钩端螺旋体病等。

6. 流产 见于布氏杆菌病、衣原体病、马沙门菌病等。

7. 淋巴结肿大 见于传染病、血液原虫病、局部感染等。

8. 昏迷 见于中暑、中毒性菌痢、乙型脑炎等。

四、鉴别诊断思路

发热是动物众多疾病的共同反应，也是机体对病原产生的一种适应性反应。但发热原因繁多，伴发的临床体征复杂，因此，临床上需重视发热的鉴别诊断。

1. 注意发热的临床表现和热型 在排除各种生理性因素所致的体温升高后，注意发热的群发性和散发性、发热程度和持续时间、发热的急缓，及时了解发热的特征。

2. 注意发热时的伴随症状 发热时的主要伴随症状，常可提示比较明确的诊断方向。例如，猪在出现发热的同时，若主要表现呼吸道症状，常提示呼吸道疾病等；若主要表现消化道症状，常提示消化系统疾病等。

3. 观察退热效应 退热效应，对疾病诊断、判断疗效及预后都有重要意义。

热渐退指在数天之内逐渐地、缓慢地下降至常温，动物全身状态也随之逐渐改善而至康复。热骤退指短期内高热迅速降至常温甚至常温以下，若热骤退时，脉搏反而增数且患病动物全身状态不见好转甚至恶化，多提示预后不良。

（1）自发退热：是一种疾病经过中的定型退热效应。例如，大叶性肺炎在稽留7～9d高热后，体温恢复正常而不再发热；间歇热和双相热的无热期也是一种自发退热，但在体温自发退至常温后一段时间会再度发热。

（2）药物退热：使用解热镇痛药等退热药后，可出现数小时的退热效应，但在药效过后可再度发热。

（3）特异性退热：在全身性感染或血液原虫病时使用特异性抗生素或抗原虫药后，病原体被抑制或杀死，炎症被控制并消散，则体温自然下降，不再升高。

4. 有无温差倒转 健康动物的体温清晨最低，傍晚最高，昼夜温差为0.5～1℃。在某些疾病情况下(如慢性马传染性贫血),经常出现上午体温高、下午体温低的现象。

(邓俊良)

第二节 水 肿

动物机体组织间隙内积聚过量积液,称为水肿(edema)。水肿不是一种独立的疾病,而是许多疾病中都可出现的一种重要的病理过程。根据发生范围,水肿可分为全身水肿(过多液体在体内组织间隙呈弥漫性分布)和局部水肿(过多液体在局部组织间隙积聚);根据发生部位,可分为皮下水肿(过多液体积聚在皮下结缔组织)、器官水肿(肺水肿、脑水肿、胃肠水肿等)、体腔积水(液体积聚于体腔内,如胸腔积水、腹腔积水、心包积水)等;根据发生原因,可分为心性水肿、肾性水肿、肝性水肿、稀血性水肿、炎性水肿等;根据水肿发生程度,可分为隐性水肿(外观上无明显表现的水肿)和显性水肿(外观上有明显表现的水肿)。

一、病 因

病理情况下,当血管内外液体交换发生改变,血浆成分滤出量大于组织间液回流量时,则可发生水肿。

1. 血管内外液体交换平衡失调 临床上导致血管内外液体交换平衡失调的原因主要有血浆胶体渗透压降低、微血管壁通透性增加、淋巴回流受阻、毛细血管流体静压增高和组织压降低等。

2. 体内外液体交换平衡失调(液体排出失调)——水、钠潴留 健康动物钠、水的摄入量和排出量处于动态平衡状态,从而保持体液量的相对恒定、维持正常的结构和功能。体内的容量及渗透压的调节由“容量调节”和“渗透压调节”系统来实现,其中以肾对水、钠排泄的调节更为重要。因此,当肾对水、钠的排出减少时,可引起水、钠在组织间隙内潴留,从而发生水肿。临床上导致水、钠潴留的原因主要是急性肾小球肾炎、充血性心力衰竭、肾病综合征等。

二、临床表现及分类

隐性水肿除体重有所增加外,临床表现不明显;而显性水肿临床表现明显。水肿以皮下浮肿最明显。

皮下浮肿为非炎性肿胀,可表现为弥散性肿胀或局限性肿胀;紧张度增加、弹性降低、皮温降低、颜色变淡;触诊呈生面团样硬度,并留有指压痕,无热无痛。皮下浮肿多出现在皮下结缔组织疏松部位,常以下颌间隙、颈下、胸垂、胸下及腹下、阴囊及阴筒、四肢(尤其后肢下端)、面部及眼睑多见。而炎性肿胀时局部增温且有敏感反应。有时皮下浮肿与皮下气肿合并发生,称气性浮肿。

不同种属动物,其好发部位及表现特点也有差异。牛、羊多见于下颌间隙及颈下、胸垂;马、骡常发生在胸下、腹下及阴囊、阴筒;禽类(鸡)则多在腹下表现为蓝紫或蓝绿色水肿,且水肿较硬。

1. 心源性水肿 心源性水肿指由于心功能不全而引起的全身性或局部性水肿,见于各种原因所致的心力衰竭(如心丝虫病、填塞性心包炎、肺心病、心脏瓣膜病、先天性心脏病、心肌病、肉鸡腹水综合征等)。其发生与下列因素有关。

(1) 水、钠潴留:心功能不全时,一方面由于心排血量降低导致肾血流量减少,引起肾小球滤过率降低；另一方面有效循环血量减少，导致抗利尿激素（ADH）、醛固酮分泌增多，肾小管对水、钠的重吸收增多，造成水、钠在体内潴留。

（2）毛细血管流体静压升高：心排血量降低导致静脉回流障碍，进而引起毛细血管流体静压升高。尤其是在机体低垂部位，如四肢、胸腹下部、肉垂、阴囊等处，由于重力的作用，毛细血管流体静压更高，水肿也越发明显。静脉回流障碍引起静脉压升高，妨碍淋巴回流。

（3）血浆胶体渗透压降低：右心功能不全可引起胃肠道、肝、脾等腹腔器官发生淤血和水肿，造成营养物质吸收障碍，白蛋白合成减少，导致血浆胶体渗透压降低。

心源性水肿的特征是多在躯干下部发生对称性水肿，特别在胸、腹下及四肢下端更明显；左心功能不全易发生肺水肿，右心功能不全可引起全身性水肿；有心脏病和心力衰竭（尤其右心竭）的症状和体征；静脉压升高引起静脉怒张；水肿随心力衰竭而消长。

2. 肾源性水肿 肾功能不全时引起的水肿称为肾源性水肿，见于各种原因的肾功能不全，如肾炎、肾病、中毒性疾病、传染病。主要与血浆蛋白经肾流失过多使血浆胶体渗透压降低，以及水、钠由肾排出减少而在体内潴留有关。

肾源性水肿的特征是多发生于眼睑、颜面、阴囊等皮下疏松部位，伴有鲜明的肾病体征和症状。患急性肾小球肾炎时，表现肾区敏感，肾性高血压，伴有少尿、血尿、蛋白尿和管型尿。患慢性肾小球肾炎时，肾功能显著减损，血非蛋白氮增高，血压尤其是舒张压显著升高，常有充血性心力衰竭。患肾病时，极度水肿，血浆蛋白尤其是白蛋白减少，尿含大量蛋白质，但无血尿，血非蛋白氮和血压均正常。除上述各肾疾病体征和症状外，还伴有其原发病即特定传染病或中毒病的各种表现。

3. 肝源性水肿 肝功能不全引起的全身性水肿称肝源性水肿，常表现为腹水。见于肝硬化、传染病（传染性肝炎）、中毒病、侵袭病（肝片吸虫病等）、遗传病（铜累积病、家族性肝内A-V瘘）等。

（1）肝静脉回流受阻：肝硬化时肝组织广泛性破坏，结缔组织大量增生，压迫肝静脉，造成肝静脉回流受阻，肝窦状隙内压明显上升引起过多体液滤出，当超过肝内淋巴回流的代偿能力时，可经肝静脉膜滴入腹腔内形成腹水。同时肝静脉回流受阻又可导致门静脉高压，肠系膜毛细血管流体静压随之升高，液体由毛细血管滤出明显增多，也形成腹水。

（2）血浆胶体渗透压降低：严重的肝功能不全，如重症肝炎、肝硬化等，肝细胞合成白蛋白障碍，导致血浆胶体渗透压降低。

（3）水、钠滞留：肝功能不全时，ADH、醛固酮等激素的灭活作用减弱，致使远曲小管和集合管对水、钠重吸收增多。

肝源性水肿的特征是慢性病程，腹水和后肢水肿明显；伴肝功能障碍（ALT、AST 活性明显升高，血浆白蛋白减少）和肝实质性黄疸体征。

4. 营养不良性水肿 营养不良性水肿指营养物摄入不足、吸收障碍或耗损过多所造成的全身性水肿，又称稀血性水肿或低渗性水肿。病理学基础是血浆蛋白（尤其是白蛋白）减少导致血液胶体渗透压降低及微血管壁通透性增高（有毒代谢产物蓄积）。常见于蛋白质供应不足（饥饿）、蛋白质消化吸收障碍（慢性胃肠病）、蛋白质合成减少（肝脏病）及蛋白质耗损过多（慢性消耗性传染病如马传染性贫血、结核；重度侵袭病如寄生虫病、锥虫病；肾病）等各种营养缺乏病等。

营养性水肿的特征是血液胶体渗透压明显降低所致的低蛋白血症尤其是低白蛋白血症；水肿从下颌、四肢开始，然后扩展到全身；慢性病程；伴衰竭（消瘦和贫血）体征。

5. 激素性水肿　激素性水肿指调节水盐代谢的激素紊乱所引发的全身性水肿，见于马、犬、猫的肾上腺皮质功能亢进症即库欣样综合征（Cushings-like disease or syndrome），注射或服用肾上腺皮质类固醇或促肾上腺皮质激素等。

6. 血管神经性水肿　血管神经性水肿又称变态反应性水肿，见于血清病、荨麻疹等。由于抗原抗体反应，使肥大细胞或嗜碱性粒细胞释放组胺、缓激肽等血管活性物质，引起微血管通透性增高而导致水肿。多发于颈、胸、腹部；突发突散；水肿部皮肤苍白或有蜡样光泽，水肿中央部微凹下，边缘无明显界限。如马血斑病形成的河马头、大象腿。

7. 淤血性水肿　淤血性水肿主要是由于静脉回流受阻（局部静脉受压、血栓形成、栓塞等）导致毛细血管流体静压升高所致。此外，淤血导致组织缺氧、代谢产物堆积、酸中毒，可进一步引起毛细血管通透性升高和细胞间液渗透压升高，也促进水肿的发生。例如，妊娠性水肿仅发生于妊娠后期的母畜胸、腹下，运动后减轻或消失，伴有腹围增大。

8. 炎性水肿　炎性水肿是由于淤血、炎症介质、组织坏死崩解产物等诸多因素的综合作用，导致炎性区毛细血管流体静压升高、毛细血管通透性升高、局部组织间液胶体渗透压升高、淋巴回流障碍而引起的水肿。多为感染及过敏性疾病所致，如恶性水肿病（腐败梭菌经伤口感染）、炭疽、牛水肿型出血性败血症（巴氏杆菌）、猪肺疫（颌下）。炎性水肿在肿胀的同时，伴有局部热痛反应、功能障碍和原发病的表现。

三、伴 随 症 状

（1）肝肿大：见于右心衰竭、肝硬化失偿期。

（2）颈静脉怒张：见于牛创伤性心包炎、各种心脏疾病失偿期。

（3）腹水：见于肝硬化、右心衰竭、犊羔白肌病等。

（4）呼吸困难和发绀：应考虑心脏病、牛出血性败血症、猪肺疫等。

四、鉴别诊断思路

1. 注意水肿的发生特点　如水肿出现的时间、急缓，开始部位和蔓延情况，全身性或局部性，是否有对称性，有无心、肾、肝、内分泌疾病的病史，发生与饲料及使用药物有无关系等。

2. 根据肿胀特点与其他皮肤肿胀相区别　注意区分气肿、血肿、脓肿、淋巴外渗、疝、肿瘤和骨质增生。

3. 判定水肿的类型，推断发生原因

（1）根据水肿的发生部位和前面所述的特点，判定水肿是心源性、肾源性、肝源性、营养不良性，还是炎性、过敏性或妊娠性，缩小考虑范围。

（2）区分全身性水肿或局限性水肿。

4. 根据伴发的症候群，考虑引起水肿的疾病

（1）咽喉、颈、胸前、腹下、乳房等局部皮肤炎性水肿，初有热痛，后热痛消失，发生坏死和溃疡，伴有高热，应考虑炭疽。

（2）外伤感染，病初伤口周围弥散性炎性水肿，坚实、热痛，后变柔软，指压留痕，并有捻发音，无热痛，伴有高热和严重的全身症状，应考虑恶性水肿。

（3）牛或猪的咽、颈和胸前迅速发生炎性肿胀，有热痛，伴有高度呼吸困难和高热，应考虑牛出血性败血症或猪肺疫。

（4）断奶仔猪头颈部水肿，尤其是眼睑和结膜，伴有共济失调、惊厥、麻痹、叫声嘶哑，应考虑猪水肿病。

(5) 牛、羊渐进性消瘦、贫血、结膜苍白略带黄染，下颌间隙出现不热不痛的冷肿，可蔓延到胸前和腹下，应考虑肝片吸虫病。

(6) 马出现“河马头”及“象腿”，应考虑血斑病。

(7) 牛的颈静脉如索状、颈下胸垂、胸下和腹下水肿，伴有心动过速、心包摩擦音或拍水音，应考虑牛创伤性心包炎。

(8) 眼睑等皮下疏松部位水肿，少尿或无尿，肾区压痛，高血压，尿中有蛋白质和尿圆柱，应考虑急性肾炎。

(9) 雏鸡的皮下浮肿[如当硒和(或)维生素 E 缺乏症时]，表现为腹下、胸下、腿内侧等部位皮下变为蓝绿或蓝色肿胀，应考虑渗出素质性疾病。

(邓俊良)

第三节 脱 水

脱水(dehydration)是机体摄入水分不足和(或)丢失过多，导致循环血量减少和组织脱水的综合病理过程。在脱水过程中，水分丢失的同时，都伴有不同程度的电解质尤其是钠的丧失。根据水与钠丢失的比例不同(血浆渗透压的变化)，临床上可将其分为以丢失水分为主的高渗性脱水和以丢失钠为主的低渗性脱水，以及水与钠都大量丢失的等渗性脱水。

一、病 因

脱水的原因见图 19-1。

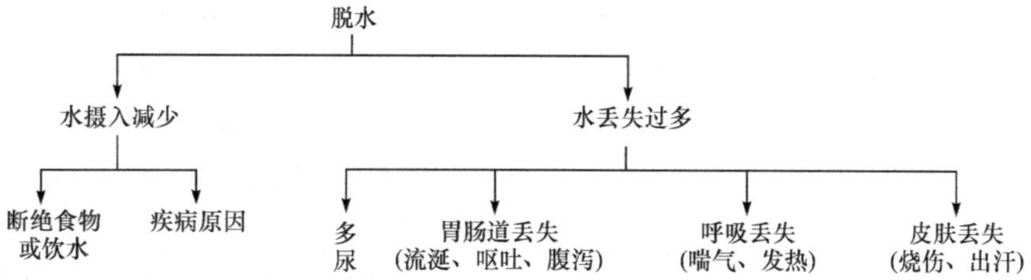

图 19-1 脱水的原因

1. 机体水摄入减少

(1) 断绝动物食物和饮水，造成水分摄入减少而发生脱水。

(2) 各种疾病情况下由于动物食欲和饮欲降低或废绝，水分不能摄入而发生脱水。

2. 机体水丢失过多

(1) 腹泻：因各种胃肠疾病而引起大量腹泻，导致大量水分丢失。

(2) 胃肠道大量积液：液性胃扩张、肠便秘、瓣胃阻塞、反刍动物瘤胃酸中毒等疾病，都影响肠道吸收水分，致使大量液体潴留在胃肠道内而引起重剧的脱水。

(3) 呕吐、出汗、烧伤：各种原因引起的急性胃肠炎大量呕吐，中暑、高热、疼痛、有机磷中毒等大量出汗，烧伤等均可丢失大量水分而发生脱水。

(4) 唾液分泌过多：唾液腺炎、有机磷农药中毒、砷中毒、汞中毒、急性铜中毒等疾病过程中，因唾液分泌过多，大量流涎而引起急性脱水。

(5) 多尿：肾病、慢性肾炎、糖尿病、尿崩症、大量使用利尿剂等，因长期排尿量增多而引起脱水。

(6) 体腔积液：胸、腹腔大量积液也可继发脱水。

(7) 不显性失水：发热性疾病、伴有呼吸频率加快的疾病，常因不显性失水量异常增多而发生脱水。

二、临床表现及分类

脱水的一般临床表现为皮肤干燥而皱缩，皮肤弹性降低（皱褶试验时间延长），眼球凹陷，黏膜潮红或发绀，血液浓缩（PCV 升高），静脉萎陷，尿量减少或无尿，体重迅速减轻，肌肉无力，食欲缺乏。轻度或中度脱水时，心率及脉搏无明显变化，严重脱水时心率加快，脉搏细弱。不同类型的脱水，其临床表现有一定差异。

根据脱水时血浆渗透压的变化将脱水分为高渗性、等渗性、低渗性脱水三种类型。三种类型脱水的特点及其原因，见表 19-1。

表 19-1 三种脱水类型的特点及其原因

类型	特点	原因	
高渗性脱水（水缺乏）	失水＞失盐（缺水性）	单纯性脱水	水摄入不足（食物、饮水不足） 胃肠道异常发酵分解变为高渗
		低渗液体丢失	热射病等水分从肺、皮肤丢失 大量应用利尿剂
等渗性脱水	失水＝失盐（最常见）	丢失的液体成分和细胞外液基本相同	胃肠道消化液的大量丢失：呕吐、腹泻；肠变位、肠梗阻（肠液的分泌增多） 弥漫性腹膜炎（血浆进入腹腔） 大面积烧伤面的渗出（血浆流失） 外伤或手术中的失血 中暑（出汗）
低渗性脱水（钠缺乏）	失水＜失盐（缺盐性）	高渗液体丢失	肾功能不全（排盐过多，重吸收抑制）糖尿病等
		等渗液体丢失而只补水分，不补电解质	治疗胃肠道消化液大量丢失、大面积烧伤等渗性脱水时，仅补 5%葡萄糖等 发热、大汗后大量饮水

三种类型脱水的临床表现，见表 19-2。

表 19-2 三种类型脱水的临床表现

类型	高渗性脱水	等渗性脱水	低渗性脱水
原因	水丢失，水分由细胞内溢出细胞外	大量水和钠盐的急剧丧失	补水而不补电解质，使水分由细胞外进入细胞内
细胞外液量	从减少到变化不明显	迅速减少	组织间液及血容量减少
渗透压	↓↓	↓↓↓↓	↓↓↓↓

续表

类型	高渗性脱水	等渗性脱水	低渗性脱水
循环血量	从减少到变化不明显 （血压下降不明显）	减少 （血压下降）	血容量减少 （血压下降）
血清 Na^+	↑↑	—	↓↓
PCV	变化不明显	正常	升高
心脏	心跳加速	心跳加快	心跳加快，心音弱
总蛋白	变化不明显	正常	升高
毛细血管再充盈时间	—	长	静脉萎陷；静脉充盈慢
口渴	+++	++	无
眼窝	—	下陷	下陷
皮肤弹力	—	差	皱缩，弹力差
尿	少，比重高	少	量正常但比重低，后期尿减少
其他	昏迷	酸中毒和毒血症或休克	休克

临床上需要对脱水程度及脱水量作出判定，动物眼球凹陷和皮肤皱褶试验是确定脱水的主要感官指标，也可根据体重减轻的百分率来评价机体脱水的程度和确定补液量。红细胞压积、血浆总蛋白含量、中心静脉压等脱水指标能反映出血容量的改变，敏感可靠，但它们往往受动物种类、品种、个体、地理环境等的影响而有较大的变动。因此，在估计脱水量时必须在考虑脱水程度的基础上，结合脱水指标进行综合评定（表 19-3）。

表 19-3 脱水的严重程度及评价指标

体重减轻/%	眼凹陷及皮肤皱缩	皮肤皱褶试验持续时间/s	血细胞压积/%	血清总固体物/(g/L)	恢复脱水需补充的液体量/(ml/kg 体重)
4～6	+	—	40～45	70～80	20～25
6～8	++	2～4	50	80～90	30～50
8～10	+++	6～10	55	90～100	50～80
10～12	++++	20～45	60	120	80～120

三、伴随症状

（1）腹泻：应从传染性、寄生虫性、中毒性、营养性腹泻等方面加以鉴别。

（2）呕吐：多发生于猪、犬和猫，应从感染、胃肠道炎症、消化不良、中毒、神经系统疾病等做鉴别诊断。

（3）流涎：主要考虑各种口腔疾病（普通病、传染病）、有机磷农药中毒、汞中毒、砷中毒等疾病。

（4）多尿：应注意糖尿病、肾病、尿崩症、应用大量利尿剂等的鉴别。

四、鉴别诊断思路

（1）明确脱水的原因应根据全面系统的临床资料，结合疾病的特点和脱水发生情况进行鉴别诊断。

（2）评估脱水、电解质紊乱和酸碱平衡失调的程度：对严重的脱水性疾病应通过实验室检查血清总蛋白、血清钠、血清钾、血清氯化物、血液 pH、血浆碳酸氢根离子浓度等进行准确评价，为临床补液提供依据。

（3）脱水的预后判断：脱水尤其是严重的急性脱水，往往会导致酸中毒、休克等而危及动物生命。因此，对于脱水动物，应根据以下体征和实验室检查结果，作出准确的预后判定。①脱水原因和体征：重剧腹泻、肠变位等引起的脱水，伴有体温升高或低下、持续无尿、心率显著增加、皮肤皱褶试验恢复时间超过 20s 者，一般预后不良。②红细胞压积：大于 0.60L/L，表示重度脱水（在高海拔地区生活的动物除外）；达到 0.80L/L 者，预后不良。③血液乳酸：超过 7.77mmol/L 者，预后慎重。④血压：脱水病马血压低于 10.7kPa 者，多预后不良。

（邓俊良）

第四节 贫　　血

贫血（anemia）是指外周血液中单位容积内红细胞数、血红蛋白含量和红细胞压积值低于正常水平的临床综合征。

一、病因及分类

根据贫血的原因可将贫血分为失血性、溶血性、营养性和再生障碍性贫血 4 类。

1. 失血性贫血　失血性贫血是由于各种原因和程度的出血，造成红细胞丧失过多所致的贫血。

（1）急性失血性贫血：急性失血性贫血是由于血管特别是动脉血管破裂，在短时间内使机体丧失大量红细胞，而血库及造血器官又不能代偿时所发生的贫血。①各种创伤（包括肝、脾破裂）及手术所致的大出血；②牛草木樨病、敌鼠钠等抗凝血鼠药中毒，蕨类植物中毒等中毒性疾病；③侵害血管壁的疾病，如肺出血，大面积胃肠溃疡（猪和犬胃出血、牛皱胃溃疡），寄生性肠系膜动脉瘤破裂等；④造成血库器官破裂的疾病（肝淀粉样变，脾血管肉瘤）；⑤免疫性出血病，如同族免疫血小板减小性紫癜（IITP）、自体免疫血小板减小性紫癜（AITP）、Ⅺ因子缺乏。

（2）慢性失血性贫血：内脏器官发生炎症及出血性素质等原因长期反复失血，同时饲料中造血原料不足，或者胃肠功能降低影响对造血原料的消化吸收，进而导致机体内肝脏、骨髓造血原料缺乏，引起慢性出血性贫血。①寄生虫病（血茅线虫、圆线虫、球虫病等）；②尿石症或赘生物引起的血尿；③维生素 K、维生素 C 缺乏；④遗传性，如血友病、血小板病。

2. 溶血性贫血　溶血性贫血是由于红细胞破坏过多超过机体造血补偿能力范围所致的贫血。

（1）急性溶血性贫血：①细菌感染，如钩端螺旋体病、溶血性链球菌和葡萄球菌的溶血毒素、牛细菌性血红蛋白尿病（溶血梭菌病）等；②血液原虫侵袭，如焦虫病、锥虫病等；③同族免疫性抗原抗体反应，如新生畜溶血病、不相合血输注、血清疫苗免疫等；④化学毒中毒，如吩噻嗪类、亚甲蓝、萘、皂素、煤焦油衍生物中毒等，铜、汞、铅、砷等矿物毒中毒，生物毒如蛇毒等动物毒中毒，毛茛、洋葱和大葱、黑麦草、甘蓝等有毒植物毒中毒；⑤物理因素，如犊牛水中毒、烧伤等；⑥营养因素，如低磷酸盐血症（产后血红蛋白尿）等。

（2）慢性溶血性贫血：①微生物感染，如附红细胞体病、犬巴尔通氏体病等；②自身免疫性抗原抗体反应，如自体免疫性溶血性贫血（AIHA）、红斑狼疮、马传染性贫血等；③遗传性溶血病。

3. 营养性贫血 营养性贫血是由于造血原料供应不足或因动物长期消化吸收障碍，而使造血原料不足所致的贫血。

(1) 属血红素合成障碍的贫血：见于铁、铜、维生素 B_6 缺乏症等；钼过多引起铜缺乏，铅中毒妨碍血红素与珠蛋白结合形成血红蛋白的酶，也导致此类贫血。

(2) 属核酸合成障碍的贫血：见于维生素 B_{12}、钴、叶酸和烟酸缺乏症等。

(3) 属珠蛋白合成障碍的贫血：见于赖氨酸不足、饥饿及衰竭症等各种消耗性疾病。

4. 再生障碍性贫血 再生障碍性贫血(再障)是由于骨髓造血功能障碍所致的贫血。

(1) 骨髓受细胞毒性损伤性再障：①放射线损伤，如辐射病；②化学毒如三氯乙烯豆粕中毒，植物毒如蕨类中毒，真菌毒素如穗状葡萄球菌及梨孢镰刀菌毒素中毒；③长期使用抑制骨髓造血功能的药物(抗癌药、保泰松等)；④全骨髓萎缩，如白血病、转移性肿瘤、骨髓纤维性增生等。

(2) 感染性再障：①病毒病，如亚急性和慢性马传染性贫血、猫白血病、猫泛白细胞减少症(猫瘟)等病毒病；②犬欧立希体病；③牛、羊毛圆线虫病等。

(3) 红细胞生成素减少性再障：①慢性肾病(肾是产生和释放促红细胞生成素的主要器官)；②内分泌腺疾病，包括垂体功能低下、肾上腺功能低下、雄性性腺功能低下及雌性激素过多。

除红细胞生成素减少性再障只引起红细胞减少外，其他原因所致的贫血导致全血细胞减少症。

各种贫血均有相关的红细胞形态变化。

按红细胞指数(MCV、MCHC)和红细胞象(着染情况、大小、分布)等红细胞形态学特征，可将贫血分为6型，即正细胞正色素型、正细胞低色素型、大细胞正色素型、大细胞低色素型、小细胞正色素型和小细胞低色素型。

贫血的形态学分类能为病因诊断指示方向，对营养性贫血的病因探索最有价值。凡阻碍核酸合成的病因，多引起大细胞正色素型贫血；凡阻碍血红素或血红蛋白合成的病因，多引起小细胞低色素型贫血；其他各种病因引起正细胞正色素型贫血。

按骨髓能否对贫血状态作出再生反应，贫血可分为再生性贫血和非再生性贫血。

再生性贫血的标志是：各种未成熟红细胞(多染性红细胞、网织红细胞、有核红细胞)在循环血液内出现或增多；骨髓红系细胞增生活跃，而幼粒细胞对幼红细胞的比率(粒红比)降低。

非再生性贫血的标志是：循环血液内看不到未成熟红细胞；骨髓红系细胞减少而粒红比增高，或三系(红系、粒系、巨核系)细胞均减少。

贫血的再生反应分类能为贫血的病因诊断指示方向，对正细胞正色素型贫血的病因诊断，特别是再生障碍性贫血(再障)的确认最有价值。非再生性贫血，指示造成贫血的病理过程在骨髓外，属失血性或溶血性病因；再生性贫血，指示造成贫血的病理过程在骨髓内，属再生障碍性病因。

二、临床表现

贫血的病理生理学基础是血液中红细胞数减少或(和)血红蛋白含量降低，导致血液携氧能力下降。

贫血的共同症状是皮肤和黏膜苍白，皮温降低，精神沉郁，倦怠乏力，运步不稳，皮肤干燥且松弛，心跳加快，呼吸急促，运动后心悸、气喘更加明显。严重的患病动物体温降低，排出黏稠的冷汗，四肢厥冷，脉搏细弱，心音微弱，心脏听诊时可听到缩期贫血性杂音，皮下水肿，甚至卧地不起。

各型贫血由于机体状态、贫血原因及程度不同，临床表现不尽相同。但均表现于起病情况、可视黏膜色彩、体温高低、病程长短，以及血液和骨髓的检验等方面。

(1) 急性失血性贫血：起病急；可视黏膜迅速苍白，皮肤苍白如纸；速发循环衰竭或失血性休克，表现为体温低下、末梢发凉、出冷汗，呼吸增快、困难，心跳快、心音高朗、出现贫血性杂音，脉搏细弱而快、倦怠无力等；24h 内呈现正细胞正色素型贫血，失血 4～6d 时骨髓开始再生活跃，末梢血液出现大量网织红细胞、多染性红细胞、带嗜碱性点彩的红细胞及各种有核红细胞，并呈现正细胞或大细胞低色素型贫血；骨髓三系细胞增生，因而末梢血液内的血小板、白细胞数也增多，并伴嗜中性粒细胞增多，核左移。

(2) 慢性失血性贫血：病程隐袭；可视黏膜在长时间内逐渐苍白；患病动物日趋瘦弱，出现水肿(从下颌间歇开始)或体腔积水，胃肠吸收和分泌功能降低，经常腹泻；心搏亢进，脉浮弱无力，轻微运动后脉搏显著加快，呼吸快而浅表；呈现正细胞低色素型贫血，伴有血浆蛋白减少，血清间接胆红素降低，白细胞和血小板轻度增多，血片上出现大小不等及小的淡染红细胞和巨大淡染的红细胞(淡染红细胞是该病的重要特征)。

(3) 溶血性贫血：起病快速(急性)或较慢(慢性)；可视黏膜苍白伴黄染(黄白)；往往排血红蛋白尿；体温正常或升高(溶血性传染病和血液寄生虫病)；呕吐、腹痛、腹泻等胃肠道症状(急性)，肝、脾肿大(慢性)；病程或长(急性)或短(慢性)；呈现正细胞正色素(急性)或低色素(慢性)型贫血，血清呈金黄色，黄疸指数高，间接胆红素增多，血小板显著增数，血片显示骨髓增生活跃，出现大量网织红细胞、多染性红细胞、有核红细胞等各种幼稚型红细胞。

(4) 缺铁性贫血：起病缓慢，多见于 2～4 周龄哺乳仔猪，饲养在木条水泥地面或铝合金封闭式猪舍仔猪；可视黏膜逐渐苍白，逐渐消瘦；体温不高而病程长；呈现小细胞低色素型贫血；血清铁减少，骨髓“铁粒幼细胞”稀少或消失，细胞外铁消失；补铁出现网织红细胞效应。

(5) 铁钴性贫血：地区性群体发病，以反刍兽多发；起病徐缓；可视黏膜逐渐苍白；食欲减损，顽固性消化不良，异嗜，消瘦(干瘦病)，公羊脱毛；体温不高，病程数月至数年；呈现大细胞正色素型贫血；骨髓红系细胞变为巨幼红细胞。

(6) 再生障碍型贫血：起病缓慢(除急性放射病者外)；可视黏膜苍白有增无减，全身症状逐渐加重；伴有出血性素质综合征和不易控制的感染；呈现正细胞正色素型贫血；骨髓红系细胞均明显减少而淋巴细胞比例增高。

三、伴随症状

(1) 皮肤的变化：绝大部分贫血表现皮肤苍白、松弛及干燥。再生障碍性贫血和血小板减少性紫癜时，皮肤及黏膜出现淤点或淤斑。

(2) 黄疸：常见于溶血性贫血。

(3) 血红蛋白尿：尿液常呈红茶、红葡萄酒或酱油色，多见于急性溶血性贫血。

(4) 水肿：持久的慢性出血性贫血和营养性贫血多见皮下水肿、脏器水肿及体腔积液。

(5) 发热：多见于细菌和原虫感染性溶血病。

四、鉴别诊断思路

贫血的诊断包括了解贫血的程度、类型及查明贫血的原因，只有查明病因，才能合理和有效地治疗贫血。因此，贫血诊断的关键是确定病因。

1. 详细询问病史可判断贫血的类型　询问病史主要是询问贫血发生的时间、病程及症状，包括有无外伤引起的出血、便血和血尿，有无化学物质、放射性物质或某些特殊药物的接触史，是否饲喂含有溶血素的某些植物（如甘蓝、油菜、洋葱等）。

2. 仔细的临床检查　临床检查主要检查皮肤、黏膜的颜色及呼吸、心跳和体温的变化。根据各种贫血类型的临床表现进一步查明病因。例如，黏膜急剧苍白主要考虑失血性贫血，应及时查明出血部位，以便采取相应的措施。

3. 实验室检查是诊断贫血的主要依据　血红蛋白和红细胞计数是确定贫血的可靠指标。

外周血液涂片检查可观察红细胞、白细胞和血小板的数量及形态学的改变，为判断贫血的性质和类型提供线索。

对感染性疾病引起的贫血应通过病原微生物检查和血清学检查确定病因。

4. 治疗验证　根据对贫血病因的判断，采取相应的治疗措施，观察疗效，验证诊断。

（邓俊良）

第五节　黄　　疸

黄疸（jaundice，icterus）是由于血清胆红素含量升高导致皮肤、黏膜发黄的一种临床症状，结膜常被黄染，故称黄疸。若血清胆红素升高但临床上未表现黄疸，称隐性黄疸；若血清胆红素升高而可视黏膜、皮肤均呈黄色，为临床型黄疸。黄疸于巩膜处较为明显而易于发现，但水牛不易显现黄染。

一、病　　因

根据病因，黄疸分为三种类型：溶血性黄疸、肝细胞性黄疸（肝实质性黄疸）和胆汁淤积性黄疸。

1. 溶血性黄疸　凡能引起溶血的疾病都可发生溶血性黄疸。因红细胞被大量破坏，形成游离（间接）胆红素（I-Bil）过多，使游离胆红素在血液中蓄积并增多而形成黄疸。此时，由于红细胞被大量破坏而同时造成机体贫血，所以，在可视黏膜黄染的同时常伴有苍白现象。结膜的重度苍白伴黄染，血清 B-Dil 升高导致总胆红素（T-Bill）升高乃溶血性疾病的特征，同时伴溶血体征。详见第二章第四节。

2. 肝细胞性黄疸　各种使肝细胞广泛损伤的疾病均可发生肝细胞性黄疸，又称肝实质性黄疸。

（1）感染性肝炎：①病毒感染，如犬传染性肝炎、犬疱疹病毒性肝炎、猫传染性腹膜炎、马传染性贫血；②细菌感染，如钩端螺旋体、溶血性链球菌；③真菌感染，如组织胞浆菌；④寄生虫侵袭，如血孢子虫、肝片吸虫、华支睾吸虫等。

（2）中毒性肝炎：①重金属如镉、铜、砷、铁、硒；②黄曲霉毒素、杂色曲霉毒素；③有毒植物如千里光、野百合、羽扁豆、蕨类；④药物如类固醇、抗感染药（磺胺）、抗真菌药、杀虫剂、防腐剂、镇静药(巴比妥、吸入麻醉剂);⑤饲料如尿素、酒糟;⑥自体中毒如妊娠毒血症、肠道炎症等。

(3) 肿瘤:肝细胞癌、淋巴网状内皮细胞瘤、转移瘤等。

(4) 肝脏变性:肝硬化、肝脂肪沉积症、肝淀粉样变性、肝血色素沉积(铁沉积)等。

(5) 不明原因的炎症:犬急性或慢性肝炎、猫胆管肝炎及其他动物肝炎。

此类黄疸的发生,主要是受损肝细胞将游离胆红素转化为结合(直接)胆红素(D-Bil)障碍,血清 I-Bil 增多,同时未受损肝细胞所转化形成的 D-Bil 在毛细胆管中蓄积,反流入血液造成血清 D-Bil 也增多。血清 I-Bil 和 D-Bil 均升高致 T-Bil 升高是肝细胞性黄疸的特征,同时伴肝病体征。

3. 胆汁淤积性黄疸 胆汁淤积性黄疸又称阻塞性黄疸,可分为肝外性胆汁淤积性黄疸和肝内性胆汁淤积性黄疸。

(1) 肝外性胆汁淤积性黄疸:主要由于胆道结石、胆管狭窄,胰腺炎及肿瘤,一些寄生虫(如肝片吸虫病、胆道蛔虫)等阻塞所引起。此外,当十二指肠胆管开口处黏膜发炎肿胀时,由于胆管开口被阻,可有轻度的黏膜黄染现象。

(2) 肝内性胆汁淤积性黄疸:主要见于①肝内阻塞性胆汁淤积,如肝内泥沙样结石、华支睾吸虫病等;②肝内胆汁淤积,如病毒性肝炎、氯丙嗪、利福平或异烟肼等药物变态反应、原发性胆汁性肝硬化等。

由于胆道阻塞引起胆汁(D-Bil)的淤滞,胆道内压升高,胆管扩张破裂,胆汁反流入血液,造成血清 D-Bil 升高;随病程延长,肝细胞由于胆汁肝内淤积而继发损伤肝细胞又造成肝细胞性黄疸。

应该说明,某些疾病时的黄疸现象可能是多种因素综合作用的结果。例如,马传染性贫血既有溶血的因素,又有肝实质的损伤。

二、临床表现

黄疸的主要表现是皮肤、黏膜发黄(黄染),其程度与疾病的性质有关。另外,病因不同,还会表现相应的症状。

(1) 溶血性黄疸:急性溶血时,由于红细胞大量破坏,常出现重度溶血反应,表现为寒战、高热、肌肉酸痛、呕吐等,并常有血红蛋白尿(尿呈酱油色)。严重病例可并发急性肾功能不全。慢性型呈轻度或波动性黄疸,常见脾大,大多有不同程度的贫血。

(2) 肝细胞性黄疸:①血清结合胆红素与非结合胆红素均增加;②尿中胆红素定性试验呈阳性;③由于肝处理尿胆原的能力降低,因而尿胆原随尿排出,尿中尿胆原增多;④精神沉郁、体弱乏力、食欲不振、消化功能减退、神经症状、光敏感性皮炎、肝区触痛、肝性腹水等肝功能不全症状和肝功能试验呈阳性。

(3) 胆汁淤积性黄疸:腹痛、发热、黄疸、体重减轻,有时有腹水;由于胆汁缺乏,肠蠕动减弱,肠道细菌繁殖、腐败、发酵过程加强,往往引起便秘和肠鼓胀,粪便颜色变浅甚至呈灰白色且带有恶臭味;尿液颜色变深;由于胆盐与胆红素潴留于血液中,出现胆血症,常引起皮肤瘙痒与心动过缓。

三、伴随症状

1. 体温升高 见于急性胆囊炎、败血症、马传染性贫血、血液原虫病、钩端螺旋体病、痢疾、肝脓肿、病毒性肝炎及其他原因所致的急性溶血等。

2. 贫血　溶血性黄疸同时表现为皮肤、黏膜苍白，心力衰竭，无力。严重的血管内溶血还发生血红蛋白尿。

3. 肝肿大　肝轻度至中度肿大，质较软且表面光滑者，见于肝炎、急性胆道感染、胆道阻塞等；肝肿大不明显，质硬、边缘不整齐、表面有小结节者，见于肝硬化，有时也见于肝脓肿；明显肿大，质硬、表面不平、有多数结节或大块隆起者，常提示为肝癌。

4. 腹痛　持续性右上腹痛可见于肝癌、肝脓肿、病毒性肝炎；阵发性绞痛大多为胆道结石梗阻或胆道蛔虫病；轻度疼痛可见于病毒性肝炎或中毒性肝炎。

5. 胆囊肿大　主要见于肝外阻塞性黄疸。

6. 脾大　见于病毒性肝炎、肝硬化、慢性溶血性疾病等。

7. 消化道出血　见于肝硬化、重症肝炎、急性胆道炎症等。

8. 腹水　见于重症肝炎、肝硬化、肝癌等。

此外，肝细胞性黄疸易继发自体中毒，胆汁淤积性黄疸易继发肝、肾损伤。

四、鉴别诊断思路

临床上确认黄疸并不困难。在确定黄疸的基础上根据各类黄疸的临床特征、结合血液生化、尿液检查等辅助检查，确定黄疸的病因和性质。三种黄疸的实验室检查区别见表 19-4。

表 19-4　三种黄疸实验室检查区别

项目	溶血性	肝细胞性	胆汁淤积性
总胆红素（T-Bil）	增加	增加	增加
结合胆红素（D-Bil）	正常	增加	明显增加
游离胆红素（I-Bil）	增加	增加	正常，后期增加
尿胆红素	—	＋	＋＋
尿胆原	增加	轻度增加	减少或消失
ALT、AST	正常	明显增高	后期增高
ALP	正常	增高	明显增高
γ-GT	正常	增高	明显增高
胆固醇	正常	轻度增加或降低	明显增加
血清白蛋白	正常	降低	正常
血清球蛋白	正常	升高	正常

1. 肝细胞性黄疸的诊断思路　若表现肝细胞性黄疸的临床特征和实验室检查所见，应诊断为肝细胞性黄疸。对伴有充血性心力衰竭体征的，应怀疑充血性肝病引起的黄疸；对体温升高的，应怀疑感染性和寄生虫性肝病引起的黄疸；对体温正常或低下的，应考虑中毒性肝病引起的黄疸。

2. 胆汁淤积性黄疸的诊断思路　若表现胆汁淤积性黄疸的临床特征和实验室检查所见，应诊断为胆汁淤积性黄疸。再结合病史调查、原发病的体征进行进一步鉴别。腹部超声波检查胆道系统（胆囊增大、胆道扩张、结石等）、胆道造影和剖腹探查对确定胆汁淤积性黄疸，以及区别肝内性和肝外性黄疸，具有重要作用。

3. 溶血性黄疸的诊断思路　可视黏膜苍白并黄染是溶血性黄疸的重要特征。对起病快，可视黏膜苍白黄染，且排血红蛋白尿或出现血红蛋白血症的，应考虑是急性溶血性黄疸。

若体温升高，应怀疑引起急剧溶血的传染病和血液寄生虫。若体温低下或正常，可怀疑溶血性毒物、同族免疫抗原抗体反应或物理因素所致。对病程长、可视黏膜逐渐苍白的黄染，但不表现血红蛋白尿症或血红蛋白血症的，应怀疑慢性溶血性疾病，如慢性马传染性贫血、自体免疫性溶血性贫血、血液原虫病(犬巴尔通体病、附红细胞体病、血孢子虫病)等。

(邓俊良)

第六节　呼吸困难

呼吸困难(dyspnea)是一种复杂的病理性呼吸障碍，表现为呼吸费力，辅助呼吸肌参与呼吸运动，并常伴有呼吸频率、类型、深度和节律的改变。高度的呼吸困难，称为气喘(wheeziness)。

一、病　　因

呼吸困难的原因主要是体内氧缺乏，二氧化碳和各种氧化不全产物积聚于血液内并循环于脑而使呼吸中枢受到刺激。引起呼吸困难的原因主要有以下几方面。

1. 呼吸系统疾病　呼吸困难是呼吸系统疾病的一个重要症状，主要是呼吸系统疾病引起肺通气和肺换气功能障碍。

2. 腹压增大性疾病　由于腹压增加，压迫膈肌向前移动，直接影响呼吸运动，见于瘤胃积食、瘤胃臌气、胃扩张、肠臌气、腹水等。

3. 心血管系统疾病　各种原因引起的心力衰竭最终导致肺充血、淤血和肺泡弹性降低，见于心肌炎、心脏肥大、心脏扩张、心脏瓣膜病、渗出性心包炎等。

4. 中毒性疾病　分为内源性中毒和外源性中毒。内源性中毒主要是各种原因引起机体的代谢性酸中毒，血液中二氧化碳含量升高，pH下降，直接刺激呼吸中枢，导致呼吸次数增加，肺的通气量和换气量增大，见于反刍动物瘤胃酸中毒、酮病、尿毒症等。外源性中毒是某些化学物质影响机体血红蛋白携带氧的能力或抑制某些细胞酶的活性，破坏了组织的氧化过程，造成机体缺氧，常见于亚硝酸盐中毒、氰氢酸中毒。此外，有机磷中毒、安妥中毒、敌百虫中毒、氨中毒等疾病时，呼吸道分泌物增多，支气管痉挛，肺水肿而出现呼吸困难。

5. 血液疾病　严重贫血、大出血导致红细胞和血红蛋白含量减少，血液氧含量降低，使呼吸加速、心率加快。

6. 中枢神经系统疾病　许多脑病过程中，颅内压增高，大脑供血减少，同时炎症产物刺激呼吸中枢，引起呼吸困难，见于脑膜炎、脑出血、脑肿瘤、脑外伤等。

7. 发热　体温升高时由于致热物质和血液中的毒素对呼吸中枢的刺激，使呼吸频速，严重者发生呼吸困难，常见于严重的急性感染性疾病。

二、临床表现及分类

呼吸困难是由许多原因引起的呼吸器官疾病的一个重要症状，且其他器官患有严重疾病时，也可出现呼吸困难。

1. 根据临床表现形式分类

(1) 吸气性呼吸困难(inspiratory dyspnea)：特征为吸气用力，吸气期显著延长，辅助吸气肌参与呼吸活动，并伴有特异的吸入性狭窄音。患病动物在呼吸时，鼻孔张大，头颈伸展，四肢广踏，胸廓开张，呼吸深而强，某些动物可呈张口呼吸，此为上呼吸道狭窄的特征，可见于鼻炎、鼻腔狭窄、鼻窦炎、喉水肿、咽喉炎、喉肿瘤、喘鸣症（马返回神经麻痹）、气管狭窄咽、颈淋巴结肿胀等。此外，流感、马腺疫、血斑病、鸡传染性喉气管炎、猪传染性萎缩性鼻炎、牛恶性卡他热等疾病经过中，也可伴有吸气性呼吸困难。

（2）呼气性呼吸困难（expiratory dyspnea）：特征为呼气用力，呼气期显著延长，辅助呼气肌（主要是腹肌）参与呼气活动，腹部有明显的起伏动作，可出现连续两次呼气动作，称为“二重呼气”。高度呼气困难时，可沿肋骨弓出现较深的凹陷沟，称为“喘线”或“息劳沟”。同时可见背拱起，肷窝变平。由于腹部肌肉强力收缩，腹内压变化很大，故伴随呼吸运动而见有呼气时肛门突出，吸气时肛门反而呈陷入的现象，称为“肛门抽缩运动”。这主要是由于肺泡弹性减退或细支气管狭窄，致使肺泡内气体排出发生障碍的结果，可见于急性细支气管炎、慢性肺气肿、胸膜肺炎、马慢性阻塞性肺病等。

（3）混合性呼吸困难（mixed dyspnea）：此为最常见的一种呼吸困难，特征为吸气和呼气均发生困难，常伴有呼吸次数增加现象。表现有混合性呼吸困难的疾病很多，涉及众多组织器官，可见于除慢性肺泡气肿以外的非炎性肺病和炎性肺病，胸壁、腹壁、膈肌运动障碍的疾病，红细胞减少或血红蛋白变性等血原性因素，心力衰竭所致的肺循环淤滞，中枢神经系统损伤或功能障碍等。

2. 根据病因和发生机制分类

（1）气道性呼吸困难：是通气障碍所致的呼吸困难，临床上表现为吸气困难，为上呼吸道狭窄的特征。

（2）肺源性呼吸困难：是换气障碍所致的呼吸困难，包括非炎性肺病和炎性肺病所致的换气障碍性呼吸困难。肺源性呼吸困难除慢性肺泡气肿和马慢性阻塞肺病为呼气性呼吸困难外，其他疾病均表现为混合性呼吸困难。

（3）心源性呼吸困难：为心功能不全（心力衰竭）的主要症状之一，为肺循环淤滞性呼吸困难，是心力衰竭尤其是左心衰竭时常见的一个症状，临床表现为混合性呼吸困难，伴有心力衰竭的体征。

（4）血源性呼吸困难：为携氧障碍性呼吸困难，是由于红细胞减少或血红蛋白变性所致的携氧障碍性呼吸困难。临床表现为混合性呼吸困难，尤以运动后更为显著，常伴有黏膜和血液颜色的改变。

（5）中毒性呼吸困难：因毒物来源不同，又可分为内源性中毒和外源性中毒。内源性中毒见于各种原因引起的代谢性酸中毒，由于血液酸碱度（pH）降低，间接或直接兴奋呼吸中枢，表现为深而大的呼吸困难（库斯茂尔氏呼吸）但无明显的心、肺疾病的存在，见于尿毒症、酮病和严重的胃肠炎等。此外，高热性疾病时，因血液温度增高和代谢亢进引起酸性代谢产物增多，刺激呼吸中枢而引起呼吸困难。外源性中毒见于某些化学毒物中毒影响血红蛋白（如亚硝酸盐），使之失去携氧功能；或抑制细胞内酶的活性（如氢氰酸中毒），破坏组织内氧化过程，从而造成组织缺氧，出现呼吸困难。如敌百虫等中毒时，可引起支气管分泌增加、支气管痉挛和肺水肿导致呼吸困难。某些药物中毒，如水合氯醛、吗啡、巴比妥等中毒时，呼吸中枢受到抑制，导致呼吸迟缓，表现为潮式呼吸或称陈-施呼吸，亦或表现为间隙呼吸或称毕欧呼吸。

（6）神经性呼吸困难：为重症脑部疾病，由于颅内压增高和炎症产物刺激呼吸中枢可引起呼吸困难，主要是由于中枢神经系统损伤或功能障碍所致的肺通气和换气障碍，临床表现为混合性呼吸困难，常表现呼吸节律异常，具有一般脑症状和局部脑症状。

(7) 呼吸肌及胸腹活动障碍性呼吸困难：为呼吸运动障碍性呼吸困难，是胸壁、腹肌、膈肌疾病所致的呼吸运动障碍性呼吸困难，临床表现为混合性呼吸困难。严重者甚至引起患病动物窒息。

三、伴随症状

1. 咳嗽　是呼吸系统疾病的综合征之一，许多呼吸系统疾病均可引起咳嗽。

2. 发热　呼吸系统的炎症性疾病及全身感染性疾病均可表现不同程度的发热。

3. 黏膜发绀　呼吸困难导致外周血液氧不足，高铁血红蛋白含量增加，或亚硝酸盐中毒时形成大量变性血红蛋白，导致皮肤和可视黏膜发绀，表现为蓝紫色。

4. 心率加快　见于发热性疾病。

5. 昏迷　见于胸膜炎、脑出血、尿毒症、中毒、糖尿病酮症酸中毒等。

6. 哮喘音　见于支气管哮喘、心源性哮喘、急性喉水肿、气管异物、自发性气胸、过敏反应等。

7. 胸部压痛　见于大叶性肺炎、急性渗出性胸膜炎、支气管肺癌等。

四、鉴别诊断思路

1. 基本思路

(1) 判断呼吸困难的类型和程度。根据呼吸困难的类型可分析疾病发生的部位，吸气性呼吸困难主要由上呼吸道狭窄，气流不通畅而引起；呼气性呼吸困难是由于肺组织弹性减弱，肺泡内的气体排出困难；混合性呼吸困难主要是肺换气功能障碍。

(2) 注意呼吸频率、节律、深度和对称性的变化。吸气性呼吸困难时呼吸频率减少；呼气性呼吸困难时频率增加或减少，呼吸加深；混合性呼吸困难时呼吸频率加快，后期节律发生改变；单侧性胸膜炎、胸膜肺炎、胸腔积液、气胸和肋骨骨折等疾病过程中呼吸对称性发生变化。

(3) 不同的疾病除呼吸困难以外，还有相应的临床特征，应根据病史和临床检查进行全面分析。

(4) 必要时通过实验室(血液检查和毒物分析)和辅助检查(如X线检查)进行鉴别诊断。

2. 类症鉴别

1) 吸气性呼吸困难的类症鉴别　吸气性呼吸困难，表明气体通过上呼吸道发生障碍，即通气障碍，可能是上呼吸道狭窄性疾病，应进一步检查鼻、咽、喉及气管，找出狭窄或阻塞部位。

2) 呼气性呼吸困难的类症鉴别　呼气性呼吸困难，表明肺内气体排出障碍，病变可能在细支气管或肺，常见于细支气管管腔狭窄或肺泡弹性减退的疾病，应根据胸部听诊、叩诊等的变化加以鉴别。

3) 混合性呼吸困难的类症鉴别

(1) 混合性呼吸困难伴有呼吸式改变的，指示呼吸肌及胸腹活动障碍性呼吸困难。伴有胸式呼吸的，见于腹肌、膈肌运动障碍的疾病；肚腹膨大的，要考虑胃肠膨胀(积食、积气、积液)、腹腔积液(腹水、弥漫性腹膜炎、膀胱破裂)；肚腹不膨大的，要考虑腹膜炎初期、腹壁创伤、膈肌炎、膈破裂、膈麻痹等。伴有腹式呼吸的，见于胸壁运动障碍的疾病，对左右呼吸不对称的，要考虑肋骨骨折、气胸等；对呈断续性呼吸的，要考虑胸膜炎初期；对于呼吸浅表、快速而用力的，要考虑胸腔积液、胸膜炎中后期。

(2) 混合性呼吸困难伴有呼吸节律明显改变的，常提示中枢性呼吸困难。神经症状明显的，要考虑各种脑病，如脑炎、脑水肿、脑出血、脑肿瘤等；全身症状重剧的，要考虑全身性疾病的危重期及濒死期。

(3) 混合性呼吸困难伴有心功能不全体征的，常指示心源性呼吸困难。左心衰竭性呼吸困难可见有肺循环淤血的表现，如肺淤血、肺水肿；右心衰竭性呼吸困难可见有体循环淤滞的表现，如水肿、腹水、胸腔积液等。心源性呼吸困难主要见于心内膜疾病、心肌疾病和心包疾病。

(4) 混合性呼吸困难伴有黏膜和血液颜色改变的，常指示血源性呼吸困难。若可视黏膜潮红、静脉血鲜红、极度呼吸困难、病程短急，要考虑氰氢酸中毒和一氧化碳中毒；如可视黏膜苍白，常提示贫血性呼吸困难；可视黏膜发绀和血液呈暗褐色的，除见于各种原因引起的缺氧外，还应考虑亚硝酸盐中毒。

(5) 混合性呼吸困难伴有流鼻液、咳嗽的，常提示肺源性呼吸困难。对频发咳嗽、胸部听诊有啰音，肺泡呼吸音增强，叩诊无变化，且全身症状较轻微的，可能是支气管疾病；对胸部听诊、叩诊有变化，且全身症状较重剧的，则多是肺的疾病。如果听诊有湿啰音和捻发音，肺泡呼吸音有强有弱，叩诊呈小片浊音区，可能是细支气管和肺都有病变，如支气管肺炎；如果听诊局部肺泡呼吸音消失，并有支气管呼吸音，叩诊出现大片浊音区，多是肺实变的疾病，如纤维素性肺炎的肝变期等；如听诊有啰音或捻发音，肺泡呼吸音有强有弱，叩诊出现浊鼓音，多是肺泡内同时存在液体和气体，兼有肺泡弹性减退的疾病，如肺水肿、纤维素性肺炎的充血水肿期和溶解吸收期等；如果听诊有空瓮性呼吸音，叩诊出现破壶音，无疑是肺有大空洞，可见于肺脓肿、肺坏疽、肺结核等。

常见异常呼吸类型的病因和特点见表 19-5。

表 19-5 常见异常呼吸类型的病因和特点

类型	病因	特点
呼吸停止	心脏停止搏动	呼吸消失
陈-施呼吸（潮式呼吸）	药物引起的呼吸抑制，充血性心力衰竭，大脑损伤	周期性不规律呼吸，呼吸频率和深度逐渐增加，又逐渐减少，以致呼吸暂停，周而复始
毕欧特呼吸（间隙呼吸）	颅内压增大，药物引起呼吸抑制，大脑损伤（一般为延脑水平）	规律呼吸后，出现长时间呼吸停止，然后又开始呼吸
库斯茂尔呼吸（酸中毒呼吸）	各种代谢性酸中毒	呼吸深长而规则

（庞全海）

第七节 发 绀

发绀(cyanosis)是指皮肤和黏膜呈蓝紫色的现象，主要是血液中还原血红蛋白增多，或在血液中形成异常血红蛋白衍生物，如高铁血红蛋白、硫化血红蛋白和其他变性血红蛋白等，使皮肤、黏膜呈青紫色，故也称紫绀。发绀仅发生于血液中血红蛋白浓度正常或接近正常，但血红蛋白氧合作用不完全时。一般认为，当循环的毛细血管血液中还原血红蛋白含量超过 50g/L 或者血中高铁血红蛋白含量达到 30g/L 时即可出现发绀症状。因此，发绀是机体缺氧的典型表现，当动脉血液中氧饱和度低于90%时，即可出现发绀。在白色被毛色素较少和毛细血管丰富部位的发绀，如动物的口唇、鼻尖、结膜等处较为明显，易于观察。

一、病因及分类

1. 血液中还原血红蛋白增多

1）中心性发绀　此类发绀是由于心、肺疾病导致血氧饱和度（SaO_2）降低引起。发绀的特点是全身性的，也见于黏膜与躯干的皮肤，但皮肤温暖。中心性发绀又可分为两类。

（1）肺性发绀：主要是呼吸功能障碍所致，影响了氧气的吸入和二氧化碳的排出，肺氧合作用不足，致使循环血液中还原血红蛋白含量增多而出现发绀。

（2）心混合性发绀：见于动物发绀型先天性心脏病，如法洛（Follot）四联症（是一种联合的先天性心血管畸形）、艾生曼格（Eisenmenger）综合征（心室中隔缺损）等，其发绀机制是由于心与大血管之间存在异常通道，部分静脉血未通过肺进行氧合作用，而经异常通道分流混入体循环动脉血中，如果分流量超过心排血量的1/3时，即可引起发绀。

2）周围性发绀　周围性发绀也称为外周性发绀，主要是由于周围循环血流障碍，血液流动过于缓慢，血液经过毛细血管的时间延长，单位时间内流过毛细血管的血量减少，所以弥散到组织、细胞的氧量减少，导致组织缺氧。故其特点是常见于肢体末梢与下垂部位，如肢端、耳尖和鼻尖，这些部位的皮肤温度低、发凉，若按摩或加温耳尖和肢端，使其温暖，发绀即可消失。此点有助于与中心性发绀相区别，后者及时按摩或加温，青紫也不消失。此种类型发绀又可分为两类。

（1）淤血性周围性发绀：如动物右心衰竭等，其发生机制是因为体循环淤血、周围血流缓慢，氧在组织中被过多摄取所致。

（2）缺血性周围性发绀：常见于动物重症休克，由于周围血管痉挛收缩，心排血量减少，循环血容量不足，血流缓慢，周围组织血流灌注不足、缺氧，致皮肤黏膜呈青紫、苍白。另外，由于肢体动脉阻塞或末梢小动脉强烈痉挛收缩，可引起局部冰冷、苍白与发绀。

此外，真性红细胞增多症所致的发绀也属于周围性发绀，除末梢发绀外，口唇也可发绀。其发生机制是由于红细胞过多，血液黏稠，致使血流缓慢，周围组织摄氧过多，还原血红蛋白含量增多所致。

3）混合性发绀　中心性发绀与周围性发绀并存，可见于动物心力衰竭（左心衰竭、右心衰竭和全心衰竭），因肺淤血或支气管及肺病变，致使肺内氧合不足及周围血流缓慢，毛细血管内血液脱氧过多所致。

2. 血液中存在异常血红蛋白衍生物

（1）变性血红蛋白含量增加。主要是某些化学物质或饲料中毒时正常的氧合血红蛋白转化为高铁血红蛋白，失去携带氧的能力，导致外周血液中氧分压不足，出现发绀，常见于亚硝酸盐中毒。

（2）硫化血红蛋白血症。硫化血红蛋白并不存在于正常红细胞中。当患病动物有便秘或服用硫化物（主要为含硫的氨基酸），或服用能引起高铁血红蛋白血症的药物或化学物质时，即可在肠内形成大量硫化氢，从而引起硫化血红蛋白血症。当血中含量达5g/L时，即可出现发绀。其特点是持续时间长，可达几个月或更长时间，因硫化血红蛋白一经形成，不论在体内还是体外均不能恢复为血红蛋白，而红细胞寿命仍正常。分光镜检查可确定硫化血红蛋白的存在。

(3) 遗传性高铁血红蛋白血症。又称先天性辅酶Ⅰ高铁血红蛋白还原酶缺乏症，由红细胞内还原型二磷酸吡啶核苷高铁血红蛋白还原酶活性极度降低或缺乏，使高铁血红蛋白还原成亚铁血红蛋白的过程受阻引起。目前仅在犬发现，呈家族性发生。

二、临 床 表 现

可视黏膜和皮肤呈蓝紫色或青紫色是发绀的主要临床表现。然而，动物的皮肤上被覆浓厚的被毛，绝大多数还有大量色素沉着，皮肤检查发绀仅适用于被毛稀少且呈白色的猪、羊、犬、猫等，其他动物则比较困难。可视黏膜，尤其是眼结膜是观察发绀症状的最佳部位。

发绀症状与血中血红蛋白含量有密切的关系。当血红蛋白含量正常时，若动脉血氧饱和度小于85%时，则可视黏膜已呈现发绀表现；红细胞增多症的动物，动脉血氧饱和度虽大于85%，仍会出现发绀症状；相反，重度贫血的动物（血红蛋白含量小于60g/L）即使动脉血氧饱和度明显降低，发绀表现仍不明显。

三、伴 随 症 状

(1) 体温：急性感染性疾病时体温升高，休克时体温降低。

(2) 呼吸困难：主要考虑肺或心脏疾病、气胸、急性呼吸道阻塞。

(3) 衰竭或意识障碍：常见于某些药物或化学物质引起的急性中毒、急性心力衰竭。

(4) 心音变化：见于心包炎、心力衰竭、休克及严重感染性疾病。

(5) 肺区扩大：见于肺气肿。

(6) 肺区听诊音异常：见于各型肺炎、休克、急性肺部感染、肺气肿和肺充血。

四、鉴别诊断思路

(1) 发绀是机体缺氧的典型表现，应根据临床检查进行全面分析，了解发绀出现的快慢，确定发绀的原因。

(2) 注意区分由异常血红蛋白引起的发绀和血液中还原血红蛋白增多所致的发绀。前者常有使用药物或接触化学物质的病史，发绀明显，通常无明显的呼吸困难；后者无接触史，常伴有高度呼吸困难。也可进行高铁血红蛋白、硫化血红蛋白的实验室检查。

（庞全海）

第八节 咳 嗽

咳嗽(cough)是一种强烈的呼气运动，它的形成是由于呼吸道分泌物、病灶及外来因素刺激呼吸道和胸膜，通过神经反射而使咳嗽中枢发生兴奋，引起咳嗽，并将呼吸道中的异物和分泌物咳出，以保持呼吸道的清爽洁净和畅通，维持正常的呼吸功能。因此，咳嗽是机体的反射性保护动作，而病理性咳嗽是呼吸系统疾病的常见症状。

咳嗽是由延髓咳嗽中枢受刺激引起。刺激大部分来自于呼吸道黏膜、肺泡与胸膜，也可来自呼吸系统以外的器官（如脑、耳、内脏）。刺激经迷走神经、舌咽神经和三叉神经与皮肤的感觉神经纤维传入延脑咳嗽中枢。延脑咳嗽中枢产生的激动，经喉下神经、膈神经与脊神经分别传到咽肌、声门、膈与其他呼吸肌，引起咳嗽动作。

呼吸动作首先是快速、短促吸气，膈后移，声门迅速关闭，随即呼吸肌、膈肌与腹肌快速收缩,使肺内压迅速升高;然后声门突然开放,肺内高压气流喷射而出,冲击声门裂隙而发生咳嗽动作与特别音响,呼吸道内分泌物或异物也随之被排出。

一、病　因

1. 微生物感染　动物从鼻咽部到小支气管整个呼吸道黏膜受到刺激时,均可引起咳嗽,故咳嗽发生的最常见病因是各种微生物引起呼吸道的非传染性或传染性炎症过程,以喉部杓状间腔和气管分叉部黏膜最敏感。常见于以下几种情况。

(1) 呼吸道疾病,如咽喉炎、喉炎、喉水肿、感冒、气管异物、气管炎、支气管炎等。

(2) 肺脏疾病,如肺炎、肺充血、肺水肿、肺气肿、肺结核、流感、猪肺疫、喘气病等。

(3) 胸膜疾病,如胸膜炎、胸膜肺炎或胸膜受刺激(如自发性或外伤性气胸、胸腔穿刺)等。

2. 寄生虫侵袭　常见于猪、羊的肺线虫病,牛、羊肺棘球蚴病等。

3. 物理和化学因素　环境空气中的刺激性烟雾、有害气体对上呼吸道黏膜直接刺激,如畜舍中的氨气、二氧化碳、硫化氢等气体含量过多,饲草料中尘土等。也见于吸入过冷或过热的空气及各种化学药品的刺激。

4. 吸入变应原　常见的变应原有花粉、饲草料中的霉菌孢子等,引起过敏性炎症,出现咳嗽。

5. 中枢神经因素　如患脑炎、脑膜炎时,也可引起咳嗽。

此外,二尖瓣口狭窄、左心衰竭引起肺动脉高压,肺瘀血水肿,尖性渗出并刺激肺壁,也可引起咳嗽。

二、临床表现及分类

按咳嗽的性质、次数、强度、持续时间及有无疼痛分类,各类临床表现不完全相同。

(1) 干咳。咳嗽的声音清脆、干而短,无痰,指示呼吸道内无分泌物,或仅有少量的黏稠分泌物,常见于喉和气管干性异物、急性喉炎的初期、胸膜炎等。

(2) 湿咳。咳嗽的声音钝浊、湿而长,指示呼吸道内有多量稀薄渗出物,常见于咽喉炎、支气管炎、支气管肺炎、肺脓肿、异物性肺炎等。

(3) 稀咳。为单发性咳嗽,每次仅出现一两声咳嗽,常常反复发作而带有周期性,见于感冒、慢性支气管炎、肺结核等。

(4) 连咳。咳嗽频繁,连续不断,严重时转为痉挛性咳嗽,见于急性喉炎、传染性上呼吸道卡他、支气管炎、支气管肺炎及猪肺疫等。

(5) 痉咳。即痉挛性咳嗽或发作性咳嗽,咳嗽剧烈,连续发作,指示呼吸道黏膜遭受强烈的刺激,或刺激因素不易排除,常见于猪气喘病、异物进入上呼吸道及异物性肺炎等。

(6) 痛咳。咳嗽带痛,声短而弱,常见于急性喉炎、喉水肿和胸膜炎等。

(7) 强咳。特征为咳嗽发生时声音强大而有力,见于上呼吸道炎症或异物刺激,表明肺脏组织弹性良好。

(8) 弱咳。咳嗽弱而无力,声音嘶哑,主要是细支气管和肺患病时所发出的咳嗽,见于各种肺炎、肺气肿等,表明肺组织弹性降低。另外,也见于某些疼痛性疾病,如胸膜炎、胸膜粘连、严重的喉炎等。当机体全身极度衰弱、声带麻痹时,咳嗽极为低弱,甚至几乎无声。

三、伴随症状

(1) 发热。在各种肺炎或传染病引起的呼吸道感染的过程中,可伴发不同程度的发热,多见于呼吸系统(上呼吸道、下呼吸道)病原微生物感染、胸膜炎、肺结核等。

(2) 呼吸困难。见于喉水肿、喉肿瘤、慢性支气管炎、气管与支气管异物、肺脓肿、肺坏疽、重症肺炎、肺结核、大量胸腔积液、气胸、肺淤血、肺水肿、肺气肿等。

(3) 流鼻液。家畜咳嗽时,一般无痰液咳出,但是呼吸道的分泌物能通过鼻液流出体外。以咳嗽为主并有少量浆液性或黏液性鼻液,可见鼻、喉和支气管的卡他性炎症。

(4) 喘鸣音。见于支气管哮喘、喘息型慢性支气管炎、弥散型泛细支气管炎、心源性哮喘、气管及支气管异物,或者支气管肺癌引起的器官与支气管不完全阻塞。

(5) 胸痛。咳嗽时,动物表现不安,多见于动物各种肺炎、胸膜炎等。

四、鉴别诊断思路

(1) 对咳嗽重、流鼻液,伴有吸气性呼吸困难或无呼吸困难,而胸部听诊、叩诊变化不大的,应考虑是上呼吸道疾病,要进一步检查鼻腔、咽、喉、气管及鼻旁窦。

(2) 对咳嗽多、流鼻液,胸部听诊有啰音,叩诊无浊音的,应考虑是支气管疾病。

(3) 对有咳嗽、鼻液少,混合性呼吸困难或呼气性呼吸困难,胸部听诊、叩诊有变化的应怀疑肺脏疾病。此外,还应注意二尖瓣口狭窄、心力衰竭等引起的心肺性疾病。

(4) 对有短痛咳、无鼻液,腹式呼吸明显的,应怀疑胸膜疾病。

(5) 对持续性咳嗽,特别是在运动、采食、夜间或早晚气温较低时咳嗽加重的,应怀疑慢性支气管炎、支气管扩张、鼻疽、肺结核、慢性肺泡气肿等。

(庞全海)

第九节 红 尿

红色尿(red urine,erythruria)是指尿液的颜色呈红色、红棕色或黑棕色的一种病理现象。

一、病因及分类

兽医临床上根据发生原因不同,红尿可分为血尿、血红蛋白尿、肌红蛋白尿、卟啉尿和药物性红尿等。

(1) 血尿(hematuria):血尿是指尿液中混有血液,主要由泌尿系统的出血引起。血尿是离心沉淀后的尿液,镜检每个高倍视野有 5 个以上红细胞。轻症血尿的尿色正常,重症血尿的尿色才呈血色。血尿可产生于泌尿系统各部位,根据产生部位不同分为肾性血尿、肾后性血尿(肾盂、输尿管、膀胱和尿道)、尿路外出血性血尿[公犬前列腺炎、前列腺肿瘤、前列腺囊肿、睾丸塞尔托利氏(足)细胞瘤、阴茎外伤及母犬发情期和平滑肌瘤]、全身性疾病(血小板减少症、热射病、钩端螺旋体病、血友病、白血病、系统性红斑狼疮、严重脱水、心力衰竭和各种休克等)。

(2) 血红蛋白尿(hemoglobinuria):血红蛋白尿是指尿液中含有大量的游离血红蛋白,不含红细胞,其颜色为红色、棕色或酱油色。其主要是由于血液在血管中发生溶血,血红蛋白经肾滤过进入尿液。

(3) 肌红蛋白尿(myoglobinuria):肌红蛋白尿指尿液中含有肌红蛋白,其尿色与血红蛋白相似,主要发生于某些病理过程中所引起的肌肉组织变性、炎症、广泛性损伤及代谢紊乱等。肌红蛋白从受损的肌肉组织中渗出,并经肾排出而发生肌红蛋白尿。临床上主要见于马麻痹性肌红蛋白尿、毒蛇咬伤、德国牧羊犬疲劳症、硒和维生素 E 缺乏症、马地方性肌红蛋白尿病、牛麻痹性肌红蛋白尿及野生动物的捕捉性肌病等。

(4) 卟啉尿(porphyrinuria):即尿液中含有多量卟啉衍生物,主要是尿卟啉和粪卟啉,见于遗传性卟啉病、铅中毒等。

(5) 药物性红尿:内服或注射某些药物后,尿液颜色即可发生变化,如大黄、安替比林、芦荟、刚果红、山道年等可使尿液变红。

二、临床表现

根据病因和发病部位不同,尿色一般呈鲜红色、暗红色、黄红色或红褐色。

1. 血尿　血尿是指尿液中含有血液,其颜色可因出血部位及尿液的酸碱度和所含红细胞的多少而有差异。一般膀胱和尿道出血呈红色或鲜红色,肾、输尿管等出血呈暗红色或红褐色。尿酸性时呈棕红色或暗红色,尿碱性时呈红色。血尿外观混浊而不透明,振荡时呈云雾状,静置或离心后有红色沉淀,镜检发现多量的红细胞,潜血试验阳性。如血尿排于地上,可发现血丝或血凝块。

2. 血红蛋白尿　其颜色取决于所含血红蛋白的性质和数量。因血红蛋白从肾过滤后往往在膀胱中潴留一定时间,一般呈暗红色、酱油色或葡萄酒色。其特点为尿色均匀,振荡不呈云雾状,静置或离心后无红色沉淀,镜检无细胞或有极少量红细胞,潜血试验阳性。血红蛋白尿症多伴有血红蛋白血症,血浆因含有大量游离血红蛋白而发红。

3. 肌红蛋白尿　外观呈暗红色、深褐色乃至黑色,与血红蛋白尿颇相似,联苯胺试验呈阳性反应。但其血浆颜色不发红,肌红蛋白尿定性试验(包括尿液分光镜检查、硫酸铵盐析法、肌红蛋白电泳法及分光光度法)阳性。另外,患病动物表现肌肉变硬、肿胀、疼痛、无力、运动障碍、后躯麻痹、腰脊僵硬等临床症状。

4. 卟啉尿　主要是尿液中含有尿卟啉和粪卟啉。卟啉尿呈棕红色或葡萄酒色,镜检无红细胞,潜血试验阴性,尿液原样经乙醚提取后,在紫外线照射下发红色荧光。

5. 药物性红尿　即因药物色素而使尿液变红,见于内服和注射某些药物,如大黄、安替比林、芦荟、刚果红、山道年等可使尿液变红。药物性红尿镜检无红细胞,潜血试验阴性,尿液酸化后红色消退。

三、伴随症状

1. 疼痛　随排尿动作,动物表现明显的疼痛反应,如呻吟、努责、拱腰、踢腹等,见于膀胱炎、尿道炎、尿道结石及前列腺炎等。

2. 黏膜苍白　对严重的血红蛋白尿,患病动物因红细胞大量破坏,而表现黏膜苍白、无力等贫血症状。

3. 发热　在细菌、病毒和原虫引起的血红蛋白尿时,患病动物表现不同程度的体温升高。

4. 尿频　指排尿次数增多,尿量不增加,主要见于急性膀胱炎、膀胱结石、尿道炎等。

四、鉴别诊断思路

(1) 根据尿色、透明度及临床检查综合分析,确定红色尿的原因。血尿混浊而不透明,静置或离心后有多量红细胞沉于管底,同时表现排尿障碍或肾病变的综合症状。肌红蛋白尿和血红蛋白尿清亮而不混浊,静置或离心后无红细胞沉于管底,肌红蛋白尿患病动物伴有肌肉损伤的临床特征,而血红蛋白尿患病动物则出现明显的贫血症状。药物性红尿往往有口服或注射某些药物的病史,同时不表现其他红色尿时的相应临床症状。

(2) 如确定为血尿,应判断出血部位及病变性质。主要根据排出血尿的先后关系、血尿的性状及伴随的其他临床症状进行综合分析。血尿根据排出的先后分为初段血尿、终末血尿和全程血尿三种,即"三杯尿实验"。初段血尿多为尿道病变引起,呈鲜红色,同时伴有尿频、尿痛等症状;终末血尿常为膀胱病变引起,尿沉渣检查有大量膀胱上皮细胞及磷酸铵镁结晶等,并伴有膀胱触痛;全程血尿多为肾或输尿管的病变引起,有时也见于膀胱病变,肾性出血尿沉渣中可发现大量肾上皮细胞和各种管型。

(3) 出血部位大体确定之后,应根据群发、散发或单发等流行病学情况,发热或无热等全身症状,急性、亚急性或慢性进行性等病程经过,并配合应用病原学检验、X线、超声波、尿路造影、膀胱内镜检查、肾功能试验等必要的特殊诊断手段,进行综合分析,最后确定病性是炎症性的还是肿瘤性的;病因是感染性、中毒性的,还是结石性、外伤性的。

(4) 血红蛋白尿的鉴别诊断。实质上是急性血管内溶血的病因诊断。对群发性、传染性并伴有发热症状的患病动物,应考虑感染因素,必须通过实验室病原学检查,确定原虫性(梨形虫病、住白细胞原虫病等)、细菌性(钩端螺旋体病、梭菌病等)或病毒性疾病(传染性贫血)。血液寄生虫病主要由吸血昆虫叮咬动物而传播,常发生在这些昆虫活动的季节。新生仔畜吮初乳后发生,应考虑免疫性溶血病。在某些地区,牛产后血红蛋白尿与饲料中磷缺乏有密切关系。中毒性血红蛋白尿应调查中毒病因,如动物铜中毒、植物中毒、毒蛇咬伤、犬洋葱和大葱中毒等。5 种红尿的鉴别见表 19-6。

表 19-6　红尿鉴别诊断要点

检验项目	血尿	血红蛋白尿	肌红蛋白尿	卟啉尿	药物性红尿
尿色及透明度	红色、暗红色或洗肉样,混浊,震荡时呈云雾状	暗红、棕色或酱油色,透亮,震荡时不呈云雾状	暗红或棕色透明红,震荡时不呈云雾状	琥珀色或葡萄酒色	透明红色
血浆色	正常	红色	正常	正常	正常
潜血	+	+	+	−	−
静置或离心	红色沉淀	−	−	−	−
镜检	大量红细胞及其他细胞	无细胞或偶有红细胞	−	−	−
9nm 微孔滤器超滤检验	不能通过	不能通过	能通过	能通过	能通过
硫酸铵盐析	−	−	+	−	−
荧光照射	−	−	−	+	−
伴发症状	结膜苍白	黄疸	运动障碍	光敏性皮炎	用药史

(庞全海)

第十节　呕　　吐

呕吐(vomit)是指动物不由自主地将胃内或偶尔将小肠部分内容物经食管从口、鼻腔排出体外的现象。呕吐是单胃动物,尤其是猫和犬的重要临床症状。

一、病因及分类

由于呕吐的原因复杂,其机制尚未阐明,一般分为两大类。

1. 中枢性呕吐　中枢性呕吐是指呕吐中枢直接受到刺激所引起的呕吐。

(1) 神经系统病变。例如,脑及脑膜感染性疾病、脑震荡、脑挫伤、脑肿瘤、脑充血、脑出血等引起的颅内压升高,常导致脑水肿、脑缺血和缺氧,使呕吐中枢供血氧不足而发生呕吐。

(2) 全身性疾病。严重感染、内分泌及代谢性疾病。

(3) 药物及其他中毒物的作用。常见的有硫酸铜、吗啡、有机磷、磷化锌、亚硝酸盐、猪屎豆、狼毒、白苏、闹羊花等。

(4) 其他。精神因素如恐惧、兴奋、紧张、疲劳等;前庭功能障碍如晕车、晕船等。

2. 末梢性呕吐　末梢性呕吐又称反射性呕吐,可因迷走神经末梢的胃神经受到刺激或腹部交感神经反射地刺激胃神经引起呕吐。

(1) 消化道疾病:①咽及食管疾病,如舌病、咽内异物、咽炎、食管阻塞等;②胃功能障碍性疾病,如胃溃疡、胃扩张、胃扩张-扭转综合征、胃阻塞、慢性胃炎、寄生虫病、胃排空功能障碍、过食、胆汁呕吐综合征、胃息肉、胃肿瘤、胃食管疾病(食管裂疝)膈疝、胃食管套叠等;③肠道功能障碍性疾病,如肠炎、肠道寄生虫、肠管阻塞、小肠变位、真菌感染性疾病、肠扭转及麻痹性肠梗阻、盲肠炎、顽固性便秘、过敏肠综合征等。

(2) 腹膜及腹腔器官的疾病,如腹膜炎、急性胰腺炎、肝炎、胆管阻塞、肾盂肾炎、肾结石、子宫蓄脓、尿道阻塞、膈疝等。

(3) 此外,过食、大叶性肺炎、急性胸膜炎等也可引起末梢性呕吐。突然更换饲料、摄食异物、吃食过快、食物过敏和对某种特殊食物的不耐受及采食刺激性食物,也可诱发末梢性呕吐。

二、临 床 表 现

呕吐是临床上常见的一种症状。根据胃肠内容物的不同,动物呕吐物的性状也有所不同,有的可能还伴有不同程度的气味散发出来。呕吐是由一系列复杂而连续的反射动作所组成的。呕吐可将有害物由胃排出,从而起到保护作用。但是持久而剧烈的呕吐,可引起失水、电解质紊乱、代谢性碱中毒及营养障碍,会出现相应的一系列的相关症状。

三、伴 随 症 状

1. 腹痛　由消化系统疾病引起的呕吐,往往伴有腹痛症状,如急性胃肠炎、急性胃扩张、肠变位、胰腺炎等。

2. 脱水　持续而频繁的呕吐可导致机体脱水、电解质紊乱和酸碱平衡失调。

3. 体温升高　见于传染病和各种炎症性疾病,如犬瘟热、犬病毒性肠炎、犬传染性肝炎、猫泛白细胞减少症、猪瘟、猪丹毒、腹膜炎、肾炎、胰腺炎等。

4. 神经症状　由中枢神经系统疾病引起的呕吐，常表现兴奋、全身肌肉痉挛、抽搐、共济失调、昏迷等神经症状，见于脑炎、脑膜炎、脑外伤等。

四、鉴别诊断思路

1. 一般诊断

1）病史调查　在动物呕吐时应了解动物呕吐出现的时间，呕吐的频率，呕吐物的数量、气味及酸碱度，用药和治疗情况等。

2）观察呕吐物的一般性状　呕吐物的一般性状包括性质、颜色和混杂物。呕吐物一般为酸性，其组成可以是食物、半消化食物、胃液、胆汁、肠液、血液及其他变化物黏液等的混合物；呕吐物的颜色一般为内容物的颜色，常因异常混合物而不同。若呕吐物中混有血液，见于出血性胃炎、胃溃疡、犬肝炎、细小病毒病和某些出血素质性疾病；若呕吐物中混有胆汁，显黄绿色，呈碱性，常提示十二指肠阻塞、胆汁回流综合征、原发或继发胃运动减弱、肠内异物及胰腺炎；若呕吐物的性质和气味与粪便相似，常见于小肠后部或大肠阻塞。呕吐物中混有寄生虫，见于犬、猫等小动物胃肠道线虫病；呕吐物中混有异物，如毛球、沙石、塑料、布头等，见于犬、猫、猪等胃内异物和肠阻塞等。中毒性呕吐可从呕吐物中发现毒物或毒物的特殊气味、颜色。

3）判断呕吐的真假

（1）真性呕吐：是指胃、肠内容物不由自主地经口、鼻腔反排出来的现象。呕吐物是胃内容物、呈酸性，带有酸臭味，从呕吐发生的时间来看，胃内容物性呕吐多在进食后 30～60min 出现；肠内容物性呕吐要稍后一些，且呕吐物有苦味或苦臭味，带黄色或黄绿色（胆汁），pH 呈碱性。真性呕吐提示脑和胃肠病变。

（2）假性呕吐：又称逆呕，是指被吞咽的食团在进入胃之前，由于食管收缩而被返回口腔的现象。逆呕出的是食团而不是胃内容物，不酸臭，也不带有苦味和绿色，因其混有唾液而略显碱性。假性呕吐即食管疾病，如食管狭窄、食管阻塞、食管痉挛、食管炎等。

4）区分呕吐的性质　在临床上，首先应根据呕吐的性质确定出主要的受害系统，然后再进行鉴别。例如，中枢性呕吐由于中枢神经受到损害多呈频繁性或阵发性呕吐，间隔时间较短，当胃肠内容物全部吐出之后，症状仍不缓解；而末梢性呕吐的主要受害部位是胃肠道及其邻近器官，当胃、肠内容物吐完之后，呕吐通常停止，症状随之缓解。

5）呕吐与采食的时间关系　正常情况下，采食后胃的正常排空时间为 7～10h，采食后立即呕吐，见于饲料质量问题、食物不耐受、过食、应激或兴奋、胃炎等；若采食后频繁多次发生呕吐，直到内容物呕吐完为止，多见于胃、十二指肠、胰腺顽固性疾病；采食后 3～5h 发生呕吐，或干呕、嗳气，在犬或马等动物常为急性胃扩张的表现；采食后 6～7h 呕吐出未消化或部分消化的食物，通常见于胃排空功能障碍或胃通道阻塞；胃运动减弱常在采食后 12～18h 或更长时间出现呕吐，并呈现周期性的临床特点。

6）实验室检查和特殊检查

（1）进行血液、尿液、粪便检查（包括寄生虫卵的检查）。

（2）直肠检查。

（3）呕吐物毒物分析。

（4）射线透视或摄片、B 超检查、内镜检查。

2. 类症鉴别

1）消化系统疾病

（1）咽喉和食管疾病，属于假性呕吐。

（2）急性胃炎，常在食后不久就出现呕吐，时常伴有血液，有时还表现腹痛，口腔恶臭。

（3）幽门阻塞，临床上常表现周期性呕吐，呕吐物量多，常呈喷射状且有腐败气味，一般不含胆汁，常见于猫毛球阻塞。

（4）幽门痉挛，饮或食后间隙性不规则的喷射状呕吐。

（5）胃扩张和胃扭转，急性腹痛、嚎叫或呻吟不安，触诊可摸到球状扩张物，扣之如鼓，虽有呕吐动作，但难见呕吐物。

（6）胃食管套叠，食后即吐，呼吸急促，脱水。

（7）胃内异物，胃部压痛，消瘦，间断性呕吐，偶见贪食，但仅吃几口，突然停止，有腹痛感，X线摄片及B超检查可帮助诊断。

（8）胃内肿瘤，吐血、血便、消瘦、贫血，B超或内镜检查可帮助确诊。

（9）胃肠炎，虽有呕吐，但以腹痛、脱水为主。

（10）肠梗阻或嵌闭性肠疝，呕血、腹痛、呻吟、脱水、X线钡餐摄片可帮助确诊。

（11）腹腔脏器的急性炎症，包括胰腺炎、肝炎、肾炎、子宫蓄脓、急性腹膜炎。

此类疾病出现呕吐的同时常伴有发热、腹痛现象，另可用穿刺、血象和B超检查进一步鉴别诊断。

2）神经系统疾病

（1）中枢神经系统感染性疾病，多为细菌、病毒或寄生虫感染所致，如肉毒梭菌毒素中毒、伪狂犬病、弓形虫病等。这类病除了呕吐症状外，还有发热和神经损害的症状，如痉挛和抽搐。血液学、血清学和病原学检查可帮助确诊。

（2）颅内占位性病变（如肿瘤、脓肿和寄生虫）及外伤所致的脑震荡、脑挫伤、颅内出血等均有呕吐的症状，但各自也有不同的症状，而且可用X线摄片、B超及CT等特殊检查帮助诊断。

（3）急性感染，许多急性全身性感染疾病均可引起呕吐，如犬瘟热、犬细小病毒病、猫泛白细胞减少症、轮状病毒感染、沙门菌病、钩端螺旋体病、立克次体病、球虫病等。这些疾病可用微生物分离法、血清学检查法进一步确诊。

（4）急性中毒，包括植物类、动物类及化学物质中毒，均可发生呕吐这一共同症状。从病史调查中发现其常与摄食毒物有关，甚至在呕吐物中也可发现。当然还要配合其他特殊的毒物分析，以便作出进一步诊断。

3）其他系统疾病　例如，泌尿系统中的肾衰、尿毒症；营养代谢中的维生素D过剩、肥胖症、糖尿病、晕船和晕车，以及精神性剧变等均可引起呕吐。但这些病变也各有特点，如肾衰竭、尿毒症尚可见少尿或多饮多尿、蛋白尿、呼吸急促、体温下降，甚至出现神经症状；维生素D过剩尚可见腹泻、脱毛、消瘦等症状；晕船、晕车及精神剧变（恐惧、紧张、兴奋、疲劳）时出现呕吐，一旦去除病因，呕吐立即停止。上述疾病还可通过血液生化和尿液检查予以进一步诊断。

（赵　权）

第十一节　流　涎

流涎是指由于唾液分泌过多或吞咽障碍，不由自主地从动物口腔中流出的一种病症。它是临床多种疾病过程中所表现出的一种症状。唾液腺分泌亢进引起的流涎称为真性多涎;唾液吞咽受阻引起的流涎称为假性多涎。在某些病例中,两种情况均可出现,如狂犬病初期以真性唾液分泌增多为主,后期因咽麻痹,以假性唾液分泌增多为主。

一、病 因

唾液分泌增多,主要是唾液腺受刺激,唾液分泌旺盛的结果。其特征是无吞咽或咽下障碍,唾液中一般不混有食物,仅从口内流出或含于口内,唾液呈白色泡沫状或纤缕状。凡能引起咀嚼、吞咽或咽下障碍的疾病,均可引起流涎,分为伴有咀嚼障碍和不伴有咀嚼障碍两种。

1. 伴有咀嚼障碍 唾液分泌正常,但因吞咽障碍,或因食管阻塞咽入时不能后送入胃肠,因而引起流涎。见于口腔、唾液腺和牙齿的疾病,唇畸形、颌骨骨折或脱位,食管炎、食管阻塞、食管痉挛和狭窄、食管麻痹、食管憩室、贲门痉挛等。

2. 不伴有咀嚼障碍 不伴有咀嚼障碍的流涎,多见于中毒性疾病、过敏和应用拟胆碱药。

此外,脑炎、肝性脑病、新生幼仔低血糖症、子痫、犬瘟热、狂犬病、猫泛白细胞减少症、腺疫、口蹄疫、破伤风等均可引起流涎。

车、船、飞机运输和其他引起动物兴奋、紧张、恐惧的环境或因素,主人喂食、戏逗或训练时的条件反射,也可使唾液分泌增多,出现流涎现象。

二、临床表现

(1) 口腔周围湿润,附有多量透明液体,有时呈泡沫状,或在唇垂下挂有长而黏的成串唾液。严重流涎时,唾液可黏附于胸前或前肢。

(2) 患流涎犬、猫,由于病因不同,故在临床上还呈现出不同疾病所特有的症状,如食管阻塞,犬、猫表现不断哽噎或呕吐症状。

三、伴随症状

(1) 采食和咀嚼障碍:见于口蹄疫、传染性水泡性口炎、口炎、破伤风、放线菌病等。

(2) 吞咽障碍:见于咽炎、咽部异物阻塞、食管阻塞等。严重时完全不能吞咽,见于脑炎、咽神经麻痹、狂犬病等。

(3) 口腔黏膜损伤:见于口炎、口蹄疫、传染性水泡性口炎、念珠菌病等。

(4) 体温升高:严重的咽、喉疾病及某些传染病时,体温升高。

(5) 神经症状:在狂犬病、犬瘟热、脑炎等疾病时,患病动物表现中枢神经系统的症状,如兴奋不安、肌肉震颤、粪尿失禁、步态摇晃、共济失调、昏迷等。

(6) 腹泻:某些毒物、药物可引起胃肠道的炎症,从而出现腹泻。

四、鉴别诊断思路

(1) 口炎。单纯性口炎无全身症状,咀嚼小心,缓慢,多量唾液流出,呼出气体有异常气味,口腔检查可见黏膜卡他性炎症、水泡性、溃疡性或霉菌性炎症。

(2) 咽炎。动物患急性咽炎时可出现流涎症状,常有体温升高、吞咽困难。触诊咽部敏感,颌下淋巴结肿大。

(3) 食管炎。食管炎症的急性期流涎明显。患病动物吞咽困难,常有逆呕动作,有时在呕吐物中混有黏液、血液,触诊食管有疼痛感。食管内镜及 X 线造影检查,可判断病变类型和程度。

(4) 食管梗阻。突然发生,患病动物惊恐不安,不断伸颈,做吞咽动作,采食后呕吐。在临床上可根据触诊、食管探子探诊确定梗塞位置。X 线检查可确定阻塞物的部位和大小。应用食管内镜可直接观察阻塞部位。

(5) 咽麻痹。患病动物能采食、咀嚼,但没有吞咽动作,咀嚼的食团从口中吐出,食管插管通过咽时无阻力,无吞咽动作。

(6) 狂犬病。兴奋期和麻痹期均出现流涎症状。尽管在不同动物中症状有所不同,但通常表现在患病初期体温升高,异嗜,呈间歇性兴奋发作,随后喉头麻痹,后躯软弱。兴奋期犬攻击人、畜,自咬四肢、尾巴和阴部,有时表现恐水症状。

(7) 伪狂犬病。犬、猫患病时,可见流涎,呼吸急促,奇痒,有时出现呕吐与腹泻,常在发病后 24～48h 死亡。

(8) 破伤风。常有近期阉割和其他创伤史(多为深度创伤,如尖锐物刺伤)。患病动物表现牙关紧闭,口流黏稠的泡沫性唾液,腰部、背部、四肢僵硬,角弓反张,呈木马姿势。对外界刺激感应性增强。马属动物还有瞬膜突出等症状。

(9) 口蹄疫。主要发生于偶蹄兽。患病动物体温升高,口腔黏膜、舌面、唇、鼻出现水疱及糜烂,并有大量稀薄涎液流出。趾间、蹄冠常出现红肿、水泡,水泡破裂后糜烂,蹄匣与蹄真皮分离,乃至蹄匣脱落。严重者两前肢跪立,甚至卧倒不起。

(10) 中毒。急性中毒时突然出现症状,体温常不高。在群发动物中,常以食欲旺盛的动物多发。不同毒物中毒引起流涎性质(如稀涎、泡沫样涎)、伴随其他系统的症状及其病理变化也不同。毒物的实验室检查有助于确诊。

(11) 晕车症。动物在车、船、飞机等运输过程中,出现流涎和呕吐,站立不稳,情绪不安等症状。一旦车、船、飞机等停止运行,症状就立即消失。

(12) 精神刺激。有些犬、猫在兴奋、紧张、恐惧时出现大量流涎。避免受刺激时,流涎症状消失。

(13) 条件反射。主人喂食、戏逗或训练时的条件反射,也可使唾液分泌增多,出现流涎现象,属正常反应。

(赵 权)

第十二节 腹 泻

腹泻是指肠黏膜的分泌增多与吸收障碍、肠蠕动过快,引起排便次数增加,使含有多量水分的肠内容物被排出的状态。其病因包括肠道本身和全身其他疾病。

一、病因

按照发病的过程可分为急性腹泻和慢性腹泻。

1. 引起急性腹泻的常见病因

(1) 急性肠道疾病:食物中毒,肠道病毒、细菌感染和寄生虫感染等。

(2) 急性中毒:化学性毒物包括重金属、氟乙酰胺等;生物性毒物包括有毒植物、真菌毒素等中毒。

（3）泻剂与药物：泻剂如投给盐类泻剂硫酸钠、人工盐、大黄或油类泻剂等；药物有胆碱、神经节阻滞药物、洋地黄、铁剂、对氨基水杨酸等。

（4）其他：饲料及饲养管理不当所致。

2. 引起慢性腹泻的常见病因

（1）消化道慢性疾病，如线虫病、肠道蠕虫症、肠结核等。

（2）肠道肿瘤，如结肠癌、小肠淋巴病等。

（3）小肠吸收不良，见于胰源性的小肠吸收不良（如慢性胰腺炎、先天性胰酶缺乏症等）、肝胆系统疾病（如严重肝病、长期胆道梗阻等）、小肠黏膜病变（如乳糜泻、小肠缺血等）、肠道病变（如慢性结肠炎、部分肠梗阻等）、手术后小肠吸收不良（如胃大部分切除后、胃空肠吻合手术后等）。

二、临床表现

病初精神不振，常蹲于一角，不爱吃食，粪便不成形，软而稀薄，以致呈稀糊状或排粪水，并带有黏液，有的粪便带黑红色的血。如感染细菌，则粪便有臭味，并混有灰白色的脓状物。体温升高，呼吸急促，肛门、尾和四肢被粪便污染，消瘦，被毛无光泽、粗乱，结膜红紫，有黄污。

三、伴随症状

（1）脱水及电解质平衡失调。急性腹泻在短时间内使机体丢失大量的水分和电解质，导致脱水和电解质平衡失调，见于大肠杆菌病、病毒性肠炎、食物中毒等。

（2）腹痛。急性腹泻常伴有腹痛表现，特别在感染性腹泻时腹痛尤为明显。分泌性腹泻腹痛较轻。在严重的痢疾性肠炎或炎症侵害到直肠时，动物可表现里急后重。

（3）体温升高。感染性腹泻体温呈不同程度的升高，如各种细菌和病毒性传染病（大肠杆菌病、副伤寒、犬瘟热、犬细小病毒病等）。

（4）呕吐。猪、犬和猫等动物发生胃肠道疾病时，往往伴有呕吐症状。

四、鉴别诊断思路

1. 一般诊断

1）*了解病史*　了解患病动物有无病史。

2）*收集及分析临床症状*　了解患病动物的发病时间、发病进程、腹泻的次数，观察粪便的性状、颜色、pH、粪便中的混杂物等。

3）*实验室检查和特殊检查*

（1）血液学检查。腹泻动物应进行血常规、电解质、血气分析等检验。急性感染性腹泻，有外周血白细胞升高，肠道寄生虫病时可有嗜酸性粒细胞增加。

（2）粪便的检查。观察粪便的形态，检查粪便是否带血、黏液、未消化的食物、寄生虫或其他异物。必要时可进行病原微生物的培养。

（3）粪便的病原学检查。

（4）胃内容物或组织脏器的毒物分析。

（5）X线检查。胃肠道X线检查可以发现胃肠道肿瘤，观察胃肠道黏膜形态、小肠分泌吸收及胃肠动力。根据病情需要，可选择平片、钡餐、钡剂灌肠等检查。

2. 鉴别诊断

1）肠道疾病

（1）非特异性急性胃肠炎。腹泻，腹痛，呕吐，有时有黏液血便，发热。

（2）结肠炎。排便用力，黏液血便，里急后重，脱水，反复发作。

（3）犬瘟热。双相发热，腹泻或黏液血便，结膜炎，流鼻汁，各种神经症状，硬趾症，皮肤发疹。免疫学检查可以确诊。

（4）猫泛白细胞减少症。发热，呕吐，腹泻，白细胞减少。免疫学检查可以确诊。

（5）犬细小病毒病。呕吐，腥臭番茄样粪便，脱水，常全窝发病；偶见心肌炎，突然死亡。免疫学检查可以确诊。

（6）犬冠状病毒感染。持续性呕吐直至出现腹泻后才缓解。幼犬腹泻剧烈，多急性死亡；成年犬几乎不会死亡。免疫学检查可以确诊。

（7）轮状病毒感染。初生动物常在冬季发生，黏液血便，末期体温下降，衰竭而死或突然死亡。免疫学检查可以确诊。

（8）疱疹病毒感染。仔犬病初腹泻，粪便呈黄绿色或绿色，有时恶臭，呕吐，流涎，持续鸣叫，共济失调，随即死亡。免疫学检查可以确诊。

（9）沙门菌病。初生动物多发，黏液血便，发热，腹痛，呕吐，脱水。细菌学检查可以确诊。

（10）猫曲霉菌肠炎。以腹泻为主，肠黏膜刮取物做细菌学检查可以确诊。病原调查可以确认与误食曲霉菌污染的饲料有关。

（11）蛔虫病。初生动物多发生，呕吐，消瘦，反复腹泻，偶见神经症状和肺炎。粪便镜检可见虫卵。

（12）球虫病。黏液血便，脱水，发热，贫血。粪便镜检可见虫卵。

（13）贾地虫病。初生动物易发，黏液血便，里急后重，消瘦，贫血。粪便镜检可见滋养体。

（14）小袋虫性结肠炎。初生动物易发，血便，里急后重，消瘦。粪便镜检可见滋养体和包囊。

（15）弓形虫病。发热，咳嗽，腹泻，有时可见神经症状。猫粪便检查可发现卵囊，犬可用免疫学检查法予以诊断。

（16）阿米巴性结肠炎。黏液血便，里急后重，间断性腹泻。粪便镜检可见滋养体和包囊。

2）中毒性疾病

（1）蘑菇中毒。流涎，呕吐，腹泻，黏液血便，神经症状。

（2）烟碱中毒。腹泻，呕吐，流涎，伴有严重的呼吸和神经症状。

（3）铅、磷、砷中毒。此三种不同有毒物质引起的中毒虽均导致腹痛，但各有不同的症状。铅中毒尚有贫血，瞬膜突出，兴奋或抑制等表现；磷中毒表现大量流涎，呕吐物及排出物有大蒜臭味的特征；砷中毒除了大量流涎，呕吐物也有大蒜臭味外，还可导致可视黏膜发绀，肿胀，出血，脱落及血尿和蛋白尿等病变。

（4）布洛芬中毒。腹泻，排黑色稀便，呕吐，伴有代谢性酸中毒、共济失调和肾衰竭等症。

3）饲料及饲养管理不当所引起的腹泻　　在病因调查中可以发现问题所在，修正后腹泻停止即可确诊。

（赵　权）

第十三节 便 秘

便秘是犬、猫的一种常见病。由于某些因素致使肠蠕动功能障碍,肠内容物不能及时后送滞留于大肠内,其水分进一步被吸收,内容物变得干固形成了肠便秘。犬、猫对便秘都有较强的耐受性。

便秘一般分为器质性便秘和功能性便秘两类。器质性便秘是由各种疾病所引起的梗阻性便秘;功能性便秘多为损伤、药物及不良生活、排便习惯所致。临床上为指导治疗而常将便秘,主要是功能性便秘分为:①直肠肛管出口梗阻型便秘。由于各种原因导致盆后肌功能不良的顽固性便秘,多见于雌性动物,表现为排便困难、排便不尽,服泻药常无效。雌性动物可伴有阴道或子宫脱出,常需用手挤压阴道或手抠出存在直肠末端的干粪便。直肠指诊,可感知肛管内压力增高,直肠黏膜松弛、堆积,有的形成会阴疝乃至肛瘘。②结肠慢运输型便秘。此类型便秘结肠运输缓慢,盆后肌肉功能正常,临床上表现无便意、便次少、腹胀;轻者灌服胃肠动力药有效,重者可行结肠次全切除。

一、病因及分类

1. 原发性因素

(1) 饮食因素:一些动物饮食过少,饲料过精、过细,食物中的纤维素和水分不足,造成肠蠕动缓慢,水分过多吸收而使粪便干燥。进入直肠后的粪便残渣因为量少,不能形成足够的压力去刺激神经感受细胞产生排便反射而引起便秘。

(2) 排便动力不足:年老体弱、久病、产后等,可因膈肌、腹肌、肛门括约肌收缩力减弱,腹压降低而使排便动力不足,使粪便排不干净,粪块残留,发生便秘。所以老年动物多出现便秘。

(3) 由于情绪紧张,拖延了大便时间,使已到了直肠的粪便返回到结肠;或因患有肛裂和痔疮等肛门疾病,恐惧疼痛,不敢大便而拖长大便间隔时间。这都可能使直肠壁上的神经细胞对粪便进入直肠后产生的压力感受反应变迟钝,使粪便在直肠内停留时间延长而不引起排便感觉,形成习惯性便秘。

(4) 水分损失过多:大量出汗、呕吐、腹泻、失血及发热等均可使水分损失,代偿性引起粪便干结。

2. 继发性因素

(1) 器质性受阻:肠管内发生狭窄或肠管外受到压迫时,可使粪便通过受到障碍,在肠管内停留时间过长,形成便秘。

(2) 大肠病变:如过敏性结肠炎、大肠憩室炎、先天性巨结肠等疾病可引起大肠痉挛、运动失常,使粪便通过不畅而发生便秘。

(3) 药物影响:服用碳酸钙、氢氧化铝、阿托品、普鲁本辛、吗啡、苯乙哌定、碳酸铋等,以及铅、砷、汞、磷等金属中毒都可引起便秘。

(4) 滥用泻药:长期滥用泻药,使肠壁神经感受细胞的应激性降低,即使肠内有足量粪便,也不能产生正常蠕动及排便反射,因而导致顽固性便秘。

(5) 精神因素:精神上受到强烈刺激、惊恐、情绪紧张、忧愁焦虑等会使便意消失,形成便秘。

另外,神经系统障碍、内分泌紊乱、维生素缺乏等也可引起便秘。

二、临床表现

患病犬、病猫常做排便动作，但无粪便排出。初期精神、食欲无明显变化，久之出现食欲不振，直至食欲废绝，这时患病犬、病猫因腹痛而鸣叫、不安，有的甚至出现呕吐。犬、猫直肠便秘时，肛门指检敏感，直肠内有干硬结燥的粪便，触诊腹部时可感觉到直肠内有长串的粪块，有的犬、猫可见腹围膨大、肠胀气。结肠便秘时，由于不完全阻塞，可发生积粪性腹泻，即呈褐色水样粪便绕过干固的粪团而出。

三、伴随症状

(1) 腹胀腹疼。因便秘而导致腹内压增加，动物表现出明显的腹胀、腹痛。

(2) 脱水。因便秘而导致动物腹围扩大，饮食下降而脱水。

(3) 消瘦。慢性便秘因动物采食量下降乃至废绝及消化吸收障碍等而形体消瘦。

(4) 痔疮或痔瘘。便秘时排便用力摒力，直肠颈压力增高，阻断静脉回流，使正常肛垫充血性肥大并反复向后方移位，其中的纤维间隔逐渐松弛，直至断裂，并伴有静脉丛淤血、扩张、融合，甚至夹杂细小的动、静脉瘘，最后形成痔疮。

(5) 腹疝。便秘时，因排便用力过大，腹内压突然增高，腹内脏器如小肠等经腹壁薄弱处向身体表面突出，可形成腹疝。

(6) 呼吸困难。因腹压太高而膈肌前移，压迫胸腔，导致呼吸困难。

(7) 酸碱平衡失调。由于便秘而导致肠内废物排除障碍，出现酸碱平衡失调。

(8) 内热增加。出现发热、口舌等，可视黏膜赤红乃至发绀。

四、鉴别诊断思路

根据排粪困难的病史和触诊摸到大肠内干硬的粪块，以及按压时有疼痛感的表现，容易作出便秘的诊断。通过X线照片可清晰见到肠管扩张状态及其中含有致密粪块或骨头等异物阴影。

（赵　权）

第十四节　异　　嗜

异嗜是指由环境、营养、内分泌和遗传等多种因素引起，以舔食、啃咬通常认为无营养价值而不应该采食的异物为特征的一种复杂的多种疾病的综合征。它是一种顽固的味觉错乱的新陈代谢障碍疾病，各种动物均能发生。

一、病　　因

本病发生的原因是多种多样的，有的尚不清楚，可因地区和动物的种类而异。一般认为有以下因素。

1. 行为因素

(1) 母性行为：动物产子后会舔乳畜尿道口和肛门等地，除了刺激小犬大小便，吃掉附着在乳畜身上的胎胞和羊水以保持环境清洁干净外，还可以防止味道外泄，以避免被其他的动物捕猎，属于正常的母性行为。过多地舔食胎胞等会引起动物的“食子性”。

(2) 模仿行为：饲主经常清理犬舍或其居住的地方，久而久之，犬也会把附近的大小便清理干净。犬看到其他犬吃大便也学着吃属于模仿行为。

(3) 逃避行为：犬大小便后或乱咬或破坏东西后受到主人体罚，造成犬心里害怕，所以大便后因害怕被主人处罚就把粪便吃掉以湮灭证据。

(4) 取代行为：犬吃大便是一种天性，粪便里一些特殊的味道是犬喜欢的，草食动物的发酵排泄物对它们更有吸引力，当吃不到这样的排泄物时就吃自己的或以其他大便取代。

(5) 引起主人的注意：犬因为疾病而吃大便，其目的是引起主人注意。疾病康复后虽然吃大便会被主人责骂却继续如此，为的是得到主人的继续注意。

(6) 阶级霸权的行为：团体中次阶的犬可能要吃高阶的犬的大便以表臣服。

(7) 喂食习惯：有些犬一天要吃几餐，在改为一天一餐后以吃大便充饥，久而成为习惯。

(8) 无聊行为：犬、猫长时间圈养在笼中，没有与外界互动的犬、猫，常因无聊而吃大便。

2. 环境因素　饲养密度过大，动物之间相互接触和冲突频繁，为争夺饲料和饮水位置，相互攻击咬斗，常易诱发恶癖。

3. 营养因素　许多营养因素已被认为是引起异嗜的原因。硫、钠、铜、钴、锰、钙、铁、磷、镁等矿物质不足，特别是钠盐的不足是常见原因。通常有异嗜的动物多喜舔食带碱性的物质。钠的缺乏可因饲料里钠不足，也可因饲料里钾盐过多，因为机体要排除过多的钾，必须同时增加钠的排出。钙、磷比例失调，以及长期饲喂过酸的饲料等都可使体内碱消耗过多。某些蛋白质与氨基酸的缺乏引起异嗜，某些维生素的缺乏，特别是维生素B族的缺乏，可导致体内的代谢功能紊乱而诱发异嗜。此外，犬、猫食物体积过少或食物中缺乏纤维、盐、钴或磷等营养素，也可能造成犬、猫有异嗜行为。

4. 疾病　一些临床和亚临床疾病已被证明是引起异嗜的一个原因。

(1) 肠道寄生虫，如体内外寄生虫通过直接刺激或产生毒素也对异嗜起作用。

(2) 腹膜炎及胃肠炎等引起慢性腹痛。

(3) 因狂犬病和神经性酮症等引起中枢神经系统障碍。

(4) 内分泌紊乱。胰液分泌不足，或糖尿病、肾上腺功能亢进、甲状腺功能亢进等也都可能引起动物食粪或异嗜现象。

(5) 胰腺炎及胰腺发育不全，犬群体中胰腺炎的发病率较高，但出现临床症状的较少见。临床上表现特征为消化不良性综合征及异嗜。母犬发病多于公犬，幼犬多于中老年犬，不爱活动的肥胖犬发病最多。在饲喂高蛋白、高碳水化合物及脂肪食物，同时投给胰蛋白酶，症状有所改善。

(6) 巨食管症或食管狭窄。

(7) 饮食不平衡，如食入过多的脂肪。

(8) 药物，如巴比妥盐类、黄体素、类固醇等药物可引起异嗜。

二、临床表现

异嗜一般多以消化不良开始，接着出现味觉异常和异食症状。动物舔食、啃咬、吞咽被粪便污染的饲料，舔食墙壁、食槽，啃吃墙土、砖瓦块、煤渣、破布等物。动物容易惊恐，为外界刺激的敏感性增高，以后则迟钝。皮肤干燥，弹力减退，被毛松乱无光泽。拱腰、磨齿，天冷时畏寒而战栗。口腔干燥，开始多便秘，其后下痢，或便秘与下痢交替出现。贫血，发生渐进性消瘦，食欲进一步恶化，甚至发生衰竭而死亡。

异嗜多呈慢性经过，对早期和轻型的动物，若及时改善饲养管理，采取适当的治疗措施很快就会好转；否则病程拖得很长，可达数月，甚至1～2年，随饲养条件的变化，常呈周期性的好转与发病的交替变化，最后衰竭而死亡；也有的以破布、毛发阻塞消化道，或尖锐异物使胃肠道穿孔而引起死亡。

三、伴随症状

(1) 营养不良。因疾病、营养等因素而消瘦。

(2) 行为异常。一些由于行为因素而导致的异嗜动物，其或多或少地有其他行为异常。

(3) 粪便异常。大便稀软、胶冻状或有异物，包括寄生虫。

四、鉴别诊断思路

将异嗜作为症状诊断不困难，但欲作出病因学诊断，则需从病史、临床特征等方面具体分析，因为异嗜仅是若干疾病的一种症状上的表现，若不确定病原学诊断，则不能有效地防治。一些鉴别诊断方法和治疗方法是一样的。

怀疑有病理因素时，应针对疑因进行相关检查。例如，怀疑有胰液分泌不足症时，应检查血清中类胰酶免疫反应作用，以确定原因。

若为营养不均衡而造成异嗜行为，在提升其饲粮等级后，这些行为可得到缓解。

通过供应任其咬嚼的玩具，或使动物进行某些活动，解除无聊感，其症状应该得到缓解。

习惯性异嗜时，将其常异嗜的物品移除，或在其异嗜物上注入阿扑吗啡(apomorphine)引致其呕吐，使其对异嗜物产生厌恶感，进而终止异嗜行为。

（赵　权）

第十五节　疼　痛

疼痛(pain)是临床上最常见的症状之一，是机体受到损伤时发生的一种不愉快的感觉和情绪性体验，是一组复杂的病理、生理改变的临床表现。疼痛可以是局部的，也可以是全身性疾病的反映，把具有以“疼痛”为主要症状的疾病总称为“痛症”，包括伤害性刺激作用于机体所引起的痛感觉和机体对伤害性刺激的痛反应。

一、病　　因

疼痛通常由导致组织损伤的伤害性刺激引起。刀割、棒击等机械性刺激，电流、高温和强酸、强碱等物理、化学因素均可成为伤害性刺激。

组织细胞发炎或损伤时释放入细胞外液中的钾离子、5-羟色胺、乙酰胆碱、缓激肽、组胺等生物活性物质也可引起疼痛或痛觉过敏。

全身皮肤和有关组织中分化程度最低的游离神经末梢，作为伤害性感受器，将各种能量形式的伤害性刺激转换成一定编码形式的神经冲动，沿着慢传导的直径较细的有髓鞘和最细的无髓鞘传入神经纤维，经背根神经节传到脊髓后角或三叉神经脊束核中的有关神经元，再经由对侧的腹外侧索传至较高级的疼痛中枢——丘脑、其他脑区及大脑皮质，引起疼痛的感觉和反应。

二、临床表现

疼痛从病程上可分为急性疼痛和慢性疼痛；从机体的发病部位可分为头痛、颈肩痛、胸腹痛、腰腿痛等；从疼痛的来源上可分为软组织痛、骨关节痛、神经痛等。

1. 急性疼痛 急性疼痛可分为外伤痛、烧伤或烫伤痛、炎症痛、神经刺激或压迫痛、术后痛、晚期肿瘤痛和特殊诊疗痛。

(1) 外伤痛。外伤性疼痛常呈现持续性，活动时加剧，疼痛的程度属中度至重度。

(2) 烧伤、烫伤痛。疼痛呈持续性，程度较剧烈。

(3) 炎症痛。持续性隐痛，也可伴有阵发性痛，程度属轻度至中度。

(4) 神经刺激或压迫痛。这类疼痛性质如刀割、闪电或撕裂样痛，程度剧烈，患病动物不能忍受。

(5) 术后痛。这种类型的疼痛属于锐痛，程度也较剧烈，尤其是在术后 48h 期间。

(6) 晚期肿瘤痛。这种疼痛起初为持续性隐痛，随着时间而进行性加剧，后期疼痛轻度剧烈，影响食欲和睡眠，生活质量极为低下。

(7) 特殊诊疗痛。人工流产、纤维胃镜和(或)肠镜检查伴随疼痛或不舒服感觉。

2. 慢性疼痛 慢性疼痛可分为炎症性疼痛、神经性疼痛、血源性疼痛、代谢性疼痛、免疫源性疼痛和心理性疼痛。

(1) 炎症性疼痛：可表现为长期的酸痛、隐痛或定期及不定期的发作痛，有时有明确的定位疼痛，有时则缺乏。

(2) 神经性疼痛：多数均呈烧灼性，有时可较剧烈、弥散而持久。

(3) 血源性疼痛：这类缺血性疼痛呈现长期慢性或进行性加剧，部分患病动物可伴有感觉和运动功能的改变。

(4) 代谢性疼痛：代谢异常改变可引起疼痛，如钙和磷代谢异常可引起某种类型的骨性疼痛，而嘌呤类的代谢失调则可引起代谢产物在体内积聚而产生痛风症等。

(5) 免疫源性疼痛：多种自身免疫源性疾病和变态反应性疾病，如最常见的风湿性和类风湿关节炎或软组织炎症均可引起疼痛，这类疼痛具有慢性、发作性和逐渐加剧性的特点，常伴有多部位疼痛，随天气变化或劳累后加剧。

(6) 心理性疼痛：许多基础和临床研究资料从不同的方面都表明了心理因素伴随着疼痛的全过程，如疼痛的感受、性质、程度、时间、反应和分辨等，兽医临床上以犬的表现尤其明显。

三、伴随症状

疼痛对机体所有的器官和系统都有不利的影响，带来一系列的伴发症状。

(1) 呼吸系统：呼吸急促，潮气容量下降或过度通气。

(2) 循环系统：心律增加或降低，ST-T 变化，平均动脉血压变化，休克，心脏骤停。

(3) 消化系统：恶心，呕吐，食欲不振，消化功能障碍。

(4) 神经-内分泌系统：中枢神经系统兴奋或抑制，外周神经系统功能紊乱，内分泌系统应激反应。

(5) 泌尿系统：肾血管收缩，抗利尿激素增加。

(6) 情绪变化：精神紧张，抑郁或恐惧。

四、鉴别诊断思路

疼痛作为主观感受，没有任何一种神经生理学或神经化学的变化，可以视为判断疼痛特别是慢性痛的有无或强弱的特异指征。一般说来，疼痛会让患病动物表现出一些行为和举止的改变，因此记录这些变化能反映一定程度的疼痛。

(1) 疼痛可以引起逃避、四处走动、叫喊等异常行为，也可伴有血压升高、心跳加快和瞳孔扩大等生理反应。可首先运用视诊、触诊、局部麻醉等方法，大致判断疼痛部位和性质。

(2) 疼痛作为感觉活动，可用测痛计进行测量。动物机体可认知的最低疼痛体验称为痛阈，其数值因年龄、性别及测定部位而异。

(3) 由于产生疼痛的原因和疼痛本身是非常复杂的，因此在进行痛觉诊断时需要采用多指标进行综合性研究，并作出一个相对明确的诊断，然后方能对症下药。

(4) 由于疼痛对机体健康具有防御和保护意义，并非一切疼痛都是严重疾病的后果，因此并非所有疼痛均需止痛。对于如果消除疼痛疾病确诊便会产生疑问的病例，在确诊前不应轻率地使用镇痛药。

(杨亮宇)

第十六节　意识障碍

动物的"意识"(consciousness)就是指精神状态(mental state)，受大脑皮质的控制。动物的意识障碍(disturbance of consciousness)提示中枢神经系统功能发生改变，表现为精神兴奋或精神抑制。

一、病　　因

(1) 重症急性感染。如狂犬病、败血症、脑炎、脑膜炎、脑脊髓炎、重度肝病后期等。

(2) 脑的疾病。脑肿瘤、脑脓肿、脑震荡、外伤性颅内血肿。颅骨骨折等常常有占位性病变。

(3) 内分泌和代谢性疾病。如酮病、妊娠中毒症、甲状腺功能减退等。

(4) 中毒。如急性铅中毒、氯化钠中毒、氰化物中毒、水牛潴尿中毒等。

(5) 其他疾病。见于日射病、热射病、雷击、电击、低钠血症、高氯血症等。

二、临床表现

意识障碍的临床表现见精神状态检查部分。

三、伴随症状

(1) 发热。先发热，然后出现意识障碍，提示重症感染性疾病；先有意识障碍然后出现发热，提示脑出血、蛛网膜下腔出血等。

(2) 呼吸缓慢。是呼吸中枢抑制的表现，主要见于有机磷农药中毒、麻醉药过量等。

(3) 心动迟缓。可见于颅内压增高、吗啡中毒等。

(4) 低血压。见于各种原因引起的休克。

(5) 皮肤黏膜变化。皮肤上出现出血点、淤斑等，主要见于严重感染和出血性疾病。

四、鉴别诊断思路

1. 首先应询问病史 首先应了解发病时间,发病前后的情况,可能诱因,病程,昏迷前有否药物接触史等。

2. 临床检查 临床检查时,应注意有无非对称性、局灶性或侧位性症状(常反映脑的器质性病变),有无脑膜刺激症状(常表示有感染存在、瞳孔对光反应、眼球的活动状况,有无发热、皮肤黏膜出血及感觉和运动障碍等伴随症状。

3. 要注意症状诊断

(1) 轻度意识障碍:①意识模糊。往往突然发生,意识呈一过性障碍,行走盲无目的,患病动物不听使唤,可有短暂的突然发作,如恐惧、不安等,常见于轻度脑震荡、狂犬病等。②嗜睡状态。意识轻度障碍,大部分时间陷入睡眠,有的患病动物甚至发出鼾声,对外界刺激反应微弱。

(2) 重度意识障碍:①昏睡状态或浅昏迷状态。意识障碍严重,对外界刺激无任何应答反应,仅在疼痛刺激时有轻度防御反应。②深昏迷状态。最严重的意识障碍,一切反射(包括脑干反射)均消失。③持续性植物状态。指一种特殊的意识障碍状态,患病动物不食、不饮、不会排尿和排便,对外界刺激无反应,同时伴有植物神经功能紊乱,见于脑病的后遗症。

(杨亮宇)

第十七节 跛 行

跛行(lameness)是动物躯干或肢体发生结构性或功能性障碍而引起的姿势(posture)或步态(gait)异常的总称,俗名瘸腿,是动物四肢运动功能障碍所表现的一种临床综合征。

一、病 因

(1) 日粮因素。饲料中矿物质不足或比例失调、维生素缺乏、硒缺乏症、肌红蛋白尿症、牛霉稻草中毒及动物的麦角中毒、关节型痛风等均引起跛行。

(2) 外伤。外伤引起的骨折、关节脱位、关节扭伤和挫伤、肌肉挫伤等均可导致跛行。

(3) 炎症。关节炎、骨髓炎、腐蹄病等可引起跛行。

(4) 神经损伤。四肢神经损伤常导致所支配肌肉的弛缓或萎缩。在一些传染病过程中,因神经系统的病变也可发生跛行,如犬瘟热、狂犬病等。

(5) 遗传因素。某些动物因遗传因素可发生先天性四肢发育不全。

(6) 其他。临床上许多疾病可继发或伴发跛行,如牛病毒性腹泻、口蹄疫、乳房炎、酮病、光过敏症、真菌性口炎、恶性卡他热等。

二、临床表现

跛行的临床分类主要是根据症状发生在运动时的阶段不同,分为支柱跛行、悬垂跛行和混合跛行。

1. 支柱跛行 支柱跛行是在支柱阶段出现的跛行,简称支跛。支跛最基本的特征是负重时间缩短和避免负重,以及后方短步。支跛的患部多在腕、跗关节以下的股、关节、腱、腱鞘、韧带和蹄,而神经肌肉损伤时也可表现支跛,即中兽医所说“敢抬不敢踏,病痛腕跗下”。

2. 悬垂跛行　运动时肢体在空间悬垂阶段出现的跛行，简称悬跛。其特征是抬不高和迈不远，患肢前进运步时，在步伐的速度上和健肢比较常常是缓慢的，提举、前伸不充分，导致患肢的前半步短小，呈现前方短步。因此，前方短步，运步缓慢，抬腿困难是临床上确定悬跛的依据。悬跛主要是腕、跗关节以上的肌肉(伸肌或屈肌)及支配这些肌肉的神经疾病所引起的，即中兽医所说“敢踏不敢抬，病痛在胸怀”。

3. 混合跛行　在运动阶段和支柱阶段均出现功能障碍时称为混合跛行。临床实践中，单纯性跛行较为少见，多数表现为混合跛行。这种跛行兼有支跛和悬跛的某些特征。混合跛行常见于四肢上部的关节疾病、骨折、骨膜炎、黏液囊炎和筋膜的疾病等。

4. 特殊跛行　临床上以某些独特状态命名的跛行。

(1) 间歇性跛行。它是周期性发作的一种跛行。在开始运步时一切正常，但在劳役或乘骑一定时间后，突然发生严重跛行。停止运动，则跛行自然消失而恢复正常，但再次运动时可反复发作。主要见于大动脉管栓塞(如髂内外动脉或股动脉栓塞)、习惯性膝盖骨脱位、关节石等。

(2) 紧张步样。四肢负重极度困难，运步时呈急促短步，提举后迅速落地，常见于蹄叶炎。

(3) 黏着步样。运步缓慢强拘，呈现缓慢短步，常见于肌肉风湿、破伤风等。

(4) 鸡跛。患肢运步呈弹跳式高度举扬，膝关节与跗关节高度屈曲，肢在空间停留片刻后又突然着地，如鸡走路的姿势，常见于老龄马。

三、伴随症状

(1) 外伤。肢体常有肿胀、出血、疼痛，或皮肤、肌肉的完成性破坏等外伤表现。

(2) 关节肿胀。表现局部红、肿、热、痛，见于关节炎、关节囊炎等。

(3) 全身状况。日粮因素引起的跛行，同时表现特征性的全身症状，如维生素 A 缺乏症、硒缺乏症、钙磷代谢紊乱性疾病、过量摄入谷类饲料引起的蹄叶炎等。

(4) 神经症状。有些疾病(如奶牛生产瘫痪、酮病、犬产后抽搐、犬瘟热等)伴发的跛行，动物常表现意识障碍等神经症状。

四、鉴别诊断思路

跛行不是一种疾病，而是疼痛、乏力、畸形或机体肌肉骨骼系统功能及结构性障碍的一种标志。因此，诊断时应通过详细的检查确定跛行的部位和病因。

第一，通过详细地询问病史，了解跛行的发生、持续时间及可能的诱因，为进一步检查提供线索。

第二，仔细的视诊判断患病部位、跛行的种类及程度。一般分伫立视诊和运步视诊。伫立视诊主要注意肢体的伫立和负重、被毛和皮肤、肿胀、肌肉萎缩、骨和关节、蹄和蹄铁等。运步视诊应选择宽敞平坦、光线充足的场地，主要是根据运步时的临床表现确定患肢、跛行的种类和程度，并初步发现可疑患部。

第三，对可疑患肢及患部进行触诊检查，确定病变的范围、大小和程度。

第四，对日粮因素或其他疾病继发引起的跛行，应进行全身状况的检查，必要时测定实验室相关指标，根据特征性的症状和实验室结果确定病因或原发病。

第五，有条件的应充分应用特殊检查和实验室检查等辅助诊断方法，对确定跛行发生的准确部位、病因、病情的分析、疗效及预后判断等均具有重要意义。

（杨亮宇）

第十八节 瘫 痪

瘫痪(paralysis)也称麻痹，是指动物的骨骼肌对疼痛的应答反应和随意运动的能力减弱或消失。动物骨骼肌的随意运动，借锥体系统和锥体外系的运动神经元(上运动神经元)及自脊髓腹角和脑神经运动核的运动神经元(下运动神经元)的协同作用而实现。故无论上下运动神经元的损伤所致的肌肉与脑之间的传导中断，还是运动中枢障碍，均可发生随意运动减弱或消失。

一、病 因

(1) 运动器官的器质性疾病。如脊髓受压、脊椎骨折、脊髓挫伤等。

(2) 脑和脊髓损伤。细菌性、病毒性或中毒性脑、脊髓炎，大脑皮质运动区的出血、脑内寄生虫、脓肿、肿瘤等占位性病变使脑部受压均可引起中枢性瘫痪。

(3) 营养代谢因素。怀孕动物分娩前后血钙浓度急剧下降可突然发生产后瘫痪。外周神经受损。大动物分娩时由于胎儿过大，胎位、胎向、胎势不正及产道狭窄引起难产时间过长或未经完全矫正而强力拉出胎儿，使坐骨神经、闭孔神经、臂神经受到胎儿体躯的粗大部分长时间压迫和挫伤，引起麻痹而出现产后截瘫；各种创伤引起局部神经损伤而致发局部肌肉瘫痪。

二、临床表现及分类

根据神经系统病变部位不同所发生的瘫痪，可分为中枢性瘫痪和外周性瘫痪；根据症状学分类，可分为瘫痪和轻瘫、单瘫、偏瘫、截瘫及短暂性瘫痪。

1. 中枢性瘫痪(central paralysis) 脑、脊髓的上运动神经元的任何一部分病变所发生的瘫痪称为中枢性瘫痪，又称为上运动神经元性瘫痪。瘫痪肌肉的紧张性增高；被动运动开始时阻力较大，继而突然降低；腱反射亢进。由于瘫痪的肌肉紧张而带有痉挛性，故又称痉挛性瘫痪。因其不影响损伤部位以下的脊髓侧角植物神经的正常活动，下运动神经元仍能向肌肉传送神经营养冲动，故瘫痪的肌肉不萎缩。但因长期不运动也可产生失用性萎缩，在此情况下，萎缩发展缓慢。根据锥体系受损伤部位的不同，中枢性瘫痪的范围也不同。

2. 外周性瘫痪(peripheral paralysis) 外围性瘫痪是下行运动神经元，包括脊髓腹角细胞、腹根及其分布肌肉的外周神经或脑干的各脑神经核及其纤维的病变所发生。其瘫痪肌肉紧张力降低，而且所支配的肌腱和皮肤反射降低，甚至消失；由于失去营养冲动而迅速发生萎缩，故又称弛缓性瘫痪或萎缩性瘫痪。由于被损伤的神经和部位及程度的不同，被损伤神经纤维的功能外周性瘫痪的临床表现有以下三个方面。

(1) 运动功能障碍。因损伤运动神经纤维使运动神经陷入麻痹状态，受其支配的肌、腱的运动功能减弱或消失，表现肌、腱弛缓无力，丧失固定肢体和自动收缩的能力。患肢出现关节过度伸展、屈曲或偏斜，或表现特异的跛行症状。例如，脊髓挫伤时，小动物可发生脊椎骨骨折、脱位等；挫伤引起的后肢瘫痪，往往发生粪尿失禁或潴留。

(2) 感觉功能障碍。外周神经属于混合神经，伤后出现不同程度的感觉功能障碍，特别是富有感觉纤维的感觉神经陷入麻痹时，感觉减弱或消失。例如，脑部疾病引起的瘫痪，在小动物中常表现兴奋、沉郁、嗜睡、昏迷等；针刺皮肤时疼痛反应减弱或消失，腱反射消退等。

(3) 肌肉萎缩。外周神经损伤麻痹时，不可避免地要伤及该神经的植物性神经纤维，引起营养失调，再加上患肢由于神经麻痹而运动不足，因而病后经过一定时间受其支配的肌肉出现萎缩，如肌肉凹陷、体积变小等。

3. 瘫痪和轻瘫　瘫痪又称完全瘫痪，是指肌肉的收缩力完全丧失，运动和感觉消失。轻瘫又称不完全瘫痪，是指肌肉的紧张性和收缩力比正常减弱，呈局限性，仍可进行不完善的运动。

4. 单瘫　单瘫是指少数神经节支配的某一肌肉或肌群的瘫痪，如局部外伤、骨折、脱位、压迫、缺血等引起外周神经损害导致单瘫。

5. 偏瘫　偏瘫又称半身不遂，是指一侧上下肢的瘫痪。其是从一侧大脑半球所分出的运动神经受损害而引起机体一侧性瘫痪，见于各种脑病。

6. 截瘫　截瘫是指两侧对称部位的瘫痪，如两前肢、两后肢或颜面两侧的瘫痪。常见的动物腰部损伤致发的背腰部、臀部、尾部及后肢的瘫痪，多起因于脊髓损伤。

7. 短暂性瘫痪　短暂性瘫痪包括神经肌肉传导障碍性瘫痪、癫痫后瘫痪和短暂性脑缺血发作所呈现的瘫痪。其特点是肌肉收缩力的渐退性和可恢复性。

三、伴随症状

(1) 粪尿失禁或潴留。在脊髓挫伤引起的后肢瘫痪，往往发生粪尿失禁或潴留。

(2) 意识障碍。在脑部疾病引起的瘫痪，动物常表现意识障碍。

(3) 骨折。脊髓挫伤时，动物可发生脊椎骨骨折、脱位等。

(4) 低钙血症。在产后瘫痪时，动物血清钙含量明显下降。

四、鉴别诊断思路

(1) 要注意区分中枢性瘫痪和外周性瘫痪。

(2) 对于中枢性瘫痪的患病动物，要注意检查脑和脊髓的病变，如脑和脊髓的损伤、病毒性脑脊髓炎、霉玉米中毒性脑病、狂犬病、脑脊髓丝虫病、肉毒中毒等；对于外周性瘫痪的患病动物，应着重检查外周神经的损伤。

(3) 对于母牛产后瘫痪的诊断，要注意与生产瘫痪、低镁血症、闭孔神经麻痹及物理性损伤等加以区别。①典型的生产瘫痪主要发生于3～6胎的高产母牛，且在产后3d内出现特征性的生产瘫痪姿势，血钙不足1.25mmol/L。采用静脉注射钙剂、乳房送风疗法有良好效果。②低镁血症各品种牛都有发生，但主要发生于最近产犊的母牛，不限年龄，如产犊几个月的母牛、妊娠的肉牛和放牧的水牛等。血清镁含量降低，不足0.25～0.5mmol/L。③严重的毒血症仅呈散发性，在卫生差的地方，最常见的是乳房炎引起的毒血症。另外，也可见于创伤性网胃炎引起的腹膜炎，以及子宫和阴道破裂。④母牛闭孔神经麻痹常见于初产母牛和青年母牛的长时间分娩困难，或胎儿过大，助产时过分用力牵引。⑤物理性损伤常见于腓肠肌断裂和股关节脱臼等。

(4) 注意伴发症状。①伴有意识减退或丧失，视觉障碍或失明，先兴奋而后沉郁、昏迷和惊厥的，提示是大脑性瘫痪。②伴有外伤史，呈两侧性瘫痪（多为两后肢），无意识障碍的，提示是脊髓性瘫痪。检查可发现受伤部位前方肌肉的紧张性和反射正常，受伤部位后方肌肉呈弛缓性麻痹状态，感觉及反射消失。较常见的腰椎或腰、荐椎部位受损伤，可引起两后肢瘫痪，大小便失禁。③伴有群发、地方流行、发病缓慢、体温一般正常或偏低，在饲料、饲养与管理上有明显缺陷的，提示可能是代谢障碍性瘫痪。④伴有同群动物同时或先后相继发病，症状相同，且食欲旺盛、体大健壮动物，首先发病、症状明显、瘫痪重剧，并有腹泻、呕吐及其他神经症状的，提示可能是中毒性瘫痪。⑤伴有群发、流行性或地方流行性、发病急、体温升高、传染性强的，提示是传染性瘫痪。⑥伴有季节流行或散发、发病较和缓，体温正常，起初步态异样，行走摇摆，后期倒地不能起立而呈现后肢瘫痪的，提示可能是由于寄生虫引起的脑脊髓性瘫痪。

（杨亮宇）

第二十章 兽医医疗文书

病历是兽医根据问诊、体格检查、实验室诊断和其他检查获得的资料及治疗资料，经过归纳、分析和整理而写成的疾病文书，它反映了疾病发生、发展、病情演变、转归和诊疗情况。病历具有以下的重要性。

(1) 反映了疾病发生、发展和转归的过程。通过每天对疾病的状况进行详细的记录，可以明了疾病发展和转归状况，反映了病势。

(2) 反映了兽医的诊疗水平。通过每天对病例实施治疗，疾病的病势将会发生改变。一般来说，病情减轻、体况日好说明诊断正确、治疗措施得当。

(3) 教学功能。病历是临床个案详细而系统的记录，是医疗实践的具体实例。对兽医专业学生来说，病历就是活教材。

(4) 病历的科研功能。由于病历详细完整、内容翔实，可以作为疾病临床研究的基础资料和依据。许多疾病的发现都是起于临床个案的报道，一些疾病的回顾反映了疾病发生、发展的一般规律。

(5) 法律效应。在兽医医疗纠纷、法律诉讼和医疗保险等活动中，病历是重要的法律文书。因而，兽医在临床活动中要完整而规范地书写病历。

(6) 其他功能。病历是兽医医疗机构进行业务统计的原始资料。在动物疾病的社会普查中，病历是最主要的依据。

第一节 书写兽医医疗文书的基本规则和要求

病历书写要客观、真实、准确、及时、完整。

一、格式规范、项目完整

病历格式具有特定的规范格式，兽医必须按照规范格式认真填写。一般来说，根据临床要求，病历分为传统病历和表格病历，但两者所记录的项目和内容是一样的。传统病历系统而完整，有利于人才培养和资料保存；表格病历填写简便、省时，有利于建立电子档案，也容易规范化。度量衡要求采用国家统一的计量单位。填写内容要完整，不可遗漏。

二、内容真实、字迹工整

病历必须客观准确地反映病例病情和临床施治经过，不能臆想、虚构，更不能弄虚作假、随意涂改。内容的真实性来源于认真仔细的临床检查、全面客观的分析和科学准确的判断。

书写病历时要求字迹工整、清晰，语句通顺，便于他人阅读。病历不可随意涂改，如必须更改，则应由兽医注明涂改时间并签全名以示负责。错误的内容需要更改时，应该在错误的内容上采用双线划并在其右上角改正，不可采用粘贴、涂黑或刮除等方法掩盖或去除。门诊采用的“病危通知书”或“病情知情书”应该有动物主人或其代理人签名。

好的病历记录反映了良好的兽医职业素养和高尚的道德水平。

三、表述准确、措词得当

采用规范的汉语和汉字书写病历，数字以阿拉伯数字表示。通用的外文缩写、无正式的中文译名的内容可以写外文。

使用通用的兽医学名词和术语，语言通顺，词句简练准确，标点正确。避免方言、俚语，如“拉稀”应写为“腹泻”，“哈气”应改为“呼吸困难”或“气短”，“拐脚”应写为“跛行”，“抽筋”应写为“抽搐”或“痉挛”等。

四、填写及时、签名清晰

病历是兽医在执业过程中的实时记录，因而，兽医应该边诊治边填写，不能事后依靠回忆来填写。有关检查、诊断、处方等必须有兽医或检验人员签字方可生效。签字要清楚，易于辨认。

（邓干臻）

第二节 兽医医疗文书的种类、格式和要求

兽医病历可分为门诊病历、住院病历和专科病历。不论哪种病历，其封面应该记载的内容见表 20-1。

表 20-1 病历封面记载内容

主人姓名		动物种类	如猪、马、牛、犬、猫、鸡、鸟等
性别		品种	
年龄		昵称	
职业		用途	
居住地		性别	♂ ♀
邮编		年龄	
联系电话		毛色	
电邮地址		体重(kg)	
其他		绝育情况	有无怀孕
		免疫情况	
		药物过敏史	
可靠程度：可靠________不可靠________待查________			
接诊日期： 年 月 日			

一、门 诊 病 历

（一）书 写 要 求

门诊病历是兽医门诊活动中所做的医疗记录，其书写要求如下。

1. 简明扼要、重点突出 一般来说，门诊病例病情较轻，诊疗时间较短，病历记载要简明扼要，重点突出。主要内容包括：问诊内容，症状，检查项目和结果，初步诊断，治疗处理意见

及复诊意见。

2. 初诊和复诊　理想的初诊是能够作出确诊。然而，在兽医临床实际中，许多病例在初诊时不能作出确诊。如果一时难以确诊，可暂作症状待诊，以待进一步确诊，如后肢跛行但原因不明可记作“跛行待查”，不明原因的呕吐可记作“呕吐待查”等。经过复诊仍然不能确诊时则要及时会诊、住院或转院。

3. 急诊的就诊时间和基本生命体征记录　急诊病例应该记录就诊的准确时间，精确到分钟，如2008年8月8日8时8分(2008.08.08.08:08)。除简要病史和重要症状外，急诊病历还必须记录心动、脉搏、体温、呼吸、意识状态、救治措施和经过等。如经抢救无效而死亡，则要记述死亡时间、诊断和原因。

4. 医嘱　动物离开兽医院前，兽医要嘱托主人在家看护时应该注意的事项。医嘱可分为书面医嘱和口头医嘱，书面医嘱在病历中记载，口头医嘱要使主人明白。

5. 医师签名　任何病历都须有兽医师签名或盖章。

（二）书写格式和内容

门诊病历书写内容格式见表20-2。

表20-2　兽医病历表例

×××××动物医院病历

病例号________

<table>
<tr><td colspan="4">主人姓名________家庭住址__________职业________联系电话__________
动物种属<u>犬○猫○</u>　品种________昵称________体重________毛色________用途________
性别<u>雄○雌(去○避○)</u>年龄<u>年　月　日　岁</u>　饲料及饲养__________次/日
饲养环境<u>室内○室外○室内外○</u>最近接种疫苗状况<u>　年　月</u>　药物过敏史________
入诊日期：________年________月________日</td></tr>
<tr><td colspan="4">既往病史：

现病史：</td></tr>
<tr><td colspan="4">现症检查：体温________℃　脉搏________次/分　呼吸________次/分

诊断：</td></tr>
<tr><td colspan="4">临床处治(R)：

诊疗费用：
主治兽医签名：　　　年　月　日</td></tr>
<tr><td>复诊时间</td><td>临床检查</td><td>处治</td><td>治疗费用：
兽医签名</td></tr>
<tr><td colspan="4">病例总结：</td></tr>
</table>

门诊病历书写内容如下。

(1) 初诊:①病历封面填写;②就诊时间;③动物主人主诉;④病史;⑤症状;⑥实验室检查和特殊检查;⑦初步诊断;⑧处理意见(包括治疗措施、进一步检查内容、医嘱等);⑨治疗费用;⑩兽医师签名。

(2) 复诊:①复诊时间;②记述初诊治疗效果;③复诊检查结果,必要时作进一步检查;④诊断(修正诊断);⑤处理意见;⑥治疗费用;⑦兽医师签名。

(三) 门诊病历实例(封面略)

初诊记录:

2008.9.13

一周前发现食欲减退,舌苔白,行走拘谨,尾下垂,小便黄,大便未见异常,无呕吐现象。五日前在其他宠物医院就诊,体温39.6℃,静脉注射头孢唑林两日体温回复,但以上症状未见好转。两年前因尿路结石而进行手术治疗,半年前超声检查膀胱内未见异物。此犬长期以肉食为主,偶食犬粮。

体温39.1℃,血检红细胞 6.32×10^{12}/L,形态未见异常,未见附红细胞体,白细胞 15.4×10^{9}/L。可视黏膜未见黄染,肝区无压痛。

初步诊断

不明待检

1. 营养水平
2. 饮食习惯
3. 尿路检查
4. 肝功能

处理

1. 消炎(具体细化)
2. 退热(具体细化)
3. 增加饮水(具体细化)
4. 改变食物(具体细化)

兽医师签名:

复诊记录:

2008.9.14

病史同前。用药后未见明显好转。

39.2℃,临床检查发现后腹部疼痛,包皮囊内化脓。因尿道结石病史进行B超检查,发现膀胱内有高回声、可移动的光斑,光斑后有声影。导尿时可见血丝和细小的结石,但尿路通畅。

初步诊断

膀胱结石

处理

1. 膀胱切开术(具体细化)
2. 留院治疗(具体细化)
3. 术后消炎(具体细化)
4. 饮食调节(具体细化)

兽医师签名:

二、住院期间医疗文书

一般来说,住院病例因病情较为严重,其病历载述内容要复杂得多,见表20-3。

表 20-3　兽医病历表例

××××× 动物医院住院病历

入院时间______年______月______日　出院时间______年______月______日　病例号______

主人姓名______家庭住址______职业______联系电话______
动物种属　犬○猫○　品种______昵称______体重______毛色______用途______
性别 雄○雌(去○避○) 年龄　年　月　日　岁　饲料及饲养______次/日
饲养环境　室内○室外○室内外○最近接种疫苗状况　年　月　药物过敏史______

动物主人自述：
现病史：
既往病史：
系统回顾：
　头颈五官
　呼吸系统
　消化系统
　循环系统
　泌尿系统
　生殖系统
　骨骼肌肉系统
　神经系统
　精神状态
其他：
　可视黏膜
　浅表淋巴结
　营养状况
　繁殖状况
　生活习性
现症检查：体温______℃　脉搏______次/分　呼吸______次/分
一般状况
　皮肤、黏膜
　淋巴结
　头颈五官
　呼吸系统
　消化系统
　循环系统
　泌尿系统
　生殖系统
　骨骼肌肉系统
　神经系统
实验室及其他检查：
　血常规
　尿液
　粪便
　临床生化
　X 线

续表

<table>
<tr><td colspan="3">超声
心电图
摘要：
简要叙述病例信息，分析检查结果，作出初步诊断。
初步诊断：
兽医签名：</td></tr>
<tr><td colspan="3">入院记录：</td></tr>
<tr><td colspan="3">临床处治(R)：
诊疗费用：
主治兽医签名：　　　　年　月　日</td></tr>
<tr><td>复诊时间</td><td>临床检查
处治</td><td>治疗费用：
兽医签名</td></tr>
<tr><td>会诊记录</td><td></td><td></td></tr>
<tr><td>转院记录</td><td></td><td></td></tr>
<tr><td>出院记录</td><td></td><td></td></tr>
<tr><td>死亡记录及分析</td><td></td><td></td></tr>
<tr><td colspan="3">病例总结：</td></tr>
</table>

对于住院病例，还应该有住院牌、治疗卡。

住院牌记录动物的品种、昵称、特征、年龄、性别、体重、诊断、笼号、病历号及主人姓名和联系电话，如表 20-4 所示。

表 20-4　动物住院牌

病历号		笼号		品种		昵称	
特征		年龄		性别		体重	
诊断		主人姓名		联系电话		其他	

治疗卡记述每日治疗内容和时间，见表 20-5。

表 20-5　动物治疗卡

病历号		笼号		品种		昵称	
特征		年龄		性别		体重	
诊断		主人姓名		联系电话		其他	
治疗起始时间		结束时间		备注			
处治措施：							

在兽医临床实际中，治疗卡必须与住院牌对应方可实施治疗。

由于动物主人对兽医医疗不了解，如有必要，兽医有责任向动物主人说明病情，动物主人也必须在“病情通知书”上签字，见表 20-6。

表 20-6　动物病情通知书

日期＿＿＿＿＿＿＿＿				病例号＿＿＿＿＿	
动物主人信息					
姓名			职业		
住址				邮编	
电话			手机		
动物信息					
种属		品种		昵称	
性别		毛色		出生日期	
价值	元				
病情概述：					
参考信息					
是否在其他医院就治过？		是　　否	医院名称		
联系电话			医院地址		
兽医姓名			邮政编码		
兽医院已经告知您动物的病情、可能的治疗措施和费用，您应该先期支付预算费用的 50%。 **动物主人已经同意并承诺**：我是动物的主人(受动物主人全权委托)，同意以上治疗措施。 1. 我授权兽医对本动物实施诊断、治疗、麻醉、手术等医疗活动； 2. 我承担以上行为所发生的一切费用； 3. 我已经阅读了本通知书，知道可能的治疗风险和并发症，同意实施以上必要的处治措施。					
动物主人签字			日期		

三、专 科 病 历

随着临床兽医学的发展，兽医专科也在逐渐形成。一些专科病历翔实、可操作性强，见表 20-7和表 20-8。

表 20-7 外周神经系统检查

××××× 动物医院

诊断：　　　　病例号：　　　　检查日期：　　　　兽医签名：

<table>
<tr><td colspan="6">主人姓名：　　住址：　　职业：　　联系电话：　　体重：　kg
动物种属：　　品种：　　性别：　　出生日期：　　昵称：</td></tr>
<tr><td colspan="6">始发、再发时间及过去治疗情况：</td></tr>
<tr><td colspan="6">现症发生及持续时间、表现和程度：

有无事故发生：
排尿状况：
现症治疗状况：</td></tr>
<tr><td colspan="6">精神状态：正常○　抑郁○　意识障碍○　昏迷○　昏睡○</td></tr>
<tr><td colspan="6">姿势：正常○　斜颈○　震颤○　癫痫○　角弓反张○</td></tr>
<tr><td colspan="6">步态：正常○　运动失调○（两后肢○　左后肢○　左前肢○　两前肢○　左前肢○　右前肢○　四肢○）
圆运动○</td></tr>
<tr><td colspan="6">麻痹：○　两后肢○　左后肢○　左前肢○　两前肢○　左前肢○　右前肢○　四肢○</td></tr>
<tr><td colspan="6">其他：</td></tr>
<tr><td colspan="2">注：NE. 未评估；0. 缺失；1. 低下；2. 正常；3. 亢进；4. 极度亢进</td><td>左后肢</td><td>右后肢</td><td>左前肢</td><td>右前肢</td></tr>
<tr><td rowspan="7">姿势反应</td><td>固有知觉反射：痛觉反射
纸片试验</td><td></td><td></td><td></td><td></td></tr>
<tr><td>交替负重：触觉性
视觉性</td><td></td><td></td><td></td><td></td></tr>
<tr><td>单肢悬立：</td><td></td><td></td><td></td><td></td></tr>
<tr><td>四肢广踏：</td><td></td><td></td><td></td><td></td></tr>
<tr><td>伸肌曲屈突发性伸张反射</td><td></td><td></td><td></td><td></td></tr>
<tr><td colspan="5"></td></tr>
<tr><td colspan="5"></td></tr>
<tr><td rowspan="9">脊髓反射</td><td>膝跳反射　L_4、L_5、L_6，大腿神经</td><td></td><td></td><td></td><td></td></tr>
<tr><td>前测胫骨肌反射　L_6、L_7、坐骨神经腓骨支</td><td></td><td></td><td></td><td></td></tr>
<tr><td>腓腹肌反射　L_7、S_1、坐骨神经胫骨支</td><td></td><td></td><td></td><td></td></tr>
<tr><td>桡侧掌部伸肌反射　C_7、C_8、C_1、桡骨神经</td><td></td><td></td><td></td><td></td></tr>
<tr><td>二头肌反射　C_6、C_7、C_8、皮下神经</td><td></td><td></td><td></td><td></td></tr>
<tr><td>三头肌反射　C_7、C_8、T_1、桡骨神经</td><td></td><td></td><td></td><td></td></tr>
<tr><td>曲肌反射</td><td></td><td></td><td></td><td></td></tr>
<tr><td>交叉伸展反射</td><td></td><td></td><td></td><td></td></tr>
<tr><td>会阴反射</td><td></td><td></td><td></td><td></td></tr>
<tr><td rowspan="4">感觉反射</td><td>知觉过敏</td><td></td><td></td><td></td><td></td></tr>
<tr><td>表在感觉</td><td></td><td></td><td></td><td></td></tr>
<tr><td>深部感觉</td><td></td><td></td><td></td><td></td></tr>
<tr><td>皮肤反射</td><td colspan="2">左</td><td colspan="2">右</td></tr>
<tr><td>排尿功能</td><td>尿道肌紧张　　亢进/低下</td><td></td><td></td><td></td><td></td></tr>
<tr><td>排粪功能</td><td>肛门括约肌紧张　　亢进/低下</td><td></td><td></td><td></td><td></td></tr>
</table>

表 20-8　脑神经功能检查

××××××动物医院

	左	右	
斜颈			前庭(8)
眼、耳、面部肌肉的对称性，表情肌、			颜面(7)
侧颈肌、咬肌的萎缩			三叉(5)
眼睑反射　眼内角			三叉(5)眼支、外展(6)、颜面(7)
眼外角			三叉(5)上颌支、外展(6)、颜面(7)
恐吓反应			视(2)～颜面(7)
眼球位置(眼球嵌入)			交感神经障碍
瞳孔的对称性			动眼(3)、滑车(4)、外展(6)
斜视　安静时			动眼(3)、滑车(4)、外展(6)
颈部位置变化时			动眼(3)、滑车(4)、外展(6)、听(8)
眼颤　安静时			听(8)
颈部位置变化时			听(8)
前庭性眼球颤动			动眼(3)、滑车(4)、外展(6)、听(8)
光反射 左侧刺激			视(2)、动眼(3)
右侧刺激			视(2)、动眼(3)
感觉　鼻、耳、			三叉(5)上颌支～颜面(7)
下唇			三叉(5)下颌支～颜面(8)
开口时肌紧张			三叉(5)
舌的位置及对称性			舌下(12)
软腭、喉头的位置及对称性			舌咽(9)、迷走(10)
呕吐反射			舌咽(9)、迷走(10)
僧帽肌、上腕头肌的对称性、萎缩			副(11)
鼻的乙醇刺激反应			嗅(1)

注：NE. 未评估；0. 缺失；1. 低下；2. 正常；3. 亢进；4. 极度亢进

（邓干臻　邱昌伟）

第三节　常用检查报告书的书写格式

实验室诊断和特殊诊断是兽医临床上常用的诊断技术，准确而翔实的标准格式有利于兽医的阅读和辨析，以及标准化的建立，见表 20-9 和表 20-10。这些检验检查报告也可以拆分为单项检查表或单项检查邀约表。

表 20-9　动物影像诊断病历

主人姓名＿＿＿＿家庭住址＿＿＿＿＿＿职业＿＿＿＿联系方式＿＿＿＿＿
动物种属　犬○猫○其他○＿＿＿品种＿＿＿＿＿昵称＿＿＿＿
性别雄○雌(去○避○) 年龄　年　月　日　岁　体重＿＿＿＿毛色＿＿＿＿用途＿＿＿＿
饲养环境 室内○室外○室内外○ 饲料及饲养＿＿＿＿＿次/日
最近接种疫苗状况＿＿＿＿＿＿（　年　月）＿＿＿＿＿＿（　年　月）
入诊日期：＿＿＿＿年＿＿＿＿月＿＿＿＿日

既往病史：
现病史：

现症检查：体温＿＿＿＿℃　脉搏＿＿＿＿次/分　呼吸＿＿＿＿次/分
影像诊断要求：

X线检查：投照目的＿＿＿＿投照部位＿＿＿投照方位＿＿＿＿
投照条件＿＿＿＿kV＿＿＿＿s＿＿＿＿mA＿＿＿＿cm　片数＿＿＿＿
结果描述：＿＿＿＿＿＿＿＿＿＿＿＿＿＿＿＿＿＿
＿＿＿＿＿＿＿＿＿＿＿＿＿＿＿＿＿＿
诊断：＿＿＿＿＿＿

超声检查：检查目的＿＿＿检查部位＿＿＿探查方向＿＿＿
仪器类型＿＿＿超声类型＿＿＿探头类型＿＿＿探头频率＿＿＿片数＿＿＿
图像描述：＿＿＿＿＿＿＿＿＿＿＿＿＿＿＿＿＿＿
＿＿＿＿＿＿＿＿＿＿＿＿＿＿＿＿＿＿
诊断：＿＿＿＿＿＿
图片黏附：
兽医师签名：　　　　年　月　日

表 20-10　实验室检查报告书

××××× 动物医院

日期　　　　　　　　　　病例号

主人姓名				联系电话			
动物种属		品种		性别		年龄	
采样时间		AM/PM		采样量		ml	
血液学检查		血液化学检查				尿液检查	
全血(CBC) □ 仪器计数(ICO) □ 手动计数(MCO) □ 涂片(smear) □		血浆 □ 全套 □ 肾功能 □ 胰功能 □		血清 □ 肝功能 □ 电解质 □		化学 □ 涂片 □ 感观 □	
RBC ＿＿ 10^{12}/L HCT ＿＿ L/L(%) HGB ＿＿ g/L MCV ＿＿ 10^{-15}L		Glu ＿＿ Urea ＿＿ Chol ＿＿ Phos ＿＿		ALT ＿＿ AST ＿＿ LDH ＿＿ AKP ＿＿		颜色＿＿ 浊度＿＿ 比重＿＿ pH ＿＿	

续表

MCH ______ 10^{-12}g	Ca^{2+} ______	GGT ______	蛋白质______ mg/dl
MCHC ______ g/dl WBC ______ 10^9/L WBC ______% Seg. Neutr ______% Band Neutr ______% Basos ______% Eos ______% Mon ______% Lym ______% PLT ______ 10^9/L 异常红、白细胞 ______ 心丝虫幼虫______ 附红细胞体______ 巴贝吸虫______ 其他______	Mg^{2+} ______ Na^+ ______ K^+ ______ Cl^- ______ TCO_2 ______ PCO_2 ______ HCO_3^- ______ AG ______ PO_2 ______ TP ______ ALB ______ G ______ A/G ______	Bili. T ______ Bili. D ______ Chol. ______ CRE ______ Lipase ______ Trig ______ CK ______ AMY ______ 初步诊断：①______ ②______ ③______ 学生签名：______ 兽医签名：______	葡萄糖______ mg/dl 酮体______ 胆红素______ 血红蛋白 ______ 尿量______ 管型(+/−)______ WBC ______ RBC ______ 上皮细胞(+/−)______ 结晶体(+/−)______ 细菌(+/−)______

注：RBC. 红细胞；HCT. 红细胞比积；HGB. 血红蛋白；MCV. 平均红细胞体积；MCH. 平均红细胞血红蛋白含量；MCHC. 平均红细胞血红蛋白浓度；WBC. 白细胞；Seg. Neutr. 分叶核中性粒细胞；Band Neutr. 杆状核中性粒细胞；Eos. 嗜酸性粒细胞；Basos. 嗜碱性粒细胞；Mon. 单核细胞；Lym. 淋巴细胞；PLT. 血小板；Glu. 血糖；Urea(BUN). 尿素；Phos. 磷；TCO_2. 二氧化碳总量；PCO_2. 二氧化碳分压；HCO_3^-. 碳酸氢根含量；PO_2. 氧分压；AG. 阴离子隙；TP. 总蛋白；ALB. 白蛋白；G. 球蛋白；A/G. 白球比(清球比)；AST. 天冬氨酸氨基转移酶；ALT. 丙氨酸氨基转移酶；LDH. 乳酸脱氢酶；AKP. 碱性磷酸酶；GGT. γ-谷氨酰转移酶；Bili. T. 总胆红素；Bili. D. 直接胆红素；Chol. 胆固醇；CRE. 肌酐；Lipase. 脂肪酶；Trig. 甘油三酯；CK. 肌酸激酶；AMY. 淀粉酶

（邓干臻）

第四节　兽医医疗机构病历管理规定

长期以来，世界各国对兽医行医文书都有明确的规定。我国新近建立的有关法规明确规定，兽医诊疗机构及兽医执业时必须填写并保管兽医行医文书。

《中华人民共和国动物防疫法》第五十五条规定，经注册的执业兽医，方可从事动物诊疗、开具兽药处方等活动。

《中华人民共和国动物诊疗机构管理办法》第三章第十九条规定，动物诊疗机构应当使用规范的病历、处方笺。病历、处方笺应当印有动物诊疗机构名称。病历档案应当保存 3 年以上备查。执业兽医应当在病历、处方笺上签名。第三十二条第三款规定，使用不规范的病历、处方笺，或者病历、处方笺未印有动物诊疗机构名称的，由动物卫生监督机构给予警告，责令限期改正;拒不改正或者再次出现同类违法行为的,处以一千元以下罚款。

《中华人民共和国执业兽医管理办法》第四章第二十三条规定,经注册的执业兽医师可以从事动物疾病的预防、诊断、治疗、开具处方、填写诊断书、出具有关证明文件等活动;第二十六条要求执业兽医师应当使用规范的处方笺、病历记录,并在处方笺、病历记录上签名。执业兽医师未经亲自诊断、治疗,不得开具处方、填写诊断书、出具有关证明文件。执业兽医师不得伪造诊断结果,出具虚假证明文件。第三十五条规定,执业兽医师在动物诊疗活动中不使用病历,或者应当开具处方而未开具处方的;使用不规范的病历、处方笺,或者未在病历、处方笺上签名的;未经亲自诊断、治疗,开具处方、填写诊断书、出具有关证明文件的;伪造诊断结果,出具虚假证明文件的,由动物卫生监督机构给予警告,责令限期改正;拒不改正或者再次出现同类违法行为的,处以一千元以下罚款。

（邓干臻　邱昌伟）

主要参考文献

安汝生，徐世文. 1999. 肉用犬疾病防治. 哈尔滨：东北林业大学出版社.
白景煌. 2000. 养犬与犬病. 北京：科学出版社.
蔡宗尧，彭仁罗，于新华. 2000. 磁共振成像读片指南. 南京：江苏科学技术出版社.
陈越，刘应义. 1996. 兽医临床鉴别诊断. 北京：中国林业出版社.
崔尚金. 1997. 实用禽病诊断与防治. 哈尔滨：黑龙江科学技术出版社.
东北农业大学. 1990. 兽医临床诊断学. 2 版. 北京：中国农业出版社.
东北农业大学. 2001. 兽医临床诊断学. 3 版. 北京：中国农业出版社.
范国雄. 1995. 动物疾病诊断图谱. 北京：北京农业大学出版社.
甘孟侯. 1999. 中国禽病学. 北京：中国农业出版社.
高得仪. 2001. 犬猫疾病学. 北京：中国农业大学出版社.
郭成裕，黄淑芬，史悠毅. 1996. 实验动物微血管再充盈时间正常值的测定. 云南农业大学学报，2：65-67.
郭成裕，李子龙. 1995. 云南家畜禽微血管再充盈时间正常值的测定. 云南农业大学学报，3：221-224.
郭定宗. 2006. 兽医临床检验技术. 北京：化学工业出版社.
韩博. 2005. 动物疾病诊断学. 北京：中国农业大学出版社.
何英，叶俊华. 2003. 宠物医生手册. 沈阳：辽宁科学技术出版社.
贺善宵. 1993. 家禽内科学. 北京：天则出版社.
侯加法. 2002. 小动物疾病学. 北京：中国农业出版社.
侯振江. 2004. 临床检验医学. 北京：军事医学科学出版社.
胡平，梁宏. 2003. 临床核素显像诊断学. 广州：广东科技出版社.
霍纪文，王秀章. 1994. 医学成像技术. 沈阳：辽宁科学技术出版社.
李毓义，杨宜林. 1994. 动物普通病学. 长春：吉林科学技术出版社.
李毓义，张乃生. 2002. 动物群体病症状鉴别诊断学. 北京：中国农业出版社.
林德贵. 2002. 狗病防治手册. 北京：金盾出版社.
林德贵. 2004. 动物医院临床技术. 北京：中国农业大学出版社.
凌育乐，郭予强. 2000. 特禽疾病防治技术. 北京：金盾出版社.
卢福山，王勇. 2003. 引入青海的辽宁绒山羊双极胸导联心电图. 青海大学学报，21(2)：30-32.
马鸿胜，刘应义. 1985. 奶牛单极胸导联心电图的临床应用. 中国人民解放军兽医大学学报，5(2)：181-185.
倪有煌，李毓义. 1996. 兽医内科学. 北京：中国农业出版社.
沈建忠. 2000. 兽医药理学. 北京：中国农业大学出版社.
施作榕. 1987. 胃肠道疾病临床手册. 广州：广东高等教育出版社.
宋大鲁，安旭东. 2007. 宠物急诊手册. 北京：中国农业出版社.
谭学诗. 1999. 动物疾病诊疗. 太原：山西科学技术出版社.
王建华. 2001. 家畜内科学. 3 版. 北京：中国农业出版社.
王俊东，刘宗平. 2004. 兽医临床诊断学. 北京：中国农业出版社.
王力光，董君艳. 2000. 犬病临床指南. 长春：吉林科学技术出版社.
王民桢. 1994. 兽医临床鉴别诊断学. 北京：中国农业出版社.
王小龙. 2004. 兽医内科学. 北京：中国农业大学出版社.
谢富强. 2004. 兽医影像学. 北京：中国农业出版社.

谢敬霞. 2001. 核磁共振新技术研究与临床应用. 北京:北京医科大学出版社.
辛朝安. 2003. 禽病学. 北京:中国农业出版社.
杨海山. 2005. 医学影像学. 长春:吉林大学出版社.
杨守凯,陈乾生,李小航,等. 1999. 比格犬心电图分析. 上海实验动物科学,19(1):22-25.
于匆. 1998. 最新实用兽医手册(修订版). 北京:中国农业科技出版社.
张才骏. 1990. 高原绵羊心律失常. 畜牧与兽医,22(6):252-253.
张才骏. 2001. 家畜心电图学. 北京:华文出版社.
张才骏,卢福山,王勇. 2002. 引入青海的辽宁绒山羊心电图分析. 动物医学进展,23(1):94-96.
张才骏,张更利,李清军,等. 1991. 藏羊心电图的研究. 高原生物学集刊,10:145-150.
张健岳. 1993. 实用兽医临床大全. 北京:中国农业科技出版社.
赵玉军. 2001. 实用犬病诊疗图册. 沈阳:辽宁科学技术出版社.
郑小波,聂奎,赖勤农. 2003. 犬猫疾病诊疗学. 北京:中国农业出版社.
中华人民共和国卫生部医政司. 1997. 全国临床检验操作规程. 2 版. 南京:东南大学出版社.
祝玉琦. 1989. 马病学. 北京:中国农业出版社.
Baird D K, Hathlock J T, Rumph P F, et al. 1998. Low-field magnetic resonance imaging on the canine stifle joint: normal anatomy. Vet Radiol Ultrasoun, 39: 87-97.
Claus C A, Gerhard A, Markus B, et al. 1996. MRI of degenerative bone marrow lesions in experi-mental osteoarthritis of canine knee joints. Skeletal Radiol, 25: 413-420.
Donald E T. 2002. Textbook of Veterinary Diagnostic Radiology. 4th ed. St. Louis: W. B. Saunders Company.
Fregin G F. 1982. The equine electrocardiogram with standardized body and limb positions. Cornell Vet, 72: 304-324.
Greenacre C B, Morishita T Y. 2015. Backyard Poultry Medicine and Surgery: A Guide for Veterinary Practitioners. Hoboken: Wiley-Blackwell: 283-295.
Kevin J K. 2000. Diagnostic Radiology and Ultrasonography of the Dog and Cat. 3rd ed. St. Louis: W. B. Saunders Company.
Lahm A, Uhl M, Lehr H A, et al. 2004. Photoshop-based image analysis of canine articular cartilage after subchondral damage. ArchOrthop Traum Su, 124: 431-436.
Medleau L, Hnilic K A. 2006. 小动物皮肤病彩色图谱与治疗指南. 齐长明译. 北京:中国农业大学出版社.
Moise N S. 1988. Echocardiography in: Canine and Feline Cardiology, PR Fox Ed. New York: Churchill Livingstone Inc: 113-156.
Morgan R V. 2005. 小动物临床手册. 4 版. 施振声译. 北京:中国农业出版社.
Roselinda H, Vlugt-Meijer V, George V, et al. 2002. Imaging of the pituitary gland in dogs with pituitary-dependent hyperadrenocorticism. Mol Cell Endocrinol, 197: 81-87.
Smith P M, Talbot C E, Jeffery N D. 2008. Findings on low-field cranial MR images inepileptic dogs that lack interictal neurological deficits. Vet J, 176: 320-325.
Spaulding K A. 1993. Gallbladder wall thickness. Vet Radiol Ultrasound, 34: 270-272.
Thrall M A, Weiser G, Allison R, et al. 2012. Veterinary Hematology and Clinical Chemistry. 2nd ed. Hoboken: Wiley-Blackwell: 238-266.
Vural S A, Besalti O, Ilhan F A, et al. 2006. Ventricular ependymoma in a German Shepherd dog. Vet J, 172: 185-187.

